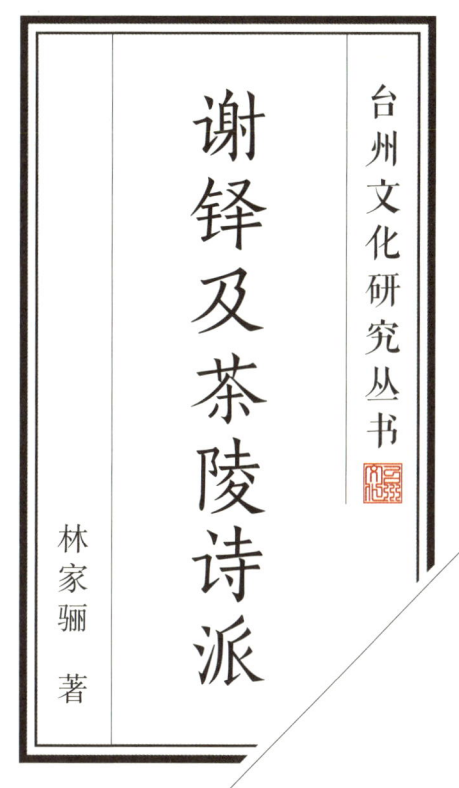

谢铎及茶陵诗派

台州文化研究丛书

林家骊 著

上海古籍出版社

图书在版编目(CIP)数据

谢铎及茶陵诗派 / 林家骊著. —上海：上海古籍出版社，2019.12
(台州文化研究丛书)
ISBN 978-7-5325-9438-2

Ⅰ.①谢… Ⅱ.①林… Ⅲ.①谢铎(1435-1510)-评传②茶陵诗派-研究 Ⅳ.①K825.6②I207.209

中国版本图书馆 CIP 数据核字(2019)第 268424 号

台州文化研究丛书·第四辑
谢铎及茶陵诗派
林家骊 著

上海古籍出版社出版发行

(上海瑞金二路 272 号 邮政编码 200020)
　(1) 网址：www.guji.com.cn
　(2) E-mail: guji1@guji.com.cn
　(3) 易文网网址：www.ewen.co
江阴金马印刷有限公司印刷
开本 710×1000 1/16 印张 34.25 插页 5 字数 540,000
2019 年 12 月第 1 版　2019 年 12 月第 1 次印刷
ISBN 978-7-5325-9438-2
Ⅰ·3447　定价：138.00 元
如有质量问题，请与承印公司联系

《台州文献丛书》编纂指导委员会

主　　　任　陈奕君　张晓强
副 主 任　叶海燕　沈宛如　吴丽慧　李立飞
　　　　　　陈光亭　林金荣
执行副主任　吴丽慧
委　　　员　颜邦林　李创求　张海星　陈光亭
　　　　　　赵小明　陈红雷　林　慷　张贤连
　　　　　　杨哲华　朱建新　颜士平　戴冠福
　　　　　　戴国富　吕振兴　陈文献　林明达

《台州文献丛书》编纂委员会

主　任　吕振兴
副主任　陈　波　蒋天平　周　琦　徐三见
委　员　胡正武　毛　旭　劳宇红　李先供
　　　　叶慧洁　姜金宇　王荣杰　李东飞
　　　　舒建秋　蒋朝永　华　伟　戴　峥

《台州文献丛书》咨询委员会

主　任　陈高华
副主任　张涌泉
委　员　(按姓氏笔画为序)
　　　　史晋川　吴秀明　林家骊　陈立旭
　　　　龚贤明　董　平

《台州文献丛书》文化研究编辑部

主　编　周　琦
副主编　严振非
编　委　何善蒙　陈　雄　胡平法　丁式贤
　　　　曾其海　王　及　楼祖民　任林豪
　　　　马曙明　郑瑛中　徐永恩　许世琪
　　　　吴茂云

台州文献丛书总序

　　台州位于浙江中部沿海,境内群山起伏,丘陵错落,河道纵横,岛屿众多。1984年发现的仙居下汤遗址,证明早在9 000至1万年前,就有先民在这里活动。今台州、温州、丽水以及闽北一带古称"东越"。战国时期,越王子裔在这一带与东瓯人融合,建立东瓯政权。即使从西汉昭帝始元二年(公元前85年)置回浦县算起,至今也有2 000多年的历史。一代又一代的台州人在这里耕山耘海,战天斗地,与时俱进,在改造自然、改造社会、发展自己的同时,积累了丰富的知识,留下了浩繁的文献。

　　三国吴沈莹著《临海水土异物志》,对台州的水稻双熟制及野生植物有所记载。宋朝陈仁玉著成《菌谱》,为目前所知世界最早的食用菌专著。徐似道著的《检验尸格》是我国第一部司法验尸技术著作。陈骙著的《文则》为我国第一部修辞学著作。赵汝适撰有《诸蕃志》,为我国第一部记述中外交通、贸易与外国物产风土的志书。贾似道著有《促织经》,为世界上第一部昆虫学专著。陈咏著成《全芳备祖》,为我国第一部植物学辞典。明朝王士性所著《广志绎》包含丰富的地理学思想与地理学资料。戚继光在台州抗倭靖海,留下了不朽的军事著作《纪效新书》。清朝的齐召南历经三十年著成《水道提纲》,是研究河流的巨著。李诚编《万山纲目》,是研究山脉的杰作。台州在南朝时就开创了佛教天台宗,北宋时又创立了道教南宗祖庭,被称为佛宗道源,历代高僧名道留下了许多佛学、道教著述。唐朝郑虔左迁台州,聚徒讲学,开台州教育之先河;南宋时台州成为辅郡,淳熙年间,著名理学家朱熹驻节台州,讲学各地,文教特盛。台州被称为"小邹鲁",历代的儒学著作蔚为大观。历朝历代,有许多台州人出仕游宦,留下了许多"经济之学"的奏疏,至于属于"辞章之学"的诗文,更是车载斗量。台州文献是祖国文化宝藏的一个有机组成部分,有许多著作在全国乃至全世界产生了广泛的影响,对人类文明做出了巨大的贡献。

古人文献虽然也记载着一些自然科学知识，但记载得更多的是历史、人物、典章制度、诗词文赋等人文科学知识。文献不仅记载着知识，也承载着精神。知识经常更新，精神一脉相承。台州精神的发展是有台州传统文化基因的。台州人的硬气自古有名，台州的和合文化近年来也被广为传扬。改革开放以来，台州人敢为天下先，发展民营经济，创造了"台州现象"，使台州从一个相对落后的地区，发展成为股份合作制经济发祥地、长三角地区先进制造业基地、中国民营经济最具活力城市、国家小微企业金融服务改革创新试验区、国家社会信用体系建设示范城市、浙江省湾区经济发展试验区、国家卫生城市、国家森林城市、全国环保模范城市、中国优秀旅游城市、全国文明城市、中国最具幸福感城市，这些都与台州精神的发扬光大不无关系。台州精神，不同的学者有不同的表述，但都与硬气、和合等台州传统文化的基因有千丝万缕的联系。

当前，台州发展已经迈上了新时代新征程。我们要以党的十九大精神统领全局，高举习近平新时代中国特色社会主义思想伟大旗帜，拉高标杆，争先进位，全力推动高质量发展，全面深化改革，再创民营经济新辉煌，加快建设独具魅力的"山海水城、和合圣地、制造之都"，奋力谱写"两个高水平"台州篇章。这不仅需要我们总结台州的新民主主义革命、社会主义革命和社会主义建设，特别是近四十年改革开放的实践和经验，也要总结自清朝上溯至先秦等台州先人积累的各种知识和经验，继承其精华，抛弃其糟粕，使传统与现代融为一体，坚定台州文化认同、文化自信。因此加强台州文献的发掘、研究、整理和利用，意义非常重大。

台州人对文献的发掘、整理和研究，有着悠久的历史传统。南宋台州学者陈耆卿在编撰台州现存的第一部总志《嘉定赤城志》时，首设《辨误门》，记载了他对文献的一些研究成果，被认为是台州文献整理工作的滥觞。至清朝、民国，滥觞演变为巨流，出现了一大批成果：如黄瑞《台州金石录》、洪颐煊《台州札记》、戚学标《台州外书》、王棻《台学统》、宋世荦《台州丛书》等。这些成果有的属于考据，有的属于辑佚，有的属于汇编。从民国进入新中国的项士元先生，为台州文献的保护和整理工作做出了重要贡献。至改革开放以后，台州文献的整理、研究工作得到地方党委、政府的高度重视，其中启动于 2011 年的《台州文献丛书》编纂工程，因其科学性、系统性、丰富性，以及巨大的工作量形成地方文献整理、研究的一个高峰！

　　《台州文献丛书》包括台州文献典籍的影印、台州先贤著作的点校整理以及对台州历史文化进行理论研究的《台州文化研究丛书》三大块面。《台州文献丛书》的编纂工程，是一项聚全市之力的重大文化工程，在台州文化史上具有里程碑意义。这部丛书是地方历史文化的结晶，为世人打开了解台州地方文化的窗口。愿优秀的历史文化更好地传承和弘扬，服务当代，惠泽未来。

《台州文献丛书》编纂委员会

2018年4月

序

章培恒

从金末元初开始,中国文学的发展进入了一个新的阶段,即近世文学阶段;它的终结是在 1900 年。在这个阶段里,对个人权利——现代社会所肯定和坚持的个人权利——已有了某些朦胧的渴求并缓慢地向前进展,由此所导致的个人与环境的矛盾也随之逐步凸显出来;这都在文学里获得了相应的表现。同时,在文学领域里,也由原先的以基本真实地(不排斥想象和某种有节制的虚构)抒写作者个人感情的诗文为主体而向着以虚构的叙事文学——戏曲、小说——为主体转化。我国的现代文学就孕育于这一时期。

不过,我国的近世文学可谓命运多舛,不断地遭受打击并因而蹉跌。它所遭受的最早也是最残酷的打击来自明代的洪武、永乐时期。朱元璋、朱棣父子采取了如下三方面的政策:第一,残酷打击经济发达地区和以商人为主体的富裕阶层;第二,不断地、大规模地以各种借口残酷镇压杀戮士大夫或处以其他的严厉刑罚,高启之类不肯为他所用的士人固然首当其冲,最后连对他一心效忠的宋濂及其全家也未能幸免于难;第三,制定八股取士的科举制度,以经过他们父子改造的儒家思想来统一全国读书人的思想。在这里特别值得提出来的,是他对《孟子》的批判改造。他认为《孟子》中"闻诛一夫纣矣,不闻弑君也"、"君之视臣如土芥,则臣视君如寇仇"之类的话实在大逆不道,而孟子又是儒家中仅次于孔子的第二号人物,不好把此人怎么样,便命人制作了一部名为《孟子节文》的书,把这些话全都删掉,再让天下的士人阅读,可见其文化政策是何等细致周密。他的儿子朱棣命人撰写《五经大全》作为国定教科书,则是对编制《孟子节文》的传统的弘扬。

金元时期的文学中的新因素,本是在城市经济发展的基础上生发起来的,朱元璋父子既对经济发达地区和以商人为主体的富裕阶层进行残酷打击,使苏州等经济发达地区满目疮痍,就从根本上断绝了文学中这些新因素发展的根本;再加上对士大夫的残酷镇压和如此严酷的文化政策,文学上哪还有生气可言? 于是元代那种戏曲、小说繁荣的局面固然难以再见(只有《水浒传》的最后一次整理本大概是洪武后期或永乐初期形成的,但形成后大概也只以抄本形式在部分人们中传阅,直到嘉靖年间才有刻本),诗文创作也一落千丈。歌功颂德、宣扬程朱理学的台阁体成了诗文的主流。

不过,社会的发展、包括文学的发展都不是个别人的意志所能控制的,任何倒行逆施都只能取效于一时。到了弘治时期,文学上终于开始出现了新的面貌,不但以李梦阳为首的前七子踏上了文坛,元代的戏曲、小说也重新受到了重视——《西厢记》在弘治时期重新刊刻了,《三国志通俗演义》的庸愚子的《序》也写于弘治时期,从这篇《序》中并可看到此书在当时受欢迎的情况。这以后文学就逐步繁荣起来了,最终形成了晚明文学的盛况。

就明代文学的研究来说,从前七子到晚明文学现已有了不少成果,然而对于前七子的先驱者们的情况却还知之甚少。而文学史上的任何一个重要现象(包括作家、作品)都不是突然产生的,必然有其渊源。如果不知道前七子的先驱者们,也就不能真正说明明代文学从极衰到日渐兴盛的转变。

当然,也不能说在这方面一无所知。因为前七子的前辈李东阳还是在文学史上可以看到的,而且,从明代起就有人以为李东阳与李梦阳的关系相当于陈涉与汉高祖的关系——陈涉首先发难,汉高祖终于成就帝业。不过,第一,李东阳本身的文学思想及其在创作上的贡献仍然缺乏深入的研究;第二,就算李东阳与李梦阳的关系相当于陈涉与刘邦吧,但陈涉的起事也不只是他一个人,至少他还有吴广的有力辅佐,那么,在明代文学史上起着吴广那样作用的人是谁呢? 何况在实际上,文学的转型绝不是靠一二人就能完成的,前七子的先驱者们也绝不会只有一两个人。换言之,对前七子的先驱者们的研究在明代文学史上正是一个非常薄弱、亟待展开的环节。

也正因此,林家骊教授的大作《谢铎及茶陵诗派》在我看来是一部很有意义的著作,因为这使我们对前七子的先驱者们有了较多的理解。

在林家骊教授之前从无人对谢铎作过全面而深入的研究。尽管由于个人的视角不同,这个人所认为的"全面而深入",在另一个人看来就未必如此;但林家骊教授对于谢铎及其相关文人的这种专门的研究,却无疑做了前人所没有做过的工作，使我们理解了在前七子开始活动的弘治时期的前一个阶段——成化及其稍前的时期，文学风气确实已在开始改变，而不只是李东阳一个人在那里孤军作战。

这对于明代文学研究是一个很好的提示：在台阁派独占文坛到前七子兴起之间存在着一个过渡阶段，而我们对这一阶段实在理解得太少了。倘若不能改变这种状况，我们对明代文学的演变的把握就必然存在着若干空白点。

现在，林家骊教授已为我们对明代文学的这一阶段的研究做了有益的探索；进一步把这种探索导向深入甚或对这部著作中的某些看法加以充实，则是后来者的任务。

林家骊教授在二十世纪八十年代初期大学毕业后就参加了《全明诗》的编纂工作，一直担任《全明诗》的编委，于明代文献的搜集整理和明代文学的研究，下了许多功夫。后来由于本单位工作的需要，转而研治楚辞和汉魏六朝文学，成了研治楚辞和汉魏六朝文学的专家。他近年来也研治明代文学，在《文学评论》《文献》《中华文史论丛》等刊物上发表了一系列甚见功力的文章。作为他的年长的朋友，我除了为他在明代文学研究中所取得的成就感到由衷的高兴外，并预祝他在今后取得更大的成功。

序

陈伟义

温岭是我国东南沿海的一颗明珠,山清水秀,人杰地灵。它创造了悠久灿烂的历史文化,哺育了众多有着全国知名度的历史文化名人。

谢铎就是其中的杰出代表。他是明成化、弘治、正德年间的著名文学家,同时又是一位理学家、史学家、教育家。他进士出身,在朝中官至礼部右侍郎兼国子祭酒,死后赠礼部尚书。在政治风气并不清明的年代里,他三仕三隐,在朝时正直敢言,大胆改革,正道直行,清正廉洁;乡居时创办方岩书院,亲自讲学其中,为家乡培养了大批优秀人才。他还倡导诗风改革,成了以李东阳为首的"茶陵诗派"中有着深刻思想内涵的代表诗人,是一位爱国恤民、尚德务实,对家乡文化建设作出了很大贡献的历史人物。

浙江大学林家骊教授多年来潜心研究谢铎的诗文和思想,并有着丰硕的科研成果。在整理出版了《谢铎集》之后,他又推出了力作《谢铎及茶陵诗派》。在这部专著中,他对谢铎做了全面深入的研究,详细探讨了谢铎的家世、生平、思想和文学创作,揭示了谢铎与茶陵诗派的关系及其在文学史上的地位,也从一个方面展现了温岭文化的面貌和特点。林家骊教授对谢铎及茶陵诗派的开拓性研究,填补了明代文学史研究中的一段空白,同时对于我们弘扬温岭文化有着重要的现实意义。

林家骊教授作为土生土长的温岭人,一直关注家乡文化,致力于温岭传统文化的挖掘和梳理,对于保留温岭传统文化印记,实现温岭文化传承作出了重要贡献。希望以本书出版为契机,推动更多知名学者和社会各界对温岭传统文化的深入研究,从文化战略的高度,对温岭文化进行全面发掘、整理和总结,不断增强温岭文化的影响力,为推进文化大发展、大繁荣作出贡献。

(本序作者为中共温岭市委书记)

目　　录

台州文献丛书总序 …………………………………………………… 1

序 …………………………………………………… 章培恒　1

序 …………………………………………………… 陈伟义　1

绪论 ……………………………………………………………… 1

第一章　谢铎籍贯故里、家世、生平事迹考 ………………………… 9
　　第一节　谢铎籍贯故里考 ………………………………… 10
　　第二节　谢铎家世考 ……………………………………… 12
　　第三节　谢铎生平事迹考 ………………………………… 20

第二章　谢铎交游考 ………………………………………………… 33
　　第一节　谢铎交游考 ……………………………………… 33
　　第二节　谢铎与茶陵诗派领袖李东阳 …………………… 53

第三章　谢铎著述考 ………………………………………………… 65
　　第一节　谢铎《桃溪集》的编纂与流传 ………………… 65
　　第二节　谢铎其他著述考 ………………………………… 75

第四章　谢铎的理学思想与浙东学派 ……………………………… 98
　　第一节　谢铎时代的理学思想背景 ……………………… 98

  第二节 谢铎的理学思想 …………………………………… 101
  第三节 谢铎与浙东理学的历史渊源 …………………………… 105

第五章 谢铎的史学思想 ………………………………………… 112
  第一节 谢铎生活时代的历史背景 …………………………… 113
  第二节 谢铎的天命观 …………………………………………… 117
  第三节 谢铎的历史顺变观及历史真实观 …………………… 121
  第四节 谢铎的明君观与贤臣观 ………………………………… 125
  第五节 谢铎对权奸误国的批判思想 …………………………… 134
  第六节 谢铎反滥赏、反酷刑、反滥刑的思想 ……………… 142

第六章 谢铎的教育思想 ………………………………………… 147
  第一节 谢铎生活时代的教育状况 …………………………… 147
  第二节 谢铎任南京国子监祭酒时期的教育思想 ……………… 150
  第三节 谢铎任礼部侍郎兼国子祭酒时期的教育思想 ………… 163
  第四节 谢铎创办经营会缌庵和方岩书院时期的教育思想 … 172

第七章 谢铎的文学成就 ………………………………………… 177
  第一节 谢铎生活时代的文坛状况 …………………………… 178
  第二节 谢铎的文学思想 ………………………………………… 181
  第三节 谢铎诗歌的思想内容 …………………………………… 187
  第四节 谢铎诗歌的艺术特色 …………………………………… 226
  第五节 谢铎文章的思想和艺术 ………………………………… 237

第八章 谢铎事迹诗文系年 ……………………………………… 266

第九章 李东阳及茶陵诗派其他成员的文学主张及创作 ……… 393
  第一节 李东阳的文学主张及创作 …………………………… 398

第二节　茶陵诗派早期成员的文学主张及创作 …………… 408
　　第三节　茶陵诗派后期成员的文学主张及创作 …………… 432

第十章　谢铎及茶陵诗派在文学史上的地位 ………………… 474
　　第一节　谢铎及茶陵诗派成员的评价 ……………………… 474
　　第二节　明中期以来茶陵诗派评价述略 …………………… 484
　　第三节　茶陵诗派的文学史地位及评价 …………………… 489

附录 …………………………………………………………………… 499
　　明史·谢铎传 ………………………………………………… 499
　　嘉靖太平县志·谢铎传 ……………………………………… 501
　　方石先生行状 ………………………………………………… 503
　　明故通议大夫礼部右侍郎管国子监祭酒事致仕赠礼部尚书谥文肃
　　　　谢公神道碑 ……………………………………………… 507
　　方石先生墓志铭 ……………………………………………… 509
　　桃溪净稿序 …………………………………………………… 512
　　桃溪杂稿序 …………………………………………………… 513
　　桃溪净稿序 …………………………………………………… 514
　　桃溪净稿后序 ………………………………………………… 515
　　桃溪类稿序 …………………………………………………… 516

主要参考文献及引用书目 …………………………………………… 518

后记 …………………………………………………………………… 523

再版后记 ……………………………………………………………… 527

绪　　论

　　"茶陵诗派"是明代成化、弘治、正德年间的诗歌流派。自成化以后，社会弊病已日见严重，台阁体阿谀粉饰的文风已不容不变，于是以李东阳为首的茶陵诗派起而振兴诗坛，以图洗涤台阁体啴缓沉沓的风气。李东阳在朝数十年，官至内阁大学士，喜推举才士，奖掖后进，同年进士和门生满朝，故当时许多著名诗人以他为宗，聚集周围，一时成为诗坛主流。"茶陵诗派"中比较著名的成员有谢铎、张泰、陆釴、邵宝、鲁铎、石珤、何孟春等，它上承台阁体，下启前后七子和唐宋派，在明代诗歌演变史乃至整部中国诗歌史上有着一定的地位。历来在谈到"茶陵诗派"，评论该诗派理论及创作主张时，均以李东阳的著作为依据，因为李东阳是该诗派的首领。然而，以李东阳一人之文学主张、诗文创作来代替"茶陵诗派"，以一概全，未免有失偏颇。因为"茶陵诗派"是由众多的人员组成的，时间跨度也长，我们应该充分地注意到这一点。比如"茶陵诗派"的重要作家谢铎，他的诗歌理论与诗文创作以前就没有引起人们的重视。

　　谢铎，字鸣治，浙江太平人，生于明宣德十年（1435），卒于正德五年（1510）。历仕成化、弘治、正德三朝，官至礼部右侍郎兼国子祭酒，事迹详《明史》卷一百六十三《谢铎传》。谢铎与李东阳是天顺八年同年进士，同被选入翰林院为庶吉士。二人意气相投，终生为友，诗歌唱和，文章应答，从不间断，即使是谢铎三次辞官还乡家居期间仍是如此。因此，他们共同推进了诗文创作的繁荣与进步。谢铎曾将自己的著述编为《桃溪集》。第一次成稿为《桃溪杂稿》，请李东阳写了序，李东阳将谢铎《桃溪杂稿》的精华选出，编为《桃溪净稿》[①]，此稿在谢

[①] 《桃溪净稿》八十四卷，明正德十六年刻本，见《四库全书存目丛书·集部》第38册，齐鲁书社1997年版，第154—513页。

铎死后,由台州知府顾璘刊刻行世,其中诗集四十五卷,文集三十九卷,共八十四卷,分体按编年顺序排列。到了晚年,谢铎又将自己的诗文按传统的别集体例重新排列,编为《桃溪类稿》①六十卷,诗在前,有二十二卷,文在后,有三十八卷,此稿后由其曾孙谢适然刊刻行世,现只有一部存在北京国家图书馆,可惜已残,只剩五十一卷,是孤本。我们今天读谢铎的《桃溪净稿》和《桃溪类稿》,可以发现谢铎的文学主张另有特色,其诗歌创作亦呈现出与李东阳不同的风貌,我们可据以重新评价"茶陵诗派"。

关于"茶陵诗派"的文学主张,许多学者进行了总结。王运熙、顾易生先生主编的《中国文学批评史》②《中国文学批评通史·明代卷》③都认为"茶陵诗派"主张学诗要效法唐诗,并且重点在于音节、格调和用字。廖可斌先生《明代文学复古运动研究》④在论到"茶陵诗派"的文学主张时,也以李东阳为例指出其要点:一是诗文有别,也即诗歌要讲究声律节奏;二是批评诗的理化与绮化,也即宗唐而反对宗宋;三是主张复古,举李东阳评论谢铎的话为例。今天我们看谢铎的《桃溪净稿》和《桃溪类稿》,可以知道谢铎的文学主张很有特色。

谢铎在诗文创作方面的观点,要言之,其一是"明道、纪事"。他在《愚得先生文集序》一文中提出:"昔人有言,文之用二,明道、纪事而已矣。六经之文,若《易》若《礼》,明道之文也,而未尝不著于事;若《书》若《春秋》,纪事之文也,而未尝不本于道。后世若濂、洛、关、闽,则明道之文,原道复性,盖庶几乎是者也;司马迁、班固,则纪事之文,唐、隋、五代史,盖因袭乎是者也。舍是而之焉,非文之弊,则文之赘也。斯甚矣,乃若虽不主于明道而于道不可离,虽不专于纪事而于事不可缓,是固不得已于言而其用亦不可缺。故上而郊庙朝廷,下而乡党邦国,近之一家,远之天下,皆未有一日舍是而为用者也。特幸而遇焉,则用之为制诰、为典章、为号令征伐,而其文遂以大显于天下;不幸而不遇焉,则用之为家训、为学则、为谕俗之文,则其用有限,而其文不能以大显。然幸而用之郊庙朝廷天下矣,而行愧其言、事戾乎道,兹显也所以为辱也,奚贵哉!君子

---

① 《桃溪类稿》六十卷,明嘉靖二十五年刻本,国家图书馆藏孤本。
② 王运熙、顾易生主编《中国文学批评史》,上海古籍出版社1981年版,第248—252页。
③ 王运熙、顾易生主编,袁震宇、刘明今著《中国文学批评通史·明代卷》,上海古籍出版社1996年版,第82—91页。
④ 廖可斌著《明代文学复古运动研究》,上海古籍出版社1994年版,第36—54页。

所贵乎文者,体道不遗,言顾其行,有益于实用,而不可缺焉耳。"(《文集》①卷三)其二是文学作品要抒情。他在《感情诗序》中说:"于是情之所感,不能自已,而是诗作焉。"(《文集》卷三)其三是提倡复古。谢铎《愚得先生文集序》:"铎叔父愚得先生博学好古,盖尝以其所抱蓄者大肆力于文矣。"(《文集》卷三)李东阳《桃溪净稿序》曰:"予与方石先生同试礼部,时已闻其有能诗名。及举进士,同为翰林庶吉士,又同舍。见所作《京都十景》律诗,精刻有法,为保斋刘公、松岩柯公所甄奖;又见其经史之隙,口未始绝吟,分体刻日,各得其肯綮乃已。予少且劣,心窃愧畏之。同官十有余年,先生学愈高,诗亦益古,日追之而不可及。然先生爱我日至,每所规益,必尽肝腑;见所撰述,亦指摘瑕垢,不少匿。及先生以忧去,谢病几十年,每恨不及亟见。见其所寄古乐府诸篇,奇古深到,不能释手。"其四是不但宗法汉唐,而且也提倡学习宋诗。谢铎《重刊石屏诗集序》曰:"若汉之苏李、唐之李杜、宋之苏黄,其于诗也,皆出于颠沛放逐之余,而后得以享大名于后世,夫岂易而予之哉!"(《文集》卷五)《台雁唱酬诗序》曰:"盖非独汉唐以下诸诗家之赠处和答然也。然皆以其意而未尝以韵,韵之次,其宋之末造乎?诗之唱酬而至于次韵,一韵之次而至于累数百首,诗之变亦于是乎极矣。噫!诗之变化无穷,而人心之妙用亦相与无穷,况夫义理之在天下者,而可以有穷求之哉!"(《文集》卷六)

现在各种文学史认为"茶陵诗派"诗人诗歌的思想内容是比较贫弱的,他们对社会的关心不够,基本上是把诗歌当成个人怡情娱志之作,然而我们读谢铎诗歌,却发现其风貌与这评价不同。作为"茶陵诗派"的重要作家,谢铎一生创作了大量的诗歌。而关心民生疾苦,为百姓的痛苦而呼号,是谢铎诗歌最鲜明的主题。如《田家叹》:"叹息复叹息,一口力耕十口食。十口衣食恒有余,一口苦为私情逼。县吏昨日重到门,十年产去租仍存。年年止办一身计,此身卖尽兼卖孙。於乎!吾民之命天所属,阡陌一开不可复,卓锥有地吾亦足。"(《诗集》卷三)《西邻妇》:"西邻少妇东邻女,夜夜当窗泣机杼。今年养蚕不作丝,去年桑老无新枝。七十老翁衣悬鹑,皮肉冻死手脚皴。年年唱名给官帛,尺寸从来不上身。於乎!辛苦输官妾之职,墙下有桑妾自植,妾身敢怨当窗织?"(《诗

---

① 此为《桃溪净稿·文集》。为节省篇幅,凡是出自《桃溪净稿》的文字,以后不再注《桃溪净稿》,仅注《文集》诗集。

集》卷三)《苦雨叹》二首之一:"长安阴雨十日多,倾墙败屋流洪波。男奔女走出无所,道路相看作讹语。东邻西舍烟火空,青蛙满灶生蛇虫。春来五月全不雨,夏麦秋田皆赤土。城中米价十倍高,斗水一钱人惮劳。"(《诗集》卷四)《南沟燐》:"南沟燐,夜杀人,冥风晦雨莽苍平。湖滨行人誓天指白日:宁见南山虎,莫见南沟燐。南沟老翁胆通身,拔剑起舞双目瞋。酒酣夜半每独往,扶颠拯踣,赤手竟活南村民。於嗟乎!南沟燐。天地生人有正气。何物鬼物凭其神,我欲执之献上帝。嗟翁不作矣,吾谁与闻?嗟乎!世间幻妄百千状,杀人岂独南沟燐。"(《诗集》卷十一)《撤屋谣》:"长安寸地如寸金,栅水架屋争尺寻。一朝官府浚河水,撤屋追呼势蜂起。君不见去年城中十日雨,边水人家比湖浦。家家缚板作舟航,十日罢纍心皇皇。一家受怨百家喜,知者作之仁者美。人情姑息昧近功,版图习袭相蔽蒙。前街后街咄相语,疮癣不修今毒苦。前年买土筑高地,今年卖屋无人至。"(《诗集》卷七)《吾民》:"忽漫吾民到此生,几堪流涕几堪惊。凶年未见能蠲税,清世无端又点兵。"(《诗集》卷三十九)《缌山杂咏·农谈》:"我田岁可秋,我病苦莫瘳。未足去年租,强半今年债。"(《诗集》卷二十三)还有一些诗句表现了他对民事的忧虑。如《偶为六绝句》:"城中米价贵无比,见说官家一倍轻。几日荒荒卖儿女,绣衣门下未通名。"(《诗集》卷四)《苦雨叹》二首之二:"湾头崖岸半冲啮,百万人家委鱼鳖。"(《诗集》卷四)《苦雨》:"廊庙敢烦诸老念,村田真切我民心。"(《诗集》卷十六)《次陈敬所再示东小园芍药韵》:"见说扬州欢会地,病民还苦榷官茶。"(《诗集》卷二十)谢铎诗歌的第二个重要的主题是关心国家命运,盼望为国出力。如《上之回》:"上之回,出萧关,千骑万骑何日还。雄心宕轶泉涌山,北穷绝漠南荆蛮。岂不闻,穆天子,八骏奔崩日千里。徐方不死祭公死,何必嬴秦殄周祀。"(《诗集》卷一)诗歌借汉武帝、周穆王之事表达了自己对国事的看法。《搏虎行》:"南山有猛虎,咆哮踞其颠。北山有猛虎,伏穴声相援。翾翾少年子,环视不敢前。野夫奋特勇,载跆南山原。矢义故弗惜,而复之北山。众伤互及类,尽力驱且鞭。一射已睥睨,再射犹盘旋。技穷始衔怨,曳尾徐徐还。乃知一心力,可以终胜天。顾缩利与害,欲济良独难。咄哉搏虎者,勿畏冯妇贤。"(《诗集》卷一)希望大家共同办好国家之事,认为只要齐心协力,连猛虎也可搏。谢铎诗歌的第三个主题,是面对朝廷中宦官专政、朝政日下的担忧,同时也忧谗畏讥,时有退隐避祸之心。比如《鱼游入渊深》:"鱼游入渊深,鸟飞薄天高。安居与暇日,帝力宁秋毫。所以君臣义,俯仰无所逃。咄哉漆室女,倚叹心忉忉。杞人信多事,炼石非虚褒。古来休戚臣,欲济同舟操。戆士昧深浅,力薄志空劳。负蚊幸涉海,往往委波涛。全身岂不爱,众喙苦相遭。马公诈宋语,此事应吾曹。"(《诗集》卷七)《古愤三首》:"谗锋日以利,乱本日以成。百方不可避,一死聊自明。""卜居志不售,去国义不禁。惟应汨罗水,照见平生心。""豪杰不惜死,耻与名俱没。安得首阳山,为葬范滂骨。"(《诗集》卷二十一)在复杂的环境中,谢铎想到了退隐。《急流退一首奉答西涯先生》:"流正急,风正颠。进亦难,退亦难。失势一落万丈滩,何如稳卧严陵山。长笑一声天地宽,天地宽,云台事业浮云看。"(《诗集》卷四十四)盼望回到农村,过那悠闲的生活。《雨声夜何长》:"忧来不能寐,卧听空阶雨。雨声夜何长,不见鸡鸣已。平生廊庙心,且复念田里。侵晨问我农,禾头半生耳。"(《诗集》卷十六)也是这种思想的体现。值得我们注意的是谢铎在诗文中多次提及苏轼和黄庭坚等,提倡学习宋人,他自己也善作理诗。比如《偶书二绝》:"未免今世人,欲作古时样。所以终日间,此心恒怅怅。""天上月团圆,只与十五六。如何百年中,人心劳不足。"(《诗集》卷三)《未圆月》:"人爱正圆月,我爱未圆月。未圆明日盈,正圆明日缺。"(《诗集》卷二十一)以诗的形式阐发了谢铎的人生哲理。

谢铎为什么与李东阳等人在文学理论与文学创作方面产生如此大的差异呢?笔者认为,首先是生平经历的不同。李东阳十八岁中进士,历仕翰林院编修、侍讲学士,弘治七年入内阁,官至吏部尚书、华盖殿大学士。他在翰林院任职二十九年,参预内阁机务十八年。历官馆阁四十多年,因此尽管他不满台阁体,想改革诗风,却又脱不了台阁体的窠臼。而谢铎则不然,他虽与李东阳在天顺八年同时考中进士,同时进入翰林院,但后来经历却不同,三次在朝为官,三次辞官还乡。第一次是父母双亡,于成化十六年四月丁忧回家,十八年服除,谢病家居,时达八年。第二次出仕在弘治元年,弘治四年在南京国子监祭酒任上提出了六条改革措施(择师儒、慎科贡、正祀典、广载籍、复会馔、均拨历),但得不到落实,尤其是正祀典,谢铎提出进宋儒杨时而黜受宋恩而仕于元的吴澄,与顶头上司傅瀚发生冲突,愤而辞职,家居近十年。第三次是弘治十三年,谢铎出任礼部右侍郎掌国子监祭酒,又提出四项改革措施(正祀典、重科贡、革冗员、塞捷径),还是落实不了,遂辞职居家养疾,直至正德五年去世。谢铎乡居时间特别长,因此深知国事之弊,了解民间疾苦。其次是地域文化与思想理念的差异。在明前期文坛上先后占主导地位的浙东派和台阁体作家,都带有明显的地域色彩。台阁体作家以江西作家为主体。钱谦益《列朝诗集小传·乙集》"周叙"条载:"国初馆阁,莫盛于江右,故有'翰林多吉水,朝士半江西'之语。"①而浙东派作家都是得朱子嫡传的浙东"北山学派"的传人,江西派则多系得朱子嫡传的"江西双峰学派"的余泽。"茶陵诗派"的主要成员有两批:一批是与李东阳同年中进士并同入翰林院的,主要有谢铎(太平人)、张泰(太仓人);另一批是李东阳的门生,即他担任乡试、会试和殿试读卷官时所录取的士子,以及他在翰林院时教过的庶吉士,主要有邵宝(无锡人)、石珤(藁城人)、罗玘(南城人)、顾清(华亭人)、鲁铎(竟陵人)、何孟春(郴州人)、储巏(泰州人)、陆深(上海人)、钱福(华亭人)。由以上所列可以看出,茶陵诗派成员来自全国各地,而以吴中人士居多。除了谢铎是浙东台州太平人,其他人则与浙东学派、江西学派很少有瓜葛。谢铎的启蒙老师是他的族叔谢省,谢省是景泰五年进士,推崇朱子、真德秀。谢铎十四岁从谢省学《毛诗》《四书》,毋庸置疑,谢铎身上带有浙东学派的印记,这与李东阳及其他"茶陵诗派"成员不同。再次,谢铎本人也正是一位理学家,理学思想决定了他人生道路的抉择与诗歌内容的组成。谢铎著述中有《续真西山读书记》《伊洛渊源续录》《伊洛遗言》《四子择言》等。他精通儒家经典,推崇二程朱子之学。程朱理学断言理是离开事物独立存在的客观实体,由理派生和主宰万事万物,为学主"涵养须用敬,进学则在致知"(程),"穷理以致其知,反躬以践其实"(朱)。谢铎在他的著述中进一步发挥了这种思想,将之贯穿到他的教育活动之中。要言之,可归结为以下几条:一、讲中庸,崇诚信。《中庸》原是《礼记》中的一篇,相传为子思所作,内容肯定"中庸"是道德行为的最高标准,并提出"诚者不勉而中,不思而得,从容中道,圣人也",把"诚"看成是世界的本体,认为"至诚"是人生的最高境界,并提出"博学之,审问之,慎思之,明辨之,笃行之"的学习过程和学习方法。宋人从《礼记》中把它抽出,与《大学》《论语》《孟子》合为《四书》。此后,长期成为封建社会科举取士的标准经书,"中庸"亦成为儒学典型的伦理思想。谢铎《桃溪净稿·文集》卷二十三有《讲章五首》,内中有《诚者天之道也》一章,即阐述了他的这种思想。另外,他又在《史论·萧何》中作了具体的发挥,他认为"人臣

---

① (清)钱谦益著《列朝诗集小传》,中华书局1961年版,第172页。

事君,以诚不以伪,则虽势位之盛,有不难处者矣"(《文集》卷二十一)。又《存诚堂记》等文则进一步发挥了这种观点。二、尊德性,道问学。谢铎《桃溪净稿·文集》卷二十三《讲章五首》中有《故君子尊德性》一章,认为尊是"恭敬奉持"之意,德性是"吾所受于天的正理",提出"所以君子常要尊奉那德性,做那存心的工夫,以极乎道体之大;道体入于至小而无间,所以君子常要由于问学,做那致知的工夫,以尽乎道体之细。这二者是修德凝道之大端,所以说君子尊德性而道问学"。他又在《月试监生策题》的《问士君子之所以持其身者》中讲到"自辞受以至进退而极于生死之间,皆不可以不慎。自今而观,患其不能辞,不患其不能受;患其不能退,不患其不能进;患其不能死,不患其不能生"(《文集》卷二十),对士君子的品德标准作了界定。谢铎本人三次辞官还乡,也可以说是这种思想的最好体现吧!又在《问同行异情之说》这一节中说:"君子小人之情状尽矣,有志于格物穷理之学者,不可以不辨。"(《文集》卷二十)认为人不能自己欺骗自己。又,谢铎在《月试监生策题》的《问道统之说》中提出了"道统观",在《问〈洪范〉八政》中提出了"大学治道"。这一切,都可窥见他的理学思想。

另外,我们还可以将谢铎与前后七子、唐宋派进行比较。今天各部文学史均说前后七子主张复古,而实际上谢铎早就提出了复古的主张;茶陵派大多数成员是提倡只学唐诗,不学宋诗,至前后七子亦是如此。前七子李梦阳说:"宋儒兴而古之文废矣。"[1]"诗至唐,古调亡矣,然自有唐调可歌咏,高者犹足被管弦。宋人主理不主调,于是唐调亦亡。黄、陈师法杜甫,号大家,今其词艰涩。……人不复知诗矣。"(《缶音序》)[2]直至唐宋派才提出兼学唐宋,而这个观点谢铎早已提出。前后七子均提出文学应该重视真情表现的主情论调。李梦阳认为"真者,音之发而情之原也"(《诗集自序》)[3]。后七子王世贞也强调作诗要"根于情实"(《陈子吉诗选序》)[4],强调作家的思想感情在艺术创作中的主导作用。而谢铎在他们之前,早就提出了作诗要重感情的主张。再看唐宋派,唐宋派注重文以明道的作法,与明初宋濂"以道为文"、谢铎的"明道、纪事"论一脉相承。

综上所述,谢铎作为"茶陵诗派"的重要作家,有理论,有创作,是"茶陵诗

---

[1] (明)李梦阳著《空同集·外篇》卷六十六《论学上篇》。
[2] (明)李梦阳著《空同先生集》卷五十一,明嘉靖九年刻本,浙江大学图书馆藏。
[3] 同上,卷五十。
[4] (明)王世贞著《弇州续稿》卷四十二。

派"中一位别具一格,且颇具特色的作家。谢铎与李东阳二人的文学思想、诗歌创作各有特色,各代表了"茶陵诗派"的一个侧面。只看到李东阳,单以他来评价"茶陵诗派",这是以偏概全、有失公允的。只有将谢铎以及其他茶陵诗派成员也结合起来一同考察,才可看出"茶陵诗派"的全貌。因此我们应该重视谢铎的诗文主张及创作,谢铎的诗文为我们更加客观地评价"茶陵诗派"在文学史上的地位,提供了有力的依据。

第一章 谢铎籍贯故里、家世、生平事迹考

谢铎是明代成化、弘治、正德年间一位有成就的文学家，"茶陵诗派"的重要成员。在"台阁体"诗风笼罩文坛的时候，谢铎提出了明道、纪事、重情、复古的文学主张，并身体力行，创作了大量反映现实的诗歌，为当时诗风的转变作出了很大贡献[1]，与谢铎同时或稍后的李东阳、陈音、王廷相、顾璘等人，都曾给予他很高的评价。然而，今天流行的各种文学史，在谈及"茶陵诗派"时，虽然亦提及谢铎，并将他列于李东阳之后的重要位置，但在评价"茶陵诗派"时，却都只举李东阳的文学主张及诗歌为例，对谢铎不置一词。究其因有二：一是谢铎的生平不为人所熟悉，其虽《明史》有传，但甚简略，他三次在朝为官，三次因各种原因离职返乡，不像李东阳"四十八年不出国门"，一直在朝，且官位显著；二是他的著述流传不广，影响不大。明人有自己整理著述的习惯，谢铎也不例外，他在世时曾将自己的著述整理为《桃溪杂稿》，身后又经李东阳芟定为《桃溪净稿》八十四卷，其中诗集四十五卷，文集三十九卷，正德十六年由台州知府顾璘刊刻行世，然因未收入《四库全书》，后来散失殆尽。《桃溪类稿》六十卷，其中诗二十二卷，文三十八卷，由谢铎曾孙谢适然刊刻行世，今存残卷，笔者曾根据《桃源净稿》整理成《谢铎集》[2]。今采多种史料考证谢铎籍贯故里家世、生平事迹如下，以供进一步研讨。本文所用的材料，有《明史》[3]《明实录》[4]《嘉靖太平县志》[5]

---

[1] 详拙作《谢铎与"茶陵诗派"》，载《文学评论》2003年第5期。
[2] 《谢铎集》，林家骊点校，中华书局2002年版。
[3] （清）张廷玉等撰《明史》，中华书局1974年版。
[4] 《明实录》，台北中研院历史语言研究所校印本。
[5] 见《天一阁藏明代方志选刊》，1964年上海古籍书店据宁波天一阁藏明嘉靖刻本影印。

《嘉庆太平县志》①《民国台州府志》②、黄绾《谢文肃公行状》③（简称《行状》）、李东阳《明故通议大夫礼部右侍郎管国子监祭酒事致仕赠礼部尚书谥文肃谢公神道碑铭》④（简称《神道碑》）、王廷相《方石先生墓志铭》⑤（简称《墓志铭》）、李东阳《怀麓堂全集》⑥、谢铎《桃源净稿》及《桃溪类稿》、焦竑《焦太史辑国朝献征录》⑦（简称《献征录》）、何良俊《四友斋丛说》⑧、钱谦益《列朝诗集小传》⑨、《桃溪谢氏宗谱》⑩等。

第一节　谢铎籍贯故里考

　　《明史·谢铎传》曰："谢铎，字鸣治，浙江太平人。"⑪李东阳《桃溪净稿序》曰："先生姓谢氏，名铎，字鸣治，台之太平人，累官翰林侍讲，号方山，后更号方石。桃溪，其所居地也。"⑫据以上两条材料，谢铎是浙江台州太平县桃溪人。而李东阳的《拟古乐府》（明隆庆四年淮阳章氏淮洲草堂刊本）在"李东阳撰"下署："黄岩谢氏评点—青田潘辰评点。"这说明谢铎的籍贯是黄岩。又钱谦益《列朝诗集小传》"丙集"叙谢铎的族叔"谢省"曰："省，字□□，黄岩人。"⑬乙集叙"谢绩"曰："绩，字世懋，黄岩人。"⑭谢省、谢绩与谢铎同里，为何籍贯不同呢？今试考之。关于"太平"，《嘉靖太平县志》卷一《地舆志上·沿革》：

---

　　① （清）庆霖等修，戚学标等纂《嘉庆太平县志》，见《中国方志丛书》，成文出版社有限公司1984年，据清嘉庆十五年修，光绪二十二年重刻本影印。
　　② 喻长霖等纂修《台州府志》，见《中国方志丛书》，成文出版社有限公司1970年据1936年铅印本影印。
　　③ 见（清）黄宗羲编《明文海》卷四十五，中华书局1987年版。
　　④ 见李东阳著《怀麓堂全集·文后稿》卷二十一，清嘉庆八年陇上易堂刻本，浙江大学图书馆藏；另见《桃溪谢氏宗谱》，二本文字略有不同。
　　⑤ 见《桃溪谢氏宗谱》，1998年温岭市大溪镇桃溪谢氏编刻。
　　⑥ （明）李东阳《怀麓堂全集》，清嘉庆八年陇上易堂刻本，浙江大学图书馆藏。
　　⑦ 焦竑《焦太史辑国朝献征录》，明万历四十四年徐象㮰刻本，浙江图书馆藏。
　　⑧ （明）何良俊《四友斋丛说》，中华书局1957年版。
　　⑨ （清）钱谦益《列朝诗集小传》，中华书局1959年版。
　　⑩ 《桃溪谢氏宗谱》，1998年温岭市大溪镇桃溪谢氏编刻。
　　⑪ 《明史》卷一百六十三，第4431页。下文有出自《明史》谢铎本传者，不再出注。
　　⑫ 《谢铎集·附录》，第888页。
　　⑬ 钱谦益《列朝诗集小传》，第284页。
　　⑭ 同上，第238页。

太平,故黄岩县南壤,其在《禹贡》,为扬州之域,荒服之地。自夏少康封庶子无余于会稽,号为於越,而此地在其南鄙。历商至周,皆属于越。战国时,越为楚所并,乃遂属楚。秦灭楚,郡县天下,为闽中郡。汉兴,立闽君摇为王,置东瓯国。建元三年,闽越围东瓯,武帝遣兵往救之,东瓯王乃举国徙江淮间,以其地为回浦县,属会稽郡,为东部都尉。光武时,改回浦为章安县。永建四年,析县之东瓯乡置永宁县。三国吴以会稽东部立临海郡,永宁遂属临海郡。梁改为赤城郡,寻复为临海县。唐武德间,以临海县置台州。武后天授元年,改永宁为黄岩。宋因之。元改台州为台州路,升黄岩为州。国朝洪武初,改路为府,黄岩仍为县。成化五年,阮知府勤奏析黄岩南三乡、管都二十一置太平县,治太平乡(乡有太平岩,故以名乡,后遂为县名)。十二年,袁知县道又奏析温之乐清下山凡六都以附益之,属台州府,隶浙江东道。

按,李东阳《神道碑》曰:"公生宣德乙卯年二月某日。"又王廷相《墓志铭》:"正德五年二月二日,方石先生卒于家,年七十有六。"[①]逆推之,生年与李东阳《神道碑》同。宣德乙卯为公元1435年,成化五年(己丑)为公元1469年。可见,谢铎出生时太平尚未立县。谢铎三十五岁时,太平始立县。《明史·谢铎传》、李东阳《神道碑》、王廷相《墓志铭》说谢铎为"浙江太平人"系概而述之。今天我们研究谢铎之生平,则不可不察也。

关于"桃溪",《嘉靖太平县志》卷一《地舆志上·山川》:

桃溪:在王城山下。其源出自王城山,南北二派,俱东流,会百棪渚,入新建河,旧名陶夏溪。宋于恕之遗址在焉。今谢文肃有《桃溪书屋》诗曰:"浅水难容棹,繁华自作村。分明幽绝地,不是武陵源。"

按,今桃溪有二义,一为溪名,一为溪两岸之地域,亦称桃夏。

关于方山、方石,亦即方岩,又名王城山、方城山。《嘉靖太平县志》卷一《地舆志上·山川》:

[①] 《谢铎集·附录》,第857页。

王城山：在县西北三十三里，邑之镇山也。本名方城山，王羲之《游西郡记》："临海南界有方城山，绝巘壁立如城，相传越王失国，尝保此山。"唐天宝六年改今名，俗又呼为方岩云。中有渔翁岩、石柱峰、仙人濯足滩、烂柯石、鸡母石、平霞嶂、石棋盘、露台石、仙棺岩、牛脊陇、水帘天窗诸境，皆绝胜。山顶平旷，可百余亩，人垦而耕之，号仙人田。

综上所述，谢铎的籍贯故里在浙江台州府太平县桃夏，因此地有"方城山"亦即"方山"，故谢铎亦因此而自号曰"方山"，后更名"方石"。按明时之浙江省台州府太平县桃溪，历经沿革，今为浙江省台州市温岭市大溪镇兆岙村，小地名仍为"桃溪"或"桃夏"，故谢铎名其诗文集为《桃溪集》。

第二节　谢铎家世考

关于谢铎的家世，《桃溪谢氏宗谱》载其高祖迁到桃溪以后之事甚详，因此至其高祖一辈是可以考清楚的。至于高祖之前的世系以及桃溪谢氏的祖先，则是不甚详明，甚至扑朔迷离的。今试考之。

一、谢铎的远祖——桃溪谢氏究竟是出于谢万，还是谢灵运？

谢铎为其族叔谢省所作的《贞肃先生墓志铭》曰：

先生讳省，字世修，别号愚得。既老，更号台南逸老，学者称逸老先生。姓谢氏，系出经略使鞅。鞅，实康乐公之后。曾祖孝子府君讳温良，始自黄岩，再迁邑南之桃溪，桃溪今分隶太平，遂为太平人。①

李东阳《宝庆知府谢公墓表》曰：

---

① 《谢铎集》卷五十九，第560页。下文有引用谢铎诗文处，均用笔者整理本《谢铎集》中文字，如无必要，不再一一出注。

公姓谢氏,讳省,字世修,世居黄岩曰桃溪,今分隶太平县,为宋康乐公灵运之裔。①

又李东阳《神道碑》曰:

谢氏出晋康乐公后,经略使鞅至今若干世。

谢铎和李东阳说桃溪谢氏出于晋康乐公谢灵运之后。那么,真实情况如何呢?

成化九年(1473),谢铎的族叔谢省自宝庆知府致仕,与铎父世衍在会缌庵之基础上创办方山书院。成化十二年重修谢氏宗谱时,谢省作《宗谱序》曰:

吾谢氏旧有谱,元季兵乱,在窜徙扰攘之中,为隆五府君安人陈氏覆岳而腐矣,仅存二图。其一自典农中郎将缵传至伷,凡若干世,会稽世系图也,完整无缺。其一自伷子经略使鞅传至诏,黄岩世系图也,十敝八九,不可复得其名行之序矣,惜哉!正统间,从叔祖翁山筠轩公念宗派之不一,虑本支之无统,托诸塔山蔡先生公范创而修之,揭会稽之图于首,见吾谢氏派之远也;列黄岩之图于后,见吾谢氏派之盛也。②

没有提到桃溪谢氏出于刘宋时谢灵运之后,谢铎是时在翰林院任编修,亦写了一篇《重修宗谱序》,同样未提及桃溪谢氏是谢灵运之后。

值得注意的是今《桃溪谢氏宗谱》中收有成化十二年桃溪谢氏重修宗谱时收集到的古《宗谱》中的两段话:

汉仆射谢雍徙自沛,居阳夏,即今开封府是也。雍十一代孙缵,晋典农中郎将;缵子衡,国子祭酒;衡子裒,太常卿、吏部尚书;裒六子:奕、据、安、万、石、铁。

安,常辞征辟,寓居会稽。万,豫州刺史、淮南太守、散骑常侍;万子

---

① 见《桃溪谢氏宗谱》,第31页。
② 《桃溪谢氏宗谱》,第7页。

韶,封车骑司马;韶子思,黄门郎、武昌太守;思子宏微,宋中庶子、侍中、建昌县;微子庄,中书令、散骑常侍、金紫光禄大夫;庄子瀹,齐太子詹事;瀹子举,梁尚书令;举子煆,侍中、中书令都官;煆子伷,尚书;伷子经略使鞅,谪居永宁镇。①

按,"建昌县"后当缺一字,从上述世系看起来,桃溪谢氏的来源是清楚的。这是明成化年间谢省主持重修《谢氏宗谱》时收集到旧宗谱的孤页,应该是可信的。

谢省成化十二年重修宗谱时所得到的旧谱材料若为真实的话,那么桃溪谢氏源出于谢万。可是,为什么谢省死后,谢铎所作的《贞肃先生墓志铭》和李东阳《宝庆知府墓表》以及以后谢铎死后李东阳所作的《神道碑》会出现桃溪谢氏源出康乐公谢灵运这一脉的情况呢?这一说法的始作俑者,估计还是谢铎。谢铎为什么会提出这一说法呢?推测有三条原因:

其一,谢铎所处的时代是明由盛转衰的一个转变时期,宦官当权,忠良遭害。谢铎三次出仕,三次辞职还乡的经历,使他心中十分痛苦,想起本族远祖中耿介之士谢灵运,十分感慨,有同病相怜之感念。故自称谢灵运之后,借以明志。

其二,谢铎是一位文学家、教育家。作为一位文学家,希望有一位有文名的祖先。谢灵运是著名山水诗人,谢铎亦喜山水,自己感觉与这位先祖心灵相通、有共同的爱好;而谢万则仅是一位官僚。

其三,成化年间所得到的资料本身就是假的,甚或是伪造的。如果成化十二年重修的宗谱所用的材料是伪造的,反正祖先是搞不清楚了,那么用谢万或谢灵运都无所谓了。谢灵运祖父是谢玄。谢玄的父亲是谢奕,谢奕即谢万之长兄,奕、万同出一门,那么出于谢奕与谢万有什么区别呢?这当然仅仅是推测。

话再说回来,如果谢省成化十二年修宗谱时所用的材料是真实的话,那么桃溪谢氏当出于谢万。谢铎、李东阳的关于桃溪谢氏出于谢灵运的说法当予以纠正。

二、关于谢鞅谪居"永宁镇"后的谢氏谱系

1998年谢氏所重编的《桃溪谢氏宗谱》中有《历代纪事》一章,曰:

---

① 《桃溪谢氏宗谱》,第6页。

废兴盛衰之数,在天地间如寒暑昼夜之必然,国与家未尝不同之也。国之废兴存乎史,家之盛衰存乎谱。然史不灭,而谱不能以俱存。故吾家始迁之祖然称经略公,而远自唐初,漫不可考,所可考者,惟禄八府君而已。府君生宋季,至今亦且几二百年矣,三易姓而为我明矣,即其国之废兴、家之盛衰亦于是乎可见,固不得不随其世代而略之。若曰一人之家而能与天地相为悠久,吾浅薄不足上承祖宗之积累,吾岂敢哉?高宗上元二年乙亥,始基祖经略使谪居永宁镇。永宁,即今黄岩镇,邑人相传以为江北天光寺是也。经略公讳鞅,梁尚书仆射伷之子,详见世系录。元末谱亡,历唐五代以至宋初,世数皆不可考。①

又,谢省曾作《方山谢氏谱传》,曰:

始迁祖经略使鞅,梁尚书仆射伷之子,仕唐为经略使,以罚盐谪居永宁镇,即今黄岩天光寺是也,字行卒葬无考。

禄八府君讳滦,字茂海,读书知大义,明岐黄之术,邻里有求剂者,辄应之而不较,因自号杏隐。安人瓯韶车氏,子惇、怡,女温中,适邑西黄,享年六十有一,葬黄邑杜家村北山,即今石湫桥里乌龟屿是也。②

又据1998年重编之《桃溪谢氏宗谱》,其中有《桃溪方山总图》曰:

始祖滦—惇—诏—坤—温良(迁太平桃溪)③

从上面的谱系,我们可以看出,自唐高宗上元二年乙亥谢鞅谪居永宁镇(即今黄岩县江北天光寺)之后,谱系中断无考。后至谢滦始重新见于宗谱,自谢滦至谢温良,又过了五世。

三、谢铎的近祖

1. 高祖谢温良。《嘉庆太平县志》卷十二《人物志》:

---

① 《桃溪谢氏宗谱》,第5页。
② 同上,第11页。
③ 同上,见《方山世系图》。

> 谢温良，字伯逊，桃夏人。元至正间客昌国，奉母陈氏以居。陈病症，伯逊刲股作糜以进，母辄差。时昌国方内附，会兰秀山盗发海上，朝廷命元州人悉窜匿山谷，伯逊侍母病独不去，师义而释之。寻奉母还黄岩，而留橐旧馆人家。越一年，往取橐焉，比至，忽梦母盛饰坐堂上，辄弃橐以归，母果病危。又一年，母复病痱，手足痿痹不自举，伯逊扶持眠食起居，凡十有三载，不少懈。洪武中，以孝廉应召且授官，敕还祀其先，竟发病卒。

关于谢温良的生平，《桃溪谢氏宗谱》还收有太平名士鲍原宏作的《谢孝子传序》、李东阳的《谢孝子墓表》，可以参看。

2. 谢铎的曾祖谢本雍。生平事迹待考。

3. 谢铎的祖父谢廷乾。《桃溪谢氏宗谱》云：

> 廷乾，字性端，德一府君本雍公之子，孝子公之孙也。生卒失考，系桃溪谢氏兆岙派始祖。青年时，与本乡名士陆修正、鲍原宏、汤朝宗文字交，因陆修正家贫，置塾礼于终身。安人赵氏名欣，生二女一男，男甫晬，乾卒，赵年二十九，守志弗二，有利其财欲逼之嫁者，赵闻之，即断发自誓，遂散其财，厚赀妆以嫁夫之幼妹，所存仅给衣食而已，利者乃止。一婢严，年十九，亦誓弗改节，与赵皆年几八十而终，乡邦称叹。后孙铎贵，呈表请封，诏赠廷乾为礼部右侍郎，诏封赵氏为节妇，居室称为贞则堂，立励俗坊。

从上段文字我们也可以看到陆修正、鲍原宏是谢廷乾之友，即为谢廷乾之祖父作《传序》者也。又谢廷乾在其子才满一岁时即死。晬，婴儿满百日或一岁之称。孟元老《东京梦华录·育子》："生子百日置会，谓之'百晬'；至来岁生日，谓之'周晬'。"[①]按浙东之习俗，此处似指周晬，及满周岁之称。在儿子刚满周岁时，谢廷乾去世了。其妻才二十九岁，誓死不嫁，分金嫁姑，养子成人。

关于赵氏，《嘉靖太平县志》卷七《人物志·贞淑》：

> 赵氏：名欣，桃夏谢（廷）乾妻也。生二女一男，男甫晬，乾卒。时赵

---

① （宋）孟元老撰、伊永文笺注《东京梦华录笺注》，中华书局2006年版，第504页。

年二十九,守志弗贰。有利其财产欲逼之嫁者,赵闻之,即断发自誓,遂散其财,厚资妆以嫁夫之幼妹,所存仅给衣食而已,利者乃止。一婢严,年十九,亦誓弗改节,与赵皆年几八十而终。乡邦称叹,因名其所居曰贞则堂,学士刘文安公定之为之记。

关于谢铎祖母赵氏之婢严闰,谢铎曾写过一篇《严贞姆传》,从中可见谢铎祖父去世时谢氏家族某些人逼其祖母改嫁、其祖母拒绝时之情景。而婢女严闰与之同艰共苦抚育孤儿(即谢铎之父)长大,其后亦得到谢宗胤、谢铎父子的敬重。

4. 谢铎之父谢宗胤。《桃溪谢氏宗谱》中有《实录》一篇,曰:

> 允二府君讳宗胤,字世衍,盛一府君大房兆岙派始祖廷乾公之子,淑人高氏,以子铎贵,初封翰林编修,后赠礼部右侍郎,是方山书院创建人之一。子五:振铎、振铙、振镈、振鑑、振锐。余失考。①

按,谢振铎即谢铎,振,行名。

四、谢铎的二位族叔兼老师谢省、谢绩

谢铎称自己的老师是二位族叔:谢省和谢绩昆仲。王廷相《墓志铭》曰:"(铎)年十四,叔父逸老先生授以《四子书》《毛诗》,辄通大义。"《嘉靖太平县志》卷七《人物志》称谢绩死后"其门人文肃公铎辑其遗稿"云云。谢省和谢绩亦是当时著名诗人:省有《逸老堂诗集》,且常与李东阳等人唱和;绩有《王城山诗集》,李东阳为之作序。二人生前身后均有一定影响。对于这两位诗人,钱谦益《列朝诗集小传》将谢省收入"丙集",谢绩收入"乙集",然而叙其生平均不甚详。"谢省"条曰:"省,字□□,黄岩人。景泰甲戌进士,有《谒侯城里诗》。""谢山人绩"条曰:"绩,字世懋,黄岩人。少与兄省相为师友。读书务极底里,人或以古迂谑之,弗顾也。李文正评之曰:'山人之诗,始规仿盛唐,得宛转流丽之妙;晚独爱杜少陵,则尽变其故格,益为清激悲壮之词,思极其所欲言

---

① 《桃溪谢氏宗谱》,第35页。

者.'"可见,对谢省、谢绩的生平,钱谦益亦可能已不十分清楚。实际上,结合地方志材料及谢铎《桃溪净稿》等文献资料,谢省、谢绩二位诗人的生平还是可以考证清楚的。

1. 谢省。《嘉靖太平县志》卷七《人物志下》云:

> 谢省字世修,号愚得。以进士起家,天顺初,拜南京车驾主事,未几转武选员外郎。成化己丑,迁宝庆知府。至则首与神誓,悉推堂食钱为公用,大书真西山四事十害为僚属戒,仍条民隐十四事请于上,次第罢行之。春秋则时行郊野,察民不足,周给焉,至给牛种以千百计,教民妇女纺绩。斥淫祠以为社学,会计郡储积可支五年,乃选学官,弟子教之府,乡村教之社学,皆得以饩食于公。公暇则课业讲文,诣社学正句读,行赏罚。已又撮取《朱文公家礼》,并作《十勿诗》,俾民诵习之。其怙终不率者,则一裁以法,至黜县令二人,籍其赃以代民赋。由是境内肃然,皆望风相戒不敢犯。会岷府奏欲徙建宫殿,檄有司议,公执不可,府中人行数百金,令有势力者来问,不为动。已而巡抚、都御史力主其议,公乃乞补教职,不许;连乞养病,亦不许。既三年以考满,至中途上疏径归。于是时公年才五十有四,声誉地望方骎骎上,当道交章荐之,檄下郡县趣公,而公竟不至。吏部或问其故,则曰:"士方好进,故吾当勇退以风之耳。"比公去,而岷藩之议行矣。宝庆人相与即学官立去思之碑,巡抚吴公亦以公名荐于朝,盖清议之不容泯云。公既归,囊橐萧然,田园邸舍一无所问,而顾孜孜祠墓间,倡族人及封君世衍作会缌亭。每旦必深衣幅巾以谒祖考,又率同宗人祭始基之祖,作敦彝十二会。暇则与弟子讲学方岩书院,议行乡约。时复逍遥杖履,从一二布衣登高望远,酌酒赋诗,里俗咸为感化。公早以诗名,晚益博通群书,而尤深于《礼》,所著有《行礼或问》《杜诗注解》《逸老堂净稿》,率板行于世。卒年七十有四,门人私谥之曰贞肃先生。

2. 谢绩。《嘉靖太平县志》卷七《人物志下》:

> 谢绩字世懋,贞肃先生省之弟。公自少与贞肃自相师友,读书务穷极底里,贯彻为经,实际为纬,即弗正行,弗任以组织。人或以古迂谑之,公

弗顾也,而识者题之。尝七试于有司,人咸拟其第,顾数不第。乃成化辛卯年复试,拟必第,则先试期五日卒。人叹曰:"嗟,世懋命矣夫!"其门人文肃公铎辑其遗稿曰《王城山人诗集》刊焉。李文正东阳评之曰:"山人之诗,始规仿盛唐,得宛转流丽之妙。晚独爱杜少陵,则尽变其故格,益为清激悲壮之词,思极其所欲言者。其死也,盖有遗力焉。顾其忧思、愉乐、叙事、引兴,虽往复开阖,未尝不出于正,此可以知其人矣。"公止一女,适郑宠,亦累举不利。

谢绩英年早逝,又是在杭州应考之时在寓舍忽然得病去世的。死后其诗文稿亦散失殆尽,是谢铎替他收集、整理、刊刻,得一百六十九篇,编为《王城山人稿》,又名《王城山人诗集》。《嘉庆太平县志·艺文志·书目》:"《王城山人稿》明谢绩著。总百六十九篇,为卷三,犹子文肃哀刻,九十五篇在家从游时所录,四十九篇于敝箧得之,皆与人往来,二十七篇则东广邝尹载道所得。李东阳序,陈献章书其后。"①李东阳序今存。李东阳慧眼独具,在《王城山人诗集序》中指出其诗作"始规仿盛唐诸人,得宛转流丽之妙。晚独爱杜少陵,则尽变其故格,益为清激悲壮之调,思极其所欲言者"②,评价甚高。

综上所述,我们可以得出以下几点结论:

首先,谢铎出生在浙东一个注重诗礼儒学的耕读之家,其高祖之孝,其祖母及严贞姆之守节不移,其父亲之重视教育,对谢铎思想的形成有一定的影响。

其次,作为谢铎所崇拜的二位族叔老师,谢省和谢绩无论在思想上还是在诗文创作上给谢铎的影响都是巨大的。谢铎在天顺八年(1464)三十岁时才考中进士,此前一直在家乡"会缌庵"就读。"会缌庵"是由谢铎之父谢宗胤和谢省、谢绩三人举办的,省、绩亲为教师。谢铎走上仕途后,三次为官,三次辞官还乡,这与谢省五十四岁时辞宝庆知府还乡之举相似。他为官清廉,亦如谢省。他崇程朱理学,《桃溪集》中流露出来的刚正之气,与谢省一脉相承。他作诗提倡复古,学陶渊明、杜甫、苏轼、黄庭坚,这又与谢绩何其相似乃尔。

再次,由于谢铎是"茶陵诗派"重要作家,而谢省与李东阳甚有交往,常有

---

① 《嘉庆太平县志》卷十五。
② 《怀麓堂全集·文前稿》卷二。

诗歌唱和，李东阳又对谢省、谢绩的人品和学识甚为敬重，因此，谢省、谢绩的学术思想和诗歌创作对"茶陵诗派"的诗歌理论和诗风的形成，应该说还是有一定影响的，这一点也不能忽视。

第三节　谢铎生平事迹考

谢铎生平事迹，《明史》本传记载的总体脉络是清楚的：他三次出仕，三次离职还乡。三次出仕，史传中所记以第一次为详，后二次较略；而家居时期几乎无载。谢铎的第一次出仕，是在天顺八年中进士后，改庶吉士，授编修，预修《英宗实录》，校《通鉴纲目》，升侍讲。后丁忧回家，服满后谢病不起。第二次出仕是在弘治元年，复原官，以翰林院侍讲的身份预修《宪宗实录》，三年升南京国子监祭酒，四年辞职回家；第三次出仕，是孝宗皇帝十二年下诏重新起用谢铎为礼部右侍郎管国子祭酒事，铎因病屡辞，不许，十三年赴任就职，居五年，引疾归，正德五年卒于家。然而存在的问题也是明显的，比如他生卒的具体年月；他第一次丁忧回家及服除谢病家居的时间及原因；第二次辞职之因；第三次辞职回乡之因；还有他乡居时的作为。今采多种史料，希望勾勒出比较详细的谢铎人生轨迹。

一、生卒时间及入仕之前行实

谢铎的出生年月，唯《桃溪谢氏宗谱》中所收的李东阳《神道碑》云："公生宣德乙卯年二月。"[①]关于他的去世年月，《神道碑》曰："（正德）庚午正月二十四日终于正寝。"[②]而王廷相《墓志铭》则云："正德五年二月二日，方石先生卒于家，年七十有六。"[③]大致相符，然相差几天，未知何者为确。不过只差几天，无关大局，可忽略不计。

关于谢铎入仕之前的事迹，《台州府志·谢铎传》曰："幼苦学，常悬髻读

[①]　《桃溪谢氏宗谱》，第43页。
[②]　同上，第42页。
[③]　同上，第45页。

书,至夜分不辍,与同邑黄孔昭友契;性介特,力学慕古,讲求经世务。"①王廷相《墓志铭》曰:"生而姿性澄朗,机神警悟,童时即能为韵语。年十四,叔父逸老先生授以《四子书》《毛诗》,辄通大义。将冠,游邑校,与同邑黄文毅公孔昭友契,服膺儒素,日相砥砺,以古人自期,乃并有时名。天顺三年,浙江发解第二人;八年,登进士第。"黄绾《行状》所载大略相同。李东阳《神道碑》曰:"少从从父宝庆知府世修学,师事终身。"族叔世修逸老即谢省,曾任宝庆知府。

二、丁忧回乡的时间及服满谢病不起的原因

关于谢铎因父母亡故丁忧回家之事,《明史》本传不书年月,仅曰:"遭两丧,服除,以亲不逮养,遂不起。"黄绾《行状》稍详:"庚子,丁外艰,再罹内艰,守礼如古。""丁艰",犹"丁忧",旧ересь遭父母之丧。"内艰",旧称母丧。"外艰",旧称父丧。李东阳《神道碑》则曰:"戊戌,以家艰去。"王廷相《墓志铭》不书年月。《嘉靖太平县志·谢铎传》在时间上与李东阳的《神道碑》相同。

从以上材料我们可以看出,谢铎第一次离职返乡的时间,有黄绾的"庚子"即成化十六年(1480)和李东阳的"戊戌"即成化十四年(1478)二说。那么,哪种说法为确呢?《谢铎集》卷六九《谢病疏》曰:"臣原籍浙江台州府太平县人,由进士历升今职。成化十六年四月十六日,丁父谢某忧,钦蒙照例还家守制。本年六月二十二日奔丧至杭州府地面,又闻母高氏病故,照给勘合内事理具告本县。至成化十八年闰八月初一日,例该服满起复。"又《谢铎集》卷七十《乞致仕疏》:"成化十六年四月内,闻父丧回还原籍守制……"同卷《再乞致仕疏》:"成化十六年五月内,以丁忧还家……"以上三文当可证明谢铎丁忧离职时间为成化十六年五月。李东阳《神道碑》与《嘉靖太平县志·谢铎传》所记有误。

按当时制度,谢铎守制至成化十八年八月底,闰八月初一即可起复。谢铎《谢病疏》曰:"至成化十八年闰八月初一日,例该服满起复。"《谢铎集》卷十四有《伤感四首(成化十八年闰八月)》,其一曰:"泣血归来泪尽吞,枕苫空复念晨昏。三年竟挈《中庸》制,百岁谁酬罔极恩。忠孝力惭吾道久,乾坤心苦此生存。不才也识非先志,盛德多应付后昆。"表达了他对父母同年双亡而自己不及侍奉的内疚,这心情是可以理解的。

---

① 《台州府志》卷一百零一《人物传二》,第 1428 页。

然而,谢铎为什么在服除后坚决谢病不出呢?学而优则仕是中国古代读书人最高的追求,谢铎曾为之而努力奋斗,并且在考中进士后改庶吉士,进入翰林院,这在封建社会里是十分荣耀的事。

谢铎是天顺八年(1464)登进士第的。据《明清进士题名碑录·天顺八年甲申科》①,谢铎在二甲三十一名,李东阳为二甲第一名。《明史》本传曰:"天顺末进士。改庶吉士,授编修,预修《英宗实录》。"按,编修为正七品。黄绾《行状》曰:"甲申,登进士第,与今少师长沙李公、大司马华容刘公同选入翰林为庶吉士。益肆力学问,学士永新刘公、莆田柯公典教,皆深器之。成化乙酉,授编修,预修《英庙实录》,赐银币,升俸从六品。"按,谢铎登进士第后,与李东阳等人一起被选为庶吉士。《明史·职官志二》:"庶吉士留馆授职,往往溢额,无定员。……自洪武初有六科庶吉士。十八年以进士在翰林院、承敕监等近侍者,俱称庶吉士。永乐二年始定为翰林院庶吉士,选进士文学优等及善书者为之。三年试之。其留者,二甲授编修,三甲授检讨;不得留者,则为给事中、御史,或出为州县官。"②据《明宪宗实录》卷三"天顺八年三月"条,当时授第一甲进士彭教为翰林院修撰,吴(按即陆)、罗璟为编修,选进士李东阳、倪岳、谢铎、张敷华、陈音、焦芳、汪镃、郭玺、计礼、傅瀚、张泰、吴希贤、刘大夏、刘道、董龄、杜懋、史芳为庶吉士。又据《明实录·宪宗实录》卷二十"成化六年八月"条,谢铎与李东阳、倪岳、焦芳、陈音被擢为翰林院编修。另《明实录·宪宗实录》卷四十五"成化三年八月"条,"翰林院编修李东阳、倪岳、谢铎、焦芳、陈音、程敏政,检讨吴希贤,人白金二十两、文绮二表里、罗衣一袭",各升俸一级。"茶陵诗派"核心人物在此时聚集于翰林院。

成化九年,谢铎奉旨校勘《通鉴纲目》,上《癸巳封事》和《论西北备边事宜状》。成化十一年秩满,进侍讲,加从五品俸,值经筵。关于这一段经历,《明史》本传有载,而黄绾《行状》说得更明白:"癸巳,被旨校《通鉴纲目》,先生因指历代得失,为疏数千言以进。曰:宋神宗好《通鉴》,理宗好《纲目》,徒知留意其书,不能推之政治。因论时政之失,宜求贤讲学,见诸行事,不为二君之徒好。甲午,被旨入读中秘书,条上西北备边事宜。略曰:河曲一方近失声援,

---

① 朱保炯、谢沛霖编《明清进士题名碑录》,上海古籍出版社1979年新1版。
② 《明史》卷七十三,第1788页。

诸国倚伏窥视。夫大河为关辅之限,而受降来胜又大河之藩篱,失此则河不可守,况又失河而退守,其何能及？况绥延经榆林至宁夏二千余里,列堡二十有三,马步军二万三千有奇,老羸半之,是以往岁寇掠如入无人之境。东自孤山、柏林诸堡,中自平夷、怀远诸堡,西自靖边、清平诸堡；又西则宁塞诸处直抵金汤,川安边诸处直抵环庆,花马池诸处直抵固原,以至土门、塞门、山城诸处,莫非敌人之路。朝廷久为搜套之策,疑而未决,及此无事,正宜蓄兵养锐,于大同、宁夏以为东西之援,渐图收复汉唐故疆与国初东胜之地。据三受降城以极形势,守其不攻者,策之上也。又曰：今用将帅,皆晚唐之债帅也,战没者士卒而名数不闻,克捷者士卒而赏归权势,克减之暴,办纳之艰,怨塞胸腹,得而使之乎？言甚剀切,皆凿凿可用。乙未,秩满,升侍讲,入预经筵,反覆推说,皆人所难言。"《癸巳封事》与《论西北备边事宜状》今存,见《谢铎集》卷六十九,是研究谢铎第一次出仕期间的思想的重要文献。

在积极仕进的状况下,即使父母双亡,也不该就此止足,那么,到底为什么呢？《明史》本传仅曰："服除,以亲不逮养,遂不起。"这样的记载似乎太简单了些。其个中原因,今试考之。

首先,是父母在两个月中先后去世,悲伤过度,身体不好。谢铎《谢病疏》曰："成化十六年四月十六日,丁父谢某忧,钦蒙照例还家守制。本年六月二十二日奔丧至杭州府地面,又闻母高氏病故。"未提及父母之死因,仅曰："居丧以来,心神耗乱,气血摧毁,几不能生。"后又在《乞致仕疏》中提及此事,曰："成化十六年四月内,闻父丧回,还原籍守制服阕,间忽患伤寒,变成劳弱等症,旋至两腿风湿麻痹,率难动履,一向告病。"

其次,谢铎是一位理学家,以天下为己任,在翰林院任职时,直言敢谏,对朝中官员,时有得罪。《明实录·孝宗实录》卷五十二"弘治四年六月"条曰："(黄)孔昭为人处事多深刻,始不就科举,本欲取时名,后虽就科举,人惟识其初名而知其事者,则疑焉。孔昭重欲掩其自出意,则假道学之名自引高,与张元祯、谢铎、李钊等互相标榜,以钓虚名。(尹)旻止闻其名,即改吏部,及为文选郎中,则其家暴富,人颇议焉。因同类更相推重以道学之名,故人多为所欺。然所学不过记诵词章,助应对以饰外耳,其于正心诚意之学,叩之懵然也。方成化中,每早朝入掖门,当缙绅丛聚之中,必与铎辈论诗文,或又评程朱当时事,故声大言,欲闻于人,刺刺不休,如是者十余年。或厌之曰：此辈终日群居,何不讲学,而乃独于禁地严敬忙迫之际,岂平心易气从容论理时耶!彼刺刺若此,何也?况言论之际,作为微哂摇头之状,阴险伺人之情,识者尤甚鄙之。"①尹旻,时任吏部尚书。可见,作为理学家的谢铎、黄孔昭在当时的朝廷中与同僚的关系并不十分融洽,落落寡合,且常遭人攻击,谢铎可能为之感到心寒。

再次,谢铎父谢世衍与谢省创办了族学"会緫庵";谢铎居丧期间,与族叔谢省扩建"会緫庵",筹建"方岩书院",并亲自执教其中,以继续乃父的事业。《嘉庆太平县志》卷五《职官上·书院·方岩书院》:"明封翰林谢世衍与弟宝庆知府省创建,以教乡族之秀,而方石成之。"明潘辰《方岩书院诗序》:"成化庚子,翰林侍讲方石谢先生服阕不起,日讲学里中,从游者众,书舍不能容,请将其季父宝庆公就左近地图为书院。"《桃溪谢氏宗谱·谢铎简传》:"丧期满,几催谢病不出,与叔省扩建方岩书院,执教其中,并与亲友研文吟诗,游雁荡、天台等地。"按:方岩书院正式建成并命名在弘治二年。方岩书院的前身是会緫庵,《嘉靖太平县志·职官上·书院》和《宗谱·谢铎简传》概而言之,阅者当慎察焉。又按,会緫庵为方岩书院前身,为谢铎父世衍与族叔谢省所建。《嘉靖太平县志》卷四《职官上·书院》:"方岩书院:在县西北三十里,方岩山北。国朝封翰林编修谢世衍与弟宝庆守省所建。"李东阳《方岩书院记》:"自先生叔父愚得公以宝庆守致仕,始为会緫。"②谢省成化九年致仕。又《谢铎集》卷十六有《从太守叔父谒墓听诸少读书感而有述》诗曰:"偶从藜杖一登临,坐遍峰阴更水阴。芳草有情怜我老,落花随意觉春深。乾坤岂尽平生恨,丘陇粗酬此日心。莫怪深愁翻剧喜,忽听空谷有遗音。"最后二句写谢铎听到了"会緫庵"的朗朗书声,心中充满了喜悦。按诗的编年顺序推算,此诗作于成化二十年,谢铎时年五十岁。这段时间,谢铎在会緫庵还作有《緫山杂咏五十首》,收在《谢铎集》卷二十三。

三、辞南京国子监祭酒之任而请求致仕之因

关于谢铎的第二次出仕,《明史》本传载之甚简,曰:

---

① 《明实录·孝宗实录》卷五十二,第1031—1032页。
② 《怀麓堂全集·文前稿》卷十三。

弘治初,言者交荐,以原官召修《宪宗实录》。三年,擢南京国子祭酒。上言六事,曰择师儒,慎科贡,正祀典,广载籍,复会馔,均拨历。其正祀典,请进宋儒杨时而罢吴澄。礼部尚书傅瀚持之,乃进时而澄祀如故。明年谢病去。家居将十年。

谢铎这一次出仕,主要是做了二项工作,一是以翰林院侍讲的官职修《宪宗实录》,二是担任南京国子祭酒,上书言六事,因正祀典事与昔日之同年进士、今日之上司傅瀚发生矛盾。但为什么要谢病辞职呢?上面这段记载有无问题呢?

成化二十三年八月,宪宗皇帝死,孝宗继位,次年改元弘治。孝宗皇帝求治求贤,言官们推荐了一批在成化年间以多种原因离职后以各种借口滞留家中的官员,其中就有"谢病在家"的翰林院侍讲谢铎。比如《明实录·孝宗实录》卷五"成化二十三年十月"条载工部主事林沂之言,卷七"成化二十三年十一月"条载巡按直隶御史姜洪上疏言八事中再荐"学问渊博,议论持正"的谢铎等等。《明史》本传曰:"弘治初,言者交荐,以原官召修《宪宗实录》。"吏部下文召谢铎是在弘治元年五月,铎奉召动身赴京在弘治元年八月。《谢铎集》卷七十《乞致仕疏》曰:"至弘治元年五月内,为纂修宗纯皇帝实录事,奉吏部寅字一千二百五十六号勘合行取,不得已扶病赴京。"《再乞致仕疏》曰:"……延至弘治元年八月内,始以纂修之命,扶病供职。"黄绾《行状》曰:"孝皇初亲庶政,于是廷臣交章论荐,会修《宪庙实录》,诏起之。先生未决,大父与长沙公贻书来劝,遂行入朝。供事兵馆,书汪直、王越问边事最直。"王廷相《墓志铭》所记基本相同。汪直,广西大藤峡人,瑶族,成化时为御马监太监。十三年,领西厂,设官校刺探臣民隐事,屡兴大狱,仇杀诬陷无所不为,夺占民田达二万顷。又巡边监军,威势倾天下。后为御史所劾,罢西厂,降直奉御,其党羽均被斥逐。王越(1423—1498),大名府浚县人,字世昌。多力善射,有文武才。景泰二年进士,授御史。天顺初至山东按察使。七年,因李贤荐擢右副都御史。巡抚大同。在官整军经武,大修边备。成化初,兼巡抚宣府。七年,总督军务,数出边塞,进击据有河套的鞑靼军。九月,率许宁、周立出榆林,收复河套。次年,为首任三边总制。旋还朝,督十二团营,累官为兵部尚书。以急于功名,附宦官汪直。十六年,从汪直出兵,至威宁海口,袭杀鞑靼军党羽,封威宁伯。直得罪,越亦夺爵除名。弘治间复起,又结宦官李广。十年,总制甘凉边务。广得罪,越颇忧恨,旋卒。越虽能兵,但因勾结中官,为士论所轻。

弘治三年谢铎擢南京国子监祭酒,上书言六事,提出一系列改革措施。《嘉靖太平县志·职官上·谢铎传》:"庚戌,擢南京国子祭酒,以身为教。先是,诸生有六堂班见礼,公尽革去之,捐皂役钱沛诸僚属,籍膳夫钱于官,购东西二书楼用度镂板。上疏请增杨龟山从祀而黜草庐吴氏,其余若择师儒、慎科贡、广载籍诸论列尤多。"①王廷相《墓志铭》:"升南京国子监祭酒,以道义廉节为教,士皆刮涤旧习。又疏国学事宜六,上之曰:择师儒、慎科贡、正祀典、广载籍、复会馈、均拨历。其正祀典略曰:孔庙从祀之贤,万代仰止,龟山杨时,程门高弟,实衍延平之脉,新经之辟,足以卫道,乃今不预从祀;临川郡公吴澄,为宋举子而显仕于元,夫出处圣贤大节,忘君事仇,迹其所行,不及洛邑顽氏,顾在从祀之列,臣实惑之。风教所关,不可不正。"

然而,在读《明史》本传叙及此事时,有一处要注意,即:"礼部尚书傅瀚持之,乃进时而澄祀如故。"按,傅瀚与李东阳、谢铎为天顺八年同年进士,同入翰林院为庶吉士,同转为翰林院编修,《明史》卷一百八十四《傅瀚传》曰:"孝宗嗣位,擢太常少卿兼侍读,历礼部左、右侍郎。寻命兼学士入东阁,专典诰敕,兼掌詹事府事。弘治十三年代徐琼为礼部尚书。"②谢铎在弘治三年任南京国子监祭酒时,傅瀚尚未任礼部尚书,此处的"尚书"当是史官之语,修史时以傅瀚最后的官职言之。按傅瀚与吴澄为江西同乡,故而"傅瀚持之,乃进时而澄祀如故"。

弘治四年,谢铎谢病回家。关于谢铎此次"乞致仕"之因,据他自己《乞致仕疏》所云,是继长子兴仁在成化十八年十一月死后,次子兴义又在弘治四年三月亡故,"先祀无托",故提出辞职还乡。"先祀无托"固然是辞职的重要原因,然而作为理学家的谢铎,最重要的辞职原因恐怕还是"正祀典"中的"进杨时,黜吴澄"的提议受挫。因为谢铎认为这是"风教所关,不可不正",身为国子监祭酒,与其不能正风教,不如不当这个祭酒。

还有一个促使谢铎致仕的原因,恐怕是方岩书院的建立。谢铎第一次谢

---

① 《嘉靖太平县志》卷七。
② 《明史》卷一百八十四,第4882页。

病家居时,就着手改"会缌庵"为"方岩书院",方岩书院在弘治二年八月正式建成命名。现在方岩书院既已建成,自己在朝诸事不顺,不如归去,专心办理书院。在以后的十年中,谢铎即集中全力于办学事宜。故嘉靖、嘉庆两朝的《太平县志·职官上·书院》中记叙"方岩书院"时均记载了谢铎对该书院所作的贡献。

四、谢铎第三次辞职返乡养疾之因

在第二次回家近十年以后,谢铎在弘治十二年八月被任命为礼部右侍郎管国子监祭酒事。十二月差官赍文催谢铎赴任。《明史》本传曰:"荐者益众。会国子缺祭酒,部议起之。帝素重铎,擢礼部右侍郎,管祭酒事。屡辞,不许。"黄绾《行状》曰:"天下之思其人、想其风者,皆谓可望而不可即,而荐者益力,孝庙于是深知先生,欲大用之。戊午,会国子缺祭酒,吏部以先生名进,上特命升礼部右侍郎掌祭酒事,遣使就其家起之。先生两具疏辞疾。长沙公在政府,贻书谕上意,乃行。次越,得疾径归,以状投绍兴府缴进,力求致仕,不许。又疏投台州府转奏,知府不敢上。给事中吴世忠、主事潘府言当速起,以尽正人之用。使者再至,有司劝驾益急,遂行至京。以求退而得迁,非义所安,辞以旧官供职,不许,始受命。"谢铎本已致仕家居,此次起复,当是弘治皇帝对谢铎特别器重的表示,故曰"特命"。明代礼部设尚书一人,正二品,左右侍郎各一人,正三品。今阅《谢铎集》卷七十一有《辞免礼部疏》《在途再乞养病致仕疏》《再拟乞恩养病疏》《再乞辞免礼部职名疏》,知谢铎在上疏请辞不准后,于弘治十三年四月正式奉君命,动身赴任,五月十一日到绍兴,旧病复发,又辞职返乡,七月下旬再奉旨,十一月到京上任。此次从弘治十二年奉旨至正式上任,时间长达一年多。谢铎诗作亦多,见《谢铎集》卷四十一至四十四。

谢铎此次任礼部右侍郎管国子祭酒事,黄绾《行状》曰:"其为教如在南雍。时地震,诏诸司言事,因上章论维持风教四事,而论黜吴氏及纳粟马之害尤切。连疏乞致仕,六馆师生上章乞留,廷臣吴世忠、张芝、吴奬荐益力,被旨不允。"李东阳《神道碑》:"在北监,请增号舍,修堂室,又谓庙门衢面多狭斜,以为亵慢,买其地而廓之。又买官廨三十余区居学官,以省僦直,皆出夫皂顾役,余悉为公用。诸生贫困者亦有给,死者请京府致赗,给驿归其丧。又别祀叔梁纥、曾皙、颜路、孔鲤配之,以全伦义,而议黜吴氏者尤切,皆不果行。凡所建白皆师古义,持独见,未始有徇俗希人之意。虽尊官要地,忌者不能无,而舆论所归若出一口。其辞,则相率请留;其去,则争为论荐,如输粟纳马诸途素为所抑者,亦连名荐之。前后所上辞疏,朝廷每优诏慰答,至停禄以俟命,仅予告归。"王廷相《墓志铭》曰:"在国学教胄,务先养成器识、濯砺风节,一时士类翕然大变。"《明史》谢铎本传评曰:"时章懋为南祭酒,两人皆人师,诸生交相庆。"关于谢铎之再辞礼部右侍郎管国子祭酒事,第一原因恐怕还是由于改革之争,他一上任即就叔梁纥立庙及吴澄从祀事,与礼部尚书傅瀚发生了激烈的矛盾,《明实录·孝宗实录》卷一百七十三"弘治十四年四月"曰:"礼部议覆掌国子监事礼部右侍郎谢铎所陈三事,谓叔梁纥立庙及吴澄从祀事,铎与学士程敏政尝言之,俱以廷议不合而止,今请再集廷议……时尚书傅瀚力诋铎言为谬……澄遂仍旧从祀而铎议皆寝。论者谓……在瀚……唯溺乡里之私……"①可见争论之激烈。《明史·职官志一》"礼部"曰:"尚书掌天下礼仪、祭祀、宴飨、贡举之政令。侍郎佐之。"②在经过了努力之后,"正祀典"仍如南京祭酒任上一样无有结果,于是谢铎又提出辞职。

弘治十六年,朝廷要修《历代通鉴纂要》,命铎为润色官,然仍掌礼部右侍郎兼祭酒,直至回原籍养病。《明实录·孝宗实录》卷二百一十三"弘治十七年六月"条曰:"掌国子监事礼部右侍郎谢铎以久病辞掌印并停俸,得旨:印仍令谢铎掌,俸不必停。"③但实际工作转为《历代通鉴纂录》的润色工作。黄绾《行状》亦曰:"癸亥,上命会辑《通鉴纲目》,并续编为《纂要》,先生为润色官。论黜晋、隋、元之统,说皆有据。任职三载,念祖母赵氏守节未白,俟满考,请以本身诰命易为赵氏旌表。例死者不旌,上特破格行之,仍给诰命。既而复疏,乞致仕,半岁之间疏凡五上,辞署印至再四上,皆以温旨勉留,又不能夺,方许养疾,命驿归,俟痊愈以闻。"

此外,我们还应注意一条材料,即谢铎在此次任内曾被荐承担教育皇储的工作。《明史·林俊传》曰:"(十四年)又请豫教皇储,因荐侍郎谢铎,少卿储瓘、杨廉,致仕副使曹时中,处士刘闵堪辅导。报闻。已,屡疏乞休,荐时中自代。"④

---

① 《明实录·孝宗实录》卷一百七十三,第3146—3147页。
② 《明史》卷七十二,第1746页。
③ 《明实录·孝宗实录》卷二百一十三,第3999—4000页。
④ 《明史》卷一百九十四,第5136页。

《明史·隐逸传》"刘闵"条曰："弘治中，佥都御史林俊上言：'伏见皇太子年逾幼学，习处宫中，罕接外傅，豫教之道似为未备。今讲读侍从诸臣固已简用，然百司众职，山林隐逸，不谓无人。以臣所知，则礼部侍郎谢铎、太仆少卿储瓘、光禄少卿杨廉，可备讲员。'……"①《明史·职官志二》曰："詹事掌统府、坊、局之政事，以辅导太子。少詹事佐之。"又曰："按詹事府多由他官兼掌。天顺以前，或尚书、侍郎、都御史；成化以后，率以礼部尚书、侍郎由翰林出身者兼掌之。其协理者无常员。"②《明史·职官志一》："成、弘以后，率以翰林儒臣为之。其由此登公孤任辅导者，盖冠于诸部焉。"③作为翰林院出身且时任礼部右侍郎的谢铎，按照明朝惯例，可以出任教育辅导太子之职位。

故关于此次谢铎"乞致仕"的原因，据《谢铎集》卷七十二《乞致仕疏》《再乞致仕疏》所云，是因为身体不好，多病衰弱，且年已六十八岁。但主要原因恐不在此。据以上史料推测，可能有两个原因：一，身为礼部右侍郎管国子祭酒事，所提出的改革措施（正祀典、重科贡、革冗员、塞捷径）均得不到推行，自己所陈之事俱以廷议不合而止。"论吴澄不当从祀，时尚书傅瀚力诋铎言为谬，"这给谢铎以极大的挫折。二是负责皇储的教育工作给谢铎压力太大，孝宗是个好皇帝，求治求贤，然而孝宗与其他皇帝不同，史载他只爱张皇后，仅二子，长子即武宗厚照，次子蔚悼王厚炜，生三岁卒。这样，孝宗仅留下一个儿子，孝宗对这个儿子的溺爱是可以理解的。弘治十八年，孝宗薨，朱厚照即位时是十五岁，那么弘治十四年朱厚照已十一岁，从武宗即位后的"好逸乐""好骑射"，荒嬉无度来看，十一岁时的教育工作难度是很大的。谢铎是位严谨的理学家、教育家，现在让他来承担这项工作，且处于负责的地位，这是十分为难的。在这样的情况下，既不能得罪皇帝和太子，又不想敷衍塞责，在事无可为的情况下，除了辞职，恐怕没有更合适的选择了。也可能身体情况确实不好，皇帝命他"回家养疾"，并一再下诏不准谢铎致仕，应该说孝宗对谢铎还是十分器重，希望他能继续回朝任职的。笔者为温岭（即古太平）人，曾在谢铎故里下乡插队劳动和工作十年，谢氏后人都说，谢铎辞官回乡就是因为皇太子顽皮，极难教育，此说口耳相传，广为流布，可备一说。

---

① 《明史》卷二百九十八，第 4432 页。
② 《明史》卷七十三，第 1783、第 1785 页。
③ 《明史》卷七十二，第 1750 页。

谢铎在家养病,仍关心朝廷之事,《嘉靖太平县志·谢铎传》曰:"既归,会敬皇帝宾天,为之大恸。已而权奸用事,公闻刘、谢二阁老致仕去,辄又恸。已又闻刘华容谪戍,又恸。自后凡有北来人,辄颦蹙问邸报,又辄连恸。"

正德三年,吏部荐谢铎学术宏深,可以大用,然阉党掌权,矫令致仕。黄绾《行状》:"正德戊辰,吏部上其名,会权奸用事,遂令致仕。"与谢铎同样受阉党排挤而致仕的还有其他人,如《明实录·武宗实录》卷四十五"正德三年十二月"载:"吏部奏,刑部右侍郎李士实、都察院右副都御史陈璧、户部右侍郎何钧俱养病一年之上,请照礼部右侍郎谢铎例,移文各官,俱令致仕。许之。"[①]谢铎回家六年后去世。《明史》本传:"正德五年卒。赠礼部尚书,谥文肃。"黄绾《行状》:"先生归六岁,终于正寝,享年七十有六,正德庚午二月二日也。有司以闻,赠礼部尚书,谕祭赐,谥文肃,命进士桂萼治其葬,葬其里旸岙大梦山之原。"

五、谢铎与方岩书院

谢铎一生中三次出仕,三次因各种原因返乡家居。其三次为官的事迹是清楚的,而三次乡居之行踪则《明史》本传不载。第一次家居据前所考是成化十六年五月开始丁忧,十八年闰八月初一服除谢病不起,直至弘治元年第二次出仕,乡居时间达八年之久;第二次家居自弘治四年,至弘治十三年第三次复出担任礼部右侍郎管国子祭酒事,家居时间达十年;第三次家居是弘治十八年获准回家养病开始,直至正德五年二月卒于家,时间达五年。

谢铎三次家居,按常理推论,除第三次返乡系体弱多病(时已七十一岁,至七十六岁去世)获准养疾外,其余二次谢铎正当壮年,不会无所作为的。今阅地方志、宗谱等材料,又参照谢铎自作之诗文,其中透露出来的信息,说明他第一次乡居时,在"会总庵"任教并为创办"方岩书院"而努力,第二次乡居时,主持方岩书院并任教。

《嘉靖太平县志》卷四"书院"条曰:

> 方岩书院,在县西北三十里方岩山北,国朝封翰林编修谢世衎与弟宝庆守省所建,文肃公铎在告,邑之俊秀多从之游。李文正公东阳有记。

[①] 《明实录·武宗实录》卷四十五,第1026页。

《嘉庆太平县志》卷五"书院"条曰：

> 方岩书院，在王城山北。明封翰林谢世衍与弟宝庆知府省创建，以教乡族之秀，而方石成之。旁有相观、恐闻二斋。初，三谢皆师同里张勉轩，宝庆既出仕，方石以王城山人为师。宝庆、方石退休时，又皆讲学于此，《赤城新志》之修，亦即院开局焉。李东阳《记》载《艺文》。

明代教育可以分为民间教育和官方教育两个不同层次。民间教育为私塾、家馆、义学、族学等，是官方教育的基础。官方教育则是民间教育的准则。在这两个不同层次的教育体制之外，还有一种特殊的教育形式就是书院。它虽然属于民间教育范畴，却必须经官方的认可。它不是一种低层次的教育，而是一种高层次、属于学术传播探讨性质的教育机构。因此，民间教育、官方教育和书院教育构成了明代多层次相关联的教育体系。明代的多种文化现象，几乎都与这种教育体系有着不可分割的关系。谢铎在其父和族叔创办的会缌庵的基础上，创办了方岩书院，从招收本族子弟入学到开办高层次的书院，为国家培养人才，这一功绩是不可抹煞的。

李东阳《方岩书院记》曰：

> 方石谢先生作方岩书院于台州太平之缌山，盖旧所名杜山者也。山有孝子府君墓，墓有会缌庵，因更名其山。山之旁有狮子、虎头诸岩，娄旗、文笔诸峰，仙人迹、月岭、桃溪诸境，其外则环以大海，浩森无际，其后则天台、雁宕诸山，竦立乎霄汉之表，委灵输秀，至是而极，则结为方岩，巉耸峭拔，为一方之胜。故院以是名。为堂四楹，左右翼为相观、恐闻二斋，以居学徒。置田三十亩，以资教事。而仰高、望海、采藻三亭，及桃溪书屋、方石山房皆在焉。自先生叔父愚得公以宝庆守致仕，始为会缌，仰高而下，次第交作。先生又欲为是，请公主教其中。会有纂修之命，及留资于族叔怡云翁世弼。越一年，而以成报，则弘治己酉八月也。

从这篇文章我们可知方岩书院当时的情况。

《桃溪谢氏宗谱》有关于"会缌庵"及"方岩书院"的专门介绍，文长不录。

又潘辰有《方岩书院诗序》,除了表示对谢铎辞官的遗憾外,还盛赞谢铎主持的方岩书院当时在台州已很有名,其中"台南之士仰其风徽,愿得先生以为师也"之语可见书院之影响。

从以上材料我们可以知道"方岩书院"从"会缌庵"演化过来的历史,亦可知道谢铎为之付出了很大的精力,谢铎在其中讲学、培养学生,在其中写作,《赤城新志》《赤城诗集》等均在此中编成,又《谢铎集》卷三十六有《缌山伤感十咏》,咏《会缌庵》《孝子门》《望海亭》《一览台》《仰高亭》《濯缨池》《采藻亭》《竹林池》《方岩书院门》《方岩书院》。其《会缌庵》曰:"服缌强登山,泪湿缌如雨。庵空瓦砾初,谁辟兹山土。"《望海亭》曰:"大海方渺漫,兹亭宛如昨。极目扶桑阴,不见辽东鹤。"《仰高亭》曰:"尼山高不极,仰之心甚劳。清风今百世,共说首阳高。"《采藻亭》曰:"春风池上亭,池水故仍绿。采芳人不归,徘徊乱心曲。"《方岩书院门》曰:"登登方岩山,入门此其始。往辙今杳茫,迷途竟谁指。"最值得注意的是《方岩书院》诗,谢铎写道:"乡祠故有尊,吾院敢言尔。生作方岩师,死作方岩主。"好一句"生作方岩师,死作方岩主",道出了谢铎对他为之付出了半生精力的方岩书院的殷殷之情。

综上所述,结合史传、方志、宗谱、谢铎本人所作之诗文等各方面材料,谢铎的生平事迹是可以考证清楚的。他三次出仕,三次辞官还乡。出仕时,他积极进言,锐意改革,敢于得罪权贵,敢于得罪宦竖,不惜三次辞官去职;返乡家居时,他则积极致力于书院的创建和人才的培养。纵观谢铎的一生,他既是一位勤于著述的文学家,又是一位致力于改革的教育家,值得我们深入研究。

第二章　谢铎交游考

谢铎一生三次在朝为官,三次离职返乡家居。而三次在朝为官,则一在翰林院,二任南京国子监祭酒,三任礼部右侍郎掌国子祭酒事,经历复杂,故交游广泛。约略计之,他在朝时之交游,可分三部分:一是以台州籍僚友为主的浙江籍朝廷官员,他们受浙东程朱学派之影响,理学思想浓厚,在朝中显得"罕特",如黄孔昭、林克贤等,他们与谢铎被人视为同一类人物。二是翰林院诸友。谢铎在翰林院时间特别长,第一次出仕时,从天顺八年中进士,选庶吉士,直至成化十六年五月因丁忧离职,历时十六年多;而弘治元年第二次出仕时开始也复职翰林院,直至弘治三年才赴南京国子监祭酒任。可以说,在翰林院任职占据了谢铎仕宦生涯的大部分时间。在此期间,他与李东阳等人交谊甚深,诗歌唱和,文章应答,"茶陵诗派"即在此期间形成。李东阳为领袖,谢铎亦成为其中重要人物,他们共同为改变台阁体诗风笼罩文坛的状况而努力。三是其他仕宦之友。另外,谢铎三次离职还乡,家居时间较长,故有许多乡间之友。如陈彬,当年谢铎、黄孔昭、林克贤、陈彬四人同在县学,谢、黄、林三人先后中了进士,而陈彬十次赴考均不第,然陈谢友谊却未因仕隐而中断,且更深厚。还有谢铎创办"方岩书院",培养了一大批人才,并向朝廷推荐,也可视为交游之一部分。

第一节　谢铎交游考

承上所述,今作谢铎有关交游考略,史书中有传且详者,则本文略之;史传中略者,采其他材料补之;史传中所无者,则取地方文献资料。还依据谢铎的

《桃溪净稿》和《桃溪类稿》(为节省篇幅,概称《桃溪集》),找出有关诗文补充说明之,以期从交游角度来进一步了解谢铎的生平事迹及其思想以及当时文坛的一些情况。①

一、浙江籍同朝为官之友

1. 黄孔昭(1428—1491) 浙江太平人,初名曜,后以字行,改字世显,号定轩,晚号洞山迁叟。天顺四年进士,授屯田主事,成化间为文选郎中。选郎向皆闭门谢客,孔昭独不然,见客必询访人才高下,由是铨叙平允,其以私干者悉拒之。累迁南京工部右侍郎,以疾卒。嘉靖中追谥文毅。有《定轩存稿》。详《明史》卷一百五十八、《献征录》卷五十三。

黄孔昭是谢铎从县学开始的好友,黄绾《谢文肃公行状》:"将冠,游邑校,与绾先大父少司空友。大父树立坚特罕比,独与先生砥砺,慨然以古人自期。"孔昭早谢铎四年中进士,踏上仕途,二人在以后同朝为官的日子里,由于志趣相投,过从甚密,《明实录·孝宗实录》卷五十二"弘治四年六月"条曰:"方成化中,(黄孔昭)每早朝入掖门,当缙绅丛聚之中,必与铎辈论诗文,或又评程朱当时事,故声大言,欲闻于人,刺刺不休,如是者十余年。"②从这一段并非褒奖的记载中,我们可以看到谢、黄二人的密切关系。黄孔昭还与谢铎同编方孝孺著作《逊志斋集拾遗》,以及《赤城论谏录》等(《明史·艺文志四》)。成化十六年谢铎丁忧,后谢病在家,弘治元年,朝廷重新启用谢铎,铎尚有疑虑,是李东阳、黄孔昭写信极力劝谢铎复出,事见《行状》。谢铎《桃溪集》收有铎寄赠黄孔昭之诗作甚多,如《次韵黄世显戊子元日》《雨中戏柬黄世显》《喜黄世显将归遥寄一律》《苦雨柬黄吏部世显》《暮秋奉怀黄世显李宾之兼忆十五叔父》《病中有怀黄吏部》《病中怀黄世显李宾之二首》《岁除有怀柬黄世显李宾之》《六月二十八日晚得黄通政世显王主事存敬书感而有述》《次太守叔父韵答黄通政世显》《次韵黄世显题梅二绝》《次元韵再答黄通政世显二首》《次韵述怀柬黄通政世显》

---

① 本文所用的材料,有《明史》《明实录》《嘉靖太平县志》《嘉庆太平县志》《民国台州府志》、黄绾《谢文肃公行状》(简称《行状》)、李东阳《明故通议大夫礼部右侍郎掌国子监祭酒事致仕赠礼部尚书谥文肃谢公神道碑铭》(简称《神道碑》)、王廷相《方石先生墓志铭》(简称《墓志铭》)、李东阳《怀麓堂全集》、谢铎《桃源净稿》和《桃溪类稿》、焦竑《焦太史辑国朝献征录》(简称《献征录》)、何良俊《四友斋丛说》、钱谦益《列朝诗集小传》、《桃溪谢氏宗谱》等,其版本情况参见第一章注释,兹不赘。

② 《明实录·孝宗实录》卷五十二,第1031页。

《闻黄世显侍郎徙官南都感而有述》《纂修命下黄亚卿世显李学士宾之连以书来劝且示以诸公论荐大略愧感之余聊此奉答》《望金陵次韵怀黄世显亚卿》《新池次黄定轩韵》《郊斋有怀定轩愧斋二公》《致仕命下喜而有述次旧韵柬定轩》《再次前韵邀定轩愧斋二公登鸡鸣山》《寄黄定轩》《再寄黄定轩》《定轩再惠酒小诗将醋以谢》《读王城定轩二遗稿有感》《黄文选世显陪祀回奉柬一绝》《次前韵答定轩》《再次前韵酬黄通政定轩》《次韵答黄定轩》《四月二十八夜梦黄定轩在林亚卿墓上督工修》《砌哀歌一诗甚伟予在其侧将诵向所过定轩墓上诗忽惊觉而罢聊此为述》，有文《题黄文选所藏梅花图》《重修洞黄黄氏族谱序》《定轩存稿序》《定轩黄公传》等及往来书信七封。另谢铎为黄孔昭祖父黄礼遐作《松坞黄公传》《题松坞卷后》。弘治四年黄孔昭去世后，谢铎作《南京工部侍郎黄公墓志铭》，对黄孔昭作了中肯的评价，还作有《怀黄工部世显》《谒黄世显侍郎墓有感》等诗。

谢铎与黄孔昭之子黄俌(字汝修)亦多有情谊，《桃溪集》有诗《赠别进士黄汝修》《次黄汝修写怀韵》《闻黄汝修选郭致仕有感》《次黄汝修病中述怀韵》《闻黄汝修武选将到》《与黄汝修选部三首》《次杨碧川韵贺黄文选汝修》及书信二封，并为作文《汝修字说》《艾斋说》。黄俌卒，谢铎为作《吏部黄郎中墓志铭》。另，黄孔昭与谢铎还曾有儿女亲家之约，《行状》云："(铎长女)聘绾叔父侹，俱夭。"孔昭之孙黄绾则师事谢铎，黄宗羲《明儒学案》卷十三"尚书黄文庵先生绾"条曰："先生初师谢文肃。"

2. 林克贤(1431—1485) 据《嘉靖太平县志·人物志下》记载[①]，字一中，号抑斋。少从李茂弘学，与侍郎一鹗相师友，登成化丙戌进士，拜刑部主事，转员外郎，升福建按察司佥事。其在刑部，尽心狱事，不为苛刻。有阮成者，锦衣卫当以大辟，属公议，公知其冤，白尚书陆公曰："固知锦衣权重，然杀人以媚人，某弗为也。"陆悟，卒从末减。无何，吏部诬王宗穮以投匿名书罪，宗穮之父渊尝以言官获谴，众咸曰："非林员外莫能辨。"遂以属公，卒得白。其在按察，尤力振风纪。乡巨宦有在朝者，其家豪奴凌轹并吞，公悉置之法，不少贷；闽巡按御史某舞文法稔奸，公面质其过。二人者遂日夜伺公之隙，不可得，则相与嗾武流无赖子诬毁公，然卒莫之浼，顾公亦竟坐是十年不得调。尝两为省闱监

[①] 《嘉靖太平县志》卷七。

试官,御史欲以意黜陟人,公抗执不从。其勇于有为类如此。尝与谢文肃、黄文毅为友,公后丁父忧,卒于家。有《抑斋集》。谢、黄为表志其墓最详。

林克贤也是谢铎从县学开始的好友,谢铎《福建按察佥事林君墓志铭》曰:"予与一中、世显异姓兄弟也,知一中之深者,宜莫如世显,亦莫如予。"写出了谢铎与黄孔昭、林一中三人情同手足的亲密关系。《桃溪集》中收有《送林秋官一中谳狱便道南还》《二月忆林一中》《次韵林一中员外招饮之作》《枉林一中佥宪谦话四十韵兼柬黄文选世显》《白云起天末赠一中》《卖屋谣赠一中》《再枉一中来过》《次林一中佥宪见寄韵》《月夜有怀林一中病起喜而有作》等十余首诗,有文《题交游别录后》,书信《与林一中佥宪》《复林一中》二封。林克贤死后,铎作有《次韵哭一中三首》《祭林一中佥宪文》《福建按察佥事林君墓志铭》及《读抑斋存稿》。

3. 陈选(? —1486)　浙江临海人,字士贤,号克庵。以圣贤自期。天顺四年会试第一,成进士。授御史,巡按江西,尽黜贪残吏。宪宗即位,疏劾尚书马昂等,救修撰罗伦等,一时惮其风采。迁河南副使,寻改督学政。后为广东布政使,忤中官韦眷,被诬与番禺知县高瑶朋比为贪墨,被逐。行至南昌,患病而死。有《病余稿》。详《明史》卷一百六十一,《献征录》卷九十九。

《桃溪集》收有谢铎所作诗《奉待陈士贤宪副》,陈选改督学政时,铎作《送陈御史序》;谢铎读选父遗稿后,又作文《读勿斋稿》。铎另有《答陈士贤》等书信二封。陈选死后,铎作有《广东左布政使陈君墓志铭》,还有《哭陈士贤方伯》《哭陈士贤方伯墓》诗。

4. 戴豪(1458—1494)　据《嘉靖太平县志·人物志下》,字师文:"弱冠中乡试第七,连登进士。李文正得其卷奇之,以语谢文肃公。及廷试,冢宰尹公欲置之上第,而阁老万公以为冗长,难于奏读,遂置二甲之三,自是名隐然动京师。拜兵部武库主事,迁员外郎,擢职方郎中。武库主隶役出纳,职方主边务区划,实天下利势所在,居之者恒靡溺焉,公独尽收天下书而读之,公退虽甚疲,亦手不释卷。家人以日用告不足,辄麾去曰:'称贷之,无乱吾志。'其在职方,会边报旁午,众务纠纷,公不动声色,而应答如流。当是时,钧阳马公为尚书,特倚重公,诸司奏牍委以属公看详,同官人皆服其精敏,虽老成练达之士亦自以为不及也。寻升广东省右参政,时年三十有六而已,顾舆议犹以为诎。公至广东,益殚志虑,思有以救弊拯困。未几,遽以疾卒,士林嗟悼之。"有《赘言录》,谢铎为之作序,并为撰别传。

谢铎《桃溪集》收有铎所作《送戴进士师文还乡毕姻》《得戴师文书有感》《再次前韵答戴师文职方》等诗多首,文有《赘言录序》,另书信《复戴武库师文》一封。戴豪死后,谢铎作有《戴师文墓志铭》。

5. 卢濬　浙江天台人,字希哲。成化二十三年进士,授刑部主事,官至邵武知府。有《渺粟稿》《黄州集》。详《明诗纪事》丙签卷九。谢铎《桃溪集》有诗《次卢希哲进士雨中趋朝有感韵》。

6. 王弼(1449—1498)　浙江黄岩人,字存敬,号南廊。成化十一年进士。除溧水知县,入为刑部主事,出任兴化知府,郡中大治。卒于官。早有诗名,才思豪逸,后师山谷,故多拗句,造思甚苦。详《献征录》卷九十一。谢铎《桃溪集》有诗《咫尺二首寄王秋官存敬》《六月二十九日喜雨追次黄山谷韵寄王秋官存敬》《再次前韵赠别王秋官》《次韵答王存敬秋官戴师文职方》《送王存敬太守得翁字》《次韵答王存敬苏文简二太守》《大雨次韵留王存敬太守》《王兴化谈及世事兼致西涯之意感慨之余再用前韵》《再叠前韵柬兴化》。文有《赠王存敬大尹序》,书信《复王秋官存敬》一封。王弼卒后,谢铎有诗《哭王存敬太守》。

7. 谢迁(1449—1531)　浙江余姚人,字于乔,号木斋。成化十一年进士,授编修。累迁左庶子。弘治初,与日讲,帝屡称善。八年入内阁参预机务,累官兵部尚书兼东阁大学士,与刘健、李东阳同辅政。秉节直亮,见事尤敏,时人有"李公谋,刘公断,谢公尤侃侃"之称。武宗嗣位,请诛刘谨不纳,致仕。旋被诬夺职,刘谨诛,复职。致仕。世宗即位,即遣使慰问。嘉靖六年,再起入阁,仅数月,以老辞归。卒谥文正。有《归田稿》。详《献征录》卷十四、《明史》一百八十一。谢铎《桃溪集》有书信《复谢木斋》一封。

8. 胡谧　浙江会稽人,字廷慎。天顺元年进士,知江宁县,廉明有威,断事明决,官至山西提学副使。有《渐斋稿》。详《明诗综》卷十八上。谢铎《桃溪集》有诗《次韵胡宪副廷慎彭城夜话之作》。

9. 姜谅　字用贞,号贞庵,浙江秀水人。天顺甲申进士,历迁南刑部郎中,知漳州府。龙溪漳浦,田皆傍海,多潟卤,乃筑长堤,凡一百八十六所。又浚塘渠,置社仓,作义冢,立乡约。患郡中田赋为里胥干没,飞射诡寄者多,乃悉为断理,复其旧籍。按户计丁,分为三等,遇徭役酌量轻重,授之民役,视旧额减半。以亲老乞终养归。详《万历嘉兴府志》。《桃溪集》有诗《次韵会稽六题为姜用贞赋》《送姜用贞省亲得堂字》《再用前韵奉赠用贞》《澄心楼》《有怀姜用贞东溪书院》《次韵题姜漳州寿藏》，有文《赠姜用贞序》。

10. 金忠　字尚义，浙江丽水人。生平详见谢铎所作《金尚义传》。传云："世业儒。……尚义以《易》举天顺甲申进士，拜南京监察御史。未上，丁按察公忧。服阕，谒铨曹……暨并舟北上，则日就予拙，温然君子也。及酒酣愤激，往往出肺肝语，则又痛哭流涕若欲为贾长沙而不可得者……方是时，尚义未尝一日食御史禄，辄敢言人所甚不敢言乃尔。"《桃溪集》有诗《醉后戏酬金尚义侍御》《访金尚义侍御不值》《追忆金尚义卢舜用二同年》，书信《复金尚义》一封。金忠卒，谢铎为作《金尚义传》《祭金尚义文》。

11. 王汶（1433—1491）　字允达，浙江义乌人，以文笔名世，与吴宽、谢铎等人交好，官至中书舍人。弘治二年十月四日卒，享年五十七岁。吴宽为作《王允达墓表》，收入《明文海》四百三十卷。《桃溪集》有诗《送王允达还金华》《再题王允达斋山书舍》《次韵王允达山居一首》，书信《复王允达》一封。王汶卒，谢铎为作《明中书舍人王君墓志铭》，又有诗《望哭王允达中舍》《谒王允达墓有感》。

12. 商辂（1414—1486）　浙江淳安人，字弘载，号素庵。郕王监国时，入内阁，参机务。反对南迁，主张抵抗瓦剌。景泰中官兵部尚书。英宗复辟，被诬下狱，废为民。成化初以旧官入阁，上疏陈勤学、纳谏、储将、防边等八事，帝嘉纳之。后迁兵部、吏部尚书，谨身殿大学士。为人宽厚有容，而每临大事则刚毅果断，人莫能夺。卒谥文毅，有《商文毅疏稿略》《商文毅公集》。《桃溪集》有诗《送商老先生致仕》。

13. 杨守陈（1425—1489）　浙江鄞县人，字维新，号镜川。景泰二年进士，授编修。成化时历侍讲、侍讲学士。编《文华大训》，改变不录涉及宦官诸事之成例，备列善恶得失。弘治初，擢吏部右侍郎。充《宪宗实录》副总裁。上疏言帝王治世之道。后以编纂事繁，乞解部务，以本官兼詹事府，专事史馆。卒谥文懿。详《明史》卷一百八十四。谢铎《桃溪集》有《清明谒陵次杨学士维新韵六首》《哭杨文懿公维新》诗。

14. 杨守阯（1436—1512）　浙江鄞县人，字维立，号碧川，杨守陈弟。成化十四年进士，授编修，迁南京侍读。弘治初与修《宪宗实录》，再迁南京吏部右侍郎，充《会典》副总裁。武宗初乞休，加尚书致仕。守阯好学，博览群书，有

《碧川文选》《浙元三会录》等。详《明史》卷一百八十四。谢铎《桃溪集》有《次韵杨维立编修与兄维贞侍御侍班述怀之作》《次杨维立进会典韵兼柬匏庵》《次韵赠杨维立先生》《次杨碧川史馆述怀韵》诗。

15. 章懋(1437—1522) 金华府兰溪人,字德懋,号闇然子,晚号瀫滨遗老。成化二年进士,由庶吉士授编修。以谏元夕张灯被杖,贬南京大理左评事,历福建佥事。考满求致仕。家居以读书讲学为事,称"枫山先生"。弘治十六年起南京国子监祭酒。正德二年引疾归。世宗即位,进南京礼部尚书致仕。谥文懿。有《枫山语录》《枫山集》。详《明史》卷一百七十九,《献征录》卷三十六。谢铎《桃溪集》有书信《与章德懋》《再复章德懋》二封。

16. 潘辰 浙江景宁人,字时用,号南屏。弘治六年,以荐授翰林待诏。久之,掌典籍事。预修《会典》成,进五经博士。正德中官至太常少卿。士大夫称为南屏先生。详《明史》卷一百五十二,《献征录》卷二十二。《桃溪集》有诗《潘时用李宾之联句见寄次韵以答》《读顺天乡试录次韵寄潘时用》《用前韵寄潘南屏》《借李西涯韵奉谢南屏潘先生》《次韵宾之慰潘时用卧病不能终场之作》,及书信《与潘时用》《复潘南屏》等三封。潘辰作有《方岩书院序》。

17. 潘府(1454—1526) 浙江上虞人,字孔修,号南山。成化二十三年进士。授长乐知县。教民行《朱子家礼》。常行郊野,问民疾苦。迁南京兵部主事,陈军民利病七事。历广东提学副使,以母老归。嘉靖初复起,官至太常少卿致仕。有《孝经正误》。详《明史》卷二百八十二、《献征录》卷七十。《桃溪集》有《次潘孔修南山感兴韵》《次潘孔修病余感兴韵》诗。

18. 杨守随(1436—1520) 浙江鄞县人,字维贞,号贞庵,又号文尖。杨守陈从弟。成化二年进士,授御史,巡按江西。六年疏陈请改代宗谥等六事,不从。八年冬因灾异言事,擢应天府丞。弘治中历工部尚书,掌大理寺,执法不挠。正德初户部尚书韩文等以请诛刘瑾等被逐,守随仍上章极论瑾等罪恶,被瑾等陷害下狱,除名。瑾诛,复官。又十年卒,谥康简。详《明史》卷一百八十六。《桃溪集》有《次韵杨维立编修与兄维贞侍御侍班述怀之作》诗。

二、翰林院诸友

1. 李东阳(1447—1516) 湖广茶陵人,字宾之,号西涯。天顺八年进士,授编修,迁侍讲学士,充东宫讲官。弘治八年以礼部侍郎兼文渊阁大学士,直内阁，预机务，与谢迁同日登用，对时弊多所匡正。受顾命，辅佐武宗。刘瑾入司礼，东阳悒悒不得志，而常设法保全善类。正德七年，谏武宗调边将江彬等入卫，不从。乃以老病辞官。立朝五十年，柄国十八年，清节不渝。文章典雅流丽，喜奖掖后学，推挽才隽。卒谥文正。有《怀麓堂集》《麓堂诗话》《燕对录》。详《明史》卷一百八十一、《列朝诗集小传》丙集、《献征录》卷十四。

《桃溪集》中谢铎所作有关李东阳的诗文，除上一节中已提及的，另有诗《和李宾之自儆诗》《柬李宾之来过》《送李宾之编修扶侍还长沙省墓》《柬宾之夜话》《读李宾之南游稿》《雪中放朝寄李宾之林一中》《次韵奉酬宾之为予代邀用贞秋官兼致速来之意》《题画四绝句次宾之侍讲韵》《次韵李侍讲感怀之作》《游白云观柬宾之侍讲》《次韵李宾之联句赠李士常举人》《次韵李宾之至夕有怀》《次韵答李宾之岁暮病中言怀》《斋居呈诸同年兼怀李宾之知己》《次韵宾之侍讲》《次韵宾之丁祭夜归之作席上柬林亨大国寅》《次韵宾之游海印寺》《陵祀次李侍讲赠行韵三首》《月食次韵答宾之》《李宾之新买林司寇宅因游慈恩寺诗见报哭子之余次韵奉答》《次韵答李宾之侍讲萧文明给事李士常御史潘时用布衣》《斋夜有怀宾之学士诸公》《次韵李宾之题梅二首》《寄李西涯学士再用前韵》《沛县怀古次李西涯韵》《人谓西涯问白髭予当问白鬓噫予愧予鬓久矣复奚问顾独爱焉因借其韵作爱白鬓》《山陵陪祀次李西涯学士赠行韵》《宿刘谏议祠有感诸公壁间之作再用西涯韵》《西郭奉待李西涯》《石镇纸次韵答西涯》《约西涯游西山》《华岩上洞次西涯韵》《西涯先生以诗来慰次韵奉答》《重阳后三日约西涯登高》《岁暮有怀柬西涯》《再次前韵二首用答西涯功成之说》《次韵西涯元日早朝》《留别西涯诸公》《次韵寄答西涯》《李西涯以经筵辍讲诗见寄次韵奉答》《西涯诸公以诗来贺得孙次韵奉谢》《读李宾之忧旱奏稿有感因次其韵》《读西涯书有感》《西涯书来有感深衣之议走笔以答》《西涯病起有习隐之句次韵以答》《再用前韵奉酬西涯》《再读西涯病起韵有感》《水大至再用前韵柬西涯》《次西涯子兆先韵》《次李西涯卜居诗韵》《次韵奉答西涯》《岁除卧病再次前韵奉怀西涯先生》《元日有感次西涯韵二首》《奉和西涯庆成席上之作》《戏从西涯索酒》《急流退一首奉答西涯先生》《三月十二日雪中有怀西涯》《三月望日过北海子有怀西涯》《再次前韵柬西涯》《访西涯不值途中为风雨所迫》《次西涯病起早朝韵》《次西涯过旧居有感韵》《雨大作不能归少歇东朝房有怀西涯》《西涯馈内酒再用前韵奉谢》《旧游柬西涯先生》《奉劝西涯先生病起再出》《次李阁老重经西涯韵》《次西涯脱牙诗十八韵》《次韵答西涯二首》《庆成有述次宾之侍讲韵》《次韵寄李西涯》《再次前韵答西涯》《次韵奉慰西涯》《西涯卜庄西郭予将偕行寻以答问颠错遂至败兴既归始知庄近雍山怅怅不已因柬西涯得三首》《次韵西涯春兴三首兼答陈乔顾三公》《郊坛陪祀次西涯韵》《次西涯改葬有感三首》《春阴次西涯韵》《送西涯先生往房山为子卜葬地》《次韵西涯房山道中诸作二首》《次韵哭李徵伯奉解西涯先生二首》《西涯期出郭走笔奉柬》《次韵出郭再柬西涯》《出郊再柬西涯二首》《次西涯有怀旧业韵二首》《西涯迁葬归短述奉怀》《闻西涯不睡》《西涯以糕来馈而诗不至戏谢》《得西涯书云黑不尽所欲言因为二绝以复故云》《访西涯不值二首》《从西涯惜花有感二首》。李东阳父卒,铎另作《闻西涯谒墓有感》《用除夕元旦写怀韵奉答西涯祥后述哀之作》。李东阳弟李陟之卒,铎有诗《哭李陟之》。《桃溪集》中另有文《读怀麓堂稿》《与李西涯论历代通鉴纂要》,及另与李东阳书信八封。余详下面第二节《谢铎与茶陵诗派领袖李东阳》。

2. 张泰(1436—1480) 苏州府太仓人,字亨父,号沧州。少与同里陆釴、陆容齐名,号称"娄东三凤"。天顺八年进士,授检讨,迁修撰。恬淡自守。诗名亚李东阳,弘治间艺苑皆称李怀麓、张沧州。有《沧州集》。见《明史》卷二百八十六。

谢铎《桃溪集》中收有《期张亨父讲易不至》《次韵李宾之雪中忆张亨父》《七月望日入朝沾雨有怀张亨父兼忆谒陵诸友》《夜坐有怀亨父宾之二公》《张亨父席上限韵赋得清风题》《哭张亨父》《读张亨父彭敷五遗稿有感》《夜泊姑苏追忆张亨父》《访张亨父墓不可得怅然久之辄成一绝》等诗。

3. 陆釴(1439—1489) 苏州府昆山人,字鼎仪,号静逸,初冒姓吴。少工诗,与张泰、陆容齐名,号"娄东三凤"。天顺八年进士第二,授编修,历修撰、谕德、侍东宫。孝宗即位,进太常少卿兼侍读。有《春雨堂稿》。详《明史》卷二百八十六。《桃溪集》中收有《十二月二日夜病中梦得陆鼎仪诗四句既觉因属成之》《次韵陆鼎仪病起赴官之作》《次韵陆鼎仪斋居之作》《鼎仪席上分韵得复字柬宾之》《访陆鼎仪太常二首》《斋居忆陆鼎仪内翰》等诗,还有谢铎书信两封,陆死后,谢铎作有《哭陆鼎仪太常》。

4. 罗璟(1432—1503) 江西泰和人,字明仲,号冰玉。天顺八年进士,授编修,进修撰,预修《宋元通鉴纲目》。孝宗即位,授福建提学副使,弘治五年召为南京国子监祭酒。有《北上稿》。详《明史》卷一百五十二。《桃溪集》中收有《和罗明仲读史有感》《和罗明仲馆中有怀之作》《斋居祈雪次韵罗李二公》《次韵奉酬明仲有怀之作二首》《不寐戏柬明仲曰川二公》《次韵寄罗明仲》《次韵寄寿罗明仲祭酒》《再次罗明仲先生韵》等诗,书信二封,并为罗璟子作《罗生惟容字说》。

5. 倪岳(1444—1501) 应天府上元人,字舜咨。好学能文,通晓经世之务。天顺八年进士,授编修。成化中,累迁为礼部右侍郎。弘治中,官礼部尚书,尝劝帝勤讲学、开言路、宽赋役、黜奸贪、省营造。历南京吏、兵二部尚书,还为吏部尚书,铨政称平。前后陈请百余事,多剔军国弊政,论西北用兵之害尤切,以为当重将权、增城堡、明赏罚、实屯田,以加强守备,兵部不能用。卒谥文毅。有《青溪漫稿》。详《明史》卷一百八十三、《献征录》卷二十四。《桃溪净稿》收有《复倪学士舜咨》《舜咨席上阄诗得二十韵》《次韵倪舜咨归省之作》《次倪青溪亚卿祫祭韵》《斋居独坐再用前韵柬体斋太常青溪礼侍》《倪青溪李西涯分献星坛有作病中有感次韵奉柬》《题青溪所藏胡顾庵题王孟端墨竹》等诗,及书信《复倪学士舜咨》一封。倪岳卒后,谢铎作《倪文毅公谥议》及诗《哭倪青溪》。

6. 张敷华(1439—1508) 江西安福人,字公实,号介庵。景泰初以父张洪死于土木之难,为国子生。天顺八年进士。成化元年,授兵部主事。累迁为右都御史,掌南京都察院,与林瀚、林俊、章懋称南都四君子。正德间以左都御史论奏刘瑾,罢官。有《介轩集》。详《明史》卷一百八十六、《四友斋丛说》卷十。《桃溪集》收有谢铎作《送张公实少参得周字》《张公实少参来过夜话一首》等诗,书信《与张大参公实》一封。

7. 陈音(1436—1494) 福建莆田人,字师召,号愧斋。天顺八年进士,选庶吉士,授编修,累迁南京太常寺少卿。刘吉嫌其迂腐,十年不得调。弘治五年,吉罢,始进本寺卿。司礼太监黄赐母死,廷臣皆往吊,独不往。西厂党徒拷掠杨士伟及其妻子,陈音厉声喝止。通经术,从学者颇多,称愧斋先生。详《明史》卷一百八十四、《献征录》卷七十。《桃溪集》收有铎所作《送陈师召四绝句》《赠师召二十二韵》《退直遇雨柬师召宾之二兄》《再次斋宿韵柬师召侍讲》《次韵二首奉贺师召得孙之喜》《与师召过北海子因忆宾之相约不果却寄》《途中遇雨再次师召韵》《次韵代老马留别师召三人》《七月廿一日留别陈太常先生》等诗及书信一封。陈音还作过《桃溪杂稿序》,今存《桃溪谢氏宗谱》中。陈音卒,谢铎为作《祭陈师召太常文》。

8. 傅瀚(1435—1502)　江西新喻人,字曰川。嗜学强记,善诗文。天顺八年进士,除检讨。弘治中累官至礼部尚书。时天下多灾,瀚条上军民所不便者,请帝躬行节俭。又言光禄寺拖欠行产物价甚巨,原因在于供奉太滥,愿帝敦行俭素。卒谥文穆。详《明史》卷一百八十四、《献征录》卷三十三。《桃溪净》中收有铎所作《题傅曰川所藏古画》《次韵傅曰川修撰庆成之作》《曰川席上分韵得林字》《庆成席上次韵答傅李诸公》《次韵答傅曰川观莲之作》《三月见梅傅曰川席上限韵》等诗。傅瀚死后,铎作有《傅文穆公谥议》《祭宗伯傅先生文》。当然,二人在"正祀典"问题上有过冲突,铎主张进杨时,黜吴澄,而瀚作为铎的上司,却主进杨时而不黜吴澄。

9. 刘大夏(1436—1516)　湖广华容人,字时雍。天顺八年进士,改庶吉士,授职方郎中。弘治六年治张秋镇河决,擢户部左侍郎。十一年,引疾归,筑草堂于东山下,读书其中,时称东山先生。越二年,起右都御史,总制两广军务。十五年拜兵部尚书,数疏陈国事,深得孝宗信任。武宗立,权幸用事,争之不得,乞休归。刘瑾复坐以事,戍肃州。瑾诛,复官,寻致仕。卒谥忠宣。能诗,有《东山诗集》《刘忠宣公集》。详《明史》卷一百八十二。谢铎《桃溪集》中收有《赠刘时雍》《用前韵奉酬时雍》《次韵刘时雍席上联句四首》《次韵奉酬刘时雍大参》《次韵奉待刘大参时雍》《次韵刘大参时雍写怀之作》《次旧韵寄刘时雍都宪》《用旧韵寄刘时雍亚卿》《次西涯韵寄忆刘东山》《闻刘东山》《待刘东山不至》《次诸公送刘东山韵》《出城再次前韵寄东山西涯二公》《东山履仕再用前韵》《偶柬刘东山》等诗,文《读止善斋存稿》,另还有书信一封。

10. 程敏政(1445—1499)　徽州府休宁人,字克勤。成化二年进士,授编修,历左谕德,以学问该博著称。弘治中官至礼部右侍郎兼侍读学士。见唐寅乡试卷,激赏之。十二年,主持会试,以试题外泄,被劾为通关节于唐寅等,下狱。寻勒致仕卒。有《新安文献志》《明文衡》《篁墩集》。详《明史》卷二百八十六。铎《桃溪集》有《谒狄梁公祠次程少詹克勤韵》诗。

11. 张元祯(1437—1507)　江西南昌人,字廷祥,号东白。天顺四年进士,授编修,预修《英宗实录》。与执政议不合,引疾归。居家讲求性命之学。弘治初召修《宪宗实录》,进春坊左赞善,官至詹事。正德初进吏部侍郎。有《东白集》。详《明史》卷一百八十四。铎《桃溪集》有《董尚矩久俟东白先生未能入见次韵奉怀》《次张东白先生韵》诗及《与张廷祥先生》《复张廷祥先生》《复张东白先生》书信三封。

12. 吴宽(1435—1504) 苏州府长洲人,字原博,号匏庵。为诸生时,即有声望,遍读《左传》《史记》《汉书》及唐宋大家之文。成化八年会试、廷试皆第一,授修撰。侍孝宗东宫,进讲闲雅详明。孝宗即位,迁左庶子,预修《宪宗实录》,进少詹事兼侍读学士。丁忧后,入东阁,专典诰敕。进礼部尚书。卒谥文定。宽行履高洁,不为激矫,而自守以正。其诗深厚浓郁,自成一家。有《匏庵集》。详《明史》卷一百八十四、《献征录》卷十八。铎《桃溪集》有《送吴原博修撰省亲》《次吴原博东明寺怀陈玉汝韵》《题原博所藏魏范二公祭虞提刑遗文》《思菊次匏庵韵》《次吴匏庵原博过西苑韵》《喜古直至次吴匏庵韵》《吴匏庵遗鱼再用骑字依韵奉答》《容春精舍次吴匏庵韵》《次吴匏庵斋宿韵》《医俗亭为吴原博修撰作》《次吴匏庵板屋诗韵》《次韵答吴匏庵》《次吴庶子原博题谏议祠韵》《次韵吴原博史馆有怀之作》《题筠石书房次吴原博韵》《次匏庵东庄新亭韵》《匏庵留酌次韵奉答》《斋居次吴匏庵韵》《种荷有感柬吴匏庵二首》《乞花不遂再呈匏庵西涯二公三首》《次吴匏庵韵题一爵三公图》等诗,及书信《复吴原博侍郎》。

13. 王鏊(1450—1524) 苏州府吴县人,字济之。十六岁时,国子监诸生即传诵其文。成化十一年进士,授编修。闭门读书,远避权势,本与外戚寿定侯张峦有连,亦不相往来。弘治时历侍讲学士,充讲官,擢吏部右侍郎。以忧去。正德初进户部尚书、文渊阁大学士,入阁时大权尽归刘瑾,鏊初开诚与言,偶见听纳,后瑾专横更甚,祸流缙绅,鏊不能救,乃辞官而去。博学有识鉴,经学通明,志行修谨,文章修洁。有《姑苏志》《震泽集》《震泽长语》等。详《明史》卷一百八十一。铎《桃溪集》有诗《庙祀值雨既毕门闭几不得出与王济之吏侍驻西涯朝房短述志感》,并有诗寄王鏊父《赠致政王大尹》,另有书信《复王济之》一封。

14. 林瀚(1434—1519) 福建闽县人,字亨大。成化二年进士,授编修。正德时官南京兵部侍郎,条上时政十二事,因语涉近幸,多格不行。与守备中官不合,又裁抑内臣因地贡经南京者,为刘瑾所恨,谪浙江参政,致仕。瑾诛,复官。谥文安。有《文安公集》。详《明史》卷一百六十三。铎《桃溪集》有《次韵宾之丁祭夜归之作席上柬林亨大同寅》诗。

15. 彭教(1438—1480)　江西吉水人,字敷五,号东泷。天顺八年进士第一,授翰林修撰,预修《英宗实录》。官至翰林侍讲。有《泷江集》《东泷遗稿》。详《献征录》卷二十。谢铎《桃溪集》有诗《哭彭敷五》。

三、其他仕宦之友

1. 周瑛(1430—1518)　福建莆田人,字梁石,号翠渠。成化五年进士。任广德知州,以有善政,赐敕旌异。弘治初历四川参政、右布政使。始与陈献章友,而不以献章主静之说为然,谓学当以居敬为主,敬则心存,然后可以穷理。有《书纂》《翠渠类稿》。详《明史》卷二百八十二。《桃溪集》有诗《送周梁石复任广德》。

2. 张弼(1425—1487)　松江府华亭人,字汝弼,号东海。成化二年进士。久任兵部员外郎,议论无所顾忌。出为南安知府,律己爱物,大得民和。少善草书,工诗文,自语书不如诗,诗不如文。有《鹤城稿》《东海稿》等。详《明史》卷二百八十六、《列朝诗集小传》丙集。《桃溪集》有《次韵张汝弼叙别一中之作》诗;张弼死后,铎作有《南安府知府华亭张君墓志铭》。

3. 戴珊(1437—1505)　江西浮梁人,字廷珍,号松厓。天顺八年进士。擢御史,督南畿学政。成化十四年迁陕西副使,仍督学政。正身率教,士皆爱慕之。历浙江按察使,福建左、右布政使,终任不携一土物。弘治二年以右副都御史抚治郧阳,进南京刑部尚书,后召为左都御史。以老疾数求退,辄优诏勉留。武宗即位后卒于官,谥恭简。详《明史》卷一百八十三。《桃溪集》有《送戴廷珍提学》《次韵柬廷珍》诗。

4. 韩文(1441—1526)　山西洪洞人,字贯道,号质庵。成化二年进士,除工科给事中。遇事敢直言,劾都御史王越,被杖。弘治中累迁户部尚书。掌国计持大体,务为国惜财。裁汰冗员,力遏权幸。武宗即位,太监马永成、刘瑾辈用事。文与同官上疏纠劾,瑾等恨之甚,伺隙坐以罪,降级致仕;又复以他事罪之,罚米千石,至家业荡然。瑾诛,始复官致仕。卒谥忠定。有《忠定公集》。详《明史》卷一百八十六。《桃溪集》有《复韩吏部贯道》书,为铎第三次出仕就任礼部右侍郎管国子祭酒事职务之前,铎为推辞职务之书信,韩文于弘治十二年就任兵部尚书,在此之前担任吏部左侍郎,此信当写于弘治十二年。

5. 贺钦(1437—1510)　辽东义州卫人,字克恭,号医闾。本籍定海,以戍乃居义州。少好学,成化二年进士。授户科给事中,因大旱,上章极谏,寻告病归。读《近思录》有悟,乃师事陈献章,不复出仕。有《医间集》。详《明史》卷二百八十三。《桃溪集》有《送贺克恭还辽东》诗。

6. 何鑑(1442—1521) 浙江新昌人,字世光,号五山。成化五年进士,授宜兴知县。征为御史,巡按宣府大同。劾巡抚以下数十人不职。还巡太仓,逮治总督太监部卒,遭诬构,下锦衣狱。旋得释。弘治间以右副都御史巡抚江南,疏吴淞、白茆诸渠。正德间为刑部尚书,代王敞为兵部,选将练兵,镇压中原及四川、江西等地民众起事。后为奸佞诬劾,致仕去。详《明史》卷一百八十七。《桃溪集》有《何世光侍御山水图》诗。

7. 陈献章(1428—1500) 广东新会人,字公甫,号石斋,晚号石翁,居白沙里,学者称白沙先生。正统十二年,两赴礼部不第。从吴与弼讲理学,居半年而归。筑阳春台,读书静坐,数年不出户。入京至国子监,祭酒邢让惊为真儒复出。成化十九年授翰林检讨,乞终养归。其学以静为主,教学者端坐澄心,于静中养出端倪。兰溪姜麟称之为"活孟子"。又工书画,山居偶乏笔,束茅代之,遂自成一家,时呼为茅笔字。画多墨梅。有《白沙诗教解》《白沙集》。详《明史》卷二百八十三、《明儒学案》卷五。《桃溪集》有《登严子陵钓台次陈公甫韵三首》《云津书院次陈白沙韵》《读白沙净稿有感二首》诗。

8. 秦夔(1433—1496) 常州府无锡县人,字廷韶,号中斋。天顺四年进士,授南京兵部主事。历武昌知府。在任除奸植善,兴学劝农,创养济院,定均徭法。监司下其规约于诸郡行之。累迁江西右布政使,卒于任。有《中斋集》。详《献征录》卷八十六。谢铎《桃溪集》有诗《次韵秦廷韶复竹炉》《送秦太守廷韶》等。

9. 文林(1445—1499) 苏州府长洲人,字宗儒,文洪子。成化八年进士。历知永嘉、博平二县,迁南京太仆寺丞。建言时政十四事。告归数年,复起知温州府,卒于官。学问赅博,尤精于《易》数;作诗文明畅不蹈袭。有《琅琊漫抄》《文温州诗》。详《列朝诗集小传》丙集。谢铎《桃溪集》有诗《次韵送宗儒文令尹之永嘉》《文太守宗儒期会雁山阻于风雨且方以迎诏为急道上匆匆奉寄一首》《次韵奉答宗儒》《文太守述怀诗来次韵奉解》《文太守以诗来劝驾》《文太守宗儒复以诗来次韵奉答》及书信《复文宗儒太守》一封。文林卒后,谢铎作《哭文太守宗儒次韵》。

10. 陈璚(1440—1506) 苏州府长洲人,字玉汝,号成斋。成化十四年进士,选庶吉士,出为给事中,官至南京左副都御史。博学工诗,为古文,不屑寻常烂熟语,尝与杜琼、陈颀等合纂府志。有《成斋集》。详《献征录》卷六十四。《桃溪集》有诗《次韵答陈玉汝吉士兼送李士常吉士伯兄士仪》。

11. 萧显(1431—1506) 山海卫人。字文明,号履庵,更号海钓。成化八年进士,擢兵科给事中,累官福建按察佥事,以正直称。为诗清简有思致,书尤沉着顿挫,自成一家。有《海钓遗风》等。详《献征录》卷九十、《掖垣人鉴》卷十。谢铎《桃溪集》有诗《次韵萧黄门早朝》《阻雨不遂西山之约奉酬萧文明黄门兼柬宾之侍讲》《次韵答李宾之侍讲萧文明给事李士常御史潘时用布衣》《寄萧文明佥宪用旧韵》《再用旧韵寄文明》,及书信《与萧文明给事》一封。

12. 汪循 徽州府休宁人,字进之。弘治九年进士,授永嘉知县,官至顺天府通判。正德初,以刘瑾擅权,一日三上疏,请裁革中官。又陈内修外攘十策,为瑾所忌,罢官归里。有《仁峰文集》。详《紫墟文集》卷七。谢铎《桃溪集》有诗《次韵答汪大尹进之》《再次前韵留别汪进之》《游江心寺再次前韵答进之》《再次汪进之韵二首》《送永嘉汪大尹进之》。

13. 王竑(1414—1489) 陕西河洲人,字公度,号休庵,致仕后改戆庵。正统四年进士,授户科给事中。豪迈负气节,正色敢言。土木之变,英宗被俘,郕王摄政,群臣劾王振误国,振党锦衣卫指挥马顺厉声叱众官去,竑奋臂捽顺发,且骂且击之,众共击之毙。当是时,竑名震天下。也先入犯,竑受命守御京城,擢右佥都御史。也先兵退,出守居庸关,整饬边备。寻督漕运,治通州至徐州运河。遇灾,先发徐州仓米赈饥民,然后自劾专擅。英宗复辟,以击马顺事除名。不久,英宗感悟,起故官,再抚淮、扬。宪宗初,官兵部尚书。旋致仕。卒谥庄毅。详《献征录》卷三十八、《明史》卷一百七十七。谢铎《桃溪集》有文《哭大司马王公公度》。

14. 董越(1431—1502) 赣州府宁都人,字尚矩。成化五年进士,授编修。孝宗即位,迁右庶子。曾出使朝鲜。官至南京工部尚书。谥文僖。有《圭峰文集》《使东日录》《朝鲜赋》。详《献征录》卷五十二。谢铎《桃溪集》有诗《董尚矩久俟东白先生未能入见次韵奉怀》。

15. 陆简(1442—1495) 常州府武进人,字廉伯,一字敬行,号治斋、龙皋。成化二年进士,授编修,官至少詹事,兼侍读学士。有《龙皋文集》。详《献征录》卷十八墓志铭。谢铎《桃溪集》有诗《次陆廉伯暮春韵》。

16. 顾福(1438—1508)　苏州府吴县人,籍隶顺天府大兴县,字天锡,号云厓。成化二年进士,授刑部主事,历员外郎、郎中。坐事下诏狱,出为永州府同知,迁吉安知府。官至河南布政司右参政,分司南阳,修诸葛武侯庙,拓广阅武场。详《献征录》卷九十二。谢铎《桃溪集》有诗《送顾天锡谪官永州同知》。

17. 吴珵　苏州府吴江人,字元玉,号石居,晚号青龙上人。成化五年进士,授南京工部主事,历员外、郎中。性好学,诗文未尝属草,画山水法戴进。卒年五十二。有《石居遗稿》。详《吴江县志》《金陵琐事》。谢铎《桃溪集》有诗《送吴元玉冬官还南都》。

18. 周孟中(1437—1502)　江西吉安人,字时可,号韦庵、畏斋。成化五年进士,累迁广东布政使,有治绩,弘治中官至右副都御史。其学本于主敬穷理。有《畏斋集》。谢铎《桃溪集》有诗《次韵周时可秋怀》。

19. 林雍　福建龙溪人,字万容。景泰五年进士,授行人,官至兵部郎中。性好程朱之学,居乡修《蓝田乡约》,学者称蒙庵先生。详《古今图书集成》氏族典卷三百五十九。谢铎《桃溪集》有诗《送林蒙庵致仕得闲字》及文《送林蒙庵先生序》。

20. 叶盛(1420—1474)　苏州府昆山人,字与中。正统十年进士,授兵科给事中。土木之变后,率同列请先正逃将之罪。也先犯北京,数上章奏,陈战守之计,升都给事中。擢右参政,督饷宣府。天顺二年以右佥都御史巡抚两广。宪宗立,入都,迁左佥都御史,巡抚宣府。旋任礼部右侍郎。搜河套之议起,盛知时无良将,力言不可。转吏部左侍郎。卒谥文庄。有《叶文庄奏议》《水东日记》《泾东稿》。详《献征录》卷二十六。《桃溪集》有诗《次叶文庄公喜雪诗韵为王成宪儒士题》。

21. 柯潜(1423—1476)　福建莆田人,字孟时,号竹岩。景泰二年状元,后为翰林学士,官至少詹事。慈懿太后之丧,再疏请合葬,竟得如礼。翰林后堂有二柏,为潜手植,号学士柏;前有瀛洲亭,号为柯亭。邃于文学,性高介。有《竹岩诗文集》。事迹详《明史》卷一百五十二。《桃溪集》有诗《哭学士柯先生》《闻叶吏侍讣兼哭柯先生一首》。

22. 程信(1417—1479)　徽州府休宁人,字彦实。正统七年进士,授吏科给事中。景帝初,有守京城功。景泰中,累迁四川参政。天顺中任左佥都御史,巡抚辽东。成化初任兵部尚书,平四川山都掌民变。后官南京兵部尚书。详《明史》卷一百七十二。《桃溪集》有《题程尚书晴洲钓者卷》。

23. 李士实(?—约1520) 江西新建人,字若虚,号白洲。成化二年进士。工诗善画,官至右都御史,后辞官附宁王朱宸濠。正德间,宸濠谋反事败,李被杀。有《世史积疑》。详《四库全书总目》卷八九。《桃溪集》有诗《次李白洲玉山舟中见寄韵》《得李白洲贺履仕诗因次其韵》《次白洲贺西涯诸公赐玉带韵》《次韵答李白洲一首》《再次李白洲韵》《闻李白洲抵湾喜而有作》《明日雪作再用前韵兼至白洲亚卿》《依韵再答白洲》《再次原韵奉谢白洲诗文之赠》。

四、本乡隐逸及后进之友

1. 陈彬 据《嘉庆太平县志·人物志》:"字儒珍,号敬所,更号秋山居士,莞山人。少从郎中林无逸先生游,与谢文肃、黄文毅、林金宪以文行相激励,岁考递相后先。三公相继取科第,于时有所建白,儒珍滞诸生,顾名行日显,乡里尊之,不以一第得失为轩轾,请业者溢其门,君亦遂脱青袍高隐。将贡,辞不赴礼部。读书暇,即会族人合乡老讲行礼法,立义学,斥淫祠,孜孜行善,以身为乡里率,三十余年未尝一日变。文肃家居,深衣幅,白首往来者,君一人而已。卒年八十。"[①]有《敬所先生集》。陈彬与谢铎之交游,据谢铎《桃溪净稿·敬所陈先生集序》曰始于天顺初年:"天顺初,予与黄亚卿诸公始获纳交于先生。先生之年与学皆先于予,予日追不可及。"铎每次返乡,都与陈彬见面,并一起登高,游方山,游雁荡山。如《桃溪集》,有诗《喜陈儒珍来过》《次儒珍韵二首》《度莞山次陈儒珍家》《次儒珍韵》《再次韵答儒珍》《喜陈儒珍至次四叔父韵》《四叔父与儒珍约登方岩联句次韵奉柬》《次韵忆陈儒珍敬所》《次韵复答敬所》《次韵留别敬所》《小儿婚冠后陈敬所以诗来贺次韵奉答》《次韵敬所闲行》《约敬所游圣水》《新年次敬所除夕韵》《次陈敬所再示东小园芍药韵》《次陈敬所梅花韵八首》《次韵敬所风坛避暑》《舟中苦热忆敬所》《寄陈敬所》《敬所诗来致永诀语且有后死之托次韵以答》《敬所以诗来寿兼致感慨之意次韵奉答》《敬所报至感而有述》《读敬所诗有感》《九日登高次陈敬所韵》《喜敬所先生至再用旧韵》《敬所催予亟行再次前韵以答》《期敬所诸公来游雁山》《次韵答敬所先生》《敬所先生

[①] 《嘉庆太平县志》卷十二。

久留予所诸公请以衣浣先生不可因述其意以赠之》《次韵留敬所先生》《访陈敬所》《陈敬所戴师文同宿山亭用韵奉柬》《有怀陈敬所因追忆黄定轩诸公》，有文《书莞山陈氏宗谱后》《读陈氏宗谱纂录》二篇及书信《与陈儒珍》一封。陈彬死后，铎《桃溪净稿》有《有怀陈敬所》诗及《敬所陈先生集序》，并为之定谥号。

2. 王佐　据《嘉庆太平县志·人物志》[①]，字仁甫，号古直。能诗。旅游京师，客公卿间三十年，意度直率，诸公皆重之。李尝欲荐于朝，仁甫大言曰："吾安能为若执门下士礼耶！"每在酒所，叹曰："此亦吾毕生事业也。"谢铎《桃溪集》有诗《夜坐赠王古直》《古直鱼瓶为物所坏用西涯韵以慰之》《古直复置一鱼瓶用前韵戏柬一首》《戏赠古直》《喜古直至次吴匏庵韵》《有怀王古直诗以招之》《雨中有怀古直》《哭王古直》《雪中戏答王古直》《古直迁居祭酒公馆聊此奉贺二首》《病中期古直吟诗》，及书信《与古直存敬》，并文《书王古直传后》。及卒，方石为辑其遗诗。李东阳有《古直老人传》，《桃溪集》有《祭王古直文》。

3. 缪恭　据《嘉靖太平县志·人物志》[②]，字思敬，号守谦。通《春秋》，为县学诸生。已而弃举子业，攻诗文。弘治初，诏求直言，公以布衣上书论天下事，其言曰：一曰保神器，二曰崇正学，三曰绍绝属，四曰怀旧勋，五曰广贤路，六曰革冗员。首尾历历凡数千言。指斥忌讳，皆人所不敢道者。疏入，通政司官辄大惧，遂拘留而劾奏之。敬皇帝不之罪也，特敕有司遣还家。自是杜门不出，环堵萧然，惟授徒以自给。然自诸生束脩外，即亲友有所馈遗，顾一切不受。更自称小茅山饿夫，示志也。年六十五卒。所著有《茆山秽稿》若干卷在诸生家。谢铎《桃溪集》中有《奉酬缪思敬兼柬袁德纯大尹》《缪守谦以诗来过次韵奉答》《读谬守谦三首有序》。缪思敬死后，谢铎有《缪君思敬墓碣铭》。

4. 应茂修　据《嘉靖太平县志·人物志》[③]"应志和"条，应志和季子纪，字茂修。成化庚子领浙江乡荐，试礼部得乙榜，署六合教谕。举摄县事且半载，平反冤狱，有能声。顷之，聘为福建考试官，所取皆博雅之士。遭父丧，守制满，改黟县，清修如六合。未几，遂谢病归，号继休居士。既归而家益贫，授徒自给。谢铎《桃溪集》有《应茂修掌教来过次韵奉柬》《次韵答应黟县金六合》《雨中有怀应黟县》《月下对菊与应黟县同作》《应黟县以诗来论文次韵复之》

---

① 《嘉庆太平县志》卷十二。
②③ 《嘉庆太平县志》卷七。

《次应黟县喜雨韵》《次韵答应黟县二首》《寄寿应黟县六十》诗。此外,谢铎又为应纪父应志和作墓铭,题为《鄱阳教谕应先生墓碣铭》。

5. 王奇(1434—1520) 浙江天台人,字世英,号古行。诸生。治《尚书》,兼通《易》《诗》二经,又治天文卜筮星数之学。以故为提学所黜,乃遍历江湖,以星命占筮之术闻名。详《献征录》卷一百一十五。谢铎《桃溪集》有诗《病中送王世英养亲南还》。

6. 夏树德 浙江台州人,别号赤城,生卒年不详。参见明邵宝《容春堂后集》卷十二《寄夏树德用素翁见寄韵》诗有"赤城别我十年余"句并自注:"赤城,树德别号。"①《桃溪集》有诗《次韵答贾谦益夏树德》《柬王古直夏树德》《送夏树德举人会试二首》《夏树德许陪游金华用以相激》《次韵赠夏树德二首》。

7. 陈进 据《嘉靖太平县志·人物志》②,字崇志,敬所先生彬之侄,善属文,力追古作。谢文肃公甚器之,曰:"此不羁才也,敬所之学有所施矣。"登乙丑进士第,授崇安县知县,未至任卒。

8. 金魁 据《嘉靖太平县志·人物志》③,字凤魁,弘治二年贡生,任六合训导,以母老乞归。《桃溪集》有诗《次韵答应黟县金六合》。金凤魁卒,铎作《应天府六合县儒学训导金公墓碣铭》《祭金六合文》。

9. 陈瑄 据《嘉靖太平县志·人物志》④,字润卿,号养斋。自幼颖悟,为学官高等弟子,博通群书,攻古诗文。谢文肃公一见大奇之,曰:"异日必且以是名。"然劝之赴举。已而累举累不第,亦竟死。文肃公为序其存稿刻之。《桃溪集》有诗《次韵答陈润卿叶全卿二秀才》。

10. 高升 据《嘉靖太平县志·人物志》⑤,字宏谧,号兑斋。成化二十一年贡,授吉水训导。善教迪,得士子心,学者尊之曰兑斋先生。《桃溪集》有诗《高宏谧来过次韵复之》《高宏谧以诗相留次韵奉答》《古剑篇次韵赠高宏谧》《次黄通政韵赠别高司训宏谧》。

11. 黄伦 据《嘉靖太平县志·人物志》⑥,字汝彝,孔昭从子。成化十九年贡,任休宁训导。有诗名。《桃溪集》有诗《雨中次黄汝彝韵》《题黄汝彝赠别卷次李西涯韵》。

---

① (明)邵宝《容春堂后集》,文渊阁《四库全书》本,第 373 页。
②③④⑤⑥ 《嘉庆太平县志》卷七。

12. 黄绾(1477—1551) 浙江太平人，字宗贤，一作叔贤，号石龙、久庵。黄孔昭之孙，以荫入官，累擢礼部尚书兼翰林学士。先师事谢铎，后师事王守仁，而守仁为桂萼等所忌，乃受黜。在大礼之议中与张璁、桂萼合，受世宗知遇，乃为守仁讼冤。其学说初宗程、朱，后转师守仁，晚年主张良知来源于日常生活。有《石龙集》《明道编》等。详《明史》卷一百九十七、《明儒学案》卷十三。铎死后，绾作《谢文肃公行状》。《桃溪集》有诗《赠黄宗贤并序》《次黄宗贤元日书怀韵》《赠黄宗贤侍父南归二首并序》《赠黄生宗贤》二首，及书信《复黄生宗贤》六封。

13. 郭琠(1424—1495) 字端朝，别号筠心，浙江仙居人。生平详见谢铎所作《筠心郭先生墓碣铭》。铭又云："先生与敬所陈公实相与为文字友，令节佳辰，登临歌啸，盖无往而不与俱，予辱从杖屦者，几二十年于兹矣。"郭筠心卒于弘治八年(1495)春正月二十四日，终身未仕而学著丰实。有《筠石存稿》若干卷，《郭氏遗芳集》《文献录》若干卷。《桃溪集》有诗《次韵答郭筠心》二首、《题扇面寄郭筠心》《期筠心不至》《秋薑赠陈敬所郭筠心》《筠心与太守叔父招登山先此奉柬》《雨中忆郭筠心先生》《次韵奉谢筠心行冠礼兼示小儿之作》《再次韵约郭筠心余秋崖诸公》《次郭筠心移梅韵》《北上奉别太守叔父筠心诸公》《期筠心诸公登高》，有文《郭氏文献录序》《题遗芳集诗选》。郭琠卒，谢铎为作《筠心郭先生墓碣铭》。

14. 余弘德(1436—1502) 浙江黄岩人，字存敬，别号秋崖，学者称秋崖先生。享年六十七岁。详谢铎所作《秋崖余公墓碣铭》。铭曰："予托交秋崖几三十载，书问诗篇往来，意勤勤不舍，晚复以盘，故重订姻盟。""公虽巨族，以义行称，而崭然韦布中，独以诗鸣，诗固公志也。"以为秋崖诗"不抗以激，不靡而仍"。《桃溪集》有诗《余秋崖贺得孙因次其韵》《草室留宿方岩书院次韵奉怀兼柬秋崖南郭》《秋崖南郭有词章之辨再用前韵以解》《再次前韵寄余秋崖》《雁山归因辍圣水之行次韵用谢余存敬诸公》《次韵余存敬春怀八首》《次前韵有怀余秋崖》，文有《跋秋崖集》，书信《复余秋崖高南郭》。余弘德卒，谢铎作《哭余秋崖》诗。

综上所述，谢铎在三次出仕、三次返乡家居的几十年生活中，结交了大量的朋友。其交游，有以下几个特点：首先，谢铎的结交面比李东阳来得广泛，因为他乡居的时间很长，除了官员以外，还有许多终身不仕者，如陈彬、王佐、缪恭等。其次,谢铎的朋友中间,有许多是理学家,如黄孔昭、陈献章、黄绾等。再次,谢铎重友情,有些朋友结交终生,始终不渝。与李东阳终生为友,共同经历了成化、弘治年间的诗文革新;再如黄孔昭、林克贤、李东阳、陈彬等,无论地位发生了什么变化,还是相隔千山万水,诗文唱和,友情未断。正因为如此,谢铎能有如此广泛的交游。亦因为谢铎的勤奋创作,所以谢铎能够成为当时"茶陵诗派"的主要人物;亦正因为有了那么多人自觉或不自觉地共同投身诗文革新运动,故有力地推动了当时的诗文复古运动。

第二节 谢铎与茶陵诗派领袖李东阳

因为李东阳是谢铎终生的朋友,在谢铎一生中所起作用巨大,故单独一节列出再予详细叙述。

谢铎与李东阳,同是明成化、弘治年间"茶陵诗派"的代表作家。二人意气相投,终生为友,诗歌唱和,文章应答,从不间断。由于谢铎的人生经历与"历官馆阁,四十年不出国门"①的李东阳有很大的不同,因此其诗文创作主张和诗文创作风貌也与李东阳不尽相同。但是,相交四十余载,两人始终彼此尊崇,在文学创作上更是互相促进,因而共同为当时诗风的转变作出了较大的贡献。

谢铎与李东阳之间的交谊,正如李东阳在《祭方石文》中所言:"并举甲第,联步词林。忘年合谊,异地同襟。以文字相劘,以道义相箴。"②明英宗天顺八年(1464),谢铎30岁,登进士第,和时年18岁的李东阳成为同榜进士。据《明清进士题名碑录·天顺八年甲申科》记载,李东阳为二甲第一名,谢铎在二甲三十一名。两人相识当始于此。之后,谢铎和李东阳被一起选入翰林院为庶吉士,"又同舍"(李东阳《桃溪杂稿序》)。两人朝夕相处,各自被对方的才情德操所吸引,逐渐建立起了真挚的友谊,开始了他们的"四十余年知己之交"(谢铎《与西涯先生书》)。这从谢铎的诗作中,也可得到印证。如"欲问真源定何

---

① (清)钱谦益《列朝诗集小传·丙集·李少师东阳》,上海古籍出版社1983年版,第245页。
② (清)黄宗羲撰《明儒学案》,见沈善洪主编《黄宗羲全集》第七、八册,浙江古籍出版社1992年版。

处,相思中夜渴逢君"(《岁除有怀柬黄世显李宾之》)。"寂寥况味三人共,兄弟交情四海难"(《夜坐有怀亨父宾之二公》)。"论心每共陈蕃榻,多事翻嫌越客盟"(《斋居次韵答宾之》)。"寄声珍重平生友,报答无能只自惭"(《二月六日以病辞校文之命寄宾之侍讲》)等等。

起初,谢铎与李东阳在翰林院"同官十有余年"(李东阳《桃溪杂稿序》),历任编修、侍讲等职,仕途经历基本相同。但谢铎三次在朝为官,又三次辞官还家,"出与处之迹相半"(李东阳《寿方石先生七十诗序》)①。而李东阳在仕途上则春风得意,一路通达,由讲筵转入内阁,并一直升迁到大学士。两人的经历显然有了很大的不同。但是,谢铎与李东阳之间的友情却日益深厚。究其原因,主要有以下三点:

首先,惺惺相惜,志业相期,使谢铎与李东阳的友谊底蕴深厚。谢铎对李东阳向来十分推崇,认为他是"豪杰间出之材"(《再复李西涯阁老书》),"盖仅百数十年而一见者也"(《复李学士宾之》),常将李东阳与孔子等古代圣贤相提并论。而李东阳对谢铎的人品与才学,也同样十分尊崇。例如《闻方石先生有南京祭酒之命喜而有作》一诗就盛赞谢铎"祭酒中朝重,先生绝代贤"②。在《祭方石先生文》中,又赞他"称国士而有光,齿前贤而无让"③。当谢铎与李东阳同在翰林院任职时,两人便常以程子之言互勉,即:"天下之治乱系宰相,君德之成就责经筵。然所以用宰相而致天下之治者,又系于君德之成就何如耳,是则经筵之责,不亦尤重矣乎?"(见谢铎《复李学士西涯书》)后来,李东阳获"入阁之命",他诚惶诚恐,认为此是"平生梦寐所不到",并向谢病家居的谢铎征求意见。谢铎当即作《贺李西涯入阁书》,指出他"谦退过甚",鼓励他应受命入阁,"取昔之所言者次第行之",并"预为苞桑善后之计"。后又作《再复李西涯阁老书》,再次向李东阳进言,鼓励他致力于"正己、格君、谋国、用人","至诚以感动之,尽力以扶持之"。而谢铎谢病家居时,李东阳也屡次写信劝他起复,为国效力。这在谢铎的一些诗作中,也可得到印证。如《纂修命下黄亚卿世显李学士宾之连以书来劝且示以诸公论荐大略愧感之余聊此奉答》《得李西涯书有感三首》《西涯以诗来劝北上次韵奉答》等等。而特别值得一

---

① 《怀麓堂全集·文后稿》卷三。
② 《怀麓堂全集·诗前稿》卷十。
③ 《怀麓堂全集·文后稿》卷十五。

提的是李东阳所写的《与方石先生书》一信。该信是弘治元年(1488)谢铎愿意再次出仕的重要因素之一。李东阳在信中"极言君子道隆乘运拯世之义"(王廷相《墓志铭》),说:"今既有行道之地矣,而上下无方枘之沮,左右无掣肘之患,盖将举一世之名教付之先生而听其所为,先生亦何惜不一出以毕平生未尽之志乎?"正是李东阳的勉励,最终促使谢铎在谢病家居近十年之后,重新应召入朝。

其次,休戚与共,患难相扶,使谢铎与李东阳的友谊愈益牢固。尤其是当一方遭遇病痛、丧亲、灾祸等挫折时,另一方总是感同身受,给予真诚的慰藉,表现出患难相当的雅意高情。如成化二十二年(1486),李东阳的父亲李淳过世。谢铎当时谢病家居,却立刻写了《哭李学士老先生》诗二首,遥寄痛悼之情。谢铎第二次出仕,回京任职后,于弘治二年(1489),亲自去李东阳父亲的墓前祭奠,并作有《谒李老先生墓》一诗。后又写了《再次前韵哭李老先生兼慰宾之》,诗曰:

> 百年耆旧此高风,云自西飞水自东。
> 在世几何醒梦别,盖棺今日是非公。
> 九原我已知无憾,五福天谁与考终。
> 莫更祥琴不成调,向人呜咽恨难穷。

正如李东阳在《复愚得谢太守先生书》中所说:"不肖辱教方石非他人比。睽别间,每恨不得一见。乃今辱奠几筵,执手交怮。又以其余沾海益,倾情愫,罄平生所未尽。"[①]另外,对李东阳之子李兆先,谢铎更是视如子侄,充满了关爱之情。谢铎作有《次西涯子兆先韵》,诗曰:

> 公子青年气决河,乃翁况是国之皤。
> 却看行业增门地,未数声光到甲科。
> 吾道敢言真土苴,此心直恐愧烟萝。
> 彩衣堂下槐庭在,无限清阴奈尔何。

---

① 《怀麓堂全集·文后稿》卷十四。

在《复李西涯》一信中,谢铎也称赞李兆先之作"骎骎乎有跨灶之风"。另有《复李兆先》一信,从该信中可知,李兆先将自己所作的诗文寄给谢铎批评指正,并向其请教"文章家法"。因此,谢铎作此回信,先是满怀欣喜地对李兆先予以了褒奖,但接着又告诫他不可"自足",勉励他要更加刻苦钻研学问。从中亦可见谢铎循循善诱的长者之风。李东阳亦是如此。如谢铎的父亲谢世衍去世后,李东阳遥奉"赙仪奠章,情礼稠叠"(谢铎《答李宾之》)。在李东阳为谢世衍所作《明故封翰林院编修文林郎谢公墓志铭》中,亦有对自己得知讣讯时情景的追述:"东阳辱鸣治为知己,非苟涉欣戚者,既走吊归,为不宁寝食者数日。"①又如成化十八年(1482)谢铎的大儿子兴仁暴死时,李东阳作《慰方石先生书》,其中写道:"比书至,开缄见'忽斩我后'数字,且骇且痛,久而后定。天壤间乃有此等事耶! ……道里辽隔,不获伸吊哭之私,以少慰万一。惟与体斋、青溪两同年,及师文职方交致唁问而已。"②弘治四年(1491)谢铎的二儿子兴义病卒时,李东阳也写信予以慰问。后又分别为此二子各做祭文一篇,即《祭谢生兴仁文》和《祭谢生兴义文》。

再次,诗文创作,互相促进,使谢铎与李东阳的友谊生机无限。谢铎与李东阳常将自己所做诗文,请对方修改点评。据李东阳的《麓堂诗话》记载:

> 方石自视才不过人,在翰林学诗时,自立程课,限一月为一体,如此月读古诗,则凡官课及应答诸作皆古诗也。故其所就,沉著兼定,非口耳所到。既其老也,每出一诗,必令予指疵,不指不已。及予有所质,亦倾心应之,必使尽力。予尝为《厓山》诗,内一联,渠意不满。予以为更无可易。渠笑曰:"观子胸中,似不止此。"最后曰:"庙堂遗恨和戎策,宗社深恩养士年。"渠又笑曰:"微我,子不到此。"予又为《端礼门》古乐府,渠以为末句未尽,往复再四,最后乃曰:"碑可毁,亦可建。盖棺事,久乃见。不见奸党碑,但见奸臣传。"渠不待辞毕,已跃然而起矣。③

在《桃溪杂稿序》中,李东阳又曰:"然先生爱我日至,每有所归益,必尽肝

---

① 《怀麓堂全集·文前稿》卷二十六。
② 同上,卷十四。
③ 《怀麓堂全集·杂记》卷十。

腑;见所撰述,亦指摘瑕垢,不少匿及。"谢铎还作有《李宾之学士批抹拙稿赋此为谢》一诗,诗曰:

> 风月情多每自耽,敢从至味托酸咸。
> 咏歌直作康衢看,笔削翻为鲁史惭。
> 点铁有丹金可化,夺胎无地骨空镌。
> 神交更在忘言外,何限繁芜待刘芟。

可见两人互相欣赏、互相促进之一斑。正是在这样的互相欣赏与互相促进之中,使诗艺、情谊与日俱增,老而弥笃。

当然,谢铎与李东阳更多的文事往来,则体现在诗歌唱和及文章应答上。当他们聚首一处时,常联吟递唱,以诗赠答;即使分处两地,也裹诗相寄,千里不辍。李东阳《书同声集后》云:"予从方石先生倡和得此卷,愧斋题为《同声集》。"①又李东阳《书同声后集后》云:"方石以纂修命再入官,所与倡和又若干什,题曰《后同声集》。"又云:"先生拜国学之命,将弃予而南。"② 由此可知,成化年间,谢铎与李东阳同在翰林院任职时,彼此唱和的作品被收录为《同声集》。《后同声集》所收录的唱和作品,则从弘治元年(1488)谢铎第二次出仕回京开始,至三年赴南京任国子监祭酒之前。另外,李东阳还有《西涯远意录》一卷,据吴宽《西涯远意录序》记载,内有"西涯学士遗方石侍讲诗十三首,书六通",又曰:"凡西涯笔札之妙,人多得之。而方石以同年故,相契尤厚,所得殊多,不下数百纸,此特家居时出于浮沉之余者耳。"③ 可见,在谢铎辞官家居期间,李东阳与他也始终心念对方,不计迢遥,诗书不断。可惜,《同声集》《后同声集》《西涯远意录》这三本集子均已失传。如今,两人相关的诗文,我们只能从《谢铎集》和《李东阳集》中加以搜寻。

文章方面,主要是他们写给彼此的信,谢铎所作现存十四封,李东阳所作现存五封。此外,现留存较多的则主要是一些序、跋、记类作品以及墓表、祭文、碑铭等。如他们彼此为对方的诗文集所作的序,谢铎有《读怀麓堂稿》,李

---

①② 《怀麓堂全集·文前稿》卷二十一。
③ (明)吴宽撰《匏翁家藏集》卷四十一,四部丛刊本。

东阳则有《桃溪杂稿序》。又如他们分别为同一本书做序：谢铎有《京师十景诗序》，李东阳则有《京都十景诗序》；李东阳有《赤城诗集序》，谢铎则有《书赤城诗集后》；谢铎有《题逸老堂诗卷后》，李东阳则有《跋谢氏逸老堂诗卷后》等等。另外，谢铎还有《重刊云阳李先生文集序》一篇，李东阳则有《王城山人诗集序》《谢氏宗谱序》《送南京国子祭酒谢公诗序》《方岩书院记》《裕远庵记》《跋谢氏家藏墨迹卷后》《书同声集后》《书同声后集后》《寿方石先生七十诗序》《祭谢生兴仁文》《祭谢生兴义文》《祭方石先生文》《明故处士谢公墓表》《谢孝子墓表》《宝庆知府谢公墓表》和《明故通议大夫礼部右侍郎管国子监祭酒事致仕赠礼部尚书谥文肃谢公神道碑铭》等作品。

  诗歌方面，据初步统计，相互在诗题中提到对方名号的作品，且一个诗题仅以一篇计的话，谢铎现存约有一百零九篇，李东阳现存约七十六篇。此外，二人一起参加僚友聚会时所创作的诗歌，那些呈给诸同年、诸同僚之作，以及同题共咏之篇，更是不在少数。这些唱和之作中，数量最多的当是律诗，如李东阳作《春兴八首》，谢铎和作《次西涯春兴韵八首》；又如谢铎作《归来园》，李东阳和作《次谢方石归来园韵》及《再次归来园韵》；再如谢铎作《斋居有怀诸同年》，李东阳则一连和了三首，分别为《次韵答方石先生斋居见寄》《再答方石》及《再答》。此外，谢铎与李东阳及诸僚友共同为"京师十景"赋诗，谢铎现存有《太液晴波》《琼岛春云》和《居庸叠翠》三首，李东阳总题为《京都十景》的十首诗则全都保存至今。另外，古诗，如李东阳作《问白髭》及《代髭答》，谢铎则先据《代髭答》诗韵，作《李西涯作白髭问答篇予髭白久矣愧不敢复问聊借韵代答以广未尽之意》，后又据《问白髭》诗韵，作《既乃思髭之言若夸以戏愧不敢当复借问髭韵以答之》，又如谢铎作《苦雨叹二首》，李东阳则作《庚寅夏苦雨答鸣治长句》，再如李东阳作《借榴一首赠方石》，谢铎则作《西涯以海榴见假次韵奉谢》。拟古乐府，如谢铎与李东阳各有一首《白马河》，又如李东阳有《急流退》，谢铎则有《急流退一首奉答西涯先生》。绝句，如李东阳有《西涯杂咏十二首》，谢铎则有《西涯十二题为李宾之作》，又如李东阳有《夏太常墨竹》，谢铎则有《题夏太常墨竹》。长短句，如李东阳作《谢谢方石惠石棋子》，谢铎则作《次韵答西涯石棋子歌》等等，可谓众体皆备。

  综观这些诗文，我们不难发现，谢铎与李东阳在文学创作上最显著的共同点，即"台阁"与"山林"的交融。李东阳在《倪文僖公集序》中云：

> 文,一也,而所施异地,故体裁亦随之。馆阁之文,铺典章,裨道化,其体盖典则正大,明而不晦,达而不滞,而惟适于用。山林之文,尚志节,远声利,其体则清耸奇峻,淡成菹定,以成一家之论。二者固皆天下所不可无。

李东阳一方面看到台阁文学"铺典章,裨道化",侧重实用的功效,另一方面也注意到山林文学"尚志节,远声利",抒发性情的可贵,尽管风格不一,但两者却是文学中不可或缺的。若能去二者之短,兼容二者之长,便能达到双美的境界。这与谢铎强调"明道、纪事"(《愚德先生文集序》)和"抒情"(《感情诗序》)的文学主张,其实是一致的。而提倡"台阁"与"山林"并重,正是"茶陵诗派"对当时文学观念的一种更新。

诚然,谢铎与李东阳的一些作品,还具有相当浓厚的"台阁"气息。如谢铎的《京师十景诗序》,文曰:

> 於乎!自石晋氏割燕云十六州之地以畀契丹,而兹土不沾中国声教者,盖余四百年于兹矣。虽以宋之全盛不能一日而有,乃今阐华辟夷,屹为天府,一代衣冠文物之盛,光前迈后,遂为圣子神孙亿千万载之业,岂非天秘地藏,若固有待于其间?吁,盛矣!铎等遭遇圣明,仰瞻天邑,咏歌赞颂,以铺张盛美,分内事也。

又曰:

> 然京师之所谓众大者,夫岂直是哉?经国之规模,立朝之纲纪,上之天命之永祈,下之民心之顾畏,盖无往而不用其极。斯则国势尊安,王灵显赫,所谓在德而不险者也。《诗》曰:"商邑翼翼,四方之极。"又曰:"镐京辟雍,无思不服。"铎不佞,敢以是为今日京师之颂,以率先十景之作,庶几我列圣创造缔述之深意,真足以上配殷周于无穷也。

此文很明显是效法前辈馆阁之臣宋濂的《阅江楼记》及杨士奇的《龙潭十景序》而作。文中宣扬"阐华辟夷,屹为天府,一代衣冠文物之盛,光前迈后,遂为圣子神孙亿千万载之业"乃"天秘地藏,若固有待于其间",与《阅江楼记》中"岂非天造地设,以俟大一统之君而开千万世之伟观者"命意相同。歌颂"我列圣创造缔述之深意,真足以上配殷周于无穷",同《龙潭十景序》中"惟神功圣德如田地之盛大"的主旨有异曲同工之妙。而李东阳的《京都十景诗序》亦相类似。

但是,谢铎与李东阳的很多"台阁"题材的作品,实际上已少了几分颂功德、歌太平的用意,而多了对自然风光以及平常的人情事物的描绘。如谢铎的《琼岛春云》,诗曰:

>   蓬海分明在眼中,暖云高捧玉芙蓉。
>   春阴欲下清虚殿,朝彩先浮最上峰。
>   瑶管声中迷去鹤,金根影里护飞龙。
>   夜来雨过知多少,试向东郊问老农。

该诗为"京师十景诗"之一,所写的是典型的帝都风物。但诗歌主要着眼于自然景物的描绘,尤其是篇末"试向东郊问老农"一句,使整首诗少了几分华贵典重的气息,而平添几分鲜活的生气,给人以较为清新自然的感觉。李东阳的《京都十景》亦比较重视自我行踪、自然风光和京城气象的描写,给人以耳目一新之感。

"台阁"风格尽管在谢铎与李东阳的作品中各占着一定的比例,但并不能代表他们创作的全貌。谢铎和李东阳的一些作品,已注重描绘个人的生活情况和内心的真情实感。如谢铎的《闰月初九夜祀先斋宿有感寄柬李西涯》(二首),诗曰:

>   听尽寒更彻夜风,乱蛩声切雨声中。
>   愁肠可但九回曲,心事真如万折东。
>   三日精诚聊自竭,百年追感竟何穷。
>   极知对越惭无地,敢托涓埃念匪躬。

>   独坐清斋忆往年,玉堂风采夜灯前。
>   剧谈慷慨公孙辨,健笔纵横石鼎篇。

江海忧深天欲老,尘埃心苦地须偏。
多情漫有金陵约,白发青山兴浩然。

该诗写于成化十八年(1482)闰八月初九。早在前年,谢铎因父母亲相继去世而离职回乡,到此时服丧期限已满,按例应该起复入朝,但他却呈上了《谢病疏》,提出了谢病家居的恳求。无疑,双亲在很短的时间内相继过世是造成谢铎称病致仕的直接原因。诗中内容,其一正是谢铎这种亲不及养的凄苦心境的真实写照;其二则是对昔日交游的追忆,表达了对友人的思念之情,并流露出归隐之意。李东阳则和作《次韵寄答方石二首》,曰:

玉河杨柳几春风,回首长安是梦中。
别雁有时传塞北,愁云昨夜起天东。
应怀野客歌招隐,肯效文人作送穷。
我病欲攻无药石,愧将交谊托微躬。

艺苑词垣二十年,离情不似十年前。
绿波南浦江淹赋,白雪西山杜甫篇。
醉里功名心尚在,老来山水性俱偏。
春风漫作金陵梦,却望天台更渺然。①

诗歌同样描绘了离愁别绪,倾吐了对友人的思念。从诗中也可看出,尽管李东阳仍然希望谢铎能起复回京,但他也明白"金陵"之约恐已"渺然"。

谢铎与李东阳还有一些作品,注重表现社会现实生活,体现了文人士大夫的社会责任感。如谢铎的《苦雨叹二首》,曰:

长安阴雨十日多,倾墙败屋流洪波。
男奔女走出无所,道路相看作讹语。
东邻西舍烟火空,青蛙满灶生蛇虫。

---

① 《怀麓堂全集·诗前稿》卷十五。

>春来五月全不雨,夏麦秋田皆赤土。
>城中米价十倍高,斗水一钱人惮劳。
>
>君王有道念民困,诏遣尚书督粮运。
>传闻昨夜来湾头,万斛漂荡无全舟。
>湾头崖岸半冲啮,百万人家委鱼鳖。
>伤心暗诵《洪范》篇,小臣忧国徒拳拳。
>於乎何辜此民物,灾沴相仍岂今日。

李东阳亦有唱和之作《庚寅夏苦雨答鸣治长句》,曰:

>惊雷破树云出山,急雨堕地流潺湲。
>尔来一月未断绝,行路厄塞往复还。
>官隍朝决朝阳阙,野渚夜涨张家湾。
>边河人家数千口,骨肉漂荡随枯菅。
>居人乘舟走平陆,船底秋苗俯可攀。
>城中沟渠失疏导,街头结筏通市阛。
>东邻嫠妇抱儿泣,西家老翁穷且鳏。
>升求斗籴典衣尽,有物何况珥与环。
>君王恻恻念孤瘝,赈粟屡自公家颁。
>故老相传乃旧典,先朝以来幸未删。
>翰林腐生诗骨孱,城南敝屋堵不环。
>剧遭委顿怕泥滓,十日不造承明班。
>因思春夏久枯旱,后何冗滥前何悭。
>甲兵未见洗幽朔,流移只恐穷荆蛮。
>吾曹谢公有深虑,向来忧国爨欲班。
>挥毫作歌意慷慨,直欲广厦千万间。
>朝廷有道弭灾沴,胡不浩荡开愁颜。①

---

① 《怀麓堂全集·诗前稿》卷七。

这两首诗均写于成化六年(1470)。据史料记载,是年,北京、山东、河南大旱,顺天、河间、永平诸府旱后又遭大水,民食草木几尽。这两首诗在内容和情感上相近,都是对这一场天灾的真实反映,表达了对遭受痛苦的老百姓的深切同情。

然而,如果将谢铎与李东阳的作品,特别是诗歌,加以比较分析,两者显然还是有所区别的。如谢铎的《西涯十二题为李宾之作·稻田》,诗曰:

> 白发事秋田,一餐不得饱。仓廪万家翁,不识田中稻。

诗歌揭露了贫富不均的不公平现象,表达了对贫苦老百姓的深切同情。再看李东阳的同题之作《西涯杂咏十二首·稻田》,诗曰:

> 水田杂花晚,畦雨过溪足。老僧不坐禅,秋风看禾熟。[①]

诗歌以描写自然风光为主,表达的则是林泉隐逸之兴。在意境思想上,与谢诗可谓截然不同。又如前文所引述的谢铎的《苦雨叹二首》和李东阳的《庚寅夏苦雨答鸣治长句》。谢诗中虽然提到"君王有道念民困,诏遣尚书督粮运",但从接下来的叙述中可知,朝廷并没能解决百姓的痛苦。因而,谢诗结尾用"灾沴相仍岂今日"一句,对未来表达了深切的忧虑之情。而李诗则乐观许多,认为"朝廷有道弥灾沴",宽慰"忧国鬓欲班"的好友"胡不浩荡开愁颜"。还有,李诗中"君王恻恻念孤癏,赈粟屡自公家颁。故老相传乃旧典,先朝以来幸未删"四句,则明显具有歌功颂德的意味。类似的例子,还有很多。可见,谢铎的诗歌更关注现实民生。

另外,再就整体创作情况来看,谢铎的诗歌大多具有较强的现实感,或记述了当时的民事民生,抒写了诗人悯世忧民之心;或表达了对国家命运的关注,倾吐了诗人忧国伤时之情;或反映了官场争斗和文士的孤寂,表现了诗人对仕途进退的矛盾心理;还有一些诗歌则记录了他对家乡的热爱、对朋友的思念以及对隐逸生活的崇尚。这些诗歌表现的内容都与谢铎的个人经历有关,

---

[①] 《怀麓堂全集·诗前稿》卷十九。

从而真实地反映了诗人的心灵感叹。而李东阳在这些方面尽管也有类似的诗作,但在数量上毕竟有限。总体来看,那些表现怡然自乐的馆阁生活的作品,仍占其创作的绝大多数。

可以说,在挣脱"台阁"束缚方面,谢铎的诗歌显然略胜一筹,这主要跟其生活经历有关。谢铎出生在浙江省台州府黄岩县方岩乡(成化五年后分县为太平县方岩乡),加上三次辞官返乡,谢病家居时间特别长,因此,受"台阁"风气的影响相对就少,而对国事之弊、民间疾苦了解则深,从而其诗作表现出更为广阔的生活视角,诗风更具清新自然之气。而李东阳虽然祖籍湖南茶陵县,但自祖父开始即居住在京城,李东阳本人更是生在京城、长在京城、成名在京城、埋骨在京城。尽管也曾短暂地出京:成化八年(1472)陪同父亲回湖南故乡,作《南行稿》。成化十六年(1480)奉旨去南京主持乡试,作《北上录》。弘治十七年(1504)奉旨祭祀山东曲阜孔庙,作《东祀录》。且这三次离开馆阁的经历,为李东阳的思想和创作都注入了生机和活力,但不可否认的是,李东阳一生之中,接触最多、最熟悉的始终还是台阁生活,其文学创作也不可能脱离"台阁"文风的影响。因此,"典雅流丽"(《明史》本传)仍是李东阳最主要的创作风格。

综上所述,谢铎与李东阳的文学创作,对"台阁体"其实是一种反拨。以馆阁名臣杨士奇、杨荣、杨溥等创作为代表的"台阁体"诗歌,冲淡闲雅,以粉饰太平为主。由于政治地位的相近,以及对"三杨"功业的认可,使得谢铎与李东阳对"台阁体"有着推崇和因袭的一面。但是谢铎与李东阳所生活的成化、弘治、正德三朝,面临国运危机,朝政已开始走下坡路,社会矛盾日趋尖锐。时代的变迁导致附属于庙堂文化的"台阁体"文学独尊地位的动摇,而其缺乏独立的审美意识等流弊更是成为人们讥诮的话柄。因此,谢铎与李东阳对"台阁体"更多的还是纠偏拯衰。表现在诗歌中,即赞颂君王的神圣恩泽相对少了,平添许多忧患之思和山林之想。前者在不同程度上显得沉郁顿挫,后者却又有浓淡不等的淡雅闲远色调。这也正是"茶陵诗派"有别于"台阁体"的主要特征。同时,谢铎与李东阳的创作,对"前七子派"又具有开启之功。"前七子派"的诗歌,继承并发扬了谢铎与李东阳创作中贴近生活的一面,既有同阉宦作斗争的描写,也有对社会时弊的揭露,充满着强烈的现实精神。由此可见,谢铎与李东阳的文学创作,在整个明代诗歌的发展史上起到了承前启后的过渡作用。

第三章　谢铎著述考

谢铎身兼文学家、史学家、教育家、理学家多重身份，一生著述丰赡，学养渊实。谢铎的著述，今据《明史·谢铎传》《嘉靖太平县志·谢铎传》、黄绾《谢文肃公行状》、李东阳《明故通议大夫礼部右侍郎掌国子监祭酒事致仕赠礼部尚书谥文肃谢公神道碑铭》、王廷相《方石先生墓志铭》等考得有：《桃溪集》《续真西山读书记》《伊洛渊源续录》《伊洛遗音》《四子择言》《元史本末》《宰辅沿革》《国朝名臣事略》《尊乡略》《赤城新志》《赤城诗集》《论谏录》《蚁忱稿》《汲绠余诚》《归夷杂咏》《缌山集》《祭礼仪注》。另外，谢铎还为李东阳《西涯拟古乐府》作过注。

根据上述资料，谢铎的著述可分为四部分：一是本人创作的诗文；二是编撰的理学著述；三是以朝廷命官的身份参与的官修史书；四是诗文评注。其诗文集《桃溪集》今存其第二次修订本《桃溪净稿》和第三次修订本《桃溪类稿》残卷；其他著述或存或亡。今将其诗文集《桃溪集》和其他著作分二节述之。

第一节　谢铎《桃溪集》的编纂与流传

谢铎生前即注意对所作诗文作品的整理，并以其所居之地命名为《桃溪集》。过世后，又经过亲旧及本族后胤的编辑刻印，流传至今。现在流传下来的《桃溪集》的各种本子，成为研究谢铎及当时文坛现象的重要资料。因此，本文拟对谢铎和他的著述尤其是他的诗文集《桃溪集》进行考述。

一、谢铎《桃溪集》命名之因

纵观谢铎一生,三次出仕,三次回乡,在朝正直敢言,在乡创办方岩书院,亲自讲学其中,培养了大批青年学子,一生著述甚丰,其诗文集称《桃溪集》。李东阳《桃溪净稿序》曰:"先生姓谢氏,名铎,字鸣治,台之太平人,累官翰林侍讲,号方山,后更号方石。桃溪,其所居地也。"关于"桃溪",《嘉靖太平县志》卷一《地舆志上·山川》:

> 桃溪:在王城山下。其源出自王城山,南北二派,俱东流,会百桨渚,入新建河,旧名陶夏溪。宋于恕之遗址在焉。今谢文肃有《桃溪书屋》诗曰:"浅水难容棹,繁体自作村。分明幽绝地,不是武陵源。"

按,今桃溪有二义,一为溪名,一为溪两岸之地域,亦称桃夏。明时之浙江省台州府太平县桃溪,历经沿革,今为浙江省台州市温岭市大溪镇兆岙村,小地名仍为"桃溪"或"桃夏",故谢铎名其诗文集为《桃溪集》。

二、《桃溪集》

《桃溪集》是谢铎诗文集的名称。据黄绾《桃溪类稿序》,谢铎《桃溪集》经历了三次编辑过程,初编为《桃溪杂稿》,二编为《桃溪净稿》,三编为《桃溪类稿》。

1.《桃溪杂稿》

《桃溪杂稿》已不存。今李东阳《怀麓堂文集·文前稿》卷八有《桃溪杂稿序》曰:

> 予与方石先生同试礼部,时已闻其有能诗名。及举进士,同为翰林庶吉士,又同舍,见所作《京都十景》律诗,精到有法,为保斋刘公、竹岩柯公所甄奖;又见其经史之隙,口未始绝吟,分体刻日,各得其肯綮乃已。予少且劣,心窃愧畏之。同官十有余年,先生学愈高,诗亦益古,日追之而不可及。……及先生以忧去,谢病几十年,每恨不及亟见。见所寄古乐府诸篇,奇古深到,不能释手。比以史事就召,尽见其《桃溪杂稿》若干卷,乃起而叹曰:"诗之妙,一至此哉!"

按：此序作于弘治己酉即弘治二年(1489)。李东阳此序在顾璘刊出《桃溪净稿》时以《桃溪净稿序》之名被收入该书诗集前，并在后面加了一段话：

初名《杂稿》，后十三年，西涯先生再取而芟之，俾录为《净稿》云。①

南京太常寺少卿陈音有《桃溪杂稿序》曰：

……天顺甲申登进士第，入翰林为庶吉士。益大肆力于学，凡经传子史，无不精思力究，会诸博而归诸约，将以其所学措诸实用。既为编修侍讲，恒有陈论，其操持刚介，棱棱不苟合，尝退居山阿几十年，欲自老而不悔。弘治初，修《英庙实录》，诏特起之，先生黾勉供事，于是非褒贬深为有裨。会拜南京国子祭酒，既至，夙夜殚心，询弊举宜，大要以明彝伦、正风俗、成人才为己任。虽士心信服，声教丕振，其心缺然，若犹愧于古之所以教者，而去志恒存。……呜呼！以先生之学识、气节，其出处进退间必有道在，岂音之愚之所测哉？独念如先生者世不易得，乃不得尽展其蕴于事功，而独发其志于文辞，良可慨矣！……弘治辛亥夏六月既望，南京太常寺少卿友人陈音序。

从这篇序言可以看出，此序是谢铎弘治四年，因"子殇、身病，遽恳疏力请以归"之时所作，时陈音任太常寺少卿之职，他所看到的谢铎诗文时间下限为弘治四年。

2.《桃溪净稿》

《续文献通考》卷一百九十一"经籍"五十一："谢铎《桃溪净稿》八十四卷。"②《四库总目提要》卷一百七十五《集部·别集类存目》："《桃溪净稿》八十四卷（江苏巡抚采进本），明谢铎撰。铎有《赤城论谏录》，已著录。是集凡诗四十五卷，文三十九卷。盖李东阳因其旧本再取而芟之，故以《桃溪净稿》为名。然瑕瑜参半，犹不能悉为刊除也。"③

---

① 见《谢铎集·附录》，第888页。
② 《续文献通考》，浙江古籍出版社1988年版《十通》本，页4306下。
③ 《四库全书总目》卷一百七十五，页1560上。

《桃溪净稿》八十四卷,有明正德十六(1521)年刻本。其中诗四十五卷,文三十九卷。台州知府顾璘《桃溪净稿序》曰:

> 或问谢文肃公之文,璘曰:醇气之积也。夫文章盛衰,关诸气运,而发乎其人;非运弗聚,非人弗行,岂小物也哉!……如丘文庄公、程篁墩公、吴文定公、李文正公及谢文肃公,与今存者不述,皆台阁之望,儒林之宗也。……璘执此仰叹有年矣。比来守台州,文肃之孙必阼见其遗文若干卷,盖文正所选定者。……呜乎!公居朝汲汲于为忠,而常恐愧乎其禄;居家汲汲于为义,而常恐愧乎其生。是以方进而辄退,既老而益勤。

今临海博物馆有一清代抄本残卷,其最后附了一篇罗侨《桃溪净稿后序》:

> 予读谢文肃公之诗与文,皆极性情、该物理、关涉世教,非寻常拈弄笔墨、嘲吟风月,缀纤巧艳丽以为技,务聱牙崛硬以为奇,而其风韵神采自在,非众人之所能及。公盖一代人物也,而岂台郡之所能独当哉。侨每于诗文中窃见公于西涯李公极加推逊,而西涯于公亦甚敬服。盖二公可谓知己,而其文章德业、出处进退之际,必有能论之者,予并及之,作桃溪净稿后序。
>
> 时嘉靖二年癸未二月己亥,知台州府后学吉水罗侨谨序。

可知《桃溪净稿》在嘉靖二年(1523)台州知府罗侨在任时曾翻印过。

在整理谢铎诗文时,笔者注意到了收在《桃溪净稿·文集》卷三十二的《桃溪杂稿编年谱小引》曰:

> 《编年谱》,谱吾杂稿之所存者,以见岁月之先后。岁月有先后,则世故有变更;世故有变更,则心之所感者不能以不异。感于心而发于言,则凡天下之忧乐,一身之休戚,皆于是乎见焉。故上自天道,下至人事,而皆以吾稿之目录系之。……弘治八年乙卯春三月二十六日,緦山病叟自志于贞则堂之少歇处。

据此,我们可以知道,《桃溪杂稿》是按照诗文创作的先后来编排,那么,《桃溪净稿》是否亦与《桃溪杂稿》一样,按诗文创作的年月先后编排呢?据笔者考察,其结论是肯定的,即《净稿》诗文按创作顺序编排。诗文从天顺八年(1464)三十一岁中进士至弘治十八年(1505)谢铎回乡养病时为止。

按:《桃溪净稿·诗集》共四十五卷:卷一至卷十三、卷十五至卷十八、卷二十、卷二十四、卷三十至卷三十七、卷四十一至卷四十二、卷四十四为古诗、律诗、绝句;卷十四、卷十九、卷二十一、卷二十三、卷三十八至卷四十、卷四十三、卷四十五为律诗、绝句;卷二十二为律诗,卷二十五至卷二十九为古诗。

《桃溪净稿·文集》共三十九卷:卷一至卷七为序,卷八为碑记,卷九至卷十为记,卷十一至卷十六为墓铭,卷十七为墓表,卷十八为传,卷十九为祭文,卷二十为祭文、谥议、策问,卷二十一至卷二十二为史论,卷二十三为讲章,卷二十四至卷二十七为奏议,卷二十八、卷三十三为杂著,卷二十九至卷三十二为题跋,卷三十四至卷三十九为书。

3.《桃溪类稿》

《桃溪类稿》六十卷,明嘉靖二十五年(1546)刻本。今存五十一卷(一,七至十,十五至六十),佚九卷(二至六,十一至十四)。今存国家图书馆,为海内孤本。前有序言四篇:一黄绾序,二陈音序,三李东阳序,四顾璘序,后有附录一卷。陈、李、顾三序已见前叙。黄绾序曰:

> 绾读吾师方石先生之文、之诗,慨然而叹曰:"嗟乎,先生不可作矣。吾于是文、是诗也,可以观世变矣。……弘治季年,绾省先君于选部,见先生于国子。先生则语绾曰:'子来,吾以斯文托子矣。吾之所著,初录之曰《杂稿》,再录之曰《净稿》,三录之曰《类稿》,皆西涯李公所点窜也。今以《类稿》为定本,吾身后可以《类稿》刻之;后有续稿,但可择一二以附之。'其言在耳也。正德庚午,先生卒,绾时官后军,及归,先生之墓宿草矣。后数年,东桥顾公守台,欲刻先生遗集,求于其家,向所谓《类稿》者皆不存。先生之孙必怍以《净稿》应之,遂刻郡斋。绾恒以为憾。今因山居之暇,始检《类稿》,又择续稿之一二附之,庶几以毕先生之志云。"嘉靖二十有五年冬十一月丙子资善大夫礼部尚书兼翰林院学士前詹事兼侍讲学士同修国典经筵讲官门人黄岩黄绾百拜书。

按,《桃溪类稿》共六十卷。卷一为乐府,卷二为古诗,卷三至卷四为歌行,卷五至卷六为五言古诗,卷七至卷十六为七言律诗,卷十七为五七言长律,卷十八为五言绝句,卷十九至卷二十二为七言绝句,卷二十三至卷二十八为序,卷二十九为碑,卷三十至卷三十一为记,卷三十二为传,卷三十四至卷三十八为墓志铭,卷三十九为墓表,卷四十为史论,卷四十一为讲章,卷四十二至卷四十五为奏疏,卷四十六为谥议,卷四十七至卷五十二为书,卷五十三至卷五十九为杂著,卷六十为祭文。附录收《方石先生行状》《明故通议大夫礼部右侍郎管国子监祭酒事致仕赠礼部尚书谥文肃谢公神道碑铭》《方石先生墓志铭》《跋方石先生墓志卷后》《题方石先生改葬墓志后》。

按,《桃溪类稿》所收诗文数量超过《桃溪净稿》,多出部分有许多是原来未收的,也有一部分是谢铎七十一岁至七十六岁去世之前的作品。

三、《桃溪集》的文学成就和文献价值

综观《桃溪净稿》和《桃溪类稿》的成书过程,我们可以认定它们是《桃溪集》编纂过程中的二次结晶。《桃溪集》中的谢铎诗文,成为研究谢铎及明代文学思潮、明代历史的重要文献。《桃溪集》的文献价值是多方面的,限于篇幅,我们拟从文学成就、文献价值两个方面加以讨论。

1.《桃溪集》的文学成就

谢铎在"台阁体"诗风盛行文坛之时,提出了他自己的文学主张,其一是"明道纪事"(《愚得先生文集序》),其二是文学作品要抒情(《感情诗序》),其三是提倡复古(《愚得先生文集序》),其四是提倡学宋诗(《重刻石屏诗集序》)。他的诗作也内容丰富,基本摒弃了"台阁体"诗风,如《田家叹》《西邻妇》《苦雨叹》(二首之一)《撤屋谣》《吾民》等,表现了谢铎对民生疾苦的关心;《偶为六绝句》《苦雨叹》(二首之二)《苦雨》《次陈敬所再示东小园芍药韵》等,表现了他对民事的忧虑;而《上之回》借汉武帝、周穆王之事表达了自己对国事的看法;《搏虎行》希望大家同心协力共同办好国家之事,只要齐心协力,连猛虎也可以打败;《不寐》写出了自己担心西部边事的焦虑心情;《鱼游入深渊》《古愤三首》《急流退一首奉答西涯先生》《雨声夜何长》等则表现了他面对朝廷中宦官专政、朝政日下的担忧,同时也表现了忧谗畏讥,隐退避祸的思想;《偶书二绝》《未圆月》等以诗的形式阐发人生哲理。谢铎的诗歌创作体现了他提倡学习宋

诗的观念。

自明永乐至成化年间,相对于明初高启、刘基、宋濂等人的创作势态,文学发展出现了一个低潮期。在文坛上占主导地位的是"台阁体","台阁体"诗文内容比较贫乏,多为应制、题赠、酬应而作,题材常是"颂圣德,歌太平",艺术上追求平正典丽。从成化到弘治年间,台阁体诗文创作趋向衰落与消退。这一时期对文坛有着重要影响的则是"茶陵诗派"。"茶陵诗派"以李东阳为首,主要成员有谢铎、张泰、陆釴、邵宝、鲁铎、石珤等人,而谢铎对诗风的转变起到了尤为重要的作用。

2.《桃溪集》的文献价值

《桃溪集》所收文章各体皆备。序中值得注意的是《重庆堂诗序》。重庆堂,为"礼部侍郎余姚王公德辉奉其母太宜人岑氏之堂也"。王德辉是明代心学大师王守仁之父,谢铎与之有交往。此文是研究王阳明家世的重要文献。王德辉乃是状元出身,因逢其母寿,当时公卿大夫"因匾其所居曰重庆堂,皆为诗以咏叹之",贺诗后辑为集,谢铎为之序。另外,谢铎作《太子太保李公奉使阙里赠行诗序》,记李东阳赴孔庙祭祀之际同僚作诗送行的情形。余例甚多,此处不赘。

"碑记"中最引人注目的是《永嘉文信公新祠碑》。文天祥是宋末名臣,为元兵所俘后,宁死不屈,精神流传千古,"人生自古谁无死,留取丹心照汗青"的精神一直感动着谢铎。温州江心屿新建文天祥祠,谢铎作碑文。碑文中写到:"成化壬寅夏四月,宋丞相文信公新祠成。祠在永嘉江心之孤屿,盖宋德祐中公避难兴复之地,去今且二百年矣。即其地与其时,尚想见其风声义概,历历如前日事,虽小夫妇女,皆知公之为烈也。"《诚意伯刘公新庙碑记》也很有价值。诚意伯,明初功臣刘基封号。基,字伯温,青田人,《明史》有传。谢铎对刘基评价很高。

"墓志铭"中最有价值的是《赠资政大夫太子少保礼部尚书兼文渊阁大学士李公迁葬墓志铭》,此文是谢铎为李东阳迁其父李淳之墓所作,时间在弘治十六年(1503)。这篇文章是研究李东阳以及茶陵李氏的重要文献,其叙李氏源流曰:"世为湖广茶陵人,裔出西平之后,国初以戎籍隶京师,至公盖三世矣。"又知淳原配刘氏乃"东安望族,生有淑德",刘氏"男三,长即太保公,名东阳,宾之字也,文学行业名重一世"。

"传"中写得最感人的是《严贞姆传》。严贞姆,名闻,是谢铎祖母太安人赵氏之媵,年十一从铎之祖母来到谢家。严贞姆十九岁时,铎之祖母寡居,"豪黠有弱孤欺寡者,屡撼夺其志,太安人度不可免,乃破产,泣呼众媵,谢遣之,曰:'凡是皆彼之利,非有利吾孤也。吾母子更相为命,不可舍尔。其各图所宜归,吾之祸其将有息乎?'媵某某皆如所遣,独姆不肯"。

"史论文"对历史上著名人物如萧何、曹参、汉文帝、贡禹、杜钦、王凤、刘备、曹操、唐高祖、唐太宗、唐高宗、武后等人的功过是非进行评论,反映了谢铎的史学观。

"讲章"是为学习科举文或经筵进讲而编写的五经、四书讲义。谢铎有讲章五篇,作于祭酒任上,其中有《诚者天之道也》章、《故君子尊德性》章、《帝曰皋陶》章、《圣有谟训》章、《先进于礼乐》章。谢铎是浙东理学的传人,他推崇方孝孺,与黄孔昭一起编《逊志斋集》,他的学生黄绾也是著名的理学家,这五篇讲章集中体现了他的理学思想。

"奏议"中最引人注目的是《论西北备边事宜状》和《癸巳封事》。明代中叶,朝廷面临两大问题,一是西北边境少数民族政权扰边不断,二是朝廷当中奸臣当道和宦官干政。《论西北备边事宜状》是谢铎与其他大臣一起提出的西北备边策略。封事是密封的奏章,古代臣下上书奏事,防有泄漏,用皂囊封缄,故称。谢铎《癸巳封事》是成化十八(1482)年十二月所上,提出皇帝要远"小人",要像汉昭帝亲信霍光废上官桀,汉文帝从申屠嘉割邓通之爱那样才可。此二道奏疏表明了谢铎直言敢疏的特点。另外谢铎关于教育方面的几篇奏疏值得注意,《论教化六事疏》是他在弘治三年(1490)任南京国子监祭酒时提出的六条改革措施:"一曰择师儒以重教化之职,二曰慎科贡以清教化之源,三曰正祀典以端教化之本,四曰广载籍以永教化之基,五曰复会馔以严教化之地,六曰均拨历以拯教化之弊。"《维持风教疏》是谢铎弘治十二年(1499)任礼部右侍郎兼国子监祭酒时再次提出的四条改革措施:"一曰正祀典以究明伦之实""二曰重科贡以清入仕之途""三曰革冗员以从京府之制""四曰塞捷径以澄国学之源"。

谢铎一生写作了大量"题跋",这些题跋体现了他的理学思想与文学思想。《书逊志先生文集后》是谢铎为方孝孺文集所写的跋。方孝孺之死,感天动地,谢铎与黄孔昭作为方孝孺的同乡后学,合力收集其文章刊刻。《题逸老堂诗卷后》是为谢省诗集所作,谢省,景泰五年(1454)进士,谢铎族叔,曾任宝庆知府。

钱谦益《列朝诗集小传》收其诗入乙集,其诗十九卷。今国家图书馆存十卷,属海内孤本。

"记"中《朱子衍祠记》记朱熹在台州事迹。《重修黄岩县学记》反映了谢铎重视教育的思想:"天下之治,必本于人材;人材之兴,必本于学校。学校实教化所自出,而有志治道者,诚不可不以之为急务也。"

"书"即书信,共计八十六封,其中与李东阳书信十二封,另有与谢省、陆釴、罗璟、黄孔昭、林克贤、戴豪、倪岳、高懋等书信若干,可供我们研究之用。

四、《桃溪净稿》与《桃溪类稿》的版本

《桃溪净稿》刻于明正德十六(1521)年,按照黄绾《桃溪类稿序》的说法,当时顾璘出任台州知府期间,欲印谢铎诗文集,因没有找到《桃溪类稿》,只好取《桃溪净稿》刊刻付印,则此书为顾璘所主持刻印。根据著录,谢铎的《桃溪净稿》尚有以下几种本子留存:

1.《桃溪净稿》八十四卷,正德十六年顾璘刻本,国家图书馆藏。诗四十五卷,文三十九卷。每页十行,每行二十字。诗集前有李东阳序,序后有方石先生小像,并有"自赞"一首:"误有壮心,嫁以虚誉。尔位之浮,尔德之愧。丹青者谁?貌以为戏。盍返尔初,以究厥志。"文集前有顾璘序。

2.《桃溪净稿》八十四卷,正德十六年顾璘刻本。台北"国家图书馆"藏。诗四十五卷,文三十九卷。该书原存北平图书馆,抗战时随一批文物、图书寄存美国国会图书馆。五十年代,原书归还台北"中央图书馆"。按,此书已影印收入《四库全书存目丛书》(齐鲁书社1997年版)。此书原缺文集卷三十七第十页两面。

3.《桃溪净稿》嘉业堂藏本。《嘉业堂藏书志》著录有"《桃溪净稿》四十五卷"和"《桃溪净稿》三十九卷"二条。四十五卷实际上是诗集,三十九卷实际上是文集。《桃溪净稿》四十五卷录李东阳序,后有董康按语。董康曰:"弘治间刻本。前有目录。每卷仅二三十首,盖仍其原第。黄虞稷《千顷堂书目》收之,卷帙同。诗音节沉着,颇似杜陵咏史乐府,论断精允,足以颉颃铁崖。竹垞《明诗综》止录一首,《静志居诗话》并缺其人,传本之希可知矣。"《桃溪净稿》三十九卷录顾璘序,后有董康按语。董康曰:"行款与前书同,时付梓俱名《净稿》,前为诗,此为文也。按《千顷堂书目》于公撰述有诗无文,《明史·艺文志》作

《奏议》四卷,《文稿》四十五卷,《诗》三十六卷。《文稿》卷帙反与刻本事迹相同,实为错误。文肃为台阁儒臣,而《四库》遗之,则是本亦孤本也。"

4.《桃溪净稿》八十四卷。天津图书馆藏。诗四十五卷,文三十九卷。本书大部分文字同正德十六年刻本,然而部分页码的文字线条、刀法与正德十六年刻本有细微差别;卷首图像也不同,有明显的仿刻痕迹。内中有错页,如《诗集》卷三十六缺第七页。《文集》卷二十七第二页后装订的有一页是《诗集》卷二十七的内容。后有一跋,未署名,跋文叙谢铎生平。当属于明正德十六年刻本的递修本。

5.《桃溪净稿·文集》三十九卷,正德十六年刻本。宁波天一阁藏。前顾璘序已残。内中字迹模糊不清之处较多。

6.《桃溪净稿·文集》明嘉靖二年翻刻本的清抄本残卷。临海博物馆藏。存卷十八至卷三十九,三本装。文字顺序与内容同正德十六年刻本,每卷首页题下有"方石谢铎著"字样。每页十行,行二十二字,字迹清秀娟丽清楚。后有嘉靖二年癸未二月己亥台州知府吉水罗侨序。

7.《桃溪文集》清抄本残卷。浙江图书馆藏。收谢铎所作之文,分四卷。卷一收文四十七篇,卷二收文三十七篇,卷三收文四十二篇,卷四收文三十八篇,四卷共收文一百六十四篇。文章排列之顺序不同于《桃溪净稿·文集》。每卷首页题下有"太平谢铎鸣治"字样。红格,每页八行,行二十字。

《桃溪类稿》六十卷,明嘉靖二十五年由谢铎曾孙谢适然刊刻。今存五十一卷(一、七至十,十五至六十),佚九卷(二至六,十一至十四),后有附录一卷。目录前有谢铎小像,自赞一首。今存国家图书馆,为海内孤本。前有序言四篇:一黄绾序,二陈音序,三李东阳序,四顾璘序。附录收:《方石先生行状》《明故通议大夫礼部右侍郎管国子监祭酒事致仕赠礼部尚书谥文肃谢公神道碑铭》《方石先生墓志铭》《跋方石先生墓志卷后》《题方石先生改葬墓志后》。此书每页十行,每行二十字,但偶有非二十字者,页码卷数偶有错乱。

将《桃溪净稿》(正德十六年顾璘刻本)与《桃溪类稿》(谢适然刻本)进行对照,我们可以看出:

1. 就所收诗文数量言,根据初步统计,《净稿》收诗1 006题共1 553篇,《类稿》收诗1 333题共1 936篇。《净稿》收文347篇,《类稿》收文447篇。两相对照,就诗而言,《净稿》中有17首诗未被《类稿》收录,而《类稿》中比《净稿》

多收 344 题共 366 首诗(按目录计)。就文而言,《净稿》中有 8 篇未被《类稿》收录,而《类稿》则比《净稿》多收 108 篇。

2. 就诗文编辑的体例言,《净稿》按文体按年月之顺序排列,而《类稿》则按比较正统的别集体例加以编纂。

3. 今《类稿》目录全存,其中已残缺的九卷诗,按目录大部分可从《净稿》中补出,然仍有 138 首诗不可补得(卷三 8 首、卷五 20 首、卷六 57 首、卷十一 11 首、卷十二 12 首、卷十三 13 首、卷十四 17 首),深为遗憾。

4.《类稿》附录卷一《方石先生行状》与《明文海》中黄绾《谢文肃公行状》异名而同篇。但是《方石先生行状》在"巧跻捷攫扬扬"后至"所著有《桃溪集》……《缌山集》"之间缺文 396 字,而其处蹿入《史论·武后》及《苏味道》中的文字,《武后》篇"而有莽操而又有武氏也"句至卒篇,又至《苏味道》篇"而不知湄州之祸亦模棱之误也,於乎使小人"止,共 381 字。《类稿》中《方石先生行状》在蹿入文字之后,即"百余卷,先生裔出晋康乐公"至卒篇,系手抄。对照以上两种版本,《类稿》所收诗文数量超过《净稿》,其优势是不言自明的,然而《净稿》有便于编年的特点,且也有《类稿》未收的诗文,故两种版本不可偏废,都有使用的价值。

第二节　谢铎其他著述考

这一节主要考述谢铎《桃溪集》之外的其他著述的情况。

一、谢铎编撰的理学著作

1.《续真西山读书记》
《嘉庆太平县志》卷十五上《艺文志·书目》:

《续真西山读书记〈乙集〉》,谢铎著。《西山记》凡四集。乙集专记自虞夏至汉唐历代相业,文肃更取宋一朝相业有合于西山考评者附其后,所载皆正己、格君、谋国、用人大事也。

《谢铎集》卷七十五《续真西山读书记〈乙集〉引》曰:

《西山真文忠公读书记》，甲乙丙丁凡四集。其乙集专记历代相业，自虞夏迄于汉唐，以正己、格君、谋国、用人四事，考其是非优劣，上下数千载间治乱之机具在，而公经世之心亦略可见矣。公生宋季，卒不克大用以尽酬其志，故载之空言有如此者。铎尝读其书，悲其志，间取宋一代相业有合于公所考评者，录其一二，以附汉唐之后，盖将明公之未尽之志有待于后世者，庶其在此，非敢有所附窃，以僭踰于其间也。嗟夫！公承濂洛关闽诸先生之绪，诸先生且未尝一日得公之位，以试其所谓相业者，于公何憾哉，于后世亦何憾哉！

按：《真西山读书记》即真德秀《读书记》，《四库全书总目》卷九十二《子部·儒家类二》有《读书记六十一卷》条，曰：

宋真德秀撰。案陈振孙《书录解题》，谓《西山读书记》有甲、乙、丙、丁，甲言性理，中述治道，末言出处，大抵本经史格言，而述以己意。今但有甲三十七卷，丁二卷，乙、丙未见。故载于《文献通考》者仅三十九卷。今世所传明时旧刊本，甲、丁二记卷数与《书录解题》合，中多乙记二十二卷。前有开庆元年德秀门人汤汉序，称《读书记》惟甲、乙、丁为成书。甲、丁二记先刊行。乙记上即《大学衍义》，久进于朝。其下未及缮写而德秀没。汉从其子仁夫钞得，釐为二十二卷，而刊之福州。据此，则丙记原书本阙，乙记为汤汉所续刊。振孙惟见初行之本，故止于甲、丁二记也。甲记自论天命之性至论鬼神，各分标目。前有纲目一篇，具详论次先后之旨。乙记载虞夏以来名臣贤相事业，略仿编年之体。前亦有纲目一篇，谓讫于五闰，而书中至唐李德裕而止，盖撰次未完者。丁记上卷皆论出处大义，下卷分处贫贱、处患难、处生死、安义命、审重轻诸目，与上卷互相发明。德秀《大学衍义》羽翼圣经，此书又分类诠录，自身心性命、天地五行，以及先儒授受源流，无不胪晰。名言绪论，征引极多，皆有裨于研究。至于致治之法，《衍义》所未及详者，则于乙记中备著其事。古今兴衰治忽之故，亦犁然可睹。在宋儒诸书之中可谓有实际者矣。①

---

① （清）纪昀等撰《四库全书总目提要》，中华书局1965年版，卷九十二，页785中。

2.《伊洛渊源续录》
《续文献通考》卷一百六十五《经籍二十五》：

> 谢铎《伊洛渊源续录》①六卷。

《嘉庆太平县志》卷十五上《艺文志·书目》：

> 《伊洛渊源续录》，明谢侍郎铎著。仿宋景濂推明婺学之源，于台录石子重至赵讷斋，皆亲从朱子游，于清献、玉峰得之私淑者，不敢辄列，窃附多闻之阙。又有《伊洛遗音》，专取其诗百五十七首，录寄广信守王良玉刻之。

《四库全书总目提要》卷六十一《史部·传记类存目三》曰：

> 《伊洛渊源续录》六卷，明谢铎撰。铎有《赤城论谏录》，已著录。是书所录，凡二十一人。盖继朱子《伊洛渊源录》而作，以朱子为宗主，始于罗从彦、李侗，朱子之学所自来也；佐以张栻、吕祖谦，朱子友也；自黄榦而下，终于何基、王柏，皆传朱子之学者也。然所载张栻等七人，则全录《宋史·道学传》；吕祖谦等七人，则全录《宋史·儒林传》；李侗等六人，略采行状、志铭、遗事。其辅广一人，则但载姓名里居，仅数十字而止，尤为疏略。案广即世所称庆源辅氏，《明一统志》载其始末甚详，铎偶未考耳。《明史》铎本传，载其为南京国子监祭酒时，上言六事，其三曰"正祀典"，乃请进宋儒杨时而退吴澄，为礼部尚书傅瀚所持，仅进时而澄祀如故。夫澄之学虽曰未醇，然较受蔡京之荐者则有间矣。铎欲以易澄，盖以道南一脉之故，而曲讳其出处也。然则是录之作，其亦不出门户之见矣。②

《谢铎集》卷五十一有《伊洛渊源续录序》曰：

---

① 《续文献通考》，浙江古籍出版社1988年版《十通》本，页4166上。
② 《四库全书总目提要》卷六十一，页549中。

  昔晦庵先生尝取周程张子之书，绪正表章以示当世。既又虑夫世之学者徒得其言而不得其所以言，乃复取其平生出处履历之详，及其师友之所授受者，稡而录之曰《伊洛渊源录》，以见圣贤之所谓学者，皆言行一致，体用一源，而理之未始不该于事，事之未始不根于理也。於乎，微哉！先生既没，其遗言绪论散见六经、四子者，固已家传而人诵矣。独其授受源委，与夫出处履历之详，穷乡下邑之士或所未究，则无以尽见其全体大用之学。铎僭不自量，于是窃取先生之意，具录勉斋所撰行状，与其师友之间凡有预闻于斯道者，定为《续录》六卷，以见先生继往开来之功于是为大，而是录之不可以不续也。嗟夫！自邹孟氏没，而圣人之学不传，其过于高远者，不溺于虚无，则沦于寂灭；其安于浅陋者，不滞于词章，则狃于功利。二者虽有过与不及之不同，而其为吾道之害，则一也。向非伊洛诸老先生相继迭起于千数百年之下，得不传之学于遗经，以兴起斯文为己任，则吾道之害将何时而已邪？然自是以来，犹有窃吾道之名以用于夷狄之世，借儒者之言以盖其佛老之真，其得罪于圣门，甚矣。凡为孔子之徒者，皆将鸣鼓而攻之不暇，顾复偃然求以自附于伊洛之渊源，何哉？豹窥貂续，极知僭妄，特高山景行之思，在平生所不敢后者，姑录其概而摅其说如此。后之君子脱有取焉，其亦明道术扶世教之一助也哉。

《谢铎集》卷七十七又有《题伊洛渊源续录后》：

  昔宋太史公景濂有言：自晦庵文公绍伊洛之正统，号为世嫡益衍而彰，传道而授业者几遍大江之南，而台与婺为特盛。婺之学实始于何文定公基，基得之黄文肃公幹，幹则得于文公者也。文定公一传而为王文宪公柏，再传而为金仁山履祥，又再传而为许白云谦。台之学实始于南康石公子重，子重介南湖杜公㬎与其季方山公知仁以及讷斋赵公幾道，皆亲登文公之门。由是二杜公一传而为丞相清献公范，再传而为玉峰车公若水，玉峰则又缔交于文宪王公，而寿云黄公超然则又往来师友于其间者也。太史公又谓方公克勤之在吾台，其殆闻而知之者。然则希直公之亲得于父子间者，亦可知矣。今是录于婺，止列何、王二公。于台亦不敢辄列清献、玉峰诸公者，窃亦自附于多闻之缺而慎言之耳。是录之成盖久，惟藏之箧箧,时备检阅,以致吾景仰之私而已,实未尝敢妄出以示诸人人也。今年春,吾友广信太守王君良玉书来,让予以《尊乡录》之刊,若独有私于王兴化存敬者,乃不得已,谨取而应之。良玉笃好古学,今其所守正鹅湖之地,是录之出,安知其无如昔贤之辨者,良玉其尚有以处之哉。

按,关于朱熹《伊洛渊源录》,《四库全书总目提要》卷五十七《史部·传记类一》曰:

宋朱子撰。书成于乾道癸巳,记周子以下及程子交游门弟子言行。其身列程门而言行无所表见,甚若邢恕之反相挤害者,亦具录其名氏,以备考。其后《宋史》道学、儒林诸传多据此为之。盖宋人谈道学宗派,自此书始。而宋人分道学门户,亦自此书始。厥后声气攀援,转相依附。其君子各执意见,或酿为水火之争。其小人假借因缘,或无所不至。叶绍翁《四朝闻见录》曰:"程源为伊川嫡孙,无聊殊甚,尝鬻米于临安新门之草桥。后有教之以干当路者,著为《道学正统图》,自考亭以下,剿入当事姓名,遂特授初品,因除二令。又以轮对改合入官,迁寺监丞。是直以伊洛为市矣。"周密《齐东野语》《癸辛杂识》所记末派诸人之变幻,又何足怪乎。然朱子著书之意,则固以前言往行矜式后人,未尝逆料及之。儒以诗礼发冢,非诗礼之罪也。或因是并议此书,是又以噎而废食矣。①

3.《伊洛遗音》
《谢铎集》卷七十七有《伊洛遗音引》曰:

予尝读伊洛诸书,见其精深奥博,茫无涯涘,因取其诗,日读之而涵泳焉,得百五十七首,萃而录之,曰《伊洛遗音》。或疑诗人,有志者所不屑处,矧伊洛之道,顾于此而求之,不亦左乎? 是不然,虞廷之赓歌,周室之进戒,古之所谓大圣大贤者,诗固在所不废,伊洛之诗,亦岂外是以为道哉! 独怪世之冒伊洛以为名者,其发而为诗,不曰太极则曰阴阳,不曰乾

---

① 《四库全书总目提要》卷五十七,第519页。

坤则曰道德,不曰鸢飞鱼跃则曰云影天光,往往以号于人,曰:此道学之诗也。是诗一出,遂使诗家者流指为口实,以吾儒为不识诗,有若顾子敦者乃欲与伊川读《通典》十年。噫,不亦重可笑哉!昔者赵括徒能读父书,而一将辄败;霍去病不学古兵法,而所向无敌,是则以道学为诗者,固不足为知诗,而以吾儒为不识诗者,又宁知诗之所以为诗哉?予生也晚,故未知伊洛之学,亦不敢自谓能知伊洛之诗者,姑录所见以俟。今年秋,吾友广信太守王君良玉乃以书来索予诗,予诗岂足以示人而以浼吾良玉哉?因取是编以应,或者良玉刊之郡斋,与《渊源录》并行,以窃自附于三先生论事录之义,则亦岂非欲知伊洛之学者所愿闻哉!

4.《四子择言》

待考(《千顷堂书目》卷十一有"谢铎《四子择言》",《浙江通志》卷二百四十五"《伊洛遗音》又《四子择言》《分省人物考》,谢铎著")。

5.《元史本末》《宰辅沿革》

待考。《嘉庆太平县志》卷十五上《艺文志·书目》曰:"其《元史本末》《宰辅沿革》二书,所未见矣。"可见早已失佚。

6.《国朝名臣事略》

《嘉庆太平县志》卷之十五上《艺文志·书目》曰:

《国朝名臣事略》,谢铎著。时以史事赴召,取其在永乐中及熙、宣以来至今日者为后集,以旧与黄定轩同辑者为前集。是题,其总名。

《谢铎集》卷五十有《国朝名臣事略序》曰:

否极而泰,剥极而复。有旷世所无之大变,则必有旷世所不可无之大功。斯理也,亦势也。世至于元,天地易位,华尽为夷,而世变极矣。秦、隋、五代之暴且乱,盖不若是甚也。噫!此我圣祖再造乾坤之功,所以跨唐轶宋,逼汉高而过之。宰我曰:"以予观于夫子,贤于尧舜远矣!"若我圣祖之功,岂非旷万古之所未见,而天下后世之所不可一日而无者哉!然在《泰》有上下之交,在《复》有朋来之助,孔子"微管仲,吾其被发左衽矣",仲相桓攘夷者,不过一楚而已,吾夫子尤动色亟称之不暇,况其有功于乾坤再造之世而亲被其赐者,亦乌可得而忘之哉!曩予病废无事,既为《皇明铙歌》,以赞咏我圣祖之功。复取诸臣之谟谋、勋伐、行业、文章足以上禆一代太平之治者,稡为此编,以便记览,以致仰戴之私。未几,以史事赴召,至京邸间,有示予所谓国朝名臣诸赞者,虽其间不能以不异,而益得见所未见,因取其在永乐中者为别集,又取熙、宣以来至今日者为后集,而以旧所稡者为前集,乃总题之曰《国朝名臣事略》,而各著其实于篇,不敢加一词焉。第恨载籍缺遗,闻见寡陋,不能无挂一漏万之失。尚论其世,以考其功,以补其所未备,后之君子将必有慨然于斯者矣。

7.《尊乡录》

《嘉庆太平县志》卷十五上《艺文志·书目》曰:

> 《尊乡录节要》(四库记其为王弼所作),谢铎著。初,方逊志欲搜邑里遗事为《先达传》,未就。文肃阁中秘书,得陈笕窗图志,乃本逊志意,旁及史传碑版与故老所见闻,萃为《尊乡录》四十一卷。惧其繁,更为《节要》四卷、《拾遗》一卷。

《谢铎集》卷五十《尊乡录序》曰:

> 吾台人材,历三国六朝至宋南渡而始盛,盖古者帝王率宅中土,大江以南非治化所先被,故其风气亦随以渐,而人材之兴系焉。譬之楩楠豫章,虽不能不产于穷山深谷,要非积久不能以自见。然其始也,不幸而摧辱于樵夫、牧竖之手者盖亦众矣。於乎!是岂偶然也哉!宋之南渡也,吾台实称辅郡,于是耆儒硕辅之道德勋业,以及文章之士,班班焉。笕窗陈公图志之作,实维其时。盖更千数百年之久,而后载籍之传,得有所据。又数百年,逊志方先生始欲搜辑邑里遗事,为先达传,而卒亦未就。自是以来,寖复放失,凡我后人生长其地者,殆莫知所尊慕乡往。而其崖一世以为心者,亦几于无传矣,可胜慨哉。成化乙未,铎阅中秘书,乃得所谓笕窗图志而读之,因窃取先生之意,旁及史传碑版与凡故老之所见闻,稡而

录之,曰《尊乡录》,凡四十一卷。既而惧其太繁,更为《节要》四卷,《拾遗》一卷,皆据实以书,不敢辄有所增益,以上诬我先正。若乃考摭之未备,采取之未精,则不能不深有望于后之君子焉。成化丁酉闰二月十有六日郡后生谢铎谨识。

《谢铎集》卷七十六还有《尊乡录详节引》和《书尊乡录详节后》。
《尊乡录详节引》曰:

详节即是录之所未节者,视节要而详之,盖以是录过于繁而节要失之略,故不得已而复为是,非必别有所区别而复出之也。昔温公既为《通鉴》,而自病其繁,因撮取精要之语以为《目录》,既又病其太简,乃复为举要,历以适厥中。噫!蕞尔纪录,曷敢妄窥大贤之述作,惟夫襃多益寡,详取而慎节之。在是录固有所不可得而已者,亦岂得而已之哉。旧录凡四十一卷,《节要》止四卷,今别为十:曰儒林、曰文苑、曰宦业、曰科名、曰孝友、曰节义、曰隐逸、曰贞淑、曰侨寓、曰官守,各以其类为卷,卷各直书其名而不讳者,本《赤城志》,亦史法当然也。

《书尊乡录详节后》曰:

昔人有言:考才于异代,自昔难之。噫!考之难,则其传之也,自不容于不谨矣。吾台人材,自史传外,舍《赤城志》无所与考。志实作于宋嘉定间,筼窗陈公所志者,自汉以迄五季,上下几千数百年,仕者止十人,隐者止七人,至宋南渡乃始得而详焉。於乎,其亦难矣!自嘉定以至于我国初仅二百年,逊志方先生几欲搜辑筼窗以来遗事为《先达传》,已不可易得,又况去先生百数十年之后,乃欲详考而备录之,是不亦甚难矣哉!虽然,畏其难而一切置之,则后之千数百年,将益难于考而卒归于无传矣,奚可哉!铎为是惧,二十年前辄愚不自量,妄加采摭以为是录,姑藏之箧笥,以备检阅,以致吾仰止之私而已,非敢以示诸人人也。弘治改元,王刑部存敬出守兴化,念吾台文献之缺,谓是录所存,实大义所系,非可得而私者,乃不得已节其要为四卷,俾刻之。今年春,偶阅兴化所刻者,视旧录殆不能十之一,乃复详节为十卷,未成,适吾友故亚卿黄公世显之季父彦良君,以延平司训来别予将之官,因取而视之,欣然曰:"吾延平去建宁不一日,建宁,书坊所在,吾请得而任之,以益广兴化之志,可乎?"既抵任,亟以书来趣予,且曰:"刘通守大本闻之,有耻独为君子之诮,顾相与乐成之。"予识二君,素慷慨好为义举者,乃不辞而举以属之,或者吾台之人将于是得有所观感而兴起焉,固亦间师、党正万一之助,而二君与兴化君之功,其亦不可诬也哉。

按:《桃溪净稿·文集》卷八有《太平县学乡贤祠记》曰:"吾台历唐虞三代以至于汉而始入中国,历汉、三国、六朝至宋而人材始出,于是始推三老六贤以列于学官,以至于今日,如太平六先生之祠可数也。夫自有吾台,以至今日,不知几千百载,其间芬芬而生、泯泯而死者不暇论,论其乘时富贵,起而为君长、为将相者不知其几,固亦雄视一世,谓足传之无穷矣。"由此可知谢铎为《尊乡录》以旌表乡贤、弘扬风化的动机。

8.《赤城新志》

《续文献通考》卷一百七十"经籍"三十:

谢铎《赤城新志》二十三卷。①

《嘉庆太平县志》卷十五上《艺文志·书目》:

《赤城新志》,谢铎著。计二十三卷。继窦而作,故作记载皆断自嘉定之十六年始。惟图、谱、表三卷,总要所在,不以年断。别有补遗、考异二卷。

《赤城后集》,谢铎辑。继宋林表民搜录文章之有关于台而郡志不及者,共三十三卷。今所见抄本,已佚过半。

《四库全书总目提要》卷七十三《史部·地理类存目二》

《赤城新志》二十三卷(浙江范懋柱家天一阁藏本),明谢铎撰。铎有

---

① 《续文献通考》,页4190上。

《赤城论谏录》,已著录。台州自嘉定以后,建置沿革,宋陈耆卿《志》已具。铎因其体例,续辑此编。时台州已升为府,又析黄岩为太平县,故铎为太平人云。①

《谢铎集》卷五十有《赤城新志序》曰:

郡邑之有志,犹家之有谱,国之有史,不可一日缺焉者也。史缺则无以昭宪章、垂鉴戒;谱缺则无以叙彝伦、敦家属;志缺则一郡一邑之典刑无以考,而文献不足征矣。有志世道者,而不此之务,奚可哉!虽然,昔人谓述作之难莫先于志,是志固不可以不作,而尤不可以妄作。不作则缺而已,缺犹将有起而继之者。妄作则诬,诬则是非混淆,真伪错杂,虽有继者,亦将无以善其后矣。故与其妄也宁缺,而作者慎焉。后世虽良史若司马迁,君子犹谓其纪帝王世绪,以尧而下传四世之孙舜,以舜而上传四世之祖禹。虽善谱若欧阳子,君子犹谓其图庐陵世谱,自询至琮余二百年而为四世,自琮至观仅百年而为十六世。噫!贤如二公,区区世次代绪之间,犹不能以无憾,则所谓述作之难者,亦乌得不慎而苟焉以妄也哉!吾郡《赤城志》,创自宋国子司业筼窗陈公。未几,吴公子良辈继之。至元乃有章嘉者,悉更其旧,而名之曰《天台郡志》。当其时,已有觉其妄者,寻改而为《元统志》矣。然其书今皆不传,所传者独筼窗《志》耳。自是以来,不惟代鲜作者,而并其旧所传,亦鲜或克见。成化庚子,郡守刘公忠始属教谕卢守仁踵为之,未就,而刘以代去。越十年,马守岱至,更举以属于予。予属稿未半,而马复以免去,束其稿又五六年矣。今郡守海陵陈公相至,以为更数百年之缺典,莫有继者;虽继,莫有殚其力以底于成者,乃于治政之暇,介监丞陈先生旅不鄙而复以属于予,是固有志世道,而不汲汲于簿书条格之间者矣。况予生长是邦,又安敢以不能之故,而故违郡侯之命也哉!因顾谓公曰:"筼窗之所创而传者,今固不可尚矣,是用存之,以为旧志。若乃其不传者,盖亦有所不必传,姑复别为新志,以附筼窗之后,何如?"公与陈先生皆不以为不可,乃取旧稿删定之,为二十三卷。又凡几阅

---

① 《四库全书总目提要》卷七十三,页 638 中。

月而告成焉。噫！后之视今，犹今之视昔，又宁知无如司马、欧阳之窃议其后者乎？议不议，不敢知。然一郡之文献，不可自我无所征，而太守公之意不可以虚辱，遂卒勉而为之，以俟诸其他日。

《谢铎集》卷七十六有《书赤城新志后》曰：

右《赤城新志》二十三卷，实继窗旧志而作，故所记载，皆断自嘉定十六年始，惟图、谱、表三卷则兼采旧志，以总要所在而不容以年断也。补遗、考异二卷，亦因旧志以作，而间及于今。初，六县各以其志来上，无虑百数十卷，诸家又以其文与诗来者，数实倍之，而其势未已，堆案山积，衰病之余，茫无下手。太守公乃命布衣余秋崖弘德、高南郭纨检阅参校，以相其役，遂开局于方岩书院，凡再历寒暑而功始告成焉，副在书院，而正本则上之府。于是太守公又方并取旧志，镂刻模印，相与并传。於乎！吾台千数百年之文献，于是乎不至于无征矣。宋有青社齐公，今有海陵陈公，诚所谓莫为之前，莫为之后者矣。其有功于吾台也，不亦大哉！独恨予词蹇劣，言之无文，行之不远，将复为文献之累。此则不能不深有望于后之君子耳。

按，《谢铎集》卷七十六还有《书赤城志后》：

成化乙未，予始得是《志》于秘阁中，亟手录以出，于是故亚卿林公鹗、黄公孔昭皆从予本而翻录之。盖是《志》作于宋嘉定中，至是几三百年，其藏之民间者已鲜克见，念欲因此阁本特存其旧以广其传，未能也。去年秋，太守陈公相以郡志属予重修。因访得东门周氏本，未几，拙讷叶先生之孙定中亦以其家所藏者来告，盖皆嘉定刻本也。嘉定后不十年又有所谓《续志》《三志》者。《续志》虽存而其所载无大关涉，《三志》则并其本而亡之，故今只取阁本，参二家而较之，大抵二家者行款虽无甚异，而视阁本则又有不同矣。盖其时所刊者各自有此三本，因得彼此互订以从其是。太守公遂取而重刻之，与新志并行，于是一郡之因革颠末，皆可考而见也。噫！公于吾台之文献，其用心不亦勤矣哉。（《四库全书》收此文，结尾有：

"弘治丁巳秋八月八日郡人谢铎识于方岩书院。")

9.《赤城诗集》

《嘉庆太平县志》卷十五上《艺文志·书目》曰：

《赤城诗集》，谢铎辑。皆郡人诗，自宋左纬，迄明邬望，共六十家。抉择极严，诗不多，而皆精美可传，非若《黄岩英气集》之取备，以至玉石互陈也。应副宪志钦、李太守崇信刻之广中，林佥事一中又为下建阳书院重刻。又有补遗五卷、续编八卷，皆与定轩同采，黄岩知县李葵刊。

李东阳《怀麓堂全集·文前稿山部》卷四《赤城诗集序》曰：

诗之为物也，大则关气运，小则因土俗，而实本乎人之心。古者道同化洽，天下之为诗者，皆无所与议。既其变也，世殊地异而人不同，故曹、豳、郑、卫各自为风，汉唐与宋之作代不相若，而亦自为盛衰。逮至于元，其变也愈极，而其间贤人义士往往奋发振迅为感物言志之音者，盖随所得而成焉，然亦鲜矣。夫自乐官不以诗为教，使者不以采诗为职，是物也，若未始为天下之重轻而所关者，固在也。然则不得与于天下者因其所得为而求之，亦固非君子之心哉！浙之东有州曰台，古赤城郡地也。其人固多能诗，吏部郎中黄君世显、翰林侍讲谢君鸣治诵其遗篇而胥叹曰："此吾乡文献之懿，其不可以废。"乃辑宋宣和至我朝洪武、永乐间得数十人，人若干篇，为六卷，名之曰《赤城诗集》。初，宋理宗时有林咏道者，尝辑为《天台集》，今刻本不传。天顺初，国子学录张存粹辑《黄岩英气集》，而不及旁县。至是始粹然成编。予得而观之，其音多慷慨激烈而不失乎正。盖宋元季世，甲兵饥馑，迄无宁居；国初一统甫定，而其君子犹有感时悼昔之意，风标义概或出乎忧患疢疾之余者，皆可得而见也。若唐项斯、宋杨蟠之徒皆以诗名，而世远不可究，故存者左经臣而下不过数十人。使数百年之间有如二君者，时辑而代录焉，当不止是以其止于数十人也。则及时而为之，其容以后乎哉？二君将以是诗属其乡，按察副使应公志钦锓梓广东，复惧其未备，将益搜辑以为续集。今文教日隆，作者汇出，方大鸣太平之盛,其或有继二君之志者,虽百世可也。

《谢铎集》卷七十四有《书赤城诗集后》:

> 《赤城诗集》六卷,凡为诗三百五十九首,皆吾台先正诸君子所作也。诸君子言行之大者,铎既著之为《尊乡录》;又取其文之关涉治道者,为《论谏录》;文选黄君某又以是为不可阙也,于是而是集成焉。昔者先王之世,列国各以其诗隶之乐官,以备观省,以风化天下,而因以为教。后世之诗,体既屡变,用亦不同,独其所谓考俗尚、知政治者,盖可得而推。是集起宋季,历元以至于我国初,如久劳而息,如久病而苏,如穷阴沍寒而继以阳春,如惊风骇浪而跻于平陆。治不忘乱,乐不胜忧,故作者往往愤激悲壮,多闵时病俗之意,而其要率皆归之伦纪名教,读之可使人感发而兴起也。然则吾台一郡之俗尚与其所系以为政治者,亦岂不略可见哉?初,是集之成,应宪副某、李太守某尝锓梓广东矣,佥宪林君病其字之讹而传之未远也,乃重为校正,下建阳书坊刻之,以益广二君之志。若夫考摭之未备,采取之未精,则予也又不能不以吾邦之文献而深有望于后之君子焉。因识其末以俟。

《谢铎集》卷七十七有《书重刊赤城诗集后》:

> 成化己亥,予与故亚卿黄公世显辑吾台诸先正诗为《赤城集》,今内阁西涯李先生尝为之序,既梓行矣。弘治丁巳,予致仕家居,重修郡志,因取而观之,谓其有关于志也,而犹有所未备,乃更加采录,以为新集。旧集六卷,起宋宣和至我朝永乐,诗凡若干首。新集十三卷,起唐会昌以迄于今,诗又凡若干首。越六年,壬戌,予赴召,复官国子,暇日偶阅二集,见其新旧参错无序,且版刻大小不伦,因请于西涯先生点窜删定,合为一集,凡为卷一十有八,为诗九百八十有五,作者凡百五十三人。虽所录不遗于近,而其存者不敢辄及,以盖棺之论未定,而诗亦未备也。既成,先生复更旧序,俾重刻之,庶几与郡志并行,而亦或以备吾台文献万一之缺。间有疑之者曰:"《郡志》所载,据事实书,以垂监戒,而诗之所取,徒以其词,未必

皆有德之言也，而顾有及于是，何哉？"予曰："不然。诗者，人心之感物而形于言之余也，心之所感有邪正，则其言之所形不能无是非。今之为诗，虽或不得皆如古者列国之风悉陈于上，以考其政治俗尚，以行其劝惩黜陟之典，然学者即是以观，善者师之而恶者改焉，则亦岂非劝惩之一助也哉？况言不以人废，而葑菲并采，使后之人得以因言而考行，则所谓监戒者，盖亦存乎其中矣。方今圣明在上，重熙累洽，礼乐百年而后兴，固其时也，又宁知观风之使不以此为职，乐官之隶不再见于今，而大行其劝惩黜陟之典也哉！"姑摭见闻，用存一方之诗以俟。旧集刻于故福建佥宪林公一中，兹将谋之亚卿之子、今文选郎中汝修属其所亲蔡汀州从善重刻之。汀州吾党士，其乐善之心，佥宪公亦岂得而专美之哉？

按，《谢铎集》卷七十六还有《书赤城集后》今录之备考：

是《集》亦成化乙未中录之秘阁者也。《集》之所载碑、铭、序、记等，虽不必尽出于台之人，而实有关于台之事，是故足以备志之缺遗而不可无者。第其间所载寺观仙释事颇详，而旧志则已具矣。是用刊之与旧志并行，庶读者得以参考互见而不觉其繁且复也。《集》旧凡二十卷，今更为□卷。

《谢铎集》卷五十有《赤城后集序》：

台故有《赤城集》，宋林表民氏之所辑录，凡文章之有关吾台而郡志不暇载者，咸在焉。盖志之于文章，具载则繁，繁则无示其要；不载则缺，缺则无以考其详。故不得已而别为是集，将以备郡志之缺，而归其繁于要也。或者乃谓文章末技，载不载殆不足为志之有亡。是不然，文章，道德之英华，而功业之在，天下后世未有不待是以传者。故不朽之论虽不能不后于功德，而究其所系，反或有重于彼者。然则欲考一郡道德功业之所在，与夫政治俗尚之异同，沿革兴置之颠末，非此其何以哉。用是取其自林氏辑录以来，凡为吾台而述作者，辄次第之，以为后集。昔人有言："文章不关世教，虽工弗取。"是集之关世教不关世教不敢知，姑用以存吾邦文献之旧，以终太守公作志之意，庶后之人有征焉。於乎，是亦宁知非世教万一之助也哉!

10.《赤城论谏录》

《续文献通考》卷一百六十二"经籍"二十二:

> 谢铎、黄孔昭《赤城论谏录》十卷。①

《嘉庆太平县志》卷十五上《艺文志·书目》:

> 《赤城论谏录》,谢铎著。所载皆乡先正奏议,自宋陈公辅,迄明方孝孺,共十八家。莆田周瑛叙。

《四库全书总目提要》卷五十六《史部·诏令奏议类存目》曰:

> 《赤城论谏录》十卷(浙江巡抚采进本),明谢铎、黄孔昭同编。铎字鸣治,天顺甲申进士,官至礼部侍郎,兼国子监祭酒,谥文肃。孔昭字世显,天顺庚辰进士,官至工部侍郎,谥文毅。事迹具《明史》本传。二人皆天台人。是编裒其乡先辈奏议,自南宋至明初,凡十四人,文六十六篇。又吴芾、叶梦鼎二人在宋末亦以言事著称,而奏稿不可复得,亦附名于后,略载其出处行事,以存其人焉。②

《谢铎集》卷七十四存《书赤城论谏录后》:

> 铎既辑吾台先正诸君子言行为《尊乡录》,又辑其文与诗为《别录》,既又谓其繁而犹或莫之备也,乃与文选黄君某,取其文之有关治道者为《论谏录》。盖古之君子修德立言,得以摅发所蕴以告于其君,以成其功业于天下者,莫先于此。皋陶之谟、伊周之训,皆是物也。三代以降,不独君鲜

---

① 《续文献通考》卷一百六十二,页 4150 上。
② 《四库全书总目提要》卷五十六,页 512 上。

以此望其臣,而臣之所以告其君者,亦异乎是。故汉唐上下数百载间,卓然自立若董仲舒、贾谊、陆贽者,仅仅可数。惟有宋诸贤,一时论谏之风,号为极盛,以至于我国初犹有存者。观之吾台一郡,而天下可知矣。然或者于诸君子犹有不尽用之叹。夫谊之言不用于文帝,而行于武、宣之后,赞之言不用于唐,至宋之世乃有举以告其君者,然则诸君子之言,又乌知其不用于今日哉?噫!予小子则何敢知此,固诸君子惓惓不尽之忠,有待于天下后世者也。是录凡在宋者十人,在我朝者六人,为文六十六首,总之为十卷。其出处之概,具见于右,读者庶得因言以考。间有得其行而不得其文,若吴康肃公、叶信公者,则亦存其人以俟。录既成,乃从金宪林君某锓梓于闽,以与天下之士共焉。

11.《蚁忱稿》《归夷杂咏》

待考。《嘉庆太平县志》卷十五上《艺文志·书目》曰:"见《两浙名贤考》者有诗集《螳存》《归薁杂咏》。"可见当时也只见书目,而未见其书矣。

12.《汲绠馀诚》

待考。《嘉庆太平县志》卷十五上《艺文志·书目》曰:"见《续文献通考》者有《汲绠馀诚》。"按,今本《续文献通考》未见。

13.《缌山集》

《嘉庆太平县志》卷十五上《艺文志·书目》

《缌山集》,谢铎著,凡七卷。文肃著作既富,名亦不一,见《百川书志》者有《桃溪净稿》三十九卷,见《两浙名贤考》者有诗集《螳存》《归薁杂咏》,见《续文献通考》者有《汲绠馀诚》,《黄氏书目》有《桃溪诗稿》三十六卷,别有《桃溪杂稿编年谱》,文肃自为小引,大约《净稿》其后定本。其《元史本末》《宰辅沿革》二书,所未见矣。

《谢铎集》卷七十七有《书缌山集后》:

初,是集之成也,先叔父太守先生辄图锓梓,以台乏良工,不得已,托之兴化守王君存敬,存敬诺之,未果也。越三年,卒于官,乃从其家索之,得原稿以归。又一年,适故人文公宗儒来守温,邀予为雁山之游,间语及之。宗儒慨然曰:"此非一家所得而私,将天下之人快睹而效慕之者也。吾其终存敬之志,可乎?"予重违其意,遂举以属之,功未及半而宗儒亦卒。予因叹夫因人成事之难,而兹山所遭之不幸往往有若是者,则亦既已矣。而宗儒之僚友通守黎君舜臣、永嘉令汪君进之相与谋曰:"蘧伯玉耻独为君子,吾侪其可为文公愧乎?"乃请为毕功。二君亦尝以斯文往来于予者,因与平阳尹杨君元范共成之。嗟夫!夫天下事创始固难,而终之为尤难,此军法之断后必得其人,而克成厥终者所以有无穷之闻也。夫以一集之锓梓若无甚难者,然犹后先几十年,历二太守,卒赖诸君之力以底于成,则天下之事其可以易而视之哉!惟夫不敢视以为易,则凡所以维持而保守之者,必无所不用其极,然后天下之事其庶几矣。予于是重有感焉,因书以志诸末简,以无忘诸君之功,俾吾谢氏之子孙益知所重而宝藏之,庶兹集与兹山其相与无穷哉。

《谢铎集》卷五十一有《缌山集后序》:

《缌山集》,集凡所以纪述咏歌于兹山者皆在焉。首会缌庵,见山之所以名;次孝子府君墓,见庵之所以名;次方岩书院,见于此而藏修焉;次三亭杂咏,见于此而游息焉;次墓祭学田,见所以左右乎此山者不废;次宗派孙子,见所以源流于此山者无穷。凡为文,序、记、表、志、题跋若干首;为诗,联句、次韵、五七言古绝、律又若干首。盖自洪武、永乐以迄于今,皆一时贤士大夫之所述作,总之为七卷,曰《缌山集》。集既成,叔父太守先生顾而叹曰:"若知兹山之有今日乎?昔我孝子府君之卜葬于是也,盖犹在国初,扰攘迁徙中,一墓之外故非已有,迨至天顺而始有兹山,又至成化而兹山始有庵,乃今弘治改元,则庵之外复有书院,有亭池,以及门路之标表。有若是者,盖我国家承平之久,而吾祖之积累亦已百年。于是兹山之所宜有者,始与墓称,而纪述咏歌之得于远近见闻,在诸公亦固有不能自已者矣。凡若是者,吾与若等曷敢忘之而不益思,所以延永兹山之名于不朽乎?"铎曰:"古所谓自立于不朽者,不以德则以功,不以功则以言,然则山之于不朽也,亦固有若是者哉?"先生曰:"匡庐之山以李白之诗显,天台之山以孙绰之赋显,永州之山以柳子厚之文显,况尤有大于此,若历山之圣德,涂山之神功者耶!吾与若既未能上窥圣贤之德业,而又无二三子之文章,则所以不朽兹山者,诚不能不有望于诸公。若乃挟其区区自信之过,而以为足以不朽业,不亦诬兹山也哉,抑岂吾祖宗之望于后人者哉!"铎曰:"诺,谨锓诸梓以藏诸山中,以无忘诸公之德,以为吾谢氏子孙百世之宝。乃若先生所自著与铎之所形秽于诸公之旁者,在兹山或不可缺,敢亦妄缀一二其间,盖亦有不能自已焉者。若曰以是而将窃附于不朽之地,则其为兹山之累也不亦甚乎!"先生曰:"然。"遂并书之,以识诸其后。

《谢铎集》卷四十九有《緫山杂咏序》,《緫山杂咏序》后亦编入《緫山集》。《緫山杂咏序》曰:

方岩之北有山焉,南望雁荡,西接天台,东跨平野,以极于海,居之者无车尘马足之劳,若可以与世杜绝,因名之杜山。或曰:"有学佛者杜氏,世居之,遂姓氏其山,而堂亦以名焉。"山去予家不二里,是为吾始迁祖孝子府君之墓,先公与叔父太守先生作亭以祭,因更堂为亭,曰"会緫亭",盖取四世而緫之义。

今年春,予读书其上,且将从先生日增辟之,以为吾谢氏孙子百世讲学之地,遂复因亭之名而更其山曰"緫山",庶几陟降之际,上念祖德延于世世,与山无极,而恒如今日緫服之未尽也,独兹亭也哉!或曰:"自有宇宙即有兹山,山之中不知其几兴而几废,且世之亭馆台榭据山川之胜者何限,未几皆已不可复见。子独眷眷于是,又将日增辟之不已焉,无亦甚劳矣乎!"予曰:"不然。信息之机存乎天,废兴之道存乎人。天固未尝以其消而不息,人亦何能以其废而不兴。苟以其终之不能不废也,遂辍而不兴焉,是夜不必有昼,冬不必有春,而天之贞也,亦不必复为元矣,奚可哉!君子于此,亦惟顺天道之消息,以尽力于人事之所当为者而已矣。彼汲汲于其他,溺焉而不知返者,亦岂能保其久存而不废也哉!自予天顺初与兹山别,忽忽几三十年,中间不能一再至。回视世途悲欢得丧之纷乎吾前者,盖已不胜其众,独兹山也哉!今予方将依祖宗之坟墓,藉兹山以终老,幸而未填沟壑,病力之余,奋其驽钝,得以窥见古人斯学之大,以不悉所生,则庶乎其于兹山无负也,尚亦奚论其他哉!"作《绝山杂咏》以贻诸山灵,或者其终不予弃也。成化丁未夏五月朔绝山病叟序。

《谢铎集》卷七十六有《题绝山游咏图》,今录以备考。
《题绝山游咏图》曰:

> 右《绝山游咏图》,追惟先叔父太守先生之意而作也。绝山在方岩之侧,方岩实自天台、雁荡而来,所谓台雁东南第一山,委灵输秀,至是而极者也。山有会绝庵,有方岩书院,有望海、仰高、采藻诸亭。成化中,先生蒙恩休致,敬所陈公儒珍、筠心郭公端朝,实相与游咏于此,而秋崖余公存敬亦尝往来其间。铎时方谢病家居,实亦获从杖屦之后。弘治改元,铎以史事赴召,既而归自南雍,而先生与诸公尚皆无恙。于是先生益相与乐之春风秋月,盖无往而不寄兴于此,亦无往而不与诸公同也。一日先生谂之诸公,将托之图以为子孙世讲之资。未几而先生没矣,先生既没而筠心继之。予与敬所每一念此,未尝不怅然于怀,而深以为恨。今年秋,临海章君机以图志事,适在予所,而敬所、秋崖适至,因请追作此图。而应黟县茂修、夏进士德树亦后先适至,二公皆以盛年壮志相继乞休,谢病以归,盖有慕乎先生诸公之风者,因并图之。昔曾南丰与欧阳公游,尝言今同游之宾客未知公之难遇,后千百年有慕公之为人,览公之遗迹,思欲见之而不可得者,然后知公之难遇也。噫!若铎者往来尘鞅,视先生已邈不可亲,今睹兹图,慨先生已永不可作,亦岂待千百年之久而后有不可得之叹哉!特未知诸公之于先生亦果以为难遇不也?虽然,向非海岳晏清、民物熙阜,吾徒虽欲占一丘一壑以游咏于青山白云之下,其将能乎?然则予之得遇诸公,诸公之得遇先生,以相与游咏于此者,果谁之赐哉?是又不可以不知也。图之首策杖而前者为先生,其次为敬所,其次为筠心,其次则铎,又其次则秋崖先生。敬所与铎皆深衣,筠心、秋崖则道服,黟县、进士又皆今之冠服,盖以其年未至,将有非兹山所得而容者也。合囊琴、挟册、行厨三青衣与嬉游二童子,凡十有二人。图之前,有以书法写景者,实永嘉黄大理蕴和所作,亦绝山图也。

《谢铎集》卷五十二有《重录祭礼仪注序》曰：

成化癸巳，先叔父太守先生蒙恩休致，辄创祠堂以为行礼之地。铎在京邸闻之，喜不自胜，谨奉书先编修府君，请踵先生而亟为之。未几，先府君弃诸孤，祠虽立，而龛椟之制未备也。铎以忧解官东归，乃始得备其制，仍置祭田以共岁事。先生既又定为仪注，俾铎等共守之。於乎，兹礼之废也久矣，独吾家与吾乡也哉！先生笃好古道，始创以复，又因而推之，于冠则行三加，于婚则备六礼，于丧则痛革燕饮之俗，于祭则力排祈祷之非。数十年来，环百里之内，间有从而行之者。噫！先生扶世牖民之功，于是大矣。铎无似，不能上佐下风于万一，谨录先生所为仪注，而著其说于首，俾知百数十年旷典之兴复，实自先生始，庶吾后世之子孙得有所凭藉遵守，而不堕于豺獭之不若矣。於乎，其敬念之哉！

按：以上为谢铎的理学和史学著作，同时还包括相当数量的乡邦文献的搜集整理，可资我们了解台学源流及谢铎的理学思想、史学思想和教育思想。

二、谢铎参修的官修史书

谢铎参与的官修史书，据《明史·谢铎传》等书记载，共有四部：

1. 成化初年，预修《英宗实录》。《明史》本传曰：

天顺末进士，改庶吉士，授编修，预修《英宗实录》。性介特，力学慕古，讲求经世务。

2. 成化九年，校勘《通鉴纲目》。《明史》本传曰：

成化九年，校勘《通鉴纲目》，上言："《纲目》一书，帝王龟鉴。陛下命重加考定，必将进讲经筵，为致治资也。今天下有太平之形，无太平之实，因仍积习，废实徇名。曰振纲纪，而小人无畏忌；曰励风俗，而缙绅弃廉耻。饬官司，而污暴益甚；恤军民，而罢敝益极。减省有制，而兴作每疲于奔命；蠲免有诏，而征敛每困于追呼。考察非不举，而倖门日开；简练非不行,而私挠日众。赏竭府库之财,而有功者不劝;罚穷谳覆之案,而有罪者不惩。以至修省祈祷之命屡颁,水旱灾伤之来不绝。禁垣被震,城门示灾,不思疏动旋转,以大答天人之望,是则诚可忧也。愿陛下以古证今,兢兢业业,然后可长治久安,而载籍不为无用矣。"帝不能从。

3. 弘治初,召修《宪宗实录》。《明史》本传曰:

弘治初,言者交荐,以原官召修《宪宗实录》。

按,原官指谢铎原任翰林院侍讲,在任上丁父忧返乡,以后累召不起。

4. 弘治十六年,预修《历代通鉴纂要》,为润色官。《嘉靖太平县志·谢铎传》曰:

癸亥,修《历代通鉴纂要》,命为润色官。

三、诗文评点和方孝孺诗文集整理

1. 评点李东阳《西涯拟古乐府》

李东阳有《西涯拟古乐府》,由谢铎、潘辰评点,何孟春音注。此书国家图书馆、浙江图书馆等处有藏本。美国哈佛大学哈佛燕京图书馆藏有明高文荐刻本,据沈津先生《美国哈佛大学哈佛燕京图书馆中文善本书志》曰:"明高文荐刻本。四册,页678,半页八行十七字,四周双边,白口,单鱼尾,书口上刻'西涯拟古乐府'。框高25.7厘米,宽15.5厘米。题'方石谢氏铎鸣治评点,南屏潘氏辰时用评点,门人郴阳何孟春音注,成都后学高文荐重刊'。前有弘治十七年(1504)李东阳序。"沈先生还详细介绍了此书国内藏本的情况,兹录如下:"此皆为东阳摹古乐府之作,卷上五十六首,卷下四十五首。按东阳此书明代所刻有正德十三年顾偲刻本,仅上海师范大学图书馆一帙。李一鹏刻本,仅上海图书馆一帙。明刻本,藏湖南省社会科学院图书馆。嘉靖三十一年唐尧臣刻本,上海图书馆、北京大学图书馆、南开大学图书馆入藏。明释袾宏刻本,南京图书馆、浙江图书馆、清华大学图书馆入藏。明魏椿刻本,北京图书馆、上海图书馆等八馆入藏。另有明刻本一种,题陈建通考,藏四川省图书馆。台湾'中央图书馆'有隆庆四年淮阴章氏涯洲草堂刻本及隆万间泌阳葛登名刻本二种。"①另外,韩国全寅初先生主编的《韩国所藏中国汉籍总目》第五册《集部三·别集类》所载在韩国就有十一部之多,可见其书流行之广,从此书我们可以看出谢铎在评点李东阳诗歌时所流露出来的文学观点。

在评点过程中,谢铎落语精要,且层次分明,他对李东阳所作《拟古乐府》从措辞修饰到结撰构思、再到蕴含微义均有所涉及。谢铎秉持"明道""纪事""抒情""复古"的文学主张,因而与李东阳这些以古史事件或人物宗范为题材的作品可谓趣味相投。与此同时,他对其中的道义阐发尤属意焉,如评《殿上戏》"意胜词",评《鹦鹉曲》"偶托一物,意自可人",评《缚虎行》"句意天成",评《腹中剑》"得公评论,更觉精神百倍矣",评《郑歇后》"唐之无人一至于此,亦可以风矣",评《参谋事》"扬州非真愧者,借此表见参谋功烈耳",评《木棉庵》"往往于此属处见精神",评《刘平妻》"往见四烈妇诗,音韵铿锵,气格高古,以为奇作。后始见全本,首首奇绝。昔人谓一人不数篇者,殆不可以概天下士也,具眼者当自知之"。以上均可看作谢铎意重于词的"明道"文艺观的体现。在这种观念的指导下,他对李东阳诗艺术特色的评价看似点风随意,却往往能颊上添毫,备觉生意。如谢铎评李诗构思巧妙,评《绵山怨》说"其委曲至此",评《颍水浊》说"其纤曲乃尔",评《明妃怨》说"说得宛曲怨而不伤",评《渐台水》说"结尤洒落",评《花将军歌》"长短缓急,妙得节会"等等。以措辞、音韵、比事等角度论,谢铎也往往切中肯綮,如评《安石工》"此篇音节顿挫,意气激烈,殆不可及",评《金字牌》"仇雠和,壮士死"说"六字尽之矣,此外虽万言亦不能尽",评《尚方剑》"宫掖才容免冠地"句"才字妙",评《鲜卑儿》"鲜卑胡汉儿是汝,奴夫为汝,耕妇为汝"说"添此二字,便觉峥嵘",这些都是针对用词方面的;谢铎还重用事用典,如评《昌国君》"说得乐毅心出",评《美新叹》"用事极有斟酌",评《断弦曲》"比事精甚",评《卿勿言》"说尽事理",评《马嵬曲》"此用唐体咏唐事"。此外,谢铎与李东阳为挚交,对其作诗的具体心境深有领悟,如评《养儿行》"养儿身死名不腐,唯有真儿心独苦"句说"并李郎心事亦道出",这正与李东阳丧子之痛相契合,可谓非知己者不能道,亦与谢铎重诗中之情的观点暗

---

① 沈津著《美国哈佛大学哈佛燕京图书馆中文善本书志》,上海辞书出版社1999年版。

合。总之,谢铎评点李东阳《拟古乐府》,要言不烦,时见精彩,既助人领会李诗之妙,又传达出自己的文学主张,可以说达到了璧合双美、相得益彰的效果。

2. 与黄孔昭合编方孝孺《逊志斋集》

谢铎曾与黄孔昭合编方孝孺《逊志斋集》。《续文献通考》卷一百九十一"方孝孺《逊志斋集》二十四卷"条:

> 臣等谨按,原本凡三十卷,拾遗十卷,乃黄孔昭、谢铎所编;此本并为二十四卷,则正德中顾璘守台州时所重刊也。史称孝孺殉节后文禁甚严,其门人王稔藏其遗稿,宣德后始稍传播,故其中阙文脱简颇多。①

可见方孝孺《逊志斋集》二十四卷是谢铎与黄孔昭合作整理编纂的。

通过以上的考述,我们可以得出这样的结论,谢铎参修过朝廷官修之书,又有大量的诗文创作,其诗文集《桃溪集》初稿《桃溪杂稿》已佚,然其第二次编辑本《桃溪净稿》八十四卷尚存,第三次编辑本《桃溪类稿》六十卷亦尚存五十一卷,即谢铎的诗文大多尚在人间,足可资我们了解研究这位"茶陵诗派"重要作家、教育家、理学家的思想和文学创作成就。又,谢铎的其他许多著述已经失佚,然而这些著述的许多序文尚存,我们尚可把握其序文,研究其著述的意旨,探索谢铎的思想和著述的动机。另外,谢铎评点李东阳拟乐府的评语亦可以了解谢铎的文艺观。又从谢铎与黄孔昭合编的方孝孺《逊志斋集》,也可考见他的理学思想。总之,深入考察谢铎的著述,对于了解谢铎,了解"茶陵诗派",了解浙东学派,了解明代成化、弘治、正德年间的历史、文学、教育等诸多历史情况,还是大有益处的。

---

① 《续文献通考》卷一百九十一,第4303页。

第四章 谢铎的理学思想与浙东学派

谢铎不仅是"茶陵诗派"的重要诗人,而且还是一位理学家①。考察谢铎的著述,他曾整理编纂了《伊洛渊源续录》《伊洛遗音》《续真西山读书记》《四子择言》《逊志先生文集》等。谢铎的理学地位近年来受到学者的重视,比较突出的例子有管敏义先生的《浙东学术史》和张学智先生的《明代哲学史》②。然而,这些都稍嫌简略,不够系统。谢铎《桃溪净稿》八十四卷的发现整理,为我们评价他的理学思想提供了切实可靠的第一手资料。笔者认为,谢铎不仅在程朱理学谱系的整理方面有所贡献,在他大量的文论、诗歌作品中亦体现出丰富的理学思想,从而在明中叶朱学由盛转衰、阳明心学呼之欲出之际,发挥了一定作用,推动了当时浙东学术的发展。

第一节 谢铎时代的理学思想背景

明代以理学开国,据《明史·儒林传序》载:"明太祖起布衣,定天下,当干戈抢攘之时,所至征召耆儒,讲论道德,修明治术,兴起教化,焕乎成一代之宏

---

① 他在黄宗羲《明儒学案》中两次被提到,一次是卷首《师说·陈克庵选》称"文肃好古信道,真不愧先生友者",附注:"文肃,先生乡友,谢公铎鸣治";一次是卷十三《浙中王门学案三·尚书黄久庵先生绾》称"先生初师谢文肃"。陈选被誉为"我朝理学之士,薛文清瑄、陈克庵选为最",而黄绾为"浙中王门"颇具代表性的人物,其"艮止"说的形成与谢铎的蒙学教育密不可分。分别参见《明儒学案》卷一第5页,卷十三第280页,清黄宗羲撰、沈芝盈点校,中华书局1985年版。

② 可分别参考《浙东学术史》,管敏义主编,华东师范大学出版社1993年版,第248页;《明代哲学史》,张学智著,北京大学出版社2001年版,第155页。

规。虽天亶英姿,而诸儒之功不为无助也。制科取士,一以经义为先。"①洪武三年,开科考试,规定的考试书目均以程朱及其他儒家经典注本为主,如朱熹的《四书集注》、程朱《周易传义》、蔡沈《尚书传》及孔安国、孔颖达疏注、朱熹《诗集传》,胡安国、张洽《左传》《公羊》《穀梁》传,郑玄《礼记注》等。此外,永乐十二年朱棣又敕命修撰《五经大全》《四书大全》《性理大全》,几乎将宋儒傅翼经传的相关著作网罗殆尽。修成后,又颁行于六部、两京国子监及各级官学,令天下士子口诵心惟、奉为圭臬。随着程朱理学在明初官方学术地位的逐步稳固,就造成了思想僵化、学术停滞的恶果。如"明初诸儒,皆朱子门人之支流余裔,师承有自,矩矱秩然。曹端、胡居仁笃践履,谨绳墨,守儒先之正传,无敢改错","有明诸儒,衍伊洛之绪言,探性命之奥旨,锱铢或爽,遂启岐趋,袭谬承讹,指归弥远。至专门经训,授受源流,则二百七十余年间,未闻以此名家者。经学非汉唐之精专,性理袭宋元之糟粕,论者谓科举盛而儒术微,殆其然乎"!②程朱思想在众多青年士子那里更成了跻身科班的不二法门,至于其致知格物、经世致用的精义所在则不关于心。到成化、弘治年间,监生只知应试读本而不明经典为何物的现象早已屡见不鲜。对此,谢铎在《科举私说》一文中批判说:"今之科举,罢诗赋而先之经义,以观其穷理之学,则其本立矣。次制诏论判而终之以策,以观其经世之学,则其见用矣。穷理以立本,经世以见诸用,是虽科举之学苟于此而尽心焉,则古之所谓德行、道艺之教盖亦不出诸此,而其所以成人材、厚风俗、济世务而兴太平也,亦岂有不及于古之叹哉?然考其归,则所谓穷理、所谓经世者,恒浮谈冗说,修之无益于身心,措之无益于国家,甚者口夷、齐而心蹻、跖,名伊、周而迹斯、鞅,遂使科举之学,悉为无用之虚文。暨其得而弃之也,顾乃以吏为师,以律为治,视其昔之所谓者,曾筌蹄、刍狗之不若!"③谢铎不仅批判了当时仅以章句记诵为业,却不反求诸己、言行一致的虚浮学风,又对那些一旦晋身及第便灭裂经典、劣迹斑斑的"假道学"们予以强烈抨击。他认为国家实行科举的目的,在于穷理立本、经世致用,而道与文日渐分离的现实使得这一目的已不可能实现。他虽然无法力挽上述颓势,但寄寓于他犀利议论的深深忧虑也是显而易见的。

---

① 《明史》卷二百八十二,第7221页。
② 同上,第7222页。
③ 《谢铎集》卷七十三,第711页。

当然，明代中前期的许多学者在秉承程朱理学的基础上，略有侧重，强调格物致知、穷理见性的代表人物有曹端、胡居仁、陈真晟、陈献章等；强调务求服膺圣学、笃实践行的代表人物有薛瑄、吴与弼、蔡清、陈选、罗一峰等。应该说，两派没有跳出程朱理学的主导框架，在理论革新方面创获不多，正如章懋所说："经自程朱后不必再注，只遵闻行知，于其门人语录，芟繁去芜可也。"①这种述而不作的态度，代表了当时思想界的一般认识。另外，在野学者为了反对当时流于形式的科场考试，宁可放弃这一便捷的入仕之路，而安于乡野间的修道问学。他们学统传承途径基本都采取私学授受的形式，强调个体对理义自觉的探研体认，继而躬自践行，这样就避免了官学中普遍存在的虚浮不实的弊端，实际上又成为成、弘间颓弊不振的学术界中孕育新思想的分水岭。如永乐、成化间的学者吴与弼十九岁有志于道，"遂弃去举子业，谢人事，独处小楼，玩《四书》《五经》、诸儒语录，体贴于身心，不下楼者二年。气质偏于刚忿，至是觉之，随下克己之功"。他忧心国事，却无意仕途，曾说："宦官、释氏不除，而欲天下之治，难矣。吾庸出为？"悟道后，"身体力验，只在走趋语默之间，出作入息，刻刻不忘，久之自成片段"②，显然具有鲜明的实学色彩。再如天顺四年进士陈选，为学以克己求仁为主，晚年"读书不资为文辞，手录格言，为力行之助"③，同样以躬行实践为宗。除了这些强调力行致用的学术风气之外，心学也在成、弘间有了较大的发展，如陈献章就是朱熹理学向阳明心学转化的关键人物。黄宗羲评价他的治学特色说："先生学宗自然，而要归于自得。自得故资深逢源，与鸢鱼同一活泼，而还以握造化之枢机，可谓独开门户，超然不凡……今考先生证学诸语，大都说一段自然工夫，高妙处不容凑泊，终是精魂作弄处。"④继而又指出他在明代哲学史上的贡献："有明之学，至白沙始入精微。其吃紧工夫，全在涵养。喜怒未发而非空，万感交集而不动，至阳明而后大。两先生之学，最为相近。"⑤陈献章与茶陵派的许多成员有着密切交往，如李东阳、刘大夏等，他们彼此都有若干诗文可证。谢铎亦有《云津书院次陈白沙韵》一诗："斯人今不作，坠绪已难寻。糟粕空遗味，精微谁究心。天高元有籁，弦绝可无

---

① （清）黄宗羲著、沈芝盈点校《明儒学案·诸儒学案上三》，中华书局1985年版，第1078页。
② 以上引文均出《明儒学案·崇仁学案》，第14页。
③ 《明儒学案·诸儒学案上三》，第1088页。
④ 《明儒学案·师说》，第4—5页。
⑤ 《明儒学案·白沙学案上》，第78页。

音。珍重云津学,休传绣谱针。"①此诗作于弘治十三年,陈白沙恰于此年过世,因此有"斯人今不作"语。此诗准确地把握住了陈献章诗味"精微"的特点,对其学术造诣进行了较高的评价。再如成化二年进士程敏政对"近世学者,类未探朱子之学及其所学肯綮所在,口诵手录,钻研训释,只徒曰我学朱子云尔"②的学术风气大为不满,他虽然向来以程氏后裔自居,却并不株守朱门之学。他的《篁墩文集》前五十九卷有相当的篇幅用于考订经史错讹、论辩异说公案,尤其对朱熹与陆九渊治学及教学观念的早同晚异有着详切的对比阐发,虽然后世学者认为其臆测者多有之,但是客观上却为王阳明《朱子晚年定论》的写作开启了先声③。总之,成化、弘治年间基本可以看作躬行实践与穷理尽性两种不同问学路数交织并行的时期,但是后者向内探求的倾向最终在正德、嘉靖年间演变为盛极一时的阳明心学,因此这一时段又具有承前启后的过渡性特征。

第二节　谢铎的理学思想

明永乐以来,方孝孺一案给浙东学术带来不可估量的损失,直到成化、弘治年间,浙学基本都处于沉寂状态。虽然当时全国学术界普遍呈现出思想僵化、故步自封的弊端,但此间涌现出的一批浙东学人,在推尊程朱理学的同时,也体现出浙东学术本身固有的特色品质,为浙东学术的嬗变、发展准备了条件,谢铎正是他们中的一个突出的代表。谢铎的理学思想体现出宋元以来浙东一派重史学、重躬行的学术特点。他早年从叔父谢省学《四书》《五经》,重"礼"的思想在谢铎头脑中根深蒂固,他认为礼是维系天道、人伦的枢纽,道德仁义赖以推行的保证④。入仕之后,谢铎先后从事了《英宗实录》《宪宗实录》的修撰、《通鉴纲目》的校勘,担任过《历代通鉴纂要》的润色官。在此期间,他又写出了大量的史论、论史诗,虽然它们都是对史料的甄别和对历史人物及事件的批评,但根本宗旨和指导思想无疑还是在于阐发经义,以期经世致用,而强

---

① 《谢铎集》卷四十二,第383页。
② (明)程敏政撰《篁墩文集》卷五十四《复司马通伯宪副书》。
③ 陈寒鸣《程敏政的朱、陆"早同晚异"论及其历史意义》,《哲学研究》1999年第7期。
④ 《谢铎集》卷七十六《读〈行礼或问〉》,第749页。

调实用又使谢铎的理学主张避免了空疏、迂阔的通病。他在《愚得先生文集序》中称："文之用二，明道、纪事而已矣。……君子所贵乎文者，体道不遗，言顾其行，有益于实用，而不可缺焉耳。"①纪事在于明道，明道在于践行，践行在于实用，这无疑是谢铎理学的根本特征。其理学主张主要取法于《中庸》《尚书》等儒家经典，亦有较强的理学宗派意识，笔者试分为以下几点加以论述。

第一，讲中庸、崇诚信。早在唐代，韩愈的学生李翱倡言复性，已开始对《中庸》的研究。北宋时，张载就学于范仲淹，后者以手书《中庸》亲授；后来杨时著《中庸义》，朱熹作《四书集注》，已完全使之理学化。客观地说，谢铎讲《中庸》在理论建树上创获不多，但是他以史证经、讲求致用的特色却非常鲜明。《中庸》的核心概念是"诚"。谢铎认为："诚之道大矣，远之天地圣人所不能违，近之民生日用所不可离。学者所以实用其力，上希圣贤，与天地参，以求异乎凡民者也，斯正吾人所当自力而未之能焉。"②在他担任经筵侍讲期间，更是将诚作为千万世帝王治天下的根本，并引用大量史事加以论证，他说："'诚'为《中庸》一篇之枢纽，先儒之论，已极详备，但此章专为问政而发，则这诚字于人君身上又是十分紧要的道理。"③谢铎举出上古三代太甲、成王的例子，他们始受奸佞迷惑，终因修德，才得以"雍熙泰和、享国长久"；另外，谢铎还在讲疏中提到梁武帝酷好佛法、唐德宗信任卢杞、唐玄宗溺于所爱、唐宪宗好神仙迎佛骨，均因为不能迷途知返而丧国辱身，可以说与太甲、成王形成鲜明对比。需要说明的是，明宪宗晚年好道术，宠信宦竖梁芳、陈喜，僧人继晓等人，不理朝政，谢铎显然表现了敢言人不敢言的学术勇气。另外，谢铎还强调臣子对君主的诚信，他说："人臣事君，以诚不以伪，则虽势位之盛，有不难处者矣。古之人若商阿衡之于太甲，放于桐，归于亳，天下无有疑其为专为僭者，君曷得而疑之？此其诚可格天地、质鬼神，无愧于素履者然也。其或诚在我，而不能必君之不疑，则如姬公之居东，愈积诚以感之，卒亦未有不悟者也。"④在谢铎这里，没有把"诚"看成抽象玄远的理学概念，而是历史现实中鲜活的事例。他的论述虽不重纯理性的推论和建构，却体现出以经为纲、以史为证、经世致用的鲜明特色。

---

① 《谢铎集》卷四十八，第440—441页。
② 《谢铎集》卷五十三《存诚堂记》，第494页。
③ 《谢铎集》卷六十八《讲章·诚者天之道也》，第651页。
④ 《谢铎集》卷六十六《史论·萧何》，第625页。

第二,修德凝道、存心致知。除了对《中庸》中"诚"的阐发外,谢铎又把修德凝道、存心致知作为君主必备的素质来强调,他说:"修德凝道之责,在人君身上尤为切要,而存心致知之功尤不可缺。"紧接着他便用史例加以说明,其称:"是必惟精惟一、兢业万几如舜,然后可以为存心;必明物察伦、知人则哲如舜,然后可以为致知,如是则德无不修而道可凝,于是著于三千三百之仪而成其发育峻极之功。"①在谢铎构建的道德体系中,君王作为常人中一特殊的行为主体,对修德凝道、存心致知思想的推行具有无可替代的作用。然而,明中叶以来,王朝衰颓的迹象进一步加剧,君主怠政、宦官专权的社会现实已然积重难返,谢铎的理学主张要得到自上而下的推行,显然是不可能的,这同时又决定了其思想注重内在修养、个体躬行的必然性。谢铎在《次韵宾之侍讲经筵十六韵》一诗云:"虞周千载治,大道在遗经。茫茫汉唐下,杂然竞门庭。《中庸》有至教,昧此一与精。吾心久垂隔,况复念含灵。怀哉位育化,谁与成其能?岂无黄老术,亦有申韩刑。那知瓮中天,不见井外星。清朝幸遭际,圣学方昭明。群英总先达,疏陋亦随行。经帷近君地,何必位公卿。程朱古贤圣,逊避若惕惊。……涓埃与海岳,意远言则诚。驽骀本无似,见之气亦增。"(《谢铎集》卷十,第96页)。这首诗同样表明了他从历史运变角度对《中庸》至教把捉的特点,他希望利用经筵侍讲的机会能够对君主产生积极的影响,但又把加强自身内在品性的修持作为首要的问题。

第三,重礼兴教,期于无刑。谢铎非常重视"礼"的社会伦理价值,他说:"礼之用大矣哉!天理以之节文,人道以之纲纪,德以之齐,志以之定。故曰:道德仁义,非礼不成。而孔子之教,亦必礼以约之,乃可弗畔于道。礼之在人,固不可一日忘也。"②他还看重礼在俗世生活中的具体作用,他称:"冠、婚、丧、祭,礼之大者,皆有家日用之常,所以纲纪人道之始,终不可一日而不修者也。"③虽然礼仪教化与平民社会密切相关,但谢铎的着眼点却是修齐治平的宏远理想的实现。他在《读陈氏宗谱纂录》中称:"周子曰:家难而天下易。故君子之有志于天下者,必自其家始,未有不先其难而能于其易者。"④因此,谢铎便把移风易俗

---

① 《谢铎集》卷六十八《讲章·故君子尊德性》,第653页。
② 《谢铎集》卷七十六《读〈行礼或问〉》,第749—750页。
③ 《谢铎集》卷七十七《书〈祭礼仪注〉后》,第762页。
④ 《谢铎集》卷七十七,第760页。

致力的方向确定在一家一族之上,他说:"吾视吾力之所能者,则姑自吾一家一族而始之,庶其摄人心以厚风俗者在是乎?"①另外,谢铎在退隐期间与叔父谢省等人共同创办方岩书院,并长期主持教务,推进乡邦教化的进程,无疑也是他的上述思想的具体体现。下文笔者将详细论述,兹不赘。明白了谢铎的教化倾向,就容易理解他"刑期无刑"的观点了。谢铎认为:"刑虽圣人未尝不用,实亦不得已而用之,故曰弼教,曰期于治,曰期于无刑,是皆有钦恤哀矜不得已的意思,故舜之刑四凶之外不闻有所滥,而民皆协于中以极于无刑之化。"②期于无刑是教化的至高境界,但是在达到这一境界之前,刑与教化始终是一个矛盾统一体,谢铎称之曰"中"。他说:"刑之为用,惨刻固不可,姑息亦不可。一于姑息,则四凶不必诛,而天下之为恶者无所惩、无所惧,其流之弊必至于汉元成、唐僖昭而后已,此又古圣人之所深虑而必欲归之于中者也。"③谢铎的观点建立在深厚的史识之上,从而避免了高睨大谈的弊病;从成化、弘治两朝的时政来看,宦竖弄权,朝纲涣散,客观上也需要加强法治。谢铎的观点同样有一定的现实针对性。

第四,梳理道统,考论先贤。谢铎著有《伊洛渊源续录》,较鲜明地体现了宗奉程朱的理学立场。《伊洛渊源录》是朱熹写定的第一本理学学术史,此后南宋车若水编《道统录》,谢铎编《伊洛渊源续录》,又使这一学术谱系更趋丰赡。谢铎此录共收录二十一人,以朱熹为宗主,有其师承的杨时、罗从彦、李侗一系,有与之交游的张栻、吕祖谦,有始于黄榦、蔡元定,终于何基、王柏的朱门后学。由于《宋史·道学传》多据朱熹划定的范围选择传主,从而引发了道学门派之争,并愈演愈烈,谢铎编纂过程中亦不免带有意气之见。在他任南京及北京国子监祭酒期间,就先后在《论教化六事疏》及《维持风教疏》中,两次提出罢祀吴澄,改祀杨时,甚至还一度因此事愤而辞职。因为吴澄初宗朱学,入元后又杂糅陆学,谢铎实以朱门罪人视之。对此,四库馆臣评价说:"澄之学虽曰未醇,然较受蔡京之荐者则有间矣。铎欲以易澄,盖以道南一脉之故,而曲讳其出处也。然则是录之作,其亦不出门户之见矣。"④谢铎编撰《伊洛渊源续录》,其目的就是要后学能够穷究朱学的授受原委,彰明朱熹全体大用之学,其

---

① 《谢铎集》卷四十七《重修宗谱后序》,第 427 页。
②③ 《谢铎集》卷六十八《讲章·帝曰皋陶》,第 655 页。
④ 《四库全书总目提要》卷六十一,页 549 下。

中还隐含了继起斯文为己任的学术抱负。他在《伊洛渊源续录序》里说："向非伊洛诸老先生相继迭起于千数百年之下,得不传之学于遗经,以兴起斯文为己任,则吾道之害将何时而已邪? 然自是以来,犹有窃吾道之名以用于夷狄之世,借儒者之言以盖其佛老之真,其得罪于圣门,甚矣! 凡为孔子之徒者,皆将鸣鼓而攻之不暇,顾复偃然求以自附于伊洛之渊源,何哉?……后之君子傥有取焉,其亦明道术扶世教之一助也哉!"①正如谢铎所愿,成化辛丑进士宋端仪又仿撰《考亭渊源录》二十四卷,此书还得到正德间人薛应旂的补修。清人张伯行另有《伊洛渊源续录》二十卷,他认为谢铎考辑未备,而薛应旂考择不严,重新加以考订。然而,此书一出,又遭到谭旭的抨击,后者对胡寅、真德秀等人加以补充。由此,谢铎在朱学学术谱系整理方面的价值值得重视。此外,谢铎对洛学在台州地区的传承有细致的考辨。他所作的《台州杂咏二十六首》的《洛学始》一诗称："洛学始,开我台,天与浙东提举来。洛学始,石南康,南湖水阔方山苍。立斋屹立倚天起,玉峰西来势相峙。南望武夷不盈咫,渊源直接洙泗涘。洙泗涘,洛学始。"②诗序称："石南康子重与晦翁为友,南湖、方山二杜公因得登晦翁之门。至立斋丞相,又以其学授之玉峰,于是道德文章,台为独盛。台人称知洛学者,实自南康始。"③可见,这是谢铎用诗歌形式写出的台州理学史。其组成人物及评价在下文介绍,兹不赘。

第三节 谢铎与浙东理学的历史渊源

上述即为谢铎理学思想的主要观点,他以程朱之学为根柢,又充分继承了浙东学派自身许多优良的学术传统,从而体现出鲜明的以理阐史、以史证理的理学特色。通过对《中庸》《尚书》等儒家经典理义的阐发,还可以看到其历史哲学观中浓厚的现世关怀,这正是他服膺礼教、维护道统的理学倾向的流露。《伊洛渊源续录》是其道统观体现的学术成果,并为后世朱门学术源流的整理

---

① 《谢铎集》卷五十一,第478页。
②③ 《谢铎集》卷二十九,第255页。

提供了借鉴作用。另外,他对洛学南传后在台州地区的本土化有详细的论证,这对浙东学术甚至宋明理学的局部研究都有重要价值。今试详述如下。

第一,整理乡邦文献。谢铎整理的乡邦文献有《赤城新志》《赤城论谏录》《赤城别录》《赤城集》《尊乡录》《逊志先生文集》等。因为南宋陈耆卿曾作《赤城志》,对台州从汉至五代的建制沿革、人文风物多有详述,故谢铎续作称为"新志"。《赤城志》旧本是成化十一年谢铎在翰林院时从秘阁中翻录出来的,当时民间已非常罕见。在谢铎返乡病居期间,太守陈相委托其重修郡志,不久搜得《赤城志》东门周氏本、叶定家藏本,都是嘉定原刻本。此后近十年间,又得《续志》《三志》,从而与阁本互相校订,最后由陈相重刻出来,使与《赤城新志》并行。《赤城新志》共二十三卷,继旧志而作,其中图、谱、表三卷,悉采自旧志,另有补遗、考异两卷,兼及当前方志之误。弘治病居期间,谢铎已有些力不从心,太守又命布衣余秋崖、高南郭负责校阅,遂开局于方岩书院。经过两年多时间,修撰完毕,正本上呈台府,副本存于方岩书院。谢铎修成后感慨道:"吾台千数百年之文献,于是乎不至于无征矣。"[①]谢铎还与黄孔昭一起将台州先贤的言行辑录为《尊乡录》四十一卷,又将其诗文部分另辑为《别录》,为体现经世致用的目的,再将关乎治道的文章部分编为《论谏录》。弘治元年(1488),王存敬为兴化太守,见《尊乡录》稿本,敦促谢铎公诸于世。因其过繁,遂删定为《尊乡录节要》四卷,付梓行世。后谢铎感觉四卷本太简,又作《尊乡录详节》十卷,其分儒林、文苑、宦业、科名、孝友、节义、隐逸、贞淑、侨寓、官守各一卷。此外,《赤城集》中有大量碑、铭、序、记,及寺观仙佛之事,虽不尽出于台人之手,而均与台地有关,足以补郡志缺失。《逊志先生文集》三十卷,拾遗八卷,录文一千二百篇,是谢铎、黄孔昭在宁海先贤方孝孺传世本《逊志斋集》的基础上,取同乡叶氏、林氏、王氏、柳氏藏本另加搜辑,庶几为完帙。正德中,顾璘为台州太守,简并为二十四卷,即今天见到的四库全书本《逊志斋集》。四库馆臣引都穆《南濠诗话》称:"《方正学先生集》传之天下,人人知爱诵之。"[②]谢、黄二人的功劳自是不言而喻了。

第二,厘清台学源流。在整理了大量的乡邦文献的基础上,谢铎提出了他

---

① 《谢铎集》卷七十六《书〈赤城新志〉后》,第 741 页。
② 《四库全书总目提要》卷一七〇,页 1480 下。

的台学源流观。洛学南传之后,台州实际上是朱熹传道的重要区域。谢铎《题〈伊洛渊源续录〉后》引用宋濂的话说:"自晦庵文公绍伊洛之正统,号为世嫡,益衍而彰,传道而授业者几遍大江之南,而台与婺为特盛。"①上文提到谢铎《洛学引》一诗。诗中认为,首开台州理学之风的是朱熹的好友石𡼖。石𡼖,字子重,晚年号克斋,曾知南康军,故世称"南康先生"。他著有《周易》《大学》《中庸》解义等数十卷,文集十卷,死后,朱熹为作墓志铭。陈耆卿《赤城志》称"里人自克斋知有洛学",可见他在台学史上的地位。此后是杜煜、杜知仁兄弟,他们均为朱熹弟子。杜煜,字良仲,黄岩人,世称南湖先生;杜知仁,字仲仁,号方山,与杜煜并称"二杜"。杜煜的孙子杜范,继承家学,嘉熙四年拜相,曾上书五事,力陈时弊,《宋史》称其"于宋之末叶求之,盖亦难其选"。车若水师从杜范,著有《道统录》《宇宙略记》《世运录》《玉峰冗稿》《脚气集》等,是台学一派较有成就的一位理学家,所以谢铎称"至立斋丞相,又以其学授之玉峰,于是道德文章,台为独盛"②。除此诗之外,谢铎又在《题〈伊洛渊源续录〉后》中提到黄超然、方克勤、方孝孺,在《题徐国元重辑〈八行先生世录遗像卷〉》《太平县学乡贤祠记》中考论了徐中行父子及六位入祠的先贤。其他六位分别是宋淳熙中进士王居安、宋嘉熙初进士戴良斋、元延祐中盛象翁、明洪武中郭㮒、永乐初王叔英、宣德间叶辅。这样,从北宋徐中行开始,一直到明方孝孺、叶辅,谢铎的台学源流观就形成了。

谢铎的思想很快得到正德间人金贲亨的继承。后者著有《台学源流》七卷,此书基本是根据谢铎整理的台州文献搜辑而成的。经笔者统计,《台学源流》收录的三十八人小传中共征引《赤城前后集》12次、《尊乡录节要》9次、《尊乡录详节》13次、《桃溪净稿》4次、《赤城诗集》3次、《赤城续志》1次、《伊洛渊源续录》3次、《赤城论谏录》1次,总之谢铎的余泽俯拾即是。更值得一提的是,明末清初黄宗羲、黄百家、全祖望编纂《宋元学案》时,亦多次采用《台学源流》甚至《赤城新志》的内容,如《沧州诸儒学案上》"晦翁门人"赵师渊、《南湖学案》"玉峰同调"戴良斋、《北山四先生学案》"静正同调"陈绍大注引《赤城新志》;《南湖学案》中"朱石门人"杜煜、杜知仁及《晦翁学案》中"晦翁讲友"石𡼖

---

① 《谢铎集》卷七十七,第761页。
② 《谢铎集》卷二十九,第255页。

传末均注明引自《台学源流》;而按检《台学源流》中二杜及石䈆部分,除引自《晦庵文集》《杜清献文集》及《宋史·郡邑志》外,无一不出自上述材料。这就更加说明谢铎在台学梳理乃至宋明理学研究方面的重要作用。《台学源流》共收录三十八人,另有疑而难考者十五人,各附姓名于传末(今本已不见)。它同样从北宋徐中行开始,并明显以谢铎已考论的人物为主干,而稍微不同的是明朝部分只录有方孝孺和陈选二人。金贲亨在《台学源流序》中重申了谢铎的观点:"宋太史景濂氏称'晦庵传道江南,而台特盛',岂其无征也哉?间若赵然道昆弟,则又两游朱陆之门者也。晦庵往,鲁斋王氏至,吾台人见鲁斋如见晦庵。受琢成者,又若干人。自是,考亭之学递相传授,迄于今不衰。"①从这一段话中我们可以看出台州学派与金华朱学相互并融的信息,而这又有助于部分地解释宋理宗淳祐以降朱学与浙学以及浙学内部的并容趋势日益明显的问题。

随着朱学在理宗淳祐年间统治地位的确立,包括陆氏心学在内的诸家学术呈现衰微并容之势。据《宋元学案》《明儒学案》《儒林宗派》及《台学源流》统计如下表所示:②

	第一代	第二代	第三代	第四代	第五代
朱 熹	438	93	76	48	47
陆九渊	47	42	10	1	
陈 亮	16	1	1		
叶 适	18				
吕祖谦	49	8	1		
台州朱学	16	5	25	9	11

按:台州朱学以"晦翁同调"石䈆、应恕、徐大受开始,第一代包括杜煜、杜知仁、车瑾、林鼐、林鼒、赵师鄂、赵师渊、赵师夏、潘时举、林恪、郭磊卿、吴梅鼎、杜贯道、池从周、赵师雍、赵师蔵;第二代包括杜范、丘渐、车似庆、车似度、蔡梦说;第三代包括王贲、车若水、周敬孙、杨珏、陈天瑞、邵素心、黄超然、朱治

---

① (明)金贲亨撰《台学源流·序》。《四库存目丛书》本。
② 此表参照何俊先生《南宋儒学建构》第五章第一节"庆元党禁后的学术整合",上海人民出版社2004年版,第291页。而表中"台州朱学"的分代及人数统计,悉出《宋元学案》《明儒学案》及《台学源流》,为笔者自加,与原表有异,特此说明。

中、薛松年、盛象翁、林絃斋、张莘夫、沈可亭、蔡希典、戴良斋、戴亨、方仪、车倬、车景山、车安行、高耕、胡常、杨琦、董楷、杨明复;第四代包括潘希宗、金叔明、董华翁、车若绾、周仁荣、孟梦恂、陈德永、张明卿、邓文原;第五代包括周润祖、泰不华、朱嗣寿、方孝孺、王守诚、牟楷、陈绍夫、郭橶、朱右、李五峰、陈选。

  上表明显表明金华、永嘉、永康三派所传不出三世(实则在不同程度上他们先是各自与朱学、心学发生融合;在朱陆合流之后,又统一划归到程朱理学的旗帜下来),而台州一脉则步履平实。虽然陆氏心学差可与朱学抗衡,但到第三、四代(元朝)时,朱陆合流已成为必然;至第五代,进入明朝,在阳明心学兴起之前陆学完全为朱学掩盖。浙东三派随着话语背景的转换,逐渐向朱学靠拢。尤其是黄榦亲承朱熹,其后学何基、王柏、金履祥、许谦形成的金华朱学,又在元代朱学北传过程中居功至伟。在此期间,王柏到上蔡书院担任堂长,台人纷纷师事之,从而出现第三代台学大盛的局面。在某种意义上,台学已经成为金华朱学的余脉。不仅如此,明初台州府宁海人方孝孺的师学渊源即可上溯到金履祥、王柏,这可以说是程朱理学与吕祖谦东莱之学结合后产生的硕果。

  台州一派的成员多为隐居一方的学者,像杜范、方孝孺有着显宦经历的人物少之又少,这在一定程度上限制了自身学术向四方辐播。进入明朝之后,朱学在相当长的时间内成为学术界唯一的声音,浙东地区的学术个性趋同,原本意义上的学派划分已经不再存在。另外,方孝孺一案,牵连甚广,永乐间藏匿其文集者死罪,直到万历十三年三月,诏命平复曾遭流放者的后裔,其遍及浙江、江西、福建、四川、广东等地,共一千三百多人,足见它对浙东人文事业的摧残程度。更重要的是,随着商品经济的不断发展,地区不平衡的现象日趋明显。绍兴、杭州、湖州、宁波因交通便利,商贾云集,已逐渐成为政治、经济、学术交流的重心所在。以科举为例,有明一代,绍、宁、杭、嘉、湖地区共产生进士2,578人,占浙江省73%,同时也是全国科举最盛的地区;而台州、温州、处州、严州、金华、衢州六府,共产生980名,由元代占全省59%跌至27%,而且这种颓势自景泰以来越发明显[①]。从理学发展角度看,《明儒学案》中所载绍兴籍理学家有25人,占浙籍半数以上;宁波有6人,位居次席。谢铎曾盛赞的洪武间

[①] 多洛肯著《明代浙江进士研究》,上海古籍出版社2004年版,第180—182页。

的郭槚、永乐初的王淑英、宣德间的叶辅虽皆有建树,惜其拘于一隅,少有问津。当然,陈选(临海)、黄绾(黄岩)、王宗沭(临海)三人作为台学的余绪均在《明儒学案》中占有一席之地,而后两位又是浙中王学的重要成员,他们成为台州学派深入发展的代表。总之,谢铎的台学源流观为我们认识浙东学派的历史构成及其相互间的并容提供了新的依据,对浙东学术史的进一步梳理具有较强的参考价值。

第三,创立方岩书院,促进理学传播。谢铎一生三进三退,归隐乡园的时间远远超过在朝为官,而他乡居期间又多致力于乡邦教化,尤其是方岩书院的创办和建设。方岩书院的前身是会总庵,为谢铎叔父谢省于成化九年(1473)致仕返乡后所建。谢铎成化十六年至成化二十三年(1480—1487)守丧期间多在其中读书,兼以辅助谢省教学,《总山杂咏五十首》就是此间的代表作。弘治二年(1489)方岩书院建成,而此时谢铎已应诏回朝参修《宪宗实录》。李东阳《方岩书院记》载:"方岩谢先生(即谢铎)作方岩书院于台州太平之总山……自先生叔父愚得公(即谢省)以宝庆守致仕,始为会总,仰高而下,次第交作。先生又欲为是院,请公主教其中。会有纂修之命,乃留赀于族叔怡云翁世弼。越一年,而以成报,则弘治己酉八月也……院既成,先生有归志。又逾年,拜南京祭酒,不可遽言去,而愚得公实领之。"谢铎于弘治四年至十三年(1491—1500)第二次辞病还乡,一直在其中讲学,弘治六年(1493)谢省去世,他更全面接管了书院事务。谢铎深感责任之重,他在《总山伤感十咏·方岩书院》一诗中称:"乡祠故有尊,吾院敢言尔。生作方岩师,死作方岩主!"[1]由此可见一斑。正因为长期从事书院教学,谢铎对浙东各地书院多有游历,如金华丽泽书院、温州云津书院等。弘治十三年八月初,谢铎起复返京,途经云津书院,作《云津书院次陈白沙韵》诗称:"斯人今不作,坠绪已难寻。糟粕空遗味,精微谁究心。天高元有籁,弦绝可无音。珍重云津学,休传绣谱针。"[2]陈白沙亦即陈献章,《明儒学案》对他评价很高,其称:"有明之学,至白沙始入精微。其吃紧工夫,全在涵养。喜怒未发而非空,万感交集而不动,至阳明而后大。"[3]因为陈献章恰于是年二月十日病故,谢铎不可能直接与之唱和,唯一可能是取其遗诗次韵而

---

[1]《谢铎集》卷三十六,第325页。
[2]《谢铎集》卷四十二,第383页。
[3]《明儒学案》卷五《白沙学案上》,第78页。

成,这正是"斯人今不作,坠绪已难寻"的意指所在。从此诗来看,谢铎对陈献章的理学精髓深有体味。"糟粕空遗味,精微谁究心。天高元有籁,弦绝可无音"的评价,正与黄宗羲不谋而合。从这一点我们也可以说,谢铎对弘治、正德间阳明心学呼之欲出之际的学术转变是有所体察的。不仅如此,谢铎曾做过"浙中王学"中坚分子黄绾的老师。他将当年黄榦训诫何基的话转告黄绾:"必有真实心地,刻苦工夫而后可。"由此,黄绾以"穷师孔孟,达法伊周"为座右铭,虽后转事王阳明亦不改初志。其晚年作《明道编》体现出浓厚的实学特色,"予以艮止存心,以执中为志,以思为学,时止时行,无终食之间违仁,兢兢业业,无一言敢妄,一行敢苟"一说,在纠正王门流弊方面贡献很大[①]。因此,我们说谢铎在推动阳明心学及浙东学术整体进一步发展方面有着不可忽视的间接作用。

总而言之,我们可以说谢铎不仅是茶陵诗派一位重要的作家,更在浙东学术史上占有一定的理学地位。他专宗程朱之学,逐步形成了以天道、崇诚为核心,格物致知、躬行实践的体用观,这种对世界的根本看法应用到社会历史层面,又构成了他以经统史、经史互证的历史哲学观。谢铎所处的成化、弘治、正德年间,朱学虽为正统,却又孕育着新的学术变革。阳明学派的崛起是明代浙东学术兴盛的重要标志,同时又与浙东诸学派之间有着密不可分的继起关系。谢铎在此期间则扮演了一个承上启下的角色,发挥出了应有的历史作用。他承上的地方表现在整理了朱学谱系以及大量的乡邦文献,并在此基础上形成了完整的台州地方理学发展史观,为研究浙东学派的历史构成及演化提供了鲜活的依据;他启下之处则在于洞察到浙东学术演变的精微动向,并通过黄绾对阳明心学的发展产生了积极的影响。

---

① 参见张学智著《明代哲学史》,北京大学出版社 2000 年版,第 151 页。

第五章　谢铎的史学思想

　　谢铎不但是一位著名的文学家、诗人，而且还是一位史学家。他能成为一位很有史学思想的人，固然因为熟读史书，恐怕更重要的是与其三次出仕为官期间，曾四次奉诏参与大型史书的编纂有关。据《明史》本传及《嘉靖太平县志·谢铎传》记载，谢铎参与修撰的大型史书有以下四部：一是成化初年以翰林院编修的身份参与修撰《宪宗实录》；二是成化九年奉旨校勘《通鉴纲目》；三是弘治初年因言者交荐，以原官即丁忧前担任的翰林院侍讲身份预修《宪宗实录》；弘治十六年，以礼部右侍郎的身份预修《历代通鉴纂要》，为润色官。这四部史书中两部为实录，两部为历史书的整理汇编。《通鉴纲目》与《历代通鉴纂要》仿司马光《资治通鉴》例，有"鉴于往事，有资于治道"之功用。另据李东阳《明故通议大夫礼部右侍郎掌国子监祭酒事致仕赠礼部尚书谥文肃谢公神道碑铭》和王廷相《方石先生墓志铭》，谢铎著述中属于史书的还有《元史本末》《宰辅沿革》《国朝名臣事略》《赤城新志》等。非常遗憾的是，李东阳《神道碑》和王廷相《墓志铭》中提到的这些著作今天均已佚去。

　　现在我们能看到的谢铎的著作是《桃溪集》的第二次编定稿《桃溪净稿》和第三次编定稿《桃溪类稿》，前者有诗稿45卷，文稿39卷，《桃溪净稿·文稿》之卷二十一、卷二十二两卷包括"史论"二十八篇[①]，卷二十三是"讲章"五篇，又《桃溪净稿·诗集》卷二十五《续春秋一十六首》《续通鉴纲目二十一首》、卷二十六《续宋史十六首》、卷二十七《拟室明铙歌十二篇》并序、卷二十八《殷鉴杂咏二十四首》并序，均以古史为题，以诗歌的形式发表了对史事的看法，其余还

---

①　北京图书馆藏有谢铎《桃溪类稿》嘉靖二十五年刻本，共六十卷，其诗歌较《净稿》溢出甚多，而文，尤其史论部分则相差无几，故仍可据《净稿》所收部分立论。

有些散篇诗文体现出谢铎的历史观。我们可以从中窥见谢铎的史学思想。

第一节 谢铎生活时代的历史背景

一、国内政局一：宪宗怠政、孝宗勤政、武宗荒嬉

明宣宗朱瞻基于宣德十年（1453）病逝，年仅九岁的皇太子英宗朱祁镇即位，年号为正统。鉴于新帝年幼，太皇太后张氏将国政交由内阁大学士杨荣、杨溥和杨士奇主持。后来司礼监王振得英宗宠信，"三杨"等人亦为之逊避，朝野上下万马齐喑。在朝纲不振的同时，边患又起。正统十四年（1449）七月，蒙古瓦剌也先大举入侵。好大喜功的王振挟帝亲征，八月即遭土木堡之败，英宗被俘，王振为护卫将军樊忠所杀。英宗被俘之后，其弟朱祁钰于九月即位，是为代宗。同年十月初一，也先再次大举进犯，十月十一日，兵临北京城下，于谦率兵出城迎敌，奋勇抗战，屡获胜利，十一月初八，也先退兵塞外。次年改元景泰，也先屡次请和，英宗于八月间被释返京，闲居南宫过着幽禁的日子。景泰八年（1457）正月，景帝病重，徐有贞、武清侯石亨和太监曹吉祥等人发动"夺门之变"，迎立英宗复位，景帝则幽死于宫中。

天顺八年（1464）正月，英宗病死后，十八岁的太子朱见深即位，次年改元成化，是为宪宗。宪宗在位二十三年，是个昏庸的君主，在他的纵容下，宦官肆意操纵国政，从成化五年（1469）开始，大学士万安凭借万贵妃的得宠成为宪宗最为倚重的人。他不以国事为务，反而与宪宗沉溺于宫闱燕乐，致使皇帝数月不朝成为常事。宪宗把国政完全托付给宦官，宦官更是以万贵妃为后台，肆无忌惮，目空一切，甚至位居总督和总兵官之上。另外宪宗随意任人为官，资历出身一概不拘，因此形成了"一岁而传奉或至千人，数岁而数千人"①的可悲局面。

成化二十三年（1487），明宪宗死去，九月朱祐樘继位，是为孝宗，次年改元弘治。孝宗大力取用贤能并委以重任，"置亮弼之辅，召敢言之臣，求方正之士，绝嬖幸之门"。② 随之马文升、张吉、王纯、丁玑、李文祥、敖毓元等大臣纷纷

---
① （清）张廷玉等撰《明史》卷一百八十《李俊传》，中华书局1974年版，第4779页。
② （清）谷应泰撰《明史纪事本末》卷四十二"弘治君臣"条，中华书局1977年版，第626页。

被起用。由于宪宗成化年间言路堵塞,孝宗还注重广开言路以革除弊政,形成了"是时上更新庶政,封章旁午,言路大开"①的良好政治氛围。此外孝宗还厉行节俭并减轻赋税,弘治元年(1488)马文升向孝宗建议:"一应供应之物,陛下量减一分,则民受一分之赐。"孝宗对其建议极为褒奖,"嘉纳之,悉施行"②。孝宗时期政治清明的局面为历代史家称道,清人谷应泰称:"孝宗之世,明有天下百余年矣。海内安,户口繁多,兵革休息,盗贼不作,可谓和乐者乎!……当是时,冰鉴则有王恕、彭韶;练达则有马文升、刘大夏;老成则有刘健、谢迁;文章则有王鏊、丘濬;刑宪则有闵珪、戴珊。"③当然,弘治期间的治平也只是相对而言的,其国内诸如土地兼并、宦宠弄权及边疆动荡、边民暴动等政治痼疾还依然存在。

弘治十八年(1505)孝宗死去,皇太子朱厚照即位,是为武宗,次年改元正德。孝宗在弥留之际,招来内阁大学士刘健、李东阳、谢迁,将太子托付于他们,并说:"东宫年幼,好逸乐,卿等当教之读书,辅导成德。"④武宗在位期间的确是骄纵贪玩,不理政事,大权从而落入宦官刘瑾手中。正德年间政治黑暗,民不聊生,动荡不安的局面再次出现。正德五年十月,文安人刘六、刘七在霸州发动起义,短短十几天就有数千人响应。此外,又发生了藩王朱宸濠等的叛乱。虽然他们最终都被平息下去,明代国运却越呈颓弊之势了。正德十六年(1521)三月,武宗咯血而死,因其无子继位,首辅杨廷和以《皇明祖训》为训诫说:"兄终弟及,谁能渎焉。兴献王长子,宪宗之孙,孝宗之从子,大行皇帝之从弟,序当立。"⑤提议朱厚熜继承皇位,此建议得到了皇太后张氏的批准。四月,朱厚熜即皇位,次年改元嘉靖,从此开始了长达四十五年的明世宗统治时期。

二、国内政局二:宦官专权

明朝的政治腐败与宦官专权息息相关。英宗正统年间即对王振委以重任,他除去了"内臣不得干预政事,犯者斩"⑥的禁牌,又结党营私,可以说正是王振首开明宦官专权之风。虽然"土木之变"中王振为乱军所杀,但宦官专权

---

① 夏燮著、沈仲九标点《明通鉴》卷三十六,中华书局1959年版,第1374页。
② (清)谷应泰撰《明史纪事本末》卷四十二"弘治君臣"条,第610页。
③ 《明史纪事本末》卷四十二"弘治君臣"条,第626页。
④ 《明通鉴》卷四十,第1531页。
⑤ 《明史》卷一百九十《杨廷和传》,第5034页。
⑥ 《明史》卷七十四《职官三》,第1826页。

乱政的先河一开,就一发不可收拾了。

宪宗成化年间,宦官权势进一步膨胀,宦官汪直因机敏圆通、善于逢迎,甚得万贵妃的欢心和宪宗的赏识,成化十三年(1477)宪宗又从锦衣卫中挑选强干的官校一百余人,在灵济宫前设西厂,由宦官汪直直接管理,其势力远远超过东厂和锦衣卫。西厂设立之后,对官员的侦察更是繁细周密,无孔不入,用刑也更为苛刻残酷。而宪宗久处宫闱,与外界不通,西厂的设立正是要刺探外部的各种动向,这恰恰使其与朝臣的联系更为疏远,增加了宦臣弄权的机会。成化时期宦官的权势不仅很大,而且有名者很多,除汪直外,还有梁芳以及由他带起来的钱能、韦眷、王敬等人。梁芳是为万贵妃办事的内监,其党徒和帮凶遍布各地,梁芳以采办为名,大肆聚敛,并将国库的金银挥霍一空。成化时期宦官的专权产生了极为恶劣的影响,"夫内侍之设,国初皆有定制,今或一监而从十余人,一事而参六七辈,分布藩郡,总领边疆,援引险邪,投献奇巧。司钱谷则法外取财,贡方物则多方责贿,兵民坐困,官吏蒙殃。杀人者见原,偾事者逃罪"①。这段话是对成化时期宦官专权局面的形象描述。

明武宗朱厚照当太子时,宦官刘瑾就带着他"为长夜之游",刘瑾成为其最可依赖的心腹。正德年间,刘瑾又设内厂,东厂和西厂也在他们的监视之内,其作恶多端令人发指。刘瑾专权期间穷奢极侈,对百姓大肆搜刮,成为百姓受害最重的弊政之一。时林俊上言说:"天下皆曰两皇帝……陛下时不视朝,刘瑾西南向倨立,鸿胪寺各官叩头,而题奏某部与某敕某酒饭,皆其言语。各官起身,鸿胪喝向东作揖。故谓陛下坐皇帝,刘瑾立皇帝也。"②其声势熏天可见一斑。另据《明史纪事本末》记载,刘瑾被抄家时有"金二十四万锭,又五万七千八百两。元宝五百万锭,又一百五十八万三千六百两。宝石二斗,金甲二,金钩三千,玉带四千一百六十二束,狮蛮带二束,金汤盒五百,蟒衣四百七十袭,牙牌二匮,穿宫牌五百,金牌三,衮袍八,爪金龙四,玉琴一,玉瑶印一,盔甲三千"③。那些御用禁物及大量兵器成为他谋反的直接证据,但他专权期间聚敛之巨亦足以给他量刑治罪了。

总之,明代中期以来宦官独揽大权屡见不鲜,皇帝对宦官的信任又使宦官

---

① 《明通鉴》卷三十五,第1338页。
② (明)张萱撰《西园闻见录》卷一百"内臣上"条,1940年哈佛燕京学社版,第7241页。
③ 《明史纪事本末》卷四十三"刘瑾用事"条,第654页。

的职权得到了极度的扩大和膨胀。宦官经营皇庄、皇店,侵夺百姓良田,出代税监,控制贸易甚至还充任矿监、监军等。明中期宦官权威之大,范围之广,均大大超越前代,已经达到了登峰造极的地步。

三、外患：西北边患及其他

国内政治的腐败极易招致外患的发生,前面提到的土木堡之变即是明廷内外交困的集中反映。这场事变发生时谢铎只有十五岁,事隔多年他作有《哀土木》一诗,其中有"故老百年犹涕泪,太平今日忆更新"句[1],说明他对这次军事失败一直印象深刻。成化间,西北边患是当局首要应对的问题。成化四年(1468)四月,西北固原的土达,平凉户满四聚众起事,依据石城,声势日益壮大。明廷派遣都御史项忠统帅京营兵连同陕西戍卒五万人镇压,直到成化五年(1469)正月,捕杀彗帚山首领毛哈喇,叛军余部勒令解散,起义才告一段落。成化九年(1473)九月,土鲁番速檀阿力王入侵哈密。甘肃巡抚娄良急速上报,兵部尚书白圭称:"哈密为我西藩,土鲁番无故凌夺,不救则赤斤诸卫尽为蚕食。嘉峪外皆强敌,而祸中甘肃。"[2]此后速檀阿力的扰边活动不断发生,到嘉靖九年(1530)冬,哈密终为土鲁番所据。正是因为西北边防局势紧张,成化九年十月,阁臣商辂发起群臣以《论西北备边事宜状》为题纵议国是。谢铎将时下局势与宋代进行对比,作了较为客观的评价。他认为边患不断的真正原因在于当局采取的搜套政策失当。因此,朝廷应当利用当下相对稳定的战略发展期加紧对上述地区的布防与控制。他提议说:"及此无事之时,正宜蓄兵养锐,于大同、宁夏以为东西之援,于是而渐图收复汉唐故疆与我国初东盛之地,据三受降城以极形势,修千八百堠以谨烽火,以河曲为室家而屯田积谷于其中,以受降为门户而耀兵振武于其外。"[3]此外,他又从边将任命是否得当、减轻内地及边疆平民负担等角度,阐述他的边防主张。总体上来说,谢铎的建言论证翔实严密,谈锋尖锐无畏,体现了一名儒臣高度的责任意识和使命感。虽然最终并没有得到宪宗的肯定并加以推行,却赢得了士林中较高的声誉。

成化以来,社会矛盾日趋尖锐,国内到处充满冒烟的火种。成化三年

---

[1]《谢铎集》卷七,第65页。
[2]《明史纪事本末》卷四十"兴复哈密"条,第586页。
[3]《谢铎集》卷六十九,第663页。

(1467)三月,聚居在荆襄山区的饥民在河南人刘千斤和僧人石龙的领导下起义。六年(1470)十月,李胡子又反,直到成化十二年,才平息起义。除了荆襄暴动,还有广西藤峡瑶族起义。起义始于景泰年间,直到成化元年十二月,浙江左参政韩雍才予以平定。虽然在此后的二十多年里,大藤峡保持了安定状态,但到正德五年(1510),这里反抗气焰又重新燃起,直到嘉靖十八年(1539)才彻底平息。总之,虽然成化、弘治、正德三朝相对而言是明代较为稳定的时期,但种种内忧外患却大量存在,它们对谢铎史学思想形成无疑具有重要的影响。

第二节 谢铎的天命观

《讲章·圣有谟训》较充分地体现了谢铎的天命观。这则讲章应该是谢铎成化十一年至十六年五月任经筵侍讲期间所作,名义上是在为皇帝疏解文典,其实宣讲过程本身就是对其理学、教育及历史观点的阐述。《尚书》中"尚"字为"上"之义,即上古之书的意思。《尚书》是夏、商、周三代官方历史文献及部分上古事迹著作汇编,相传由孔子汇纂;而其中如《洪范》《尧典》《禹贡》《皋陶谟》据后人考证皆为儒家后学续补之作。《尚书》在西汉初仅存二十八篇,即《今文尚书》;武帝时,孔安国于旧宅中发现用篆体书写的《尚书》,即《古文尚书》;东晋人梅赜又献《尚书》,即《伪古文尚书》。今通行的《十三经注疏》本《尚书》即《今文尚书》与《伪古文尚书》的合编。《尚书》以保存周朝的史料为主,因而周公旦"以德配天"的宗教政治伦理观处于主导地位。在殷周时代人们将事物运动变化的最终原因归结为一个超验的精神本体"上帝"或"天命","上帝"是有意志、有作为、有人格色彩的神,他不但是自然界的主宰,还是人类社会甚至精神领域的主宰。朝代更替、运祚迁换正是天命谕示或庇佑下的结果。谢铎在《偶读虞舜夏少康周成王与程婴杵臼事有感得四绝句》其二云:

一旅看看起二斟,分明遗腹是天心。
祀天旧物终归夏,真宰何须着意深。①

---

① 《谢铎集》卷三十五,第316页。

在谢铎看来,夏的建立及发展是符合天命的。这亦即与本篇讲章中称夏初君臣雍睦、物熙治平的景象是一致的:

> 道在昔先王不敢慢天,常恐惧修省,以克谨天戒于上。其臣人不敢玩法,皆奉法修职,以克有常宪于下。百官之众,各修其职以辅其君。故当时之君,内无失德,外无失政,所以能为明哲圣的君。

上段谢铎的解释明确以遵顺或违逆天命为治与乱的分界线,只有"不敢慢天,常恐惧修省,以克谨天戒于上",才能求得永平。"天戒",谢铎解释说,"上天所以警戒人君者,如日食之类",这其实是以阴阳灾异附会政事的翻版。《周易》首先提出阴阳两个基本范畴,自然界及人类社会中的万事万物均由这两种对抗的力量孳乳推动。作为从自然界中抽取的八种卦名两相错综配伍,又衍生六十四卦及三百八十四爻,而两卦之间如果是交感的,象征事物是变化发展的,就是吉卦;反之亦然①。《尚书·洪范》中提出"五行"说,即"一曰水,二曰火,三曰木,四曰金,五曰土。水曰润下,火曰炎上,木曰曲直,金曰从革,土爰稼穑。润下作咸,炎上作苦,曲直作酸,从革作辛,稼穑作甘"②。"五行"中这五种基本元素是物质世界不可或缺的,它们各自具有不同的属性,只有在不违背基本性的前提下,才能物我两宜。如《尚书·洪范》所记箕子与周武王谈论天道时曾说,鲧治水时未能遵从水"润下"的本性,用土壅堵,结果适得其反,这正是当时用"五行"说解释史事的例子。除此之外,《尚书·金縢》中还记载周成王受管、蔡二叔蒙蔽,猜忌周公,致有"风禾尽偃"的风雷之变;成王深感上天的震怒,郊迎周公,并订立永不诛罪的金匮之盟,遂使"风禾尽起",气象如常。这又是殷周时代躬行天罚,以天象私揣天意的体现。谢铎的讲解无疑贯彻了上述思想:

> 今日食之变,天戒显然,而羲和若罔闻,知是失其常宪,昧先王之谟训矣,如何可赦?盖当是时,后羿专政,君弱臣强,以致此变,羲和党羿,而不

---

① 任继愈主编《中国哲学史》第一册,人民出版社 2000 年版,第 18 页。
② 《十三经注疏·尚书正义》,中华书局 1980 年影印本,页 188 中。

以告,故仲康命胤侯正其罪而诛之如此。

　　日食只是一种正常的天体运行过程中造成的视觉印象,即使如地震、旱涝等自然灾害与当下政治状况亦无必然的因果联系,遑论天意赏罚了。在西周末年,随着自然科学的进步,奴隶制王权的瓦解,人们已逐渐从宗教政治神学的蒙昧中摆脱出来,《国语·周语》记"伯阳父论地震"一事,伯阳父即认为周亡的衰象源于地震造成的灾难,而地震的产生不是天命的产物,却是"阳伏而不能出,阴迫而不蒸"、阴阳二气失序的结果①。这无疑是对长期以来近于迷狂崇拜的政治神学体系的重大的矫正。随着春秋时代的到来,老子提出以"道"为核心的"自然无为"的主张,认为"道"而非"天帝"才是事物存在与变化的根源和准则,"道"既无意志、无作为,且没有人格色彩,所谓"有物混成,先天地生。寂兮寥兮,独立而不改,周行而不殆,可以为天下母",又"道生一,一生二,二生三,三生万物。万物负阴而抱阳,冲气以为和","和"乃是宇宙万物存在与生息的充盈状态。孔子却与之相对,仍然秉承周公旦以来"天帝"为人格神的观点,只是对鬼神之事采取了敬而远之的立场,而天命却始终成为他哲学体系中的最高悬设。其在《论语·季氏》中称:"君子有三畏:畏天命,畏大人,畏圣人之言。小人不知天命而不畏也,狎大人,侮圣人之言。"孔子的一生正是在不断寻求认识及随顺天命的必然性的过程中获得了最终的知性自由:"三十而立,四十而不惑,五十而知天命,六十而耳顺,七十而从心所欲不逾矩。"(《论语·为政》)据此,我们可知,虽然在孔子这里上古三代政治神学的光芒有所减弱,其理论重心转向个体本体如何更为和谐地渗入群体本体而成就德厚而流光的仁人范型,但诸如以阴阳、五行附会时事的庸俗政治学等消极因素得到了潜在的保留。这或许可以成为汉代董仲舒以阴阳、五行为柱石建立起"天人感应"的政治神学体系以及东汉章帝建初四年(79)班固整理《白虎通德论》进一步将经学神学化的源头了。毫无疑问,向来服膺儒术、丹漆随礼的谢铎对此亦是深信不疑的。我们很容易在他的诗作中寻到其"敬天"的痕迹,如"看从注脚三分欠,悟到天心一画无"(《读易》)"须信缵承终在我,言兴废本由天"(《重修族谱有感》)"天应未绝斯文脉,再世还教有小同"(《再用李广郑玄杜衍范镇事足前

---

① 参见任继愈主编《中国哲学史》,第27页。

四绝为八首》其二)"百常命在天应识,涕泣吾今拜蜀公"(同前其四)等等。上述诸例不同谢铎其他以"天"代表皇室,"天下"代表黎庶,而均为形而上学意义上的终极指称,天威不可违逆,天戒必甄心动惧以迎之,谢铎在讲章中又将"敬天"思想作了进一步推论:

> 臣尝因是推之,人君至尊无对,其所敬事而畏惮者,惟天而已。故天心仁爱人君,必出变异以告戒之;而人臣之忠爱其君者,必举天戒以警动之,庶几恐惧修省,变异可消,天意可回,而国祚可永。

值得一提的是,谢铎明显有其匡救时弊的目的在。据《明会要·祥异》卷六十八、六十九载,成化年间共有九次日食,分别为三年二月丁酉、五年六月癸丑、六年六月戊申、九年四月辛酉朔、十年九月癸丑、十一年九月丁未、十二年二月乙亥、二十年九月乙酉朔、二十一年八月己卯;彗星亦多现,如成化元年二月、四年七月、九月、七年十二月甲戌、八年正月,其中七年十二月之彗,中朝震恐,以致宪宗"避正殿,撤乐,敕群臣修省,条时政得失";还有地震频发,成化元年四月甲申,河南钧州有震;三年四月,四川有震;四年八月,京师地震;六年正月丁亥,河南、湖广有震;十二年正月,南京有震;十三年九月,京师有震;十七年二月甲寅,南京、凤阳、淮安、扬州、和州、山东河南局部州县同日有震;二十年京师、永平诸府、大同、宣府、辽东同日有震;二十一年三月,泰山有震;五月京师地震[①]。其实,天象无常,灾异频生,正如前面提到的伯阳父所论,与人间政治关联甚微,其关键在于如何防治周济而非其他。不过从另一方面讲,灾异的出现恰恰为台谏机构或忠耿之士提供了上疏改变弊政的机会,咫尺天威成为支持他们立论的最充足的根据。以成化十二年正月南京震灾为例,地震发生后,南京科道官上奏:"弭灾之策,乞进君子以正朝廷,择将帅以备边郡,设法制以弭盗贼。并乞敕天下镇巡官及三司郡县,省刑薄敛,拯饥缉盗,毋妄兴土木,毋因公科扰。"对此,有司受敕实行[②]。但是仔细考查一下,震灾问题居然牵扯到朝廷人事铨选、边将任命、加强法制、薄赋省徭等额外话题之上,对民众而

---

① (清)龙文彬撰《明会要》卷六十八至六十九,中华书局1957年版,第1313、1320、1345—1346页。
② 《明会要》卷六十九,第1345页。

言亦可称是因祸得福了。宪宗成化朝不能善始善终,其宠幸万妃及权臣万安,又沉溺于神仙道术;同时边境多扰,国中流民暴乱不绝,自然灾害正好成为忠良开口而谄佞噤声的契机。谢铎历举张禹、王安石"以天变为不足惧"而造成恶果实属牵强,但他最后冀望宪宗"远法圣谟,近取殷鉴,以上谨天戒,以下察臣宪"①才真正体现出他的一番拳拳忠贞之心。

第三节 谢铎的历史顺变观及历史真实观

谢铎具有丰富的治史经验,他对汉唐宋以来的历史人物、事件作有大量的史学札记,从中我们可以窥见他的历史顺变观和真实观。

一、历史顺变观

早在谢铎青年时代即有"大化何,四时互更代"(《杂诗》)之咏,从中隐约透露出事物发展有其必然规律的历史观。入仕之后,随着不断接手《英宗实录》《通鉴纲目》《宪宗实录》《历代通鉴纂要》等史书的勘纂润色工作,其史学演进观亦日臻成熟。成化九年谢铎上《癸巳封事》云:

> 窃观今日天下之势,如日之中,如月之望,如四时之夏,正《易》所谓泰、所谓丰、所谓大有之时也。以陛下端拱持盈于上,群臣奔走仰成于下,宜若无待于私忧过计者。然而中者昃之渐,望者弦之渐,夏者秋之渐,故圣人于《易》,在《泰》有艰贞之戒,在《丰》有勿忧之戒,在《大有》有无备之戒,盖不如是则无以保其常丰、常泰、常大有如一日也。②

应当说,谢铎史学观建立的哲学基础源自经学著作,他以四进变化,日月盈缺征代天下大势的运演过程本身即是刺取了《易经》中的观点,但浙东史派

---
① 《谢铎集》卷六十八,第657页。
② 《谢铎集》卷六十九,第670页。

"全体备用"的主导思想又使谢氏循环往复的历史存在模式充满了积极作为的用世色彩,而令其老套的陈述中略有新意。这种新意表现在他强调顺应历史自在的迁换大势的同时,发挥历史主体尤其是皇帝的作用,以在无平不陂、无往不复的铁则之下保持永远的"丰""泰""大有"的局面。这是一种进取的顺变观,惟其进取才使得谢铎的史论中充满批判的精神。这里以对曹参的评价为例,其"曹参"条说:

> 天下之治惟其时,识其时而酌其事之当以否,斯善治天下矣。方秦氏之吞并诸侯也,阡陌井田,郡邑封建,坑焚学校,举先王之法而尽变之。当是时,天下之民涂炭已极,继其后者又从而纷扰之,几何不为垓下之项乎?参之相汉,有见于此,遂访诸盖公,求黄老之说,一以清净无为为治。彼以其猛,我以其宽;彼以其扰,我以其静,一矫而反之。以苦于多事之民,一旦得见无事之治,是犹出烈炽之中而沃以清泠之水,故民安其治而歌之。所以转二世之秦为四百年之汉者,参亦不为无功焉。参之治固可谓识时矣,然吾犹有惜于参者。盖时虽厌于有为,而事之不可不为者,君子不容以概不为也。参之意惟恐一事之为未能益民而先已扰民,乃至一无所事,终其身惟萧何之法是守,抑不知何之佐高帝也,倥偬于马上之治,当时制度大抵袭秦之旧而已,先王良法美意之变于秦者,曾闻其能修什一于千百乎?况时至孝惠,秦灰已冷,楚坑已平,牝鸡之声未闻,屠牛之锋未挫,可以有为之日也。帝察参不事事,且使其子谏之,帝亦非常主矣。使参能与帝有为,三代之治未必不可挽而上也。奈何一意矫秦,遂至酣歌废事,卒使汉家之治因循杂伯而已。於乎!参但知清净之药足以调扰乱之民,而不知王道之菽粟所以养民生者,不可一日无此,所以徒能瘳秦民之疾苦,而终不能复元气于三代之时之民也。噫!汉之所以为汉者为此,汉之所以止于汉者亦以此。①

他针对曹参为相后"举事无所变更,日夜饮酒"的评论,表明其对萧规曹随的汉初政治是持肯定态度的。黄老无为之治在当时起到了宽猛相济的效用,

---

① 《谢铎集》卷六十六,第 627 页。

谢铎由衷称扬"参之治固可谓识时矣"。然而,曹参毫无区别地将"不可为"与"不可不为"作"我为"处理,所以只能起到安定民心、稳固时局的作用,却不能促使汉朝短时期内迅速崛起,实现上古三代之治,也即是"参但知清净之药足以调扰乱之民,而不知王道之菽粟所以养民生者,不可一日无此,所以徒能瘳秦民之疾苦,而终不能复元气于三代之民也"。谢铎对曹参治术的评价无疑是辩证的,尤其他指出这一无为方略在惠帝"秦灰已冷,楚坑已平,牝鸡之声未闻,屠牛之锋未挫"、完全可以有所作为的时期显然起到了阻碍作用,这又体现出其历史观中顺变的特质。

另外,他对狄仁杰的评价也立足对汉唐历史精熟把握的基础之上,揭示它们内在的联系,以发展的眼光进行类比和归纳,从而在乍看相似的历史事件表象之外,获得深刻的洞察和判断。他"狄仁杰"条说:

> 天下事有似同而实异者,君子于其心而已矣。裴炎之谏武后立七庙、反政豫王,侃侃乎殿陛之间,有似于王陵之为汉,然庐陵废立之谋,谁实启之?陈平之佐周勃诛诸吕,迎立代王,迟迟乎岁月之久,有似于仁杰之复唐,然诸吕分王之议,谁实主之?借曰宽假吕氏,以图后功,诸武之王,仁杰有是事乎?平之心不过贪生畏死,以保富贵而已。若乃裴炎之废立既党于武氏矣,而故为是论谏以收公议于其后,陵之所以面折吕氏者,果如是乎?苟以炎之谏而比陵,以平之功而比仁杰,则绐说吕禄属兵太尉,郦寄亦汉之忠臣矣,劝诱二张请还庐陵,吉顼亦唐之忠臣矣,是乌可哉?要之,陵不必有平之功,而其心即仁杰之心;仁杰不必有炎之谏,而其心非平之心。若乃其事之成不成,幸不幸,则君子不暇论也。①

他认为表面看来,裴炎劝谏武则天与西汉王陵谏诤吕后相似,狄仁杰中兴唐室与陈平帮助周勃诛灭吕氏外戚力量相似,但是追根溯源他们的原始动机却多有不同。在不同的历史条件下,往往决定革新会有成败的不同结果,但身处历史洪流中的关键人物的主观意愿也不容忽视。王陵在条件不成熟的情况下,尽管没有取得类似陈平的功绩,也是堪与后者乃至狄仁杰相比的,陈平则

---

① 《谢铎集》卷六十七,第642页。

"不过贪生畏死,以保富贵而已",即使成功铲除诸吕势力,也不值得渲染,因为一旦时势有异,他必然是另一种苟安顺从的姿态;同样,狄仁杰虽没有像裴炎一样纵论宏议,却不阿附武氏,是从内心到实际功效均值得称颂的人物。谢铎在评价狄仁杰的过程中,运用略迹原情的方法,注重在不同时势背景下考察历史人物的动机与功绩之间的关系,带有较强的道德评判的意味。这在李东阳《陆孝子诗序》中也有体现,其云:"当原其心,苟其心诚且迫,譬之救焚拯溺,宁赴汤蹈火以求益于事,不得与以死伤生者比。君子于此,固当有取焉。"①从历史评判的角度,谢铎的思想在后世得到积极的传承,如清包仪《易原就正》卷五注《大过卦》"象曰:过涉之凶不可咎也"时说:"事虽不济,而心则无可尤。盖幸而成天下之事,固当论其功;不幸而死天下之事,自当原其心,所谓不可以成败论英雄。"②不难看出他与谢铎历史观念之间的继承关系。

二、历史真实观

上述历史顺变并不意味着评史标准流宕无依,应当指出的是,谢铎的顺变观建立在历史真实的基础上。他认为:"人臣建策效计,当原其心,诚为国邪,策虽不就,君子予之;心不在国,假善以济其私,功虽幸成,君子不与也。"③从历史人物的初始动机来展开评价,而不是仅从其自身的口头表白和客观效果断定,这亦是谢铎历史是非观的体现。谢铎"曹操、刘备"条举出曹操来佐证观点说:

> 刘豫州能以长坂之败,合江东而为赤壁之胜,则其于新附之蜀,唇齿汉中,必非苟苟轻出,以坐待自敝者也。操自称多智,则其计岂尽出懿、晔之下者哉?盖幸而得,未若不幸而不得,以养吾全胜之威,正有惩于前日赤壁之轻用,而重发于此。不然,操岂知足者,而能为是得陇望蜀之戒邪?一日十惊之说,夫宁知非《晋史》故欲神懿之策,乃援晔以卑操乎?④

魏军攻占汉中后,司马懿、刘晔劝说曹操乘势西指,攻取益州,曹操回答

---

① 《怀麓堂全集·文前稿》卷九,清嘉庆八年陇上学易堂刻本,浙江大学图书馆藏。
② (清)包仪《易原就正》卷五,《文渊阁四库全书》本。
③ 《谢铎集》卷六十七,第642页。
④ 《谢铎集》卷六十六,第632页。

说:"人苦不知足,既得陇,复望蜀邪!"七天后得蜀地降兵称:"蜀一日数十惊,守将虽斩之,不能安。"曹操再问刘晔,后者说:"今已小定,未可击也。"从这条史料我们似乎可以得出曹操谨小慎微,以致坐失战机的结论,谢铎却不以为然,认为这是"《晋史》故欲神懿之策,乃援晔以卑操"。他进而分析说:"操岂知足者,而能为是得陇望蜀之戒邪?"一方面刘备能够由襄阳兵败,转而联合东吴取得赤壁之战的胜利,已经表明其有卓越的领导才华和军事能力。他占领益州后,虽立足未稳但肯定已部署好兵力,准备打一场政权保卫战。另一方面,赤壁之败的教训实在过于惨重,曹操理应慎重,"幸而得,未若不幸而不得,以养吾全胜之威,正有惩于前日赤壁之轻用,而重发于此"。由此我们看出谢铎对史料真伪的甄别工作是非常重视的。

正如上面提到的,在确认史料可信的前提下谢铎又展开对传主"略迹原情"式的是非评价和价值判断。"人臣建策效计,当原其心"的主张,其实与谢铎一贯的"正心诚意"的理学思想相通。谢铎认为"诚"为真实无妄之谓,进而"恻隐、羞恶、辞让、是非之情也,都是真实无妄,所以亘古亘今千万人,一个个都是如此,这便是天理之本然"[①]。谢铎将他的理学精神引入历史领域,这使其剖判人物过程中更为犀利、深刻。他不同意苏颖滨所称"陈平、狄仁杰待其(吕后、武则天)已衰而除正之,故身与国俱全"的观点,反而认为陈平以一己私利为中心,望风觇气、与世偃仰、假善济私,不能与狄仁杰相提并论。陈平固然帮助周勃翦除诸吕势力,迎立代王,但当初附合"诸吕分王"的也是他,所以"平之心不过贪生畏死,以保富贵而已"。因此,历史人物的真实动机决定了后世的评价,至于"其事之成不成,幸不幸,则君子不暇论也"。这说明在对历史事实的评判当中,谢铎挟进了大量的道德评价的因素。

第四节　谢铎的明君观与贤臣观

明君贤臣为谢铎进行历史评价过程中的两个相辅相成的重要方面。他针对历史上出现的明君贤臣进行理性的估衡,而不拾人余唾,从中可以看出他独

[①] 《谢铎集》卷六十八,第650页。

到的审视体察的史才和史识。

一、明君观

谢铎为参编《通鉴纲目》及《历代通鉴纂要》等书作了大量的史学札记,像他这样写出大量读史札记的参预修史的同僚不乏其人,李东阳就是一例。据《四库全书总目·新旧唐书杂论提要》称:

> 是编(即《新旧唐书杂论》)摘唐史事迹,辨其是非,所论太宗、明皇之事为多,持论亦皆平允。然东阳依违避祸,固位取容,其论宋璟不与反正之功,无害宰相之体,实阴以自解;其论狄仁杰、褚遂良优劣,谓二人易地,仁杰必能强谏于武后初立之时,遂良必不能成功于武后既篡之后;及论德宗猜忌,元载凶嫉,李泌能周旋其间,亦隐然自以调停为功。其"驳胡寅论高力士"一条及论"姚崇任诡用诈"一条,亦欲以持论之正,自盖其所为也。①

不像李东阳这样在史评中为自己的行为寻求辩护,谢铎则谠谠直论,允持厥中。谢铎理想的君主形象为:"惟精惟一,兢业万机如舜,然后可以为存心;必明物察伦,知人则哲如舜,然后可以为致知,如是则德无不修而道可凝,于是著于三千三百之仪而成其发育峻极之功。"②其最高的治术理想则为刑错之风。明察、仁厚、精勤、有力成为他评价明君的一般标准。比如他"汉文帝"条举汉文帝赐吴王濞几杖以惩其不朝之咎,要体现"君人者有以服天下之心,则无所施而不可"的道理说:

> 君人者有以服天下之心,则无所施而不可,不然将惠之而衰,威之而格矣。故在文帝可以赐几杖,而铁券之恩适足以怼怀光;在宋祖可以罢藩镇,而削地之谋适足以祸晁错。然则文帝之于吴,赐之可,削之亦可,而何独有见于几杖之芒刃,而无见于髋髀之斧斤乎?濞之反,帝亦不能无憾焉。③

---

① 《四库全书总目提要》卷八十九,页 760 上。
② 《谢铎集》卷六十八,第 654 页。
③ 《谢铎集》卷六十六,第 628 页。

与之相反,刘备杀刘璋,自领益州牧,则是"天下事有合于义,而不能不疑于天下后世者,知之不精,行之不直,过为委曲,自文以自乱其真"。本来法正就劝刘备取代刘璋,而前者称:"今以小利失大信义于天下,奈何?"入蜀后,刘璋对其心存戒备并严把关口,这样最终激怒刘备,招致杀身之祸。谢铎"昭烈"条说:

> 天下事有合于义,而不能不疑于天下后世者,知之不精,行之不直,过为委曲,自文以自乱其真耳。昭烈以帝室之胄,举义兴复,则天下固汉之天下也,夫孰得而争之?特其势有难易,不得不先荆、益,置江东以徐制许、雒耳。是以孔明隆中之对,直欲资表取璋以图曹操,盖亦兼弱攻昧而远交近攻之意也。向使昭烈乘赤壁之胜,卷席而西,以声罪致讨,则璋固其囊中物耳,孰敢以为非义者哉?惟以好逆之而入,顾乃以救关靳兵为璋之罪而取之,是固未足以厌人心也。故昭烈之失,不在于取璋,而在于受璋之迎;不在于得蜀,而在于据涪之怒。观其拒统之说,正坐见义不精,已自不能不疑于心,其何以免于天下后世也哉?独不知孔明复何处于昭烈也,岂其不与当时之谋乎?①

在谢铎完全道德化的批评中,正是刘备对天下大义(汉为正统)"知之不精,行之不直,过为委曲,自文以自乱其真",使谢铎对其产生了色仁而行违的质疑。又谢铎认为"君子于天下事,惟其可久不变,而以吾心之安者行之,不则未有不至于大坏而极敝者也",即个人在历史进程中要适应时势的发展而不可固于个人"心安理得"式的退避,反之只会使情势更加恶化。他"唐高祖"条评价唐高祖和唐太宗说:

> 天下之敝端,立异以启之也。事之有不可以经而以权者,惟圣人能行之。不然,是未免于立异,而天下之敝端于是乎始矣。唐高祖之于太宗,既不能如文王之舍伯邑考而立武王,则处之以人臣所不疑之地可也,顾乃宠以天策上将,使之地嫌位逼,不惟建成之心不能自安,而太宗之心亦有不得安者。于是始以妃嫔之僭,继以王、魏之谋,又继以杨文幹之叛逆,不

---

① 《谢铎集》卷六十六,第631页。

已,而饮鸩呕血,至于昆明池之约,而太宗危矣。则其推刃同气,蹀血禁门,亦岂独太宗之罪哉?程子曰:"周公之功大矣,皆人子之分所当为。鲁安得独用天子礼乐哉?成王之赐,伯禽之受,皆非也,其因袭之弊,遂使季氏僭八佾,三家僭雍彻。"於乎!斯言也,观于此而尤信。①

他举了唐太宗不顾高祖"事成当以汝为太子"的许诺,固辞东宫之位,最后却发生"玄武门之变"为争位而骨肉相残的事件:"(武德)九年六月,太宗以兵入玄武门,杀太子建成及齐王元吉。高祖大惊,乃以太宗为皇太子。"②对此谢铎评价说:"昔人责太宗以子臧之节,予亦惜太宗不知王季之义,而过为是好名以自速其罪戾也。"③相让为国,强调孝友之义的宋王李成器誓死不居嫡嗣之位,而产生了"上以成睿宗之明,下以成明皇之义,而开元三十年之治,未必不基于此"的效应,更加印证了谢铎对通权达变中的时势判断、自我定位、时机把握等诸要素综合应用的重要性的认识。他进一步申明说:"天下之机不在此则在彼,故智者慎焉。方其机之未发也,彼犹有所忌而不敢近,发而彼得以制之,鲜有不反射而及于祸者,此高贵乡公之所以见弑于司马昭,而窦武、陈蕃之所以见杀于王甫、曹节也。"④

谢铎历举的汉唐诸代君主均不是白璧无瑕的,而正是通过对他们的针砭剖判得出了自己的明君观。他对唐玄宗的批判可谓字字诛心,后者虽有拨乱之功,却"迹其所以致祸者而躬蹈之,则是恶湿而居下"。接着胪列其种种过失:"明皇知武后之祸起于聚麀,而不能已寿妃之册;知韦氏之祸生于点筹,而不能遏禄儿之宠;虽力诛瞾后既死之魄以绝之于宗庙,欲其不至于乱亡也,得乎?""若玄宗者亲见武氏之祸,亲平韦氏之乱,不瞀不跛,终其身展转于井之中,而卒莫之悟。"⑤不止如此,谢铎将女祸乱国与宦竖、权臣连政并提,其嫉恶之情致使在对武则天的评价上显得有失公允。他"武后"条评价武则天说:

於乎!世莫不幸于才之在小人也,小用之则小害,大用之则大害。武

---

① 《谢铎集》卷六十六,第635页。
② (宋)欧阳修、宋祁撰《新唐书》卷二《太宗纪》,中华书局1975年版,第26页。
③ 《谢铎集》卷六十六,第636页。
④ 同上,第637页。
⑤ 《谢铎集》卷六十七,第641页。

氏其小人之才之尤者乎？世何不幸而有莽、操而又有武氏也！吾尝读《武后传》，见其一言一事之美，未尝以为喜而不以为忧，故虽以吕强之在汉，张承业之在唐，其行有足取者，君子固忧其善之在彼而不在此，以为世道之不幸也，而况才之出于小人者乎！

除此之外，他还在《殷鉴杂咏·光宅后》一诗中斥责武后说：

祸极女娲惨，奸深吕氏谋。分明麀聚季，莫怪牝为周。①

谢铎将武则天比作吕后，而他评价吕后的《人彘》一诗写道：

宫中雉为牝，厕中人作彘。白马枉誓天，赤龙几堕地。②

吕后是一位凶妒且权力欲望强盛的人，韩信的被杀充分体现了她柔软却强狠的政治手腕，刘邦死后她迅速培植诸吕势力，陵迫刘氏宗族。相比吕后，武则天似乎更胜一筹，谢铎称"祸极女娲惨，奸深吕氏谋"则意味着在女色乱国方面她已登峰造极了。事实上，武则天的人生道路曲折坎坷，充满了变数。她为并州文水人（今山西文水东），十四岁入宫为太宗才人，在太宗死后为尼。高宗李治召为昭仪，永徽六年（655）立为皇后。因李治病弱，朝事多由则天处理，时人并称"二圣"。弘道元年（683）中宗李显即位，则天垂帘听政。次年废中宗，立睿宗李旦。载初元年（690）又废睿宗，自称圣神皇帝，易国号为周，改元天授。武则天在位期间（690—705），开创殿试制度，亲自考查贡士；并允许九品官及百姓可自行荐举；修《姓氏录》，五品官即可升入士流。在经济政策方面多依贞观以来旧例，有效保证了大唐社会财富的逐年增长，成为连接贞观与开元两朝至关重要的一环。当然，她贬逐长孙无忌、褚遂良，任用酷吏来俊臣等，屡兴大狱，使朝野震惶；晚年又崇尚奢靡，专断独行，均为其弊政所在。神龙元年（705）中宗李显复位，上尊号为"则天大圣皇帝"，是年冬，则天去世。谢铎对

---

① 《谢铎集》卷二十八，第247页。
② 同上，第246页。

武则天采取了彻底否定的态度,他说:"吾尝读《武后传》,见其一言一事之美,未尝以为喜而不以为忧。""世莫不幸于才之在小人也,小用之则小害,大用之则大害。武氏其小人之才之尤乎?世何不幸而有莽、操而又有武氏也!"谢铎之所以有如此大的认同偏差,大概是向来"女正位乎内,男正位乎外;男女正,天地之大义"(《易·家人》),及"男女之别,男尊女卑,故以男为贵"(《列子·天瑞》)等固有成见在作祟,这又是我们难以强求古人的地方。

二、贤臣观

与明君观相对的是贤臣观,忠孝雄杰且有智勇才略在谢铎看来是贤臣的重要特征。比如他在"宋王成器"条评价李成器的时候,就特别强调孝友之道,他说:

> 孝友之有益于人家国也大矣。睿宗之贤,不及高祖;明皇之贤,不及太宗。高祖且不能与有功之子,况睿宗乎?太宗且不能处无道之兄,况明皇乎?使成器不能以死自让,他日登楼之变,吾知其不在太平而在成器矣。父子兄弟之亲一也,孰谓明皇能忍于杀其子而能不忍于其兄哉!然则成器一让,上以成睿宗之明,下以成明皇之义,而开元三十年之治,未必不基于此也。於乎!孝友之有益于人家国也如此,君子观建成之祸,而后知成器之功。[1]

显然谢铎对李成器以死让国的行为给予高度赞赏,此外他也非常推崇唐宰相陆贽,其《陆宣公》一诗云:

> 宣公古人品,在唐无与让。仁义百万言,致君尧舜上。
> 艰难奉天诏,闻者色怛怅。遂令颠沛余,重有中兴望。
> 天意不可回,君心竟难亮。侃侃道州翁,不救延龄谤。
> 悲哉方药书,千载伤立仗。[2]

---

[1] 《谢铎集》卷六十七,第640页。
[2] 《谢铎集》卷一,第5页。

陆贽为唐苏州嘉兴人（今属浙江），大历间进士。贞元八年（792）为中书侍郎，同平章事。他勇于揭露两税法实行以来的各种弊端，主张薄敛减赋，以布帛为计税标准；又建议在边境屯田积谷，改进防务。后为裴延龄所诬，十年（794）冬罢相，贬为忠州别驾，居忠州十年后卒。陆贽空有"仁义百万言，致君尧舜上"的宏愿，却落得"天意不可回，君心竟难亮"的结局，因此谢铎特别指出君臣和顺、风云际会的重要性。唐代孔颖达早曾指出："自书契之兴，朴略尚质，面称不为谄，目谏不为谤，君臣之接如朋友然，在于恳诚而已。斯道稍衰，奸伪以生，上下相犯，及其制礼，尊君卑臣，君道刚严，臣道柔顺，于是箴谏者稀。"[①]在封建官僚体制日趋完备的情况下，君臣间的交流愈加不可缺少。他在"论吕夷简"条中说：

> 李宸妃之事，刘后以主母而久擅权于当时，仁宗以嫡孕而将得志于他日，人臣谋国而处兹危疑之际，亦大艰难矣。夷简者，上能夺刘后之私情，下不遗仁宗之宿憾，调和两宫，终始如一，孰谓非宰臣之力、宰臣之能也？殊不知天子之母，固不可以不厚，而嫡庶之分，亦不可以不严。自母以子贵之说行，世之人主但知能尊其所生之为孝，而不知尊其母所以卑其父之不得为孝也。是故宸妃以后服殓，非厚宸妃也，所以陷宸妃于先帝宗庙之非礼；非厚仁宗也，所以启仁宗于他日追尊之非义。且曰太后尚念刘氏，是特为太后谋也。又曰异时勿谓夷简不道，是特为一身谋也。於乎！天下独无大中至正之道，可以沮太后之邪心，而弭仁宗之遗恨者乎？夷简诚知道而忠谋，力劝太后，明语仁宗，布诸天下，告于宗庙，痛悔前日袭取之非，大正今日主妾之义，于是而为宸妃发丧，厚其所当厚，而杀其所当杀，以仁宗之明达仁恕，质以先王之礼，未有不从者，而顾为是委曲弥缝以免祸，抑末矣。[②]

谢铎认为吕夷简在仁宗、太后之间起到了良好的沟通互联的作用，使后党与王权之间的纷争得到化解，避免了政治动乱的发生，与一般臣僚依违两可的自保之道不同。相反，不顾忠义，徇私献谗者又遭到谢铎的鄙弃，他在"虞世

---

① 《毛诗正义·诗谱序》，中华书局1980年版《十三经注疏》本，第262页。
② 《谢铎集》卷六十七，第646页。

基"条中称：

> 自古衰乱之世，未尝无智勇才略之士为国家出死力者，而其功卒不克就，奸臣忌之，而其君之昏不足以知之也。当隋之季，盗贼遍天下，太仆杨义臣击张金称、高士达，破降河北贼数十万，功亦伟矣。虞世基乃曰："小窃未足虑，义臣克之，拥兵阃外，此最非宜。"遂诏罢义臣兵，贼由是复盛不可制。於乎！以炀之残逆，虽义臣不罢，吾固未见其能弭盗而安天下也。独恨奸臣之所以误国者，启千百世敝端之始，至使岳飞之忠孝雄杰，亦卒死于贼桧之手，坐失事几，以坏宋三百年天下于左衽之域，此天下后世之所痛心而扼腕者也。然世基不免，而桧乃老死牖下，吾又不能不叹未定之天，于是而益甚矣。於乎！彼小人者，亦何惮而不为哉！①

谢铎藉由虞世基与秦桧的例子，说明奸臣当道的危害，对隋代杨义臣、宋代岳飞的遭遇深表同情。又谢铎论范纯仁之语："为人臣者，尽力以事其君，死生以之，顾事之是非何如耳。至于成败，天也，岂可豫忧其不成而遂辍不为哉？"范纯仁正道直行而非忧谗畏讥的风概令人钦敬，这又加重自古贤良明珠暗投的悲剧意味。谢铎悲叹历史上人材不遇的现象，其论徐洪客云：

> 世习之移人，不有特见先觉之士出于其间，为之陈说义理，则举天下之大事而不陷于功利、诈力也者，几希矣。世至于隋，例称禅代，虽以唐太宗之贤，其劝高祖以起兵也，亦必至循其故迹而后已。於乎！其亦溺于世习，而不自知其非也邪！抑尝见徐洪客之说李密者，曰："执取独夫，号令天下。"噫！此特见先觉之言也，使太宗闻此而举以号于天下，则固汉高之击楚而为仁义之师矣。洪客盖董公之流，汉高幸而遇董公，太宗不幸而不遇洪客，徒使托空言于李密而已。於乎！其亦不幸矣夫！②

谢铎对徐洪客的话没有产生实际的历史作用而惋惜，这种惋惜其实更多

---

① 《谢铎集》卷六十六，第635页。
② 同上，第633页。

的是为历史上不胜枚举的同类人物和事件而发,从中也可以看到谢铎评价人物时也注意到机遇这些偶然性因素的特殊作用。

谢铎还注重评价臣僚贤良与否的根本标准在于是否利国利民,他以司马光与王安石为例说:

> 自昔中国之动静,夷狄未尝不知之,则宰相之贤否进退,彼得以为轻重也,无惑矣。安石为相,既取熙河湖北,复取泸夷,无不遂意,若可喜者,而交阯小丑得以露布青苗助役之非于天下曰:"中国穷困生民,欲以相拯。"温公尝劝宣仁弃兰州五砦以复于夏而已,初未闻其能取夷狄尺地以自益,然而契丹君臣动色相戒,曰:"中国相司马矣,慎无生事、开边隙。"噫!何以得此于彼哉?夫人必自侮而后人侮之,安石设法尽利以自弱其民,交阯虽小,如之何其弗侮?温公易暴驰利以自固其民,契丹虽强,如之何其弗畏?相臣之为国重轻也,盖如此。然则为国者,其亦知所先务哉。①

在谢铎看来,王安石施行变革,表面上改善了百姓的经济状况,却带来了扰民之乱;司马光举措保守,但采取强干弱枝、巩固中央的政策,达到了强民镇边的效果,相比较而言后者更把握住了为政的根本。不论谢铎的观点是否公允,他能够从国民实际利益出发来评价历史人物,这种态度无疑是值得称道的。

谢铎对历代君臣的史评绝不是置之案头,一泄胸中私忿的斗方名士的作法,关于汉唐以来的为政得失,他很多都通过讲章、奏疏的形式上达天听,如他成化九年所上《癸巳封事》《论西北备边事宜状》,成化十一年至十五年任侍讲时的各种讲章,均有大量言之凿凿的史料佐证,这都说明谢铎在史评中寓含了充盈的道德批判及干预时政的愿望。明君、贤臣的渴求恰恰反证了当朝君昏、臣庸的事实,但谢铎的态度却未转为消极,其《次西涯病起早朝韵》云:"卜居未是赐归年,阳羡谁教浪买田。可信行藏真在我,极知用舍本由天。周公寤道方成梦,尼父初心未绝编。廊庙江湖今万里,海天空阔正无边。"(《谢铎集》卷四十五,第405页)追慕周孔,用舍行藏亦可为其现实人生的写照。

---

① 《谢铎集》卷六十六,第647页。

第五节　谢铎对权奸误国的批判思想

一、谢铎对权奸误国的批判

谢铎在成化十六年至弘治元年第一次休隐期间写的《殷鉴杂咏二十四首》序说：

> 夫有国有家者，之所当鉴固非一端，然而莫先于女宠，莫甚于宦寺，莫大于奸臣，是三者要皆阴类，恒相依倚附丽以为腹心羽翼，而国之凶、家之害未有不由之者。……虽然害人之家未有不反害其家，凶人之国未有不与国而俱亡者，然卒之往往甘于覆辙之蹈而不知止焉。於乎！是三者之鉴又岂独有国有家者之所当知也哉？作《殷鉴杂咏》以告于世之人。①

女宠、宦寺、奸臣是谢铎最为究心的三道政治暗流。在二十四首诗中，论女祸者有妹喜、妲己、褒姒、吕后、赵飞燕、元后、贾后、武则天及杨玉环等九人，宦臣及奸臣集团有寺人貂、赵高、张让等十常侍、鱼朝恩、仇士良、田令孜、孟昭图等多个，奸臣则有童贯、赵孝成、王容、吕不韦、李义府、李林甫、卢杞、蔡京、秦桧、贾似道等十人。他们最为接近皇帝且深得宠信，这样就容易利用政治上的优势地位，或招权纳贿，或诳上欺下，其最终结局都是祸国殃民。其咏杨玉环的《新台妃》诗云：

> 春老华清宴，门深羯鼓声。新台高百尺，不见范阳兵。②

谢铎认为，因为杨玉环的出现，玄宗沉溺于酒色笙歌，不问国事，最后兵临城下时还惘然无知。咏赵高《生隐宫》诗云：

---
① 《谢铎集》卷二十八，第 245—246 页。
② 同上，第 247 页。

第五章　谢铎的史学思想　　·135·

世岂无尤物，天生此隐宫。马方尝阙下，鹿已失关东。①

赵高与胡亥用计除去扶苏，胡亥顺利登位。后者却被赵高的权势包围，毫无作为。咏秦桧《议和策》诗云：

野史禁能设，国史世还修。独有议和策，不刊君父雠。②

秦桧在位时权倾朝野，修史时对靖康之变讳莫如深，此诗正是对其脆弱的政治神经的极大讽刺。相比谢铎在《读宋史十六首》中咏岳飞的《金字牌》一诗中所写：

未饮黄龙府，先悲金字牌。英雄恨不灭，血泪满长淮。③

从中更可以看出其鲜明的爱憎立场。综上，皇权内部在遭到三种势力的挖蠹后，要么运转失灵，要么为人所制，其结果均是灾难性的。谢铎在对吕公著的史论中称：

然有惩陈、窦以悉诛宦官者，而汉卒不免于夷陵，惩五王以悉殄于常武者，而唐卒不免于播迁。则惩其事未若惩其心，天下之治与乱，特君心一转移之间耳。④

正因为君王能够威福自任，一意孤行，这使得历史上的一切功过成毁找到了最直接的肇事者和责任人：

太甲不怨艾，虽伊尹何以成其功；成王不悔悟，周公何以致其力。吾尝窃谓元祐之治，虽司马公诸人之力，实宣仁摄政之功；绍圣之乱，虽悖下诸人之罪，实哲宗亲政之过。⑤

----

① 《谢铎集》卷二十八，第248页。
② 同上，第250页。
③ 《谢铎集》卷二十六，第236页。
④⑤ 《谢铎集》卷六十七，第648页。

这样看来,女宠、宦寺、奸臣乱权于下,皆因帝王放权于上,谢铎认为"自古国家之剪除奸恶也,权出于君则为福,不则转而为祸也益深矣"。① 当然,谢铎同样认识到君子、小人、圣主、昏君这两组相对概念之间的模糊性及相互间转化的可能。小人并非獐头鼠目,一望便知;君子也非白璧无瑕,绝假纯真;历史上的任何一位君主也不是一开始就甘于背负昏庸的骂名,谢铎进一步指出:

世谓小人能胜君子,非小人能胜之也,所谓君子者实自败以取侮,然后小人有词于天下,斯君子之气沮而其机在彼矣。不然,君人者岂愿疏君子、亲小人以自祸其家国也哉!惟不能辨之于早,使小人得以冒君子之名而用之。②

因此,作为君主要真正做到明见万里、简在帝心是非常重要的。自秦以来设御史大夫监察百官,唐宋时期又设台谏两官,其监察职能进一步细化,如台有侍御史、殿中侍御史、监察御史,专主纠劾官邪;谏有谏议大夫、拾遗补阙、司谏、正言,掌侍从规谏,这些对官员甚至皇帝都有极大的督察作用。但是专制主义中央集权的程度整体呈强化之势,明朝洪武初年置中书省行宰相职,十三年,丞相胡惟庸被诛,中书省遂罢。二十八年,有诏敕云:"国家罢丞相,设府、部、院、寺,以分理庶务,立法至为详善。以后嗣君,毋得议置丞相。臣下有奏请设立者,论以极刑。"③专制王权被抬到无以复加的高度。在监察方面,明初尚设有御史台,洪武十三年罢废,十五年又设都察院,以纠弹为务。成化六年八月,诏命"科目出身历任三年者不限内外,通选御史",致使选非其人的弊政出现,从侧面反映出都察院的位望和权力的有限性。说到底,皇帝是社会价值尺度的最初制定者和最终仲裁者,如果他的知性评判被蒙蔽,那么整个的社会价值评判体系就会陷入无序和盲目之中,士流的清议,黎庶的怨毁,甚至局势的恶化就成为不可避免的了。

谢铎在总结历史得失教训时,特别指出舆论导向在惩恶扬善方面的作用:如果舆论为正义之士维护和推动,就会成为有效遏制权奸的举措;相反,舆论

---

① 《谢铎集》卷六十六,第630页。
② 《谢铎集》卷六十七,第643页。
③ 《明会要》卷二十九"职官一",第464—465页。

为权奸操纵,就会适得其反,正义得不到伸张,事实也会被蒙蔽,带来严重恶果。他在论"贡禹、杜钦"条中说:

> 奸臣敢于罔上,以窃生杀之权者,未尝无所假托凭藉,以收天下之公论。夫公论之在天下,孰不知所畏哉!惟名持公论者身为之地,然后小人乃敢肆然无复顾忌,而天下之势去矣。石显之杀萧望之、王凤之杀王章,方不安于天下之公论,钦、禹辈顾以当时明经贤良而低眉委膝,为之指麾羽翼。於乎!显之与凤,亦奚足责哉。①

他在论"张涉、薛邕"时也说:

> 世谓小人能胜君子,非小人能胜之也,所谓君子者,实自败以取侮,然后小人有词于天下,斯君子之气沮而其机在彼矣。不然,君人者岂愿疏君子、亲小人以自祸其家国也哉!惟不能辩之于早,使小人得以冒君子之名而用之,乃反为小人之所指摘。若德宗之用张涉、薛邕,适以为宦官、武将之口实,遂至因噎废食而尽疑天下之士,虽以陆宣公之贤,犹不免于窜逐而后已。於乎!人君所藉以佐理天下者,天下之贤也,而使小人得以讥笑之,则天下事可知矣。此宦官、武将之祸,所以终唐之世而莫之救也。②

谢铎认为奸臣之所以能够得逞,在一定程度上是由于正派人士"低眉委膝"造成的,后者的随顺与沉默反而为前者利用,即使"君人者岂愿疏君子、亲小人以自祸其家国"的动机始终保持,无形中却充当了他们恣意妄为的工具,以致黑白颠倒、是非不分。除此之外,谢铎认为君主实为风教与舆论的最终掌控者,能否完全恰当地行使君权往往会对政治局面产生直接而深远的影响。他在论"王凤"条中特别强调君权的作用说:

> 自古国家之剪除奸恶也,权出于君则为福,不则转而为祸也益深矣。

---

① 《谢铎传》卷六十六,第629页。
② 《谢铎传》卷六十七,第643页。

显能杀天子之傅,至使帝为俯首冤戮谏臣而不忌。凤一旦假名义以去之,如拉朽然。於乎!当是时,天下知有显而已。凤能去显,凤之权何如哉!是犹乌附之去病,病去而元气索矣,能不死者,几人哉?故新都之篡汉,吾不曰莽之弑平帝,而曰凤之杀显。於乎!威福之所由来者渐矣,故君子观人之家国,不幸其奸恶之除,而必察其所以除之者何如,然后为幸不幸也。他日窦宪之于郑众,梁冀之于单超,盖凤之故智尔,然则有识者宁不为之寒心哉!谓之事虽尽善,或未也。①

谢铎认为西汉中后期权归外戚,年幼皇帝往往成为任人摆布的傀儡,王凤弄权正是西汉走向衰落的起点,为以后王莽篡立、窦宪乱政埋下伏笔。在君权旁落的情况之下,权臣之间为了争权进行相互倾轧,且给败亡一方冠以权奸之名,从根本上来讲并非国家之福,反而酝酿着更大的政治危机。当然,君权的行使亦有待于臣僚的忠直维护,然而历史上更多的现象则是明哲保身、首鼠两端,谢铎认为这也是权奸始终不能根除的一个重要原因,他在论"苏味道"条中说:

紫似朱而后可以乱朱,莠似苗而后可以乱苗。以是为非者,人皆知其是也;以曲为直者,人皆知其曲也;以贤为不肖者,人皆知其贤也。人孰得而惑之哉?惟其混是非、曲直、贤不肖而中持之,其天下之人不得而非,不得而刺矣。太宗之将杀建成而问也,李靖、徐世勣辞焉。高宗之将立武后而问也,于志宁独不言焉。当是时,争之者为是为直为贤,劝之者为非为曲为不肖,有不待辨而明者,之三人者既不能自附于君子,而又恶其同于小人,既不知作善之为福,而又惧夫为恶之得祸,迹其心盖原繁之中立,胡广之中庸也,两端之间,世恶得而知之哉?故后之人率用此欺世,以为持禄保位之常法,而不知眉州之祸亦模棱之误也。於乎!使小人而尽如其所利,如广、如靖、如世勣,君子固不屑为也,而况徒得小人之名,有若味道、原繁、于志宁者哉!②

---

① 《谢铎集》卷六十六,第 630 页。
② 《谢铎集》卷六十七,第 639 页。

在谢铎看来,应当直言进谏时而保持中立是对儒家中庸之道的庸俗化,而它又往往是后世持禄保位甚至欺世盗名的惯常作法,这其实是应遭到批判的。

总之,谢铎用他敏锐的历史眼光、犀利的批判笔调对汉唐以来的奸臣误国现象进行类比分析,重要的是,他不止分析已成定谳的奸诈之徒,更对无原则奉行忠恕、中庸之道的一般作法也归入姑息养奸之列,可谓字字诛心,入木三分。

二、对忠臣义士的渴盼

除了上述对权奸的批判外,渴盼忠臣义士、国力强盛成为谢铎反对女祸、权奸、宦官乱国的正面表达。谢铎认为在历史进程中始终存在一条先验的天理,他在评价"诸葛诞"条时称:

> 天理民彝之在天下,出于人心所不能已者,虽衰乱之世未尝一日亡,特不幸不出于可恃,而出于不足恃;不出于朝廷卿相,而出于仆伍卒隶。是以奸雄往往得肆其诈逆,以遂其篡窃之谋。①

这条天理既是包括人类社会在内的宇宙万象孳乳运行的始因,又是其不可违逆的依据。它明显有谢铎的理学思想向历史哲学移植的痕迹,而在其历史哲学中又赋予了天理更为充盈的社会属性和道德色彩。按谢铎的表述,天理民彝是永恒的,但又必须依附一定的社会人群加以映现:如果它出自位高权重的朝臣就会流泽天下;相反,出自贩夫走卒则会引起动荡,遗患无穷。这又透露出谢铎固有的精英史观的立场,他所谓的"民彝"是统率万民的宗法纲常,却不是意识到民众是推动历史进程的最根本的力量这一真谛。天理极则落实到臣子身上,最精要的概括就是一"诚"字。谢铎在评价萧何时称:

> 人臣事君,以诚不以伪,则虽势位之盛,有不难处者矣。古之人若商阿衡之于太甲,放于桐,归于亳,天下无有疑其为专为僭者,君曷得而疑

---

① 《谢铎集》卷六十六,第 633 页。

之？此其诚可格天地、质鬼神，无愧于素履者然也。其或诚在我而不能必君之不疑，则如姬公之居东，愈积诚以感之，卒亦未有不悟者也。①

这里"诚"多少有些愚忠的味道，但它却又是在专制王权体制中臣子卑伏敛翼位势下的必然选择。相对来说，历史上的贤臣在奉行忠直信条的过程中，除了表白对君主的效忠外，更多的还是坚持内心天道好还的道德观念。谢铎评价范纯仁说：

韩魏公于国家事知无不为。或曰："公所为如是，殆非明哲之所尚。"公叹曰："为人臣者，尽力以事其君，死生以之，顾事之是非何如耳。至于成败，天也，岂可豫忧其不成而遂辍不为哉。"温公革新法，或谓之曰："熙丰旧臣多巧小人，他日有以父子义间上者，则祸作矣。"公正色曰："天若宋祚，必无此事。"於乎！至哉二公之言，君子之临大节、断大事，亦惟曰"尽己"曰"听天"而已，尽己必勇，不勇则有所畏怯；听天必诚，不诚则有所觊觎。魏公以己而俟乎天，温公以天而信乎己，气象虽或不同，然视忠宣之言，则高下大小盖可见矣。②

对于上天这一人格神的敬仰始于先秦人们尚不成熟的天道观，但是经过漫长的历史演变，它已经成为一种至高无上的道德评判和价值衡量的准则，"听天必诚"乃是历来忠直之士强大的信念基础和精神来源。当然，像阿衡、周公、萧何等人均为修诚的典范，对后世具有重大的借鉴意义，甚至从某种程度上说，一切奸伪宵小之徒无疑都是背离"诚"的体现。最迷惑后世的是历史上一些模棱两可、固位取容的现象，如苏味道、李靖、徐世勣等人：

惟其混是非、曲直、贤不肖而中持之，斯天下之人不得而非，不得而刺矣。……之三人者既不能自附于君子，而又恶其同于小人，既不知作善之为福，而又惧夫为恶之得祸，迹其心盖原繁之中立，胡广之中庸也，两端之

---

① 《谢铎集》卷六十六，第625—626页。
② 《谢铎集》卷六十七，第649页。

间,世恶得而知之哉?①

对"不诚"的历史现象批判之余,谢铎亦表达了对圣君良臣的向慕,如他在论寇恂、班超时说:

> 相机应变,惟在我者有定力,然后足以挫彼之气而慴服之。不然如孔巢父之于李怀光者,特区区词色之间,乃至丧身辱国而不可救,况可杀其使而降其城哉! 吾尝观寇恂之于高峻,班超之于于阗,未尝不叹光武、明帝国势之盛,而二人之威望知略足以量敌而破奸也,否则可不为之寒心乎?②

再如《读通鉴纲目二十一首》之《永安宫》一诗云:

> 吾观昭烈帝,诸葛忠武侯。受遗托孤际,心与天地谋。
> 帝曰君自取,侯死以为酬。天也不祚汉,遗此千载忧。
> 遂令衣带诏,竟为瞒贼仇。悲哉汉社稷,孙子同一丘。③

寇恂、班超威武鹰扬,诸葛亮死而后已,均成为谢铎正面弘扬的对象,同时从上述诗文中又明显看出谢氏读史过程中流露出来的忧患意识。"否则可不为之寒心乎"及"悲哉汉社稷,孙子同一丘"愈加表明忠良的难得及权奸得逞的轻易。这又可以直接联系到成化朝以来种种奸权当道、宦竖横行、佞倖逞志的现实,谢铎读史的悲凉感未必不植根于此。

不过值得一提的是,在谢铎这里忠义与孝亲原则是等量齐观的,尽管忠孝之间可以互相贯通,但在特殊的历史背景之下,谢铎则认为应当尽可能做到忠孝兼顾,否则很难称之为贤良之士,他在论李瓛时说:

> 昔楚子将杀令尹子南,而告其子弃疾,弃疾曰:"洩命重刑,臣亦不为。"及子南杀,弃疾曰:"弃父事雠,吾弗忍也。"遂缢而死。君子曰:伐国

---

① 《谢铎集》卷六十七,第639—640页。
② 《谢铎集》卷六十六,第631页。
③ 《谢铎集》卷二十五,第230页。

不问仁人,楚子不以弃疾为可惮而告之,固可占其为人矣。夫为人子者,犹不可与闻其君之不利于其父,况告父以必负其君而欲早为之备乎?若瑾者,谓宜微见动静可去,则涕泣以死谏于其父可也;不幸而势絷于君,则宁含垢以死,亦可也,又况德宗之所以语瑾者曰:"卿当委曲弥缝,使君臣父子俱全。"则瑾得以自处矣。然而往来咸阳,归报其君,不过愿陛下备之而已,瑾之心何心也?於乎!君父在世,未有能轻重之者,既告君以备其父,则亦可告其父以畔其君矣,弃疾之死且不足以偿责,瑾纵自杀夫何益哉?世之君子犹或以为贤而惜之者,其亦异乎《春秋》之义矣。①

楚弃疾在知情的情况下没有采取积极措施阻止亲父被杀,最后也以自杀以谢不孝之罪,尽管弃疾在当时得到高度评价,但谢铎认为"君父在世,未有能轻重之者",即使弃疾自杀也不能解除其罪责,以此一例又可证明谢铎历史观中道德评判的因素之浓厚了。

第六节　谢铎反滥赏、反酷刑、反滥刑的思想

成化九年,首辅彭时等人以《论西北备边事宜状》为论题,征询群臣建言。谢铎对宪宗提出要求:"不惑异端,不溺他好,纲纪必立,赏罚必信,征敛以艺,费出以经,罢庙塔之奉,绝恩倖之滥,杜私门之蠹,省坐食之冗,以大宽边税,以大足边储。凡所以任用将帅,蓄养士卒,设施注措于关徼夷狄之间者,皆周详精密如在室堂之上。"②虽然此状主要针对备边事宜而论,但谢铎立论的重心无疑还在内政改良、君德修明等内因的解决上。其"赏罚必信"、"绝恩倖之滥"等主张既是针砭现实而出,又是谢氏向来反滥赏、滥刑思想的体现。其在评曹彬时称:

善持天下者不滥赏,亦不吝赏,惟信赏而已矣。太祖之于曹彬,宁赐

---

① 《谢铎集》卷六十七,第644页。
② 《谢铎集》卷六十九,第667页。

以三十万钱而靳一使相,夫岂吝赏者哉? 特不欲滥赏耳。然与其不轻授于旋师之后,孰若不轻许于出师之初。徙木之赏,固为国者所不弃,然许而后赏,上下之间已不免交相为利,况又从而不信之乎? 向非曹彬之谦厚,固未能保其不怏怏者。李怀光之覆车,盖可鉴矣。①

这正是当下政治的鲜明的折射。宪宗即位之初传旨于下,可以任用伶人术士为文思院副使,从而造成"一传旨,姓名至百十人,谓之传奉官。文武僧道滥恩者以千数"的弊政。② 成化十九年十二月,御史张稷等人的进谏揭露了传奉官制度的荒谬性:"比来末流贱技,妄厕公卿;屠狗贩缯,滥居清要。文职有未识一丁,武阶亦未挟一矢,白徒骤贵,间岁频迁。或父子并坐一堂,或兄弟分踞各署。甚有军匠逃匿,易姓进身,官吏犯赃,隐罪希宠。一日而数十人得官,一署而数百人寄俸。自古以来,有如是之政令否也?"③孝宗继位后降职、罢黜传奉官二千余人,一时朝野称快。然而,孝宗本人并未从根本上铲除这一制度。弘治七年,太监李广矫诏授传奉官如成化间旧例,孝宗居然予以默认。弘治十二年,情势再度严重,给事中张弘至称:"初汰传奉官殆尽,近匠官张广宁等一传至百二十余人,少卿李纶、指挥张玘等再传至一百八十余人。"④直到武宗正德年间,这一制度还余烬未息,时政荒乱可见。除了滥赏恩倖之外,广建皇庄及藩王、外戚、勋贵庄田亦有愈演愈烈之势。明初,太祖赐勋臣贵胄庄田,多至百顷,藩王则达千顷;又赐百官公田,以租充禄,渐演为定制。宪宗即位后将曹吉祥地收作宫田,皇庄由此得名,以后庄田遍布郡县。至弘治二年,户部尚书李敏等人上奏:"畿内皇庄有五,共地万二千八百余顷;勋戚、中官庄田三百三十有二,共地三万三千余顷。管庄官校招集群小,称庄头、伴当,占地土,敛财物,污妇女。稍与分辩,辄被诬奏。官校执缚,举家惊惶。民心伤痛入骨,灾异所由生。"⑤官与民争地、争利直接激化了社会矛盾,成化间的荆襄流民起义即是显例⑥。弘治二年,谢铎有《白日鼠》一诗云:

---

① 《谢铎集》卷六十七,第 645 页。
② 《明会要》卷四十九"选举",第 931 页。
③ 同上,第 932 页。
④ 《明史》卷一百八十《张弘至传》,第 4798 页。
⑤ 《明史》卷七十七《食货志一》,第 1887 页。
⑥ 郑天挺主编《明清史资料》,天津人民出版社 1980 年版,第 162—164 页。

> 嗟尔白日鼠，公然走跤跤。尔也本阴类，及昼恒畏人。
> 何年易尔性，不畏人怒嗔。残污我书册，施及吾冠巾。
> 暴啮动万状，孰辨夜与晨，我欲灌其穴，穴坏与墙亲。
> 我欲熏以火，未及徙我薪。展转两无策，为尔徒嚬呻。
> 悠悠此苍天，敢谓谁不仁。①

这可以算是对群小如城狐社鼠，而当朝又投鼠忌器的辛辣讽刺了。

谢铎亦反对滥刑，其评义纵中称：

> 刑之滥，不独君子受其祸，虽小人亦有因祸而幸者。小人幸而得非辜之祸，则亦将有辞于天下，而其罪亦未减矣。残酷若义纵，至一日杀无罪二百人，在王法诚有不容诛者，今乃坐捕告使而弃之市，则纵之罪，以民之故也，以民而死，兹其得祸也，顾不幸乎？於乎！纵不足惜，独念当时征敛之急，滥刑至是，则非纵而得罪者可知矣。②

这亦是对有明以来滥刑事实的曲折反映。早在洪武十五年，朱元璋罢仪鸾司，改置锦衣卫，专掌缉捕、侍卫、刑狱之事，隶属镇抚司。成祖继位，宠信纪纲，后者借掌锦衣卫之机制造冤狱数以百千计。世宗时，尚书林俊上言："祖宗朝以刑狱付法司，事无大小，皆听平。自刘瑾、钱宁用事，专任镇抚司，文致冤狱，法纪大坏。更化善治在今日，不宜复以小事挠法。"③可见镇抚司锦衣卫滥刑之重。除了锦衣卫，东厂、西厂也是明朝两大冤狱制造所。永乐十八年十二月，东厂设立，由大内太监统领。成化十三正月，又设西厂，由太监汪直掌控。数月间，汪直及其下属肆意拘讯命官、聚敛财物，冤狱频起。在群臣的声讨下最终罢去西厂。弘治九年，刑部官员徐珪又建议罢东厂，其称："臣在刑部三年，见问盗贼，多东厂镇抚司缉获；或校尉挟私诬陷，或为人报仇，或受首恶赃，令傍人抵罪。刑官洞见其情，无敢擅更一字，以致枉杀多人。"④然而，此议寝废

---

① 《谢铎集》卷三十二，第289页。
② 《谢铎集》卷六十六，第628—629页。
③ 《明史》卷九十五《刑法志三》，第2337页。
④ 《明会要》卷六十七"刑四"，第1304页。

不从。正德元年,刘瑾党羽邱聚、谷大用分领东、西厂,刘瑾自掌"办事厂",虽东、西厂亦在其监控中,手法愈加酷烈。东、西厂、锦衣卫等特务部门的设立使君主专制的程度得以空前加强,它所带来的恐怖氛围及臭名昭著的恶果丝毫无益于事件的澄清,谢铎对此深恶痛绝,却不得不在当时秋荼密网的环境下,以曲笔加以表达,其中《穷奇兽》一诗云:

穷奇兽,能啮人。啮人必忠信,覆谓奸佞亲。穷奇,穷奇,天生尔性任尔真,吾不尔怪何敢嗔。何敢嗔,蝮蛇在宥西踏麟。①

穷奇为传说中兽名。《山海经·西山经》有载:"其上有兽焉,其状如牛,猬毛,名曰穷奇,音如獆狗,是食人。"后引申为恶人。《左传·文公十八年》称:"少皞氏有不才子,毁信废忠,崇饰恶言,靖谮庸回,服谗搜慝,以诬盛德,天下之民谓之穷奇。"总之,口蜜腹剑、面誉背毁正是"穷奇"一类人的共同特征,其亦可算作对当朝权奸的形象表征了。此诗虽涉曲笔,却与其史论一脉相通。

通过对谢铎史学思想的探究,我们看到他注重史料的甄别并以历史人物的行迹推原其真实的行为动机;以此作出是非判断,而深得春秋笔法。此外,在纵向梳理历史脉络的同时,亦注重共时的历史人物及事件的考察,尤其是注重古今事实的历时比较,这使其史论具有鲜明的致用特色,而非徒托空言——谢氏历史观出经入史,以天命、诚等作为道体、心体,而赋予了其史学以理学式逻辑起点、历史起点,同时也使其评论具有泛道德化评判的特点,这一切无疑都是浙东史学承继朱熹"全体备用"思想的重大发扬。谢铎在对历史现象进行批评的过程中,对君臣关系作了伦理、道义层面上的考察,对权奸、女祸、宦竖等政治暗流大加挞伐。但是这种考察毕竟停留在"冀君王—悟"的道德渴盼上,对如何发挥台谏作用形成约束机制,而非只依赖君主一人道德觉悟和政治才能的体制性探讨相对欠缺,这就使之容易陷入孤立的思想境地。现代著名的英国历史学家阿诺德·汤因比曾说过:"历史不是一连串的事实,历史著述也不是对这些事实的叙述:历史学家与其他的人类世界观察家一样,必须做

---

① 《谢铎集》卷三十二,第 287—288 页。

到让人能够理解事实,这就需要他们不断地对什么是真的,什么是有意义的,做出判断。"① 谢铎有甄别,有选择,有判断,并有一种让当世君主不忘殷鉴,令后世学人永志史规的著述气魄和实绩,这些是值得今人加以重视和研究的。

---

① [英]阿诺德·汤因比著,刘小成、郭小凌译《历史研究》,上海人民出版社 2002 年版,第 420 页。

第六章　谢铎的教育思想

谢铎一生三次出仕，三次离职返乡。三次出仕中，第二次出仕时曾担任南京国子监祭酒，第三次出仕时出任礼部右侍郎掌国子监祭酒事。他第一次离职返乡是因父母亡故而丁忧。他回家后居家达八年之久，期间在其父谢宗胤、堂叔谢省等创办的"会缌庵"指导本族子弟读书。由于他在翰林院任职，又是著名诗人，各地学子慕名而来，求学者颇多，因"会缌庵"无法容纳，遂扩建校舍创办"方岩书院"，他第二次离任回家时便主持"方岩书院"教学。在谢铎两次出任祭酒和创办"会缌庵"及"方岩书院"的过程中，他提出了许多教育改革的措施和主张，留下了一些奏章和文书，成为我们研究其教育思想的主要依据。

第一节　谢铎生活时代的教育状况

从明初至正德年间的教育状况值得注意，它对考察谢铎在两京国子监以及家乡兴办方岩书院的系列活动具有重要作用。朱明立朝之初，即对教育事业颇为重视。洪武三年（1370）五月初一诏云："自洪武三年八月为始，特设科举，以取怀材抱德之士，务在明经行修，博古通今，文质得中，名实相称。其中选者，朕将亲策于廷，观其学识，品其高下，而任之以官。果有材学出众者，待以显擢。使中行文武皆由科举而选，非科举毋得与官。"[1]这则诏令详细地规定了考试科目、层级及时间、录取人数、资格授予及分流等内容。在此基础上，洪武十七年（1384）礼部颁布科举定式，即三年大比，子、午、卯、酉年乡试，辰、戌、

---

[1]《明史纪事本末补编》卷二"科举开设"。

丑、未年会试的规定最终出台。洪武三年参加乡试者有一百二十三人,中举者七十二人。中举者没有参加会试而直接授予官职,这从一个侧面反映出明初朝廷人材奇缺的状况。但是最初各省三年连试,又造成了"所取多后生少年,能以所学措诸行事者寡"的局面。对此,当政者竟因噎废食,自洪武六年(1373)开始,罢科举达十年之久,十五年重新恢复,始有上述三年大比的定例的出笼。科举废兴表明了明初选材制度起步阶段的探索历程,同时也表明在当时历史条件下科举在选材方面的无可替代性。明朝的官学制度系统日趋于完备,如中央一级的官学系统分为南京国子监、京师国子监、宗学、武学;地方官学则分为儒学府学、州学、县学、社学、都司儒学、行都司儒学、卫儒学、都转运司儒学、宣慰司儒学、安抚司儒学;此外还有专门性质的学校,如武学、医学、阴阳学等。因此,从地方到中央形成相衔接的学制系统是明朝官学的一大特色。如正统元年(1436)诏命"有俊秀向学者,许补儒学生员",即将基层社学与县、州、府儒学贯通起来;县、州、府学员则又可通过岁贡、选贡、恩贡、纳贡等形式进入国子监,这样就构成了社学——县、州、府学——国子监完备的学校教育体系①。高踞于这一体系顶端的国子监教育,无疑是垂范学林的重镇所在。早在1365年朱元璋兴兵反元期间,即在集庆路学的基础上设置国子学。定鼎后,洪武元年下诏遴选府、州、县学生员入国子学肄业;次年,扩建学舍;十五年,新建成的太学改为国子监,是为南京国子监的前身。永乐二年(1404)在北平府学的基础上建立北京国子监,十八年(1420)朱棣正式迁都北京,改原京师国子监为南京国子监,自此南、北两监并立。国子监设立之初,即非常重视师资力量的引进,祭酒一职更是推举名儒硕德来担当;同时又有对违规教师的严厉的约束机制。洪武十五年刘仲质草拟学规中有:"博士、助教、学正、学录等官,职专教诲,务在严立课程,用以讲解,以臻成效。如或怠惰,不能自立,以致生员有戾规矩者,举觉到官,各有责罚。"②因此,谢铎能够先后出任两监祭酒,足见士望之重。

乡科、岁贡,是国学即国子监生的主要来源。明朝国子监生源的途径有如下几种,即荫监、贡监、举监、例监。荫监是三品以上的京官准许为子弟请荫,

---

① 孙培青主编《中国教育史》,华东大学出版社2000年版,第238—239页。
② 《南雍志·谟训考》上篇《学规本末》。

先经礼部考试及格后,可入监习业,故又称之为"官生";贡监指从各级地方学校中选送生员充实国子监,一年、二年、三年不等,故又分岁贡、选贡、恩贡、纳贡;举监指入京参加会试落第后的举人择其优者由翰林院选送到监读书,举监生有"教谕俸",亦可领俸回原籍习业,称为"依亲";例监指发生边患或大兴土木、财政紧张的非常时期,对大量捐纳粟帛马匹者准其子弟入监从业。通过上述方式,国子监生员数稳中有增。据统计洪武四年(1371)招收2 782人,二十六年(1393)为8 124人,永乐十九年(1421)达到9 884人,成化初年(1465),在册生数亦有8 000余名①。生源渠道的多元化、制度化一定程度上满足了各政府部门的用人需求;然而,像例监与举监则明显带有官方的补偿性质,入监读书成了鼓励士人热衷科举、向朝廷效忠的"香饵",其简拔人材的初衷却被放在一边了;还有荫监、恩贡这类监生或依赖父祖朝中的显赫地位,蒙荫读书,或因为先辈战死疆场或忠谏而亡获得入监资格,总之都是在封建特权的恩荫下通过非正常的路径进入了这所全国最高的教育机关,为接下来高步云衢奠定下良好基础。国子监分为六堂三级,正心、崇志、广业三堂为初级;修道、诚心二堂为中级;率性堂为高级。由初级向高级越迁实行积分法,"其法,孟月试本经义一道,仲月试论一道,诏、诰、表、内科一道,季月试经史策一道,判语二条。每试,文理俱优者与一分,理优文劣者与半分,纰缪者无分。岁内积八分者为及格,与出身。不及者仍坐堂肄业。"②待遇优渥,考核详明,均为国子监的教育质量提供保障。永乐二十年(1422),官、民生有9 972人,达到极盛。然而正德以来,随着朝政的日趋弛废,两监教育越来越不受重视,监生多为混取补吏资格,除初一、十五入监领取俸金与课业听司业月课,参加祭酒三个月一次季考外,鲜有在监读书者。明中叶以来,国子监的招生弊端显露无遗:"府、州、县学之士,不无以文理被黜而来,不无以行谊被黜而来,与夫商贾之挟重稽者,游士之猎厚藏者,皆得入焉。"③时有祭酒刘幼安向司业朱国桢抱怨说:"朝廷设此骗局,骗人几两银子,我为长,兄为副,亦可羞也!"④

明代除了官方教育之外,民间教育也是不可忽视的一支力量。民间教育主

---

① 高时良著《中国教育史纲》,人民教育出版社1991年版,第414页。
② 《明史》卷六十九"选举志一",第1678页。
③ (明)朱国桢《涌幢小品》卷十一《雍政》,《续修四库全书》第1173册,页53下。
④ 同上,页54上。

要为私塾、家馆、义学、族学等,为官方教育提供了生源基础。在这两个不同层次的教育体制之外,还有一种特殊的教育形式:书院。书院教育与学校教育不同,它虽然属于民间教育范畴,却必须得到官方的认可。它不是一种低层次的教育,而是一种高层次的、属于学术传播探讨性的教育。因此,民间教育、官方教育和书院教育构成了明代多层次相关联的教育体系,明代的多种文化现象,几乎都与这种教育体系有着不可分割的关系。有明建朝,强化官学教育,迄止成化年间,书院屈指可数,《明会要·学校下·书院》载正统初年扬州知府王恕作资政书院,刘成作养中书院,成化中南阳知府段坚作志学书院,秦王朱诚咏在长安齐鲁书院基础上易地改建正学书院,成化十四年,江西提学副使邵宝修葺濂溪书院,改建白鹿洞书院,大同巡抚李敏读书之处优诏赐名紫云书院,广西提学佥事姚镆创立宣成书院。此间,除了修葺、改建宋元以来少有的几所著名书院外,新建的也多以地方官员的名义兴资创办,官学化的色彩特重。明前期书院遭冷遇的原因有两个:一是统治者大兴科举和官学,无意于这一私学的高级形式;二是众士子纷纷将注意力投向科举和官办的各级学校,少有通过书院谋取功名的。然而,从弘治、正德以降情况就发生了大的逆转。由于朝纲不振,官学衰微,而民间以王阳明心学为主导的学术思潮兴起,沉寂已久的思想界便再度活跃起来,书院勃兴即成为新思潮的直接产物。据曹松叶《宋元明清书院概况》统计,明朝书院共有1 239所,嘉靖年间最多,占总数的37.13%;万历年间次之,占总数的22.71%[①]。当然,书院大兴引起了当局的忌惮,明中叶以来的公开废禁书院的运动就有四次,即嘉靖十六年(1537)、十七年(1538),万历七年(1579),天启五年(1625),禁毁原因或者有党争因素,或者有为官学争夺思想权的因素,然而,从另一侧面亦可反映出书院发展的规模之大,影响之巨。

第二节　谢铎任南京国子监祭酒时期的教育思想

　　谢铎第二次出仕在弘治元年(1488),开始以原官召修《宪宗实录》,二年后

[①] 《国立中山大学语言历史学研究所周刊》第十集(1929—1930),第111—115页。

擢任南京国子祭酒。《明史》本传曰：

> 弘治初，言者交荐，以原官召修《宪宗实录》。三年擢南京国子祭酒。

在南京国子祭酒任上，他的教育思想体现在提出"教化六事"。《明史》本传称：

> 上言六事，曰：择师儒，慎科贡，正祀典，广载籍，复会馔，均拨历。

今《桃溪净稿·文稿》卷二十五保存了谢铎《论教化六事疏》全文，收《谢铎集》卷七十中。其开始即阐明"修明教化事"，曰：

> 教化学校所自出，诚国家之急务，而不可一日忽焉者也。故我太祖皇帝定鼎金陵，首建国学以司教化，以式四方，所以为天下国家虑者，至深远矣。百馀年间，继继承承，罔敢失坠。皇上嗣位之初，谒庙幸学，尤切注意于此。臣实何人，谬膺此任。受命以来，夙夜战兢。恒思古人以身教而化天下者固未易能，然法制禁令之间或可以为教化万一之助者，苟有所见，亦乌敢自隐而不为陛下言之哉！所有合言事宜，辄敢条列如左：一曰择师儒以重教化之职，二曰慎科贡以清教化之源，三曰正祀典以端教化之本，四曰广载籍以永教化之基，五曰复会馔以严教化之地，六曰均拨历以拯教化之弊。凡此六者，自今而观，惟拨历最为紧要，而会馔次之，其他不以为迂泛不切，则以为窒碍难行。

谢铎认为上述六事十分重要，兹引论如下：

一、择师儒以重教化之职

> 师道立则善人多，善人多则天下治，是师儒之职诚不可以不重。如臣等两京国子监官以至十三布政使司、南北直隶提学等官皆所谓师儒也。有如臣者至愚极陋，既病且衰，力不逮志，已甚愧负于初心，任匪其人，曷克更图于后效，愿乞早赐罢黜之恩，以为师儒不职之戒。然后力求道德之

士,以为太学之师,若唐之韩愈、宋之杨时,庶几教化有赖,人材有作,而朝廷之委任,天下之仰望,不为虚也。至于提学等官,虽一方教化之司,实天下人材之责,拳足以黜陟其间,非如国学之徒守绳墨而不敢越;功足以培养其始,非如国学之坐视扞格而不可为。盖其官之所历,视国学虽为稍卑,而其职之所关,视国学则为最切。故必得廉静恬退之士而有严重刚方之操,风采纲纪之中而有涵养作兴之道者,庶足以称其任而不愧其职也。不然,或矫激以卖公道,或假托以盖私恩。在我者不能以不奔竞,何以禁人之不于我乎奔竞?在我者不能以不贪得,何以禁人之不于我乎贪得?科贡由之而弊,人材以之而衰,其府州县学等官,固亦视其好恶以为向背,因其劝惩以为贤否,盖又在所不必论也。凡若此者,臣岂敢推过于人而不归咎于己,其实天下之士,十数年养成于彼,而欲一旦责成于此,虽有智者,殆亦无如之何。①

谢铎提出选择两京国子监、十三布政使司、南北直隶提学等官员,应力求像韩愈、杨时等人那样学问道德皆彰明较著的人充当。只有这样,才能"教化有赖,人材有作,而朝廷之委任,天下之仰望,不为虚也"。由上可以看出,慎择师是谢铎一个重要的教育观点,而追根溯源的话,《礼记·学记》中的相关论述无疑是其继承的理论原点。慎择师的预设前提是教师自身的价值与作用非同小可,正如《学记》中指出的:"君子如欲化民成俗,其必由学乎?玉不琢,不成器;人不学,不知道。是故古之王者,建国君民,教学为先。"②教育的重要毋庸多讲,而教师作为教育教学的主导因素,自身自然也具有了不容忽视的社会价值,甚至战略意义。一定程度上讲,教师乃是其传授道业形而下的化身,尊重教师也即尊重知识,故《学记》中称:"凡学之道,严师为难。师严然后道尊,道尊,然后民知敬学。是故君之所不臣于其臣者二:当其为尸,则弗臣也;当其为师,则弗臣也。大学之礼,虽诏于天子,无北面,所以尊师也。"③当然这种崇高的价值定位亦对应地追加了胜任教师职业的难度。"君子知至学之难易,而知其美恶,然后能博喻;能博喻,然后能为师;能为师,然后能为长;能为长,然

---

① 《谢铎集》卷七十,第 676—677 页。
② 《礼记正义》卷三十六"学记",中华书局 1980 年十三经注疏本,页 1521 上。
③ 同上,页 1524 上。

后能为君。故师也者,所以学为君也,是故择师不可不慎也。"①《学记》这一段描述又将教师能力及修养加以普泛化地推广成跻身官僚阶层,进行管理统治的必备素质;对于受教者或者教育制度订立者而言,慎重择师就是不言而喻的了。谢铎基本祖述《学记》的教育主张,只是更加强调教师的儒范素养,"廉静恬退之士而有严重刚方之操,风采纲纪之中而有涵养作兴之道者",正是他理想中的人师范型。谢铎有"师道立则善人多,善人多则天下治"的强烈的使命感和责任意识,所以才特别强调师资建设。除了监官以外,地方提学的选拔任用亦不容小觑,因为其"功足以培养其始",因此"其职之所关,视国学则为最切"。从这里我们也可以看到谢铎的人材培养观是层级性的、系统化的。虽然这种人材培养观是与当下教育制度相适应的产物,但一定程度上也反映了教育教学中的必然规律。

二、慎科贡以清教化之源

> 国学所养之士,皆万邦黎献之臣,不取之岁贡则取之乡科,是国学为养士之地,而科贡实取士之阶,诚不可以不慎也。今之所谓岁贡者,虽足以胜输纳自进之徒,而因循姑息之弊,实莫此为甚。今之所谓科举者,虽可以得豪杰非常之士,而虚浮躁竞之习,亦莫此为甚。盖科举必本于读书,今而不读《京华日钞》则读主意,不读源流至论则读提纲,甚者不知经史为何书。岁贡必先于食廪,今而不以货贿廪则以权势廪,不以优老廪则以恤贫廪,甚者不知举业为何物。是虽未必尽然,大率实类于此。臣愚,乞敕提学等官,凡此《日钞》等书其板在书坊者,必聚而焚之,以永绝其根柢。其书在民间者,必禁而绝之,以悉投于水火。于其廪之未食者,必严加考核而不容其幸进。于其廪之已食者,必痛加裁革,而不恤其私怨。如此,庶几国学之所养皆贤,不惟朝廷之恩无负,而教化之源亦稍清矣。

谢铎着重对科贡两端提出批评:"今之所谓岁贡者,虽足以胜输纳自进之徒,而因循姑息之弊,实莫此为甚。今之所谓科举者,虽可以得豪杰非常之士,而虚浮躁竞之习,亦莫此为甚。"显然,谢铎不止是对科贡生源不满,对例监和

---

① 《礼记正义》卷三十六"学记",中华书局 1980 年十三经注疏本,页 1523 下。

荫监等因人成事之辈的不屑亦在言意之中了。监中存在的另一个问题是监生舍本逐末,为应举而读书,"不读源流至论则读提纲,甚者不知经史为何书。岁贡必先于食廪,今而不以货贿廪则以权势廪,不以优老廪则以恤贫廪,甚者不知举业为何物。"监生们急功近利、滥竽充数的状况可见一斑。针对这些问题,谢铎主张采取严厉的汰劣留良的措施:禁绝《京华日钞》等应考读物的出版发行,对科贡生员严加考核,把严入监关口,同时对在监蠹食廪俸而无德能可称者一律剔除,最终达到"国学之所养皆贤,不惟朝廷之恩无负,而教化之源亦稍清"的目的。应当说,谢铎的动机和思路均为公忠体国、切中时弊的,然而南监经历了洪武朝的极盛,明成祖迁都之后更成为清局冷曹,监生数也锐减,谢氏因而提出了甚至有些偏激的政策,但教育难题的解决亦不是一朝一夕之功。在任期间,谢铎《放衙》诗有云:

> 镜里勋名浪里沙,百年身世几堪嗟。
> 红尘满眼空歧路,白发惊心又岁华。
> 局促每惭官有责,寂寥休问客无家。
> 独怜事简恩深地,不待湔除已放衙。①

在当时的政治大背景下,教育方面的不景气是在所难免的,虽然谢铎力图有所匡扶,最终却难济于事,这也正是他两次卸任返乡的重要原因。

三、正祀典以端教化之本

> 孔庙从祀之贤,实万世瞻仰所系,一有不合于天理人心之公,何以为教化本源之地,是诚不可以不正也。且所谓十哲、七十二子以及左氏以下二十二人,其所当黜陟者先儒程子与熊去非已有定论,而近时大臣与礼官亦尝会议,取自上裁,不敢再赘。但此外犹有不能以无疑者。有若龟山先生杨时,程门高第,伊洛正传,息邪放淫,以承孟氏,不愧南轩所称,继往开来;吾道南矣,实演晦翁之派。虽其晚节一出,不克尽从其言,而新经之辟,诚足以卫吾道。论行检,汉儒如马融、戴圣之徒,固为不可几及;论著

---

① 《谢铎集》卷三十四,第 305 页。

述,宋儒自周、程、张、朱之外,恐亦未免有疵。如是而不预从祀之列,臣窃惑焉。又若临川郡公吴澄,著述虽不为不多,行检则不无可议。生长于淳祐,贡举于咸淳,受宋之恩者已如此,其久为国子司业,为翰林学士,历元之官者,乃如彼其荣。出处圣贤之大节,夷夏古今之大防,处中国而居然夷狄,忘君亲而不耻仇虏。迹其所为,曾不及洛邑之顽民,何敢望首阳之高士。昔人谓其专务圣贤之学,卓然进退之际,不识圣贤之于进退,果如是否乎?如是而犹在从祀之列,臣固不能以无惑。况二人者皆太学之师,其于庙祀黜陟之际,尤不可以不正也。臣愚,乞敕升时以上附宋诸贤之位,斥澄以下从莽大夫之列,如此不惟天下之公论允惬,而于世道教化亦不为无少补矣。

《明史》谢铎本传特别提到其中的"正祀典",曰:"其正祀典,请进宋儒杨时而罢吴澄。礼部尚书傅瀚持之,乃进时而澄祀如故。"杨时,字中立,北宋学者,南剑州将乐(今属福建)人。宋仁宗皇祐五年(1053)生,宋高宗绍兴五年(1135)卒。熙宁进士,曾任右谏议大夫、工部侍郎,官至龙图阁直学士。晚年隐居龟山,学者称龟山先生。先后就学于程颢、程颐。同游酢、吕大临、谢良佐并称程门四大弟子。又与罗从彦、李侗并称为"南剑三先生",后东南学者奉为"郑氏正宗"。他提出"合内外之道",即以主观(内)融合客观(外)的方法,认为"至道""天理"只能从内心体验,"默而识之"。朱熹之学和他有间接师承关系。著作有《二程粹言》《龟山集》。

吴澄,字幼清,抚州崇仁(今属江西)人,生于宋理宗淳祐九年(1249),卒于元文宗至顺四年(1333)。因程钜夫题其所居草屋曰"草庐",宋元之际学者称其草庐先生。入元,曾任国子司业、翰林仕郎、编修、集贤直学士等,为学主折衷朱(熹)陆(九渊),而终近于朱。他认为"理在气中,原不相离",而"理"是"气"的主宰;提倡"存心""明理",重"尊德性"。著作有《老子注》和诸经《纂言》等。《书纂言》从吴棫与朱熹之说,疑《古文尚书》及《孔传》为伪书,《礼记纂言》则凭己意将《小戴记》四十九篇割裂。

据《明实录·宗英实录》卷四载:"(宣德十年四月)壬戌,以元学士吴澄从祀孔子庙庭……吴澄自十岁得朱熹所注《大学》,读之即知为学之要,既而潜心《语》《孟》《中庸》,遂大肆力于诸经……上以崇儒重道正在旌异先贤,命礼部即行两京国子监,及天下府、州、县儒学,一体从祀,永为定制。"①上述即为吴澄从祀之始。而关于杨时入祀的建议,早在谢铎之前亦有人提出过。《英宗实录》卷一百六十三载:"(正统十三年二月)甲戌,福建延平府将乐县儒学训导王昌顺言:本县有宋儒龟山杨田寺(应作时),师事二程,得理学之传,其注释五经四书,国朝颁降《大全》,多见采录。心术之正,理学之微,诚有益于治教,且出之大儒,若罗从彦,李侗、朱熹辈,道学渊源实自时始。乞准令从祀,庶以上昭国家崇祀之典,下彰先儒传道之功。"②虽然当时诏令礼部定议,显然无果而终。继王昌顺之后,谢铎再次把它提上议事日程。在本条中,谢铎认为吴澄"著述虽不为不多,行检则不无可议","生长于淳祐,贡举于咸淳,受宋之恩者已如此",而后仕于元。"为国子司业,为翰林学士,历元之官者,乃如彼其荣。出处圣贤之大节,夷夏古今之大防,处中国而居然夷狄,忘君亲而不耻仇虏"。从我们今天来看,蒙古族亦是我们中华民族的一个民族,然在宋代、明代民族矛盾尖锐的情况下,谢铎从他的忠君爱国心态出发,认为吴澄不应受祀于太庙,提出罢祀吴澄,他忠贞不二的思想也是异常鲜明的了。

四、广载籍以永教化之基

  天下之道非托之书不能以自传,天下之书非藏之官不能以不散。虽教化所在,有不依文字以立,而诵习之功未有不假书籍以传者也。本监所有历代书板,虽旧多藏贮,而散在天下者未免有遗,虽旋加修补,而切于日用者犹或未备。臣愚,乞敕各布政司,将所有紧要等板如程朱大全集与《宋史》等书,尽行起送到监,一以备国学蓄积之富,而士习有所资,一以免有司馈赠之劳,而民力有所省,一举两得而有益无损矣。又本监所有东西书库屋既隘陋,地亦卑湿,以致各样书板朽坏日甚,所损非细。臣愚,乞敕改为东西书楼,上以为庋置之所,下以为印造之局,不惟书籍之奉安极其高洁,抑且工匠之出入有所拘检。其工价料物,如不欲动费在官钱粮,臣当别行节缩措置。如此则历代紧要书板不致污坏散漫,而教化之助,亦庶几其永有赖矣。

  这段首句表明了谢铎对书籍重要性的认识,同时也强调了国子监作为国

---

① ② 《明实录类纂·文教科技卷》,第5页。

家高级教育机关在聚书、刻书方面义不容辞的责任。官方加强对图书典籍的管理,从中国第一个中央集权的封建王朝秦朝就开始了。为巩固思想话语的霸权地位,以文字和书籍为焦点的规范和审察制度,历朝历代从来都没有被忽视过。早期的图书是与王室档案合二为一的,由于孔子等人删定六经,后学利用档案记录编纂加工《国语》《左传》等史书,促使学术下移,也最终使档案与图书分离①。秦代毁禁私学,形成"书同文,车同轨"的专制局面,而中央的律法、户籍、舆图、诏令、奏疏等建档与保管措施却非常得力,同时各种书籍统一由太学博士掌控,民间则"以吏为师",不得私藏典籍,这样就赋予了太学汇藏天下图书的一大职能,如明堂、金匮、石室是为官藏图书的专门之所。汉代官藏体制更加完善,图书有"外府"与"内禁"不同类型。汉成帝时刘向、刘歆父子奉敕校书,后者编定《七略》,分为《辑略》《六艺略》《诸子略》《诗赋略》《兵书略》《术数略》和《方技略》,这是我国最早的国图目录分类著作,由之亦可略见当时藏书之盛。东汉明帝永平五年(62)班固由校书郎升任兰台令史,即专职图书管理;汉桓帝时设立秘书监,是为主管图书的专职部门;曹魏黄初年间由陈群、杨俊等人编纂成我国第一部大型类书《皇览》,这些均为图书馆史上值得大书特书的地方。魏晋南北朝官府藏书频遭兵燹之灾,因而聚散无常,亡佚甚多。隋朝东都洛阳有观文殿,西京长安有嘉则殿专门藏书,后者藏书达三十万卷,历代罕有其匹。唐代设有秘书省、弘文馆、集贤院、史馆、崇文馆,均厚藏典籍,构成了一个庞大的官藏系统。随着雕版印刷技术的兴起,官府刻书的职能也不断增强。后唐长兴三年(932),刊印《九经》,为我国监刻之始。北宋建有崇文院三馆,又增修秘阁,专司藏书;太清楼、龙图阁专供宫廷阅书而建,前面的馆阁藏书则对外开放;同时大规模的编刻活动也得以展开,如开宝年间佛藏及道藏《万寿大藏》的刻印,《太平御览》《文苑英华》《太平广记》《册府元龟》四大类书的刻印。元代虽尽得宋、金烬余之书,但并未进行较彻底的编目整理工作,管理举措亦乏善可陈。明代初年罢除存在千余年的秘书监,由翰林院接手藏书之事,另外南京文渊阁、南北两监均有藏书之责,这样就造成缺乏专人统一管理,图书流失严重的积弊。明成祖时编修《永乐大典》共 22 877 卷,是举世公认的最大的一部百科全书,这固然值得称道,而我们上述提及的体制性的匮缺

---

① 孙旭培主编《华夏传播论》,人民出版社 1997 年版,第 391 页。

并不利于官藏事业的长期发展①。

　　明初以来,从朱元璋开始就非常重视充实秘府藏书。《太祖实录》卷二十载:"(丙午五月庚寅)上尝命有司访求古今书籍,藏之秘府,以资览阅。"②到朱棣时仍多次垂问。《太宗实录》卷五十三载:"(永乐四年四月)乙卯,命礼部遣使购求遗书。上视朝之暇,辄御便殿阅书史,或召翰林儒臣讲论。尝问:'文渊阁经、史、子、集皆备否?'学士解缙对曰:'经、史粗备,子、集尚多缺。'上曰:'士人家稍有余资,皆欲积书,况于朝廷可阙乎!'遂诏礼部尚书郑赐,令择通知典籍者,四出购求遗书。"③到永乐五年十一月,《永乐大典》修成,明朝一代的文治武功达到高峰。但进入明中叶,由于内忧外患,以及君主怠政、疏于文教等因素,国子监的书籍征集、储藏、维护,书楼的保修等一系列问题都暴露出来。成化、弘治以来的监藏及监刻现状已不容乐观。正如谢氏在奏疏中提到的"本监所有历代书板,虽旧多藏贮,而散在天下者未免有遗,虽旋加修补,而切于日用者犹或未备",又"本监所有东西书库屋既隘陋,地亦卑湿,以致各样书板朽坏日甚,所损非细",监内藏刻的基础设施均年久失修,处于瘫痪状态。在这种情形之下,谢铎建议改建原有的东西书楼,楼上藏书,楼下印书,从而加强对图书的保管、刻印工作的力度;程朱大全集、《宋史》等书板最须补齐,至于刻书经费,谢氏提出财政补贴与开源节流并行的主张。谢铎所有建议归并到一点就是通过藏书、刻书(书是"历代紧要"之书)的措施对入监读书的士人产生潜移默化的作用,从而达到"翩彼飞鸮,集于泮林。食我桑葚,怀我好音"(《诗·鲁颂·泮水》)的教化目的。这又与他"复会馔以严教化之地"的思想主旨一脉相承。此后不久,即弘治五年五月,大学士丘浚借上《大学衍义补》的机会重新强调了内阁藏书的严峻状况,他称:"前代藏书之多,有至三十七万卷者,今内阁所藏不能十一。数十年来,在内者未闻有考校,在外者未闻有所购求,臣恐数十年之后,日渐损耗散失,今不为整治,将有后时无及之悔。"为扭转这种局面,他提出应重视两京国子监的藏书功能,他称:"凡国家所有古今经籍图书之在文渊阁者,永乐中遣翰林院修撰陈循往南京起取,本阁所贮古今一切书籍,自一部至有百部以上,各取一部北上,余悉收贮封识如故,则是两京皆有储书也。

---

① 《华夏传播论》,第394—400页。
② 《明实录类纂·文教科技卷》,第561页。
③ 同上,第576页。

今天下书籍尽归内府,两京国子监虽设典籍之官,然所收掌止是累朝颁降之书及原贮书板,别无其他书籍,其官几于虚设,请于内阁见存书籍内查有副余之本,各分一本,送两京国子监典籍厅收掌。仍敕南京内外守备大臣会同南京礼监、礼部、翰林院官,查盘永乐中原留南京内府书籍,有无多寡全欠,具疏奏知,量为起取存留,分派裱补……如此,则一书而有数本,满贮而有异所,永无疏失之虞矣。……藏书之所分为三处,二在京师,一在南京,则是一书而有三本,不幸一处有失,尚赖有二处之存。"接着,他又强调了国子监藏书的操作规程,其称:"其在国子监者,如内阁例,盛以厨匮,置于典簿厅载道所中,责付典簿掌管,祭酒、监丞等官时常提调监护,然惟掌其外门之钥……南监钥则付南京翰林院掌印官收掌,其曝书给酒食亦如北监之例,皆不许监官擅自开匮取书观阅,并转借于人。内外大小衙门因事欲有稽考者,必须请旨,违者治以违制之罪。"[1]丘濬的建言,比谢铎更加具有统观性,同时也印证了谢铎上疏中所提到的种种弊端。

五、复会馔以严教化之地

> 监生之会馔犹百工之居肆,不惟朝斯夕斯得以专精其术业,实亦相观相善有以收敛其放心,诚国学之旧规,皇祖之明训,不可以为不重而不加之意也。自景泰初,以柴薪缺少暂且停免,逮成化中致馔堂损坏,遂成废弛。今馔堂厨灶修造将完,所缺者器皿;米肉椒油支给如故,所少者柴薪。若复因仍不举,诚为虚费可惜。臣愚,乞敕该部计议,将馔堂前廊房一带照旧盖造,以便朝夕往来,确磨、凳、桿、碗、碟等件逐一修造,以供日用饮馔,柴薪之费,或取之抽分,或资之买办,务使经久可行,不致半途而废。如此,庶几国家养士之恩不为虚文,而教化之地亦益见其严密矣。

明国子监祭酒与司业统管的部门有绳愆厅、典簿厅、博士厅、典籍厅、掌馔厅。其中绳愆厅掌纪律规检,典籍厅掌教务和钱粮,博士厅主管教学,典籍厅保管图书资料,掌馔厅负责师生膳食。明初重视监学教育,课程设立及课余活动均有相应的规定。如国子监课程有《大学》《中庸》《论语》《孟子》《诗》《书》

---

[1] 《明实录类纂·文教科技卷》,第591—596页。

《礼》《易》《春秋》及子书《说苑》,另设律令、书、数、御制大诰等科(成祖时又颁发《性理大全》等书作为监生教材)。除了正规授课,每月初一和十五之外的工作日里登堂"会馔""会讲",学生"复讲""背书"均划入教学活动之列。谢铎此段奏疏论述的正是掌馔厅后勤保障问题,他指出"会馔"的教学意图时说:"窃谓监生之会馔犹百工之居肆,不惟朝斯夕斯得以专精其术业,实亦相观相善有以收敛其放心。"这样无疑就赋予了后者培养监生们论道取友、敬业乐群品质的特殊涵义。然而,明代中叶监学教育渐成颓弊之势,"自景泰初以柴薪缺少暂且停免,逮成化中致馔堂损坏遂成废弛,"且不说正常的教学活动无法开展,恐怕就连起码的办学条件也难以满足,监内人员大量流散就是不可避免的了。对此,谢铎提出详尽可行的修复计划:"将馔堂前廊房一带照旧盖造,以便朝夕往来,确磨、凳、棹、碗、碟等件逐一修造,以供日用饮馔,柴薪之费,或取之抽分,或资之买办,务使经久可行,不致半途而废。"一方面,对掌馔厅职事的重点整顿,表明了谢铎从监内师生切实的生活需要出发,想其所想,急其所急,是一位颇为务实及具有亲和力的部门主管;另一方面又突出了他对礼仪养成教育的重视。在监期间,谢铎主持了郊祀及拜陵的活动,其有《谒孝陵有感》一诗云:

> 万年腥秽此祛除,尚忆清尘避属车。
> 一代河山开国地,五朝陵寝奉祠初。
> 庙谟睿断真天锡,铁马晨衣俨帝居。
> 白发小臣惭再拜,报恩无路只欷歔。①

在执祀过程中谢氏小廉谨曲,充满诚敬,而躬自践履了他"秩祭祀固明礼乐之类"②,内外同修的主张,"会馔"不只是教学的一个简单环节,同样体现了谢铎这种教化精神。

六、均拨历以拯教化之弊

作法于凉,其弊犹贪,作法于贪,弊将何极。所有纳粟监生一节,实为

---

① 《谢铎集》卷三十四,第305—306页。
② 《谢铎集》卷七十七,第759页。

国家教化之弊,今固既往不敢言矣。……且往岁会议之时,纳粟监生约有三分,科贡监生止有一分,故今分为两途,相兼拨历,各取其年月浅深以定其名次先后,或三七分,或四六分,是以名数之多少而为拨历之多少也。然先帝圣裁,犹命该监临期酌量,务使均平拨历,盖已虑纳粟之旁蹊将有妨于科贡之正路,而一时救荒之权宜,终不可有加于万世取士之定制也。今见在监生,纳粟止及一分,科贡已有二分。自此以后,多渐反而为少,少渐反而为多,盖又不止往岁之三分一分而已也。若但泥于旧制,纳粟仍为六七,而科贡止于三四,则人少而拨反多,人多而拨反少,不惟流弊之极有不可言,而不均之叹实所不免,殆恐非先帝临期酌量均平之深意也。臣愚,欲乞转科贡为六七,更纳粟为三四,庶几《易》穷则变、变则通之义,虽于教化未能少补,而流弊亦不至于甚极也。

监生历事实习制度,始于洪武五年(1372)。正如前面已经提到的,洪武三年正式开科取士,为了应对朝廷中严重缺员的局面,此后连试三年,各省举子可以不参加会试直接入京授官,结果自然欲速而不达,新任命的官员多数年龄偏低,办事经验、能力严重不足,这样历事制度便应运而生了。监生历事阶段是他们修够所有积分到达率性堂后才开始的,这样做的目的是让监生踏上仕途之前接受一定的实习训练,另外也可以根据他们实习中的吏治表现量能授职。《大明会典·国子监》记载:"今监生分拨在京各衙门历练事务,三个月考复引奏。勤谨者送吏部附选,仍令历事,遇有缺官,挨项取用;平常者再历;才力不及者,送监读书;奸懒者发充吏。"另《昭代典则》载:"建文二年十月,更定历事监生选法。凡历事一年为满,考分三等:上者授官;次、下者再历一年复考,上者授官,次量才选授,下还监肄业。"(《明会要》卷二十五,第398—399页)可见,历事期间的考核措施是非常严明的。历事分为正历和杂历,弘治八年(1445),制定了监生分拨历事后期限:

吏部四十一名,户部五十三名,礼部十三名,大理寺二十八名,通政司五名,行人司四名,五军都督府五十名,谓之正历。三月上选,满日增减不定。……户部十名,礼部十八名,兵部二十名,刑部十四名,工部八名,督察院十四名,大理寺、通政司俱四名,随御史出巡四十二名,谓之杂历,一年满,改上选。①

由此可知,正历多从事较为正式的文职工作,上选周期较短;而杂历则多负责类似抄写公文、整理档案、清理账目等琐碎具体的事务,上选速度也慢得多。当然,监生历事的场所绝不只是中央政府的各部门,早在洪武八年,即从国子监中选出林伯云等三百六十六人教谕北方列郡,此后又依式推广到其他省区;又洪武二十年,国子生奉命至各州县清理粮税,二十七年至各地督修水利等。明初一代的国子生深受历事制度的恩惠,历事后授朝官可得监察御史,地方官亦可得从二品的行省布政使、按察使,较次一些的也能较容易地获取正九品的县主簿和无品级的教谕等职位,如《明会要·学校上》记载,洪武十九年敕命祭酒择监生千余人送吏部分授知州、知县等职;二十四年选监生方文等六百三十九人行御史事,稽察百司案卷;二十五年擢监生师逵、墨麟等为监察御史,夏原吉为户部主事;二十六年十月授监生二百四十人教谕官,又擢刘政、龙镡等六十四人为行省布政、按察两使及参政、参议、副使、佥事等官。但是人事随着国子监办学规模日益庞大,官僚机构相对饱和,监生历事逐渐变得徒具形式;永乐以来,科举愈加受到重视,没有进士出身而想列名官籍已经是非常困难的事情了。

到明朝中叶,历事多不为监生所重,借故推脱者时有发生。正统三年(1438)十一月,南京国子监祭酒陈敬宗上书称:"旧制,诸生以在监久近,送诸司历事。比来,有因事予告者,迁延累岁,至拨送之期始赴,实长奸惰,请以肄业多寡为次第。又近有愿就杂职之例,士风卑陋,诚非细故,请加禁止。"②不仅如此,许多老监生在监日久不由历事上选,所图只是监内优厚的待遇。景泰五年(1454)三月,户部侍郎孟鉴陈言:"国子生二千余人俱仰给官廪,有名无实。请留年深者千余人,悉数放归。"此议得到代宗的首肯。当然,历事制度也有改进的地方,成化九年(1473)二月,南京吏部尚书崔恭上奏:"南雍监生历事满,必抵北纪选,而还卒业。其中有贫乏者,病于往复,率多淹滞,请即纪选于南吏部。"③宪宗亦采纳之。谢铎这一部分针对监生拨历比例而发,其中提到的"纳

---

① 《谢铎集》卷七十七,第400—401页。
② 《明史》卷一百六十三《陈敬宗传》,第4424页。
③ 《明会要》卷二十五"学校"上,第400页。

粟监生"即例监生,本来他们只限于灾荒年间特选,但随着明中叶以来商品经济的发展,政风的破坏,许多人利用旧制捐粟纳银入监读书,而且在历事阶段他们的拨历比例远高于贡举生,即谢氏提到的"往岁会议之时,纳粟监生约有三分,科贡监生止有一分"的情况。因为例监人数较少,而贡监则为国子生的主体,"纳粟仍为六七,而科贡止于三四,则人少而拨反多,人多而拨反少",显然这是不公平的。出于对大多数科贡生的利益考虑,谢铎提出修改方案即"转科贡为六七,更纳粟为三四",这是与旧制不同的,因而表现了谢铎为众生请愿的忠直的一面。然而,毋庸置言,即使大多数贡监生的正义要求得到伸张,又能怎样呢?历事此时已形同虚设,科举才是监生分流的主要渠道,前者比例的重新划定其实是无关大局的。

从上面诸多教育教学观点我们可以看出,谢铎重道统、慎师选、明教化,将教育尤其是国子监教育定位在事关国家运脉兴衰的高度,其中既有对先秦儒家经典的继承,又有结合实际独到的阐发,表现了一位醇儒学者庄严的道义感和使命感;不仅如此,谢铎关于馔堂的整治,监生历事比例的划定等问题的处理又体现了他勤勉务实、立足师生需要的立场和态度。虽然就整个历史大环境而言,他的许多建议显得有些不合时宜甚至无关宏旨(包括教育在内的弊政改革远非谢氏能力所为,张居正万历年间的变法才能比较全面地触及事态的深层内容),但仍然坚持向上请命,不畏强御,这无疑又是值得钦敬的。这种教育思想在他任礼部侍郎兼国子祭酒时仍然一以贯之,而且更加丰富。

第三节　谢铎任礼部侍郎兼国子祭酒时期的教育思想

弘治十三年(1500),谢铎在辞职致仕十年之后再度出仕,担任礼部右侍郎兼国子祭酒。李东阳《神道碑》曰:

> 辛亥,致仕归。荐者以十数,特擢礼部右侍郎,管国子祭酒事,命吏部遣使及其家起之。公再辞不得,道得疾径归,复请,而敦迫日益急,乃行至京师,辞所加职,以本官治事,亦不许。居二年,辞至再。癸亥,修《历代通

鉴纂要》,命为润色官。疏又五、六上,后乞归养疾,乃许。①

谢铎此次出仕后,看到教育方面存在的许多问题,上了一道《维持风教疏》,其中提出四条改革措施,与十年前任南京国子监祭酒时提出的六项改革措施相比,我们可以看出,其中若干内容是一脉相承的。比如"正祀典"一条,在南京任上作为第三条,在北京国子监祭酒任上则作为第一条提出。由此看来,对学生的思想教育,谢铎是十分重视的。又南京时提出的"慎科贡",至北京时已改为"重科贡"。这二条均被重复提出,可见谢铎主管全国教育工作的重心所在。另外,"革冗员"是对"择师儒"的延续,亦可见明中叶时官学中冗员之多。"塞捷径"亦指出当时教育界所存在的弊病。谢铎在任礼部侍郎兼国子监祭酒时,章懋为南京国子监祭酒,两人声望甚高。《明史·谢铎传》曰:

> 时章懋为南祭酒,两人皆人师,诸生交相庆。居五年,引疾归。铎经术湛深,为文章有体要。两为国子师,严课程,杜请谒,增号舍,修堂室,扩庙门,置公廨三十余居其属。诸生贫者周恤之,死者请官定制为之殓。家居好周恤族党,自奉则布衣蔬食。

可见谢铎在任北京国子监祭酒时,采取了许多有益于教育的措施。同样可惜的是,因为改革的阻力太大,谢铎仅任职二年,就一再提出辞职,改任《历代通鉴纂要》的润色官。虽然如此,谢铎的教育改革思想仍是值得我们深入研究的。

《谢铎集》卷七十二《维持风教疏》曰:

> 窃惟人伦,风教所先,人伦不可以不明也,臣愿正祀典以究明伦之实;仕途,风教所系,仕途不可以不清也,臣愿重科贡以清入仕之途;冗员,风教之滥,冗员不可以不革也,臣愿革冗员以从京府之制;捷径,风教之羞,捷径不可以不塞也,臣愿塞捷径以澄国学之源。

在此《维持风教疏》中,谢铎提出了四项改革措施,第一条是"正祀典以究

---

① 《谢铎集·附录》,第853页。

明伦之实",他认为：

> 窃惟学校之设皆所以明人伦也,人伦莫先于父子,子虽齐圣不先父食,奈何仍讹袭故以颜、曾、思三子配飨堂上,而其父则皆列祀庑下,冠屦倒置,有是理哉？为今之计,莫若别于阙里立庙,祀叔梁纥而配以颜、路、曾晳、孔鲤诸贤,如先儒熊去非之论,庶几各全其尊而神灵安妥也。人伦莫大于君臣,殷之顽民犹不忍忘纣,奈何忘君事仇？若吴澄者,亲为有宋之遗臣,而腼颜胡元之官禄,名节扫地,复何言哉？后死之诛,正宜律以《春秋》大义,斥其用夷变夏之罪,罢黜从祀,以列于莽大夫之间,庶几不掩其恶而人心惬服也。

第二条是"重科贡以清入仕之途"。他认为：

> 窃惟科贡之设,皆所以罗天下之贤才而用之也。科举一途,虽称得人,奈何考试等官,类皆御史,方面之所辟召,职分既卑,学亦与称,恩之所加,势亦随之。于是又以外帘之官,预定去取。或者名为防闲,而实则关节内外相应,悉凭指麾,而科举之法日坏矣。臣愚,乞敕两京大臣,各举部属等官素有文行者,取自上裁,每布政司特差二员以为主考,如往岁诸臣之所建白者,庶几前弊稍革而真才亦可以渐得矣。岁贡一途,虽亦有人,但近来提学等官,类从姑息,试廪之初,不以势取,则以贿行；不以济贫,则以优老。及其来贡之际,又听其自乞愿授教职,往往名为升考而实则虚文,上下相蒙,迄无可否,而岁贡之法益坏矣。臣愚,乞敕礼部,将岁贡生员愿授教职者,先送翰林院、国子监,按月考试,期年之间,择其果通三场者,方许升考,授以职事,庶几前弊稍革而教官亦不至甚滥矣。

在奏疏的前言中,谢铎提到"近睹礼部尚书傅瀚等为地震事题准各该衙门条陈所见,臣固知天下之事所当言者不止于此,盖凡政本之蠹蚀,官司之黩滥,生民之愁苦,军士之疲困,灾异之迭见,边境之失宁,是皆宗社安危之关,而朝廷宵旰之所急者……风教,学校之首务也,臣虽不才,职专学校,又岂容终于隐默而不一言之哉?"可知"维持风教"四点要求的提出饱含了对当世深刻的忧患意识①。明孝宗弘治朝总体来说是刻意求治,并为史家津津乐道的。孝宗朱祐樘继位之后便开始为在前朝蒙受冤狱的文武大臣平反,一批才美干济的贤能之士得以重用,如王恕、马文升、刘大夏、徐溥、刘健、谢迁、李东阳等,从而促使国内出现了"海内安,户口繁多,兵革休息,盗贼不作"的升平局面②。孝宗自己"勤求治理,置亮弼之辅,召敢言之臣,求方正之士,绝嬖幸之门"③,可以说是明中后期以来难得一遇的好皇帝,但是前代积累下来的弊政已成难返之势,如开朝确立的户口赋役制度难以推行,土地兼并严重,赋役流失,府库空乏,这又使前线饷银不足,加之宦官监军,遂使作战不力,连遭败绩。另外还有滥封传奉官的问题,这一切均使弘治君臣的峻业鸿绩变得黯淡无光④。政治上的不景气进而影响教育,"边圉多警,许生员纳马入监,有七千余名。川、陕荒歉,守臣又具奏上粮入监,通前共有数万余人"⑤。大量例监生充斥了国子学,这是当时财政危机最直接的体现。谢铎于弘治十三年起复并入京叙命,但早在十一年四月二十一日就已通过邸报得知与吴与弼同点礼部右侍郎的消息⑥。此间诏命频下,催其上任,他则以老病推脱,辞色甚苦,当然最后还是勉强北上,这不能不说明谢铎对当下仕途的畏避态度。而一旦接受了官秩,谢铎骨子里匡济进取的儒家精神便再次燃起,"明知其不可而力为之"的人格特色便又一次得到彰显。

《维持风教疏》中的前两项措施,即"正祀典以究明伦之实"与"重科贡以清入仕之途"基本上是弘治三年在南监提出的"慎科贡以清教化之源"及"正祀典以端教化之本"的翻版。在南监时谢铎为宋儒杨时请祀,并要求罢祀吴澄,为此还引得朝议喧哗,最终杨时的从祀地位得到认可,而吴澄从祀不变。此时在北监的他则以人伦常理出发,再次要求正祀,所谓"学校之设皆所以明人伦也,人伦莫先于父子,子虽齐圣不先父食,奈何仍讹袭故以颜、曾、思三子配飨堂上,而其父则皆列祀庑下,冠履倒置,有是理哉?"因此,谢铎主张"别于阙里立庙,祀叔梁纥而配以颜路、曾晳、孔鲤诸贤,如先儒熊去非之论,庶几各全其尊而神灵安妥

---

① 《谢铎集》卷七十二,第 695—696 页。
②③ 《明史纪事本末》卷四十二"弘治君臣"条,第 626 页。
④ 参见王毓铨主编《中国通史》第九卷,上海人民出版社 1999 年版,第 229—230 页。
⑤ 《明史纪事本末》卷四十二"弘治君臣"条,第 620 页。
⑥ 参见《谢铎集》卷三十八《邸报》其三首自注,第 340 页。

也"。除此之外,谢铎显然仍对吴澄去祀不成一事耿耿于怀,他说:"人伦莫大于君臣,殷之顽民犹不忍忘纣,奈何忘君事仇?若吴澄者,亲为有宋之遗臣,而腼颜胡元之官禄,名节扫地,复何言哉?后死之诛,正宜律以《春秋》大义,斥其用夷变夏之罪,罢黜从祀,以列于莽大夫之间,庶几不掩其恶而人心惬服也。"道德评价使谢铎绕过吴澄实际的理学成绩立论,措辞之严厉则为平日行文所少见。然而,这一次同样是"一波才起万波随",据《明孝宗实录》卷一七三载:

> (弘治十四年四月)礼部议覆掌国子监事礼部右侍郎谢铎所陈三事,谓叔梁纥立庙及吴澄从祀事,铎与学士程敏政尝言之,俱以廷议不合而止,今请再集廷议。岁贡生员入监一年,方许告就教职,请如铎议,余皆有不可行者。惟论吴澄不当从祀,时尚书傅瀚力诋铎言为谬。侍郎焦芳曰:"铎言诚有难行者,但草庐先生(吴澄)苦心著述,虽若有功,而出处大节则真有可议。铎言不当从祀,是已。"瀚力称前人之请为有见,今不可遽易。①

总之,廷议场面非常激烈,但除岁贡生事告允外,余议皆无果而终。谢铎针对科举过程中存在的"座主门生,沆瀣一气"的弊端提出"重科贡以清入仕之途",而这也是其众多谏议中获廷议通过的唯一一条。科举当下的状况是:"考试等官,类皆御史,方面之所辟召,职分既卑,学亦与称,恩之所加,势亦随之。于是又以外帘之官,预定去取。或者名为防闲,而实则关节内外相应,悉凭指麾,而科举之法日坏矣。"关于考官任用问题,《明会要》卷四十七"选举"载:

> 初制:两京乡试,主考皆用翰林,同考用教职。而各省考官先期于儒官、儒士内聘明经公正者为之,故有不在朝列累秉文衡者。景泰三年,令布按二司同巡按御史推举见任教官,年五十以下三十以上文学廉谨者,聘充考官。于是教官主试,遂为定制。②

正如谢铎揭露的那样,巡按御史推举的教官虽"文学廉谨",但官秩卑微,

---

① 《明实录·孝宗实录》卷一百七十三,国立北平图书馆红格钞本微卷影印,第3145—3146页。
② 《明会要》卷四十七,第872页。

容易受到上峰意志的左右,从而形成上下其手的局面。谢铎建议:"两京大臣,各举部属等官素有文行者,取自上裁,每布政司特差二员以为主考",主考官的品级和选用范围提升了,科场舞弊的难度自然也增大了。当时岁贡的现状也令人堪忧:"近来提学等官,类从姑息,试廪之初,不以势取,则以贿行;不以济贫,则以优老。及其来贡之际,又听其自乞愿授教职,往往名为升考而实则虚文,上下相蒙,迄无可否,而岁贡之法益坏矣。"前面已经提到贡监生分为三类:恩贡,遇国家庆典,皇帝诏令府州县学贡送,不占常贡名额;选贡,提学官第3—5年考试选拔府、州、县学生员;岁贡,按府学三人,州学二人,县学一人,每年向国子监贡送①。因为选送贡生一事均由地方提学主管,而一旦提学用非其人就非常容易滋生权钱交易、人情请托等腐败现象。事实上,明中叶以来基层选送的生员质量已难以保证,因此谢铎主张礼部严把入监关口:"将岁贡生员愿授教职者,先送翰林院、国子监,按月考试,期年之间,择其果通三场者,方许升考,授以职事,庶几前弊稍革而教官亦不至甚滥矣。"正因为切中时弊,而措施详明可行,方得通过廷议;不管怎么说,谢铎"科贡事重,仕途可清,而所以维持风教者不外是"的评价和期望未免还是过高了。不但强调严抓科贡的关口,谢铎对科举本身亦有独到的批判的眼光。其《科举私说》中称:

> 是故今之科举,罢诗赋而先之经义,以观其穷理之学,则其本立矣。次制诏论判而终之以策,以观其经世之学,则其用见矣。穷理以立其本,经世以见诸用,是虽科举之学苟于此而尽心焉,则古之所谓德行、道艺之教,盖亦不出诸此。而其所以成人材、厚风俗、济世务而兴太平也,应岂有不及于古之叹哉?然考其归,则所谓穷理、所谓经世者,恒浮谈冗说,修之无益于身心,措之无益于国家,甚者口夷、齐而心蹻、跖,名伊、周而迹斯、鞅,遂使科举之学,悉为无用之虚文。②

由此可知,谢铎以其一贯的全体大用的价值观,较深刻地指出当下科举教育普遍流于表面的弊端,而这一弊端又是体制性的。谢铎不只是在具体的行

---

① 《明实录类纂·文教科技卷》,第112页。
② 《谢铎集》卷七十三,第711页。

政操作层面有着严密的思想认识,他同时也没有停止对科举教育利弊的思考;然而限于当时的现实条件,这又只能是落入第二义了。

《维持风教疏》的第三条是"革冗官以从京府之制"。谢铎认为:

> 窃惟京国四方之极,天下所视以为准则者也。窃见顺天、应天二郡,实惟京府。大兴、宛平、江陵、上元四县,皆为附郭。见今学校之设,惟二府有之,而四县皆未尝有。盖虽统于所辖,实亦以府学之生徒悉皆四县之俊秀,与其储养之滥,不若选择之精之为愈也。不然,岂以京国首善之地而惜此一学校之官哉?奈何凡今天下附郭县分不多,多寡俱各有学,其视京府实为冗滥。臣愚,请从顺天、应天之制,凡附郭一县例增廪膳十名,随其县之多寡以为增益。止以府学教官兼领其事,生员虽益而官不加多,庶几冗员稍革,而风教之责亦稍重矣。臣亦熟知今之为官者,类喜添设而难于裁减。殊不知增一官则增一官之费,宽一分则民受一分之赐,天下冗员之可减者,宁止是哉?①

明朝的地方官学按性质可分为三类,即儒学、专门学校和社学。儒学包括按地方行政区划设立的府学、县学、州学,按军队编制设立的都司儒学、行都司儒学、卫儒学、都转运司儒学、宣慰司儒学和安抚司儒学,专门学校包括武学、医学和阴阳学;社学在城镇和乡村设立,招收8岁以上15岁以下的民间子弟,带有某种强制性②。《明会要·职官》卷四十一载儒学兴建情况:

> 明初置儒学提举司。洪武二年十月辛卯,诏天下府州县皆立学。府设教授,州设学政,县设教谕,各一。俱设训导:府四,州三,县二。又有都司儒学(龙文彬注:十七年,置辽东始),行都司儒学(注:二十三年,置北平始),卫儒学(注:十七年,置岷州卫,二十三年,置大宁卫始),以教武臣子弟。俱设教授一人,训导二人。河东又设都转运司儒学,制如府。其后宣慰、安抚等土司,俱设儒学。③

---

① 《谢铎集》卷七十二,第697—698页。
② 孙培青主编《中国教育史》,第237—238页。
③ 《明会要》卷四十一"职官",第735页。

地方儒学自开朝就颇受重视,并且体制日趋完备。由谢铎此疏议中"见今学校之设,惟二府有之,而四县皆未尝有"的情况来看,儒学兴建并未如上引述材料所言真正形成"一轨九州,天下同风"的局面。同时顺天、应天两府学冗员现象日趋严重,究其原因,崇祯时大学士钱龙锡揭示说:"学官旧用岁贡生,近因举人乞恩选贡,纂修占缺者多,岁贡积至二千六百有奇,皓首以殁,良可悯。且祖宗设官,于此稍宽者,以师儒造士需老成故也。"① 以上虽为后来监学冗员更为严重时的现象,但一定程度上也适用于弘治时府学的情况。谢铎希望在顺天、应天之外的属县大兴、宛平、江陵、上元开设学校,并相应把府学中的冗散力量划拨过去,"实亦以府学之生徒,悉皆四县之俊秀。与其储养之滥,不若选择之精之为愈也"。因为顺天与应天一为首善之地,一为帝王之乡,"天下所视以为准则者也",完全可以照此模式广泛推广,是以谢铎请求说:"从顺天、应天之制,凡附郭一县例增廪膳十名,随其县之多寡以为增益。"这一改革措施不只裁汰了学府中臃肿的部分,而又将它们加以分流补充到基层教育机构中,从而既避免了教育资源的浪费,又最大限度地发挥了冗散人员的力量。然而谢铎也深知"今之为官者,类喜添设而难于裁减",其推行的阻力可想而知,但是他本着"增一官则增一官之费,宽一分则民受一分之赐"的思想坚持己见,不管其能否推行,这种魄力都是令人钦服的。

第四条是"塞捷径以澄国学之源"。谢铎认为:

> 窃惟国学聚天下之英才而教育之,皆所以备国家他日之任使也。选之科贡,犹恐未精,奈何近年以来大开捷径,如纳马、纳粟之徒,皆谓其有资国用之缺,殊不知得其利者未什一,而受其害者已千百。况今日之纳马、纳粟即他日之鬻爵卖官,此等风声,岂盛世所宜有哉!今边事方殷,谋国之臣必有以此策献者,万一再行,则彝伦之堂,竟为交易之地,岂不大可耻哉!臣愿深监前弊,预塞其途,虽或国用不足,亦当别为节缩区处,而此策断不可行矣。往年为因此辈在监不谙文理,凡拨各衙门写本者俱各顾人,今遂视为定例,致使六科短差亦以顾人艰难为辞,目前流害其极如此,如蒙乞照内府等衙门事例,许以年月相应者送科,写本亦令挂选出身,

---

① 《明史》卷二百五十一《钱龙锡传》,第6485页。

庶几嗟怨少息，而风教之地亦稍清矣。臣固知国家养士不厌其多，但贤关所在，恩幸之滥进，昏眊之杂处，殊亦可忧，然则捷径之当塞者，又宁止是哉！①

前面我们已经提到弘治中后期边患频仍，国库空虚，为弥补财政不足，允许招进大批例监入学，一时通过纳马、纳粟的人滚滚而至，致使监学的教学质量锐降。谢铎对此给予严厉批评："今日之纳马、纳粟即他日之鬻爵卖官，此等风声，岂盛世所宜有哉！"这真要我们佩服他直言谠论的勇气了。例监生的表现实在无法让人恭维："此辈在监不谙文理，凡拨各衙门写本者俱各顾人，今遂视为定例，致使六科短差亦以顾人艰难为辞，目前流害其极如此。"谢铎提出解决方案说："照内府等衙门事例，许以年月相应者送科，写本亦令挂选出身，庶几嗟怨少息，而风教之地亦稍清矣。"在当时的历史条件下"塞捷径以澄国学之源"是断难实行的，谢铎称"国有不足，亦当别为节缩区处"，倒还是对当时左支右绌、入不敷出的财政危机缺乏足够认识，而显得有些迂阔了。正因为谏议大多不能采纳，而职责所在又使之不能已于言，这就为谢铎最后一次出仕蒙上了非常矛盾和痛苦的色彩。弘治十四年（1501）六月十一日与十三日两首次韵诗略可表明其当时的心境。《六月十一日雨中以事早朝不果感而有述》云：

> 炎风吹雨昼阴阴，夜半泥途没马深。
> 路险未能辞吏责，命穷犹复误朝簪。
> 向来漫浪成何事，老去依违愧凤心。
> 廊庙江湖忧乐地，敢言城市与山林。

《十三日再朝有感用前韵》云：

> 敢从明日问晴阴，又向空街走夜深。
> 多病可应还涉世，感恩终是愧投簪。

---

① 《谢铎集》卷七十二，第 698—699 页。

自怜一代功名地,不尽平生感慨心。
何处有山容不得,好官犹复玷儒林。①

由两首诗我们可以看出谢铎扶病出仕而深怀感恩的心态。然而,身体上的老病与仕途中的謇困,又使他陷入"廊庙江湖忧乐地,敢言城市与山林"以及"何处有山容不得,好官犹复玷儒林"的两难境地中。渴望有所为,匡治天下风教纵然是他一生的主调,而面对种种不顺,又怎能强求这位年近古稀的老人有什么惊人表现呢?弘治十七年(1505),半年之内,谢铎连上六疏告病还家,王廷相《方石先生墓志铭》称:"时六馆诸生以状乞留先生者,毋虑千人。"谢铎至家一年后,孝宗即去世。随之武宗即位,宦官刘瑾等八人号称"八虎",诱导只有十五岁的皇帝嬉游,朝政遂日益败坏,谢铎的告归亦算明智之举了。

纵观他在两监时的教育主张和管理方法,均具有鲜明的崇儒敦化的色彩。谢铎注重正本清源的工作,杜绝或减少例监以清国学之源,加强科贡考官任命、监生才能考察的管理以正仕途之始,以及正典礼以明人伦之基,所有这一切均表明谢铎善于从源头抓起,不做表面文章的行政作风和教育理念。不只如此,他还强化监学中书籍刻印与保管措施,关心馔堂的后勤保障工作,在监生历事比例确定方面坚持公平、公正的原则,尤其谢铎在《修举废坠疏》中历举北监监生号房不仅紧张而且破败问题,监生邢伟、韩本、宋济死后安葬费用问题,监内堂宇墙壁年久失修等问题,无不从监生日用所急着眼,而深得人心,作为一名教育家,在谢铎身上体现出的人文关怀的特色亦是非常鲜明的。

第四节 谢铎创办经营会缌庵和方岩书院时期的教育思想

书院是我国私学发展的高级模式,不但有授业育人之责,还有学术研究的要求。许多著名学者或亲自创办书院,或到著名书院讲学,促进了学术成果的交流和传播;此外,学者自身著作的修撰、刊刻、印行、收藏均可依托书院来实

---

① 《谢铎集》卷四十五,第404页。

现,书院又成为新思想的策源地和荟萃地。书院的设置一般包括照壁、泮池、讲堂、斋舍、祠堂、藏书楼、启圣殿、明伦堂等,都非常符合礼制规格,从而营造出庄严肃穆、不逾规范的氛围。书院选址一般依山傍水,气清景幽,如岳麓书院、白鹿洞书院、石鼓书院、武夷精舍,单就名称即可想见书院钟灵毓秀的环境和学达性天的气度。谢铎创建的方山书院亦基本符合上述情况。方山书院的前身是会缌庵。谢铎天顺八年(1464)中式之前,除游学之外均在家乡的会缌庵读书。成化二十三年(1487)谢铎《缌山杂咏序》讲述了会缌亭、缌山的来历:

> 山(杜山)去予家不二里,是为吾始迁祖孝子府君之墓,先公与叔父太守先生作亭以祭,因更堂为亭,曰"会缌亭"。盖取四世而缌之义。今年春,予读书其上,且将从先生日增辟之,以为吾谢氏孙子百世讲学之地,遂复因亭之名更其山曰"缌山"。①

又《缌山集后序》曰:

> 《缌山集》,集凡所以纪述咏歌于兹山者皆在焉。首会缌庵,见山之所以名;次孝子府君墓,见庵之所以名;次方岩书院,见于此而藏修焉。②

可知,会缌庵得名亦源于会缌亭。谢铎叔父谢省于成化九年(1473)主动致仕,乡居期间与铎父谢宗胤兴办家学,谢家子弟及邻家少年均从中受益。据《嘉靖太平县志·人物志·节义》载:"(谢省)公既归,囊橐萧然,田园邸舍一无所问,而顾孜孜祠墓间,倡议族人及封君世衍作会缌亭。每旦必深衣幅巾以谒祖考,又率同宗人祭始祖之墓,作敦彝十二会。暇则与弟子讲学方岩书院,议行乡约。"③又谢铎《贞肃先生墓志铭》曰:"(致仕后)既割田为祠堂创,又岁率宗人追祭始祖之墓。既又与先编修府君筑会缌亭于孝子府君墓侧。时复逍遥杖履,与一二布衣于望海、仰高、采藻三亭酌酒赋诗,然有出尘之态。此则学士李

---

① 《谢铎集》卷四十九,第453页。
② 《谢铎集》卷五十一,第474页。
③ 《嘉靖太平县志》卷七,《太平县古志三种》,中华书局1997年版。

公宾之所谓徜徉容与山林之下,则修宗谱、筑祠亭、开义学、议乡约、作敦彝会,往往皆古君子之心,而非徒见诸诗歌文章者也。"①均可见谢省在开创方岩书院方面的功绩。方岩书院的前身会緫庵原本是一所佛院,谢铎接手改造时仍由一名叫陈觉显的僧人主持。据《奉道三府君祧主入会緫庵祝文》称:"今墓既有祭,祭必以庵,则庵以藏祧,义视夹室于礼为近。於乎!心虽无穷,分则有限,扩有限之制以为无穷之思,此我先公编修府君与叔父太守先生所以创立是庵之深意也。"②又《墓祭学田记》称:"成化丁酉,先公与叔父太守先生作庵曾祖孝子府君墓侧,以时祭扫,曰'会緫庵'。"③则知会緫庵建成于成化十三年(1467),主要用于奉祀谢氏先祖。正如《奉贞肃公入祀方岩书院祝文》称:"惟兹院,实因墓庵而立,则岁祀当从墓祭,以行奉祠之初礼。"④方岩书院继会緫庵之后提上议事日程。《墓祭学田记》交代了书院建立的详细经过:

> 既十年(成化二十三年,1487),铎谢病,读书其中。间有从之者,而其地不能容。先生谓盍面方岩之胜为书院以广之,且以为吾子孙百世讲学之地。未几,铎以史事赴召,先生从弟怡云翁实领兹役。又三年,铎蒙恩东归,而书院成矣。先生又谓庵与院虽成,非田不可久。乃倡为祭田五亩,俾铎如其数。又倡为学田以十亩,铎惧其不足,乃倍之。凡为田四十,以四之三属书院,而以其一属庵。⑤

由上可知,因为会緫庵内形制局促,而追随谢铎求学的人渐多难以容纳,谢氏方决定成立书院。从成化二十三年动工至谢铎弘治四年(1491)辞病还家,历时四五年。谢省于弘治六年(1493)去世后,谢铎作《緫山伤感十咏》纪念,其一《会緫庵》云:

> 服緫强登山,泪湿緫如雨。庵空瓦砾初,谁辟兹山土。

---

① 《谢铎集》卷五十九,第561页。
② 《谢铎集》卷六十五,第614页。
③ 《谢铎集》卷五十四,第502页。
④ 《谢铎集》卷六十五,第613页。
⑤ 《谢铎集》卷五十四,第503页。

其九《方岩书院门》云：

> 登登方岩山，入门此其始。往辙今杳茫，迷途竟谁指。

其十《方岩书院》：

> 乡祠故有尊，吾院敢言尔。生作方岩师，死作方岩主。①

既有慎终追远之怀，又有乡党教化表率的责任感，尤其"生作方岩师，死作方岩主"一句表明谢铎感念父祖筚路蓝缕的甘苦，已将书院视作生命一样重要。在建设书院过程中，不仅谢氏一家倾箧经营，甚至还要面对意想不到的外界压力。谢铎有《与陈太守》一信称：

> 又闻武通判尝与阁下言仆占寺田，不肯纳米。彼虽暧昧以去，幸阁下尚在，烦即唤通里老一问，仆名下若有一毫寺田，则已所有田地皆当入官。②

谢铎在《墓祭学田记》中说得很清楚："庵旧为佛氏宫，道人陈觉显，以私田五亩为香火，奉于吾祭，吾学无与也。"③寺田与学田划分得非常明确，只是好事者从中作梗使本来就艰辛的道路又横起波澜。

从弘治四年（1491）谢铎辞病归家，有近十年时间主持书院的日常工作；弘治十二年（1499）起复入京至十八年（1505）致仕返乡期间，无时无刻不挂心于之，"别来最是尘埃苦，老去还于水石偏"（《送郑大尹还天台》）"我亦有园三亩在，未容东海独栖迟"（《饮韵答敬所先生》）"上国恩光终愧我，故乡风教独烦公"（《有怀陈敬所》），可略见其襟怀。谢铎主持书院事务期间，在整理乡邦文献、书院间游历、培养后进人材等方面，均有显著成绩。他与乡贤余秋崖、高南郭及好友黄孔昭等人一起接手《赤城新志》《赤城论谏录》《赤诚别录》《赤诚集》《尊乡录》《逊志先生文集》等乡邦文献的整理、删改事宜，他们办公的主要地点

---

① 《谢铎集》卷三十六，第 323、325、325 页。
② 《谢铎集》卷八十二，第 821 页。
③ 《谢铎集》卷五十四，第 503 页。

就是会缌庵及后起的方岩书院。谢铎晚年体弱多病,但还经常去浙东地区其他著名的书院游历,像金华的丽泽书院、温州的云津书院等。尤其值得一提的是他于弘治十三年(1500)八月初起复返京途中,经过云津书院,题诗《云津书院次陈白沙韵》一首,对陈献章的哲学思想及特色有着精到的评价①。在对后进人材的培养方面,谢铎曾作过"浙中王门"中坚分子黄绾的老师,他告诉后者"必有真实心地、刻苦工夫而后可",这对黄绾"艮止"说思想的形成有着深远意义。

从武宗正德元年(1506)至五年(1510)正月二十一去世,谢铎执经讲诵,尽瘁乃已。黄绾《谢文肃公行状》写其暮年致仕后的情形:"乡郡先哲行义、著述,靡不搜辑表阐,或求其祠墓□之。老居田里,有以自乐。每闻朝政更革,君子小人进退消长之机,未尝不感慨深嗟而掩袂也。"②又李东阳《通议大夫礼部右侍郎掌国子监祭酒事赠礼部尚书谥文肃谢公神道碑》铭曰:"维文肃公,矫矫风节。言论铿鍧,行操孤洁。文必己任,教必身率。群疑众咻,莫我能诎。事有难继,弗我遑恤。力有余步,宁我无蹶。其所未竟,付诸造物。好德考终,生也无缺。乡贤有录,公自编帙。信史有笔,公所删述。公名孔彰,允继前哲。"知人论世,殆非虚誉。从正德以后,书院大兴,谢铎的方岩书院虽然影响有限,但从其兴建的整个过程来看却为书院史的深入研究提供了鲜活的案例,因此应该给予足够的重视。

---

① 可参看《谢铎的理学思想和浙东学派》一章。
② 《谢铎集·附录》,第852页。

第七章　谢铎的文学成就

谢铎一生勤于著述,其诗文集初编为《桃溪杂稿》,再编为《桃溪净稿》,三编为《桃溪类稿》。今《桃溪杂稿》虽佚,然《桃溪净稿》八十四卷全存,《桃溪类稿》六十卷尚存五十一卷。据《桃溪净稿》统计,有诗1 006题,1 553篇,有文347篇;《桃溪类稿》则收诗1 333题,共1 936篇,文447篇。根据这些诗文,我们可以对谢铎的文学思想和诗文创作成就进行研究。

谢铎对文学是很重视的。他在《复戴武库师文》中说:"心志之蕴蓄、义理之英华,恒必待言而后见,而文则言之精也。"在《赤城后集序》中更是明确强调:"文章,道德之英华,而功业之在天下后世,未有不待是以传者。故不朽之论,虽不能不后于功德,而究其所系,反或有重于彼者。"谢铎为自己的诗文集编年,又作《桃溪杂稿编年谱小引》云:"吾无似,虽时有所感而亦不良于言,安敢望其成文有章,以庶几作者之域,然犹不忍悉弃而录之者,特以志吾履历之岁月,以见遭逢之幸,俾吾子若孙百世之下有所征而不敢忘焉耳。"自己的一部分诗稿丢了,还为之写《悼诗》:"肱箧分明奈尔何,鹤声一一已无多。朱弦自爱齐门瑟,白雪谁酬郢上歌。好事定应供覆缶,苦心宁复念填波。也知不是丰城剑,敢望神灵有护呵。"他还时不时地翻改旧稿,其《读旧诗有感》云:"老去为诗兴尽阑,多情花鸟未须烦。前题再把不能改,旧稿有时聊自翻。吾道乾坤终古在,骚坛风月几人存。也知不朽元非此,旷缺平生敢重论。"如此种种,皆可看出谢铎对自己文学事业的重视。综观谢铎的诗文作品,可以明显看出他具有鲜明的文学思想、开阔的创作视野和突出的文学成就,在体现了他丰富而卓越的精神世界的同时,也折射出当下社会环境的激荡和变迁。

第一节　谢铎生活时代的文坛状况

关于明初至正德之间的文学流变态势，《明史·文苑传序》中有一番精辟的论述：

> 明初，文学之士承元季虞、柳、黄、吴之后，师友讲贯，学有本原。宋濂、王祎、方孝孺以文雄，高、杨、张、徐、刘基、袁凯以诗著。其他胜代遗逸，风流标映，不可指数，盖蔚然称盛已。永、宣以还，作者递兴，皆冲融演迤，不事钩棘，而气体渐弱。弘、正之间，李东阳出入宋、元，溯流唐代，擅声馆阁。而李梦阳、何景明倡言复古，文自西京，诗自中唐而下，一切吐弃，操觚谈艺之士翕然宗之。明之诗文，于斯一变。①

从上述论评中，可以看出明初文坛活跃的诸多文士如宋濂、王祎、方孝孺都直接承继元末道统与文风，他们既是鸿儒钜子，又是文章宗府；与此同时，他们均为浙东人，又使当时文坛带有鲜明的地缘政治文化的特色。永乐初，方孝孺一案牵连甚广，浙东文化事业亦受到严重冲击。在朝中执文坛之牛耳的，是解缙、杨士奇等江西籍文士。从永乐至宣德年间，沉沓啴缓的"台阁体"诗风占据了文坛的主流地位。作为"台阁体"代表的杨士奇、杨溥、杨荣，在政治上秉钧执衡，进而使以他们为主导的诗文创作带有一种雍荣浮华的气象。从本质上来说，台阁体是官方意识形态与文学创作形态相结合的产物，文学本身的审美性、抒情性要求往往受制于创作主体荣衔、位望等外在的因素，呈现出明显的官腔官样。正如明人皇甫汸在《解颐新语》卷八中说："今之诗曰台阁体、曰翰林体，是位诗、事诗也。"②明宣宗亲自参与到"台阁体"创作中来，便是最好的证明。宣宗喜诗，并将诗歌切磋看成朝廷重文兴教的一个方面。他在位的十年期间，致力于网罗文士，以"三杨"为代表的文臣颇得宠渥，他们不但为治国

---

① 《明史》卷二百八十五，第 7307 页。
② 周维德集校《全明诗话》第二册，齐鲁书社 2005 年版，第 1416 页。

经邦的干城,又是侍筵酬唱的俦侣,台阁体能够长盛不衰也就不足为怪了。宣宗躬亲风雅,谙于讽咏,其诗既有骚体的《猗兰操》,又有类同典诰的《读典篇诗》;内容既有哀丝豪竹伴侍的宴飨,又有关注农夫蚕妇的悲悯。客观地说,其文学手法是多元的,题材选择也是多样的。然而,久处宫闱,远离下层社会,他的诗只能依靠典故、想象以及训诫、说教来传达主题,因此即使是他的《悯农诗》亦充斥着"崇本息末"的治国理念,却很难觅到源自内心情蕴的感发。虽然他的《祭社稷承甘雨》一诗中也有"蔬畦垄麦望连延,一夜青青总春色"这样清新可喜的句子,但是它们却淹没在诸如"茫茫寰区天赤子,天与祖宗同付畀。万机之暇予何营,一念惓惓在民事"①等大肆自我标榜的语句中,诗歌自身的审美特性无一例外地被浓郁的政治意识吞没了。所以,从整体上感受宣宗以及三杨等人的诗作,色彩、灵动、韵律、情蕴等元素都是异常缺乏的,而这些又是构成诗歌风神与骨力的根源,所以其沉沓啴缓、雍弱浮华的通病就不可避免了。

随着宣宗去世,英宗即位,台阁体的发展开始趋于没落。一方面新君年幼,才识俱缺,不可能再像前朝皇帝那样频繁地召集文臣赋诵;另一方面像权奸王振等人日益用事,"三杨"为首的阁臣皆逊避不及,创作心志及文事活动便大大减少。再加上内忧外患不断发生,上层夺权矛盾激烈,台阁体已显得不合时宜了。随着正统五年(1440)杨荣去世,九年(1444)杨士奇去世,十一年(1446)杨溥去世,台阁体诗风的败落已愈加显明。然而,台阁体对后世的影响却长时间内潜在地保留着。如王世贞在《艺苑卮言》卷五中说:"国初之业,潜溪为冠,乌伤称辅。台阁之体,东里辟源,长沙道流。先秦之则,北地反正,历下极深,新安见裁(自注:汪伯玉也)。理学之逃,阳明造基。"②这即说明三杨之后,李东阳又成为台阁体继起的代表。他进一步分析杨、李之间的创作得失说:"杨尚法,源出欧阳氏,以简澹和易为主,而乏充拓之功,至今贵之曰:台阁体。李源出于虞到源,秾于杨而法不如,简于宋而学不足,岂非天才固优,惮于结撰者耶?……刘文安充而近,丘文庄裁而俗,杨文懿该而凡,彭文思达而易。复有程克勤、吴原博、王济之、谢鸣治诸君,亦李流辈也。"③王世贞认为,李东

---

① 《明实录·宣宗实录》卷八十七"七年二月戊戌",第2000—2001页。
② 丁福保辑《历代诗话续编》中,中华书局1983年版,第1025页。
③ 同上,第1024页。

阳、丘浚、彭华、程敏政、吴宽、王鏊、谢铎等人乃是台阁体在成、弘、正三朝时期的殿军,换言之,茶陵诗派在很大程度上可以归入台阁体后期发展的文脉中来。王世贞的看法基本是不错的,但也应该看到,茶陵诗派成员本身的生平仕历及才性品格的不同决定了他们多元的创作面貌和多样的思想境界,他们还是足够以此与思想贫弱、形式单一的台阁体划分开来的。不止如此,茶陵诗派的创作主张中孕育了浓厚的复古思想,当前七子成员何景明、李梦阳、康海等人从中分化出来提出自己的复古理论的时候,无形之下已默化其中而不自知了。

  这一期间与平正典雅的文风相对应,在野诗派的另类、怪奇的风气开始出现。据《明史·文苑传》称:"刘溥,字原博,长洲人。……其诗初学西昆,后更奇纵,与汤胤勣、苏平、苏正、沈愚、王淮、晏铎、邹亮、蒋忠、王贞庆号'景泰十才子',溥为主盟。"①除了刘溥,其余九人并有附传,可知"景泰十才子"作为一支文坛新兴势力已得到较充分的注意。另外以怪怪奇奇名家的还有成化二年(1466)进士张弼,他还是李东阳、谢铎的挚友。《明史·文苑传》载:"弼自幼颖拔,善诗文,工草书,怪伟跌宕,震撼一世。自号东海,张东海之名,流播外裔。为诗,信手纵笔,多不属稿,即有所属,以书故,辄为人持去。与李东阳、谢铎善。尝自言:'吾平生书不如诗,诗不如文。'东阳戏之曰:'英雄欺人每如此,不足信也。'铎称其好学不倦,诗文成一家言。"②惜张弼于成化二十三年(1487)六月十三日卒于故乡华亭,谢铎又亲为之作《南安府知府华亭张君墓志铭》,叙述两人交谊:"始予天顺初与吾友今亚卿黄君世显、故方伯陈君士贤、金宪林君一中,识君于礼部,盖三十年于兹矣。慨念畴昔一代交游,称豪杰士若诸君者,固落落可数,予驽下,病且不死,既铭吾一中,又铭士贤,而尚忍复铭君也哉!……君以灵识异禀,克之学问,老且不倦,诗与文,几成一家,草书之妙论者,至推为一代冠冕。然世之所谓文人者,类近浮薄,君独惇尚行履,慨然以风节自将,虽论议间杂谐谑,而往往必以理胜。故彭都宪凤仪尝论其天分、人品、问学、政事有如此者。而君亦尝为予戏评其所能曰:'人故以书名我,公论哉?吾自视文为最,诗次之,书又次之,其他则非吾所敢知也。'恒相与一笑而罢。噫!昔人称

---

① 《明史》卷二百八十六,第7341页。
② 同上,第7342页。

赵孟为书画所掩,世莫克尽知其文章与经济之学。然则君之所以自道者,其亦有感于斯乎?"①从这篇墓志铭中可以看出,张弼诗文力矫浮薄、尚理重行的思想倾向及特色。谢铎对此的赞词,亦表明了他有着同样的思想倾向和文学旨趣。除了张弼之外,像罗玘、桑悦亦是推崇韩愈、陈师道文气诗风的代表,他们无疑对茶陵派的分化以及前七子的崛起产生了一定的推波助澜的作用。

第二节　谢铎的文学思想

谢铎为我们总结了以下艺术经验,向我们展示了他文学思想中的个性特质。

一、创作态度要严肃

谢铎对文学事业高度重视,这使他始终坚持一种观念,就是作家必须要有严肃的创作态度,甚至要到"不得已而有作"(《重修宗谱后序》)的程度。《刘氏宗谱序》曰:"君子于此有不得已焉,则自吾力之所能者为之谱。"《赤城新志序》云:"昔人谓述作之难,莫先于志,是志固不可以不作,而尤不可以妄作。不作则缺而已,缺犹将有起而继之者。妄作则诬,诬则是非混淆,真伪错杂,虽有继者,亦将无以善其后矣。故与其妄也宁缺,而作者慎焉。"这里是说谱和志的述作要严谨求实,而这种态度在谢铎其他的创作领域里也是一贯坚持的,如《感情诗序》云:"于是情之所感,不能自已,而是诗作焉。"《赘言录序》云:"不能已于言,则咏歌之于诗,纪述之于文。"情感不能自已乃有创作,正反映出不滥作的态度。

二、主体德性要高扬

与不滥作之严肃的创作态度相关,谢铎对作家也就有了相应的高要求,即必须高扬主体的德性。《敬所陈先生集序》云:"若先生可谓困于其身而不困于所学者矣! 昔人有言:'士之行世,穷达不足论,论其所传而已。'先生之行,自家以达于乡,环海以东,无大小贤不肖,皆尊仰之而不敢慢,则其所可传者,盖又不特声

---

① 《谢铎集》卷五十七,第539—540页。

诗文字间也。彼之诗荐郊庙,文施典册,而行愧其言,终背其始,举平生而尽弃之者,其视先生何如哉?又况营营富贵利达之间,与万物同一澌尽,而一无可传者哉!噫!此豪杰之士固未能以此而易彼也。后之观先生之诗与文者,尚亦有考于斯。"又《愚得先生文集序》云:"特幸而遇焉,则用之为制诰、为典章、为号令征伐,而其文遂以大显于天下;不幸而不遇焉,则用之为家训、为学则、为谕俗之文,则其用有限,而其文不能以大显。然幸而用之郊庙朝廷天下矣,而行愧其言、事戾乎道,兹显也所以为辱也,奚贵哉。"正是这种思想观念的体现。

三、创作需要先天的才情,更需要后天的学问

谢铎承认创作需要个人才情,但同时更强调用学问来滋养,要读破万卷书,而后才能下笔如有神,要成为卓有成就的大家,需要"得之天者深,尽乎人者至"(《读怀麓堂稿》)两方面的功夫。这是除德性要求外对作家提出的另一个自我建设方面的要求,同时也是对文艺创作的又一层认识。《复李兆先》云:"辱示诸作,亟读再过,隐然有乔松着根、骥子坠地之势,孰得而遏之哉。……虽然,未可遽自足也。昔之称大君子者,固其天分之素定,然亦未有不自学问中来者,况夫天下之义理无穷,安有安坐一蹴以自至于圣贤之极致者哉!"《复戴武库师文》云:"夫灵识异禀,固天所予,而亦天所甚靳,旷世越代而不易以得者也。得之不易,而不能大肆力于学,以成就而结裹之,斯不亦为负天哉!"作家有创作的天分是好事,要好好利用,但更要用后天的学习去培育,具体的方法就是要多读书、多学习。谢铎对李东阳的文学才能与成就推崇备至,以为"遍度今之名能文章必足以传世而行后者,实无逾执事"(《与李西涯学士》)。他认为李东阳之所以能有这种成就,除天分才情而外,就是"好古问学",能"根据六籍、泛滥百家"(《读怀麓堂稿》)。因此谢铎特别强调读书与学习。《都御史夏公墓志铭》:"居常好读书,虽职务填委不少废,间出为文章,而尤工于诗,往往逼唐律。"《福建按察佥事林君墓志铭》:"君虽职刑狱,而好学不倦,旁涉诸经、子史、唐宋诸大家,间发为文词,秾郁奋张,读之可想见其为人。"《南安府知府华亭张君墓志铭》:"君以灵识异禀,克之学问,老且不倦,诗与文,几成一家。"《筼心郭先生墓志铭》:"先生初治《书经》,为举子业。既乃弃去,益博涉群书,为古文词而尤工于诗。"正是基于这种认识,谢铎自己更是广泛地学习前人,其广泛之程度,我们在讨论他的诗歌艺术成就时将谈到。

四、不仅学习汉唐名家，也学习宋之大家，且能自成一家

《重刊石屏诗集序》曰："若汉之苏李、唐之李杜、宋之苏黄，其于诗也，皆出于颠沛放逐之余，而后得以享大名于后世，夫岂易而予之哉！"《台雁唱酬诗序》云："盖非独汉唐以下诸诗家之赠处和答然也。然皆以其意而未尝以韵，韵之次，其宋之末造乎？诗之唱酬而至于次韵，一韵之次而至于累数百首，诗之变亦于是乎极矣。噫！诗之变化无穷，而人心之妙用亦相与无穷，况夫义理之在天下者，而可以有穷求之哉！"从中不难看出谢铎的雄心，他不但要宗法汉唐，而且还要汲取宋诗的精华，以期自成一家。谢铎认为文学创作要"自成一家"，这样才算是有些建树了，因此谢铎对当时在他看来在诗文领域能"自成一家"的章乐清、王汶等人都多次给予首肯和嘉奖（《侍郎章公墓志铭》《明中书舍人王君墓志铭》）。但是，"文章自古几名家，半是枝头叶上花"（《应黟县以诗来论文次韵复之》二首其二），要想在文学创作领域自成一家并不是一件容易的事情，光靠对前人的学习与模仿是远远不够的，还需要有自己的创新，所谓自成一家也正包含着具有自己创造性特色的意思。《应黟县以诗来论文次韵复之》的第一首"入道从来各有门，几何能解绝尘奔。文章亦是天机杼，笑杀随人脚后跟"便是鲜明地强调了这一点。

五、不为溃烂雕琢，追求明易自然

要创新以自成一家并不意味着要刻意于奇崛怪异，谢铎对"不为溃烂即聱牙"的求新求变的作风提出了批评，认为这最多只是一时争春的枝上之花，经不起时间的考验（《应黟县以诗来论文次韵复之》二首其二）。谢铎认可"言之无文，行之不远"的观点，认为文词"蹇劣"不是理想的作品（《书赤城新志后》），但他同时也反对"斩绝奇险"（《明中书舍人王君墓志铭》）和过分的"雕琢"（《侍郎章公墓志铭》），而谢铎更是用自己的创作实践证实了他对自然、明易风格的艺术追求。

六、辛勤耕耘，穷而后工

谢铎在承认文学事业值得追求的同时，也看到了这种追求的不易。《重刊石屏诗集序》云："宋之南渡，吾台文献实称东南上郡，而诗人亦多有声江湖间，若石屏先生戴公式之其一也。然当其时，台之人以科第发身致显荣者何限，而

石屏独工于诗以穷,岂诗固能穷人哉? 盖天之于富贵,往往在所不惜,而于斯文之权,恒若有所靳而不易予人。何也? 斯文,天地精英之气,必间世而后得;富贵,则倘来之物,赵孟之所能贱者也。故一代之兴起而为将相者,比肩接迹,而文章之士或不能以一二数,幸而得之,必困折其身,拂郁其志,俾之穷极而后已。若汉之苏李、唐之李杜、宋之苏黄,其于诗也,皆出于颠沛放逐之余,而后得以享大名于后世,夫岂易而予之哉!"虽然这种"穷而后工"的感慨几百年前即已有人抒发过,而且发这种牢骚的也代不乏人,但并不能因此就抹杀一个具体的创作者在艺术追求的路途中亲尝的艰辛。

七、文以明道,文章要切乎实用、关乎世教

谢铎在《愚得先生文集序》中着重论述了文以明道和切乎实用的观点:

昔人有言,文之用二,明道、纪事而已矣。六经之文,若《易》若《礼》,明道之文也,而未尝不著于事;若《书》若《春秋》,纪事之文也,而未尝不本于道。后世若濂、洛、关、闽,则明道之文,原道复性,盖庶几乎是者也;司马迁、班固,则纪事之文,唐、隋、五代史,盖因袭乎是者也。舍是而之焉,非文之弊,则文之赘也。斯甚矣,乃若虽不主于明道而于道不可离,虽不专于纪事而于事不可缓,是固不得已于言而其用亦不可缺。故上而郊庙朝廷,下而乡党邦国,近之一家,远之天下,皆未有一日舍是而为用者也。特幸而遇焉,则用之为制诰、为典章、为号令征伐,而其文遂以大显于天下;不幸而不遇焉,则用之为家训、为学则、为谕俗之文,则其用有限,而其文不能以大显。……君子所贵乎文者,体道不遗,言顾其行,有益于实用而不可缺焉耳。

《赤城后集序》"昔人有言:'文章不关世教,虽工弗取。'是集……宁知非世教万一之助也哉"云云,则首肯了文章切乎实用观念的另一个侧面:关乎世教。因而谢铎对实用性强的文体极为关注,尤其是对关系社稷民生的文章(所谓"告君之词")大力推介,时人章乐清"以为文之有关世教者,莫先告君之词。故平生之文,奏议为多"(《侍郎章公墓志铭》),谢铎便大为嘉许。谢铎明确表示"惟论谏告君之词,在文章最为用世急务",而对"告君"类作品尤多的王景昭更是高度赞扬,誉为"凤鸣朝阳"(《复王景昭侍御》);而对因种种原因未能留下

这种关系国计民生之作品者,则表示莫大的遗憾:"秋官亚卿畏斋林公既没之二十有二年,其嗣子太学生薇始克收拾公之遗稿,得诗若文凡三十四首,盖所谓存十一于千百者也。公博学好古,聚书几万卷……后先历官几三十年,所谓论谏、谕俗之篇,明刑弼教之谟,皆公所宜有也,而此一不之见,岂公之没,生方在髫龀,故散落至此,抑公之克举其官,敫历中外,将不在言语文字间耶?"(《读畏斋存稿》)谢铎还手编《赤城论谏录》,其强烈的动机正是在"其文之有关治道"(《书赤城论谏录后》)。

八、诗文抒情言志,可以导达意气

谢铎认为,《诗经》之创作就是为了用来顺理人的性情,即所谓"为之《诗》以理性情"(《卢州府学尊经阁记》),故凡"情之所感,不能自已"辄作诗(《感情诗序》),为亡友作哀辞则可以"泄吾哀"(《王尚德哀辞》),即发泄自己对亡友的哀情。谢铎在《赘言录序》中说:"一代有一代之典章,一人有一人之履历,上之天道之灾祥,下之人事之兴革,目之所经,心之所感,其能已于言乎? 不能已于言,则咏歌之于诗,纪述之于文。"在《桃溪杂稿编年谱小引》中又说:"岁月有先后,则世故有变更,世故有变更,则心之所感者不能以不异,感于心而发于言,则凡天下之忧乐,一身之休戚,皆于是乎见焉。"其对诗歌之关乎性情、可以导达意气的体认是何等亲切。因此谢铎很能体会别人创作的情感基础,他在看了同年陈德修创作的《六嬉图辞》后写道:"君初为金华守,意有所不乐,将归隐故山,因作此以寄兴。"(《书六嬉图后》)这正是以文学作品情感的共通互感为认识基础。"情"和"志"是相关联的,诗歌能抒情,当然也能言志,谢铎在《复李西涯》书信中说:"恶诗数首,谅亦随达。平生鄙志,此亦可见。"当时谢铎便是借助诗歌向李东阳传达他退隐的思想和志愿。

九、文实之辨:文贵其实

"实"在这里有两层意思,一是积极有益的思想内容,二是内容(包括情感)信实而不伪造。

谢铎在《重修宗谱后序》中提出了文实之辨:"虽然枝分派别,昭穆亲疏,秩然不紊,一举目间,而千百年之世数如指诸掌者,谱之文也。所谓尊祖,所谓敬宗,所谓收族,所谓崇恩爱长和睦,以不忘其身之所本者,则文之实也。"紧接着便强调文贵其实:"立法创制,本之躬行之实,而不能不著之文,以传示天下后世者,上也。因其文之著,以力求造乎其实,而不已焉者,次也。"并极力反对虚伪造作、无中生有:"若乃饰轮辕为虚车,而弃之如刍狗,顾举以号于人曰:'吾谱某法也,吾谱某例也。'则亦将焉用彼为哉!"谢铎此处虽是针对宗谱而说,但观其在《刘氏宗谱序》"夫谱,文也,由文以求其实,犹惧其或不至,况又于文而伪乎"云云,则可知他"文实之辨"是不局限于某一特殊的文体的,"实"与"文"(与"实"相对,非是广义的"文章"之意思)这两个概念不是仅从宗谱这一种体裁中抽绎出来的,其"文贵其实"的思想是可以涵盖所有文学创作的。谢铎反对刻意"雕琢"、"斩绝奇险",追求明易、自然,也正与他这种"文贵其实"的思想有关,谢铎在谈礼乐问题的时候说"文胜而过其质,本是不好的"(《先进于礼乐》),正与这种思想相通。

十、复古

谢铎有复古倾向,这表现在很多方面,如他在谈礼乐时说:"盖先进礼乐正是那文武周公监二代而损益的,后进礼乐却是周末文胜的礼乐,这都已失了那文武周公的初意,我若用这礼乐,必须要从那先进的,这后进的却决不敢从。"(《先进于礼乐》)在谈学校教育时说:"古者建国居民,教学为先,其本在躬行,其教之之法,盖无所不具。……三代以降,此意既微,士各以其性之所近为学,而不复知有圣贤之大道,所谓虽无文王犹兴者,则已难乎其人矣。而今世遭圣明,学校之教,一惟先圣王之微言是训是用,然而培养劝激之下,往往所言不足于行,至或尽负所学以上累吾君之清化。於乎,是岂学校之教其端使然哉!"(《重修长垣县学记》)这"而今"以下的话,明显是场面上的官话,而谢铎的真实意思,却正在"惟先圣王之微言是训是用"。谢铎这种复古的倾向同样也表现在对文学创作与发展的认识上。他在《贞肃先生墓志铭》中说:"先生早以诗鸣,与王城公力追古作,盖吾台之诗,自天顺成化来,始一变以复于古,而今之称大家者宗焉。"这便是文学复古思想的明确表露。其他如《愚得先生文集序》:"铎叔父愚得先生博学好古,盖尝以其所抱蓄者大肆力于文矣。"《复太守文》:"读《谢病疏》暨约游雁山诸记,庄重缜密,宛然有古作者之风,乃知别后数十年造诣如是,其至独诗与文也哉!"等等。我们从中都能看到他在文学中提倡复古的倾向。李东阳《桃溪净稿序》曰:"同官十有余年,先生学愈高,诗亦益古,日追之而不可及。……见所寄古乐府诸篇,奇古深到,不能释手。"则更从另一个侧面证实了谢铎自己在创作中的复古追求。

第三节 谢铎诗歌的思想内容

谢铎的诗歌,从思想内容和情感上看,首先最引人注意的有三大主题:一是关心国家命运,盼望为国出力;二是关心民生疾苦,为百姓的痛苦而呼号;三是面对宦官专权,担忧朝政,并有避祸之心。这三者在谢铎那里又是互融而统一的,所谓"卜居非浪语,图报本初心"(《再次前韵柬西涯》)"望乡怀国两难禁"(《望金陵次韵怀黄世显亚卿》)。另外,谢铎诗歌创作题材广泛,内容涉及交游、咏物、哲理、题画、行旅、山水、登游、题景等众多方面,既表现了他对亲朋僚友的深切情谊,对家乡风物、祖国山川的浓烈热爱,又表现出一名清醒的传统士大夫强烈的自省意识和批判精神,下文即分类进行探讨。

一、关心国家命运,盼望为国出力

谢铎为国效命的初衷,在他早期的诗歌中就能看出。如《上之回》:"上之回,出萧关,千骑万骑何日还。雄心宕轶泉涌山,北穷绝漠南荆蛮。岂不闻,穆天子,八骏奔崩日千里。徐方不死祭公死,何必嬴秦殄周祀。"诗歌借周穆王巡游事表达了自己对国事的忧虑。又《搏虎行》:"南山有猛虎,咆哮踞其颠。北山有猛虎,伏穴声相援。翩翩少年子,环视不敢前。野夫奋特勇,载碚南山原。矢义故弗惜,而复之北山。众伤互及类,尽力驱且鞭。一射已睥睨,再射犹盘旋。技穷始衔忿,曳尾徐徐还。乃知一心力,可以终胜天。顾缩利与害,欲济良独难。咄哉搏虎者,勿畏冯妇贤。"希望大家同心协力共同办好国家之事,只要齐心协力,连猛虎也可以打退。此诗的重点在"乃知一心力,可以终胜天。顾缩利与害,欲济良独难"四句。据《明史》谢铎本传,"时塞上有警,条上备边事宜,请养兵积粟,收复东胜、河套故疆。……语皆切时弊"。这便是谢集中的《论西北备边事宜状》:"窃惟天下之事有自其本而言者,有就其事而言者。自其本而言虽若迂而实切,就其事而言则若急而实泛。"而治本之方则"在于人君之一心,而辅之者宰臣也",并引孟子之言"惟大人为能格君心之非,君正莫不正,一正君而国定矣",故曰"实圣心一转移之间耳"。又据本传,"成化九年校勘《通鉴纲目》,上言",以为"今天下有太平之形,无太平之实,因仍积习,废实徇名",《明史》称其"语皆切实弊",谢集中有《癸巳封事》,文中又极力强调:"臣愚,不敢负此心以欺陛下也……实圣心一转移间耳,夫何难之有哉?"这些资料都可以帮助我们从另一个侧面更深层次地理解谢铎诗歌中"乃知一心力,可以终胜天。顾缩利与害,欲济良独难"这样的议论;这都出自谢铎对国家的拳拳之"心"。

谢铎有不少写他失眠的诗,大多是因关心国事、牵萦思虑所致,兹看《不寐》:

> 寂寥门外断喧声,坐久空庭转二更。
> 细雨相亲是童仆,抚心欲问非平生。
> 风停漏下听鸡报,云尽天高见月明。
> 莫怪楼头眠未得,荷戈宵旰有西征。

该诗作于宪宗成化八年(1472),据《明史·宪宗本纪》记载:"八年春……孛加思兰犯固原、平凉。……五月癸丑,武靖侯赵辅为平虏将军,充总兵官,节制各边军马,同王越御孛加思兰。"①此诗盖因此而作。风雨之夜,空庭寂寥,从子夜到拂晓,诗人长坐不寐,思问平生。"莫怪楼头眠未得,荷戈宵旰有西征",挂虑西部边事,恐只是诗人"抚心欲问"之一事,诗中徘徊辗转之意,盖在"风雨如晦,鸡鸣不已"之诗境的营造中。对烽火边事的重视,正是谢铎关心朝政与国家命运的重要表现之一,不仅如《明史》本传所载有《论西北备边事宜状》,语切时弊,而且在他的诗歌中也屡屡表达着他的关切与忧虑,"尊前忧国地,残鞑可谁戡"(《次韵答汪大尹进之》),"开边知有在,谁借尚方戡"(《再次前韵留别汪进之》)。故"莫怪楼头眠未得",良非空言。其他如《夜坐》一诗,则是反映作者得知"报捷自西征"后那欣喜不禁的心情,诗末云:"珂马十万队,阊阖方启扃。小臣不敢后,趋跄拜明廷。鸿胪发高唱,报捷自西征。天颜喜以怿,赏赉有迁升。回头见诸老,共说今太平。"则是对朝廷由衷的祝贺与对国家前途美好的企望。

然而,谢铎以他敏锐的政治眼光看到"今天下有太平之形,无太平之实,因仍积习,废实徇名"。于此衰弊之际,则不禁回想盛极之时:"窃惟唐宋之君虽

---

① 《明史》卷十三,第168页。

皆以征伐取天下,然其始得之也,实不能以无愧,汉乘秦暴起而诛之,虽若胜于唐宋,然秦非元比也。元以夷狄入主中夏,斁彝伦而坏风俗,实开辟以来未有之大变。我太祖皇帝应天而起,以布衣提三尺剑与万民请命,渡江之初一征而克金陵,再征而平江汉,三征而有吴越,四征而中原廓清,五征而残元屏息。兵威所加,东征西怨,罔不率俾,盖不十五年而尽复帝王诸夏之故地,为亿万载无穷之业,乾坤再造,视唐宋实远过之,而其功之大且难岂不倍于汉哉!"(《拟皇明铙歌十二篇序》)乃作《拟皇明铙歌十二篇》,"以歌颂铺张我圣祖之神功大业于无极""上昭我圣祖创业之艰难,而俯念守成之不易也"(同上),可谓用心良苦。后又作《昭明烈祖诗》十二篇,"以见我圣祖之创业,虽未尝不戡定以武,而其垂统以为圣子神孙亿万年之典则者,则固不在此也。……所以见于忧勤惕厉之间者,亦未必无少助焉"(《昭明烈祖诗序》)。谢铎曾校勘《通鉴纲目》,深谙司马光和朱熹以史为镜、以古鉴今之旨,奏曰:"是书成于宋儒司马光、朱熹之手,上师《春秋》,下薄迁、固,实经世之大典,帝王之龟鉴也。"谢铎《拟皇明铙歌十二篇》《昭明烈祖诗》十二篇及诸读史之作(如《读宋史十六首》《读春秋一十六首》《读尚书一十六首》)与"史论"之篇,拳拳为国之意正在此间。

前面已经说过,从谢铎中进士后所作《太液晴波》《琼岛春云》《居庸叠翠》诸题景之诗,不难看出仕途之初诗人是如何踌躇满志,即所谓"图报本初心"。从谢铎的诗歌中,我们可以看出有一段时间他在思考着君臣关系问题,这在《登严子陵钓台次陈公甫韵》诗第一首中表露得很明白:"江上好山青欲老,江有流水不西还。万年风节云霄上,一代君臣朋友间。唐宋以来皆此道,许巢之外更谁班。云台不是三公地,且作乾坤自在闲。"又《谒楼桑庙》:"仓皇衣带诏,辛苦武乡侯。西蜀分王地,中山奋迹秋。蛟龙曾失势,鱼水故相投。千载英雄泪,还同沛水流。"诗中谢铎对古代帝王与臣子之间能如鱼水之相投、如朋友之相处,不无羡慕,臣子之效力君王,但愿得君王之相知,君臣"一心"之力,"可以终胜天"。如若不能,则"许巢之外更谁班","且作乾坤自在闲",正是孔子"鸟兽不可与同群,吾非斯人之徒与而谁与"(《论语》)的意思。据《明史》本传:"成化九年校勘《通鉴纲目》,上言:'《纲目》一书,帝王龟鉴。陛下命重加考定,必将进讲经筵,为致治资也。今天下有太平之形,无太平之实,因仍积习,废实徇名。……愿陛下以古证今,兢兢业业,然后可长治久安,而载籍不为无用矣。'帝不能从。"则前面所讲谢铎在《通鉴纲目》上的拳拳深意只是个泡影,在这项工作上不过做了一回"空投"书生。本传又载:"(弘治)三年,擢南京国子祭酒。上言六事,曰择师儒,慎科贡,正祀典,广载籍,复会馔,均拨历。其正祀典,请进宋儒杨时而罢吴澄。礼部尚书傅翰持之,乃进时而澄祀如故。明年谢病去。"据此虽不能说谢铎第二年之辞官与之有必然联系,但从这两件为史书所载的生平大事中,不难体味到谢铎在政治上并不怎么如意,与最高统治者更谈不上鱼水关系,所以就有"也知补衮无容地,只为君王效执殳"(《追忆金尚义卢舜用二同年》),甚或滋生并坚定辞官还家和卜居退隐的念头,"逢时报国心先负,入夜还家梦亦忙"(《元日卧病有感》)"报国也知无尽地,卜居元亦是初心"(《次李西涯卜居诗韵》)。谢铎"经术湛深"(《明史》本传),是个务实的人,高蹈出世并不是他的精神所在,"关心国家命运,盼望为国出力"始终是他的主意所在。"报国""报恩""图报"等等字眼,在他诗中可说俯拾皆是。《次韵奉答傅体斋春卿》集中表露了他在进退困境中的情怀:"再拜深恩重似山,感恩常在梦魂间。不才岂敢轻忘世,多病深惭早闭关。耕凿有天容老大,弓旌何意及幽闲。宫端翰长中朝望,奔走谁堪簉末班。"其中"不才岂敢轻忘世""感恩常在梦魂间",二句足以概括谢铎一生心事。

二、关心民生疾苦,为百姓的痛苦而呼号

谢铎有着朴素的民本思想,关心国家命运,自然也就要关心民生疾苦。故而谢铎诗歌内容的又一个鲜明主题就是:关心民生疾苦,为百姓的痛苦而呼号。明朝自"土木堡之变"与"夺门之变"后,元气大伤,国运渐衰,加之自然灾害不断,而朝廷政治不见革新,地方捐税盘剥现象尤趋严重,以至民不聊生。谢铎用他的诗歌如实地记录下当时百姓的苦难并为之奔走呼号,对当时地方官吏乃至朝廷政治的弊端有较为大胆的讥评与抨击。

对于当时民生的疾苦,谢铎在诗歌中有着较为广泛的反映,既有自然灾害给百姓带来的困蹇,也有朝廷弊政给人民带来的苦难。《田家叹》:"叹息复叹息,一口力耕十口食。十口衣食恒有余,一口苦为私情逼。县吏昨日重到门,十年产去租仍存。年年止办一身计,此身卖尽兼卖孙。於乎!吾民之命天所属,阡陌一开不可复,卓锥有地吾亦足。"《西邻妇》:"西邻少妇东邻女,夜夜当窗泣机杼。今年养蚕不作丝,去年桑老无新枝。七十老翁衣悬鹑,皮肉冻死手脚皴。年年唱名给官帛,尺寸从来不上身。於乎!辛苦输官妾之职,墙下有桑

妾自植,妾身敢怨当窗织?"两诗集中反映了朝廷苛捐杂税,地方官吏又重重盘剥,以至百姓痛哭呼号,难以为计。诗人用白描的手法,代为呼号,其情感倾向是鲜明的。第二首"年年唱名给官帛,尺寸从来不上身",朝廷有照顾年老长者的噱头,而事实上"七十老翁衣悬鹑,皮肉冻死手脚皴",老百姓到头来还是被盘剥得精光,作者通过细节特写,着意反讽,鞭辟至深。谢铎后来作有《陈长官祠》(《台州杂咏二十六首》之七),对"长官不加赋,竟为民死之"的爱民之举、爱民之官加以歌颂,诗有序文,曰:"在宁海县学西,五代时钱王镠欲增州县赋,长官为县令,以死谏,赋得不增,民至今祠焉。"从中也正可看出谢铎的为官之体、为民之心。故而,对有益于民生的惠政、义举,谢铎都为之兴奋,并在诗中为之歌颂。《决渠》:"决渠数晨夕,沟浍不能滋。遂令抱瓮者,亦复笑其痴。微雨忽来过,生意满秋篱。乃知皞皞民,帝力真不知。"这首诗歌有意学陶渊明,显而易见。决渠之惠,有益生民,故诗人情绪欢快,而诗歌节奏清畅,"微雨"二句,颇见"生意"。又有《村民有用三十六桶以救饥者慨然感兴为赋》三首,观诗题即明其意,毋庸赘述。另又有《吾民》诗:"忽漫吾民到此生,几堪流涕几堪惊。凶年未见能蠲税,清世无端又点兵。"则是反映了朝廷不顾民生反而滥用民力的现实,"几堪流涕几堪惊",诗人大为百姓叫屈鸣不平。

然而谢铎毕竟没有太多深入接触社会民众的机会和实践,因而他所反映的上述现实,不论是诗歌本身,还是就当时明代社会的实际来说,都是失之于浅的,仿佛隔靴搔痒,不见痛快。正因为诗人缺乏切实的见闻和实际的经验,所以他对于民生的关怀之情,多集中表达在对自然灾害的反映上,而且基本一味地是水灾问题,以致"苦雨""喜晴""喜雨"一类的作品占了他关于民生问题的诗作之绝大部分。

> 野岸禾生耳,山城水及扉。毒龙休作怪,哀雁已无归。
> 溪谷积阴在,乾坤生事微。白头忧国地,愁坐独依依。
>
> ——《苦雨》

> 大麦已过小麦新,田家得此未全贫。
> 雨穷晦朔苦愁地,晴是江山富贵春。
> 剩有清尊能醉我,放教白发且欺人。

五湖风景今何在？莫问孤舟野水滨。

——《喜晴次旧韵一首》

半日开晴半日阴，几惊风雨出高林。
山中爽气初销伏，天上骄阳已化霖。
廊庙敢烦诸老念，村田真切我民心。
不知杞国忧多少，诗鬓朝来已不禁。

——《苦雨》

天意分明捷似桴，压空云雨岂区区。
旱应已分三秋剧，病忽惊传九死苏。
硕果也知终不食，稊杨真见复生枯。
白头倚赖乾坤在，谁问吾民儋石无。

——《喜雨追次韩魏公韵》

一雨惊看喜欲狂，倒悬真解此皇皇。
未论报社还扶醉，且免从人乞奏荒。
民命在天终可赖，杞心忧国暂须忘。
有年自是春秋瑞，麟笔谁堪继末光。

——《八月初一日大雨喜而有作》

独上高楼望眼开，春愁无数逐人来。
官河二月冰初合，水国经年雁未回。
歧路关心妨斥堠，野田生事入蒿莱。
何须更检门前柳，深放黄金作酒杯。

——《春愁》

野外更传风雨恶，黍田生事不宜秋。
白头父老泣相语，典尽春衣错买牛。

——《苦雨柬黄吏部世显》其三

村北村南皆旱尘,出门几望西郊云。
山灵半死龙作祟,田骨尽枯龟拆文。
喜剧此时不觉舞,忧深前日夏如勋。
醉来便欲击社鼓,谁为更招南郭君。
(自注:"旱至是四十日矣。存敬号南郭。")
——《六月二十九日喜雨追次黄山谷韵寄王秋官存敬》

  谢铎"苦雨"又"喜雨",忧于"旱"又喜于"晴",非是诗人反复无常,而是诗人之心之情,皆因民情而转移。诗人实不在意于自然风雨晴晦,凡其有益于百姓,则喜,凡其造灾于稼穑,则苦。这种社稷情怀与创作意趣,是直接继承与追仿杜甫而来。杜诗"禾头生耳黍穗黑,农夫田父无消息。城中斗米换衾裯,相许宁论两相值"(《秋雨叹三首》其二)正是谢诗"野岸禾生耳,山城水及扉"所本。谢诗"村北村南皆旱尘,出门几望西郊云"正是杜诗"雨降不濡物,良田起黄埃"(《夏日叹》)"安得万里风,飘摇吹我裳"(《夏夜叹》)之意。久旱逢雨,谢铎是"一雨惊看喜欲狂",直拟杜甫闻唐军收复失地后"漫卷诗书喜欲狂"(《闻官军收河南河北》)的情态,只是"未论报社还扶醉,且免从人乞奏荒。民命在天终可赖,杞心忧国暂须忘""雨穷晦朔苦愁地,晴是江山富贵春。剩有清尊能醉我,放教白发且欺人"云云,终不及杜甫"敢辞茅苇漏,已喜黍豆高……沉疴聚药饵,顿忘所进劳。则知润物功,可以贷不毛……四邻未耡出,何必吾家操"(《大雨》)道得亲切、写得实在,相比之下,谢铎总是裹在他那脱不掉的士大夫之缙绅气里。同时,谢铎的表现力也远远不足,其诗中难得有具备较强表现力和感染力的描述性句子,其"毒龙休作怪,哀雁已无归。溪谷积阴在,乾坤生事微"云云,较之杜甫"吁嗟呼苍生,稼穑不可救!安得诛云师,畴能补天漏?大明韬日月,旷野号禽兽"之句,不啻霄壤。所要肯定的是,谢铎学习并有意识去继承杜甫那种从"风雨"中去体察民生、从"风雨"中去表现忧国爱民情怀的创作意趣,谢铎"白头忧国地,愁坐独依依""不知杞国忧多少,诗鬓朝来已不禁"云云,正是自道心曲,故其《八月初一日大雨喜而有作》诗中所恣意表露的"喜欲狂",正有似杜甫"安得广厦千万间,大庇天下寒士俱欢颜,风雨不动安如山"(《茅屋为秋风所破歌》)那种妄想的快乐!且看《撤屋谣》:

长安寸地如寸金,栅水架屋争尺寻。
一朝官府浚河水,撤屋追呼势蜂起。
君不见去年城中十日雨,边水人家比湖浦。
家家缚板作舟航,十日罢罢心皇皇。
一家受怨百家喜,知者作之仁者美。
人情姑息昧近功,版图习袭相蔽蒙。
前街后街呐相语,疮癣不修今毒苦。
前年买土筑高地,今年卖屋无人至。

这里,谢铎虽是用赋叙的手法对民生之疾苦作实然的描写,而其作为一个诗人的人文之关怀正是绍承杜甫"安得广厦千万间,大庇天下寒士俱欢颜"的艺术精神而来。造成民众苦难的原因是多方面的,有自然之灾害,如《苦雨叹》所云:"长安阴雨十日多,倾墙败屋流洪波。男奔女走出无所,道路相看作诡语。东邻西舍烟火空,青蛙满灶生蛇虫。春来五月全不雨,夏麦秋田皆赤土。城中米价十倍高,斗水一钱人惮劳。"也来自当局政治决策的弊端,如《吾民》诗所云:"忽漫吾民到此生,几堪流涕几堪惊。凶年未见能蠲税,清世无端又点兵。"还有地方官吏豪强的盘剥和欺压,如前述《田家叹》《西邻妇》二诗,又如《卖屋谣赠一中》所云:"西家屋破低轧头,得钱则卖如脱囚。东家屋好不合卖,崭新墙壁称高价。君不见长安卖屋如卖花,朝落东家暮西家。驽骀得志万马瘖,得失岂在千黄金。"对此,诗人不仅能鲜明地流露出悯世忧民的情感,而且敢于坚持他鲜明的政治批判立场,这是难能可贵的。

三、面对宦官专权,担忧朝政,并有避祸之心

在政治上,谢铎曾积极有为,如成化九年(1473),其参校《通鉴纲目》完毕,随机上疏喻谏宪宗,"愿陛下以古证今,兢兢业业,然后可长治久安",又值土鲁番入侵明朝西北屏藩哈密,谢铎即上疏"论西北备边事宜",语切时弊,然而统治者不能用之(参见《明史》谢铎本传)。又如谢铎起为礼部右侍郎兼国子祭酒期间,上《论教化六事疏》(文见《谢铎集》卷七十),提出"择师儒以重教化之职""慎科贡以清教化之源""正祀典以端教化之本""广载籍以永教化之基""复会馔以严教化之地""均拨历以拯教化之弊"等六条改革措施;又上《修举废坠

疏》,谓"臣到任以来,切见本监监生二千三百余名,而号房曾不及五六百间,其倾颓漏烂不可居者,又往往半之,于是不免寄居杂处军民之家",兼"目睹诸生死丧之状狼狈",乃建议朝廷修缮校舍、接济病丧,至云"朝廷如不欲动费在官钱粮,臣别当自行节缩措置",诚可谓亟亟然"尽心焉耳矣"。然当局者似未能尽从之,于是再上《维持风教疏》(文见《谢铎集》卷七十二),重申"正祀典""重科贡""革冗员""塞捷径"四条措施,虽"言甚剀切,皆凿凿可行"(王廷相评语,见《方石先生墓志铭》),而朝廷是重其名而不能用其实。但谢铎并没有灰心,而是满腔忠诚,矢志不渝,如《鱼游入渊深》便是这种心态的表达:

鱼游入渊深,鸟飞薄天高。安居与暇日,帝力宁秋毫。
所以君臣义,俯仰无所逃。呦哉漆室女,倚叹心忉忉。
杞人信多事,炼石非虚褒。古来休戚臣,欲济同舟操。
憨士昧深浅,力薄志空劳。负蚊幸涉海,往往委波涛。
全身岂不爱,众喙苦相遭。马公祚宋语,此事应吾曹。

此诗题取义于《诗·大雅·旱麓》三章"鸢飞戾天,鱼跃于渊",谢铎以此为诗题加以阐发,恰当地表达了这种尽忠为国的进取心态。

前已指出成化九年(1473)边疆局势大为恶化,但谢铎抱着"古来休戚臣,欲济同舟操"的信念,每每在奏议中言人所不敢言,完全将个人荣辱安危置之度外,虽多不见从,而他"所以君臣义,俯仰无所逃"的风概却得到了士林的尊重。

成化十三年(1477),朝廷开设西厂,短短四个月内,朝中重臣如左通政方贤、礼部郎中乐章、布政使刘福、御史黄本等人皆下狱,乃至如都指挥杨业竟被拷打至死。面对朝政的昏乱,谢铎避祸之心更盛。他在诗中写道:"官事未酬将老矣,归心无计益茫然。"(《寄呈四叔父先生》三首其二)"最是舞雩风日好,几时归咏听余音。"(《曰川席上分韵得林字》)"醉淹北地终非酒,心忆西池苦系官。"(《次韵答傅曰川观莲之作》)到了成化十六年(1480),谢铎丁忧离职,并称病家居而屡召不起。弘治元年(1488),在李东阳、黄孔昭等人的再三劝说下,谢铎再度出仕,但在此期间谢铎所作的诗歌中,我们仍然看到了他那倦意仕途的归隐之心和忧于祸患的忐忑之情,"吏报忽通籍,心惊再入官"(《出门》),"云台不是三公地,且作乾坤自在闲"(《登严子陵钓台次陈公甫韵》),于是三年后谢铎重又谢病回家,长达十年。弘治十二年(1499),朝廷再次征召谢铎,谢铎不得已再次出仕,感叹"莫怪逢人苦忆归,宦途真亦是危机"(《文太守述怀诗来次韵奉解》)。这时谢铎的心态,我们还可以在他出仕后第二年所作的《急流退一首奉答西涯先生》诗中看出:"流正急,风正颠。进亦难,退亦难。失势一落万丈滩,何如稳卧严陵山。长笑一声天地宽,天地宽,云台事业浮云看。"正是出于对政治权利旋涡中"失势一落万丈滩"的恐惧,坚定了他急流勇退的决心,于是不顾众僚之劝而连连上疏辞归。

王廷相谓"会权阉用事,矫令致仕"(《方石先生墓志铭》),则从一个侧面反映出谢铎平日如何忧愤于阉党。《白日鼠》一诗可以说是这一心态的写照:"嗟尔白日鼠,公然走踆踆。尔也本阴类,及昼恒畏人。何年易尔性,不畏人怒嗔。残污我书册,旋及吾冠巾。暴啮动万状,孰辨夜与晨。我欲灌其穴,穴坏与墙亲。我欲熏以火,未及徙我薪。展转两无策,为尔徒嚬呻。悠悠此苍天,敢谓谁不仁。"其《殷鉴杂咏二十四首》也是这种心态和情感的集中表露,谢铎在该组诗之《序》中说:"夫有国有家者之所当鉴固非一端,然而莫先于女宠,莫甚于宦寺,莫大于奸臣。是三者要皆阴类,恒相依倚附丽以为腹心羽翼,而国之凶、家之害未有不由之者。故《易》以阳为君子,阴为小人,而以小往大来为泰,大往小来为否。盖阴阳之往来消长,实国家之所以治乱存亡,而世道之否泰关焉,于是而不知所以为鉴,可乎?"正可为《白日鼠》一诗之注文。

谢铎的这段心路历程,使他的诗歌又突出一个鲜明的主题,就是面对宦官专权既忧心朝政而又有退隐避祸之心,这是谢铎诗歌情感世界的第三个侧面。

四、谢铎的交游诗(赠别、怀人、哭哀)

谢铎一生的交际游历并不广,主要就是在他的那些同年进士、朝廷宦友和部分亲戚族里之间,然而,此间却有着他大半的诗作。于此,谢铎文中亦颇有自道,曰:"铎于诸公,东西南北人也,幸出而同时,而同登甲第,而同为禁近之臣,抑交分兄弟也。故一会率有纪,亦庸以考他日所以不相背负者何如,所以进退不但已以重轻斯会者何如。且毋曰汗青交籍不悉于前闻人,而子孙世讲以永斯好于不坠,固亦不徒然哉。岂其惜离聚于酒食文词间,以流连一时者为也?"(《元宵谫集诗序》)曰:"予同年进士一百五十人,自天顺甲申以迄于今,仅十有二年,中间得丧悲欢,物故者几五之一。感念今昔,不禁怅然为之出涕。因取其最可哀者,得八人为一诗,以泻予情云。……"(同题诗名,可作诗序观)等等。这些作品,除一般赠酬唱和之外,更可别为三类,曰赠别,曰怀人,曰哭哀。

1. 赠别诗

《次黄通政韵赠别高司训宏谧》：

> 五十年光未老时,遭逢休恨得官迟。
> 教分百里元非小,学在三人亦有师。
> 待扣钟须随我应,无弦琴不用人知。
> 抱关自古皆常职,一饭能忘主上私。

观诗意,高宏谧年五十而有司训之任,赴任之际,谢铎作诗以赠别。诗人可谓循循善诱,苦口婆心,既慰之以情,又晓之以理,既劝以为官之道,又喻之以自处、处世之方,末乃结以大体,可见诗人用心处。《送戴廷珍提学》：

> 别意匆匆不可招,路歧如梦入纷殽。
> 遗珠未尽收沧海,骢马仍烦出近郊。
> 拔茹自须先去莠,救溺终亦念投胶。
> 驱驰不待坚冰至,风色惊传十月交。

此亦是送人之官赴任,"拔茹"二句总不忘劝政之语,是谢铎心地,也是诗人此类作品的特点之一。正因发心在政,故诗末反而劝客早去,而有别于他诗一般留别之意。"遗珠"句似出李商隐"沧海月明珠有泪",承前句"路歧",盖"儿女共沾巾"之意,略嫌费事。在谢铎的赠别、怀人乃至哭哀等其他诗歌中,"歧路"、"路歧"字眼,如同他的"笑"和"梦",是屡见不鲜,无非是唐人王勃《送杜少府之任蜀川》占了他的先机,亦正如他的"乾坤""江湖"云云,不过是留下点学习杜甫的痕迹。谢铎诗歌之可贵,首在于他的真心实露,言辞恳切,想见其人。读他的诸种交游诗,尤须从此中看,如他的《送林蒙庵致仕》：

> 不是明时苦爱闲,独于中道念惟艰。

>百年士论瞻依地,此日先生进退间。
>忧国每怜心事赤,还家尤喜鬓毛斑。
>交游一代今前辈,把酒临风只厚颜。

此诗可与《送林蒙庵先生序》同看,文中"是以君子宁不避干名之嫌,而不敢一置其身于罔利之迹,惟夫诚不以名而止于不可不止,诚不以利而进于不可不进,斯则用舍行藏之义,庶几乎圣人之教,而于道无负矣"云云,正可视为君子自道,非仅"他人有心,予忖度之",而是我本有心,以斯心观物,则物无非中我情怀,这也是谢铎诗文的一个特点。

谢铎写于亲族间的赠别诗,则更见其诗才的局促与生活局面的狭窄了。《送宗勋表侄还黄岩》:

>西堂灯火夜相看,行李萧萧暮雪寒。
>愁极十年重见汝,老侵双鬓愧为官。
>梦中岁月家山远,世外风波骨肉难。
>抑塞满胸归未得,封书休但报平安。

《舟次镇江别宗勋表侄》:

>短剑羞同白发看,画船明月坐更阑。
>不知尔亦能千里,却怪吾还爱一官。
>两代恩似犹骨肉,百年歧路几艰难。
>吾儿到日丁宁语,勤谨无忘是问安。

两诗前后遥隔,却如作于同时,用韵一致,或是巧合,而立意大局,则不出岑参"凭君传语报平安";另,"短剑休同白发看,画船明月坐更阑",即"西堂灯火夜相看";"却怪吾还爱一官",即"老侵双鬓愧为官";"两代恩似犹骨肉,百年歧路几艰难",即"梦中岁月家山远,世外风波骨肉难",而《奉饯太守叔父马上有感》诗中核心之句"乾坤不合生歧路,骨肉能教少别离",亦不过如此。此不仅关乎诗才,亦是此老心中说来说去不外乎这点情愫。

2. 怀人诗

在这类诗中,当然也存在着同样的问题。笔者就不费笔墨了。此就说他写得还不错的诗歌。《三月十二日雪中有怀西涯》:

半夜忽深雪,推门误夙兴。烹茶空有待,放棹已无能。
天意茫难测,春花郁未胜。白头忧国地,病里共谁曾。

前二句说窗外明亮,以为天晓,出门一看,才知是半夜大雪。两句可谓善于跌宕。"烹茶"句说李东阳此时不能来,"放棹"句说自己又不能去,两面写来,煞是踌躇,亦颇见怀人之切。如之奈何?"天意茫难测,春花郁未胜",苟来日方长,那时繁花盛开,春意盎然,正可留连。这是聊自宽怀。然而我之如此思念,难道是"惜离聚于酒食文词间,以流连一时者为也"?"白头忧国地,病里共谁曾",只是这段心曲只能付于知己,不足为外人道也。在谢铎众多的怀人诗作中,笔者以为,称首者当推此篇。《暮秋奉怀黄世显李宾之兼忆十五叔父》:

夕阳门巷雨初收,独客无言坐暮秋。
咫尺不来黄吏部,寂寥同病李编修。
床头浊酒难驱使,篱外寒花自涩羞。
蓬海风高南雁远,有人回首竹边楼。

起首二句,时间、地点、人物交代清楚,落笔不苟,亦能于描摹,宛然一幅秋雨夕照图。"独客无言",带起"怀"字,是下文所本。"咫尺"二句可谓巧于编排,交代黄、李二人,逗漏怀人消息。"床头"句语意双关:我已备酒,而客不来;客既不来,我于酒亦无可消怀。"篱外寒花",近取眼前景物,其之"涩羞",仿佛关乎人情,为之憔悴。"咫尺"之怀尚且如此,更何况"蓬海风高南雁远",那里有一老人此刻或许正倚在楼边想念我等!"有人回首竹边楼",不是说"我",而是说"十五叔父",这就是后来王夫之所称道的"善于取景"(王夫之著《薑斋诗话》,人民文学出版社 1998 年版,第 141 页)。谢铎自说"诗律经心晚益严"(《用前韵奉酬时雍》),此诗足以当之。其他如《望金陵次韵怀黄世显亚卿》《病中怀黄世显李宾之》等,虽然艺术造诣不及上面两首,但如前文所说,于

"情"尚有可观,不论是表达"望乡怀国两难禁"的情怀,还是倾诉"江湖岁晚益多歧""门前消息此时真"的感慨与牢骚,都是自家心曲,道得真挚、恳切。

3. 哭哀诗

哭哀诗类同悼亡诗,因谢铎此类诗题十之八九以"哭"字领起,而诗歌特点也的确是在"哭"而不在"悼"(除了《追悼十五叔父》《梅坡二首悼叔祖盛五府君》等少数几首),故不若称哭哀诗为便切。粗略而论,"哭"与"悼"有缓急之分,因而在情感及其表达上也就有差异。谢集中哭哀之作不下五十首,若以张玉縠《古诗赏析》选录潘岳《悼亡诗》的标准,则谢铎之作恐难入其一。然自不能以古例之。不妨就先看他的悼亡妻之诗《闻亡妻孔孺人讣》:

> 一封书在恨千端,九曲回肠百结酸。
> 祸烈自天哪敢问,命穷于我故须安。
> 愁添岁月妨多病,老向江湖愧此官。
> 最是伤心儿女地,客怀今日十分难。

此题四首,这是第一首。这里我们自然看不到潘岳"帏屏无仿佛,翰墨有余迹。流芳未及歇,遗挂犹在壁"(《悼亡诗》)那样的细腻悱恻,也看不到苏轼"不思量,自难忘""小轩窗,正梳妆"(《江城子》"十年生死两茫茫")那样的哀婉缠绵,而是痛哭出声、问天哀号!这也许正是"哭"与"悼"的差别。谢铎另有《亡妻孺人孔氏墓志铭》,正宜参看:"弘治己酉夏六月朔,吾妻孔氏孺人之讣至。予咽绝不能语,久之,乃克为位以哭。如是者盖旬日,间莫知所以为心。既而曰:'孺人已矣,吾何为者哉!'乃复执笔以叙其平生,以慰诸冥漠之下。於乎!孺人已矣,其终不可作矣。吾之眷眷悲痛于不已者,抑岂独吾家室之情然哉!……"由此可见,哭哀诗之特点,如潘岳、苏轼的悼亡诗词般细腻婉曲的表达尚在其次,而是突显主人公之悲、之恸,乃至感慨与激愤,至少谢铎的哭哀诗作须从这里把握,不然难免求之过苛。再如《哭子次韵》,题下五首,其一曰:

> 哀苦茕茕只自矜,枕苫血泪几交横。
> 余生再荷身如寄,酷罚重罹祸未轻。
> 百岁老怀牛犊爱,万年遗恨蓼莪情。

> 谁言铁石心肠在，今日真输宋广平。

又《次韵四叔父哭子一首》：

> 泪从诗下识钟情，三复灯前更猎缨。
> 谈虎色伤今日甚，填波恨在几时平。
> 天高且合看终胜，日暮何能学倒行。
> 张弛此心吾自信，大诏谁说不堪槃。

丧妻夭子，人伦剧痛，莫之或甚，字里行间，血泪交横，惶论其他！纵是"天高且合看终胜"这样费事别扭的句子（按：此句从常语"人定胜天"来，如《哭子次韵》其二曰"人定只今谁可胜，天高终古已无情"，只是两处用意有别，一是正用，一是反用），我们也需原谅他。

以上是哭家室人伦至亲，再看他哭族亲。以《哭叔父王城先生》为例。王城先生即谢铎族叔谢绩，谢铎少时曾从其学，有所谓"少小师生义，因依骨肉恩"（《哭叔父王城先生》其三），其之哭也，自不同一般族人。此题下共八首，我们看第一首和第六首：

> 断雁秋空远，惊舟夜壑移。肝肠尽一哭，恩爱更何时。
> 黑发英雄恨，青衫布褐悲。谁将问真宰，倾覆竟如斯。

> 西北登楼日，江湖爱国心。抗词悲永夜，愧汗发重衾。
> 尚忆元龙卧，难招梁父吟。桃花溪上泪，流水向时深。

这组诗明显不同于前面讨论的哭妻子儿女的诗，或因族亲之故，或兼辈份之故，总之较深稳持重，而非捶胸顿足的嚎啕状。上列两首，起句皆有意取势，这在谢集中也是不多见的。谢铎在《叙录王城先生诗后》中有记叙："成化七年辛卯秋九月某日，铎叔父王城先生卒于杭。讣达于京师，铎南望踊哭。"则谢绩卒时谢铎未在身边，此可以理解第一首诗，是写京师初闻噩耗后的心情，以总起以下七首，则"断雁"两句便不费解。组诗第二首（"远信犹前日，离杯忆去年")是说不想前次离散竟是永别,益增哀情。第三首("少小师生义,因依骨肉恩")回想幼时耳提面命之情,而斯人已矣。第四、五两首乃专述其人,谓"当代无全士,吾宗第一人""逢时知有命,在世可无公",推允才德,是哀惋其逝,推允之极,也是哀惋之极。故第六首乃曰"尚忆元龙卧,难招梁父吟。桃花溪上泪,流水向时深",忆之无极,而惜之徒劳,逝者如斯,非魂可招,唯溪头流水,一往而情深。"桃溪"两句,不仅慰其魂归故里,同时也暗用了李白"桃花潭水深千尺,不及汪伦送我情"之句意。第七首("宝庆来时约,钱唐到后悲"),是在心理情感上从别离到生死又反复一遍,于是"江流泪不支"了。末首以"道在穷皆达,名存死亦生"定论,是为亡者盖棺矣。该组诗从谋篇布局到具体写作,都是能见出一定功力的,必在痛定思痛之后;同时也可见谢铎的哭哀之作,并非只会一味地抹眼泪。后乃有追悼之作,曰:"王城山下起秋风,林竹萧疏尚几丛。江海茫茫天欲老,为谁辛苦葬诗穷。""布袍无复忆天涯,泪尽秋风鬓欲华。最苦丁宁百年事,墓前先种紫荆花。"(《追悼十五叔父》二首)又有《读十五叔父遗稿》:"流水浮云尽路歧,大篇浓墨见当时。传家自比韩公训,忧国谁怜杜老悲。富贵百年他日梦,文章千古此心知。天高地阔嗟何及,跖寿颜亡终可疑。"一并录之,亦以见哭哀与悼亡其有以异。

再看谢铎如何哭知己、宦友和其他人。《次韵哭一中》题下三首,其一曰:"苦枕归来梦未安,玉楼催召不容宽。英雄有恨谁憎命,富贵何心着素餐。众口敢凭行路是,此生终是盖棺难。乾坤未老青编在,公道须从后世看。"其二曰:"谁向西州哭谢安,乱愁能与酒杯宽。春花入眼都成恨,秋菊何心忆共餐。俟命只应随地在,福谣终欲问天难。半函诗草平生谊,泪尽残阳可耐看。"《谒黄世显侍郎墓有感》:"白发论交四十年,忍看宿草此芊芊。光荣漫忆君恩重,痛哭深为世道怜。华屋万间空自好,乐丘千古亦虚传。只应满箧遗诗在,留与唐音作后编。"谢铎与林一中、黄世显互为平生知己,也是诗文至交,故有"半函诗草平生谊""留与唐音作后编"云云;谢铎为前者所作墓志铭有云:"予与一中、世显异姓兄弟也,知一中之深者,宜莫如世显,亦莫如予。"(《福建按察金事林君墓志铭》,另可参见谢铎致林、黄二君书信及为黄所作墓志铭等,此不赘)其诗歌虽未见惊人之语,但在情感上明显有异于它作,在哽咽之外,更有一份深沉与凝重。众作中写得相对出色的是《再用前韵哭辉伯秀才》:"消息忽传秋入病,梦魂曾几夜相关。谁知永诀平生恨,只在临歧笑语间。天地有情容白发,金丹无术驻朱颜。倚门望断青霄路,尚忆天香两袖还。"另如《哭陈士贤方伯》二首其一:"两年飞语极天诬,万里罢氓夹道呼。死未盖棺公论定,困方遂志此心纡。入山藜藿风初定,遍地菁莪雨尚枯。莫怪白头还痛哭,不堪清世是羁孤。"则是谢铎在诗中难得的激愤,盖有所鸣不平。其他如《哭陆鼎仪太常》(卷三二)《谒李老先生墓》(卷三一)《哭陈士贤方伯墓》(卷三十)等,也约略耐读,不一一细举。

五、谢铎的咏物诗及哲理诗

谢铎所咏之物,要非凡品。梅、菊、竹、兰、松、荷,人皆知有以比德君子;菜、草、虫、蛙,亦有寓思贤疾恶之意。

1. 咏梅

《梅花》:

> 踏遍孤山雪外峰,岁寒谁似老逋翁。
> 玄都观里休回首,十里斜阳半落红。

梅花历来被赋予很多可贵的品性,此诗咏梅花岁寒不凋,以见独立不群的耿介品格。"老逋翁",指北宋诗人林逋,爱梅好鹤,时人誉称"梅妻鹤子",谢铎诗乃以此指代梅花。林逋有咏梅名句"疏影横斜水清浅,暗香浮动月黄昏",谢铎很欣赏,还借用于自己的咏梅诗中,其《次韵李宾之题梅二首》之二"雪里横斜影半疏,清寒真与月同孤"二句,正从此化出。唐代诗人刘禹锡《游玄都观咏看花君子》诗有"玄都观里桃千树,尽是刘郎去后栽"语,故谢诗用"玄都观"以指代桃花,以桃花之早凋比显梅花之独芳。

梅花岁寒的品性,谢铎屡屡咏叹之,如《次韵黄世显题梅二绝》其一:

> 空山万木冻欲折,天遣江梅别置春。
> 莫讶肝肠终铁石,岁寒留取伴幽人。

此诗别出新意,先以"铁石肝肠"将梅花拟人化,从而"梅格"亦是人格,继而"岁寒留取伴幽人"一转,是君子有以自处。再如《次陈敬所梅花韵》八首其二:

> 夜色冬温又隔年,冷光幽艳转堪怜。
> 孤根分老冰霜窟,冶态春羞玳瑁筵。
> 岁晚风情谁独占,江南消息此真传。
> 漫山桃李纷纷在,不是挽天是盗天。

意脉与《梅花》诗相似,末皆以桃李等其他花树比照,只是此诗更强调了外界环境的恶劣,以突出岁寒后凋之难能,因其难能,故尤可贵。其他如"一笑巡檐坐隔窗,低头看尽百花降。谁令桃李为台皂,独向冰霜压后宠"(《次陈敬所梅花韵》八首其七)、"天与高寒孤瘦在,老堪凌厉折冲来"(《次陈敬所梅花韵》八首其四)则极得其神;还咏及梅花其他品性,如"不爱秾华只爱枯"(《次陈敬所梅花韵》八首其一)、"洁白难完绝代名""天地容吾着此清"(《次韵题梅二首》其一)等。谢铎咏梅诗中特别的一类是,借梅花以发议论、抒愤怀,又或有稽于往史,或有感于时事。前者如《次郭筠心移梅韵》:"乾坤何敢閟幽香,风在霜林月在塘。寥落未应嗟失所,量移今复近周行。调盐我识功名薄,索笑谁怜兴味长。安得屈骚还直笔,尽驱凡卉发潜光。"后者如《次韵题梅二首》其二:"天上冰梅忽擅名,商家羹鼎未为荣。不知玉屑金茎露,谁是仙坛第一清。"(此诗谢铎自注曰:"时冰梅之令甚急。")

2. 咏菊

诗人以咏菊而名者,无过于陶渊明,陶亦可谓咏菊之祖,菊之得益于渊明者盖亦多矣,而后来诗人苦于菊之先为渊明所吟者恐亦有在。谢铎诗歌鲜有如咏梅般直接咏菊者,或有鉴于斯亦未可知。读过谢铎咏菊诗,便知他是如何笼罩于渊明"阴影"之下。然渊明咏菊,妙在"无我",不着"色彩",如"秋菊有佳色,裛露掇其英"、"采菊东篱下,悠然见南山";而谢铎则更为"有我"之诗,于咏菊中时时牵萦自己心怀,故能不蹈窠臼,别为可观,可观者不在其咏菊,而在其善借菊以抒怀。

《奉次太守叔父种菊诗韵》其二:

> 陶后廖廖复几年,晚香庭院草芊芊。
> 极知世味看难似,莫怪风情好独坚。
> 未老折腰羞得米,贫谁多事叹无钱。
> 曾知袒跣枭庐地,不直羲皇一觉眠。

此诗在在涉陶,而情怀却是自己的,盖因菊而思陶,又因陶而出"世味""风情"之叹,"未老"一联关涉其叔父,亦非泛泛之谈。而其第一首竟因叔父种菊而出"清世且须开笑口,好官何必赛多钱"的议论,其未嫌突兀,亦在有自家情事耳。谢铎咏菊诗,语多涉陶,且多有重复,除前诗外另如"三径归来草未锄。……风光不是义熙初"(《再题菊花》)"……风光不似义熙春。寂寥三径归来后"(《次韵菊花》)"寂寞一枝老,蹉跎三径荒"(《菊径》)"悠然南山下,赖有此佳菊。自从三径荒,不一慰吾目"(《思菊次匏庵韵》)等,足见先圣之沾溉后贤良多,而后进之有碍于先达亦不浅,在所自处耳。

谢铎之"自处",便是处以己心,出以己情,以情思带动菊花,而非从菊花而得情思。从菊花而得情思,是见物起兴,才若不足,即入窠臼,除上引诸作外,另如《月下对菊与应黟县同作》,"月下看花",对菊泛作,最终只能出泛泛之语:"荒径得归真不俗,空樽相对亦多情。平生笑杀陶彭泽,却使江州浪得名。"以情思带动菊花,则情思是我固有之物,无非借菊写出,故谢铎咏菊,于前诸作外,尚有可观之什。如《重阳后见菊》:

> 最难花是看根荄,莫问重阳雨后开。
> 荒径尽堪秋僻寂,多情还待我归来。
> 地怜尘土他年梦,天予风光别样栽。
> 清世且同元亮老,白头休笑杜陵杯。

此诗可观处,正在诗人自道的"多情"。而当这种"多情"用于直面倾诉时,也是别样光景,如《再次赏菊一首呈四叔父》:

> 几见东风换物华,平章宅里是谁家?
> 自怜天与冰霜骨,不向春争富贵花。
> 看老有香终不俗,买栽无地且教赊。
> 独伤采撷非今日,秋满南山恨未涯。

当"多情"诗人见菊为风折时,其情感更是自然充沛:

一夜颠风冻雨霏,强扶枯竹自相依。

孤根合向此中老,生意忽从何处归。

不死有香甘寂寞,后凋无力斗芬菲。

醉魂地下如堪酹,斗酒吾应为典衣。

(《庭菊为风所折再用原韵悼之》)

诗人之"多情",盖无施而不可,即便一点闲心、几许遐思,时亦能为诗:"一夕寒云万木风,江山无赖酒杯中。丹心不及酡颜好,秋里黄花故作红。"(《红菊花》)这虽说只是在一"红"字上做诗句,却也情致别出。

3. 咏竹、兰、松、荷、葵

谢铎咏竹诗可举三首。《次韵题雪竹》:"层崖冻欲裂,百卉凄以残。此君强项甚,凌厉欲欺寒。"因为所咏对象是"雪竹",所以诗歌也只是说它耐寒。《次韵题竹》:"天阔苍梧恨未降,泪痕点点落秋江。几年望断朝阳凤,雨色风声夜满窗。"也只是泛题而已,搬合典事,无甚新异。《新生竹(自注:东园有竹)》:"旧竹斫尽新竹生,枝叶半委根荄萌。生生自是老天意,牧竖园丁休浪争。"倒是这首诗,写出点自己的意思,有似哲理小诗。

谢铎诗歌中可视为咏兰花的,也有三首,分别是卷一的《兰束束图》、卷七的《百亩幽园图》和卷九的《题兰竹杂画》。这些都是他的题画之作。其中《兰束束图》可为代表,诗曰:"清晨起诵《离骚经》,抚心耿耿殊未平。吁嗟世道此升降,忠良废死谗佞行。幽兰胡为伴丛棘,利刺孤芳恐难敌。於乎!湘君有灵如可干,莫遣彼棘侵吾兰。"《百亩幽园图》说"不栽荆棘只栽兰",也就是这个意思。

谢铎咏松类诗五首,各有特色。《存松次韵》:"荒径不改色,后凋犹有花。玄都千万树,零落属谁家。"用意类同前所列《梅花》。《题松》:"空山老树只直干,廊庙栋梁千尺强。多事丹青爱奇崛,强教屈铁受风霜。"这是反画意而出议论。《题松送陈永清还天台》:"蛟龙入夜呼云起,鳞甲惊秋坠地寒。汹汹风涛不成雨,不如高卧且泥蟠。"前面是蓄势,关键只在带出最后一句,是所以用来送人的。写得相对较好的是《孤松偃蹇》:"世事于今半摸棱,十分偃蹇恐难胜。老松可亦随时样,也向秦封误结盟。"《老桧嵯峨》:"根到重泉亦自清,漫从枝叶看峥嵘。庙堂梁栋元无分,只合风霜老此生。"两诗作于同时,命题相类,风格一致,都旨在借诗歌的题面表达自己的情绪,都结合着当时作者自己的心境,也因而比前面列举的诗歌读来亲切。

谢铎咏荷花诗二首,《盆荷》与《太守叔父期总看荷再次前韵》,两诗几作于同时,后诗歌所指"前韵"即《盆荷》诗韵。《盆荷》较优,诗曰:

> 倚遍虚栏看小荷,晓缸分涨碧生波。
> 参差出水雨声急,次第着根秋意多。
> 白发偶同君子爱,画船休唱越溪歌。
> 独怜玉井非吾地,十丈花高耐尔何。

前四从"看"字生出,是客观欣赏;后四是"看"后感慨,是主观情愫。末二句代花自道,实属妙想,将荷花从盆中转向广阔地带,同时也将诗歌提升一个层次,平添几分袅袅余音。

谢铎咏葵诗歌有两首。《葵花》:"阳德无私照,葵心每自倾。莫教旁近地,蔓草一时生。"《葵阳楼为葛大尹作》:"寂寞楼头几度开,丹心长自向阳来。河阳县里花如锦,莫共东风一处栽。"都没能咏出新意(不过是葵花向日——俗称"向日葵"),也没能写出新诗(都是"不栽荆棘只栽兰"的格局);倒是《思菊次匏庵韵》里提到"不如东园葵,犹能卫其足",提到了葵除了"向日"外的另一种品性,而且用在该诗中适恰其分。

4. 其他杂咏

谢铎尚有不少杂咏其他诸物的诗歌,所咏对象广泛,涉及菜、草、姜、虫、蛙、兔、鼠、猫、棚、栏、池、井等等。其中颇有可观,乃至笔者以为,谢铎咏物之见精神者,往往在此。《白日鼠》:

> 嗟尔白日鼠,公然走跋跋。尔也本阴类,及昼恒畏人。
> 何年易尔性,不畏人怒嗔。残污我书册,旋及吾冠巾。
> 暴啮动万状,孰辨夜与晨。我欲灌其穴,穴坏与墙亲。
> 我欲熏以火,未及徒我薪。展转两无策,为尔徒嚬呻。
> 悠悠此苍天,敢谓谁不仁。

此诗全用喻体。"尔也本阴类"云云,似有所指,或即朝中阉宦。作者疾恶如仇之态呼之欲出。《悼猫》诗可与同观,"莫怪纷纷还鼠辈,只应养恶是天心""一般鼠盗寻常在,轻重终须为策筹",此等视为政论亦无妨。另《闻蛙》亦属此类借物讽喻之作:

> 春水鸣蛙处处通,野田村巷路西东。
> 公私不用分区域,坚白谁能辨异同。
> 井底有天从侈大,月中无地看奸雄。
> 莫教强聒终宵在,正尔蘧蘧蝶梦中。

另有一类杂咏,则写得情趣自得,思致婉然。如《竹栏》:

> 寂寞空庭一径开,小栏深护碧云堆。
> 红尘满地不能到,明月有时还自来。
> 老向宦情消我俗,病先归梦为君催。
> 分明记得清阴在,望海亭前取次栽。

"红尘"二句,亦有心人善于察物者。又如《新池次黄定轩韵》:

> 一池便可五湖如,尺地中涵万象殊。
> 已觉乾坤无隔碍,不妨飞跃自鸢鱼。
> 穷年我笑为山力,漫兴人夸洗砚书。
> 看取一般生意在,绿杨芳草半芙蕖。

前四句宛然体道人语。再如《竹兜》:

> 小小竹兜稳,登登石径宜。舍车聊自慊,利涉已忘危。
> 世路古今别,人心日夜驰。相逢莫相笑,鬓发各成丝。

亦是思理之作。谢铎深于心性之学,于中亦见端倪。
由此,不妨看一下谢铎的哲理诗。

5. 哲理诗

关于哲理诗,本书第四章已有所涉及。哲理诗往往很难写好,不是味同嚼蜡,就是嗅如淡水。如谢铎的《未圆月》:"人爱正圆月,我爱未圆月。未圆明日盈,正圆明日缺。"不过是常言"日中则昃,月圆则亏",实在不能算是诗歌了。再如《乱绳》:"处世真如解乱绳,从头徐理不须惊。若还急性须伤手,到底都无一事成。"也不过借诗题做了个比喻,而且并不新鲜。倒是《峻绝》诗"盈科后进是途程,峻绝终须着力登。若更悠悠待明日,白头真负此青灯",或可作箴言来读,犹"书山有路勤为径,学海无涯苦作舟""我生待明日,万事成蹉跎"。

谢铎是个以道自任、勤于内省的人,故在日常生活中总是敏于感受,加以思致,乃出哲理之作,因作者置身其中,这类作品反倒见佳,至少比一味谈理的诗歌来得亲切。如《换船有感》二首:

> 犒劳虚烦我酒杯,大船依旧是空回。
> 何如只着轻舟载,浅水飞帆任往来。
> 楼船重载不胜难,换得轻船好过滩。
> 船里主人元是我,重轻一任世争看。

作者由途中换船而生感想,"我"在其中,乃不空不隔。赋诗见意,又不把意思说白,要在"主人"和读者自己用心体味。作者在它诗中说"待扣钟须随我应,无弦琴不用人知"(《次黄通政韵赠别高司训宏谧》),可为此诗"药引"。谢铎此类诗作写得最好的当属《传舍》:

> 莫问前程有滞留,一程过是一程休。
> 极知传舍皆如寄,可笑吾生若是浮。
> 歧路向人终不极,功名随世亦堪羞。
> 劳劳到底成何事,看尽风光白尽头。

诗作于谢铎离家赴京上任途中,在传舍歇脚,心中大有感触,乃由"传舍"而及人生,不过同此寄浮,生也有涯,而追逐奔役无涯。"劳劳到底成何事",或问自己于世何补,犹它诗中所谓"宦途误作半生梦,在处都无一事成"(《春光》),而风光几许,耐我白头如何,真是"老去功名俱是梦,醉来风月尚多情"(《敬所报至感而有述》)!

应该说,谢铎的才情并不高,其之能为诗人,就在于他有着对生命流逝的感怀,有着对天地间人生价值的追索。"可信行藏真在我,极知用舍本由天"(《次西涯病起早朝韵》),"世路满前公莫问,只须一笑付儿童"(《旧游柬西涯先生》),这种思索一直伴随着他的自处与处世,然而又岂是诗人自己道得明说得清的呢? 因而在他的诗歌中,我们能总体感觉到一种情感的徘徊与依恋,还有淡淡的惆怅与丝丝的无奈和自慰。

六、谢铎的题画诗

谢铎有不少就画题画的泛作,多作于早年。如《题画四绝句次宾之侍讲韵》《题王孟端竹》《花坞读书图》等,无甚可观。另如《题夏太常墨竹》:"落落平生老可心,醉提浓墨写秋阴。一枝流落人间世,曾博西番几锭金。"《题兰竹杂画》:"修竹幽兰本共清,阴崖深谷一时生。天高地阔谁知得,野草闲花别有名。"《百亩幽园图》:"山头云气薄高寒,山下坡陁百亩宽。湘水有情天未老,不栽荆棘只栽兰。"只是添得些文人的雅致,或者就是老调常弹,若说其中有些情意,怕亦在虚实有无间,难以为贵。盖题画之作,出于咏物之下,其始本不足深求,即便如老杜《画鹰》之作(谢铎的《枯木双鹰图》似受杜甫此诗之影响),评家亦但曰"句句不脱画字"、"得画鹰之神"耳(杨伦《杜诗镜诠》卷一),又有题画(扇)以赠酬者,如《题青山白云图送人归吉安》《黄芦白鹭图为沈帮瑞题》《题扇赠陈牧村》等,没有多少艺术价值。至如《题扇面寄郭筠心》:"建水南行旧路斜,石桥青竹野人家。相思不及双飞鸟,红鱼溪头又落花。"愚以为若其书法可观,则不若径将杜牧《山行》诗("远上寒山石径斜,白云生处有人家。停车坐爱枫林晚,霜叶红于二月花")题于扇面。只是谢铎又有不同于泛题之作者,或可一观,故下略别类以论之。

1. 借画抒怀诗

《题扇面小景》:

海波粼粼生碧漪,海月倒映珊瑚枝。
扁舟莫讶未归去,正是饱帆风好时。

前二平叙扇景,后二即扇景即情怀,属借物抒怀一类。又《题便面小景示宗勋》:

> 水光山色半模糊,何处扁舟是五湖。
> 见说近来风浪急,莫须浮海学乘桴。

前一首想说自己何不退隐,这一首是劝人正须仕进,要在吻合所题景致,为我情意所用。再如《题墨菊》:

> 典午山河不复东,乾坤无赖酒杯中。
> 寒花也识归来意,不向西风赛晚红。

此诗全是写意,有如书家所谓"意临"者。前二句意绪多端,蹈空而来,后二句将自己的致仕与墨菊巧妙结合,"不向西风赛晚红",点出"墨"字,是墨菊不同于它菊,亦是作者之有别于他者。然情绪中留有无奈,与作者在其他诗歌中对自己致仕的感虑有些差距,盖因其时天子之故。《题扇面小景》:

> 竹色波光共一天,榉船归去正堪眠。
> 瞿塘只在湘江外,击楫还闻有济川。

此题扇之作,由诗看来,画面只是近竹远湖、湖中一舟,而到诗人笔下,便成韵味,兼有远致,天地风光,正不若归去。"即从巴峡穿巫峡,便下襄阳向洛阳"(《闻官军收河南河北》),是杜甫闻唐军收复失地后狂喜之情,"瞿塘只在湘江外,击楫还闻有济川",则是谢铎想见山水可喜而惬意之语,两者思致有似,故而笔致相若。

谢铎又有反画意而题者,即不执著画面而径出己臆,以为议论,如《题松》:"空山老树只直干,庙廊栋梁千尺强。多事丹青爱奇崛,强教屈铁受风霜。"又如《兰束束图》:"清晨起诵《离骚经》,抚心耿耿殊未平。吁嗟世道此升降,忠良废死谗佞行。幽兰胡为伴丛棘,利刺孤芳恐难敌。於乎!湘君有灵如可干,莫遣彼棘侵吾兰。"

《古木寒鸦图》则是谢铎借画抒怀中的另一类：

> 悬崖老树如悬藤，虬枝屈铁相崚嶒。
> 阴风昼号不作雨，众鸟辟易争奔崩。
> 寒鸦何来色悲壮，两两枝头屹相向。
> 仰参寥廓失狐疑，熟视烟云欲狼抗。
> 有时飞上朝阳殿，许身愿逐雕梁燕。
> 朝阳老凤喋不鸣，鹤种鹓雏纷斥谴。
> 君不见江东日暮杨柳花，至今腐草羞啼鸦。

谢铎在政见上严于君子小人、贤不肖之辨，谓"时人以先进为野人，以后进为君子，这都是惑于流俗，以非为是，以是为非，故其颠倒错乱，至于如此"（《先进于礼乐》），又曰"世莫不幸于才之在小人也，小用之则小害，大用之则大害"（史论《武后》篇）。该作借画中寒鸦而为比体之诗，措辞硬峭以见"古""寒"，既有感于斯怀，兼有兴于往史，末二句点睛之叹，正有类于李商隐咏史之什《隋宫》——其中间二联曰："玉玺不缘归日角，锦帆应是到天涯。于今腐草无萤火，终古垂杨有暮鸦。"

2. 借画咏史诗

《钓台图次韵》："万古寥寥一望空，钓台谁共此高风。曾知牧野鹰扬业，都属蟠溪鹤发翁。"便是借画咏史。诗亟称贤者之可贵，更不可以其始之出身地位论。又如《次韵题三顾草庐图》："莫向中原说两雄，真从莘野到隆中。若教巾帼能挑战，并作曹家灭晋功。"《次韵晋王出猎图》："几见车攻出乘黄，盛周风采尽岐阳。流连岂独河东晋，汉道西来此意荒。"感慨历史兴亡，然艺术价值不高。

3. 山水画诗

《何世光侍御山水图》：

> 天姥山高依天起，势轧东南万山圮。
> 神工墨妙何乃来，地泻天遗竟如此。
> 山中旧屋谁闲关，悬崖老树苍苔斑。
> 乘龙挟雨奔海去，畏鸟裂石翻云还。

浦口渡头春水滑,曹娥江上秋涛阔。
舟子篙师隔岸招,绣衣骢马今晨发。
北过居庸南凤阳,淮河水落淮山苍。
烦胸净洗出奇崛,伟绩尽收归混茫。
天台咫尺天姥东,石梁洞口桃花红。
拂竿已愧孔巢父,拜床敢问庞德公。
我生爱山苦不薄,梦寐兹山拟相托。
安能一蹴山上头,看他自跨扬州鹤。

前十六句写画,后八句写"我",是见山水图而起山水之兴,题山水图而聊作山水之游,在谢铎题画诗中别为一类。李东阳谓谢铎"为诗精炼不苟,力追古作"(《明故通议大夫礼部右侍郎掌国子监祭酒事致仕赠礼部尚书谥文肃谢公神道碑铭》),于此或可见之。起首"天姥山高依天起,势轧东南万山圮",就画中之大者近者突兀而起,虽嫌嫁接李白"天姥连天向天横,势拔五岳掩赤城"(《梦游天姥吟留别》),然李用于篇中,此施之句首,其势甚佳;且既以天姥之山拟之,自然联想及之,亦无妨。接着"神工墨妙何乃来,地泻天遗竟如此"二句总赞,自设问答,无所答而归之天地,用极前二句之余势。而后"山中旧屋""悬崖老树"二句,要言不烦将画中细处带过;又以"乘龙挟雨奔海去,畏鸟裂石翻云还",于空阔处将画中风雨写活;并带出"浦口渡头春水滑,曹娥江上秋涛阔",将渺渺远景写得细腻可人,"春""秋"互举,则非善画者无以兼之;"舟子篙师""绣衣骢马"以下四句,用人物点画,便得画之生气,用遐想臆画之"空白",正有诗之后半云:"我生爱山苦不薄,梦寐兹山拟相托。安能一蹴山上头,看他自跨扬州鹤。"而前既有二句总赞,后乃以"烦胸净洗出奇崛,伟绩尽收归混茫"主客双收。至如"拂竿"云云,或时有所欲言者。全诗谋篇不苟,开阖有致,极尽画之所能,兼山水兴趣,并古意盎然,是为佳制。同为题山水画之作的《钱御医山水图》"远树孤村带浅霞,乱山流水入平沙。杖藜不逐扁舟去,红杏门前看落花",则是廖廖泛题,自不可同日语。然若复将《何世光侍御山水图》与其早作《钟稽勋山水图》并观,则可知诗人毕竟才弱,《钟》诗固不及《何》诗,然两诗气局不稍变,而语有袭似。如果说"坐拥图书消暇日,梦随冠盖入新年""忧国只祗书卷里,放朝长忆漏声中"为茶陵诗派一号人物李东阳之自我写照,则谢铎"墨头书卷南窗下,镜里勋名未有涯"(《秋日病起》)"忧国有情书卷里,故乡遗恨酒杯前"(《次叶文庄公喜雪诗韵为王成宪儒士题》),亦庶几自我丹青矣。

七、谢铎的行旅诗

谢铎多次休官,又几番被招复起用,在这行旅之间,谢铎又写下大量的诗作。此处所谓"行旅诗",便是指谢铎写于旅途之中,既不关登游、又非着意于写景的作品。其间或是行程见闻,更多的则是旅途感兴与行旅感怀。

1. 行程见闻诗

写行程见闻的,兹举两首。《晚过静海宿流河驿》:

> 落日风初静,交河水正流。居人不知姓,行客且停舟。
> 青海鸟飞还,白云天尽头。相逢问前路,明日是沧州。

谢铎在他的诗文中情绪总是比较外露的,不论表达什么情感,往往袒露得很明白。相比较之下,这首诗在这方面就处理得比较"清淡","居人不知姓"、"明日是沧州",整首诗的情绪就在这"知"与"不知"之间,也唯其如此,诗歌前半首用四句完题,方不觉其有费篇墨。又《宿德州》:

> 今夜客中宿,德州城外船。山东余土俗,蓟北少风烟。
> 军馈交相集,舟行不可前。时闻羸老语,菽熟是丰年。

这与《晚过静海宿留河驿》为前后之作,诗人的主观情绪都有意识地被置于后台,而在诗面上纯用客观白描,然诗人目光停留之处,也就是诗人情意所到之处,这种方式为有唐诗人尤其是杜甫所惯用,在谢铎诗歌中是极为少见的,笔者粗略能找到的也就这两首。不妨就谢铎自己的诗歌比较,《太平道中》:

> 十载重来感慨频,西风吹鬓欲成银。
> 江山百里惊初割,邑井千年又一新。
> 文物敢论前辈事,交游还忆旧时人。
> 儿童不识青袍在,争看中朝老侍臣。

这首诗同样是为途中见闻所发,而感慨外露,情意直道,全不类于上举二作,这才是谢铎诗歌的看家本色,只是未必就写得出色。

2. 旅途感兴诗

旅途感兴之作,是指诗人于旅途中因事起兴而成诗,所起之兴就是诗歌的主导内容,也就是诗人在诗歌中所要重点传达的东西,因而传达的过程也就决定了诗歌的质量。而传达的方式,也就是表达的方式,可以是多样的。

《渡瓯江》:

> 酒尽双门鼓乱挝,满船秋思阔无涯。
> 敢从平世思浮海,且向空江学泛槎。
> 蜃气远吞青嶂日,岚光高映赤城霞。
> 望中咫尺桃溪路,三径分明是我家。

此诗由渡江而起"秋思",由"思"而及"浮海""泛槎","敢从"二句正是思、事并写;"蜃气""岚光",从"望"中来,又从"望"中带出家乡,而"三径"之思又正关乎渡江所起之兴。全诗意脉清晰,一注到底,环环相扣,层层落实,正是谢铎作诗不苟处。

谢铎的另一种表达方式则是白口直道,想到什么就把什么说出来,在诗人是"尽兴",而在诗歌则往往很难写好。兹看一首,《晓发乐清》:

> 水陆奔驰路几千,可知寒暑候推迁。
> 舍舟此日真登岸,弛檐明朝是息肩。
> 桑海几时成变灭,蓬莱何处有神仙。
> 候门稚子应相笑,笑我霜毫白尽颠。

诗人旅途奔波,一大清早,水陆奔驰、寒暑推迁、沧海桑田、人事变迁等等一股脑儿问题都因久于行旅而冒了出来,如何冒出来便如何写去,说完了诗也就结束了,诗人的工作也就完成了,如同拉拉家常。其中"舍舟"二句颇涉禅机;末二句即苏轼"多情应笑我,早生华发"(《念奴娇·赤壁怀古》)意。此类诗作,写得相对较好的,数《晓发方岩将至雁山再次元韵》二首,兹录诗如下:

截锦为囊玉作舟,老奚遥指路南头。
层崖日薄千山晓,落叶风高万木秋。
随地险夷行莫问,入林深浅倦须休。
莫教方外闲窥得,并作乾坤漫浪游。

登山决策比焚舟,兴至还须力尽头。
且放浮生闲半日,莫教清泪洒千秋。
绝壑下看奔海尽,乱峰高拟极天休。
乾坤一笑今须醉,万古江山此胜游。

另外看一首谢铎的小诗,《假宿东阳尖山周氏主人辞焉》:

旅舍匆匆一宿难,也应惭愧此空山。
丈夫事业真堪笑,开口平生说万间。

这里体现了谢铎另一种感兴表达的方式。在谈谢铎的哲理诗时,笔者已经提到,谢铎在日常生活中总是敏于感受,加以思致,往往能由事见理、由小及大。此诗由旅途借宿不得而兴起"丈夫事业真堪笑"的念头,中间的关联就是杜甫《茅屋为秋风所破歌》"安得广厦千万间,大庇天下寒士俱欢颜"。诗歌出以调侃自嘲的口吻,正因为其时是一时感兴而不是落落抒怀。如果说一个诗人的敏感如同蜗牛的触须,那么,以上所示正是谢铎诗歌中体现出来的三条主要传达神经所在,不独在行旅诗中如此而已。

3. 行旅感怀诗

谢铎的感怀诗很多是写得很不错的,这里专门谈的是他因行旅而生发人生感慨的诗歌,是他行旅诗的一个部分。感怀与感兴的不同,在于前者本有斯怀乃因行旅而发之,后者则是因行旅接触之物事随兴而触动情意。较之前列两类行旅之作,感怀一类总体显优,只是思想和情绪过于集中、单调,主要就在仕途进退之间徘徊:

一年两度此驱驰,春雨秋风几路歧。

岁月悠悠浑自笑,往来屑屑果堪疑。
遭逢敢望明时幸,浅薄深惭圣主知。
病骨未瘳头白尽,不才何以答恩私。

(《再过天姥岭有感》)

上贤亲烦诏旨催,路歧那敢更迟回。
不辞曳病扶衰苦,犹自冲寒冒雨来。
清世有恩真海岳,白头无地答涓埃。
极知柱石诸公在,榱桷何须念不才。

(《丹阳舟中遇雨有感》)

江阔风颠雨半催,客舟无计更图回。
可应行止皆前定,敢谓功名是倘来。
画舫北飞真过隙,渴心南望已生埃。
不知险阻艰难地,大济谁堪传说才。

(《镇江阻风再次前韵》)

其所思所想,不过是"皇恩浩荡,不才奈何,不若归去,却奈皇恩何"。当然,这些也是行役之人最容易感触的情绪,何况诗人本来就一直在盘算着此间的事情,依谢铎的为人与性格,他的多次休官,自不是一时兴致使然。此类诗歌之耐读,艺术特色倒在其次,而是此间有着诗人的真性情、真精神,如"不辞曳病扶衰苦,犹自冲寒冒雨来"二句,自然让人想到谢铎的咏梅诗句:"天与高寒孤瘦在,老堪凌厉折冲来。"(《次陈敬所梅花韵》八首其四)

下面看此类诗作中在艺术上相对胜出的两首。《浪迹》:

四月离家八月归,路歧心事两依微。
深恩未报吾终忝,浪迹无端世所讥。
半夜橹声妨入梦,一天秋意欲侵衣。
故园松菊应无恙,尊酒独堪对夕晖。

此诗以抽象而又颇具意域概括性的"浪迹"一词为题,其能指也大。心事依微,非仅一程一途之感慨,而是一生心事如梦飘泊,浪迹无端,终是欲有所作为,"深恩未报吾终忝",虽说是谢诗惯用的场面语,但其拳拳之心不曾稍假。若将末二句与杜甫"丛菊两开他日泪,孤舟一系故园心"(《秋兴八首》其一)同看,则此老心事豁然明见。《晓泊西郭》:

西郭舟初泊,东方日未明。荒村无犬吠,古寺有钟声。
潮落夜归海,江空秋满城。故乡南望处,渐见白云横。

此诗摆脱了上列那种皇恩浩荡的情感体局,同时也体现了谢铎典型的作诗章法,在谢铎也是难得之作。起首二句完题。"荒村"、"古寺",两句烘托,渲染气氛,为诗歌立局。后四句乃生发,"潮落"、"江空",皆"望"中所见,用"望"将诗歌由荒村古寺拉向厚远处,从而也将情思转拉向厚远处,"故乡"从"望"而出,本或非为望乡,而终于望乡,是诗歌情之所结,亦是诗人情之所结,"渐"字正见"望"之久、之深、之切。诗题是"泊","泊舟"是行有所止,"日未明"是时值其静,故有"荒村"二句。而不静的是诗人的心,不止的是诗人的情,此心此情于此时此刻尽付此一"望"中,此半首即便入唐人绝句,亦不稍差,盖亦李东阳所谓"力追古作"者。说其章法为谢诗典型,则只需读者将此诗与前举《渡瓯江》诗对看便知端倪,尤其是后半首,运思毫不相差,而谢铎诗歌的"精炼不苟"(李东阳评语)又正在此处,不劳笔者赘墨。

此外再看他一首《至旧邑有感》:

绕郭人家半出村,望中烟火隔秋云。
远宗自托千年在,壮邑谁从此地分。
门巷崭新非旧雨,江山如故几斜曛。
青灯白发西窗夜,泮报犹警梦里闻。

在谈谢铎的哲理诗时已经提到,谢铎以其不大的诗才而为诗人,在于他内在有着对时间(生命)流逝的追怀。这种禀性,能使一个人成为哲人,也能使一个人成为诗人,谢铎就是个有着一定思致的诗人,诗人的思致恰恰需要这种对时间意义与生命价值的感怀与追索。谢铎爱读史书,并且写有大量读史诗与怀古之作。读史与怀古就是对时间的追溯,对生命乃至对社会与宇宙价值的追问,并最终回归到对"此在"的思考。当然,这并不一定要以读史与怀古的方式体现,上面这首诗歌就是典型的例子,而谢铎其他的诗作中又何尝不渗透着这种情与思。因而,谢铎的诗歌中,总是带着"情"上的徘徊与依恋、"思"上的惆怅与无奈。

八、谢铎的山水诗、登游诗与题景诗

1. 山水诗

山水诗是以自然山水为诗歌之题材,以自然山水为审美之对象,在对自然山水之审美活动中抒发或寄托主体之情思。谢铎的山水诗,主要写于他休官在家时,期间曾游天台、雁荡等名山,家乡的方山更是他常游之所,此间都留下了他的山水之作。

关于山水诗的缘起,目前尚有不同说法,不是本论所讨论的范围。可以肯定的是,山水诗大显于谢灵运,而臻极于王维。此两大家之诗,人所熟知,现各举诗例,与谢铎此类诗作同观,以明谢铎山水诗之有以异:

> 昏旦变气候,山水含清晖。清晖能娱人,游子憺忘归。
> 出谷日尚早,入舟阳已微。林壑敛暝色,云霞收夕霏。
> 芰荷迭映蔚,蒲稗相因依。披拂趋南径,愉悦偃东扉。
> 虑憺物自清,意惬理无违。寄言摄生客,试用此道推。
>
> (谢灵运《石壁精舍还湖中作》)[①]

> 落日山水好,漾舟信归风。探奇不觉远,因以寻源穷。
> 遥爱云木秀,初疑路不同。安知清流转,偶与前山通。
> 舍舟理轻策,果然惬所适。老僧四五人,逍遥荫松柏。
> 朝梵林未曙,夜禅山更寂。道心及牧童,世事问樵客。
> 暝宿长林下,焚香卧瑶席。涧芳袭人衣,山月映石壁。

[①] 《谢灵运集》,上海古籍出版社1998年版,第99页。

再寻畏迷误,明发更登历。笑谢桃源人,花红复来觌。

(王维《蓝田山石门精舍》)①

人闲桂花落,夜静春山空。月出惊山鸟,时鸣春涧中。

(王维《皇甫岳云溪杂题·鸟鸣涧》)②

从王维的《蓝田山石门精舍》不难看到他对谢灵运山水诗歌的继承;《鸟鸣涧》则完全是王维自己的风格,迥异于康乐。但其间仍然有一个根本的共性,就是都注重对山水景致的客观审美性之再现,在以王维《鸟鸣涧》为代表的一类山水诗作中,虽不再看到大谢山水诗歌中犹存的"极貌以写物"(《文心雕龙·明诗》)的特点,但仍然着意于对山水景致客观审美性之诗意再现,也正是通过这种再现以期达到拨动间接审美者(读者)情思的效果。

谢铎的山水诗走的不是这条路子。看他的诗歌:

雁山高轧万山秋,第一峰高在上头。
拔地根深应自固,擎天功在合谁收。
先机不用娲皇补,多事空烦杞国忧。
见说颓波三万里,屹然还镇此中流。

(《天柱峰》)

李白平生不到处,巨那抵死来相看。
龙湫下激喷晴雪,岩雨倒飞生昼寒。
怒声奔海直欲到,清气逼人那可干。
恶诗莫问谁堪洗,战马屯兵血未干。

(《瀑布》)

在诗歌中,我们自然也能看到描绘——再现性的句子,而且占有一定篇

---

① 《全唐诗》卷一百二十五,第1247页。
② 同上,卷一百二十八,第1302页。

幅,如"雁山高轧万山秋,第一峰高在上头""龙湫下激喷晴雪,岩雨倒飞生昼寒",但这不是诗人的意旨,诗人关注的不是主体(包括作者和读者)能否从中获得审美的愉悦,而重在这自然的景致能否打通主体共同的感兴——不论是中流砥柱之叹,还是洗兵止武之问。换句话说,诗人在此不再如谢灵运、王维般追求诗歌文本能够沟通作者与读者的审美过程,期望达到一种共通的审美境界,从而在这共通的审美境界中建立共同的话语机制;而是急于表达自我主体在一般审美过程中所引发的个人感兴,并期望这种个性很强的感兴活动能在对话者(读者)那里引起共鸣,这种期望建立的基础,不在审美的过程,而恰恰相反,是在作者与读者可能相同的文化积淀背景。这种感兴,可以是如上面两首诗那样,指向创作主体之外,也可以如下面两首诗这样,直指"此在"本身:

几忆秋看雁荡山,入山秋鬓已成斑。
名应耳熟如曾到,路亦心贪不怕艰。
大地几何奇绝在,神洲终是有无间。
多情莫怪僧先占,杯酒还偷半日闲。

(《入雁山》)

极目诸峰杳蔼间,兴来聊复此跻攀。
声名一代谢公岭,形胜千年雁荡山。
峭壁似争诗句险,荒苔谁认屐痕斑。
不知终古行人在,白发无情几往还。

(《谢公岭》)

在这两首诗里,诗人聚焦于作为时间与空间之载体的"我",即一个作为独立性存在的个体,在这山水间的伸展状态,这里,无论是"多情"还是"无情",都是诗人自己的事情。尽管如此——也正因为如此,诗人并不关注山水在他的笔下是否能够在读者之间乃至读者与作者之间建立起一种普遍的审美关系,更无意去建立一种因普遍审美而来的共通的时空对话机制,诗人是独赏,也是独语。因而,同样地,诗人不需要如谢灵运、王维那样努力去描绘并尽可能建构起美的境域,而重在自我的"偷闲"与"兴来""多情"与"无情"。不敢说山水诗歌在创作心态与方式上的这种转变始于谢铎;此处只是说谢铎的山水诗歌体现了这种转变,或者说,谢铎的山水诗歌创作至少具有这种不同于经典的特殊性,因而可以视为谢铎山水诗歌的"特色"。当然,变异与特色并不等位于艺术上的造诣与成就,艺术上的成就更取决于诗人实际的艺术才能,而这一点,谢铎是赶不上谢灵运和王维的;相反,倒很可能是诗人这种才能上的不足,使得谢铎的山水诗歌偏离了经典传统。

当然,谢铎的山水风景之作也并非全是这种"变异"的格局,如下面两首,就是其中写得较不错的:

地拥中川胜,天留半日谈。人谁是宾主,境已绝东南。
旧雨山僧识,秋风海味甘。独怜乡思苦,丛杂可谁戡。

(《游江心寺再次前韵答进之》)

水自东西下,地应南北分。山高欲吞海,江阔半留云。
绝境世间少,佳名天下闻。独惭诗兴浅,对酒不成醺。

(《金山寺追次张处士韵》)

2. 登游诗

谢铎的诗题中也常表明"登""游"字样,而且有不少也是作于行旅途中,但这还只是表面;我们已经看到,谢铎山水诗之不同于谢灵运和王维的作品,根本之处是他们在创作心态与方式上的不同,谢铎此类作品不是要表现山水,而是要表达自我;不在营造一种审美的境界,而在传达"我"登游后的兴致、情绪、感慨、情怀;更不是为山水做"立此存照"的工作,而是着意于因山水而写"我"之情意。因而,尽管这类诗歌在登游之中必然夹带山水,但还是不能称之为"山水诗"。从这个意义上讲,则前文所论的谢铎那些"山水诗",一部分也可归在此列,只是登游的特点不及此处所要讨论的诗歌那样明显,其所传达的那个自我的兴致、情绪、感慨、情怀,也没有像在以下的诗歌中那么强烈。

《至天竺庵再次元韵》:

庭腊惊看几换僧,读书犹记昔吾曾。

> 勋名自与青灯愧,岁月谁怜白发增。
> 涉世智疏心已懒,看山兴在病还能。
> 春风秋月须分付,雁荡天台取次登。

与前举《游江心寺再次前韵答进之》《金山寺追次张处士韵》两诗对照,不难看出"登游诗"与"山水诗"的差异,此诗并不想读者留意于天竺庵本身,而是借游天竺庵来说"我",强调诗人因来到此庵更起自然风月之兴致。再如《登孤山追次东坡韵》:

> 逋仙老去孤山在,天地谁堪着此奇。
> 莫怪寒梅零落尽,近来风土不相宜。

很明显,谢铎登孤山作此诗,并不是要描写、传达孤山如何之"奇",而只是要带出他"近来风土不相宜"的情绪。

在谈谢铎的咏菊诗时,笔者已经谈到谢铎诗歌很关键的一个特点,就是"处以己心,出以己情",少"无我"之作,而多"有我"之诗,即谢铎在他的诗歌中总是时时展露着他自己,对世事的感慨、对人世的情怀总是明白无误地流露在他的创作中,以此来带动甚至灌注整个诗篇。他的一些成功的诗作也往往得益于此,如:

> 兴在登高健欲飞,病来未觉壮心微。
> 不妨白发逢秋老,且共黄花判醉归。
> 眼见西风先落叶,代经东谷几斜晖。
> 相逢莫问沧桑事,苍狗无端又白衣。

> 风急天高叶乱飞,一天秋色半霏微。
> 忽惊西北浮云起,不见东南倦鸟归。
> 百代光阴真倏忽,万年川岳此灵晖。
> 琼楼玉宇寒多少,谁献山龙补衮衣。

这分别是《九日登楼旗峰追次杜牧之韵》的第一首和第三首。诗人登高起兴,不禁怀抱大开,以老气横秋之姿,横穿于时空之间,叶落黄昏,风卷残云,唯"我"独立飘渺,情思不已。再如《九日登高次陈敬所韵》第二首:

> 又是秋光一度更,漫凭杯酒话浮生。
> 放教黄叶催人老,依旧青山不世情。
> 小鲁只今谁着眼,登高终古亦虚名。
> 杖藜白发随吾兴,不用诗夸七步成。

诗人登高而气爽,乃放怀而高歌,管它黄叶青山、古今虚名,但由"我"杖藜白发,话酒平生。一如上举两诗,皆因创作主体之情意倾注而一气呵转,思随兴致而张扬,意随情感而顿挫。这些也是谢铎诗歌中难得的放怀之作。《至接待寺有感》则又回到了他惆怅的调子:

> 三十年前此到曾,竹床犹忆寝还兴。
> 青山未老风光在,白发重来感慨增。
> 往事忽惊春后梦,浮名真愧佛前灯。
> 拂衣又是明朝路,天姥峰头第几层。

在时间永恒流逝与人生短暂幻浮的张力之间,诗人又开始了他没有答案的思索,在佛前回首,是对既往青春事业的怀恋,也是此刻心绪的踯躅徘徊,"拂衣又是明朝路,天姥峰头第几层",这不容停留的步伐,是惆怅还是无奈,是生之有为还是命之归宿?此间我们又看到了谢铎在时间与个体生命之流中那敏感的心智和无限感慨中那自我疗治的印迹。不妨继看他的《南望青萝山》:

> 南望青萝山,峨峨蹴天起。上有千载人,高风屹相峙。
> 怀哉伤我心,莫问侯城里。我行再拜之,潸然隔秋水。

在谢铎诗歌创作的明洁风格中,这首诗是相对含蓄和深沉的。然而,只要我们把握住了诗人的上述情怀,就不必去费事考证诗人此刻所"怀"者何、为何如此感伤、为何潸然落泪了。

3. 题景诗

谢铎还有一些题景之作,如《太液晴波》:"太液池边春水平,日华浮动暖风清。溶溶帝泽此中满,滚滚仙源何处生。一碧浸来天地老,万红流尽古今情。建章宫畔当年事,回首斜阳梦已惊。"《琼岛春云》:"蓬海分明在眼中,暖云高捧玉芙蓉。春阴欲下清虚殿,朝彩先浮最上峰。瑶管声中迷去鹤,金根影里护飞龙。夜来雨过知多少,试向东郊问老农。"《居庸叠翠》:"谁设重关壮帝宫,迢迢形势北来雄。鸟飞裂石连云起,龙走长冈到海穷。塞草远分天外碧,狼烽不送日边红。闭门谢却阴山路,时见晴岚度晓风。"这是诗人到北京中进士后所作,措辞色彩鲜艳,用调明朗高华,从中可见谢铎当时如何踌躇满志、意气风发;这在谢集中是另类,如昙花一现。

一般之题景,谢铎是不带情绪的,如《翠屏风》:"湖山翠如滴,森立当我前。湿云不作雨,障此东南天。"《玉带泉》:"洗耳岂不洁,饮牛泽其清。寄谢水边客,驾我玉带名。"诗不见佳。倒是《白云深处》之后二句"一声鸡犬斜阳暮,知在青山第几重",可以见出些诗人投入主体情致的努力。

《拳石回澜》稍微特殊些:

滟滪有时没,孤根亦沉浮。拳石苦不量,屹然此中流。

抓住景致"拳石回澜"在行与势上的特点,遗貌取神,用比兴写意;然而也仅此而已。

《天籁庭》写得还不错:

万籁忽如泻,萧然林壑醒。幽人正无寐,莫更下前庭。

笔触在"庭",情意在"人";而写"幽人"之"无寐",又正是写"庭"之"天籁"。

在谢铎的题景作品中,能写得有些"声色"的,当然还是诗人那些能结合自己情思的作品;前文也已多次谈到,能"处以己心,出以己情"才是谢铎之能为谢铎的地方。兹列示两首,不赘论:

占断清溪第几洲,尽分天目万山秋。
倦来濯足知元地,老去澄心只此楼。
勇攫几曾羞腐鼠,坐忘今不问飞鸥。
岘碑百尺他年泪,应与漳南水共流。

(《澄心楼》)

一亭端可镇千山,委秀钟灵正此间。
剩有清风来雁荡,不须紫气满函关。
峰头月出天留胜,海上鸥来地占闲。
误矣黄金台上路,白头犹自恋清班。

(《东雁亭次韵》)

第四节　谢铎诗歌的艺术特色

通过前面我们对谢铎诗歌的分类讨论,现在可以简单地总结一下谢铎诗歌创作的艺术特色。

一、"处以己心、出以己情"的总体创作风格

谢铎在诗歌创作上的总体风格,可以概括为"处以己心、出以己情"这八个字,即通过自己对生活中的物事以及生活本身之内在省察与感悟,用适合自己的方式表达真挚的情感。换言之,就是文学作品要抒情,要真实地抒发自己的感情,所谓"情之所感,不能自已,而是诗作焉"(《感情诗序》)。具体则体现在多个方面,有利也有弊:

"处以己心、出以己情"反映出谢铎创作思维的特点。谢铎经术湛深,尤其是深受理学思辨之影响,所以日常勤于内省而敏于由此及彼的逻辑感受,因而在创作时能利用思致上的亮点而写出自己的情绪。如《传舍》:

莫问前程有滞留,一程过是一程休。
极知传舍皆如寄,可笑吾生若是浮。

歧路向人终不极,功名随世亦堪羞。
劳劳到底成何事,看尽风光白尽头。

"传舍"是古时驿站供过往行人止宿的地方。《汉书·郦食其传》:"沛公至高阳传舍。"注云:"传舍者,人所止息。前人已去,后人复来,转相传也。"是时谢铎离家赴京上任,而怀揣着牢骚与无奈。谢铎倦意于仕途有多方面的原因,但他三仕三隐的过程说明他致仕的决心并不是一开始就坚决的,于是期间他对人生、前途、功名、价值之类重大问题的思考总流露出惆怅与徘徊的情绪。此次他在奔役的途中写了一路的诗歌,这首诗则明显地展示出谢铎敏感、多思的特点。他将心中的感慨巧妙地寄托在"传舍"上,心中的感触都藉对"传舍"的思辨而抒发。"一程过是一程休"是"传舍"的特点,也是人生在时空中的自然走向,于是诗人由物理的层面而推及价值的层面,人生同此寄浮,而生也有涯,追逐奔役无涯。"歧路向人终不极,功名随世亦堪羞",则首句"莫问"中正有着对"前程滞留"的追问。遗憾的是此时的谢铎对此还没有找到能让自己坚信的答案,故而诗末未能有所振奋,"劳劳到底成何事,看尽风光白尽头",也正是他在《春光》中"宦途误作半生梦,在处都无一事成"的感慨,而全诗情绪上则较之多出些无奈。

"处以己心、出以己情"同时也造成了谢铎诗歌创作中的一些弊端。谢铎的诗歌创作总体来说情绪往往比较外露,追求明朗而不刻意含蓄,在意的是把自己的思想和感情能否完整地表达出来,而一旦诗人的情感世界并不丰富,则他的诗歌不免一望见底而了无意趣,而这也是由他"处以己心、出以己情"这种唯我的创作态度决定的。如:

一年两度此驱驰,春雨秋风几路歧。
岁月悠悠浑自笑,往来屑屑果堪疑。
遭逢敢望明时幸,浅薄深惭圣主知。
病骨未瘳头白尽,不才何以答恩私。

(《再过天姥岭有感》)

上紧亲烦诏旨催,路歧那敢更迟回。

> 不辞曳病扶衰苦,犹自冲寒冒雨来。
> 清世有恩真海岳,白头无地答涓埃。
> 极知柱石诸公在,榱桷何须念不才。
>
> (《丹阳舟中遇雨有感》)

两诗是谢铎在同一次旅程中先后"有感"而作,遗憾的是,虽然两次"有感"的触媒不同,一是"再过",一是"遇雨",但由于诗人的注意力过于集中在他所要表达的"感"上,而所感对象和具体所感的内容却无有差别,读者于前一首感觉不到"天姥岭",于后一首感觉不到"丹阳舟中"(诗人以为"一年两度"和"冲寒冒雨"可以分别接应题中的"再过"和"遇雨",故不再于地域景致中留心而放心地抒怀),以致两诗可以互相置换而看不出差别(前一首"春雨秋风几路歧"正可破后题中"遇雨",后一首"清世有恩真海岳"亦差可接前题中"天姥岭"),因此若两诗并观,则不免同为败作。原因就在于诗人当时"心"同、"情"同,而又不注意用其他的表达方式来补救这种凭心直出己情而有时几于白口直道的惯常作风。

"处以己心、出以己情"之更为积极可取的一面,则是在与其积极创新思想相结合之时。谢铎主张写诗作文要有创新,不能人云亦云,不能亦步亦趋,他在《应黟县以诗来论文次韵复之》诗中明确表述了这一思想:"入道从来各有门,几何能解绝尘奔。文章亦是天机杼,笑杀随人脚后跟。"对前人优秀的创作成果和经验,当然要模仿和学习,但在模仿和学习的过程中决不能抹杀了自己的思想和情感,相反,要用自己的思想和情感去带动创作,这样才能不蹈窠臼而别为可观。

谢铎诗才不大,因而也很难有自己高妙的诗歌语言,其诗歌之可贵,正在于他的真心实露,言辞恳切,想见其人。读他的诸种交游诗,尤须从此中看,而难以他求。如他的《送林蒙庵致仕得闲字》:"不是明时苦爱闲,独于中道念惟艰。百年士论瞻依地,此日先生进退间。忧国每怜心事赤,还家尤喜鬓毛斑。交游一代今前辈,把酒临风只厚颜。"此诗可与《送林蒙庵先生序》同看,文中"是以君子宁不避干名之嫌,而不敢一置其身于罔利之迹,惟夫诚不以名而止于不可不止,诚不以利而进于不可不进,斯则用舍行藏之义,庶几乎圣人之教,而于道无负矣"云云,正可视为君子自道,非仅"他人有心,予忖度之",而是我本有心,以斯心观物,则物无非中我情怀,这是谢铎诗歌创作上的一个主要特点。

二、广泛学习前人艺术经验,化用优秀诗句

从谢铎现有的诗歌来看,他对于前人的学习和模仿是明显而广泛的,其中一个突出的表现就是化用前人的优秀诗句、诗意乃至诗境。

首先值得一提的是谢铎对杜甫的学习。从现有资料来看,谢氏家族对杜甫有一种特殊的钟爱。《朝阳阁书目序》:"成化戊子冬,我先人既作贞则堂,以祗奉先大母之训则,特于其东辟藏书之阁,曰'朝阳阁'。……遗书独《尚书》《西汉书》、韩、柳、李、杜集各一册,皆残缺不完。忆为儿时尚及见,先曾祖德一府君在卢州,效杜子美《七歌诗》,皆墨稿,而今不可得矣。"族叔父谢省更是有杜诗癖,不仅自著有《杜诗注解》,而且还在乡村教杜学(《贞肃先生墓志铭》)。谢铎自小即受叔父之熏陶,其对杜诗之接触与喜爱亦可想而知。他即便在闲居之时仍亲自"集杜诗一册"作为给朋友的赠礼(《与章德懋》),更可见杜诗在他心目中的地位。谢铎更有《次韵老杜雨不绝》《执热追次老杜韵》《追和杜子美暮春韵》等直接追仿杜诗的作品。而《枯木双鹰图》更是明显地模仿杜甫的《画鹰》之作。另如"故园松菊应无恙,樽酒独堪对夕阳"(《浪迹》),则杜诗"丛菊两开他日泪,孤舟一系故园心"为其所本。杜诗"禾头生耳黍穗黑,农夫田父无消息。城中斗米换衾裯,相许宁论两相值"(《秋雨叹三首》其二)正是谢诗"野岸禾生耳,山城水及扉"所本。谢诗"村北村南皆旱尘,出门几望西郊云"正是杜诗"雨降不濡物,良田起黄埃"(《夏日叹》)"安得万里风,飘摇吹我裳"(《夏夜叹》)之意。而谢铎作为一个诗人,于风雨之中抒发其社稷情怀的创作意趣,更是直接继承与追仿杜甫而来。至于谢诗中提及杜甫者如"不寐空怀杜老忧"(《不寐》)"白头休笑杜陵杯"(《重阳后见菊》)等等,则更是多见,此不赘举;而字词句的借用与模仿更是层见叠出而无暇计矣。

谢铎第二个重点学习的对象是陶渊明。这主要表现在他的咏菊诗和退隐情怀上。在谈谢铎的咏菊诗时我们已经提到,谢铎咏菊诗语多涉陶,且多有重复,如"三径归来草未锄。……风光不是义熙初"(《再题菊花》),"风光不似义熙春。寂寥三径归来后"(《次韵菊花》),"寂寞一枝老,蹉跎三径荒"(《菊径》),"悠然南山下,赖有此佳菊。自从三径荒,不一慰吾目"(《思菊次鲍庵韵》)等,又如《奉次太守叔父种菊诗韵》其二(卷二二):"陶后寥寥复几年,晚香庭院草芊芊。极知世味看难似,莫怪风情好独坚。未老折腰羞得米,贫谁多事叹无钱。曾知祖趼枭庐

地,不直羲皇一觉眠。"此诗则更是全拿陶渊明来做文章了。在退隐情怀上,谢铎最爱借用由陶渊明而来的三种形象和意境,一是"三径",如"莫嫌病骨今逾甚,三径分明旧有缘"(《再次通伯东园韵》)"三径门前菊未荒,动人秋思已悠扬"(《次韵答陈牧村》二首其二)"倚栏敢作怀乡恨,三径吾今愧菊松"(《有怀两三楼》);二是"归鸟",如"野心□逐浮云出,归思先惊倦鸟还"(《游梅山次韵一首》)"绕乌正合栖全树,倦鸟惟应恋旧窠"(《次韵答王存敬苏文简二太守》);三是"菊",除专意咏菊而外,如"三径犹堪伴菊松"(《清尊》)"多情为报东篱菊,管待秋风取次开"(《过丹阳》)"亦有东篱花,嗟嗟晋征士"(《灵凤山》)。谢铎对陶渊明的学习主要还不是诗歌风格上的,除了字词的模仿之外(如《敬所以诗来寿兼致感慨之意次韵奉答》"竹边疑义共谁斟"之与"疑义相与析"),还是一种思想精神上的向往和寄托,以至"惟饱饭和陶,以徐俟既定之天明"(《与萧文明给事》)。

另外,谢铎对宋代的苏轼、黄庭坚两大家也有意学习和追仿,《登孤山追次东坡韵》《谒岳王坟追次东坡韵》《六月二十九日喜雨追次黄山谷韵》等诗歌的创作便是明证。对唐代诗人的学习更是广泛。如最为人熟知的,谢铎泛用"路歧""歧路"字眼,正是因为有初唐诗人王勃的《送杜少府之任蜀川》为他垫底,如"歧路风烟犹昨梦"(《奉慰十五叔父下第》)"歧路风烟别梦长"(《次韵答陈牧村》二首其二)等句子便是对王勃诗歌的浓缩。谢铎的《题扇面寄郭筠心》:"建水南行旧路斜,石桥青竹野人家。相思不及双飞鸟,红鱼溪头又落花。"则完全是杜牧《山行》诗的翻版,《天台道中》"乱云深处是天台"犹是从"白云深处有人家"来,谢铎另有《九日登楼旗峰追次杜牧之韵》,则从一个侧面可见他对杜牧诗歌之熟悉。此外,在谢铎的诗歌创作中,还有其他一大批前代诗人与诗歌都留下了深浅不一的影子。

谢铎对于前人的学习和模仿之突出表现,就是化用前人的优秀诗句、诗意乃至诗境。谢铎《送戴廷珍提学》诗:"别意匆匆不可招,路歧如梦入纷殽。遗珠未尽收沧海,骢马仍烦出近郊。拔茹自须先去莠,救浑终亦念投胶。驱驰不待坚冰至,风色惊传十月交。"其中"遗珠"句便是化用李商隐的"沧海月明珠有泪",承前句"路歧",盖"儿女共沾巾"之意,只是略嫌费事。《哭叔父王城先生》第六首末二句"桃花溪上泪,流水向时深",则是巧妙地暗用了李白的"桃花潭水深千尺,不及汪伦送我情"。《晚过静海宿流河驿》"落日风初静,交河水正流",则是对王维"大漠孤烟直,长河落日圆"的模拟。《东河驿夜酌有感》"不才明主非难弃",则是对孟浩然"不才明主弃"的反用。而《次韵奉酬刘时雍大参》"一度相看一惘然"则几乎是对唐宣宗李忱"一度思卿一怅然"(《吊白居易》)的剽袭。《喜晴次旧韵一首》"莫问孤舟野水滨"则出自韦应物的"野渡无人舟自横"。《芙蓉筋竹道中》"路转忽惊山势断,天开殊觉海波平"、《再用前韵柬同游黄赵二公》"溪流屈曲疑无路"则是对陆游"山重水复疑无路,柳暗花明又一村"的"意临"与搬用。《次西涯过旧居有感韵》"旧堂休叹燕泥空"以及《次李阁老重经西涯韵》"巢燕梁空落旧泥"则是对隋代诗人薛道衡名句"空梁落燕泥"的点化;而《雨中偶兴》"随意不妨庭草绿"则翻录自隋代诗人王胄的"庭草无人随意绿"。《月夜次太守叔父沉字韵》"星稀月朗夜沉沉,乌雀惊飞几绕林"则是对曹操"月明星稀,乌雀南飞;绕树三匝,无枝可依"的拼合。

由上可见谢铎对前人创作经验与成果的学习与借鉴是何其广泛,但也有弊端:一是诗歌中缺少了自己的新鲜语言,除了模仿与化用之外就只能说"歧路""江湖""乾坤""廊庙""一笑""白发"等等字眼了,而后者更是充斥着谢铎的诗篇;二是点化得不好就让人费解,如上举"遗珠未尽收沧海"例便已嫌费事。

三、改变诗句结构,通过节奏的变化寻找新变

谢铎在语言上不能有大的创新,则转而在诗句结构上寻找新变,通过节奏的变化来达到新人耳目的效果。

我们知道,七言句式通常的结构是"二——二——三"。就以谢铎的诗歌为例:
《暮秋奉怀黄世显李宾之兼忆十五叔父》:

夕阳——门巷——雨初收,独客——无言——坐暮秋。
咫尺——不来——黄吏部,寂寥——同病——李编修。
床头——浊酒——难驱使,篱外——寒花——自涩羞。
蓬海——风高——南雁远,有人——回首——竹边楼。

这样一贯到底的结构,工整自不必说,就是有嫌单调刻板。于是谢铎就在这上面下功夫,方法是用散文句式入诗,如"不知尔亦能千里,却怪吾还爱一官"(《舟次镇江别宗勋表侄》)"公之去留谁则同"(《召公留》)"一程过是一程休"(《传舍》),使诗歌在节奏上有参差的形式效果和铿锵的音韵效果。此类诗

作甚多，兹举二首以明之：

《次韵刘时雍席上联句四首》（其四）：

落落高怀漫不收，是谁诗可着闲愁。
花——应好事——催人老，春——似多情——念客留。
（一——三——三）
将帅功——曾——收铁券，相君名——已——卜金瓯。
（三——一——三）
尊前合放吾侪醉，不是相知尚黑头。

《清明谒陵次杨学士维新韵》（六首其三）

好景分明画不成，品题今日仆须更。
路——从险处——行来稳，山——到深时——望却平。
（一——三——三）
花气暖——催——春日转，树声寒——带——朔风鸣。
（三——一——三）
向来奔走偷闲地，始觉官曹分外清。

这种"一——三——三"与"三——一——三"是谢铎最惯用的变格，如"庙廊忧已随天远，葵藿心谁向日倾。功到勇时千仞易，义当安处万金轻"（《次韵答戴允亨》），同上举二诗，皆是结合用之；也有单独运用的"三——一——三"结构之安插于"二——二——三"结构者，如《高宏谧以诗相留次韵奉答》之"剥肤恨已空皮骨，蹀血功谁念髑髅"、《次韵留别敬所》之"重来兴与归舟尽，欲去心从闭阁休"、《次韵哭一中三首》其三之"百年业负初心约，一饭恩羞既饱餐"等等；"一——三——三"结构之安插于"二——二——三"结构者，如《登白沙冈》之"路从行处知夷险，海到观时识浅深"、《喜雨追次韩魏公韵》之"旱应已分三秋剧，病忽惊传九死苏"、《北上奉别太守叔父箬心诸公》之"起逢盛世恩终忝，老向空山分所安"等等。

五言句结构的转化则尤见出铿锵的效果，如《次韵郭箬石雨中有怀》：

夕阳流水远,暮雨落花深。地不妨真隐,天应着漫吟。
且从人醉梦,休问日晴阴。见说争枝鸟,飞飞满上林。

《始漏师寺人貂》:

军国贴危地,貂珰作俑初。剑谁思斩马,罪不到多鱼。

《生隐宫赵高》:

世岂无尤物,天生此隐宫。马方尝阙下,鹿已失关东。

诗歌节奏的变换与诗人的感情结合在一起,并积极带动读者的情绪,无疑增强了诗歌的抒情效果;从后二诗"一——四(二——二)"结构的朗读中,我们分明可以感受到诗人那股疾恶如仇的血性和"恶竹应须斩万竿"般的激愤。

四、精心谋篇,对仗整饬,追求工稳

谢铎自说"诗律经心晚益严"(《用前韵奉酬时雍》),上述通过句子节奏的变换来寻找艺术新变也正是他"诗律经心"的表现之一。另一个表现就是对仗整饬、追求工稳。像上文提到的"不知尔亦能千里,却怪吾还爱一官"(《舟次镇江别宗勋表侄》)"花应好事随人老,春似多情念客留。将帅功曾收铁券,相君名已卜金瓯"(《次韵刘时雍席上联句四首》其四)"路从险处行来稳,山到深时望却平。花气暖催春日转,树声寒带朔风鸣"(《清明谒陵次杨学士维新韵》六首其三)"地不防真隐,天应着漫吟。且从人醉梦,休问日晴阴"(《次韵郭筠石雨中有怀》)"马方尝阙下,鹿已失关东"(《生隐宫赵高》)等句,在对仗上都是很讲究的例子,不仅工稳,而且贴切,平仄之间绝无差错。不妨多摘几例:

不才岂无忧天覆,多恨空教望月圆。
心到苦时先自觉,爱当深处也须偏。

(《西涯先生以诗来慰次韵奉答》)

功名尽付三杯酒,身世长随万里船。
我愧病怀犹兀尔,天教闲兴岂徒然。

(《喜古直至次吴匏庵韵》)

红尘满地不能到,明月有时还自来。

(《竹栏》)

已觉乾坤无隔碍,不妨飞跃自鸢鱼。
穷年我笑为山力,漫兴人夸洗砚书。

(《新池次黄定轩韵》)

雨穷晦朔苦愁地,晴是江山富贵春。
剩有清尊能醉我,放教白发且欺人。

(《喜晴次旧韵一首》)

老矣空山谁是伴,伤哉吾党又斯人。

(《哭王存敬太守》)

半世虚名终累病,万般高计不如归。

(《诸叔父盛筵以劝北上用韵奉谢》)

荒村无犬吠,古寺有钟声。潮落夜归海,江空秋满城。

(《晓泊西郭》)

人谁是宾主,境已绝东南。旧雨山僧识,秋风海味甘。

(《游江心寺再次前韵答进之》)

山高欲吞海,江阔半留云。绝境世间少,佳名天下闻。

(《金山寺追次张处士韵》)

从中我们不难看到谢铎的苦心孤诣。李东阳说谢铎"口未始绝吟",谢铎自己也说"前题再把不能改,旧稿有时聊自翻"(《读旧诗有感》),则谢铎苦吟推敲的工夫亦可想见。

谢铎爱用"青白"对,而且是一用再用,反复不已:

青编泉石无年岁,白首红尘有路歧。

(《寄赠卢舜用》)

青山有约聊随兴,白发相看各满颠。

(《四叔父与儒珍约登方岩联句次韵奉柬》)

白发乾坤在,青山岁月长。

(《醉倒》)

白发只应随病老,清时何敢入山深。
(《六月二十八日晚得黄通政世显王主事存敬书感而有述》)

白发天谁管,青山路有媒。

(《期筠心不至》)

病来酷爱青山好,老去难争白发催。

(《除夕小尽立春有感》)

青云着步今全别,白发论交老更难。

(《月夜有怀林一中病起喜而有作》)

坐来未觉青山老,梦里先惊白发秋。

(《再次韵约郭筠心余秋崖诸公》)

青眼向人终慷慨,白发怜我未低垂。

(《次韵答贾谦益夏德树》)

玩世不知青眼在,多情谁听《白头吟》。

(《次韵余存敬春怀八首》其三)

白发忽看惊岁几,青山应不记吾谁。

(《山陵陪祀次李西涯学士赠行韵》)

……

并由"青白"对而扩展至各种色彩对:

黑发交情今日在,红尘世路几人归。

(《次儒珍韵》)

未老丹心终是铁,多愁青鬓欲成丝。

(《送沈侍御源调卢氏尹》)

黑发英雄恨,青衫布褐悲。

(《哭叔父王城先生》)

江湖黑发新愁长,岁月青山旧梦成。

(《次韵林一中员外招饮之作》)

山深不放红尘入,天阔能容白发生。

(《伤感四首》其二)

红尘不尽青山意,白发能容浊酒杯。

(《三月十八日夜梦寐中得四韵……》)

江湖胜有丹心在,天地能容白发闲。

(《雨晴赴逸老叔父登山之约》)

……

从中正可见谢铎对于诗歌对仗工稳整饬的苦心追求。

对仗一味追求整饬工稳有时则不免流为呆板，如《倪青溪李西涯分限星坛有作病中有感次韵奉柬》："坛拥星辰最上班，裸将真觉手堪攀。斗看元气酌斟地，声在尚书步履间。礼洽园丘成庆后，恩从宣室领春还。白头病废重来日，扈从无能亦厚颜。"全诗结构板滞几无生气。因此前述谢铎改变诗句结构以求新变也正有着自我疗救的目的。

谢铎的"诗律经心"还体现在诗歌创作时的精心布局谋篇。如《奉劝西涯先生病起再出》：

亹勉公须出，殷勤诏几临。虚怀明主意，忧国老臣心。
九仞泉终及，三年艾自今。白头余病在，未敢入山深。

此作字字郑重，句句顿挫，颇有杜诗的风格。起句即道明心意，无须绕弯；"殷勤诏几临"，则不容推脱。三句顶第二句，第四句主客双关，于是五六句分说主客，而末以自己收结，"未敢入山深"句将心比心，诚李东阳所谓"必尽肝腑"者也。

第五节　谢铎文章的思想和艺术

谢铎长于序、碑铭、题跋、墓表等应用文体的写作，又擅长在史论、读儒家经典札记中抒发沉雄浩远之气，亦具有鲜明的特色。下文即从文体分类以及艺术角度进行阐发。

一、谢铎的文体类型

1. 序

《文体明辨》："按《尔雅》云：'序，绪也。'字亦作叙，言其善叙事理次第有序若丝之绪也。"①《文章辨体》："东莱云：'凡序文籍，当序作者之意；如赠送燕集

---

① 徐师曾著，罗根泽校点《文体明辨序说》，人民文学出版社1962年版，第135页。

等作,又当随事以序其实也。'大抵序事之文,以次第其语、善叙事理为上。近世应用,惟赠送为盛。当须取法昌黎韩子诸作,庶为有得古人赠言之义,而无枉己徇人之失也。"①

谢铎序文7卷,计52篇。就内容而言,有赠行序(如《送陈御史序》《赠南京国子祭酒黄公序》)、诗文(如《讷轩诗序》《愚得先生文集序》)、燕集(如《元宵讌集诗序》)、宗谱序(如《重修宗谱后序》《重修洞黄黄氏族谱序》)、书目序(如《朝阳阁书目序》)等等。

谢铎的序文对我们的研究具有较强的文献价值。如《伊洛渊源续录序》可以考见他"学行一体、经世致用"的一些思想基础,所谓"圣贤之所谓学者,皆言行一致,体用一源,而理之未始不该于事,事之未始不根于理也";可以考见他对有宋以来理学利弊的看法:"自邹孟氏没,而圣人之学不传,其过于高远者,不溺于虚无,则沦于寂灭;其安于浅陋者,不滞于词章,则狃于功利。二者虽有过与不及之不同,而其为吾道之害,则一也。向非伊洛诸老先生相继迭起于千数百年之下,得不传之学于遗经,以兴起斯文为己任,则吾道之害将何时而已邪? 然自是以来,犹有窃吾道之名以用于夷狄之世,借儒者之言以盖其佛老之真,其得罪于圣门,甚矣。"《元宵讌集诗序》可以考见谢铎交游以及当时文士聚会的一些情况:"铎与诸公,东西南北人也,幸出而同时,而同登甲第,而同为禁近之臣,抑交分兄弟也。故一会率有纪,亦庸以考他日所以不相背负者何如,所以进退不但已以重轻斯会者何如。且毋曰汗青交籍不悉于前闻人,而子孙世讲以永斯好于不坠,固亦不徒然哉。岂其惜离聚于酒食文词间,以流连一时者为也?"谢铎的生活圈子主要也就在这里。另外如《赠王存敬大尹序》《送林蒙庵先生序》《感情诗序》等文中多处对"命"的思考与言论,可以考见谢铎的出处心迹,他的结论是:"君子宁不避干名之嫌,而不敢一置其身于罔利之际,惟夫诚不以名而止于不可不止,诚不以利而进于不可不进,斯则用舍行藏之义,庶几乎圣人之教,而于道无负矣。"这是谢铎的一个基本信念,可以帮助我们理解他的多次休官和重复出仕。还有一些序文,则零星地表达了作者的一些文艺观念和认识,有助于我们了解谢铎的文艺思想,关于这一点,笔者在论谢铎文艺思想时专章讨论。

---

① 吴讷著,于北山校点《文章辨体序说》,人民文学出版社1962年版,第4页。

若曰"序事之文,以次第其语、善序事理为上",谢铎的大多序文也是当之无愧的。其善序事者,如《方岩祈雨有感诗序》;善序理者,如《赠大理评事龚君序》;更多的则是由一事而进于一理,这也是谢铎文章的总体作风,与他"理之未始不该于事,事之未始不该于理也"的认识是分不开的。兹录《赠大理评事龚君序》一文:

> 天下之患皆生于私,公则无所不可也。韩愈氏曰:"同则成,异则败。"败惟患之极,然则公者同,私者异,君子其尚同乎?曰不然。于其公,同之可也,异之亦可也;私则异之不可也,同之亦不可也。惟夫不固异,不固同,可不可之间,一以公行之,而无所谓私者,天下之患,其庶几乎!
>
> 朝廷重天下之大命于狱,惧民之或离非辜也,举天下之狱而属之刑曹,而属之御史台,又举刑曹、御史台之狱而属之大理,于是有异有同、有可有不可。大理者,举得以持法。比亭平之刑曹、御史台,不能自为同异、可不可以轻重天下之狱。噫!任之于大理亦重矣!于是而私有所同异以可不可,吾民之大命何赖哉?
>
> 然所谓私者,非必诱于利、夺于威之谓也。眩小智,矜小能,以物我必胜为主——彼曰可,我固曰不可,我曰不可,彼固曰可,各惟其一偏以自异;不然则又附和党比——无所与择可不可,惟人之同而已。于是而传致而掠立,以轻重天下之狱。若是者皆所谓私也。於乎!吾民之大命何赖哉!
>
> 诚使为大理者不过于深文,曰彼罪之轻重诚当矣,彼之法天下之法也,吾从之,夫何同?为刑曹、为御史台者,不狃于成案,曰彼辨之是非诚当矣,彼之法天下之法也,吾更之,夫何异?夫是之谓一以公行之而无所谓私者。夫然,岂直曰天下之狱得其平而已,以是而成天下之事,将无所不可也,天下之患其庶几乎!
>
> 慈溪龚君时济,以进士拜南京大理评事,秋官主事王君文征属予为赠言。二君盖正所谓相与同异可不可者,因推其说以告之,不识果以然否。

该文开言即出"天下之患皆生于私,公则无所不可也"的大言论,突兀而来,因"大理"职事所系,"吾民之大命"攸关,看似迂远,实是大斧开山之法。乃由"公私"引出"同异",而以一自设问答,开出一段议论。"朝廷"以下转入正题,跌出"大理"(就谢铎来说是在讲"大道理",但又紧紧扣住对象之职官"大理评事"及其职责之所在)。文中两以"吾民之大命何赖哉"反复呼应,以见问题之关键与重大,点醒"大理"所在,不在同异之间,要在公而无私,并辨明何者为"私",以为警戒。于是顺理成章推出"不过于深文""不狃于成案"的结论,如此"同异""公私"归于一结,则"天下之患其庶几乎",与首段呼应。末简明交代事由,"不识果以然否"云云,正是对文章所赠之人的叮咛与期望,可见谢铎拳拳之念。

2. 史论

史论是"论"的一种。萧统编《文选》,即分设史论。明代徐师曾总结前人意见,分"论"为八体,又将其中的史论分为"评议"和"述赞"二体(根据便是刘勰的"辩史则与赞评齐行"语)。史论与其他诸论的区别,就是它论的对象和材料都来自历史,是对历史上的事件或人物发表自己的议论与看法。

谢铎有史论两卷,计28篇,对自汉以后的前代历史人物与事件,有选择地发表了自己的看法,从中我们可以了解到谢铎的一些政治见解和思想。其中有些因就事论事而脱离具体的历史环境,则不免为迂腐之论,如《萧何》篇,以为"人臣事君,以诚不以伪,则虽势位之盛,有不难处者矣",而"何之见疑于高帝者,至再至三……若此谓其立诚之有素,亦难矣。夫彼以疑来,我以诚解,犹恐不足以回之。何顾拳拳以计,务悦其君,保富贵,为全身之地,曾不闻其能退而修诚如姬公者"。如果作为一个政治家,出这样的言论,则不免显得幼稚,而"人臣事君,以诚不以伪"作为谢铎自己的立场,则见出他的可爱。又如《曹参》篇论曹参政治上的"无为",认为"参但知清净之药足以调扰乱之民,而不知王道之菽粟所以养民生者,不可一日无此,所以徒能疗秦民之疾苦,而终不能复元气于三代之时之民也","盖时虽厌于有为,而事之不可不为者,君子不容以概不为也","噫!汉之所以为汉者以此,汉之所以止于汉者亦以此"。此恐怕是谢铎之一厢情愿而过于理想也。有的因作者囿于传统的封建"正统"史观,则其史识在今天看来难免有偏差,如其对曹操、武则天等人的评价,当然,这些我们毋庸苛责。

总观谢铎的这些史论,主要可以看出他以下三个观念。一是君臣之间要推心置腹。除了上述《萧何》篇外,另如《曹彬》篇。该篇引叙史事如下:

曹彬总师伐，宋太祖谓曰："俟克李煜，当以卿为使相。"及还献俘，太祖谓曰："本授卿使相，刘继元下，姑少待之。"乃赐彬钱三十万。

论曰：

善持天下者不滥赏，亦不吝赏，惟信赏而已矣。太祖之于曹彬，宁赐以三十万钱而靳一使相，夫岂吝赏者哉？特不欲滥赏耳。然与其不轻授于旋师之后，孰若不轻许于出师之初？徙木之赏，固为国者所不弃，然许而后赏，上下之间已不免交相为利，况又从而不信之乎？向非曹彬之谦厚，固未能保其不怏怏者，李怀光之覆车，盖可监矣。

崇诚信，是谢铎理学思想的一部分，也是他立身处世的信条。如果说《萧何》篇重在对为人臣者提出劝诫，那么《曹彬》篇则是直接对当权者乃至最高统治者提出警示，这不仅需要有史识，而且需要有胆识。关于诚信，谢铎在其"讲章"《诚者天之道也》中更有系统的阐述和发挥。这里要多说几句的是谢铎自己的"诚"，在《爱谖堂诗序》中，谢铎有简明的解释："所谓诚者，亦惟视其义之所在，以各求尽其心之所至焉耳。"他的"诚"，表现在政治行为上就是敢于说话，对统治者敢于直谏，不避恶，不隐讳。如在《吕公著》篇中，鲜明地提出他的重要政见："惩其事未若惩其心，天下之治与乱，特君心一转移之间耳。"如此，则朝政之荒秽、国家之败覆，主要责任人除了"乱臣贼子"，更有当局的最高统治者，而帝王本身就负有不可推卸的责任，同样，国家之强盛、民生之兴旺，除了忠臣能宰之公，更有帝王能察善任之力，即所谓"太甲不怨艾，虽伊尹何以成其功；成王不悔悟，周公何以致其力"。这也就是谢铎在《论西北备边事宜状》中一再强调的观点："所以任用其贤、蓄养其锐者，则又在于人君之一心，而辅之者宰臣也。"文末又再次致意："实圣心一转移之间耳。"在《癸巳封事》中又再重申："实圣心一转移间耳，夫何难之有哉？"我们理解了谢铎的这一思想和政治信念，对他的这些话和相关文章就能进一层理解，苦口婆心，正是其拳拳之"诚"，而"诚"也就是他的"忠"。

二是为人臣要忠。《诸葛诞》篇引叙史事如下：

司马拔寿春,杀诸葛诞,夷三族,诞麾下数百人皆拱手为列不降,每斩一人则降之,卒不变,以至于尽。

论曰:

天理民彝之在天下,出于人心之所不能已者,虽衰乱之世未尝一日亡,特不幸不出于可恃,而出于不足恃,不出于朝廷卿相,而出于仆伍卒隶。是以奸雄往往得肆其诈逆,以遂其篡窃之谋。使魏之大臣皆诞之麾下,则虽司马氏之父子兄弟跨莽轶操,亦何能独立于天地间哉?贾充之徒视此固狗彘之不若,而王祥、石苞辈亦不能以不愧矣。

其中,"天理民彝之在天下,出于人心之所不能已",是谢铎一个很重要的历史价值信念,在其他文章中还不止一次地表达,如《复余秋崖高南郭》曰"天下之是非,固自有不可磨灭之公论",此不赘述。狄仁杰在谢铎心目中更是一代忠臣英雄,见史论《狄仁杰》篇,在该篇中还藉"先儒"之口提出了用以辨忠奸的"原心"说:"人臣建策效计,当原其心。诚为国邪,策虽不就,君子予之;心不在国,假善以济其私,功虽幸成,君子不与也。"实际上他自己在《爱谖堂诗序》中就已经有明确的表述,而且"原心"也正是和"诚"联系在一起的,从中也可看出理学的影子。

三是痛斥奸臣误国,严防小人当道。此种论见尤多。《虞世基》篇:"自古衰乱之世,未尝无智勇才略之士为国家出死力者,而其功卒不克就,奸臣忌之,而其君之昏不足以知之也。……独恨奸臣之所以误国者,启千百世弊端之始,致使岳飞之忠孝雄杰,亦卒死于贼桧之手,坐失事几,以坏宋三百年天下于左衽之域,此天下后世之所痛心扼腕者也。然世基不免而桧乃老死牖下,吾又不能不叹未定之天,于是而益甚矣。於乎!彼小人者,亦何惮而不为也!"对秦桧之类的祸国奸臣,谢铎是深恶而痛绝之,他在《复余秋崖高南郭》信中犹曰:"抑尝见秦桧之事乎?桧祖孙三世为史官,所以为其身后之虑者至矣。今其万年之臭,卒不可得而掩。是天下之是非,固自有不可磨灭之公论。"甚至在为别人作墓志铭时还说:"予尝窃怪,灵识异禀如贾谊、李贺、邢居实者,一皆短命以死,而奸憸玩腼若张禹、冯道、秦桧之徒,又皆以卿相寿考终其身,未尝不有疑于天道之不公。"(《戴师文墓志铭》)《武后》篇:"世莫不幸才之在小人也,小用之则小害,大用之则大害。武氏其小人之才尤者乎?世何不幸而有莽、操而又有武氏也!"谢铎又指出一些奸臣小人的根本伎俩与手段,以为警示:"奸臣敢于罔上,以窃生杀之权者,未尝无所假托凭藉,以收天下之公论。夫公论之在天下,孰不知所畏哉!惟名持公论者身为之地,然后小人乃敢肆然无复顾忌,而天下之势去矣。"(《贡禹杜钦》篇)又告诫说:"自古国家之剪除奸恶也,权出于君则为福,不则转而为祸也益深矣。""故君子观人之家国,不幸其奸恶之除,而必察其所以除之者何如,然后为幸不幸也。"(《论王凤》)这种历史鉴论是深刻的。大要是以古鉴今,或藉古讽今焉。

3. 碑记

《文章辨体》:"秦汉以来,始谓刻石曰碑。"(《文章辨体序说》第 52 页)《文体明辨》:"宫庙皆有碑,以为识影系牲之用,后人因于其上纪功德,则碑之所从来远矣;而依仿刻铭,则自周秦始耳。"又曰:"碑实铭器,铭实碑文,其序则传,其文则铭,此碑之体也。又碑之体主于叙事,其后渐以议论杂之,则非矣。……其主于叙事者曰正体,主于议论者曰变体,叙事而参之以议论者曰变而不失其正。"(《文体明辨序说》第 144 页)

谢集"碑记"三卷,碑文仅《永嘉文信公新祠碑》一篇,其余皆"记"。

"记者,记事之文","以善叙事为主"。吴、徐二作皆考溯文体之流变,其中《文体明辨》曰:"《禹贡》《顾命》,乃记之祖;而记之名,则昉于《戴记·学记》诸篇。厥后扬雄作《蜀记》,而《文选》不列其类,刘勰不著其说,则知汉魏以前,作者尚少;其盛自唐始也。其文以叙事为主,后人不知其体,顾以议论杂之。故陈师道云:'韩退之作记,记其事耳,今之记乃论也。'盖亦有感于此矣。然观《燕喜亭记》已涉议论,而欧、苏以下,议论寖多,则记体之变,岂一朝一夕之故哉?"(同上,第 145 页)《文章辨体》曰:"大抵记者,盖所以备不忘。如记营建,当记月日之久近,工费之多少,主佐之姓名,叙事之后,略作议论以结之,此为正体。"(《文章辨体序说》第 42 页)

谢铎的"记"文 18 篇,有"以叙事为主"的正体,也有"以议论杂之"的别体,总的来说,也与他的序文一样,总是事理兼备,而尤喜议论,有时自不免迂阔,如《东屿记》本是记地理山水,却硬要谈"充是心"而"尽吾性",直扯到"尧舜之道"而后止,虽是一步一步生发,终不免模式化的头巾气;有时则难免有勉强应事之作,固难免流为为"记"而记,为议论而议论,如《忍庵记》(与《素庵记》对读,益可知)。当然,谢铎的记文,主要还是有所为而作,大要是关乎国计民生、教育科举、风俗礼仪。如其为《永嘉文信公新祠碑》,在于碑主之忠君爱国"有关风教","以风示当世,是固不可以不书";《重修京都城壕记》与《重濬宿迁小河记》,则是记有造益于民生者,如《重修京都城壕记》曰:"壕初岁久壅弗治,水弗润下,每都城积雨,则漫为民害,坏民庐舍以千百,民桴筏以行,悬灶以炊,如是者盖自庚寅之夏历三岁而益甚,民益弗堪。皇上既大发振民……功卒以成。"《重修松门卫记》则是记其所以有益于国防边备。谢铎更多的记文则是为各地祠堂和县学所作,集中反映出他的礼教思想和教育思想,尤其是后者,更非泛泛而论,而是真切地触及了当时朝廷科举与地方教育的诸多实际弊端,并发表了自己明确的态度和看法。其曰:"我国家取士之途,其最大者曰科举,曰岁贡。科举者,聚天下之人,一旦而默定之,以为终身之进退得失。岁贡,则优廪饩,积岁月,以徐考其可不可,然后显拔之,既久而始获用焉。其视科举之法,反若甚易且简,其待之而简以进也,反若甚厚而不敢轻,而得人之效,乃顾在彼而不在此,至有甚不相及者。於乎!亦岂今之法端使然哉!"(《胙城县学科贡题名记》)又曰:"而今世遭圣明,学校之教,一惟先圣王之微言是训是用,然而培养劝激之下,往往所言不足于行,至或尽负所学以上累吾君之清化。於乎!是岂学校之教其端使然哉!"(《重修长垣县学记》)又曰:"今学校之设遍天下,天下之士盈学校,其所读诵者皆六经四子之文,其所讲习者皆孔孟程朱之道,不可谓不知所学矣,独一衢之龙游也哉!所深虑者,名是而实非,行同而情异耳。盖古之学者,所以穷理而尽性,所以修己而治人。今学校之士,不过缀文词以窃科第,钓声名以谋利禄,一或得焉,甚至托古训藉口侮圣言以文奸。回视向所读诵而讲习者,盖已筌蹄刍狗之不若矣。尚何怪乎教化之不明,风俗之不美,而治道之不古若哉!"(《龙游县学记》)从中可见谢铎还是个实践的教育家,其中某些言论对我们今天的教学界仍不乏警示意义。

4. 传、祭文、谥议、策问

谢铎传文一卷4篇,祭文27篇分两卷,其中卷六十五内编入谥议和策问各两篇。由于部分传主和祭文所祭者同为一人,在内容上联系比较紧,所以我们放在一起讨论;谥议和策问,体制既不常见,篇幅又不多,故此一并叙述。

先说谥议和策问。

(1) 谥议

谥，原本是古代君王公卿大夫的专利，就是在其本人死后，由他人（一般是他的上级领导或最高统治者）根据他的一生行为事迹，在《谥法书》里挑选一两个字，用来概括他的一生，所谓"据其终始，明别善恶，所以劝人为善而戒人为恶也"（《白虎通》）。后来则一般士大夫也有了这个待遇，其谥号往往是门生故吏所定。谥议，顾名思义，则是讨论如何为死者定谥号的文辞，目的是"归于是非之公"。（《文体明辨序说》第152页）也就是说明某人为什么取某谥的原因，即说明其合理性。因而就文艺性来说，也就说不上好坏，因为有着既定的简单套路，谢铎的《倪文毅公谥议》和《傅文穆公谥议》就是这样的章程文字，倒是后一篇开首谈到了当时的谥法程序问题，或可与吴、徐二论互观："昔者周公作谥法，后世因之。典籍繁浩，莫之适从。至宋苏洵承诏编定，乃取其法，参酌沈约《贺琛扈蒙之书》，以行其法。上尚书省，下考功，移太常覆议以请，盖犹有美恶轻重之别。今制类出其子孙之所陈乞，事下礼部属翰林，然后内阁大臣为之参定，取自上裁。凡得谥者，虽无覆议之烦，而益足以见其不易矣。"

(2) 策问

《文体明辨》："汉文中年，始策贤良，其后有司亦以策试士，盖欲观其博古之学，通今之才，与夫剸剧解纷之识也。然对策存乎士子，而策问发于上人，尤必通达古今、善为疑难者，而后能之。不然，其不反为士子所笑者几希矣。"（同上，第129页）策试是古代选拔士子的一种方式，而策问就是策试时用的试题，这种试题的特殊性在于它不仅仅是个问题，而是同时要交代这个问题从何而来以及为何要作此问等等，这是能见出策问者本人的学识诸问题的，所以徐师曾说"尤必通达古今、善为疑难者，而后能之"。谢铎策问两篇，分别是《策问六堂教官》和《月试监生策题》。前文所问为教官者如何有为于教化之事。后文凡九问，分别是：问古圣贤言行如何有益于今之教化人心"建学育才"、"问论汉之治""以观经世之学"、"问唐虞夏商之世"以观今之科举仕风、"问士君子之所以持其身""以观尚志之学"、问效果与动机的关系、问取士之途之利弊关系、问学校教育之废兴与士风盛衰之关系、"问道统之说""以观本领之学"、"问《洪范》八政，食货为先"之政治意义。谢铎所问，皆非为策试而策试，而是直接关系当时诸项国家政策和实际的政治弊端，是出于经世致用的意图，而其中的问题也都是他平时自己在思考和探索的，如教化问题、仕风问题、教育问题、科举

取士问题以及"汉治"问题等等,在他的书信及其他文章中都有触及。下面看他"问论汉之治"一段:

> 问:论汉之治者,莫不善曹参之守法;而究宋之所以乱,亦莫不咎王安石之变法,是国家之法固在所当守而不可变也。然参之时,有谓宜定经制者,有谓宜更化者,皆非欤?安石之时,有不以为不是者,有以为合变时节者,亦非欤?今之法,其大者不敢论,所科目之糊名棘试,人皆知其不如乡举里选之核实而论公也;铨选之停年用例,人皆知其不如耕钓版筑之特起而效著也。然徐而思之,有不可以遽为者。将守法之为优而终不可变乎?抑别有可议者乎?请著于篇,以观经世之学。

谢铎由汉、宋两代之守法与变法这两种相反的历史经验谈起,以引出当今某一具体问题——取士之法当变不当变、可变不可变,以观士子的"经世之学"。谢铎的这个策问,也可以说是他的自问,因为他自己就不曾停止对此类问题的观察和思考,其史论《曹参》篇和《司马光》篇,就是对这一问题的最好诠释。谢铎对王安石的变法和曹参的无为守法都持批判态度,认为"安石设法尽利以自弱其民"(《司马光》),而曹参之时"虽厌于有为,而事之不可不为者,君子不容以概不为也"(《曹参》),从中折射出谢铎思想中"中庸"的一面,在具体事件上的态度就是权衡利弊、实事求是、参时以变,又是"诚"的具体实践与体现。这道策题具开放性、实用性于一体,既反映出策试者的学识和政治眼光,又的确能起到"观经世之学"的目的。

再看谢铎所作的传文和祭文。

关于"传",《文体明辨》曰:"按字书云:'传者,传(平声)也,纪载事迹以传于后世也。'自汉司马迁作《史记》,创为列传以记一人之始终,而后世史家卒莫能易。嗣是山林里巷,或有隐德而弗彰,或有细人而可法,则皆为之作传以传其事,寓其意;而驰骋文墨者,间以滑稽之术杂焉,皆传体也。"[1]此论与《文章辨体》无异议。

---

[1] 《文体明辨序说》,第153页。

关于"祭文",《文体明辨》:"祭文者,祭奠亲友之辞也。"①据《文章辨体》,祭文的内容是"叙其所记及悼惜之情",要求是"真情实意,溢出言辞之表","以道达情谊为尚",忌"谀辞巧语,虚文蔓说"②。

谢铎的四篇传文分别是《松坞黄公传》《严贞姆传》《金尚义传》和《符真奴小传》。其中对严贞姆和金尚义两人,谢铎同时又有祭文,即《祭严贞姆文》和《祭金尚义文》。在《松坞黄公传》中,因传主"非有甚高难行之事",所以文章就注重于平常事中见不平常,善于细节的生动描绘,从日常琐事中刻画主人公的高风亮节。"行旅入其乡者,至斗斛衡尺知其出于公,则皆无异词,曰:'公固不我欺也。'童仆每市易自外归,未尝问其直,第曰:'好好。'子弟有疑之者,辄厉声曰:'尔能何用彼为!'"谢铎先于家里家外两面对其进行侧面的渲染,为长者定下轮廓,紧接着给他一个正面的情节特写:"有盗发其囷者,公遥见之,却避焉,顾从者曰:'彼一人所得几何,不幸而我见,将终身蒙耻矣。'"寥寥数笔,一典型人物便活脱脱跃出纸面,这样的人物当世要找第二个恐怕是难了。然而意犹未足,须点出他的平生凛然大节,这也须从小事中见出:"公平生好读《通鉴纲目》,日取一编,坐所谓松坞者观焉。见奸臣贼子,则愤然正色,掩卷大骂不绝口。卒之前一日,是书犹在,未释也。"前面我们已经讨论过,在谢铎心目中《通鉴纲目》是一部尤其特殊的书,谢铎对该书更是有着特殊的感情和喜好,因此在这里特写"黄公"读《通鉴纲目》一事,意义不在小,是全传点睛之笔,使传主形象立时丰满,文章也奕然生色。

严贞姆名闰,是谢铎祖母的媵婢,守节护主,有大恩于谢氏,如祭文中所谓"如是者盖二十年而始及见吾父之成,又三十年而始及见吾孙子之绳绳"。故而在表旌她的忠义守节之外,更多出一种感恩戴德之情。这是作《严贞姆传》与作《符真奴小传》的区别,而命意根本相同处则仍是"人而至于媵妾,至微贱也,顾能奋然守义,不辱其身,卓卓乃而"的观念,这就不是我们今人所能苛求的了,何况深究一层,谢铎的这种"封建"背后有着另一种思想的支撑,即认为忠臣从孝悌中来,观其有以处于家,便知其有以立于家邦,所以在《祭严贞姆文》中便有这样的论说:"迹其事,盖刑膶聤之仆、赵延嗣之流,而充其心,虽程

---

① 《文体明辨序说》,第 154 页。
② 《文章辨体序说》,第 54 页。

婴之于赵、子房之于韩、诸葛之于汉，夫孰得而重轻也哉！"这一点也同时可以帮助我们理解谢铎的其他诗文在类似题材选取上的旨趣问题。至于《金尚义传》，则是谢铎欣赏金尚义公心为国、敢于作为的精神："上疏言国家大计凡三事，皆时所深讳者。众闻之股栗，尚义慨然不为意，曰：'天其不祚宋乎？'"谢铎对他所传、所记、所铭之人物，是有选择和侧重的，谢铎所选择和侧重的，也正是他的价值取向和政治关怀所在，关于这一点，我们在讨论他的墓志铭作品时还要谈到。该传中"昔人有言，莫邪大剑，其锋锷锷，足以破坚珉，而不保其缺折之患。虽然，不害为千金之宝也"云云，则正体现出谢铎为文善于取譬、巧为议论的特点。

谢铎作祭文共 27 篇，所为作者，不是家族姻亲就是故友旧交，因而总是"真情实意，溢出言辞之表"。祭文形式多样，有骈有散，有四言有杂言，有韵有不韵，或因人而异，或因事而殊，要皆为情感之表达服务。祭文以及下文我们要讨论的墓志铭诸作，比较集中而又错综地反映出谢铎的一些主要交际关系，对于我们的研究，则可藉以考见他的世家、交游等情况，也有助于我们确定他的事迹及作品之编年（如《将赴官告祠堂文》和《南监释菜告先圣文》，对我们确定谢铎休致的时限更是直接而可靠的文献证据），具有较强的文献价值。其中除前文提到的《严贞姆传》外，还有一篇谢铎写得很用力的便是《王尚德哀辞》。这篇哀辞在众作中是尤见特色的。如果按照《文章辨体》所言祭文的内容是"叙其所记及悼惜之情"的观点，我们对这 27 篇祭文作一观察，则会发现，基本都是次于记叙而重在抒情的模式；而《王尚德哀辞》则例外，而是在抒发"悼惜之情"先有一段笔墨，集中完整地记叙了作者和王尚德由闻名而相交、由相交而相知，直至对方不意亡故的过程：

  始予弱冠时，在景泰癸酉间，已闻临海有王经魁崇尚德者，予愿见之。既三年，始识尚德于赤城道中。又三年，复于杭见尚德，温然可亲也，心益爱慕之。又明年，予与尚德俱有事于春官，始内交焉，然犹未之知也。已而予下第南归，尚德留太学。又三年，始同举进士，得朝夕相与处，以相磋切，其克举于厥官。又二年，尚德以秋官主事奔父丧归。又四年，予归省，尚德方起复，自赤城而来，相遇握手，出肺肝，道契阔。曰："吾之母老矣，吾仕未有以报吾君，吾进退无所据，留吾妻以备养，吾独行矣。"视其色，望望然若有失,傫然若不胜衣,乃呼酒强与饮之,盖尚德酒肉不举者,三年矣。既二日,予别尚德归,而尚德亦遂北行,且期不久见尚德以益相砥砺,以图有所建立,以不负于平生之言。已乃有传尚德拜武选之命者。未几,而尚德之讣至矣。始而惊,既而疑,既而屡问,而屡得其真。於乎!吾尚德而止是矣。乃大恸失声,废寝食者凡几日。里之人无贤不肖识不识,道尚德辄嗟悼之形于色。既而又闻尚德濒死,有遗草弗及上。於乎!孝义人也。天何夺吾良友之速也耶!

这段貌似烦琐的记叙文字,实则是饱含着作者真挚情谊和万般嗟叹的抒情性文字。其之细腻真切,其之款款情深,其之哀恸悼惜,皆于平平的记叙中见出,只能"既三年""又三年""又明年""又三年""又二年""又四年"这般如痴梦老儿扳着手指历数模糊岁月,依稀回忆江湖交情。而"予别尚德归""未几而尚德之讣至矣"!何死生契阔之速之酷也!谢铎是"始而惊,既而疑,既而屡问,而屡得其真","乃大恸失声,废寝食者凡几日"。四个"而"字句,由三字,阶梯增至四字、五字,读者之情绪亦随其笔触向大恸之渊仓皇逼进,闻者敢不泣下!然而为文者犹嫌未足意也:谢铎作文的特点,总是要将文章写足、写满,这里除了用"里之人无贤不肖识不识"皆"嗟悼之于形色"补足情绪外,还要在死后只给生者以无限回忆的空白地带填上一笔:"既而又闻尚德濒死,有遗草弗及上。"于是情意皆汪汪然满矣,几于溢矣,乃"大恸失声":"天何夺吾良友之速也耶!"正是上面这段精彩绝伦的记叙文字,使祭文后半部分程序性的"哀词"有了附着的骨肉,甚至可以说,有了这段文字,读者已经毋庸再看作者接下来"作哀词以告尚德"了;当然这是从文艺的角度说,若从文章体制上说,则后半部分反倒是不可或缺的重心,而前面的记叙倒不过是个交待而已,这就是文章体制形式与文艺价值之间的矛盾。

5. 墓志铭、墓表

《文体明辨》:"志者,记也;铭者,名也。古之人有德善功烈可名于世,殁则后人为之铸器以铭,而俾传于无穷……盖于葬时述其人世系、名字、爵里、行治、寿年、卒葬年月,与其子孙之大略,勒石加盖,埋于圹前三尺之地,以谓异时陵谷变迁之防,而谓之志铭;其用意深远,而与古意无害也。迨夫末流,乃有假手文士,以谓可以信今传后,而润饰太过者,亦往往有之,则其文虽同,而意斯异矣。然使正人秉笔,必不肯殉人以情也。"①"(墓表)其文体与碑、碣(引者按:分别指墓碑和墓碣。下同)同,有官无官皆可用,非若碑、碣之有等级限制也。以其树于神道,故又称神道表。"②《文章辨体》:"凡碑碣表于外者,文则稍详;志铭埋于圹者,文则严谨。其书法,则惟书其学行大节;小善寸长,则皆弗录。"又曰:"大抵碑铭所以论列德善功烈,虽铭之义称美弗称恶,以尽其孝子慈孙之心,然无其美而称者谓之诬,有其美而弗称者谓之蔽。诬与蔽,君子之所弗由也欤!"③将吴、徐两位的话概括一下就是,墓志铭(表)的内容是"论列德善功烈","述其人世系、名字、爵里、行治、寿年、卒葬年月,与其子孙之大略",要求是称"美"避"恶",而且贵在实事求是,否则就是所谓的"谀墓"。

谢铎墓志铭(包括墓碣铭)之作凡六卷,计27篇,墓表一卷,计7篇。这些作品就对象来说,主要可分为两大类,一类是为姻族亲人而作,《亡妻孺人孔氏墓志铭》《贞肃先生墓志铭》可为其代表;另一类是为至交好友而作,代表作是其为陈士贤、张汝弼、林一中、黄世显等人所作的墓志铭,分别是《广东左布政使陈君墓志铭》《福建按察佥事林君墓志铭》《南安府知府华亭张君墓志铭》和《南京工部侍郎黄公墓志铭》。前面我们已经指出,谢铎的此类作品对我们的研究具有较强的文献价值,在他众多的墓志铭作品中,如《族祖盛三十四府君墓志铭》《从弟声墓志铭》《贞肃先生墓志铭》等,有助于我们理清并了解谢铎的家族世系;而交游问题,谢铎更有夫子自道式的记录,散见于各篇;其他如《中书舍人孝庄王先生墓表》中曰:"(王稌)实得晦翁再传之学于叶通斋由庚,以授黄文献公潘,至忠文又得文献之学而益显。忠文之子博士君绅,又尝登宋潜溪之门,与正学方先生为同志友,先生因得以门弟子受知正学,至许以女。"这段对墓主学历世系问题的交代,或亦有补于有明学案之文献焉。

谢铎是个严明自律的人,表现在创作中就是对文章体制规范的严格遵循,对墓志铭这类作品,他更是不愿去冒取"谀墓"的名声,因而他很少泛作,也就是说除了《都御史丁君墓志铭》《封太安人邹氏墓志铭》《环清处士东阳赵公墓表》等少数几篇实在是因为"不得已不能辞"而作之外,其他绝大部分的篇制在对象的择取上都是有较强的选择性的,这些"不得已"之作谢铎也就是"按状"

---

① 《文体明辨序说》,第148页。
② 同上,第151页。
③ 《文章辨体序说》,第53页。

而写,更无其他过头言语;同时谢铎在作品中又反反复复地强调"我铭不愧""我铭不谀"(《亡妻孺人孔氏墓志铭》《南耕处士王公墓志铭》《南京工部侍郎黄公墓志铭》《缪君思敬墓碣铭》《笃心郭先生墓碣铭》),这一方面固是肯定墓主之行状节操,同时也是有戒于"谀墓"。

墓志铭(表)除了要"述其人世系、名字、爵里、行治、寿年、卒葬年月,与其子孙之大略"外,更为重要的就是"论列德善功烈",这就需要作者对材料的择取工夫,同时也必然显出择取者的价值倾向。谢铎之侧重不外乎二,一是为政之道,一是教化之道,总之是关乎立身处世之道。就为政而言,谢铎所要求的,用他的话一言以蔽之,就是"以天下为己任,凡朝政得失、生民利病,知之未尝不言,言之未尝不尽",使"立朝大节赫赫在人耳目"(《侍郎章公墓志铭》)。具体表现当然是多方面的,爱民而施惠政者如夏宗成,"天顺末,用荐者擢广东按察使。广东有师旅之命,守城兵不足,取之民。公曰:'谁独无父母妻子,而使人舍其亲以扞人之亲,奚罪哉!'民皆感泣而去,曰:'公活我也。'既凯旋,都御史韩公雍将侈为燕乐,公亟止之,曰:'出师以为民也,今师以病民,可乎?'"(《都御史夏公墓志铭》)又如《南安府知府华亭张君墓志铭》:"寻虑民之贫而劳役弗息也,亟请诸当道者,俾均节之,且得以食其力于商,而桥梁道路之利因亦以时兴焉。"笃意教化、奖劝风俗者如应律(字志和),"兰阳素乏科第,且其僚酗酒而愎,先生相处以礼而结以恩,久之,不觉愧屈,于是士服其教,而科第亦班班然矣。暨其去也,兰阳之人相与立生祠焉。其在鄱阳,尤笃意风教,访周瑜、陶侃之墓而封表之,进江万里、彭汝砺于祠而尸祝之,贤声之著,上彻淮府"。(《鄱阳教喻应先生墓碣铭》)又如张汝弼"毁淫祠百数十区为社学,凡先哲之尝莅兹土者,若张九龄、李刚、刘元城诸公,皆特为立祠,至周程三先生,则既祠而又别立吟风弄月台,以深致景仰。盖于教化风俗之大者,其惓惓又如此"。(《南安府知府华亭张君墓志铭》)

有不畏权贵、明正是非而敢于抗争者,如"忤权奸以至于死"的陈士贤:"初,君之在广东也,权贵人有据市泊余户,假贡献通私番以毒民蠹国者,君连三疏抗折之,遂诬罔君,赖上圣明不即罪,然卒从吏议,将逮君诏狱,民老稚号泣,遮道以从者,动千亿计。有故吏张某尝为君所黜,至是权贵人钩致之,将并中君,张顾廷疏讼君冤。君虽不幸死道上,然天下益以是壮君,且信其得民之深有如此者。而一时贪冒患得以传成其狱者,闻兹吏之风。亦可以少愧矣。"

(《广东左布政使陈君墓志铭》)如不畏权势而公心为政的林一中:"阮成者,锦衣当以大辟罪属君议,君知其冤,白尚书陆公,陆畏其势,不敢出一言,君毅然曰:'彼势虽崇,岂容妄杀人?我位虽卑,杀人以媚人,弗为也。'陆悟,成卒从末减。……在按察,尝两为乡试监试官。御史有欲以意黜鹜若杨黼林廷贵者,君以公道之不可废也,抗执回斡,必得而后已。其勇于有为类若是。"(《福建按察佥事林君墓志铭》)又如夏宗成:"中贵人叶达怙势,众莫之敢撄,公卒劾之,落其权。"(《都御史夏公墓志铭》)

有明辨忠奸、忧患小人之乱政者,如章纶(字大经)之上疏,"公卿百执事无一人敢昌言于廷者,公遂极言修德弥灾凡十四事……大要以为臣子之邪佞、妾妇之骄妒、小人进而君子退……凡皆在人之阴足以胜阳,于是乖气致沴而天变见矣。"(《侍郎章公墓志铭》)又如谢铎的至交黄世显,谢铎在为其作铭时有生动刻画:"每公退辄过予,予望而见其喜,则知贤者之进,见其忧,则知小人之不得退。如是者盖十有五年,始终一节不少变。"(《南京工部侍郎黄公墓志铭》)而谢铎自己又何尝不如此:"每闻朝政更革,君子、小人进退消长之会,亦未尝不拊膺太息而致虑于世道之升降也。"① 在讨论他的史论时我们已经谈到,谢铎自己也是痛恨权奸小人之乱国家朝纲者,因而他对于以上诸人之言行及诸如姜迪(字允吉)之"读史骂奸"(《赠南京刑部郎中姜公墓表》)是深有同感的,乃至在《戴师文墓志铭》中又大发愤慨不平之论,一似其史论:"予尝窃怪,灵识异禀如贾谊、李贺、邢居实者,一皆短命以死,而奸憸玩脑若张禹、冯道、秦桧之徒,又皆以卿相寿考终其身,未尝不有疑于天道之不公。然而天下后世之所羡慕而痛悼者,恒在于此;其所唾斥而贱恶者,恒在于彼。人心之公即天道也,然则予之于师文也,亦何惜其不为彼而为此哉!"

另外,《程宗岳妻节妇陈氏墓表》和《封太安人邹氏墓志铭》中关于妇女问题的看法值得我们注意:《封太安人邹氏墓志铭》中"昔者先王之治,必本之家。故其教之所及,不特大夫士也,盖亦有妇教焉"云云,可以佐证我们在讨论谢铎的祭文和传这两类作品时所谈到,谢铎有"忠臣从孝悌中来,观其有以处于家,便知其有以立于家邦"这一"修(身)—齐(家)—治(国)—平(天下)"的传统的儒家经典观念;《程宗岳妻节妇陈氏墓表》关于"亡家之妇犹亡国之臣"的

---

① 王廷相《方石先生墓志铭》,见《谢铎集·附录》。

议论,正可以帮助我们进一步了解谢铎在写《严贞姆传》《符真奴小传》之类作品时潜在的情感与意识世界。

6. 题跋

《文体明辨》:"题跋者,简编之后语也。凡经传子史诗文图书之类,前有序引,后有后序,可谓尽矣。其后览者,或因人之请求,或因感而有得,则复撰词以缀于末简(按:谢铎《书缌山集后》"予于是重有感焉,因书以志诸末简"云云,正是明乎此体之证),而总谓之题跋。至综其实则有四焉:一曰题,二曰跋,三曰书某,四曰读某。夫题者,缔也,审缔其义也。跋者,本也,因文而见本也。书者,书其语。读者,因于读也。题、读始于唐;跋、书起于宋。曰题跋者,举类以该之也。"①谢铎"题跋"四卷,四体皆备。

(1) 题、跋

谢集"跋"共3篇:《跋秋崖集》《跋虞邵庵书曾南丰祠堂记》《跋定襄伯甘州送岳先生诗卷后》。意皆平平,文不见出色。

四卷中"题"15篇,另卷七十八"杂著"中有《题交游别录后》一篇,总计16篇。大要可分两类,一是题画,二是题诗文,间有佳制,以下分类见之。

(甲) 题画

题画三篇(《题徐国元重辑八行先生世录遗像卷》不记在内),分别是《题黄文选所藏梅花图》《题竹赠叶太守》和《题缌山游咏图》。三文各有特色,兹以《题黄文选所藏梅花图》为例:

> 右《梅花推篷图》一卷,吾友文选黄君世显自其先大夫职方公得之孙太守从吉者也。公之没,于是三十二年矣,文选君眷眷宝此,至取前人题识之凡有及于是者悉附之,题曰'清白遗玩',盖比之无恤之简而不敢忽焉者也。予尝怪东坡宝四菩萨板何以若是其王,乃今知子之于亲,苟其嗜好也,虽微亦不敢忽,况其有大于是者哉。公在职方先后几十年,一时兵政,悉所倚重,没之日垣屋萧然,无尺土之增以遗其孙子,而独宝此于残编败箧之余,则其所嗜好可知矣。彼有溺情富贵,至以一草一木责之子孙而不忍置者,曾未几何而其身已不可保。於乎!此其于公何如哉?太守之画,

---

① 《文体明辨序说》,第136页。

在宣德正统间,与夏太常仲昭齐名,四方夷裔得其一枝半干不啻拱璧,至称之曰'夏竹孙梅',然则此卷,固亦今世之所谓贵重而不可易得者也。

《梅花推篷图》是谢铎至交黄世显所藏的先人遗物,《题黄文选所藏梅花图》开笔谢铎先将画之所从来交代清楚,对下文所要论列之三位人物一笔点明,要言不烦,暗藏全文线索。文章先极言主人对画珍爱之甚:"公之没,于是三十二年矣,文选君眷眷宝此,至取前人题识之凡有及于是者悉附之,题曰'清白遗玩',盖比之无恤之简而不敢忽焉者也。"读者不免怪其何以珍爱至此,妙在谢铎不怪主人而先怪古人,由"东坡宝四菩萨板"而推及文选之所以宝此画卷;于是因"嗜好"而由现今藏画之人逗出原得画之人("其先大夫职方公"):"公在职方先后几十年,一时兵政,悉所倚重,没之日垣屋萧然,无尺土之增以遗其孙子,而独宝此于残编败箧之余,则其所嗜好可知矣。"在时间之维上开掘画的价值深度。"嗜好"虽小,而小中可见大,乃宕开一笔:"彼有溺情富贵,至以一草一木责之子孙而不忍置者,曾未几何而其身已不可保。於乎!此其于公何如哉?"从横向的空间维度上拓展画的价值厚度,不写画而画自在其中。再由得画之人推及作画之人("孙太守从吉"),"太守之画,在宣德正统间,与夏太常仲昭齐名,四方夷裔得其一枝半干不啻拱璧,至称之曰'夏竹孙梅'",写作画之人即是写画,画者之声誉益增画之身价。如此,则主人对画之珍爱,既有丰厚凝重的画外之因,也有鉴赏独到的画内之因,画本身既是有价值而难得之艺术作品,则主人之爱画便非泛泛的"敝帚自珍"。谢铎用不到三百字的笔墨,将主人宝爱此画的"眷眷"之意,在三重维度中层层展露、步步增益,实在是机杼独到,难能可贵。

(乙)题诗文

谢铎之题作,以题诗文(集)为主,数量是他题画之作的三倍。题跋之作,"或因人之请求,或因感而有得",多是一时之感触,故即便是题诗文,也往往不是针对诗文的艺术,所以在谢铎的"题"(狭义)作中,无一篇直接谈论所题诗文之有关艺术问题,而往往是记述和谈论相关人事以及自己的一些感慨,有些则不免迂阔空洞,如《题苏公九十庆寿诗后》等,其余也难得精彩,或因体制所限亦未可知。《题陈墅南赠行卷》一文,庶几可观:

韩愈氏曰:"昔之圣,有其首若牛者,其形若蛇者,其喙若鸟者,彼皆貌似而心不同焉;即有平肋曼肤,颜如渥丹,美而狼者,貌则人而心则兽。"夫貌之非是犹不可以概其心,况迹也耶!

予友陈君尚故业儒,自其祖怀玄先生至其先君子,盖数世矣,至君始益大肆力于儒,乃始再困而入于吏迹,虽吏而心则儒也。於乎!彼儒其衣冠者,亦安知其不为平肋曼肤、美而狼者耶?予与君为知己友几二十年,察其心迹旧矣。

今予且病,空谷足音,于君之行,尤不能无感焉者。阳关三叹之余,遂复书此以为君别,且以告夫人人之欲知君者。若曰在门墙则麾之,在夷狄则进之,则吾岂敢,则吾岂敢。

文以韩愈之论引起,以泰山压顶之势提出"心"与"迹"之关系,暗藏"知"与"不知"的问题,是可谓善于发端。于是历数陈君数世,以明其"心迹"旧矣、作者与其相"知"之深矣,而"不知"者之有待深"察"也明矣。故末结之以情而有不能已者,曰"且以告夫人人之欲知君者"。文章紧凑、明炼、劲健,章法不苟,情理两胜,是众作中之佳者。

(2) 书某、读某

谢集曰"书某"者凡17篇,曰"读某"者凡12篇。"书某""读某"之作,有似于我们今天所说的"读后感",而所感之对象可以是书稿,也可以是和书稿等文字作品直接有关的事件,具体所感之内容则无定限,如《书王尚德奏稿后》一文,就是因事而发的意气激昂之作:

於乎!此吾友秋官主事王君尚德之遗草也。尚德以秋官丁外艰,起复在天曹。居闲阅天下事,有激于心者,遂草此疏,将上而病作,既乃改武选主事,竟不克拜命而赍志以没。於乎,惜哉!当是时,天下国家事可言者,盖不止是。尚德非其职方,次第言之不已,虽其志不克就,然亦足以愧夫人人之居其职者。於乎!尚德已矣,其平生所建立止是哉!

昔人以卫青不败为天幸,李广无功为数奇。由是而观,世之庸才懦夫乘时窃富贵、假功名以寿考终者何限,而豪杰之士恒制于命、不克少就其志乃若是,亦可悲矣!孟子曰:"若夫成功,则天也。"故善论人者不于其功于其志,则其人之贤不肖较然矣。然则予之于尚德也,亦何必悲其功之不克就也哉!

尚德濒死,以此草属林君一中。一中悲其志,尝语予将为尚德上之;未几,以刑部出补福建宪佥,遂不果。今年夏,尚德之子瓒乃以示予,盖尚得之没于是已十有六年矣。叹斯人之不可复作,而有志于斯世者之不易见,遂题其后以归诸瓒,且以慰吾尚德于不死云。

笔者据文意将其分为如上三段。首明奏稿之缘起,为死者惜;次言其有所值,为死者豪;继论其之何以值,提出"善论人者不于其功于其志"的观点,为死者壮;末明奏稿之辗转由来及所以为书之志。全文谋篇严谨有序,巧为议论,言辞简明而意脉周全,激昂之气有在文字之外者。

再看《书魏鹤山遗墨》:

观鹤山先生此帖,具见贤者立朝之节、忧节之诚、处身之智,而宋之国事至此,亦可慨矣。然其言虽不用而不讳于谏草之传,位虽不安而不妨于祠禄之请,于是又见宋虽季世而犹不失待士之厚,是以三百年间人材之盛以至于是,而犹有若先生者,诚非偶得也。识者谓士不幸而不生于三代则生于宋,於乎,其固然哉! 先生,故蜀人,赐第在吴,且葬焉。故苏人多得先生遗墨,此帖翰林修撰吴君原博所藏。君博学好古,将有慕于欧公之为者,其所得殆不止此。夫以一书画器物之工,犹为世所宝爱,况大儒君子之手泽而有关于出处兴废之义者乎! 此故吴君之意,而吾徒之相与叹且慕焉者也。

本是从小中见大,由遗墨见人见世道见国家,行文却从大处着笔往小处写,先论世运气节而末结以一帖,仿佛大千世界终归落于一叶,有似日月晨星映缩于一盏冰壶间。一段论想,茫苍苍而来,几百年之历史感遇,若不辨涯涘,而收束于吴原博所藏之《魏鹤山遗墨》中,作者之巧于文思乃如此。

7. 书

《文心雕龙》:"大舜云:'书用识哉!'所以记时事也。盖圣贤言辞,总为之《书》,《书》之为体,主言者也。……故书者,舒也。舒布其言,陈之简牍,取象于夬,贵在明决而已。"①《文章辨体》:"昔臣僚敷奏,朋旧往复,皆总曰书。近世臣僚上言,名为表奏;惟朋旧之间,则曰书而已。"②

谢铎书六卷74篇,皆朋旧间往来之书。内容涉及面较广,为我们研究谢铎的交游(比如与茶陵诗派李东阳之关系)、思想、为人、文艺观念等提供了或多或少的内证资料。恳切周到、婉转曲致、善于辞令可以概括谢铎书信的基本特点,总的来说是资料价值大于艺术价值。就内容而言,我们看其中集中体现他关爱民生、为民请命的一面:

恃知爱复有所渎,弊邑三年连遭风旱,民至掘草以食,死徒未已。县虽申府,类皆务为粉饰,实不以闻。今者县民,动千百计,哀号府庭,势不容已。乃为一奏,犹恐下情不能上达,视为文具。兹因其所差人去,敢此求援,万望于户部诸公处一达此情,祈于必得,诚万万幸也。夫以天下而视一邑,固不足为重轻,但四肢有一不宁,头目未免为之颦蹙,况庙堂之忧,固诸公之素心也。周老先生旧虽辱在僚末,今者云泥悬隔,亦未敢率易奉渎,惟先生力为叱名一言,庶几其可耳。

以上是谢铎《复吴原博侍郎》中的一段核心文字,喻之以理,动之以情,为民之心涌动于字里行间。再如《与张大参公实》:

恃爱则有所请,谅知已必不为诃。所弊邑暨邻壤,自去年十月不雨,虽间有涓滴,而入夏以来,溪涧绝流几三月,素号水乡者,亦皆束手相视,不耕之土盖十且七八,其耕者亦已槁死无复望矣。艰难下邑,素无积储,民情汹汹,危在旦夕。於乎!汲长孺之开仓且不复闻,无宁有愿为阳道州之自书下考者乎?坐是蔽遮薇垣千里,或者其未有闻也。病卧残喘,不能自安。尝从太守家叔父来往劳相于乡人之祷雨者,吟吟慨叹之余,不觉动成篇帙,则敢录其一二以呈,庶几有望于观风之义,然亦何敢必也。虽然贤如执事者,忧民一念,人皆知之,而地位权力又足以副,岂仆之私忧过计

---

① 詹锳著《文心雕龙义证》,上海古籍出版社1989年版,第918页。
② 《文章辨体序说》,第41页。

而喋喋于空言者比哉。匆匆,词不具意,百凡惟情亮不一。

为旱民求雨,谢铎又自有《方岩诘龙文》和《祈雨投词》等。此信详述旱情之患,要在让对方知道"民情汹汹,危在旦夕",而不得不求援于邻邑;"观风之义",在"我"等无地位权力者尚且力所能及而救劳之,况"地位权力又足以副"者如执事,而"贤如执事者,忧民一念,人皆知之"矣,则"我"之如此"私忧过计"自非"喋喋于空言者比哉"。其"恳切周到、婉转曲致、善于辞令"的特点于此信中正可见之。谢铎休官后不断有人劝督他出仕,甚至有故交旧吏以清高独善激将他,对此谢铎多次辩解强调:"若曰无意人世而有超然之意,则吾岂敢。"(《复王秋官存敬》)"若曰嚣然忘情,则吾岂敢?"(《复倪学士舜咨》)仅上两信即其明证也,又《嘉靖太平县志》本传另有生动记载与刻画:"公既归,会敬皇帝宾天,为之大恸。已而权奸用事,公闻刘、谢二阁老致仕去,辄又恸。已又闻刘华容谪戍,又恸。自后凡有北来人,辄颦蹙问邸报,又辄连恸。见素林公俊尝曰:'谢公,天下第一流人物也!'"可见谢铎平生心地,诚如王廷相所言:"虽退处岩野,而其心未尝不在天下。"(《方石先生墓志铭》)

谢铎的诗文,在情绪的流露上总是雍容平和,但在书中却有"金刚怒目"式的作品,因为其间关系到他立身处世之大节,极见其为人,亦可佐证前述史传、碑铭对其评骘之不诬,这便是《与陈太守》书,兹录全文如下:

闻有考绩之行,虽于吾民不能无扳辕之私,而昔人登仙之美,实自兹始矣。仆自辱枉顾,后恒在病乡,所委志事虽不敢废,实亦扶惫应命耳。但向所查田粮诸件,俱未蒙判付,不免阁笔以俟。兹专赵因来取,恃知爱复有所渎:

闻有假托贱姓名于贵同寅诸公处嘱托者,噫,甚矣世之滋伪也!仆杜门自弃久矣,不识贱姓名犹有可假托以干人者乎!仆虽不才,入仕以来几四十年,未尝有一毫干于官府以为非义之取。此心,在人虽或未能尽知,而天地鬼神则实鉴之。且以近事而论,十数年前,太守阮公实先叔父同年,叶公则仆之同年也,仆向亦家居,情与势之可干者孰逾于此,不于此时干之,而乃于今日干之乎?仆非惟不敢干于官府,虽朝廷之上,平生亦未尝有所干乞,所乞恩者惟求退一事而已。仆官虽卑,亦有俸禄皂隶之给,其弃之而归也,初无所抑勒,亦无所顾忌,乃不于彼自为素餐之利,而于此为干人之利乎?虽至愚无耻者,计亦不出此也。且天下之最不可假者,莫过于手书,书虽甚丑,要亦自与人不同,敢望于各衙诸公处取仆向所干托之书,一参较之,真伪自见。仍烦追究传递之人,必加之罪,庶杜后患。仆虽不足道,而受嘱之名,亦恐反为诸公累也。今后凡有此等,望即监候其人,仍将原票差人一问,明白立见,何必隐忍含容,而使彼此同受暧昧污辱之名乎?

又闻武通判尝与阁下言仆占寺田不肯纳米。彼虽暧昧以去,幸阁下尚在,烦即唤通都里老一问,仆名下若有一毫寺田,则已所有田地皆当入官。天地间固自有不可磨灭之公论,而此等毁谤人者,天地鬼神其能容之乎!置之不较,固学者事,但如前所谓嘱托者,不无有累诸公,不得不白,独不识此等人必欲驾空谤毁于人者何哉!所可喜者,天下公论断不在此等人也,言之可为一笑。

又闻推府衙有轴文,亦是仆姓名,不知求者何人,所为作者何事?此又甚可笑也。即此以推,他可知矣。

此皆事迹之显然者,伏乞必追究传递之人,必加之罪,庶足以上昭公法而少慰私念也。

谢铎在经营方山书院过程中突然蒙受侵占寺田、不缴租税的诬陷,这是向来以磊落坦荡自期的他断难容忍的。他在信中列举例证,剖白心曲,义正情深,不容置疑,文中更涌荡着一种不卑不亢的傲然正气,使人掩卷沉思,动容不已。

二、谢铎文章的写作技巧和艺术特色

现在我们再来考察一下谢铎的写作技巧和艺术特色。

1. 体裁广泛　形式多样

曹丕《典论·论文》云:"夫文本同而末异。盖奏议宜雅,书论宜理,铭诔尚实,诗赋欲丽。"[①]他将文体分为四科八体,并指出各种文体的风格特点。陆机《文赋》云:"诗缘情而绮靡,赋体物而浏亮,碑披文以相质,诔缠绵而凄怆,铭博

---

① 郭绍虞主编《中国历代文论选》上海古籍出版社1979年版,第60页。

约而温润,箴顿挫而清壮,颂优游以彬蔚,论精微而朗畅,奏平彻以闲雅,说炜烨而谲诳。虽区分之在兹,亦禁邪而制放。要辞达而理举,故无取乎冗长。"①论述十种文体与风格,较曹丕为详。至南朝齐梁,文体论的发展完全成熟。刘勰《文心雕龙》中的文体论是古代文体论发展的高峰。《文心雕龙》50 篇,其中文体论部分占 20 篇,详论文体 23 种,即诗、乐府、赋、颂、赞、祝、盟、铭、箴、诔、碑、哀、吊、杂文、谐隐、史传、诸子、论、说、诏、策、檄、移、封禅、章、表、奏、启、议、对、书、记。而萧统《文选》则将文体分为赋、诗、骚、七、诏、册、令、教、策文、表、上书、启、弹事、笺、奏记、书、檄、对问、设论、辞、序、颂、赞、符命、史论、史述赞、论、连珠、箴、铭、诔、哀、碑文、墓志、行状、吊文、祭文 37 种。② 到了明代吴讷的《文章辨体》和徐师曾的《文体明辨》,则文体的分类更为细腻繁杂,如吴讷就将文体分为古歌谣辞、古赋、乐府、古诗、玺书、批答、诏、册、制、诰、制策、表、露布、论谏、奏疏、议、弹文、檄、书、记、序、论、说、解、辨、原、戒、题跋、杂著、箴、铭、颂、赞、七体、问对、传、行状、谥法、谥议、碑、墓碑、墓碣、墓表、墓志、墓记、埋铭、诔辞、哀辞、祭文、连珠、判、律赋、律诗、排律、绝句、联句诗、杂体诗以及近代词曲等 58 种,而徐师曾的《文体明辨》则更是在《文章辨体》的基础上条分缕析增益至 121 种之多。今观谢铎文章,对于众体显然兼善,除前文我们具体讨论的序、史论、碑记、传、祭文、谥议、策问、墓志铭、墓表、题跋、书之外,谢铎集中还有讲章、奏议、引、戒、杂著等,而且各类文体创作风格多元,因此,体裁广泛,形式多样可为谢铎文章之一大特色。

2. 巧于立说　善于发论

谢铎文章的一个鲜明特点就是善于为自己找到一个立论的基点,从而巧妙地展开他的议论,带动他的文章。如他的《恒产录序》。这不是诗文集序,也不是赠行序,而是"财产序",这在清高的文人群体里恐怕还是个忌讳,为此要找个话题就得费心。谢铎的立论就很巧妙,他先引孟子的话:"无恒产而有恒心者,惟士为能。若民则无恒产因无恒心。"于是赶紧一转:"於乎,民岂能以皆士哉!"既然"民"不可能都是"士",那么为了让这些未必是"士"的"民"能有恒

---

① 郭绍虞主编《中国历代文论选》上海古籍出版社 1979 年版,第 67 页。
② 傅刚在《〈昭明文选〉研究》(中国社会科学出版社 2000 年版)一书中认为,《文选》除传统归纳的 37 种之外,还应将"难"和"移"单独分体,这样就应分为 39 类。参见其书第 187 页的相关论述,可备一说。

心,则"恒产在人诚不可一日无也"。既然"恒产"不可一日无,那么"我"记录自家的"固定资产"交待给子孙并作这篇序文也就不是多余,故文末曰:"观者幸无疑其迂,而又笑其言之喋喋如是也。"中间就抓住"民"不可能都是"士"发表一段议论以自坚其说:"於乎,民岂能以皆士哉!吾浅薄,不敢以士之贤望子孙,特令其足供衣食,与凡民齐耳。虽然,世固有家累千金,而子孙不免为沟中之瘠;亦有贫无卓锥,而子孙卒能自奋为豪杰之士焉。卒亦存乎其人而已矣,岂能逆料而预处之哉!昔人有言:'但存方寸地,留与子孙耕。'请诵是以为吾子孙之恒产,可乎?"

再如《庐州府学尊经阁记》。该文是应当时庐州知府之请而作,目的是要让到尊经阁读书的学子"知所以学"。谢铎说,推本而言,"修道之教则实在于圣人",但问题是"圣人"作古而后生不及见随怎么办,这个问题"圣人"早就为我们想到了:"圣人既因天命之性,而修道以为之教,又以为吾身有尽而道无穷,使不有文以载,以为继之之具,将何以遍天下及后世而为无穷之教化也哉!"于是有了相传的"圣人"之"经"。是为文献之必要,也就是读书之必要,已暗寓劝学于叙述之中。接着讲明诸子、史家与圣人之经(谢铎径称为"圣经")在功用上有差别,但最终目的都是"以求自造乎垂世立教之地"。以上是叙述,皆为以下论学一段文字张本:"然载籍至是盖已不胜其多,而尊经之阁将有不得而容者矣。虽然,上之天道之幽微,下之人事之变革,以至名物度数之杂,钱谷甲兵之繁,皆吾之度内有不可得而精粗者,苟非参考而博求之,则固无以体其全而究其极也。若曰所求于是者,不越记诵、训诂、词章之间,以钓声名、谋利禄而已,则天下之书愈多而理愈昧,学者之事愈勤而心愈放,亦奚以多为哉!噫!此考亭朱夫子之训,吾徒所当世以为家法者也。不然,则颖悟之学,虽六经亦赘疣耳。""然""虽然""不然"三重转跌,将读书的各种主要矛盾和辩证关系论说得十分透彻。

其他则有在叙事中不失时机地插入议论的,如《广东左布政使陈君墓志铭》,在叙述完陈士贤因"抗折"权贵而被诬致死后、追述其生前其他可嘉事迹前,插入论说曰:"君虽不幸死道上,然天下益以是壮君,且信其得民之深有如此者。而一时贪冒患得以传成其狱者,闻兹吏之风,亦可以少愧矣。"又如《都御史夏公墓志铭》,在说完墓主致仕后,插入论说曰:"方公之力致其政以归也,天下想闻其风采,以为有若公者,盖士方以进为荣,至老于官而不倦,官愈尊而退愈难,若公者其进退轻重于世何如哉!"(按:疑前句"以为有若公者"衍,后"若公者"前误脱"以为"。)这种在叙事时巧妙地夹带议论,仿佛价值追加的功夫,使所叙对象更加丰实厚重。

3. 婉曲铺垫　深致其意

文章"婉曲深致",是作者思虑周全的表现。谢铎总是要将文章做"足",就描写来说是反复衬托渲染,就抒情来说是层层铺进,就议论来说是层层思虑一转再转,务使读者无隙可钻。议论方面的表现,就拿上面引录的《恒产录序》中一段议论文字来说,"虽然"以下至"昔人有言"之前一段话,即使没有也不损害文意,而且文气也自然贯通,但谢铎就是要宕开一层,上言既"不敢以士之贤望子孙"矣,此更言"逆料"其或为士之贤而"预处之",则子孙贤不贤、士不士不必论,而吾之录恒产为必需无疑,文章而至此则读者欲作一毫假设以诘之而不能矣。这种婉曲深致而终于周全便是谢铎文章的一大风格,这或许与其理学思辨的熏陶和为人谨慎有关。描写与抒情方面的表现则仍以《王尚德哀辞》为代表,此文我们在讨论他的祭文类作品时已引录过,其对于时间的记忆格外详细、明白,在看似平平无奇的流水般记叙中,其内在积压之情感也随着"既三年""又三年""又明年""又三年""又二年""又四年"的历历细数而丝丝抽绎、层层叠进。文章从相交相知叙起,为情感的最终喷发做迂回包抄式的铺垫,如海潮将来时那天地间隐约滚动的白线,至"尚德之讣至"则已是大浪滚滚矣,读者以为此时谢铎必哭哀出声,然而,作者却将自己作为倾泻其对王尚德之情感的相对面做了一个特写,写其闻噩耗后"始而惊,既而疑,既而屡问,而屡得其真",四个"而"字句,由三字阶梯式增至四字、五字,读者之情绪亦随其笔触如睹钱塘大潮般滚滚扑近,而作者终于"大恸失声"! 这本是已达到高潮,而作者犹嫌未能深致其意,除了要用"里之人无贤不肖识不识"皆"嗟悼之于形色"来补足情绪外,还要在本只给生者以无限回忆的空白地带填上一笔:"既而又闻尚德濒死,有遗草弗及上。"于是情、意皆汪汪然满矣,几于溢矣。至此,其哀悼之深情厚谊正仿佛那近面扑来的海潮,不仅触手可及,而且已完全打湿了看客们的衣襟。

4. 细节描写　优化语言

谢铎的文章往往能注意细节描写,尤其是在刻画人物时,如《松坞黄公传》,主题基本就是由一连串日常生活中的细节描写构成,尤其是"有盗发其囷者,公遥见之,却避焉,顾从者曰:'彼一人所得几何,不幸而我见,将终身蒙耻矣。'"这个典型细节的刻画,对人物的塑造无疑有入木三分之效,而补写黄公死前一段文字更是起着画龙点睛的作用:"公平生好读《通鉴纲目》,日取一编,坐所谓松坞者观焉。见奸臣贼子,则愤然正色,掩卷大骂不绝口。卒之前一日,是书犹在,未释也。"有时用细节进行反衬,则能起到四两拨千斤的效果,如史论《司马光》篇,要在短短两百来字的篇幅内,对历史上两位有争议的政治家作出优劣评议,是有困难的,而谢铎巧妙地选择了两个细节进行相互之间的反衬,就轻松地解决了问题:一是王安石为相时,"交阯小丑"曰"中国穷困生民,欲以相拯";二是司马光为相时,"契丹君臣动色相戒曰:'中国相司马矣,慎无生事、开边隙。'"于是孰优孰劣,结论不下而明。有时则用于对环境的描写,通过对环境细节的刻画来渲染主人公的内在情操,如《筼心郭先生墓碣铭》,"墓碣铭"原本的命意是要"论列德善功烈",而作者却通过对墓主生前居住环境上的细节描写来实现这一目的:"一室萧然,疏筼瘦石,左图右书,入其室,听其谈,殆不知人世间别有所谓尘俗气也。"寥寥数语,使读者如入其境而亲炙其人,这同时也归功于他写作时对语言进行优化组织的功夫,措辞简洁明朗而富韵味,"疏""瘦"二字似入诗境画意,则室中拥书自雄者自非尘俗中人。谢铎的语言,总体来说是简单明朗,但这并不意味他不注重语言的修辞功夫。谢铎的修辞侧重在对语言表达能力的优化上,他能巧妙地组织语词结构,以表述尽可能丰富的意思和情感。试比较下面两句话便不难明白:

前辈老成,典刑无几,予又安得不为先生铭哉?(《鄱阳教喻应先生墓碣铭》)

前辈典刑零落殆尽,不惟后生小子无所与归,而溪风山月亦无主领者矣,如之何而不悲且痛,而尚忍为先生铭哉?(《筼心郭先生墓碣铭》)

两句话的意思是一样的,但在情感表达的力度和深度上却有着重大的差别,前一句看似抒情,实则是白描,后一句看似描述,实则是抒情,若单看后一句,自难看出谢铎在语言上所留意的工夫。

谢铎在表达他的感情的时候,有时不免含蓄而似略有欠缺,这就需要我们去留意他在别处所流露的情感,这又与他对语言的区别运用有关。不妨

再看一例:

  嗟我同年几三百人,历事两朝,百十仅存。惟公耆德,不倦于勤。……既哭青溪,公复讣闻。(《祭宗伯傅先生文》)
  慨念畴昔一代交游,称豪杰士若诸君者,固落落可数,予驾下,病且不死,既铭吾一中,又铭士贤,而尚忍复铭君也哉!(《南安府知府华亭张君墓志铭》)

  上面的两段文字说的意思也是一个,但谢铎根据文体的差异在语言的组织上就有相应的变化,通过联字的呼应、关联,散体的文字较之整饬的四言体容易形成跌宕的语势,随着"且""既""又"的层层转递,文章在情感上也就增益了表现的力度和深度。谢铎的语言组织总是很自然,读来仿佛不曾经心,但只要我们细心观察体会,就能感觉到他在这种自然明畅的语言上所下的功夫,比如上面两段文字,同样的意思和类似的情感,谢铎在别处还有表达:"予同年进士一百五十人,自天顺甲申以迄于今,仅十有二年,中间得丧悲欢,盖物故者几五之一,感念今昔,不觉怅然为之出涕……"(同名诗题,可作诗序观)由于此处谢铎是用作诗题,而兼有序的性质,所以他用的是平叙的笔触,娓娓说去,要在"不觉"之间,而种种"得丧悲欢"的情感则留给了具体诗篇。
  总之,谢铎丰富的文章创作充分地展现了他对各种体裁灵活熟练的应用能力,和对语言变化与情感表达两者关系的艺术感悟能力。要补充的是,谢铎不仅善于通过散体文字的腾挪来达到优良的抒情效果,而且其对骈体以及四言形式的掌握与运用也是相当出色的。如《祭林一中金宪文》:

  於乎!贵而不用,用而不尽,吾不敢以为兄恨;悦之者寡,不悦者众,吾不敢以为兄痛。所以惓惓痛恨不能自已于吾者,上以为朝廷,下以为乡国,而深有叹乎吾党之孤也。然则絮酒炙鸡,岂足以酬知己万一焉者?鉴吾词之痛恨,庶足以慰兄于不死耳。於乎哀哉!尚享。

  此篇文字抒情之恳切深挚,深得益于骈句的运用。其四言抒情之佼佼者则如《祭亡妻孔孺人文》《谒十五叔父墓祭文》等篇,如《祭亡妻孔孺人文》中一段:

昔与子别,一岁为期。今子别我,欲见何时?执手之言,惺惺在耳。忍生而别,而竟以死。莫苦莫恨,死别生离。我兼而有,我实倍之。我儿呱呱,孰抚以保?我身茕茕,孰藉以老?我老而病,子壮而强。老或幸免,壮溘以伤(疑"殇")。彼苍者天,曷其有定。我覆我培,以俟以听。欲归未可,愧此醉词。我心之痛,子宁不知。

此中明显有仿学《诗经》《楚辞》的痕迹,如前四句即是"昔我往矣,杨柳依依;今我来思,雨雪霏霏"(《小雅·采薇》)的笔法,"彼苍者天,曷其有定"则从《唐风·鸨羽》中来,而"莫苦莫恨,死别生离"则是从《九歌·少司命》"悲莫悲兮生别离"化出。所贵在能为我所用,如盐入水,所有言语皆切入我之情怀,惺惺道来,情真意切,感人至深。

第八章　谢铎事迹诗文系年

　　谢铎诗文集《桃溪集》的第一次编纂稿为《桃溪杂稿》，今已佚；第二次编纂稿是《桃溪净稿》八十四卷；第三次编纂稿是《桃溪类稿》六十卷，今仅存五十一卷，详前第四章《谢铎著述考》。笔者曾据《桃溪净稿》整理点校《谢铎集》。关于谢铎诗文的系年，本来是一件相当困难的事，但笔者在研读谢铎诗文时，发现《桃溪净稿》卷七十七"题跋"类中有一篇谢铎于弘治八年三月写的《桃溪杂稿编年谱小引》，曰："《编年谱》，谱吾《杂稿》之所存者，以见岁月之先后。岁月有先后，则世故有变更，世故有变更，则心之所感者不能以不异，感于心而发于言，则凡天下之忧乐，一身之休戚，皆于是乎见焉。故上自天道，下至人事，而皆以吾稿之目录系之。於乎！吾无似，虽时有所感而亦不良于言，安敢望其成文有章，以庶几作者之域。然犹不忍悉弃而录之者，特以志吾履历之岁月，以见遭逢之幸，俾吾子若孙百世之下有所征而不敢忘焉耳。若曰敝帚千金，则吾之所旷缺尤有大于是者，且不足以供古人之一笑，吾岂敢哉，吾岂敢哉。"由此可见，谢铎《桃溪杂稿》中的诗文是按文体按年编纂的。再细读《桃溪净稿》，发现其中诗文也是按文体按年编纂的，这就为谢铎的诗文系年提供了很大的便利。当然，笔者在实际编年时发现有些诗文的编年仍存在较大问题，比如大部分题跋、杂著和书信，如果文中和文后没有注明年月则很难编入，只好有待日后新史料发现时再予编入。

　　还有一个问题，《桃溪净稿》所收诗文止于弘治十七年谢铎七十岁时，此后所作之诗文收入《桃溪类稿》。但《桃溪类稿》的编纂体例是按照别集的传统习惯，即完全按文体来编排的，不按时间先后的顺序，因此难度更大，但其中有些诗文已注明日期，今亦收入。另外，笔者从《桃溪谢氏家谱》中找到了一篇《双屿公寿藏铭》，文后注明作于正德四年五月八日，谢铎卒于正德五年二月二日，这篇铭文是目前见到的能系年的最后一篇文章。

谢铎,字鸣治,别号方山,后更号方石,浙江太平人。

《明史·谢铎传》曰:"谢铎,字鸣治,浙江太平人。"李东阳《桃溪净稿序》曰:"先生姓谢氏,名铎,字鸣治,台之太平人,累官翰林侍讲,号方山,后更号方石。桃溪,其所居地也。"

高祖为谢温良。《嘉庆太平县志》卷十二《人物志》:"谢温良,字伯逊,桃溪人。……洪武中,以孝廉应召授官,敕还祀其先,病卒。"另,关于谢温良的生平,《桃溪谢氏宗谱》还收有太平名士鲍原宏作的《谢孝子传序》、李东阳的《谢孝子墓表》,可以参看,此处不赘。

曾祖为谢本雍。生平事迹待考。

祖父为谢廷乾。《桃溪谢氏宗谱》云:"廷乾,字性端,德一府君本雍公之子,孝子公之孙也。生卒失考,系桃溪谢氏兆岙派始祖。"可参看本书《谢铎籍贯故里家世考》一章。

祖母为赵欣。《桃溪谢氏宗谱》云:"安人赵氏名欣,生二女一男。"《嘉靖太平县志》卷七《人物·贞淑》:"赵氏:名欣,桃夏谢乾妻也,生二女一男。男甫晬,乾卒,时赵年二十九,守志弗贰。……一婢严,年十九,亦誓弗改节,与赵皆年几八十而终。乡邦称叹,因名其所居曰贞则堂,学士刘文安公定之为之记。"关于谢铎祖母赵氏之婢严闰,谢铎曾写过一篇《严贞姆传》(《谢铎集》卷六十三)。可参看本书《谢铎籍贯故里家世考》一章。

父亲为谢宗胤。《桃溪谢氏宗谱》云:"宗胤,字世衍,盛一府君大房兆岙派始祖廷乾公之子,淑人高氏,以子铎贵……子五:振铎、振铙、振铕、振鑑、振锐。余失考。"谢振铎即谢铎,振,行名。可参看本书《谢铎籍贯故里家世考》一章。

明宣宗宣德十年乙卯(1435)　一岁

正月,宣宗(1398—1435)去世。太子朱祁镇即位,是为英宗,年九岁。以宦官王振为司礼监。振揽权纳贿,为明代宦官乱政之始。

谢铎于是年二月出生于浙江省台州府黄岩县方岩乡(成化五年析黄岩县南三乡置太平县,方岩乡属太平县。铎故里在今浙江省温岭市大溪镇兆岙村)。李东阳《通议大夫礼部右侍郎掌国子监祭酒事赠礼部尚书谥文肃谢公神道碑》(以下简称《神道碑》):"公生宣德乙卯年二月某日。"另按,李东阳《怀麓堂集·文后稿》卷三《寿方石先生七十诗序》云:"弘治甲子春正月二十二日,礼部右侍郎掌国子祭酒事方石谢先生寿七十,吾同年在朝者,以例赋诗为寿。"则谢铎又似生于是年正月二十二日。李东阳自出两说,未知孰是,姑录以备考。

族叔谢省十六岁。李东阳《宝庆知府谢公墓表》:"公寿七十四,以弘治六年十二月卒。"

傅瀚生。

吴宽生。

黄孔昭年八岁。

罗璟年四岁。

林瀚年二岁。

杨守陈年十一岁。

周瑛年六岁。

张弼年十一岁。

陈献章年八岁。

英宗正统元年丙辰(1436)　二岁

从杨士奇等之请,开经筵。始于两畿及十三布政司各设提督学校官。学者薛瑄以荐授山东提学佥事。鞑靼阿台汗(阿鲁台所立)屡扰甘、凉,明廷以蒋贵为总兵官击之。王振以兵部尚书王骥、侍郎邝埜回奏边务迟缓为由,嗾使英宗下二人于狱,旋释出。未几右都御史陈智劾张辅回奏稽延,英宗不问。自此言官往往承振风指,劾奏大臣。

是年四月,河北旱蝗;闰六月,顺天、真定、保定、济南、开封、彰德六府大水;七月,南畿、陕西、湖广、广东大水。

张泰生。

陈音生。

刘大夏生。

张元祯生。

杨守阯生。

杨守随生。

正统二年丁巳(1437)　三岁

王振专权之迹渐露,太皇太后遣振至内阁问事,杨士奇拟议未定,振擅施可否,士奇怒,三日不出,后皇太后闻之,鞭振,责令谢罪。又集英宗及张辅、三杨(士奇、荣、溥)等,痛责王振,振因此稍见敛迹。以宋儒胡安国、蔡沈、真德秀从祀孔庙。

章懋生。

戴珊生。

贺钦生。

正统三年戊午（1438） 四岁

王骥率诸将蒋贵等出塞，大破阿台汗等。瓦剌部脱懽攻杀阿台汗，立元裔脱脱不花为可汗，自为丞相。礼部尚书胡㵤、刑部尚书魏源、右都御史陈智等一度下狱，论者以为王振作威之渐。是年，京师屡次地震。

正统四年己未（1439） 五岁

瓦剌部脱懽死，子也先（额森）嗣，称太师；脱脱不花具空名，不复相制。倭寇焚掠浙东台州、宁波、吕国卫等地。左副都御史吴讷（1372—1457）致仕。讷，字敏德，号思庵，常熟人。于性理之学，多所发明。文学家朱有燉（周献王，1379—1439）死。有燉字诚斋，号全阳子、老狂生、锦窠老人，周定王子，喜文事，工词曲，著有《诚斋乐府》等。是年，京师地震，又大雨水溢，毁房屋三千余所。顺天、真定、保定及河南之开封、卫辉、彰德等府大水。江南苏、常、镇三府及江宁五县大水，溺死者甚多。

陆釴生。

张敷华生。

正统五年庚申（1440） 六岁

修建北京宫殿，共役使工匠、官军七万余人。王振喜僧道，是年共度二万二千三百余人。大学士杨荣（1371—1440）死，谥文敏。荣初名子荣，字勉仁，福建建安（今建瓯）人，著有《北征记》等。是年，两畿、山东、河南、浙江、江西大水，江河均溢。兰州庄浪地震十天，后又屡震，城堡房屋坍，压死人畜。

正统六年辛酉（1441） 七岁

于谦巡抚山西、河南十二年，还京师，因不谒见王振，被诬为"怨望"，下狱论死，旋释出，降为大理少卿。宫殿竣工，开落成宴，开中门召王振，百官候拜于门下。时帝在宫中，呼振为先生。公侯勋戚见振，皆呼为"翁父"。

按照七岁入学之俗，铎约于是年开始读书。《宗谱》引《台州府志·谢铎传》："幼苦学，常悬髻读书，至夜分不辍。"黄绾《谢文肃公行状》（以下简称《行状》）："少颖敏，能为韵句。"王廷相《方石先生墓志铭》（以下简称《墓志铭》）：

"生而姿性澄朗,机神警悟,童时即能为韵语。"

韩文生。

正统七年壬戌(1442)　八岁

倭寇陷浙东大嵩千户所(在今宁波东南),命焦弘整顿浙江防倭事。兀良哈附也先,攻掠广宁前屯,命王翱提督辽东军务。太皇太后死。王振盗毁太祖所立"内臣不得干预政事"铁碑。广西大藤峡瑶族起义军首领蓝受贰等被官吏诱杀。是年,设建州右卫,以范察(猛哥弟)为指挥使,命董山(猛哥子)领左卫,建州三卫之名始此,时建州部分在今辽宁新宾境。

何鑑生。

正统八年癸亥(1443)　九岁

侍讲刘球应求直言诏,提出任大臣、罢营作、停麓川之役等十事,被捕下狱,旋被王振杀害。球(1392—1443)字廷振,号求乐,安福(今属江西)人,景泰中追谥忠愍。薛瑄被陷害下狱,旋得释。王振以瑄为同乡,擢为大理少卿。瑄不谒振,见之不拜,遂为所恨。国子祭酒胡俨(1361—1442)死。俨字若思,号颐庵,江西南昌人,有《颐庵文选》等。

正统九年甲子(1444)　十岁

杨士奇(1365—1444)死。士奇名寓,江西泰和人,谥文贞,著有《东里全集》等。以翰林学士陈循直文渊阁,预机务。陈循与马愉、曹鼐在内阁,杨溥年老,不甚理事。

倪岳生。

正统十年乙丑(1445)　十一岁

锦衣卫卒王永张贴文告,揭露王振罪恶,被捕磔杀。兵部侍郎苗衷、工部侍郎高穀并入文渊阁,预机务。时阁务多决于曹鼐。道士邵以正校定《道藏》,凡五千三百零五卷,收书一千四百二十六种。

程敏政生。

正统十一年丙寅(1446)　十二岁

王振侄、曹吉祥弟等受世职,宦官亲属受世职始此。杨溥(1372—1446)死。溥字弘济,石首(今属湖北)人,谥文定。

正统十二年丁卯(1447)　十三岁

国子祭酒李时勉致仕,三年后卒。时勉名懋,号古廉,江西安福人。离京时廷臣及国子生送行近三千人。始命学校考取附学生员,从此生员人数大增。叶宗留聚众数万,称大王,攻建阳、建宁等地。是年,宗喀巴弟子根敦朱巴兴建扎什伦布寺(在今西藏日喀则南),后为历世班禅驻锡之地。

李东阳生。

正统十三年戊辰(1448)　十四岁

宁献王权(太祖子)死。权字臞仙,号丹丘先生、涵虚子,所著《太和正音谱》记有元及明初杂剧名目。是年,河决大名之开州、长垣,没三百余里。又决新乡八柳树口,漫曹、濮,抵东昌,冲张秋(今山东东阿西南,运河经此),溃沙湾(今寿张东),运道始受影响。又决荥泽,过开封城西南,经陈留,历睢、亳,入涡口,至怀远界,入淮,淹地二千余里。

铎从谢省学《四子书》《毛诗》。黄绾《行状》:"年十四,其叔余逸老先生授《四子》《毛诗》,辄悟大意。"

正统十四年己巳(1449)　十五岁

瓦剌也先犯边,英宗亲征,土木堡兵败,王振死,英宗被俘。景帝即位,尊英宗为太上皇。

景帝景泰元年庚午(1450)　十六岁

也先屡扰大同、宣府,被总兵官郭登、朱谦等击退,乃与明约和。六月,明廷议也先请还太上皇(英宗)事,吏部尚书王直率群臣请从所请,景帝谓"贼诈难信"。也先使复至,尚书胡濙等复请从之,景帝谓宜拒绝。于谦谓"帝位已定,不致有他",景帝始允。遣给事中李实为使。七月,李实见也先及上皇而还。复遣杨善、赵荣往使。八月,上皇得释还京师,居南宫。是年,南京吏部尚书魏骥、南京国子监祭酒陈敬宗致仕。骥字仲房,萧山人。正统时,王振凌公卿,独呼骥为先生。致仕二十余年而卒。有《南斋摘稿》。敬宗字光世,慈溪(今浙江慈溪东南)人,以师道自任,与李时勉有"南陈北李"之称。卒于天顺三年,有《澹然居士集》。据吴敬于本年撰成之《九章算法比类大全》,珠算已广泛应用。敬字信民,仁和(今杭州)人。

王鏊生。

景泰二年辛未(1451)　十七岁

太监兴安以皇后旨度僧道五万余人,于谦反对无效。也先杀可汗脱脱不花,自称大元田盛。

景泰三年壬申(1452)　十八岁

五月,废皇太子见深(英宗子)为沂王,立皇子见济为皇太子。寻又赐阁臣黄金各五十两。黄河沙湾堤筑成,正统十三年决口至此始塞。六月,大雨,又决沙湾北岸,掣运河之水而东。秋,徐州、济宁间平地水高一丈。是年,南畿、河南、陕西等地皆大水。

景泰四年癸酉(1453)　十九岁

正月,黄河在新塞口之南决口。四月,复塞新决口。五月,大雨,沙湾北岸决口,运河水流入盐河,漕船全部受阻。时黄河一支从荥泽南流入项城,一支从新乡八柳树入张秋会通河。七月,石璞开一新河,长三里,以避决口,上下通运河。是年十一月,太子见济死(按:景帝惟此一子)。

铎约于是年游县学。李东阳《神道碑》:"少为县学生。"王廷相《墓志铭》:"将冠,游邑校,与同邑黄文毅公孔昭友契,服膺儒素,日相砥砺,以古人自期,乃并有时名。"

景泰五年甲戌(1454)　二十岁

是年规定会试分南、北、中卷,各按名额取中。四川、广西、云南、贵州及凤阳、庐州二府与滁、徐、和三州为中,此线以南为南,以北为北。是年,免苏、松、常、扬、杭、嘉、湖七府漕粮二百余万石。

谢省是年举进士。《宗谱·谢省传》:"景泰甲戌进士。"(按:据《历科进士题名录·景泰五年甲戌科》,谢省是年登科,在二甲第八十名。)

潘府生。

景泰六年乙亥(1455)　二十一岁

阁臣江渊被陈循、王文排挤出阁,为工部尚书。刑科给事中徐正请复立沂王为皇太子,谪远任,戍守铁岭卫。钟同被杖死于狱中。徐有贞开广济渠(在山东寿张西)以疏水,浚漕渠以通运道,治沙湾决口成。是年,南畿、江西、湖广、山东、山西、河南、陕西三十三府、十五州卫旱。

景泰七年丙子(1456)　二十二岁

《寰宇通志》成书。广西大藤峡起义军进至高(今广东茂名)、廉(今广西合浦)、雷(今广东海康)一带。畿内、山东、河南从夏到秋大雨,积水丈余。山东河堤多坏,徐有贞所筑独不受影响。湖广、浙江、南畿、江西、山西十七府旱。

景泰八年　英宗天顺元年丁丑(1457)　二十三岁

正月,石亨、曹吉祥、徐有贞等乘景帝患病,迎太上皇入宫复位,改元天顺。史称"夺门之变"。谢省拜南京车驾主事(《嘉靖太平县志》卷七《人物志·谢省》)。

天顺二年戊寅(1458)　二十四岁

八月,英宗诏修《大明一统志》。吏部尚书兼翰林院学士李贤为总裁官,太常寺少卿兼翰林院学士彭时、翰林院学士吕原参修。此书历经四年,于天顺五年四月编成,以两京、十三布政使司分区,下辖府州县,再分建置沿革、郡名、山川、形胜等目,后附有《外夷》各国和地区的地理沿革等,有重要史料价值。

十一月,英宗问李贤政治得失,后者请罢锦衣卫校刺事。

天顺三年己卯(1459)　二十五岁

孛来二万骑攻安边营(今陕西定边东安边堡),被总兵官石彪、杨信率部击退。明军俘四十余人,斩五百余级,即号为西北战功第一。

铎是年举乡试第二。《宗谱》引《台州府志·谢铎传》:"天顺三年举乡试第二。"

天顺四年庚辰(1460)　二十六岁

"夺门之变"后,被石亨排挤陷害者至众。正月,下石亨狱。二月,杀石彪。

黄孔昭举进士。《明史·黄孔昭传》:"举天顺四年进士,授屯田主事。奉使江南,却馈弗受,进都水员外郎。"

天顺五年辛巳(公元1461年)　二十七岁

太监曹吉祥与侄钦发动兵变,杀帝信任之宦官逯杲及都御史寇深,斫伤阁臣李贤,旋败死。是年,河水冲决开封土城,筑砖城御之,亦溃,水深丈余,死者甚多。崇明、嘉定、昆山、上海海潮冲决,溺死一万二千五百余人;浙江亦大水。

天顺六年壬午(1462)　二十八岁

颜彪与两广巡抚叶盛攻破瑶壮等族七百余寨,驻军大藤峡,杀居民数万。李震继续攻破瑶寨多处。扩大锦衣卫狱,时门达用事,告讦之风日盛。画家戴进死。进字文进,号静庵、玉泉山人,钱塘人,为"浙派"代表。

天顺七年癸未(1463)　二十九岁

宣大巡按御史李蕃因责打锦衣卫侦事人,被捕枷号数日而死。辽东巡按御史杨琎亦以责打侦事人被治罪。山西巡按御史韩祺亦被枷号而死。

天顺八年甲申(1464)　三十岁

正月,英宗死。太子见深即位,是为宪宗。理学家薛瑄死,瑄字德温,号敬轩,河津(今属山西)人,著有《读书录》《薛文清集》。

铎是年登进士第,与李东阳同入翰林,为庶吉士。黄绾《行状》:"甲申,登进士第,与今少师长沙李公、大司马华容刘公同选入翰林为庶吉士。"按:据《历科进士题名录·天顺八年甲申科》,谢铎在二甲三十一名,李东阳为二甲第二名。

宪宗成化元年乙酉(1465)　三十一岁

是年,铎在翰林院,授编修,预修《英宗实录》。《明史》本传:"授编修,预修《英宗实录》。"李东阳《神道碑》:"乙酉授编修。"王廷相《墓志铭》:"授编修,预修《英庙实录》。"

春

作《杂诗》。其三首有云:"东陵旧时园,青青草盈路。"故系之于春。另按:谢铎《书联句录题名后》曰:"右题名一如旧录,以得诗先后为序,惟称谓则易以官,而各以其仕之所终为据,其未终者,则据今之所历而称之,在吾乡者则逊而居后,而诗之所录,则一以岁月而不敢以先后乱也。……自成化乙酉以迄于今,仅三十有四年,而零落无几,虽其存者亦各天一方,邈不可即。"而此篇跋末尾谢氏亦有言曰:"因念首三卷,虽王丹徒公济旧有刻本,而间亦有不同者,遂并举以属之。"可知在此《联句录》付梓之前,谢氏已有部分诗文刻本存世,并对《联句录》多有补益。又可知谢铎厘定成化元年以来三十四年间的诗作,均以时序为准。又谢铎《桃溪杂稿编年谱小引》写道:"《编年谱》,谱吾《杂稿》之所存者,以见岁月之先后。"谢氏自称"首三卷今阁老西涯李先生诸公与予在官时作",故系于是年。

作《都门别意》。诗云:"黄金台上春云暖,黄金台下春水满。水边杨柳亦无情,眼看离愁不相管。离筵把酒还载歌,歌声半逐东风缓。酒阑相顾两茫然,芳草依依青不断。"显然作于春时。

作《莼鲈图》。诗云:"江东部兵真见几,脱身早拂东曹衣。归来莼菜想如旧,秋风正及鲈鱼肥。"按:此为题画诗。诗中"莼羹鲈脍"一典出自《晋书·张翰传》。张翰字季鹰,晋吴郡吴人,善属文,齐王司马冏辟为大司马东曹掾。适值时局动荡,翰为全身远祸,托辞思念家乡莼羹、鲈鱼脍,遂蝉蜕南归。此诗似对当局弊政多有指涉,又有故园之思厕隐其中。

作《太液晴波》。诗云:"太液池边春水平,日华浮动暖风清……建章宫畔当年事,回首斜阳梦已惊。"按:汉太液池,汉武帝时于建章宫北兴建,以其泛波浩瀚得名,其址在今陕西长安县西。谢诗所咏实为北京之太液池,在今之北海,即中南海。

作《琼岛春云》。诗题"春云",又诗云:"春阴欲卜清虚殿,朝彩先浮最上峰。"当系于春。

作《居庸叠翠》。由诗题及诗云"塞草远分天外碧,狼烽不送日边红",可知作于春夏之际。

作《金台夕照》,"金台夕照"为京师十景之一,故附系于此,此诗见于《桃溪类稿》卷七,已残。

冬

作《怀黄工部世显》。诗云"岁晚同为客",故系于冬。按:据谢铎《南京工部侍郎黄公墓志铭》曰:"公讳曜,字孔昭,后以字行,更字世显,别号定轩,姓黄氏。……登庚辰进士第,擢工部屯田主事。……公循循满考,始擢右通政。又五年,乃迁今职。"黄世显生于宣德戊申(1428),卒于弘治辛亥(1491),享年六十四岁,亦可参见《明史·黄孔昭传》。有《定轩集》若干卷存世。黄世显与谢铎交情莫逆,相知甚深,是集多有答赠诗存。

文

作《京师十景诗序》。其文云:"铎不佞,敢以是为今日京师之颂,以率先十景之作。"《太液晴波》《琼岛春云》《居庸叠翠》诸诗文均为描写十景的作品。又李东阳《怀麓堂集》中亦有《京师十景诗》及《京诗十景诗序》,其十景分别为"琼岛春云""太液晴波""居庸叠翠""西山霁雪""玉泉垂虹""蓟门烟树""卢沟晓月""金台夕照""东郊时雨""南囿秋风"。此文当作于中进士之后不久,故系于本年。

成化二年丙戌(1466)　三十二岁

册封万氏为贵妃。万氏本宫女,宪宗十六岁即位时,妃已三十余岁。鞑靼毛里孩连年攻扰榆林、延绥、固原、宁夏等地。兵部尚书王复请筑延绥、甘肃一带的墩台、沟墙。令兵部议行。

铎在翰林院。仍任编修。

春

一月作《元夕枉诸友燕坐分韵得吾字》。诗云:"元宵对雪兴不孤,故人联骑来蓬壶。"故系于正月十五日。按,谢铎本年作《元宵宴集诗序》载,罗璟以"金吾不禁夜,玉漏莫相催"一句分韵,由谢铎此诗可知其分得"吾"字。

三月作《刘尚质家上巳分韵得俱字》。诗曰:"三月五日隆冬俱,顽阴暝漠连八区。"按:三月上巳,为古代节日。汉以前,上巳必取巳日,但不必三月初三;自魏以后,一般习用三月初三,但不定为巳日。故此诗系于三月五日。按,由谢铎《元宵宴集诗序》知,李东阳、谢铎等天顺八年同年进士聚会以年龄顺序决定主办者,刘淳生年仅在谢铎之后,故主持上巳之会。

秋

作《秋晴》。诗云:"暑雨两经月,秋风初报晴。……水国雌动,云霄哀雁鸣。相逢江上使,犹道未休征。"按:据《明史·白圭传》载,成化元年,河南西华人刘通、石龙在湖广房县领导流民起义,聚众至四万人。明政府急遣工部尚书白圭、抚宁伯朱永以及湖广总兵李震征剿。次年,起义失败,而荆襄流民直到成化十二年明政府侨置郡县设郧阳府加以绥抚,起义活动才停止下来。诗中所称"犹道未休征",当指此一事件。

作《新婚别》《上之回》《搏虎行》《陆宣公》。诸诗采用歌行体,借古人(穆天子、冯妇、陆贽)古题,对成化初的时弊加以抨击。

作《枯木双鹰图》。诗云:"悲台昨夜西风起,踏木寒鸦枝半委。……我知猛气非常流,翻倒直欲摩高秋。"此题画诗显然结合时节作了合理想象,故诗语老气横秋。又诗末"鹏雏不敌老枭翼,莫使云霄枉搏击"一句则将其初出茅庐、欲为天下除残去秽的抱负写出,亦与成化登科不久的心境吻合。

作《刘工部为嘉禾许廷冕写雨竹图》。

成化三年丁亥(1467)　三十三岁

鞑靼毛里孩杀孛来,逐阿罗出,遣使进贡,仍攻掠大同等地。翰林院编修章懋、黄仲昭,检讨庄昶以谏"明年上元张灯,命词臣撰诗词进奉"事被杖,谪官,懋等与罗伦因有"翰林四谏"之号。从上年六月至本年四月,四川地震三百七十五次。

谢铎预修《英宗实录》成,升从六品俸。李东阳《神道碑》:"成化丁亥,预修《英庙实录》成,升从六品俸。"王廷相《墓志铭》:"赐银币,升俸。"

秋

作《裘氏龟山墓》。诗云:"君不见玉鱼夜发南山道,万骑胡尘暗秋草。……独怜泚颡见慈孙,忍对西风泣朝露。"故系之。

作《石钟山》。诗云:"万籁自生听,双钟谁所名。问山元不语,叩石竟何情。"当是实地景致的写照。

文

一月十六日作《元宵宴集诗序》。序曰:"皇帝御极之三年,朝廷熙洽,乃休暇。文武群臣于元宵前后各五日,得宴饮为乐。……铎以次得元宵之会。及期,天大雨雪,竟日夕弗止。……明日,鼎仪诗属成。主人例有序,不得以不能辞。"故系于十六日。又序中云"遂举'金吾不禁夜,玉漏莫相催'之句,阄为韵,已乃复举酒。……师召寡言,话得'金'字,诗最先成,罚弗及。汝贤次之,余诗成,鲜不入于罚者。"按宪宗天顺八年继位,至此适逢三年,故系之。此正与本年作《元夕枉诸寮友燕坐分韵得吾字》相参验。

三月作《送陈御史序》。序曰:"成化丁亥春三月,御史陈君士贤以廷议出督学政于南畿。"辞意甚明,故系之。

成化四年戊子(1468) 三十四岁

开成(今宁夏固原南)满俊(满四)起兵,不数月,聚众数万人,关中震动。俊称招贤王,据石城。副都御史项忠率军围之,大小三百余战,破石城,俊被擒,至京师被杀。

春

一月一日作《次韵黄世显戊子元日》。诗题已明,又诗云:"得岁频惊我,传杯欲让人。……风尘双倦眼,历历怕逢新。"故系之。

作《和李宾之自儆诗》。诗云:"岂无明日心,少壮不吾待。"时逢壮岁,自立而强的风概溢于笔端。

作《题魏家宰送张县丞诗》。诗云:"尚书归去鬓如蓬,桃李门墙想旧容。不识春风行乐地,多情还到博陵松。"故系之于春。

作《奉和兵部四叔父金陵寄示诗韵》。诗云:"为问门前柳,春光几时回。"故系之于春。

作《送贺克恭还辽东》。诗云:"萧条环堵病,迢递洛阳春。道上逢沮溺,驱车莫问津。"故当系之于春。

作《邑人》《枕上口述》《小景二绝句》。

作《寄城南诸友》。诗云:"红尘满路看羸马,芳草经春想旧庐。"当系之于春。

夏

作《雨中戏柬黄世显》。诗云:"炎风吹雨夜如麻,深巷泥途半没车。"显为溽暑多雨之际,故系之。

秋

八月作《雨中柬应志建》。诗曰:"万间不庇孤寒士,破屋先惊八月秋。"其意甚明,故系之。

作《钱御医山水图》《勿斋》。按:谢铎《读勿斋稿》云:"乡先正方伯陈公有遗稿曰《勿斋稿》,凡几卷,合五七言绝、古律诗若干首,序、记、杂文又若干首。……其词直,其义明,其志远,类非当世区区雕画为词章者。既又读公传,见公在吉闽蜀之间,为良令尹、为名御史、为贤方伯,历历如前日事,予益信公非徒能言者。"诗中:"心兵百万胜熊貔,进退分明在一麾。不是颜家真老将,平原城郭半羌夷。"即对陈勿斋刚猛一面的概括。

作《奉慰十五叔父下第》。

作《寄金浦云》。诗曰:"回首西风此别离,马头消息转迟迟。"故系之。

作《奉和十五叔父九日至金陵》。诗曰:"烂漫花前醉未休,秣陵今日也宜秋。"故系之。又《读四叔父十五叔父金陵唱酬诗稿》曰:"掩卷重吟宿别诗,夜床风雨转凄其。"当知此诗为感念叔父金陵游历之作,其去前诗作日必不为远,故亦系之于秋。

作《十五叔父久留金陵奉寄一首》。诗曰:"匹马初闻下棘闱,便随征雁入南畿。秋花有恨空成约,春草无诗定不归。"时节征候显明。又诗中云"上国梦回为客好,故园书去隔年违",正与《读四叔父十五叔父金陵唱酬诗稿》"殷勤为报归时信,归信春来未可知"意脉相通,亦可证为同期之作。

作《奉和十五叔父下第金陵留别诗韵》。诗曰:"如何秋后信,犹以梦中思。""松菊故园梦,风尘游子衣。""竹林秋入梦,风雨夜相亲。"均为系于秋之证例。又《次韵奉侍四叔父》曰:"不语对歧路,有怀如乱丝。十年犹是别,百岁若为期。昨日南征雁,还家报也迟。"亦为秋时之作甚明,且其与前诗"千里念歧路,十年成别离。如何秋后信,犹以梦中思"手法酷似,可知其相去亦不甚远。

作《钟稽勋山水图》。诗云:"钟郎家住在瓯国,雁荡诸峰在其侧。……碧桃洞口仙人居,天台咫尺相萦纡。"按:东瓯,古城名,汉惠帝三年封古越族后裔首领摇为东海王,建都于此。即今浙江永嘉县西南。诗中所出现的"雁荡诸峰""碧桃洞口""天台"均为越地名胜,此画勾起谢氏故园之思,故诗末"诗成回首重茫茫,疏家门巷秋芜绿",意蕴丰厚,亦明显交代此诗作于秋季。

冬

作《梅花》。诗曰:"踏遍孤山雪外峰,岁寒谁似老逋翁。"显为隆冬时节梅花傲寒而开的景致,故系之。

作《次韵李宾之雪中忆张亨父》。诗曰:"惨淡寒光带雪微,江南游子怯秋衣。眼看岁月愁边去,心忆乡山梦里归。"冬日之迹显明,故系之。

成化五年己丑(1469) 三十五岁

以礼部侍郎万安兼翰林学士,入阁,安结宦官与万贵妃为内援。鞑靼毛里孩攻扰延绥。阿罗出纠合别部,入居河套。学者吴与弼死。与弼字子传,号康斋,抚州崇仁(今属江西)人,程朱派理学家,为陈献章之师,有《康斋日录》《康斋文集》。

友黄孔昭调任吏部文选郎中。(《明史·黄孔昭传》)

谢省迁宝庆知府,九年辞官还乡。(《嘉靖太平县志》卷七《人物志·谢省传》)

春

作《四叔父报考满来京且阻归觐之行》。诗曰:"远信经年问别离,始知官满有来期。"正与去年作《读四叔父十五叔父金陵唱酬诗稿》"殷勤为报归时信,归信春来未可知"相符应。又据《嘉靖太平县志》卷七《人物志·谢省》载:"成化己丑,迁宝庆知府。"诗中秩满述职一事当指此。另按:《明会要》卷四十八《选举二》载:"选人之法:每年吏部六考、六选;凡引选六,类选六,远方选二。听选及考定升降者,双月大选。改授、改降、丁忧、候补者,单月急选。其拣选,三岁一举行。"又成化三年,大学士商辂疏:"臣见吏员考满,冠带听选,有经十二、三年未得除授者。中间多有衣食不给,借贷于人。"由诗中"马头未报真消息,入夜还添觉后疑"难以置信的情状,可知谢铎对谢省考满与来京的事大喜过望。

作《寄呈宝庆叔父》。诗曰:"湘水夜深添别恨,桃溪春暖忆清欢。灯前翻尽平安札,相对无言欲废餐。"可知谢省已在宝庆知府任上,谢铎此诗正可为《四叔父报考满来京且阻归觐之行》的注脚。

作《十五叔父在金陵有约还家舟中奉怀》。诗曰："去年相约及春归，春到淮南尚客衣。一路风光看欲遍，隔江消息报来稀。渡头芳草惊新梦，竹下清阴想旧扉。先后到家那可问？倚篷终日雁南飞。"此诗可与《读四叔父十五叔父金陵唱酬诗稿》《十五叔父报考满来京且阻归觐之行》参看。另按：《明会要·职官十六》载"休假"制度："（洪武）十六年，令国子生有父母者，三年一归省。""洪熙元年三月，令：外官满三考者，许给假省亲。""宣德三年，上仿古君臣豫游事，每岁首，许百官旬休，选胜宴乐"等等。据谢铎《从弟声墓志铭》："又七年，公守宝庆，予以编修恩归觐，……又五年，公致其事以归……又六年，予以忧解职官归。"另据谢铎《谢病疏》："成化十六年四月十六日，丁父谢某忧。"以成化十六年上推十一年，可知于成化五年其辞京归省。又谢氏《吴修撰汝贤省亲送行序》称："朝廷特重近都臣之去，复更定为例，令凡臣僚去家十年者始请得。"谢铎诗中多有离乡十年的表露，如《奉和十五叔父下第金陵留别诗韵》（三首）其一："千里念歧路，十年成别离。"《谒十五叔父》："十载江湖相忆地，马头今日得闲行。"《九日》其二："相看不用怜多病，梦里乡山已十年。"等等。亦可知谢氏依旧例放还，《昨过静海宿流河驿》《宿德州》《过歇风台》《钱塘怀古》《谒十五叔父》诸诗勾勒出的行程当为京杭运河之水路。

作《次韵奉答十五叔父》。诗云："老叔学道者，慷慨平生志。经纶满胸腹，欲为苍生济。……窃禄多耻心，见人少生气。归来竹下情，指点旧苍翠。"按：《嘉靖太平县志·谢铎传》称："尝从其叔父贞肃先生学，师事终身。"又李东阳《神道碑》称："少从从父宝庆知府世修学，师事终身。"故谢省的行止操品对谢铎的影响可知。

秋

作《喜陈儒珍来过》《次儒珍韵》（二首）。诗云："一住休言十日余，几从门下望高车。……莞海秋风人去后，巴山夜雨梦回初。多情见说城南路，杨柳千行绿渐疏。"（《喜陈儒珍来过》）"高秋林下相逢日，犹忆天台道上诗。莫向尊前易离别，归来已是十年期。"（《次儒珍韵》其二）当为谢氏省亲期间与旧友酬接之作。另按：据谢铎《敬所陈先生集序》记其与陈彬的交游说："天顺初，予与黄亚卿诸公始获纳交于先生。先生之年与学皆先于予，予日追之不可及。既而予从诸公以出，而先生连不得志于有司，于是学益进名益高而身益困。"可知陈彬才学为谢氏所钦服，却懔懔不得志于仕途。

作《雨中有怀十五叔父》《病中有怀呈十五叔父》。诗曰："竹墅桃溪隔数村,日斜犹忆雨中论。"(《雨中有怀十五叔父》)"夕阳西下隔秋阴,三径门前旧竹林。"(《病中有怀呈十五叔父》)诗中尽是家园熟习之景,谢氏对叔父(谢绩)人格及学术上的钦敬溢于言表。

作《葵阳楼为葛大尹作》《九日》(二首)。前者诗曰："河阳县里花如锦,莫共东风一处栽。"显为托物自喻。后者其一曰："竹外高风怯晓寒,自扶羸病过西阑。"其二曰："雁荡峰高半接天,登高长忆菊花前。相看不用怜多病,梦里乡山已十年。"自为谢氏病休于乡时所作,重阳节登高赏菊之俗亦可明见。

作《居闲》《中秋坐病奉谢诸寮友》。前诗曰："江湖岁月易蹉跎,十载归来少壮过。与世难忘心欲懒,居闲无分病偏多。"写出宦海的甘苦,人事的艰难,亦为留乡期间所作。后诗云："故人邀我看明月,有约欲来病且休。"为仲秋赏月之事愈明。

作《短歌行赠十五叔父》。诗曰："去年失意登金陵,感时愁绪心怦怦。长歌短咏出寥廓,扬子江头离别情。归来今年复失脚,卧病经秋在山郭。"按谢绩为谢铎十五叔父,据《嘉靖太平县志·人物志》载："谢绩,字世懋,贞肃先生省之弟。""尝七试于有司,人咸拟其第,顾数不第。"诗中所指当为其科场屡挫之事,由诗意写于秋时甚明,故系之。又诗云："老叔平生爱作诗,近来作者非昔时。乃知困极发孤愤,愈觉议论生神奇。"另按:宪宗宠幸万妃,翰林学士兼礼部侍郎万安自托万妃子侄,亦受恩宠,于是年入阁。据《明通鉴》载："是时帝怠于政,大臣希得见。万安同在阁,结中戚贵畹,上下雍隔。"同时,鞑靼毛里孩攻扰延绥,阿罗出纠合别部侵入河套地区,时政处于内外交困之中。谢铎称谢绩诗"於嗟薄力当何为?《黍离》以降周音衰。谁可重删复其古,便欲从之问尼父。"当与时局密切相关。

作《睡起》《寄赠卢舜用》。前者有云"浅薄尚怀忧国论",后者云"崇文门外送行时,寂寂高风想见之。环堵可容原宪病,扁舟不返季鹰思。"可知时政艰荒,谢铎虽栖居园田亦寄心庙廊。《次韵答陈牧村》其一"睡足孤村得觉先,始知林下有神仙。……多情漫鼓商山调,为报辽师已凯旋";其二"三径门前菊未荒,动人秋思已悠扬";《次韵答郭筠心》"云生远树皆秋恨,水满空江隔暮阴",说明时值秋季。另按:据谢铎作《筠心郭先生墓碣铭》,郭筠心与陈儒珍均为谢铎忘年之好。是铭云："先生与敬所陈公实相与为文字友,令节佳辰,登临歌啸,盖无往而不与俱。予辱从杖屦者,几二十年于兹矣。"郭筠心卒于弘治八年(1495)春正月二十四日,终身未仕而学著丰实,有《筠石存稿》若干卷,《郭氏遗芳集》《文献录》若干卷。

作《喜黄世显将归遥寄一律》。诗云:"闻道冬官承诏旨,征车昨日下池州。……江海只今犹远别,庙廊何处着深忧。归来且共谈诗句,莫遣繁霜到黑头。"按:上古设置官职,以四季命名。据《周礼·冬官·考工记》,周代设六官,司空称冬官,掌管工程制作。后世以"冬官"为工部的通称。池州,古时吴地名。梁昭明太子以其水鱼美,命为贵池。唐武德四年置池州,取贵池以为州名。元为路,明为府。可知谢氏一直以来在出处之间徘徊,友人的南下任职,面称喜悦,实有感同身受的深意在。

作《赠送赵廷坚隐者》。诗曰:"小桥流水人初去,落日青山酒半醺。一道吟情将别恨,相望直过岭头云。"甚有林下风致。谢氏并未忘记对现实的关怀。《田家叹》《西邻妇》亦作于此时。前者有曰:"县吏昨日重到门,十年产去租仍存。"后者有曰:"年年唱名给官帛,尺寸从来不上身。"均为痛陈民瘼的谠言直声。

作《短歌行》。诗云:"青青杨柳枝,秋来不禁吹。茸茸路傍草,斩艾不得老。"适与《白云深处》"岸海东行路若封,白云堆里草茸茸"相应,当知二者相去不远,而前者显为秋景,故皆系之于秋。

冬

作《哭应志建》。诗曰:"十年牢落方嗟命,万里归来已盖棺。枫影夜寒心欲折,稗花秋老泪初干。"故系之。亦可参看成化四年《雨中柬应志建》一诗。

作《奉十五叔父夜话有感》。诗云:"竹边饭罢酒停斝,漫拥寒炉坐夜深。"故系之于冬。诗亦有云:"慷慨共谈当世事,依违多愧古人心。"表明了谢氏在良知与求全之间的两难状态。

作《冬日雨中覆屋有感》。诗云:"冻雨萧萧屋数稼,白茅零乱未成编。"故系之。谢氏十年在京师游宦,对南方冻雨的景致稍有陌生,故曰:"十年北地长看雪,不记冬来是雨天。"

作《次韵四叔父还家乐》。按谢铎《从弟声墓志铭》(注:声字鸣鹤,谢省之子)曰:"又七年,公守宝庆,予以编修恩归觐,而声亦归自南京,盖已习为应举之学。间从其季父王城公叩之,而诗律亦立就,则亟喜其不凡。"由此可知谢省、谢绩、谢铎、谢声少长咸集,天伦共享,是以诗云:"见说还家无限乐,竹林犹得想高情。一身在世惟君父,四海何人更弟兄。"聚合雍睦之意显见。

作《岁暮行》。诗曰:"岁暮君莫忧,岁暮君莫喜。"故系之于冬。

作《书感》《花坞读书图》《偶书二绝》《昭君怨》《对镜词》。按:据《嘉靖太平县志·谢铎传》载:"公为诗精练不苟,力追古作,文尚理致,谨体裁,考订、评骘多前人所未及。"又李东阳《神道碑》:"为诗精练不苟,力追古作,当所得意,殆忘寝食。"《书感》:"拥被高眠夜正迟,细将往事自寻思。"《偶书二绝》其一自喻:"未免今世人,欲作古时样。所以终日间,此心恒怅怅。"均可与评述相印证。

成化六年庚寅(1470)　三十六岁

大同总兵官房能在开荒川(今陕西佳县北)破"套寇"万骑,斩首百余级,时人谓为数十年所未有。"套寇"又攻波罗堡、安边营,被总兵官许宁击退。荆襄流民再次起义,刘通旧部李原(李胡子)称太平王。都御史项忠率李震等前往镇压。是年,北京、山东、河南大旱;陕西、四川、山西、两广均饥;顺天、河间、永平诸府旱后又大水,民食草木几尽。

春

作《度莞山次陈儒珍家》《次儒珍韵》《再次韵答儒珍》。由诗题可知诸诗作于同时,又《再次韵答儒珍》有曰:"春来一月全无雨,陇麦根荄半不禁。"故系之于春。

作《哭勉轩张先生》。诗曰:"伤心立雪门前路,细雨东风长薜萝。"故系之于春。据谢铎《勉轩先生挽诗序》:"勉轩张先生世家吾乡之桃溪,桃溪之人无虑数百家,家有子弟,自童孺莫不求先生而受学焉。……虽以铎之无似,亦得以备洒扫之末。"可知谢氏对其执师礼以待。

作《忆别》。诗云:"离怀今日转难平,背倚东风忆此生。万里归来真浪迹,一年甘旨是虚名。"可知谢氏一年假期已终结,启程在即,是有"尊前杨柳看人醉,马首青山笑客行。可是深恩酬未得,微官顾藉亦何情"一行作吏的无奈之语。

作《次韵十五叔父送别》。诗曰:"白云天姥岭,青竹谢家园。夜夜天南北,难消此梦魂。"又曰:"仰天出门去,幽恨与天长。只有天边雁,年年归故乡。"清辞英旨,吐语自然,惜别之意溢于言端。

作《北行书感七绝句》。其一曰:"出门不觉三千里,两月风光属别人。记得去年归去日,朗吟送尽隔江春。"可知谢氏春时返京,耗时两月之久。其二"孤舟此日登江岸",其四"城中几日不开闸",知途中谢氏一行人当入南京城中游览。其四亦云"酾酒椎牛达明夜,征南专待少将军"。按:于成化元年爆发的荆襄流民起义,虽在工部尚书白珪、抚宁伯朱永、湖广总兵李震等人的镇压下失败,但于是年,李原、王洪等再次揭竿而起,明政府派都御使项忠总督河南、湖广、荆襄诸省军务,与湖广总兵李震发京营兵及神枪火器营前往戡乱,于是荆襄局势再度紧张。诗中"征南"之意当指此。其七曰:"沧州城下日初暝,十里风声使者船。"可知谢氏浮波两月,已临近京城。

作《折柳堤》。诗曰:"堤头杨柳三千树,乱叶长条接地青。攀折几回春欲暮,别离何处客重经。酒酣忽忆阳关路,歌罢更登湖上亭。昨夜西风起南陌,不禁乡思暗惺惺。"可知暮春时节依依杨柳使谢氏触景生情,惹起无限乡关之思。

作《醉后戏酬金尚义侍御》。按谢铎《金尚义传》云:"尚义以《易》举天顺甲申进士,拜南京监察御史。未上,丁按察公忧。服阕,谒铨曹……暨并舟北上,则日就予拙,温然君子也。及酒酣愤激,往往出肺肝语,则又痛哭流涕若欲为贾长沙而不可得者……方是时,尚义未尝一日食御史禄,辄敢言人所甚不敢言乃尔。"又据谢铎《书联句录题名后》交代"惟称谓则易以官,而各以其仕之所终为据,其未终者,则据今之所历而称之"的原则,金尚义卒官侍御史,故如诗题所称。此时金尚义恰值丧除,回京叙用,则与谢氏同舟北上。诗曰:"满船载酒金骢马,一路清吟唤我行。吃尽不知三百瓮,船头出水近来轻。"二人诗酒清狂之态适与《金尚义传》中"及酒酣愤激,往往出肺肝语"相参验。

作《喜雨》。诗曰:"今朝对酒欢无极,细雨两日余。"时雨旸若,顺风顺水,为两人旅程平添乐趣。诗末两句颇有调侃意味:"昨夜江南有船到,征粮不用薛尚书。"谢氏一行抵京,而雨顺风调,使其预测此必是丰登之年。

作《传先德有感》。

秋

作《夜坐》。诗曰:"明河入窗户,秋意来郊坰。……蟋蟀在东壁,近人鸣不惊。西风何从来?砧杵凄以清。"当可系之于秋。事实证明《喜雨》的预言破灭。此诗有曰:"今年稻粱绝,去年荆棘生。"南方战事在诗中亦有反映:"潇湘变赤土,平地为沧溟。横飞避矰缴,复有搏制鹰。"诗末"鸿胪发高唱,报捷自西征。天颜喜以怿,赏赉有迁升。回头见诸老,共说今太平",表明谢氏寄心王室的良好愿望。

作《苦雨叹》。诗曰:"长安阴雨十日多,倾墙败屋流洪波。……春来五月全不雨,夏麦秋田皆赤土。"故系之于秋。亦可知是年秋潦涝成灾。又其二"君王有道念民困,诏遣尚书督粮运。传闻昨夜来湾头,万斛漂荡无全舟。"言事详实,有补史、证史之效。

冬

作《偶为六绝句》。其一曰:"冀北近来风土别,一冬和气满郊畿。去年记得江南路,冻雨潇潇雪乱飞。"是系之于冬。其二曰:"几日荒荒卖儿女,绣衣门下未通名。"其三曰:"泪痕点点生离别,最是江南卖女悲。"表明自然灾害在全国范围内发生。其六"给得官家秋种至,妻儿相对急相炊",揭示生民之痛之沉重。可参看《苦雨叹》。

作《寄呈十五叔父》。诗曰:"城头冻日风如戟,哀雁嗷嗷向客鸣。""哀雁"可作双关语,既指哀民遍野,又指深秋冬初北雁南飞的衰飒景象。

作《至日归自天寿山》。诗曰:"山头月出霜初落,倦马归来路转长。"由"至日"知,此诗当为冬至所作。

作《雪夜》。诗曰:"床头长夜如年岁,冻鼓寥寥不报更。"故系之于冬。

作《题子昂书少陵茅屋秋风歌》。诗曰:"黄屋飘零海上山,北风吹雨泪斑斑。"故系之。

作《除夜》(二首)。其一曰:"谁将多事分年岁,添得今宵一倍愁。"其二曰:"记得去年除夕夜,彩衣堂下笑相呼。"是为除夕守岁之事无疑。

文

作《王尚德哀辞》。文曰:"又三年,始同举进士……又二年……又四年,予归省,尚德方起复。"又"未几,而尚德之讣至矣。"按:谢氏于天顺八年(1464)年举进士,以此顺推,王尚德卒于成化六年(1470)。故系之。

成化七年辛卯(1471)　三十七岁

因兵部尚书白圭推荐,任原浙江布政使余子俊为右副都御史,巡抚延绥。子俊请筑边墙,兵部奏请暂缓。延绥本治吴堡,子俊移镇榆林,加强防御。此后延绥通称榆林。是年,浙江潮溢,冲决钱塘江岸千余丈。

族叔谢绩成化七年九月卒于杭州。谢铎《叙录王城先生诗后》:"成化七年辛卯九月某日,铎叔父王城先生卒于杭。讣达于京师,铎南望踊哭。"《嘉靖太平县志》卷七《人物志·谢绩》:"其门人文肃公谢铎辑其遗稿曰《王城山人诗集》刊焉。"李东阳《怀麓堂全集》文卷二有《王城山人诗集序》。

春

作《清乐》。诗曰："芳草东风绿,南枝暮雪深。"可知诗作于初春时节。

作《春旦》《春雪》。前者诗曰："几日东风在杨柳,长安门外未知春。"后者有曰："二月东风翻作冻,两年春意腊前归。"均可资证系于春。

作《得宝庆叔父书因怀十五叔父》。诗云："春风自有还家梦,昨日新传宝庆书。"故系之于春。这是成化五年谢铎归省与谢省晤别以来的第一封信。故诗有曰："唐岭南头相别地,断无消息两年余。"

作《西涯十二题为李宾之作》。由其四"湾下春水波,湾头杨柳树",其七"春雨足生意,皇天乃无功"可知当系之于春。

作《和罗明仲读史有感》《读苏老泉批点孟子》。谢诗出经入史,雅正远大。前者"君看奸佞徒,变幻如鬼蜮"表现其正直一面,而后者"怀哉濂闽翁,重启斯文祥",则推崇理学正宗周敦颐、朱熹。

作《春愁》《送沈侍御源调卢氏尹》。前者"官河二月冰初合,水国经年雁未回";后者"脉脉离怀此酒卮,春明门外送行时",为春时所作甚明。

作《题松》。此为题画诗,诗曰："多事丹青爱奇崛,强教屈铁受风霜。"可知。

秋

作《秋日病起》。其一曰："两月趋跄不下楼,楼中光景病中愁。冷怀牢落弗宜睡,客舍凄凉先报秋。"前四句为照应题目之句。其二首："风雨高秋动物华,雁声寥落暮云遮。"亦写秋之意显然。

作《苦雨柬黄吏部世显》。其四曰："野外更传风雨恶,黍田生事不宜秋。"故系之于秋。诗末"白头父老泣相语,典尽春衣错买牛。"视民如伤之意尽现于言端。

作《僦屋叹二十韵》。诗前有小序曰："予再至京,借潘署丞屋以居。"诗曰:"枯柱半惊龙,败壁尽藏虫。窍罅苦多门,补缀良无术。"写出租寓生活的艰难。其后"因循复岁年,风雨转飘没。檐低轧及头,泥深高过膝。"似与《苦雨柬黄吏部世显》言及京城大雨的事件相承。

作《秋夜》。诗曰："苹门露冷人无语,沙碛天高雁有情。"故系之于秋。

作《送赵表叔允洪还乡展省》。诗曰："芳草两年同作客,秋风万里独归人。"故系之。

作《枉李宾之来过》。诗曰："素丝良马西行路,落日苍茫及暮秋。"故系之。

作《送林秋官一中谳狱便道南还》。按：据谢铎《福建按察佥事林君墓志铭》："君讳垄，字克贤，以字行，一中，其更字也。……登成化丙戌进士。明年，释刑部主事。未几，转员外郎，遂有福建之命。"诗题中所云"谳狱"可能指林一中秉公办理阮成、王宗襄案件时并未对锦衣卫曲意承旨之事。林一中生于宣德辛亥年(1431)，卒于成化乙巳(1485)七月，享年五十五岁。谢铎与之交契，是铭曰："予与一中、世显异姓兄弟也，知一中之深者，宜莫如世显，亦莫如予。"又据谢铎《题交游别录》曰："予三人(谢铎、黄世显、林一中)之交，踪迹之相忘，谊分之相合，施之不为恩，逆之不为忤，近之不为亲，远之不为疏，日告之不自以为忠，日规之不见其为数，凡若是者，言可得而尽耶！"林一中有《抑斋稿》若干卷存世。由诗中"官道堂堂使节临，省郎南去及秋深"，故系之于秋。

作《暮秋奉怀黄世显李宾之兼忆十五叔父》。诗云："夕阳门巷雨初收，独客无言坐暮秋。"写秋之迹显明，故系之。

作《闰九月朔日雨》。诗曰："客怀最是秋来苦，又是无端一月秋。"可系之是年九月一日。

作《哭叔父王城先生》(八首)。其一曰："断雁秋空远，惊舟夜壑移。……黑发英雄恨，青山布褐悲。"可知谢绩英年早逝于是年秋天。按：《嘉靖太平县志·人物志》曰："谢绩字世懋，贞肃先生省之弟。……尝七试于有司，人咸拟其第，顾数不第。乃成化辛卯年复试，拟必第，则先试期五日卒。人叹曰：'嗟，世懋命矣夫！'其门人文肃公铎辑其遗稿曰《王城山人诗集》刊焉。"又据是书《艺文志·书目》载："《王城山人稿》，明谢绩著。总百六十九篇，为卷三，犹子文肃哀刻，九十五篇在家从游时所录，四十九篇于敝箧得之，皆与人往来，二十七篇则东广邝尹载道所得。李东阳序，陈献章书其后。"另关于谢绩病故及遗稿整理一事，谢铎《叙录王城先生诗后》亦可资证："成化七年辛卯秋九月某日，铎叔父王城先生卒于杭。讣达于京师，铎南望踊哭……又明日，吏部与予谋所以塞哀者不得，从故箧得先生诸尝往来诗四十九篇，去年录自家者九十五篇，又二十七篇则东广邝尹载道所得也，总之佰六十九篇，为三卷。"两文可差互检看。

作《夜坐》。诗曰："短笛清砧共一楼，楼头月色是鄜州。灯前笑舞看儿女，犹喜茕茕未解愁。"此诗显然由杜甫《州望月》化出，而反用其"遥怜小儿女，不解忆长安"之意，别具一格。

冬

作《见雪十七韵》。诗云:"门外积雪满,衢巷色相连。"当系之于冬。按:因兵部尚书白圭推荐,原浙江布政使余子俊为右副都御史,巡抚延绥。其移镇榆林,加强防御。是年,朱永、王越败鞑靼兵,建议"搜套",而兵部未允。是以谢铎诗中有"苦乐良不齐,三军犹在边。边城倍常冷,衣甲久已穿"之句。

作《得王城叔父讣后适太守叔父来朝抵湾有妨往拜奉此言意》《湾头路奉太守叔父》《太守叔父以禁例命别卜馆所奉此为解》《太守叔父见答前诗依韵奉和》《太守叔父久驻湾下再奉二绝》《奉饯太守叔父马上有感》。按:据《明会要·职官十八·考课》:"考满之法:三年给由,曰初考;六年曰再考;九年曰通考。依职掌事例考核升降。诸部寺所属,初止署职,必考满始实授。外官率递考以待核。"又"(成化)十三年,奏准:南京各衙门属官、首领官,三年、九年考满,照例赴京听引。其六年考满,从南京吏部考核,具由题奏复职,免其赴京。"谢省成化五年任宝庆太守,是年为其初考之年,故入京听考。而此篇又载:"凡内外官遇该考察,有央求势要属托者,即以'不谨'黜退。"为避是嫌,谢铎故不得亲行拜谒,是以诗题中多有"有妨往拜""以禁例命别卜馆所"等字眼。

作《赠周可大佥事》。诗首句曰:"黄郎席上聆清论,十郡官曹在监衡。""黄郎"疑指工部屯田主事黄世显。诗中有云:"妖狸夜静群心壮,独鹗风高健翮惊。"可知谢、黄、周等同僚在席间清谈时政,攻过指瑕的风概。

作《雪中四首》。其一曰:"揽衣朝出门,积雪满平地。"其二曰:"深屋经冬雪,重衾入夜单。"其三曰:"两冬春意繁,生生作荒岁。"其四曰:"浅雪踏寒马,蹴蹴步不前。"故系之于冬。

作《读王城家叔父行实有感》。诗曰:"灯前抚遗行,平生半兄弟。……侧身颎浪间,兀兀增慨涕。"据前述已知,谢绩亡故后由谢铎为其整理诗文集,此诗多发睹物思人之情。

作《西涯十二题为李宾之作》。

作《中夜三首》。其一曰:"寒鸡不肯鸣,中夜如一岁。"故系之于冬。

作《雪不断》(二首)。一曰:"天与丰年瑞,一冬多雪天。"其二曰:"雪少岁不稔,雪多寒不支。"故系之于冬。

十二月作《西楼》。诗首二句曰:"落日苍茫冻不收,清斋无语坐西楼。"又诗尾有"是夕彗出"语,检《明史·宪宗本纪》云:"十二月甲戌,彗星见。"故系之。

作《送汪知府》。诗末两句曰："襄阳知接近,邑里半逋逃。"并有"时有驱逐流民之令"云。按:据《明史纪事本末·平郧阳盗》载:"(成化七年)十一月,荆、襄、南阳流贼平,进总督军务项忠右都御史,敕留抚治。忠之用兵荆、豫也,遣人持榜,入山招谕。负险不服,即纵兵剿不赦。"其擒获流民首领李胡子、小王洪之后,"凡遣还乡四十万人,俘斩二千人,编成者万余人。"可知诗中"时有驱逐流民之令"当指此。《明史纪事本末》又记:"时流民有自洪武以来家业延子孙,未尝为恶者。兵入,尽草之,死者枕藉山谷。其戍湖、贵者,又多道死,弃尸江浒。议者谓忠此役,实多滥杀。"实鉴于此,才出现诗中"邑里半逋逃"人自危惧的结果。

成化八年壬辰(1472)　三十八岁

兵部尚书白圭准备大举"搜套",责令河南、山西解饷,不足即预征明年田赋。山西预征草豆,每夫科银二十两,岁旱民饥,人多逃亡。是年,京师久旱,运河水涸;南畿大风雨,苏、松、扬、杭、嘉、湖、宁水灾。

春

作《送李宾之编修扶侍还长沙省墓》。诗一云:"彩衣江上及春游,春尽江南水乱流。"其二云:"江头春色送飞花,江上青山旧路斜。楚酒一春浑醉客,停车何日吊长沙。"均资证系之于春。又按李东阳《怀麓堂稿·南行稿序》曰:"成化壬辰岁二月,予得告归茶陵,奉家君编修公以行。至省祖州佐公及高处士府君之墓,既合族序,燕居十有八日,乃北返,以八月末入见于朝,盖七阅月而毕事。"正与此诗合。

作《奉饯太守叔父马上有感》。

作《二月忆林一中》。按:《送林秋官一中谳狱便道南还》一诗表明林一中已于去年秋天入闽任福建按察佥事,此诗云:"二月春城未见花,故人何处忆天涯。"抒发怀友的主题。

作《次韵寄呈宝庆叔父》。按:此诗正为谢省初考离京之后的作品,诗末云:"衡阳有回雁,不见到京师。"表明其焦切思虑的心态。

作《春归》。诗云:"城上东风送管弦,倚栏人在落花天。心嗟事往空千载,眼见春归又一年。"故系之于春。

作《送吾景端教谕江浦》。诗曰:"燕台日晚催行马,江浦春深入馔鱼。"故系之。

夏

作《题扇面寄郭筠心》《题扇面赠陈牧村》。由后者"赤日当空映午楼,剡藤湘竹怯生秋。"又折扇为消夏之必备品,而系之于夏。

作《暑日切西楼》《不寐》。前诗曰:"暑日切西楼,隆隆比熏爇。谗蝇昼纷营,饥蚊夜团结。"后者曰:"莫怪楼头眼未得,荷戈宵汗有西征。"谢氏曲喻时事,充满忧虑。

作《急雨》。诗曰:"急雨如崩夹怒雷,……苦潦真兼赤旱来。"此为夏日雨季惯常之景。按:是年,京城久旱,运河干涸;山西旱情严重,灾民遍野。南方苏、宁、松、扬、杭、嘉、湖洪涝成灾。又鞑靼兵不断攻扰平凉、巩昌、临洮、庆阳、环庆、固原等地,鞑靼满都鲁入河套称可汗,这一年兵连祸结。谢铎《次韵陆鼎仪病起赴官之作》称"多事不惊忧鬓满",《期张亨父讲〈易〉不至》"愁思千重郁不开",当有公忠体国、忧忿郁积之思。另按:检《明史·张泰传》称:"陆釴,字鼎仪,昆山人。陆容,字文量,亦太仓人。三人少齐名,号'娄东三凤'。泰举天顺八年进士,选庶吉士,授检讨,迁修撰。为人恬淡自守,诗名亚李东阳。弘治间,艺苑皆称'李怀麓''张沧州'。"又"釴与泰同年进士,殿试第二,授编修,历修撰、谕德。孝宗立,以东宫讲读劳,进太常少卿兼侍读,得疾归。泰、釴皆早卒。"由此可知,谢铎实与张泰、陆釴为密迩同僚,除两诗外,集中还多有赠奉之作。

作《次韵陆鼎仪病起赴官之作》。

秋

《题菜送林贵实谢病还莆田》。诗曰:"秋风一夜生,吴中是归路。"故系之。按:谢铎作《赠监察御史林君归莆田诗序》:"予同年友监察御史林君贵实方为御史,辄廷论侃侃不已,未几,乃谢病归。居十有二年,用荐者复起为御史,起辄有两浙之命,贵实益感激,思所以报称者。未期月,章凡再上,乞休致。命下,一时士大夫莫不啧啧叹且惊,以为甚难。"群僚作《激流勇退诗》赠林,而谢为之序。此诗自为当时所作。

作《刘阁老先生挽词》。

作《次韵会稽六题为姜用贞赋》。其五曰:"清时莫讶人皆醉,秋水无心亦爱钱。"其六曰:"寂寞秋江夜正寒,跃龙无地且泥蟠。"故系之于秋。

作《次韵黄九成进士奉使西边散布花之作》。诗云:"苜蓿风高万马秋,贺兰山外古灵州。"故系之于秋。

作《送姜用贞省亲得堂字》。诗云："马头征盖晓风凉,秋水南来雁有霜。"故系之。

作《〈黄芦白鹭图〉为沈邦瑞题》。诗题自注："沈,项都宪甥,以荆襄功授职。"知沈邦瑞为项忠之甥。诗云："湘水西风昨夜秋,黄芦声里暮云愁。"故系之。

作《题竹》《渐斋》。前诗曰："日落鹧鸪啼远林,寒云漠漠涨秋阴。"后诗曰："惟应贤达人,鸿飞邈难乱。"故系之。

作《送陈师召四绝句》《赠师召二十二韵》。按,前诗其一"秋尽湘江雁未归,马头黄叶向人飞",其三"故国归来十载初,秋风不是忆鲈鱼",其四"武夷山下秋云白,高出天台第几峰";后诗"君去方暮秋,君来必初夏",故系之于秋。后又诗曰："念昔初举官,与君实同舍。少年江海心,一见即倾下。……从君愿执鞭,送君空辍驾。"可见谢氏与陈师召一见如故、钦慕非常的情谊关系。

作《枉宾之夜话》《读李宾之南游稿》。李宾之即李东阳,是年春于长沙省墓,可参见谢氏《送李宾之编修扶侍还长沙省墓》。又李东阳此次归省将诗文汇为《南行稿》一卷,是诗应为八月末李归京后作。前诗曰："暮色黄花里,秋风白雁前。并州初到日,越客独居年。""并州"一词当源自唐刘皂诗"无端更渡桑乾水,却望并州是故乡"(《旅次朔方》),此代指故乡。(注:《全唐诗》此诗一题为贾岛作,诗题名《渡桑乾》。据今人李嘉言《长江集新校》卷九考订,诗与贾岛籍贯、行事均不合,故从唐令狐楚《御览诗》定为刘皂说。姑从之。)后诗"秋尽春行不住骖,乾坤踪迹半江南。"故系之于秋。

作《秋尽》。诗曰："秋尽南楼见断鸿,六街春雾暖如烘。……美人只在东西路,黄菊清尊昨夜空。"据诗意判断此时可能处于十至十一月份,气温偶有回升的"小阳春"天气。

作《新寒冷》《艿溪书屋》(附序:"陈北溪先生读书地")。前诗曰:"十月风高冷欲凝,近阳楼阁怯先登。"后诗曰:"天日晓星卑华岳,海云秋尽失鲸鲵。"故系之于秋。

作《奉侍陈士贤宪佥》。按:谢铎《广东左布政使陈君墓志铭》称:"君讳选,别号克庵,士贤,其字也。""天顺庚辰,会试第一人,历御史、按察,四转以至今官。生宣德己酉(1429),(卒于成化丙午夏五月),享年五十有八,而已有《丹崖集》若干卷,藏于家。"由诗中"江海交情青眼在,乾坤忧鬓壮心消。他时接席催分句,苦忆春灯倒夜瓢",可知陈士贤生前与谢氏过从交好。

冬

作《雪中放朝寄李宾之林一中》。诗曰:"匹马残灯未及朝,长安门外雪盈桥。侍臣睡足休通籍,圣主恩深每放朝。岁晚长空镜橡栗,夜寒精甲老嫖姚。初冬三白稀时瑞,浊酒新愁缓自浇。"按:《明通鉴》卷三十二称:"是时帝怠于政,大臣希得见。万安同在阁,结中戚贵婉,上下壅隔。"宪宗宠爱万贵妃而将吴皇后打入冷宫,宠信万安,疏于政事。又《明史·万安传》载:"七年冬,彗星见天田,犯太微。廷臣多言君臣否隔,宜时召大臣议政。大学士彭时、商辂力请。……比见,时言天变可畏,帝曰:'已知,卿尊宜尽心。'时又言……帝可之。安遂顿首呼万岁,欲出。时、辂不得已,皆叩头退。……一时传笑,谓之'万岁阁老'。帝自是不复召见大臣矣。"故谢氏谲文以谏之意甚明。

作《次韵林一中员外招饮之作》。诗云:"塞北地寒春有信,海南天远雁无情。"故系之于冬。

作《青州十三贤祠》《慕陶居士寿诗得惟字》。前诗:"英灵终古潮阳井,改邑须知不改泉。"后诗:"青山且十载,鬓发老不衰。愧君寿筵酒,始是休官期。"谢氏既崇尊先儒,又祈慕道隐,体现其两面性。

作《题岳太守葡萄》《葡萄行》。前诗云:"尝尽荔枝今上品,为谁风味重葡萄。"由故人之赠而引出史评,后诗曰:"文皇富庶一朝堕,欲谢天下先张骞。"其弦外之音自指当朝。

文
秋

作《赠监察御史林君归莆田诗序》。可与《题菜送林贵实谢病还莆田》一诗参看。

成化九年癸巳(1473) 三十九岁

余子俊筑榆林以北边墙一千七百七十里,东起清水营(在陕西省东北部黄河西岸,过河即山西境),西至定边营(今陕西定边)。升榆林堡为卫,扩建城墙。河套鞑靼满都鲁、字鲁忽等西掠秦州、安定、会宁各州县。王越乘机袭红盐池(在今内蒙古伊金霍洛旗南),满都鲁等丧失家属畜产,北迁,不再居河套。

九年谢铎被旨校勘《通鉴纲目》。上《论西北备边事宜状》和《癸巳封事》。黄绾《行状》:"癸巳,被旨校《通鉴纲目》。先生因指历代得失,为疏数千言以进。"

春

作《枉林一中佥宪宴话四十韵兼柬黄文选世显》《白云起天末赠一中》《卖屋谣赠一中》《撤屋谣》《再枉一中来过》。诸诗显为一时之作，又末诗曰："杨柳风高隔御河，夕阳春水漫生波。尊前莫惜频相见，见日终输别日多。"故系之于春。

作《次韵张汝弼叙别一中之作》《长歌对尊酒二章呈诸同年》。按：据谢铎《南安府知府华亭张君墓志铭》："君讳弼，姓张氏，汝弼其字也，其先汴人。""登成化罗伦榜进士。……拜兵部主事，转员外郎，以遂有南安之命。"张弼生于洪熙乙巳，卒于成化丁未夏十月三日，享年六十三岁。所著有《鹤城天趣》《清和》《庆云》诸稿，《东海手稿》若干卷，行于世。是铭记谢与之交游："始予天顺初，与吾友今亚卿黄君世显、故方伯陈君士贤、佥宪林君一中，识君于礼部，盖三十年于兹矣。慨念畴昔一代交游，称豪杰士若诸君者，固落落可数；予驽下，病且不死，既铭吾一中，又铭士贤，而尚忍复铭君也哉！"亦可参见《明史·张弼传》："弼自幼颖拔，善诗文，工草书，怪伟跌宕，震撼一时，自号东海。……与李东阳、谢铎善，尝自言：'吾平生，书不如诗，诗不如文。'李东阳戏之曰：'英雄欺人每如此。'铎称其好学不倦，诗文成一家言。"其交契密迩，可见一斑。更可知后诗其一"长歌对尊酒，共君念平生。十年此出处，四海今弟兄"，非为虚称。

作《翠屏障》《玉带泉》。此为摹景状物之诗，前诗曰："湖山翠如滴，森立当我前。湿云不作雨，障此东南天。"可定为春、夏两季间作。

作《哭学士柯先生》。按，柯先生名潜，字孟时，莆田人，景泰二年举进士第一，后为翰林学士，进位少詹事，未及为祭酒而病卒，天顺七年曾为谢铎会试主考。有文名，事迹详《明史》卷一百五十二本传。据谢铎《答陈士贤》："柯先生谢世，深为吾党斯民惜之，培养至是而不获其用，夫宁知非造物者之意哉！阁下以为如何？"诗曰："文字百年余旧业，栽培中道失全功。"诗后附注："先生居忧时起为祭酒，不就。"可两相参验。

秋

作《七月望日入朝沾雨有怀张亨父兼忆谒陵诸友》。诗曰："岁晚稻粱悲去雁，夜深江海舞潜鳅。"故系之于七月十五日。

作《为王仁辅题竹赠郭筠石隐者》。王古直，名佐，字仁辅，太平人，性刚烈，有诗名，与谢铎、黄孔昭为挚交。李东阳曾为之作《王古直传》，见《怀麓堂集》卷三十六。诗云："碧树西风昨夜秋，汉江无水不东流。"故系之。

作《传先德有感》。诗云:"居常念先德,寝远弗可闻。……嗟嗟严氏姆,欲语声先吞。"按:谢铎《严贞姆传》曰:"严贞姆者,台州黄岩人,名闻,铎祖母太安人赵氏之媵也。年十一,从太安人来归自赵。……太安人抚之,终其身如娣妹,未尝以婢妾名也。……姆性端静,自壮至老,恂恂如处女,而其中则毅然有丈夫子所不能及者,遍宗戚乡党,识不识,不敢出一语以罅隙姆;宿儒长者,每以过门不及见姆者为恨。……姆年七十九,无子,后太安人十八年为成化癸巳三月某日卒于家。先府君以礼葬,以义为庶母之服。讣达于铎,铎南望踊哭无算。……铎泣拜而受之,谨略避亲之嫌,掇其事之大者作《严贞姆传》,以传于家,以告于后之人。"又据谢铎成化四年秋作《读四叔父十五叔父金陵唱酬诗稿》"殷勤为报归时信,归信春来未可知",《十五叔父久留金陵奉寄一首》"秋花有恨空成约,春草无诗定不归",推测严贞姆卒于是年三月,而谢铎获悉,并撰诗文,当在是年秋。

作《红菊花》。诗曰:"一夕寒云万木风,江山无赖酒杯中。丹心不及酡颜好,秋里黄花故作红。"故系之。

作《吴汝贤听雨亭小酌次韵》。诗云:"江山路远谁先到,尘土秋深梦未醒。"故系之。

作《哀土木》。按:土木,地名,即土木堡,今河北怀来县西。据《嘉庆一统志》四十宣化府三称,其地本名统漠镇,唐初高开道置,后音讹为土木。又据《明史纪事本末》卷三十二"土木之变"载,英宗正统十四年(己巳,1449)春二月,"也先遣使二千余人进马,诈称三千人,王振怒其诈,减去马价,使回报,遂失和好"。是年七月,也先寇扰大同。在王振蛊惑下,英宗御驾亲征,八月至大同。瓦剌兵盛,英宗回銮不及,自是月十三日至十五日,被围困于土木堡。最终"众裸袒相蹈藉死,蔽野塞川,宦侍、虎贲矢被体如猬。上与亲兵乘马突围不得出,被拥以去。"是年九月,郕王于北京即皇位。谷应泰致评道:"澶渊之会,以重发而丧功;土木之变,又以轻为而至败耳。彼王振倡谋,喜宁反噬,虽一死沙场,一膏斧锧,而罪浮罄竹,报不蔽辜。"诗曰:"空遗满地孤臣骨,谁斩终天误国人。故老百年犹涕泪,太平今日忆更新。"与之同趣而又有以古喻今之意。

作《鱼游入渊深》。按:《明史纪事本末·江复哈密》卷四十载:"宪宗成化九年,秋九月,土鲁番速檀阿力王入哈密,掠王母并金印去。"又《明史·谢铎传》云:"时(成化九年)塞上有警,条上备边事宜,讲养兵积粟,收复东胜、河套故疆。"又谢铎《论西北备边事宜状》云:"右今月十四日内阁臣彭时等遣中书舍人刘询迟到《论西北备边事宜状》,令臣等选列献纳者……实古人以人事君之盛心,臣虽至愚不敢言及之,而不言以负陛下且负元老大臣,所以尽忠于陛下之职分也。"是与诗中"安居与暇日,帝力宁秋毫。所以君臣义,俯仰无所逃"上下同欲、君臣合衷共济的主旨一致。

作《百亩幽园图》。此诗可与《兰棘图》一诗参看。

作《次韵周时可秋怀》。诗曰:"驽骀岁晚劳驰顿,鸾鹄秋高仰奋腾。逝水惊风看更急,败荷衰柳未相能。"故系之于秋。

作《访金尚义侍御不值》。诗云:"尊酒相逢秋事晚,客囊休道谏书存。"故系之于秋。

作《宝庆叔父承报来京既而自金陵南还奉寄一律》《病中得宝庆叔父谢病书感而有述》《宝庆叔父既遂休致用李翰林、黄文选取韵奉寄》。按:《嘉靖太平县志》卷七《人物志》云:"谢省字世修,号愚得。以进士起家,天顺初,拜南京车驾主事。未几,转武选员外郎。成化己丑,迁宝庆知府。……其怙终不率者,则一裁以法,至黜县令二人,籍其赃以代民赋。由是境内肃然,皆望风相戒不敢犯。会岷府奏欲徙建宫殿,檄有司议,公执不可,府中人行数百金,令有势力者来问,不为动。已而巡抚、都御史力主其议,公乃乞补教职,不许;连乞养病,亦不许。既三年以考满,至中途上疏径归。于是时公年才五十有四,声誉地望方骎骎上,当道交章荐之,檄下,郡县趣公,而公竟不至。吏部或问其故,则曰:'士方好进,故吾当勇退以风之耳。'"前诗曰:"竹下秋深问索居,路歧心事两年余。"中诗曰:"户外秋光隔路尘,夕阳衰柳一番新。……远疏独烦公道荐(注:吴金都旌异以宝庆为首),宵车先作散御臣。"末诗曰:"霜落长天一雁飞,旅情无赖入秋衣。独行与世身先病,未老还家愿不违。"诸诗粗略记述了谢省辞官回乡的经过,谢铎深致理解。又参谢铎《重录〈祭礼仪注〉序》:"成化癸巳,先叔父太守先生蒙恩休致,辄创祠堂以为行礼之地。铎在京师闻之,喜不自胜。"可知叔侄心犀远通。

作《病中有怀黄吏部》。诗曰:"楼头初日照西栏,十月风高未作寒。"故系之于秋。

冬

作《十二月二日夜病中梦得陆鼎仪诗四句既觉因属成之》。按:谢铎《与陆鼎仪》曰："去年来，得相从史事，数月中提诲谆切，始益自恨相亲之晚，盖不徒以言语、文词为也。别去大失倚赖，怏怏至今日，谅明者不我遐遗，亦岂能恝然哉？腊月二日，病中梦得佳句二韵，觉而忘其一，因续成一律，一句、二句、四句皆阁下诗也。春斋明仲以阁下与敷五、师召皆不在，亨父、舜咨复有东西之隔，因阄为《五忆诗》，而仆复得以奉阁下，是岂私愿所至而然邪？"可与此诗参证。

作《病中怀黄世显、李宾之》（二首）。其一曰："门巷雪深妨过马，江湖岁晚益多歧。"其二曰："庭雪新干不受尘，砚冰初断欲生春。冗官岁晚堪供病，末路心多愧食贫。"故系之于冬。

作《岁除有怀柬黄世显、李宾之》。诗曰："城中车马去如云，城上归鸦日易曛。别路五千虚作恨，明朝四十是无闻。"故系之是年除夕。

作《不寐》《斋居忆陆鼎仪内翰》。其后曰："十年萍迹共朝簪，此夕清斋忆旧吟。"为谢氏怀友之作。

文

春

作《答陈士贤》。其文曰："柯先生谢世，深为吾党斯民惜之，培养至是而不获其用，夫宁知非造物者之意哉！阁下以为如何？春寒自爱，万万。"可与《哭学士柯先生》参看。

秋

作《严贞姆传》，系因与《传先德有感》诗同。

作《论西北备边事宜状》。系因参见《鱼游入深渊》一诗。

冬

十二月二日作《与陆鼎仪》。系因参见《十二月二日夜病中梦得陆鼎仪诗四句既觉因属成之》诗。

作《校勘资治通鉴纲目疏》。此文见于《御选明臣奏议》卷四，下署日期为"成化九年"，故系之。文曰："臣谨奏，成化八年十二月六日，太子少保吏部尚书兼文渊阁大学士彭时等传奉到《资治通鉴纲目》五十九卷，令修撰罗璟，并臣铎等校勘讹误，将翻刻以供睿览。"由此知，谢铎受旨校勘《通鉴纲目》，始于成化八年十二月六日。此文锐意进取，文风亢直，与黄绾《行状》所云"癸巳，被旨校《通鉴纲目》，先生因指历代得失，为疏数千言以进"相合。另按，此文收入《谢铎集》卷六十九《癸巳封事》。后者为谢氏成化十八年八月据官书所载补入,原稿已由谢氏自己焚毁,盖因逆鳞之语甚多之故。此文节选亦见《明宪宗实录》卷一百一十九"成化九年八月壬戌",与《癸巳封事》及本文多有不同,更接近原貌。

成化十年甲午(1474)　　四十岁

宪宗命王越总制延绥、甘肃、宁夏三边,三边总制始此。王越旋因被言官劾奏滥杀邀功等事,称病还京。宗喀巴弟子根敦朱巴(1391—1474)死,主扎什伦布寺法台二十余年,后被追认为达赖喇嘛一世。是年,鹤庆(今属云南)两度地震,第二次一日十五震,坍屋伤人。灵州连日地震,最后一日十一震,城垣房屋多坍倒。

秋

作《医俗亭为吴原博修撰作》《客怀》。吴宽,字原博,号匏庵,长洲人,成化八年状元,工诗画,与谢铎、李东阳挚交。明朱谋垔《续书史会要》有小传,可参。前诗有"膏肓不首卢扁医,坐役此君驱二竖。……亭中主人坡老徒,因君更得良医师。我愿医心不医俗,莫道兹亭可无竹";李东阳《怀麓堂集》卷四《吴原博修撰医俗亭》一诗有"吴君天下士,爱竹比良友"句,可与谢铎诗参验。谢铎后诗则有"卢扁不来歧伯远,为谁医病不医痴"。几诗多有踵接叠合,当知相去不远;又《客怀》有曰:"杨柳西风非昨日,芙蓉秋水已多时。"故皆系之于秋。

作《次韵宾之慰潘时用卧病不能终场之作》。李东阳《怀麓堂集》卷十一《潘时用秋试病不终卷念之以诗》有"一日长杨赋未成,归来卧病使人惊"句,知谢诗为次韵而作。诗曰:"病来秋梦苦难成,虚忆雄文见者惊。"故系之于秋。

作《长吟》。诗曰:"壮心入夜多成梦,短发经秋不耐寒。"故系之于秋。

作《有感别陈训导熙》《送周梁石复任广德》。按,《明一统志·名宦》卷七十八载:"陈熙,弘治初知龙岩县,文章政事大有足称,升监察御史,去。"生卒年不详。又《御定佩文斋书画谱·书家传》卷四十二载:"周梁石,抚州太守,书效朱文公体,甚奇伟。"弘治三年为抚州太守期间曾刻南宋陈淳《北溪先生大全文集》行世,事亦详《明史》本传。前诗有"暝色寒风在高村,侧身空谷仰余音"句;李东阳《怀麓堂集》卷十一有《送周梁石知广德州》诗,知与后诗同时作。谢诗有"每从南雁忆离群,匹马残阳又送君"句,当作于秋冬之际。

作《九月十日雨中候朝》。按,此诗中"犹喜姓名曾不忘,鸿胪催点紫宸班",可与《雪中放朝寄李宾之林一中》"侍臣睡足休通籍,圣主恩深每放朝"的讽喻对比参读。

作《拳石回澜》《上贵祠堂》。按，前者显为题画诗，诗云"拳石苦不量，屹然此中流"，有警喻之意；后者为游历诗，诗云"落日野草荒，昭陵不堪谒"，摘刺时政之迹更明。

作《送潘应昌大理》《题松送陈永清还天台》《次韵送宗儒文令尹之永嘉》。潘应昌，台州人，曾任山东副使，陈白沙有《送潘应昌提学山东序》。《明诗综》卷八十四载其女潘氏诗，其有附传，生卒年不详。陈永清，事迹不详。文林，字宗儒，长州人，成化八年进士，同年为永嘉令，吏治严明，官至温州知府，卒于弘治十二年，享年五十五岁。明人杨循吉为作《明故中顺大夫浙江温州府知府儒文公墓志铭》，收入《明文海》卷四百三十一。前诗曰："追辙改弦惟旧业，驾山鞭海足平生。"中诗曰："蛟龙入夜呼云起，鳞甲惊秋堕地寒。汹汹风涛不成雨，不如高卧且泥蟠。"后诗曰："丈夫出处平生志，吾道兴衰百里中。"送别诗中亦表明谢氏出处进退的态度。

作《题程尚书晴洲钓者卷》。程信，字参实，安徽休宁人，晚号晴洲钓者，成化二年进士及第，授翰林编修，官至兵部尚书，卒于成化十五年。明人刘翊有《大明故资德大夫正治上卿南京致仕兵部尚书兼大理寺卿赠太子少保谥襄毅程公信墓志铭》，参见《新安文献志》卷七十六。按：《明会要》卷四十七《选举一》载："（洪武）十七年，颁科举定式。子、午、卯、酉年乡试，辰、戌、丑、未年会试。试各三场：初场试《四书》义三道，经义四道；《四书》主朱子《集注》，《易》主程朱《传》义，《书》主蔡沈《传》及古注疏，《诗》主朱子《集传》，《春秋》主《左氏》《公羊》《穀梁》、胡安国、张洽传，《礼记》主古注疏。二场试论一，判五，诏、诰、章、表、内科各一。三场试经、史、策五。应乡试者：国子学生及府州县学生之学成者，儒士之未仕者，官之未入流者，皆由有司申举。其罢闲官吏及倡优之家，与居父母丧者，俱不准入试。主考，二人；同考，乡试四人，会试八人。"又"初制：会试同考八人，三人用翰林，五人用教职。景泰五年，从礼部胡濙请，俱用翰林部曹。"此诗可与孟浩然《望洞庭湖赠张丞相》"坐观垂钓者，徒有羡鱼情"对举，诗云"尚书别后鸥盟在，不放闲人把钓竿"，语带双关，显指科考人事铨选之事。亦可参见谢氏《策问六堂教官》《月试监生策题》。

作《闻叶吏侍讣兼哭柯先生》（一首）。诗曰："恨高闽岭天如窄，秋尽吴江梦亦空。"故系之于秋。可参见《哭学士柯先生》一诗。

作《移家》《坐雨》。前诗曰:"卜居郑尹休劳问,迂拙惟应学退藏。"后诗曰:"十年误作长安梦,涓滴难酬主上私。"两诗归退之意甚重。

作《和罗明仲馆中有怀之作》。诗曰:"清严旧是储材地,老大真惭报国年。……迂疏恳款无三策,咫尺威颜即九天。"按,尾句出《左传·僖公九年》:"天威不违颜咫尺。"君臣疏隔,志大难用,表明谢氏进取无由的困境。

作《送王允达还金华》《再题王允达斋山书舍》。王汶字允达,义乌人,以文笔名世,与吴宽、谢铎等人交好,官至中书舍人。弘治二年十月四日卒,享年五十七岁。吴宽为作《王允达墓表》,收入《明文海》四百三十卷。两诗赓作未远,又后诗:"朝阳有竹待鸣凤,秋水无波惊卧龙。"故系之于秋。

作《送延平先生十五代孙德安县尹》。按"延平"乃指宋儒李侗,著有《延平文集》三卷,附录一卷,《延平答问》一卷,附录一卷(由朱熹辑)。检《四库全书总目提要》有《延平答问》一卷,附录一卷,朱子撰。程子之学一传为杨时,再传为罗从彦,又再传为李侗。侗字愿中,延平其所居也。侗于朱子为父执。绍兴二十三年,朱子二十四岁,将赴同安主簿任,往见侗于延平,始从受学。束景南《朱熹年谱长编》所引李方子《紫阳年谱》曰:"先生(朱熹)常曰:'自见李先生,吾学始就平实,乃知向日从事释氏之说皆非。'"此后于绍兴二十七年,或正式师事李侗(此与《四库全书总目提要》之说异),二十八年、三十年、三十二年,朱熹曾亲临延平受教,其间书信往来不绝。又朱熹生于福建剑州尤溪(府治在今南平),以后定居福建建宁府(府治在今建瓯)建阳县的考亭,因此人称之为建人或考亭人,朱熹学派亦称为"考亭之学"。是乃诗中"考亭旧识渊源正",当指朱熹,出于二程、杨、罗、李的道统。经检《德安县志》卷八《名宦》:"李荣,南平人,成化间知德安县,为政清约,崇文教明礼让,民俗丕变。"因为成化间知德安县的李姓只有李荣一人,因此他即为诗中所称"延平先生十五代孙德安县尹"(尹,正也。秦汉以来一县之长为县令,元代称县尹,因而尹成为县官别称)。诗中"绝学一鸣三百载,草庐元是宋遗臣",谢氏曾作《伊洛遗言引》《题伊洛渊源录后》,钦慕之情可以想见。

作《送王举人中归宁海》。诗曰:"檐头秋卷过逢地,袖里残编感慨余。"故系之于秋。又诗题下小注云:"王出示叶先生万言书,且能道吾郡诸老事。""叶先生"当指《闻叶吏侍讣兼哭柯先生》之"叶吏侍",谢氏不堪怀旧,故曰:"莫更临歧谈旧事,酒醒无赖重愁予。"

文

作《丰年颂》并序。其序曰:"皇帝御极之十年,岁则大熟于郊畿,郊畿之民,阛郭溢郛,以嬉以和,不知帝力之加,天之惠也。相臣有闻,喜动颜色,爰命史官,作为歌颂。"故系于本年。

作《安福司训章先生墓碣铭》。铭曰:"先生讳唐,字仲熙,姓章氏。……成化庚寅,赴铨曹,以例左迁安福训导,到官不二载而卒,实成化癸巳十二月八日,距其生永乐甲午,得年六十。明年冬,葬于黄奥之原,从先兆也。"又谢家与之有世交加姻亲的关系:"予叔父贞肃公尝从春官先生游,于先生为同门,而先生之孙顺复娶予犹子,因得以斯文世契往来先生之门。"当可系于是年冬。

作《重修京都城壕记》。文曰:"成化甲午秋九月,重修京都城壕。……于癸巳春二月十有六日,盖周一岁而赢焉。于是内阁臣以上命命臣铎纪其事。"故系于是年。

成化十一年乙未(1475)　四十一岁

大学士彭时死。时字纯道,安福人。时以万安在内阁,主张多不见用。吏部侍郎刘珝、礼部侍郎刘吉并兼学士,入阁。复郕王帝号,上尊号景帝。

秩满,谢铎迁侍讲。李东阳《神道碑》:"乙未秩满,迁侍讲,仍加从五品俸。"

春

作《送董进士复宰黟县》。诗曰:"公事不妨春事晚,石田过雨看桑麻。"故系之。

作《金门待漏图为修撰汝贤题》。诗曰:"明河耿耿星在天,重城夜锁春如年。"故系之。又诗中云"大臣格君先格心,俯仰直使神具临"句为《礼记·大学》"致知在格物,物格而后知至"、《尚书·冏命》"绳愆纠谬,格其非心"、《孟子·离娄上》"惟大人为能格君心之非"等经义的阐发。

是年四月十三日作诗序云:"予同年进士一百五十人,自天顺甲申以迄于今,仅十有二年,中间得丧悲欢盖物故者几五分之一。感念今昔,不觉怅然为之出涕。因取其最可哀者得八人,人为一诗,以泄予情云。成化乙未夏四月十三日志"。按:其为王尚德主事所作云:"遗草半函心事晚,忍将衰病答君王。"可与谢氏作《书王尚德奏稿后》《王尚德哀辞》参证。又据《王尚德哀辞》中称:"在景泰癸酉间,已闻临海有王经魁崇尚德者,予愿见之。既三年,始识尚德于赤城道中。又三年,复于杭见尚德……又明年,予与尚德俱有事于春官……又三年,始同举进士……又二年,尚德以秋官主事奔父丧归。又四年,予归省,尚德方起复,自赤城而来,相遇握手,出肝肺,道契阔。……既二日,予别尚德归……未几,而尚德之讣至矣。"经前知(或由谢铎景泰五年甲戌(1454)弱冠,即二十岁开始累计)谢铎成化五年还家归省,成化六年(1470)启程返京,王尚德当于是年卒。(经计算景泰五年加十六年,适为1470年即成化六年)因是,《书王尚德奏稿后》称:"今年夏,尚德之子瓒乃以示予,盖尚德之没于是已十有六年矣。"此文当作于成化二十二年丙午(1486),谢氏五十二岁时。

作《退直遇雨束师召宾之二兄》。诗曰:"黑云如轧雨如倾,咫尺金门不可行。"故系之于夏。

作《次韵答陈牧村》。诗有曰:"别离何用太分明,水底鱼行亦避清。安得浩陂二万顷,不教人怨汝南评。"按:此诗用诸典如下:《大戴礼·子张问入官》"水至清则无鱼,人至察则无徒",《后汉书》卷六八《许劭传》"初,劭与靖俱有高名,好共核论乡党人物,每月辄更其品题,故汝南俗有'月旦评'焉"("汝南评"即为"月旦评"),《后汉书·黄宪传》"郭泰谓:'叔度汪汪若千顷陂,澄之不清,淆之不浊,不可量也。'"体现出谢铎力求古貌的诗风。

秋

作《题夏太常墨竹》。按,夏昶字仲昭,永乐十三年进士,改庶吉士,历官太常寺卿,善画竹石,《明史·文苑传二》卷二百八十六有传。诗曰:"落落平生老可心,醉提浓墨写秋阴。"故系之于秋。

作《奉酬缪思敬兼束袁德纯大尹》。按:谢铎《赠袁德纯序》曰:"吾太平邑大夫袁君德纯既拜命为太平之明日,有过君者迎,谓之曰:'太平,黄岩故壤,地分西南之半为太平。'"故诗中有云:"殷勤再拜新邦尹,坐食真应愧下风。"可能指袁氏为太平县令之事。而诗又曰:"百过长书意未穷,晓星芒色动秋空。"故系之于秋。

作《赠郑廷韶南归》(四首)。其二曰:"西风吹动客衣裳,马头逢君又故乡。"故系之于秋。

作《西川》《题兰竹杂画》。前诗曰:"我忆五湖归去晚,愿凭深浅问仙翁。"后诗曰:"修行幽兰本共清,阴崖深谷一时生。"表明谢氏峻节拔俗的一面。

作《送吴原博修撰省亲》。按:诗曰:"青灯入夜怀君地,东阁前头旧业存。"可知吴、谢间密迹同僚之谊。

作《送吴汝贤》(三首)。按：此诗可与《吴修撰汝贤省亲送行序》参证。序曰："今年秋九月，吾友翰林修撰吴君汝贤有归省之命。于是君去家盖十有四年。"吴希贤，字汝贤，福建莆田人。天顺八年与谢铎同中进士，改庶吉士，预修《英宗实录》，终官南京翰林侍读学士，性刚直，文有奇气。《闽中理学渊源考》卷四十九有传，李东阳《怀麓堂全集·诗前稿》卷十九有《送吴汝贤归省莆田》诗，与谢诗当作于同时。谢诗中"十载论交此送行"，当知其与谢氏交颇有渊源。又诗中有"秋风贫病几时苏"句，知吴行在秋季；"重来须及暮秋时"，实为谢氏按自己省亲经历对吴归京时间的推断。

作《送仙居王贡士纯》。按，王纯，仙居人，成化十七年进士，任工部主事。因与王恕上书言事，贬为思南推官，弘治中迁湖广提学佥事，《明史》卷一百八十有传。诗曰："归去瓣香须再拜，紫阳碑老雨苔斑。"按："瓣香"典出《维摩诘经》，这恰与朱熹延平受教之后的思想转变一致。参看谢氏《伊洛渊源续录序》："然自是以来，犹有窃吾道之名以用夷狄之世，借儒者之言以盖其佛老之真，其得罪于圣门，甚矣。"可知谢氏崇儒排佛的立场；然谢氏不乏静坐参禅入定之诗，如《次韵秦廷韶复竹炉》《夜坐赠王古直》，亦知其有受佛学沾染的一面。

作《寄呈太守叔父》(三首)。其三曰："归期十载还如梦，羞向南鸿话卜居。"故系之于秋。

作《追悼十五叔父》(二首)。诗曰"王城山下起秋风""泪尽秋风鬓欲华"，故系之于秋。

冬

作《梅屋赠郑漳浦司训》。按，郑漳浦，福建人，其父郑文学有文名于当世。郑漳浦天顺八年中进士，授文昌司训一职，时人丘濬有《送郑司训序》，参见丘濬编《重编琼台稿》卷十四。诗曰："寒香隔水只十里，落月满庭来九峰。春深颜色不改俗，岁晚精神堪折冲。"故系之于冬。

作《夜坐赠王古直》。按：谢氏《祭王古直文》称王古直："游戏翰墨，傲睨乾坤。江海漫浪，岁月逡巡。不事生产，卒老于贫。依隐玩世，奔走终身。……西湖之渚，南海之滨。乐哉斯丘，以宁其神。"亦与诗中"乾坤入眼身如窄，何处先生是定居"照应。

作《夜坐有怀亨父宾之二公》。此诗与上诗题材相同，当知相去未远。又诗云："怀麓沧洲如对面，一灯深夜岁将阑。"故皆系之于冬。(注："怀麓"为李东阳堂号,"沧洲"为张泰字号。)

作《送张公实少参得周字》。按,李东阳《怀麓堂集》卷十五有《赋得西湖送张公实少参归浙江》,当为此年张敷华入浙赴任所作,与谢诗同时。诗曰:"酒尽离筵急去舟,送君重上驿南楼。"可知此为一般宴别诗。

作《斋居祈雪次韵罗李二公》。诗曰:"一冬和气惊春早,三日清斋坐夜深。"故系之于冬。

作《送祁郎中使朝鲜》。祁郎中即祁顺,字致和,天顺四年进士。李东阳《怀麓堂集》卷十一有《送祁郎中顺奉建储诏使朝鲜》诗,与谢诗当作于同时。按:据《明史·朝鲜传》载:洪武二年(1369),高丽王颙遣使贺明开国,并请封号;次年(1370),朱元璋封王颙为高丽国王,两国宗藩关系确立。《明史·列国·朝鲜列传》卷三百二十载,"自是贡献数至,元旦及圣节皆遣使朝贺,岁以为常"。洪武二十四年(1391),王瑶让位李成桂,改国号朝鲜。明成祖永乐年间两国关系更为密切,又《明史》同传载:"已迁北都,朝鲜益近,而事大之礼益恭,朝廷亦待以加礼,他国不敢望也。"永乐二年(1404),朱棣在东北地区设置奴尔干卫;七年(1409)又设奴尔干都指挥使司,统辖西起鄂嫩河、北抵外兴安岭、东至库页岛、南濒日本海的广大地区,下属一百八十四个卫,二十多个所;同时,开通东西两条驿道,保证文传与粮运及贡赋输入,因此东北防控一直为明政府所重视。是以诗曰:"近来北地全通贡,莫道中朝已偃兵。"

作《八一轩杂咏》。八首集中呈现谢氏公务之余的个人生活场景:读书、弹琴、饮酒、赏画、吟诗、围棋、静坐、熟睡。

作《腊月二十四日恭谒康定陵》。按:《明会要》卷一《帝系一》载,英宗复辟之后,郕王亡故,赐谥"戾王",并写入《英宗实录》。"至(成化)十一年十二月,命阁臣议。商辂力赞成之。乃下诏曰:'朕叔王践阼,戡乱保邦。……王可仍旧皇帝号。'寻上尊谥,令所司修饰陵寝。"诗中"优命新传出御筵,綵舆黄盖拥晴天。九重再拜恭仁册,四海重尊景泰年。"当指此。

文

秋

作《赠袁德纯序》。系因参看本年《奉酬缪思敬兼柬袁德纯大尹》诗。

八月作《赠宁国通判陈君序》。序曰:"成化乙未秋八月,吏部以吏比奏补中外官,先是取太学诸生以及诸乡进士群试而参用之。予友陈君德廉,名实在上第,故事当得州守府上佐。"故系之。

九月作《吴修撰汝贤省亲送行序》。序曰:"今年秋九月,吾友翰林修撰吴君汝贤有归省之命,于是君去家盖十有四年。"故系之。可参同年作《送吴汝贤》(三首)。

作《诚者天之道也》《故君子尊德性》《帝曰皋陶》《圣有谟训》《先进于礼乐》等讲章。首篇有云:"又如唐玄宗初年厉精,几致太平,后来却穷奢极欲,溺于所爱;唐宪宗初年发愤志平乱,后来却好神仙,迎佛骨,有始无终。"按:黄绾《谢文肃公行状》曰:"乙未满秩,升侍讲,入预经筵,反复推说,皆人所难言。"讲章指称多为宪宗弊政。

成化十二年丙申(1476)　四十二岁

荆襄流民入禁区者日众,无法禁阻,国子祭酒周洪谟建议增置郡县,使各安生业。乃使左副都御史原杰抚治。杰于郧县设郧阳府,增置竹溪、郧西、白河三县,连同竹山、上津、房县属新府管辖,另增山阳、南召、桐柏、伊阳四县,分属他府,流民均编入户籍。始命宦官汪直侦事。

春

作《瞻云图》(二首)。按:此为怀亲诗。"瞻云"典出《诗经·魏风·陟岵》:"陟彼岵兮,瞻望父兮。"郑玄笺曰:"孝子行役,思其父之戒,乃登彼岵山,以遥瞻其父所在之处。"又:"陟彼屺兮,瞻望母兮。"笺:"此又思母之戒,而登屺山而望之也。"又唐刘肃《大唐新语·举贤》:"(阎立本)特荐(狄仁杰)为并州法曹,其亲在河阳别业,仁杰赴任于并州,登太行,南望白云孤飞,谓左右曰:'吾亲所居,近此云下!'悲泣,伫立久之,候云移乃行。"亦见《新唐书·狄仁杰传》。"瞻云"实为"陟屺瞻云"二典的省称,为思亲之意。诗一首"白云渺渺青山外,是我思亲独立时",诗二首"谁言惆怅瞻云地,不及艰危取日时",皆可明之。

作《卧病不预斋宿呈诸同年》《病起》。后诗曰"病起风光四月过",故可系之于夏。而前诗与之相去必不甚远,故系春、夏之际。

夏

作《题云岩遗墨》。诗曰:"春尽墨池三万斛,乱波挑掷上云岩。"极力描写了画功的高超。

作《哭李陟之》(自注:宾之弟)。诗曰:"病来乡思无聊甚,为尔凄凉泪一倾。"亦是谢氏大病初愈后所作,故系之于夏。

秋

作《送邝载道大尹还黄岩》。陈白沙有《陈白沙集》，卷五有《赠邝载道之淮阳别驾前御史谪黄岩》诗，由诗题可略知其仕历，其人事迹不详。诗曰："短鬓西风昨夜秋，别怀相对水东流。"故系之于秋。

冬

作《题傅曰川所藏古画》《古木寒鸦图》《题王孟端竹》。按，王绂，字孟端，画家，善画竹，无锡人，永乐中为中书舍人，诗歌亦有名于世。《明史·文苑传二》卷二百八十六有传。前诗曰："我亦生平爱古者，对此深情不能舍。"又《八一轩杂咏》中《画梅》一诗足证赏品画为谢氏余暇雅好之一，可与"看书""弹琴""吟诗""围棋"，甚至"静坐""熟睡"等并重。

作《送戴廷珍提学》。诗曰："驱驰不待坚冰至，风色惊传十月交。"故系之于冬。

作《次韵李宾之联句赠李士常举人》《次韵李宾之至夕有怀》（二首）《次韵李宾之岁暮病中言怀》。李士常，宣府人，与李东阳、谢铎交好。李东阳《怀麓堂集》卷四有《送李士常》诗，谢诗应为和作。另《怀麓堂集》卷二十二又有《送李士常序》称"今年秋始以其艺举于乡"，知李士常于本年中举。后为乡贡进士，早卒。《怀麓堂集》卷四十二有《祭李士常文》。由后诗诗题故系之于冬。

文

作《重修长垣县学记》。记曰："学之修实始于成化乙未冬某月，至明年春而落成焉。"故系之于是年春。

成化十三年丁酉（1477） 四十三岁

置西厂，由汪直主管。汪直用宦官韦瑛，滥捕无辜，冤死者众。大学士商辂劾汪直，兵部尚书项忠亦率九卿劾直。是年，甘肃、宁夏、甘州、巩昌、榆林、凉州等地震灾严重。

父世衍与谢省建会缌庵。《嘉靖太平县志》卷四《书院》："方岩书院：国朝封翰林编修谢世衍与弟宝庆守省所建。"谢铎《墓祭学田记》："成化丁酉，先公与叔父太守先生，作庵曾祖孝子府君墓侧，以时祭扫，曰'会缌庵'。"按，会缌庵为方岩书院前身。

春

作《斋居呈诸同年兼怀李宾之知己》（自注：成化十三年）。诗曰："灯火清斋北地初,同来已是十年余。"谢、李同年进士,谢长李十二岁,谢礼敬之,目为知己。

作《斋次柬东院诸同年》。诗曰:"腐儒事业真堪笑,断送风光此夜中。"调侃、轻松之情于谢集中少见。

作《次韵陆鼎仪斋居之作》《次韵傅曰川修撰庆成之作》《再次斋宿韵柬师召侍讲》。按:"庆成"为皇帝祭祀完毕后庆贺成功之义。检《明会要》卷七《礼二》,宪宗在位期间于南郊大祀天地共二十二次,惟有成化二十三年寿终之年未举行。是年正月庚戌宪宗亲祀于南郊。又《明会要》卷六《礼一》载:"洪武元年,翰林学士朱升等奉敕撰斋戒文。大祀七日:前四日戒,后三日斋。……又以致斋七日、五日为期太久,人心易怠,止临祭斋戒三日,务致精专。"又"(洪武)四年,礼官奏定:天子亲祀,斋五日;遣官代祀,斋三日;降香,斋一日。二十一年,定制:斋戒前二日,太守寺司官宿于本司;次日,奏请致斋;又次日,进铜人,传制谕文武百官斋戒。"可知上述诸诗题中"斋居""斋次""斋宿",当指大祀中的斋戒。而《次韵陆鼎仪斋居之作》"南郊又见庆成年,箫鼓声中拥队甄。万马不鸣春昼静,满城初日照戈铤",《次韵傅曰川修撰庆成之作》"忆昨初随上殿参,殿廷朝士半东南。传欢似听嵩呼万,侍御真同昼接三",均是对当时实况的再现。

作《曰川席上分韵得林字》。诗曰:"最是舞雩风日好,几时归咏听余音。"按:《周礼·春官·司巫》:"若国大旱,则师巫而舞雩。"注:"雩,旱祭也。"疏:"雩者,呼嗟求雨之祭。"又《论语·先进第十一》云:(曾点)曰:"莫春者,春服既成,冠者五六人,童子六七人,浴乎沂,风乎舞雩,咏而归。"诗典当出此。可参见谢氏讲章《先进于礼乐》。

作《鼎仪席上分韵得复字柬宾之》(时宾之正破戒受罚)。诗曰:"李子诗中豪,高怀不堪触。病来苦作戒,止诗如止欲。"按:李东阳《怀麓堂稿·集句录》引曰:"丁酉之春,予病在告,百念俱废,而颇独好诗。故人爱我者,戒句复作,既乃闭户危坐,不能为怀,因戏集古句成篇,略代讽咏。"可知宴游中有大病初愈的李东阳参加,且表现积极。

作《次韵秦廷韶复竹炉》(自注:竹炉,山寺僧物也,失之几百年,秦为复之)。按,清人顾贞观《竹炉新咏记》载:"惠山竹茶炉者,明初听松庵僧性海所制。王舍人孟端诸公各为诗文图赞以记之。岁久炉亡,至成化间,秦太守廷韶购得,复还僧舍。"即述此事,文参《无锡金匮县志·艺文》卷三十八。明人张弼有《寄建章太守秦廷韶》诗,由此知其时为建章太守,余事不详。竹炉复出,当时文人题咏甚多,谢诗亦是其中之一。诗曰:"无心到处即安禅,何物频劳问百年。"禅意甚浓。

作《送秦太守廷韶》。诗曰:"南去邵陵应咫尺,甘棠春老有新枝。"故系之于暮春。又按:"甘棠"典出《诗·召南》,以颂官吏勤政爱民。

夏

作《张亨父席上限韵赋得清风题》。诗曰:"拂拂初从殿阁东,傍花穿柳六街通。如闻道上有余暍,安得人间皆此风。"按:《庄子·则阳》曰:"夫冻者加衣于春,暍者反冬乎冷风。"《荀子·富国》曰:"使民夏不宛暍,冬不冻寒。"暍,为中暑,伤于暴热之意,故诗系于夏。

秋

作《寄呈四叔父先生》。诗曰:"城上秋高风作浪,山中春尽雪成堆""自倚南楼望回雁,乱云深处是天台。"故系于秋。又诗曰:"五年归去足闲行,梦里红尘断不惊。"则指谢省成化九年辞官归乡,迄此已有五年。

作《读十五叔父遗稿》。诗曰:"天高地阔嗟何及,跖寿颜亡总可疑。"谢氏吁嗟叔父英年早逝,而质疑天道不公。

作《次韵宾之侍讲》(经筵十六韵)。诗曰:"退身岂所愿,于此非忘形。长歌思激发,一一见君情。"可知谢氏先此低调诗论,均因时弊羁縻所致,而非其初志。

作《赠表叔赵巡宰》。诗曰:"过家正及秋风早,莼菜为羹好脍鱼。"又引张翰典事致其乡思,亦因之系于秋。

作《次韵太守叔父赏菊见贻之作》。诗曰:"归来喜气满眉黄,看尽春红到晚香。"故系之于秋。末句:"昨夜梦魂江海上,分明拜舞彩衣傍。"按:"拜舞彩衣"实化自老莱子着彩衣以娱亲一典,谢诗孝礼恭敬,可见一斑。

作《次韵题扇面小景》《江东田舍图》。前诗曰:"莫是晚来风色好,片帆归去已无多。"后诗曰:"我欲持之奉明主,为君击节歌豳风。"清越激昂,为谢诗中少见。

作《次韵奉酬宾之为予代邀用贞秋官兼致速来之意》《再用前韵奉赠用贞》。用贞即姜用贞,由谢铎有《赠姜用贞序》称:"南京秋官司郎中姜君用贞,既拜命为郎中,明白即告行"云云可知。其仕历不详。两诗韵脚皆用"呼""吾""湖""晡",可知作于一时。

作《次韵二首奉贺师召得孙之喜》。其二曰:"阶庭谁复见兰芽,君是同年第一家。天上凤雏元有种,海中仙果再生华。"按:"兰芽"典出《世说新语·言语》:"谢太傅(安)问诸子侄:'子弟亦何预人事,而正欲使其佳?'诸人莫有言者。车骑(谢玄)答曰:'譬如芝兰玉树,欲使其生于阶庭耳。'"由谢诗可知陈师召为诸同年进士中第一位做祖父的。

作《篁墩行》《送商老先生致仕》。按,商辂字弘载,淳安人,乡试、会试、殿试均为第一,正统十年为修撰,成化三年二月入阁,因反对汪直设西厂而致仕。前诗曰:"冤句儿,鸮狼张,劈竹势下江南亡……路碑在口不在文,劝君莫更书黄墩。"此诗似有讥世之意。按:《明史纪事本末》卷三十七云:"宪宗成化十三年(丁酉,1477)春正月,置西厂,命太监汪直刺外事。""纵直出入,分命诸校,广刺督责,大政小事,方言巷语,悉采以闻。"自二月至四月,福建都指挥杨业、兵部主事杨仕伟、中书舍人董玙坐事瘐毙;左通政方贤、太医院判蒋宗武、礼部郎中乐章、行人张廷纲、刑部郎中武清、浙江布政使刘福遭莫须有罪名,被捕入狱,兵部尚书项忠削职为民。五月,大学士商辂奏罢西厂,准行。六月,却因御史王亿、戴缙的奏言,又恢复西厂,汪直仍任其职。大学士商辂、尚书薛远、董方,左都御史李宾并致仕,而以王越为兵部尚书兼左都御史掌院事。《明史·商辂传》曰:"辂既去,士大夫益俯首事直,无敢与抗者矣。"《送商老先生致仕》曰:"莫道二疏容易去,汉廷曾见起申公。"谢铎的期许虽为无补,亦可见其忧时无奈之情。

作《与师召过北海子因忆宾之相约不果却寄》。诗曰:"烟光欲堕连云起,秋色平分隔水多。"故系之于秋。

冬

作《赠高司训写真》。按,明倪岳《青溪漫稿》卷十六《翰林同年会图记》称:"昔在成化丁酉之岁,傅君曰川肇为续会,以叙同年之好……闻滇南高司训雅善绘事,乃于是岁十二月二日,谨治具于家,折柬以速诸君。次第毕至,即席请如故事,命高为诸君写小像为图,各赋诗于其后。"此正与谢诗自注"真,今留倪侍郎舜咨处"相合。由此可以定此诗作于十二月二日。诗曰:"解衣盘薄定何年,秋水江湖意惘然。"故系之。

作《舜咨席上阉诗得二十韵》。按,倪岳于是年十二月将归省,故群僚为之送行,并有画像留真之事。诗曰:"高怀晚岁仍张弛,文客经时正郁纡。"故系之于冬。

作《赠胡提学希仁》。诗曰:"文章大抵时高下,人物从来国重轻。"是诗可与成化十一年作与《次韵答陈牧村》"安得浩陂二万顷,不教人怨汝南评"共参。

作《遗腹儿》。诗注曰:"主事刘宪祖母徐,年十九而寡,遗腹得宪父。其嫂某,每附耳劝语之,徐以死守,遂得见宪封其父母而卒。"此可与《祭严贞姆文》《严贞姆传》《传先德有感》诸诗文参看。

作《次韵倪舜咨归省之作》。诗曰:"腊尽春迟意不胜,别离相对益难凭。"故系之。

文

作《尊乡录序》。序末曰:"成化丁酉闰二月十有六日,郡后生谢铎谨识。"故系之。

作《赠项先生南归序》。序曰:"皇上御极之十有三年,……既又用近臣之言,或序在位,以大彰黜陟于天下,又于大臣坐陈乞去者,前后以十数。……后先奏免者,又凡以十数,而加倍蓰焉。"当指汪直用事,官民危惧,商辂等阁臣群起致仕之事。故系之于是年十一、二月间。

成化十四年戊戌(1478)　四十四岁

是年,河决开封,广西太平府地七震。四川盐井卫地连震,坍屋,人畜多死。

春

作《斋居次韵答宾之》(自注:成化十四年)。诗曰:"钟漏屡传春觉早,星河初转夜难成。"故系之。

作《次韵奉酬明仲有怀之作》(二首)。诗曰:"客怀零乱鬓毛稀,惭愧东风酒力微。"又"鱼龙入夜惊春蛰,凤鸟中天览德辉。"故系之。又按:《逸周书·周月》云:"春三月,中气,惊蛰、春分、清明。""惊蛰"为农历二十四节气之一,在公历三月五日或六日。此时雷初鸣,地解冻,气温上升,动物结束冬眠开始活动,故称。而此诗可系于"惊蛰"后不久。

作《次韵萧黄门早朝》。诗曰:"向晓明星望里稀,早春光景入熹微。"故系之。

作《次叶文庄公喜雪诗韵为王成宪儒士题》《次韵题雪竹》。按,叶盛字与中,昆山人,正统十年进士,天顺二年为右金都御史,成化三年秋为礼部右侍郎,十年卒,享年五十五岁,谥号文庄,著有《水东日记》三十八卷、《叶文庄奏议》《箓竹堂稿》等。吴宽《家藏集》卷六十九有《王母陈孺人墓志铭》一文,即为其母。由此铭知其至孝,后为秀水训导,余事详《明史》本传。谢铎前诗曰:"又见深宫望雪天,侍郎诗就忆当年。……空悲此日阳春曲,多作西风薤露篇。"似可推知当春乍暖还寒,有过降雪。后诗曰:"层崖冻欲裂,百卉凄以残。"足见春寒之酷烈。

作《二月六日以病辞校文之命寄宾之侍讲》。诗曰:"极知敦遣恩非细,颇怪驱承力未堪。……寄声珍重平生友,报答无能只自惭。"谢氏素来多病,李东阳的问候令其感动不已。因诗题,故系之是年二月六日。

作《天籁庭》《九斗坛》。后诗曰:"随车甘雨山上来,不救台城夜深渴。"按:《太平御览》卷十三引三国吴谢承《后汉书》云:"百里嵩字景山,为徐州刺史,境旱,嵩出巡,辄甘雨辄澍。东海、祝其、合乡等三县父老诉曰:'人等是公百姓,独不迁降?'回赴,雨随车而下。"宪宗后期崇信方士,李孜省、僧继晓、梁芳均以方术致显,此诗反典意而用,针砭正在其中。

作《题青山白云图送人归吉安》。诗曰:"白云回首天南北,不是并州是吉州。"此诗亦用唐刘皂《旅次朔方》之典,可参成化八年秋作《枉宾之夜话》。

作《次韵题宋理宗庄监簿遗敕》(自注:时墨本已失)。诗曰:"翠华南渡自为家,内苑春深尽种花。"故系之于春。

作《送邵举人还乡》。诗曰:"天涯日薄怨芳草,水国春深惊化鱼。"故系之于春。

作《题画四绝句次宾之侍讲韵》。由诗其一"空林惊薄暮,弱羽岂胜秋",其四"独树秋声急,长空鸟迹稀",其二"春花看欲落,野树不知名",其三"海燕西飞日,东风一半过",可知画分四幅,各言春秋。

作《题扇面小景》。诗曰:"竹色波光共一天,棹船归去正堪眠。"水乡泽国,颇多情味。

作《送张养正都宪巡抚宣府》。按,丘浚《重编琼台稿》卷五《送张养正都宪巡抚宣府》,当与谢诗同时。诗曰:"翰林径握都台命,屹屹此行人所难。……北门锁钥可非淮,西夏功名元有韩。"按:据《嘉庆一统志》卷三十八《宣化府一》载,宣府,地名。元上都路顺宁府,明洪武二十六年改置宣府左、右、前三卫,隶属北平都指挥使司,永乐七年直隶京师,置总兵镇守,称宣府镇,实为京都之镇要。诗中"北门锁钥",典出宋王君玉《国老谈苑》二:"寇准镇大名府,北使路由之,谓公曰:'相公望重,何以不在中书?'准曰:'主上以朝廷无事,北门锁钥,非准不可。'"谢诗"西夏功名元有韩"之"韩"当指韩琦。《宋史》本传载,仁宗康定元年,西夏犯边。韩琦任陕西经略招讨使,与范仲淹通力拒敌。又《宋史纪事本末》卷三十称:"琦与仲淹在兵间久,名重一时,人心归之,朝廷倚以为重。二人号令严明,爱抚士卒。诸羌来者,推诚抚接,咸感恩畏威,不敢辄犯边境。边人为之谣曰:'军中有一韩,西贼闻之心胆寒;军中有一范,西贼闻之惊破胆。'"西夏和成,入为枢密副使,英宗立,封魏国公。为相期间,解难排纷,临难不苟,卒谥"忠献"。谢氏以寇、韩与张养正相比,足见推重。

作《次韵李侍讲感怀之作》。诗云:"小窗看雨长莓苔,天际浮云一半开。"由此观之,诗作于春、夏霏雨绵延之季。

作《奉和会偬庵诗韵》。按:谢氏《谨题会偬亭卷后》叙述会偬亭由来:"亭在杜家山,孝子隆二府君之墓在焉。……初,亭之址属他姓,先生之弟王城山人实售得之。先生(谢省)既致政,始克与家君终山人之志,作兹亭焉。"故谢氏与谢省酬和之时亦不忘十五叔父谢绩:"欲报王城夫子道,夜台无路启重缄。"

作《题宜兴邵主事画》。诗云:"老翁多事不作卧,犹欲与世观炎凉。"故知诗前句"参天老树冻欲死,弱柳抵死相禁当"有警喻之意。

秋

作《途中遇雨再次师召韵》。诗云:"多情不及南归雁,刚待秋风一夜鸣。"故系之于秋。

作《赠致政王大尹》。诗序曰:"王编修济之父,湖广光化知县。"王济之即王鏊。可知诗为贺赠之作。诗末云:"见说当年槐树在,绿阴春满雨苔斑。"采用倒叙,手法老到。

作《南沟燐》。诗序曰:"南沟,在嘉兴之平湖,每夜有燐,能杀人。倪介庵尝身往拯之,人赖以全活者无数。予哀其死,作《南沟》。"故知此为颂扬乡烈之诗。又诗末云:"世间幻妄百千状,杀人岂独南沟燐。"则引申批判时局,极有力度。

作《奉诏育材为王谢二学士赋》。诗云:"风教只今关治本,文章何但答君恩。"谢氏以斯文拯世敝的心志,可知难以泯除。

作《题怡云图奉寄十六叔父》。诗末曰:"愁心百折天南路,不是江东日暮时。"似由杜甫《春日忆李白》"渭北春天树,江东日暮云"化出,只是由思友之意转为思亲。

作《赠林克献司训》。诗曰："苜蓿盘非冷,皋比位特专。正须敦大化,何止答微涓。"按：五代王定保《唐摭言·十五·闽中进士》载开元左庶子薛令之自嘲诗："朝旭上团团,照见先生盘。盘中何所有,苜蓿长阑干。"后以"苜蓿生涯"喻指教职清冷。"皋比"即虎皮,典出后汉贵戚马融以虎皮覆座、于高堂垂幔授徒之事。两典合用,则见谢氏恪尽厥职的进取心态。

作《次韵柬沈仲律佥宪》。按,沈仲律,姑苏人,由庄昶《定山集》卷九《番阳余润夫墓志铭》知,余事不详。诗曰："心忆酸咸聊共味,眼观歧路各相能。"足见二人在多变时局中互相济助的状况。

作《送林蒙庵致仕得闲字》。按,林蒙庵,福建漳州人,明性理之学,《闽中理学渊源考》卷五十七有附论。李东阳《怀麓堂集》卷十三《用韵赠林蒙庵和仲律》,自注："时蒙庵以车驾郎中谢病,将归漳州。"可知与谢铎两诗均作于一时。诗曰："交游一代今前辈,把酒临风只厚颜。"与上诗"交游一代惭非浅,倾倒三年断未曾"为同席共作。

作《次吴原博东明寺怀陈玉汝韵》《次韵应宪副遣怀之作》。按,陈玉汝,即陈璚,号成斋,长洲人,由庶吉士累官南京左副都御史。吴宽《家藏集》卷四十七《成斋箴·序》称："陈玉汝,本其字,以成斋自号。"又卷四十四《五同会序》称："都御史长洲陈玉汝。"前诗曰："文字久知乡曲谊,交游兼识弟兄贤。"后诗曰："交游长自忆忘年,千里重逢一慨然。"为纪交游之作甚明。后诗有曰："乾坤未惜吾人在,歧路谁甘众目怜。"又融入了汪直乱政的悲悯之意。

作《为吴兴沈文瑞太守题林良花鸟图》。按,明曹学佺《石仓历代诗选》卷四百二十四录《送吴兴沈文瑞视子金陵寻归》题下注："文瑞本有德长者,尝任工部员外郎,被谗,故官止改汉阳太守。"余事不详。诗曰："花鸟无情崔白老,为谁流落到吴兴。"名为状物,实关人事,故意远旨深。

作《次韵应宪副遣怀之作》。

作《自笑二首》。其一曰："掖垣未辍金闺籍,薇省先升里甲班。"按：清梁章钜《称谓录》卷二十一称：薇省为紫薇省简称。唐开元元年,改中书省曰紫薇省,中书令曰紫薇令。后因简称中枢机要官署为薇省。元代称行中书省为薇垣;明改行中书省为承宣布政司,掌一省政令。身固多疾患,且时事艰危,遂使谢氏去意复萌。

作《仙居应茂端挽词》。诗序曰:"茂端,王静学先生门下士也。"由诗前二句"高风寂寂王文学,清泪平生几不堪",可知"王静学"已然作古。诗后两句云:"今日西州门下路,更谁人云哭羊昙。"按:《晋书·谢安传》载,羊昙,晋泰山人。谢安去世后,昙为之执礼经年,出行不过谢安所居的西州路。曾醉后过西州城门,知晓后,复咏曹植诗:"生存华屋处,零落归山丘。"尽哀而返。谢氏此诗将王门零落的情景,毕尽写出。

作《次韵答沈仲律兼宾之知己》。其一曰:"剧谈此夜真千古,仰首怀人各一天。"诗二首曰:"淡云寒月夜生阴,迢递钟声出上林。更好意怜通夕话,最难人是旧时心。"可见三人情谊深远。

作《送占城册封使者》。按:据《明会要·外蕃二》载:"占城居南海中,即周越裳地。……成化七年,安南破占城,据其地,改为交南州。王弟罗荣悦逃山中,遣使告难。"又"(成化)二十年,册封古来为国王……至广东,传檄安南,宣示祸福,募健卒二千人,驾海舟二十艘,护古来还国。"因占城屡遭安南侵夺,故多遣使入华请援,由诗中"穷边谁败类,班土复通华"可知,自成化七年以来至本年占城始得安定。又据上述成化二十年册封之事知,自本年至二十年,此间占城犹处在安南军事欺压之下,而不得不求得明朝的翼护。故谢诗"天域今无外,皇威此未涯"一句,洵非虚语。

文

作《都御史丁君墓志铭》。铭云:"成化戊戌夏六月二十四日,都察院左佥都御史丁君大容,卒于京师之第。"故系之于是年六月。

成化十五年己亥(1479)　四十五岁

宪宗迷信方术,方士李孜省勾结宦官梁芳、钱义,因符箓得宠信,迁太常寺丞,旋改上林苑副监。

春

作《斋居柬诸同年》(自注:成化十五年)《斋居次韵答李贯道侍讲》《次韵答南斋诸公》《庆成席上次韵答傅李诸公》。据《明会要·礼二》载,是年正月丁卯于南郊大祀天地,按惯例众官员须在祭前举行斋戒,祭祀完毕有庆成之事。

作《送戴进士师文还乡毕姻》。诗云:"晓分天语北,春与昼游南。"故系之。

作《送胡医官还新喻》(自注:提学金宪之叔)。诗曰:"蠢柳望春先着眼,冻河堆雪欲流澌。"故系之。

作《长信词》。诗曰:"芍药春深映曲栏,海棠枝上雨初残。合欢扇在君须记,莫放秋风一夜寒。"故系之。

作《送宗勋表侄还黄岩》。诗曰:"西堂灯火夜相看,行李萧萧暮雪寒。"由《次韵答南斋诸公》"出门满地惊残雪,又报阳春郢客歌",《庆成席上次韵答傅李诸公》"龙墀又见去年春,醉里风光雪里新"诸句可知是年春雪频繁。

作《送吴元玉冬官还南都》。诗曰:"客路交期惊晚合,马头诗兴及春浓。"故系之。

作《阻雨不遂西山之约奉酬萧文明黄门柬宾之侍讲》。诗曰:"江山旧约何人到,花鸟深愁此日轻。梦里风光聊岁月,春来天气几阴晴。"故系之。

作《游白云观柬宾之侍讲》(自注:三月十五日)。诗曰:"无端客里春三月,又是城南醉一回。千古俗传修禊在,几人心解浴沂来。"故系之于是年三月十五日。

作《陵祀次李侍讲赠行韵》(三首)。按:《明会要》卷十七《礼十二》曰:"(永乐)十一年,营寿陵于昌平。既成,帝车驾临视,名曰长陵;封其山曰天寿,遂以徐皇后葬焉。"此后仁宗献陵、宣宗景陵、英宗裕陵、宪宗茂陵、孝宗泰陵、武宗康陵、世宗永陵、穆宗昭陵、神宗定陵、光宗庆陵、熹宗德陵、怀宗思陵总称"十三陵",皆建于北京近畿昌平县天寿山。故诗一首后附言:"昌平县前今非旧路矣。"自指是。犹据是卷一称:"太祖即位,设祖陵祠祭署,置奉祀一员,陵户二百九十三,设皇陵卫。"又"(正统)十年三月甲戌朔,谒天寿山三陵,令百官具浅色衣服,如洪武、永乐例。又定制:每岁三月谒祭,以为常"。诗一首曰:"出郭临祀万马通,暖云芳草耐柔风。天留光景陪春祀,山与英灵护寝宫。"当为依制春祭。

作《次韵送章顺德黄门》。诗曰:"裘能学就终为冶,青到深时更出蓝。心忆朝阳还独凤,眼看歧路几惊骖。"典出《礼记·学记》"良弓之子,必学为箕;良冶之子,必学为裘",《荀子·劝学篇》"青取之于蓝而青于蓝",《诗经·大雅·卷阿》"凤凰鸣矣,于彼高冈;梧桐生矣,于彼朝阳"。此诗典记分明,渊雅沉实,为谢氏特色。

作《次韵宾之丁祭夜归之作席上柬林亨大同寅》。林亨大,三山人,成化二年进士,官至国子祭酒兼礼部右侍郎。章懋《送刘世美还京序》记其事(参《明文海》卷二百八十九,参吴宽《家藏集》卷三十八《冬日赏菊图记》)。诗曰:"月明春散辟雍桥,零露瀼瀼在彼萧……试倚东风看蠹柳,断冰残雪未全消。"故系之。

作《次韵代老马留别师召三人》。按:诗题中"代"当指代州,据《嘉庆一统志》卷一百五十二《代州》载,代州,春秋时为晋地,战国属赵,置雁门郡。秦汉因之,隋开皇五年改为代州。明洪武三年改为代县,八年复曰代州,属太原府。代地自古出产良马。此诗末句:"塞上只今谁得失,此翁心事已全该。"以马拟人,出新而有力度。

作《送陈监丞之南都》。诗曰:"路歧心事每相怜,马首看春又一年。"故系之。

作《次韵胡宪副廷慎彭城夜话之作》。诗曰:"清尊落日无穷恨,人是阳关第几声。"此诗可与王维《渭城曲》"渭城朝雨浥轻尘,客舍青青柳色新"相参看。

作《次韵答陈玉汝吉士兼送李士常吉士伯兄士仪》。诗云:"东西咫尺禁城连,芳草怀人又一天。春梦不随流水远,晓风恨翻落花颠。"故系之。

作《次韵寄戆庵章先生》。诗曰:"勋名汗竹千年事,富贵黄粱一梦春。"故系之。

作《次林一中佥宪见寄韵》。诗云:"别久真疑梦,愁深畏及思。"按:谢氏《福建按察佥事林君墓志铭》称,林一中成化三年拜刑部主事,不久,转员外郎,后又外任福建按察佥事。因其在按察期间刚正不阿,得罪朝中权贵,"竟坐是十年不调,知君者皆为之不平,君惟尽职弗顾"。可知林一中此时应任职于福建,两人离多见少。

作《次韵答郭筠心》。诗云:"束刍空谷远,芳草白云多。"故系之于春。

夏

作《送张存简宪副》。诗云:"邦人正渴随车雨,骢马休辞触热行。"按:"甘雨随车"之典可参看成化十四年《九斗坛》诗。

作《送袁德徵进士知潜山县》。诗注曰:"德徵布衣时,尝陈国家大计。"按,明何乔新《椒丘文集》卷十一《送袁佥宪赴任序》称:"及予典宪汴台,有自京师至者,示予太学生袁庆祥奏章。首论国家经费当量入为出,次言在廷大臣孰可任孰可去,末言内外百司之弊,条列数千言,其气浩然,见于文字间……人有识之曰:此雩都贡士袁德徵。"可与谢序相应。其中式后,授潜山县令,知此诗去其登科不久。后迁按察司佥事,以政令严明见称。是以诗有曰:"铜墨宠余韦布在,江湖忧与庙廊长。"深致激赏之旨。

作《次韵宾之游海印寺》。诗曰："天台雁荡平生兴,却怪年来总未能。"在纪游之时,亦有怀乡之思。

作《儿舐疮》。诗注曰："苏人徐美德以童子舐母左臁疮,疮愈,人称其孝,予嘉之,为作《儿舐疮》。"诗曰："儿心在母,儿不知,於嗟乎!下有厚土,上有穹苍。"显在激扬孝义。

秋

作《送顾天锡谪官永州同知》。按,李东阳《怀麓堂集》卷十二有《与顾天锡夜话和留别韵》,自注:"时天锡谪永州府同知。"当与谢诗同时。顾天锡与李东阳交游二十多年,其生平事迹不详。此诗又作《送顾天锡序》,对其身陷冤狱深致不平。诗曰:"暑风吹雨作秋期,匹马郊南此别离。夷险路头初入地,炎凉天气未分时。"故系于夏秋之交。

作《次韵答傅曰川观莲之作》。诗曰:"乱愁秋比剑锋攒,几度逢花不耐看。"故系之于秋。诗序曰:"时予有丧弟之戚。"故诗曰:"珍重好怀留客易,强凭笑口向人难。"

作《沧江别墅为赵主事作》。诗云:"邺架图书应万卷,平泉花木动千章。"按:"邺架"典出韩愈《送诸葛觉往随州读书》诗:"邺侯家多书,插架三万轴。"自盛誉其博藏。

作《次柳邦用通判苦雨韵》(二首)。其一曰:"急雨悲蛩彻夜秋,客怀零乱水东流。"故系之于秋。又"颠崖极目伤心地,辛苦春深忆买牛",可与成化七年作《苦雨叹》《苦雨柬黄吏部世显》《僦屋叹二十韵》诸诗参读,尤以中诗"白头父老泣相语,典尽春衣错买牛"句,适成应对。

作《何世光侍御山水图》。此为题画诗。诗曰:"天姥山高倚天起,势轧东南万山圮。"可见画图笔势不凡。

作《月食次韵答宾之》。诗曰:"欲向嫦娥问消息,不知谁有上天梯。"宪宗宠信万安、方士,不理政务,遂致君臣壅隔。此句当有讽喻君上之意。

作《次韵题三顾草庐图》。诗曰:"莫向中原说两雄,真从莘野到隆中。"按:"真"疑作"直",作"只、且"之意。"莘野"典出《孟子·万章上》:"伊尹耕于有莘之野,而乐尧舜之道焉。"殆此指隐耕的诸葛亮。诗又曰:"若教巾帼能挑战,并作曹家灭晋功。"则指诸葛亮教兵士挑女装骂阵司马懿一事。

作《次韵晋王出猎图》。按:诗题中"晋王"疑指晋武帝司马炎(236—290)。

其父司马昭死,嗣晋王,后废魏自立,都洛阳。先此蜀已灭,遂南下征吴,最终统一全国。诗曰:"几见车攻出乘黄,盛周风采尽岐阳。"按:《国语·晋语八》曰:"昔成王盟诸侯于岐阳。"故知是句谓有晋一世,王道败丧之迹已明。诗又曰:"流连岂独河东晋,汉道西来此意荒。"则似有讥世之意。

作《病中送王世英养亲南还》。按,程敏政《篁墩文集》卷二十二《恩养堂八咏送王世英员外南还序》称:"户部员外郎王君世英家于闽,有父年八十,在堂无他子,而闽又去京师最远,音问孔艰,乃以情上,得如令,拜恩而南。"正指此事。王世英事迹不详。谢诗曰:"可堪卧病逢秋日,又是病筵送客初。"故系之于秋。

作《题邵孝子传》。诗曰:"孝道尽从今日劝,忠臣还问此中求。"宣扬孝义之旨甚明。

冬

作《用前韵奉酬时雍》。诗曰:"门柝夜深风正急,地炉春近火初炎。"故系之于冬。

作《送柳邦用通判之广平》。诗曰:"广平亦是王畿郡,留取甘棠慰我民。"故系之。

作《送董德和之官江都》。诗曰:"晚冬风日雪初收,匹马冲寒亦壮游。"故系之。

作《次韵杨维立编修与兄维贞侍御侍班述怀之作》。诗曰:"禁鼓初严晓促班,佩声遥在殿中间。……官曹旧接鸣珂里,几听前呵拥马还。"再现了官员早朝的整个过程。

作《程司马挽词》。诗曰:"还知一代勋名地,多在殷勤教子年。"颂扬之外,尚有深意。

作《谒高祖孝子府君墓》。诗曰:"德应惟孝则,心岂觊天知。五世宗非远,千年泽在兹。"可知谢氏以诗礼传家,孝为德首,颇为自豪。

作《过唐岭有感》。诗曰:"十载离怀此重过,白云青竹醉中歌。"下有旁注:"成化庚寅,王城叔父饯铎北行,至此有'回头青竹下,便是白云乡'句。"可参看谢氏成化六年《次韵十五叔父送别》"白云天姥岭,青竹谢家园"句。谢氏成化二十年作《谒十五叔父墓祭文》仍殷殷语及昔日约定:"昔与公别唐岭之阳,公曰:'遄哉,子壮我强,我困而归,子行而达,孰敢怨尤?荣华外物,我赠子言,我亦有诗,白头林下,与子相期。'"诗又曰:"树末深秋先落叶,水当平地亦生波。尘埃倦眼今如此,莫怪逢人感慨多。"自是百感交集,非言所尽。

作《东庄》。诗曰:"振衣冈上风初回,折桂桥边水亦香。"前句源自左思《咏史诗》"振衣千仞冈,濯足万里流。"与此诗适意通脱相应。

作《万卷堂次韵》。诗曰:"一自宣尼删述后,六经之外已无他。"表明谢氏崇圣宗经之立场。

作《补寿憩庵李老先生次韵一首》。按,憩庵为李东阳父字号。倪岳《青溪漫稿》卷十八《寿憩庵李先生诗序》称:"成化丙午(二十二年)十二月二十有九日封翰林编修憩庵李先生寿届七十。维时其子宾之适以侍讲学士满三载。"由此可知,此诗作于是年十二月二十九日。谢诗曰:"寿域星高映璧虚,欢声春动郭西闻。"故系之。

成化十六年庚子(1480)　四十六岁

是年,四川越南卫一日地震七次,数日后又连震。

是年铎五月前仍在翰林院任侍讲,五月以家艰离职回乡。黄绾《行状》:"庚子,丁外艰,再罹内艰。"李东阳《神道碑》:"戊戌,以家艰去,既免丧,谢病居数年。"王廷相《墓志铭》:"接丁内外艰,饮水、倚庐、祥禫,一如古礼终制。"谢铎《谢病疏》:"成化十六年四月十六日,丁父谢某忧,钦蒙照例还家守制。本年六月二十二日奔丧至杭州府地面,又闻母高氏病故,照给勘合内事理具告本县。"又《朝阳阁书目序》《游雁山诗序》《乞致仕疏》《再乞致仕疏》均言"成化十六年"。按:内艰,丧母;外艰,丧父。本年铎父母相继亡故,奔丧回家守制,然李东阳《神道碑》与黄绾《行状》及谢铎《谢病疏》等文所述时间有异,必有一误,今以黄绾《行状》及谢铎《谢病疏》等文中自述为准。

春

作《古直鱼瓶为物所坏用西涯韵以慰之》。诗曰:"笑语固应天不乏,更留清兴与诗人。"物损败兴,诗笑解之;聊作慰藉,又不失风雅。且诗有曰:"梦中光景泡中春,平地风波有涸鳞。"故系之于春。

作《古直复置一鱼瓶用前韵戏柬一首》。诗曰:"又是东风一度春,即看深浪起枯鳞。"故系之。

作《清明谒陵次杨学士维新韵》(六首)。可参去年所作《陵祀次李侍讲赠行韵》(三首),详其系因。由诗题可系为是年清明。

作《三月见梅傅曰川席上限韵》。诗曰:"绿桃青杏春将暮,翠羽金尊月未斜。"故系之暮春。

作《题原博所藏魏范二公祭虞提刑遗文》。诗曰:"落日穷猿万木愁,沧江无复水西流";"沧江亭馆旧清风,尚忆贤豪向此中。"景语衰飒,情语恸深。

作《次祈雨斋宿韵》。按:《明会要》卷八《礼三》:"明初,凡水旱灾伤及非常变异,或躬祷,或露告于宫中,或于奉天殿陛,或遣官祭告郊庙陵寝及社稷山川,无常仪。"又记成化六年二月丁丑,祷雨于郊坛;成化八年四月,旱,遣使祷于郊社、山、川、淮渎、东海之神。知当年亦仿其例,祈禳旱情。如诗言:"斋祷只闻帝命临,夜堂三对月西沉。洗兵欲挽银河水,忧旱先劳赤土心。"当知旱势颇重。

作《次韵刘时雍席上联句四首》。其二曰:"黑发青灯二十年,春风长忆夜床连。"其三曰:"花应好事催人老,春似多情念客留。"故系之。

作《补贺李士常迁居一首次西涯韵》。诗曰:"清梦有时还紫塞,碧山无地着银鱼。"按:"紫塞"典出晋崔豹《古今注·上·都邑》。其曰:"秦筑长城,土色皆紫,汉塞亦然,故称紫塞焉。""银鱼"为五品官员以上所戴佩饰,可为出入宫禁的符信,其制始于唐。

作《次游西湖联句诗》。诗曰:"禁城春漏夜无多,心忆西湖水上波。"当知此"西湖"乃京师一湖名,非杭州西湖。亦由上系之于春。

作《哭彭敷五》《哭张亨父》。前诗曰:"江流百折平生恨,自断寒云宿草荒。"后诗曰:"白头江海双垂泪,欲向苍天一问之。"几于同时连殒两友,百身何赎,其恸如之!按:谢氏《再乞致仕疏》曰:"成化十六年五月内,以丁忧还家。"《谢病疏》曰:"成化十六年四月十六日,丁父谢某忧,钦蒙照例还家守制。本年六月二十二日奔丧至杭州府地面,又闻母高氏病故,照给勘合内事理具告本县。至成化十八年闰八月初一日,例该服满起复。"《先妣练祭祀文》曰:"铎不孝,去年夏四月十六日,得先府君哀讣于都下,颠陨摧裂,欲死者数矣。羁于公例,不得辄行。至五月十三日乃始得请,遂冒炎暑,尽昼夜之力以奔赴,乃六月二十一日始至于杭,而先妣之讣复至。"可知谢氏于是年四月十六日获悉讣告,五月十三日得请离京,六月二十日左右至杭州府。又《与同年罗洗马明仲诸公》曰:"铎扶伏远归,荐罹荼毒;摧裂颠陨,几不克生……痛苦中复闻敷五、亨父二兄相继殪瘁,曷胜于邑。"可知彭、张二人讣闻传来在六月二十一日谢氏再次接到母亲的死讯之后。是信有："子张之哭,千里无从,聊因便奉谢,并申此意。"与《哭彭敷五》诗中"九原竟尔伤皇甫,千里何因哭子张"相印证。且《与李侍讲宾之》中曰："铎忍死仅克襄事,而荼毒颠陨之余,百念废阻……敷五、亨父后先殄瘁,何可胜悼!二公者,要皆天地间有数人物。"适与《哭张亨父》中"百年礼乐将兴日,一代风骚更属谁"相印证。故两诗系于是年六月下旬。

文

二月作《通政经历徐君赠行诗序》。序曰："成化庚子春二月,天官卿以吏比奏补中外官,乃取太学诸生与诸进士,比诸途进者,短而参用之。……兹行也,尚美实相率为诗以赠,而属予为之序。"故系之。

三月作《平园处士章公墓表》。表曰："公生洪武辛未,以成化庚子三月六日卒于正寝,享年九十。"故系之。

六月作《与同年罗洗马明仲诸公》《与李侍讲宾之》。系因可参见《哭彭敷五》《哭张亨父》。另按：李东阳《怀麓堂稿·北上录序》曰："(是年)予与洗马罗君明仲校文南都,既闻命,登舟兼程以往……校阅既毕,始为一章,贻我同志,公卿大夫士在南都者,廷访燕会,或登名山,历胜地,辄有诗。"可知谢铎与李东阳诗文皆为李东阳主应天府乡试时作。

十一月作《都御史夏公墓志铭》。铭曰："成化己亥秋九月,都察院右副都御史天台夏公卒于家。……公没之明年冬十一月……不远数百里遣其从弟韬以状来速铭。"故系之。

作《朝阳阁书目序》。序曰："越十有二年庚子,先人弃诸孤,铎归自官。"故作不得早于是年。

成化十七年辛丑(1481)　四十七岁

是年,南京、凤阳、庐州、淮安、扬州、和州、兖州和河南州县同日地震。直隶遵化县、永平府、辽东宁远卫亦震。

铎是年丁忧在家。

文

作《先府君练祭祀文》。文曰："去年春三月,始奉来书,俾作归计,方具疏上请,仓皇治行,而讣音忽至。"故系之。另按：《仪礼·士虞礼》："期而小祥。"注："小祥,祭名。祥,吉也。"《周礼·春官·大祝》："付(祔)祥练。"小祥即父母丧后一年之祭,祭时着衣称练,小祥祭亦称练祭。两者均明系于是年。

作《处士鲁公崇吉墓碣铭》。铭曰："卒之日,赋《全归词》以自见,实成化辛丑春三月十有七日……予又尝从府尹公识公诗而友其子,诚宜不得辞也,乃按状为铭其墓上之碣铭。"故系之。

成化十八年壬寅(1482)　四十八岁

万安知宪宗听尚铭言,上章言东厂法制完善,西厂事出权宜,应罢。宪宗从之,罢西厂。是年,卫河、漳河、滹沱河溢;运粮河自清平(在今山东临清东南)至天津间决口八十六处。河南淫雨三月,漂损房屋三十一万余间,淹死一万一千八百余人。

铎仍丁忧在家。

长子兴仁死,年二十二岁。《亡妻封孺人陈氏墓志铭》曰："(兴仁)乃死,实成化壬寅冬十一月有四日。"

至本年闰八月初一铎丧期满,例该起复,然铎谢病家居。与叔谢省扩建会偬庵,执教其中。《明史》本传："服除,以亲不逮养,遂不起。"黄绾《行状》："壬寅终制,谓人曰:'初心美禄为亲,今无及矣,苟仕非义也。'遂以疾闻。"王廷相《墓志铭》："时侍逸老登眺方岩、雁荡之上,怡神自足,弹冠之念泊如也。"《嘉靖太平县志》卷四《书院》："方岩书院:在县西北三十里方岩山北,国朝封翰林编修谢世衍与弟宝庆守省所建,文肃公铎在告,邑之俊秀多从之游。李文正公东阳有记。"谢铎《谢病疏》："至成化十八年闰八月初一日,例该服满起复。缘臣居丧以来,心神耗乱,气血摧毁,几不能生。去年四月内忽感伤寒等疾,困苦缠绵,至今未获平复。"(按:方岩书院正式建成命名在弘治二年。方岩书院的前身是会偬庵,《嘉靖太平县志·书院》和《宗谱·谢铎简传》概而言之,阅者当慎察焉。)

黄孔昭升迁吏部右通政。《明史·黄孔昭传》："为郎中满九载,始擢右通政。"

秋

八月作《感伤四首》。诗附注曰："成化十八年闰八月。"故系于此。

作《闰月初九夜祀先斋宿有感寄柬李西涯》《陪祀斋宿用前韵奉答太守叔父》。按:谢氏《先府君再忌祝文》曰："古礼再期为大祥。铎不孝,往縻于官,闻讳特晚,未敢服以荐祥事,而诸弟服制有期,亦不敢越。谨以清酌庶羞之奠,用申虔告,感时追远,岂胜哀痛之至!"又《礼记·间传》:"父母之丧,……期而小祥,……又期而大祥。"故大祥为亲丧两周年除灵之祭。谢氏《谢病疏》曰:"至成化十八年闰八月初一日,例该服满起复。缘臣居丧以来,心神耗乱,气血摧毁,几不能生。去年四月内忽感伤寒等疾,困苦缠绵,至今未获平复。"《桃溪谢氏宗谱·谢铎简传》曰:"丧期满,几催谢病不出,与叔省扩建方岩书院,执教其中,并与乡友研文吟诗,游雁荡、天台等地。"故知上述两首为服除之作,且自此后谢铎栖隐乡野数年,直至弘治元年,方以史事再度赴京。

作《雨中次黄汝彝韵》。按,黄汝,黄岩人,后为休宁训导。程敏政《篁墩文集》卷七十七有《送黄岩黄汝赴休宁训导》诗,由序题可知,余事不详。此诗曰:"雨声彻夜将辞晓,花意逢秋不及春。"故系之于秋。

作《再次深字韵奉怀四叔父》。诗曰:"一望秋山百感深,乱愁争与老相侵。"故系之于秋。又诗末四句曰:"往事凄凉真昨梦,微官顾籍亦何心。曾知二十年来约,白首相看得自今。"可知谢省提前致仕和谢铎称疾不出大有关联。

作《有感诸叔父盛筵奉谢一首》。诗曰:"虚劳别馔铜盘意,无复高歌彩服年。"按:"铜盘"典出《北齐书·杨传》。"彩服"亦即"斑衣戏彩",详见前述。二典并用,均悼惜尊亲遐逝,无处寄风树之悲。

作《太平道中》。诗曰:"十载重来感慨频,西风吹鬓欲成银。"按:谢氏为浙江台州府太平县人,此诗当为归乡之初所作。诗末曰:"儿童不识青袍在,争看中朝老侍臣。"颇有贺知章《回乡偶书》之慨。

作《晓发泉溪望迁江一首》。诗曰:"夜泊溪头水浅清,岸花汀草杂秋声。"故系之于秋。

作《归自迁江得朝报有怀四叔父》。诗曰:"夕阳影里千山暮,黄叶声中两岸秋。朝报忽惊天上雁,野情多愧水边鸥。"故系之。

作《喜陈儒珍至次四叔父韵》《四叔父与儒珍约登方岩联句次韵奉柬》。后诗曰:"相期三载及秋天,卧病犹烦出辋川。……醉把茱萸俱健在,登高休复是虚传。"是可系为重阳九月九日,前诗则先此不久而作。

作《谒高祖孝子府君墓》。

作《至旧邑有感》。诗曰:"绕郭人家半出村,望中烟火隔秋云。"故系之秋。

冬

作《哭子次韵》。诗曰:"哀苦茕茕只自矜,枕苦血泪几交横。"按:《亡妻封孺人陈氏墓志铭》曰:"既终丧,而兴仁死矣,年二十有二。……实成化壬寅冬十一月有四日也。"故系之。

作《李宾之新买林司寇宅因游慈恩寺诗见报哭子之余次韵奉答》。诗曰:

"摊书重滴伤心泪,阅世空惊过眼花。"可知亲、子同丧使之恸难自禁。

作《题墨菊》。诗云:"寒花也识归来意,不向西风赛晚红。"意老情颓,不胜紫索。

作《岁除前五日夜坐偶成》《不寝》。前诗曰:"百恨未消愁欲死,一灯无寐夜方晨。"后诗曰:"冻雪萧萧月在楼,乱鸡声里拥衾裯。"可相互参看。由诗题知前诗作于是年十二月二十五日,后诗稍后。

文

四月作《永嘉文信公新祠碑》。记曰:"成化壬寅夏四月,宋丞相文信公新祠成。……因书之,且遗之词,俾歌以祀公。"故系之。

作《先府君再忌祝文》。文曰:"古礼再期是为大祥。"大祥为亲丧两周年之祭,又知谢氏是年八月初一服除,故系之于八月间。亦可参《闰月初九夜祀先斋宿有感寄柬李西涯》《陪祀斋宿用前韵奉答太守叔父》两诗之系因。

作《复王允达》。文曰:"仆脱哀之余,百念废沮,寻亦为谢病计,谅秋尽可得遂。"故知此文作于上《谢病疏》之前。

作《复章德懋》。《复王允达》文有"但未知何日得相从金华山水之间,以一拜诸老遗风于千数百年之下,执事其有以许我乎"与本文"虽以荼毒病废之故,而向往之私终不能不缺然也。金华山水恒在梦寐,未知何日得相从一拜诸老遗风,以洗胸中之陋,执事其终许我乎",踵武之迹甚明,故当系于一时。

八月作《谢病疏》。疏曰:"至成化十八年闰八月初一日,例该服满起复。缘臣居丧以来,心神耗乱,气血摧毁,几不能生。……令义男某赴京告缴,谨具奏闻。"故系之。

作《答陈士贤廉宪》。文曰:"日者舟次江浒,衰服不敢入谒。"故知为服丧期间事。又"小儿兴仁来专此奉,谂谅有以教我者。"谢兴仁于是年十一月四日病故,此时尚存,尤可证其为八月初一服除前之作。

作《亡妻封孺人陈氏墓志铭》。铭曰:"(兴仁)乃死,实成化壬寅冬十一月有四日,距孺人之死盖十有二年……先是孺人之墓未有铭。予不佞,终不敢以谩作者,乃哭而铭,而并以系之。"故系于是年十一月间。

作《答黄文选世显》。文曰:"矧是处逆以来,儿女愿乖,竟成画饼,所遭之薄,有如此者。"亦据上《亡妻封孺人陈氏墓志铭》:"乃以其(兴仁)死逾月某日,与其妹贞同祔葬于孺人之墓。"可知"儿女愿乖,竟成画饼",即幼女谢贞的早夭、长子兴仁的早逝。故是信至早不过于十一月谢兴仁亡故之日。

作《明处士孔公墓志铭》。文曰："公讳朴,字士淳……成化辛卯闰九月八日以疾卒于家。距其生永乐乙未三月四日,得年五十有七。……公即徐都以葬,曰大坟山之原,实成化壬寅□□六日也。"故系于此。文见《桃溪类稿》卷三十三。

成化十九年癸卯(1483)　四十九岁

七月,鞑靼小王子攻大同,守将许宁兵败。命朱永率京军往御。八月,小王子转攻宣府,与明军数战,朱永兵至,乃退。

铎仍谢病家居,兼执教会缌庵。黄绾《行状》："明年癸卯,吏部趣起复,坚以疾谢,槛门读书,暇则侍逸老登眺方岩、雁荡之上,仕进之念泊如也。"

春

作《独坐》。诗注曰："成化十九年。"又诗有云："眼见春光落尽梅,小楼终日坐徘徊。"故系于是年暮春。

作《访陈墅南墓归有述》。诗有云："百年歧路今如此,林下休言便得闲。"言貌为苦,实则多趣。

作《次韵四叔父春夜听雨之作》《再次四叔父春夜听雨韵》。前诗有云："壮心黯淡通宵在,春事凄凉一半过。"后诗曰："奈此楼头岁月何,入楼春色已无多。"心境颓唐,见诸笔端。

作《次韵奉酬四叔父南楼有怀之作》。由诗云"公私地切蛙声急,梁栋心高燕子忙",可知作于春、夏之交。

作《绝句四首》。其三曰："去年望春来,今年惜春去。来去春不知,含愁自相语。"故系之春末。

作《次惜花韵四首》。其一曰："去年为谁落,今年为谁开？问花花不语,自与春去来。"故系之。

作《次韵题兔》《观治》。前诗曰："月白久已虚,问谁知药性？"后诗曰："洪钧柄在谁推握,小补真应陋下风。"皆随缘自化,任趣自然。

作《梅坡二首悼叔祖盛五府君》。其二曰："坐老坡头几岁寒,春光长是惜摧残。"故系之于春。

作《醉后》《醉倒》。前诗"醉后半欲死,愁来翻畏醒",后诗曰"醒来谁复活,醉倒亦何妨",皆是醉酒沉酣、遗世避讥之语。

作《次韵题梅二首》。其一曰："是谁脂粉相访得,天地客吾着此清。"颇有自喻之意。

作《次韵题扇上竹》。诗曰："当时富贵几埃尘,此君风致还湘汉。"题旨与上同。

作《云峰观稼》。诗曰："国屡丰登愿,民深稼穑艰。重城春未锁,五马莫知还。"悯农忧上之意可见。

作《次韵答李宾之侍讲萧文明给事李士常御史潘时用布衣》。由诗句"远别悠悠共此心,夕阳芳草暮江浔","春灯寂寂暮窗孤,独对空庭一事无",故系之于春。

作《晒书》。诗云："万卷歌夸谁蓄积,千金不慕此赢余。"展示其病休间的乐书生涯。

作《次韵题五湖图》。诗曰："楼船东望隔三神,大药根深别有春。"与时俱化,根深宁极,颇为通脱。

作《葵花》。诗曰："阳德无私照,葵花每自倾。莫敬旁近地,蔓草一时生。"此诗可与杜甫《自京赴奉先县咏怀五百字》"葵藿倾太阳,物性固难夺"相对读,谢氏尊王之心亦可见。

作《太守叔父以墓地赠郭筠心筠心酬以诗因次其韵》(二首)。诗一首曰:"还知世讲交游地,不见兹山只在心。"足见谢氏叔侄与郭谊挚情浓。

夏

作《送陈允时以医北上兼柬其兄山海驿宰》。诗云："炎埃随路满,少壮此心轻。道暍谁流涕,官期只问程。"故系之于夏。北路迢递,旷日淹久,故又曰:"地切京华日,云连山海秋。"

作《六月十九日风雨不竟作喜而有述》。诗云："蛟龙入夜争为暴,雷电中天忽霁威。"显为夏日雷暴天气,亦应诗题,故系于是年六月十九日。

作《六月二十八日晚得黄通政世显王主事存敬书感而有述》。按,诗曰:"落日未能辞夏暑,乱蛩先已动秋吟。"按诗题系于夏末六月二十八日。另按:谢氏《复黄通政世显》曰:"春初戴允通太学去,曾附小柬暨哭子诸近作,鄙怀之恶可见也。入夏两拜来札,慰论良厚,且谓我亟来,不则明法具在,当复云云也。"《与古直存敬》云:"仆丧子以来,心神耗乱,不能再奉问,戴潜勉所附诸拙作,可见矣。"均可资印证。又可知谢氏脱丧服后,虽上《谢病疏》,亦不免台谏参劾。又《复黄世显》曰:"实以此心有所未安,而多病随之耳。"二十一年作《复黄政通世显》云："若乃仆之迟迟不能如所汲引者,实坐病懒,非敢别有所自异以妄意焉者。查勘到日,有司盖能具实以复,然终始成全,俾不大戾于法,非执事与一二知己不可也。"谢氏自多辩解,又有黄世显等人襄助,始能夷然休养。

作《期筠心不至》。诗曰："此生真昨梦,随意且衔杯。"展现其栖隐的澹然心境。

作《秋夜》《赠别进士黄汝修》。前诗曰："酷烈几曾禁夏伏,悲凄宁复怨秋庚。"后诗曰："病久杜陵知别苦,愁多宋玉怯秋深。"故系之。

作《苦雨》。诗曰："山中爽气初销伏,天上骄阳已化霖。"可与《秋夜》"酷烈几曾禁夏伏,悲凄宁复怨秋庚"相符应。按:《艺文类聚》卷五"岁时下·伏"称,农历夏至后第三个庚日起为初伏,第四庚日起为中伏,立秋后第一庚日起为末伏,故《秋夜》中"秋庚"当指末伏,亦与《苦夜》中"销伏"相当。又立秋在阳历八月八日、九日,故知两诗作于此后不久。

作《梦觉》《登楼》《古井》。按:谢氏《与黄汝修》云:"拙律一首,聊致折柳之意,《梦觉》《登楼》二近作,并塞空纸,或者椿翁见之,当笑其迂僻故态有若是者,吾自笑狂夫老更狂,吾于此亦不敢不自谓矣。"又《古井》有曰"照面不照心,愧我衰配容",适与《登楼》"百年光景此登楼,一笑归来已白头"相符应,故皆系于一时。

作《虫声》《清夜》。前诗"虫声夜何长,展转寐不彻"与后诗"鸣虫乱入耳,惕然伤我心"应之若响,故系于同时;又后诗曰"悲风忽何来,哀哀夜南翔","中夜梦初觉,坐觉秋意深",皆可证系之于秋。

作《秋园》《独酌》。前诗曰:"秋园日芜秽,理之不可得。幸有东篱花,见此古颜色。"可见谢氏栖隐风情,托古自高;后诗曰"青山悄无言,独酌心自会",又见其孑然出世之志。

作《决渠》。诗曰:"微雨忽来过,生意满秋篱。"故系之于秋。

作《雨声夜何长》。诗曰:"忧来不能寐,卧听空阶雨。"可知谢氏幽栖却不避世。"平生廊庙心,且复念田里",自见其一贯的亲民态度。

作《秋姜赠陈敬所郭筠心》。诗曰:"晓从新圃掇秋姜,三径依稀与菊荒。"故系之。

冬

作《次韵四叔父哭子诗一首》。按:谢氏有《从弟声墓志铭》。铭曰:"声字鸣鹤,今致仕中宪大夫宝庆讳某之子,赠南京兵部员外郎……又二年,竟以是不起,三十有七,成化癸卯冬十月某日也。"故此诗系于是年十月间。

作《筠心与太守叔父招登山先此奉柬》。诗曰:"登山可是平生兴,不怕峰头百尺寒。"可知岁寒转深。

作《得戴师文书有感》。诗曰:"闭门悄无事,冻雨三日余。"显为严冬之季候。诗又曰:"江湖当廊庙,忧端实在兹。君看塞上马,得失谁是非。"自知谢氏身悬江海、心寄魏阙的心志。

作《除夕小尽立春有感》诗曰:"四十九年真昨梦,壮心刚说未成灰。"故系之于是年除夕。

文

作《重修临海县学碑》。文曰:"成化辛丑秋八月,临海方侯进重修临海学。越二年,癸卯春三月学成。……其学之徒包生祥来谓予曰……予为谢不佞不可得,则从。"故系之于是年三月。文见于《桃溪类稿》卷二十九。

作《复黄通政世显》("春初戴允通太学去")《与古直存敬》("林克冲来")《答林克冲给事》("程令甥来")。系因可详《六月二十八晚得黄通政世显王主事存敬书感而有述》诗。故系于六月二十八日后。

作《从弟声墓志铭》。系因参见诗《次韵四叔父哭子诗一首》。可系于是年十月间。

作《与黄汝修》。系因可详参《梦觉》《登楼》诗,故系之于秋。

作《族祖盛三十四府君墓志铭》。铭曰:"府君讳九畴,字性范,姓谢氏,以成化甲午二月十三日卒于家……府君既卒之十年,为成化癸卯冬十二月某日,仲氏存睦公与其子岳慎,葬府君方山祖茔之侧,而虚其左以俟,曰:'吾兄弟生同志,死同穴,义也。'铎闻之曰:是不可以不铭。"故系于是年十二月。

作《侍郎章公墓志铭》。铭曰:"成化癸卯春三月甲寅,南京礼部左侍郎乐清章公以疾卒于家……公之子南京礼科给事中玄应,将以是岁冬十二月甲申,葬公横屿山之原,状公行来速铭。"故知是铭,至早作于三月甲寅后,而不得晚于是年十二月甲申。

成化二十年甲辰(1484)　五十岁

太监尚铭领东厂,既倾汪直,权势更盛,闻京师有富室,每借故罗织,得重贿始止,被宪宗发觉,贬充南京净军。以太监陈准督东厂。准为人谨厚,都人稍安。是年，京师、永平等府和宣府、大同、辽东同日地震。陕西、山西旱饥，人相食。学者胡居仁（1434—1484）死。居仁字叔心，号敬斋，余干（今属江西）人，著有《居业录》。

春

作《次韵太守叔父立春有感之作》。此诗与《除夕小尽立春有感》相去不远，却有隔年之别。诗有云："乾坤俯仰初心在，惭愧浮生五十年。"故系于是年。

作《斋夜有怀宾之学士诸公》。据《明会要》卷七《礼二》载，是年宪宗于正月庚寅于南郊大祀天地，故"斋夜"一词此指。此诗曰："清狂却忆当年在，斋阁诗情几不禁。"自为眷忆之谈。

作《从太守叔父谒墓听诸少读书感而有述》。诗曰："芳草有情怜我老，落花随意觉春深。"故系之。

作《闻蛙》。诗曰："春水鸣蛙处处通，野田村巷路西东。"故系之。又诗曰："莫教强聒终宵在，正尔蘧蘧蝶梦中。"反用庄周化蝶之典，而有讥评世事之意。

作《三月十八日夜，梦寐中得四韵。忽风雨惊觉，而忘其三。因属之三句，四句盖梦中语也》。诗曰："心事已从春惨淡，梦魂空与夜迟回。"可见其暮春凄怀，由诗题故系于三月十八日夜。

夏

作《春去》。诗曰："春去不知流水在，雨深空恨落花多。"可系之于春、夏之交。又诗曰："庙廊江海今谁是，岁月乾坤可奈何。"有年荒志渺之慨。

作《次韵太守叔父写怀一首》《张公实少参来过夜话一首》《题便面小景示宗勋》。前诗曰"直以是非看世劫，敢于毫末望丘山"；中诗曰"萧疏酷爱诗囊在，一味寒酸直至今"；后诗曰"见说近来风浪急，莫须浮海学乘桴"。可见，栖隐生活中，谢氏仍志自存。

作《陈墅南索醋因以奉柬》《蓄猫叹》。前诗曰："殷勤莫更逢人说，世味于今只好咸。"后诗曰："朝蓄猫，暮蓄猫，蓄猫心甚劳。"有讽世意。

作《次韵喜晴》《此心次韵》。前诗曰："独醒莫问今谁是，斗酒吾能与妇谋。"后诗曰："今古几因还几革，乾坤谁始复谁终。"可知谢氏在进退出处之间徘徊。

作《次太守叔父韵答黄通政世显》。沉湎诗酒成为谢氏销愁方式，故曰："闲来且放诗为祟，愁剧还知酒策勋。"作《次太守叔父惜花韵》。诗曰："雨后残花半脱枝,暖风无力不胜吹。"怡然而欢慼。

作《锄园》《次韵忆陈儒珍敬所》《百感》。按:谢氏《复黄世显》曰:"君子固当预以义处,必不得已而付之命焉,况公道未亡,人心不死,则亦焉能如之何焉?……今云尔则予夺进退之机在彼,仆亦岂敢必自是以取好高之名哉?"可知入世仍为谢氏主导思想。前诗曰:"休问天,锄园且复终吾年。"中诗曰:"有知何似无知好,饱食终日过此生。"则为百病缠萦、志不获骋的反讽之语。

作《次韵复答敬所》《雨中忆郭筠心先生》。前诗曰:"忆着鲈鱼便拂衣,秋风不待雁南归。"按:此处如前例,引用张翰思乡典事,而非实指时节。后诗曰:"竹边何限相思意,不见筠心踏雨来。"是为闲云野鹤的生活写照。

作《张超然崇茂以二诗来慰丧子间及文章诸说因各次韵以复》。诗曰:"多情一种伤春泪,滴向花前暗不禁。"实为伤逝之辞。

作《次韵老杜雨不绝》。诗注曰:"五月二十七日。"故系于是。

秋

作《读张亨父、彭敷五遗稿有感》。按:张亨父、彭敷五于成化十六年六月下旬卒,可详参《哭彭敷五》《哭张亨父》之系。此诗曰:"三复遗诗酒半醺,乱愁空复鬓毛飨。"似为祭日用诗祭奠两位挚友。

作《次韵答戴允亨》。诗曰:"欲上终南望雨晴,梦中歧路未分明。"按:此句典出沈约《别范安城诗》:"梦中不识路,何以慰相思。"《文选》李善注称:"《韩非子》曰:'六国时,张敏与高惠二人为友,每相思不能得见,敏便于梦中往寻,但行至半道,即迷不知路,遂回,如此者三。'"陈奇猷《韩非子新校注》附录引此作佚文,知其不见今本《韩非子》中。

作《高宏谧来过次韵复》。诗曰:"白头不识红尘梦,看尽秋花只倚栏。"故系之于秋。

作《次韵李宾之题梅二首》《次韵黄世显题梅二绝》。前诗其二曰:"雪里横斜影半疏,清寒真与月同孤。"后诗其一曰:"空山万木冻欲折,天遣江梅别置春。"显为初春之景,疑李、黄春时所作,及至谢处,已历半载有余。

作《次韵王允达山居一首》《再次赏菊韵一首呈四叔父》。前诗曰:"万年谁作生前计,百念真从病后疏。"后诗曰:"独伤采掇非今日,秋满南山恨未涯。"貌闲适而辞实苦。亦由后诗系之于秋。

作《次韵老兔生苍科歌》。诗题注曰:"予甲辰岁得子,太守父作此以贺,未几竟失之。於乎!"按:谢氏子兴仁成化十一月四日卒,疑此诗与之有关。

作《高宏谧以诗相留次韵奉答》《过王静学先生故址》《次韵留别敬所》。诸诗为谢氏乡间交游、游历之作。后诗曰:"莼菜秋风他日念,芭蕉夜雨昔年愁。"可知其亦为栖隐自宽。

作《登白沙冈》《钓台图次韵》《谒外父乐古先生墓》。前诗曰:"白头俯仰乾坤在,一世浮生百世心。"有穷极豁达之致。

作《次韵梅隐歌》。诗曰:"龙卧夜蛰冬,鹤警秋唳空。夜蛰地束户,秋警天鸣风……老梅肮脏冰雪中,显通隐塞将奚从。"显为隆冬雪梅之景。

作《腊月二十日喜雪一首》(注:是冬无霜。)诗曰:"冰至不闻曾薄履,雪深惊见没高舂。"可知雪之纷厚。由诗题系之是年十二月二十日。

作《脚痛谣》。按:谢氏《复李西涯》云:"衰病百态,递年以来,先生或未之知。"可知其夙为衰病所累。诗曰:"吾足不伤复不刖,得失悠悠任渠尔。"表明其自任静观的立场。

文

作《兴仁除服祝文》。文曰:"吾报服再期,宜迁尔主,以祔于祖。"按:谢兴仁成化十八年十一月四日卒,文曰"再期"为服,大祥之丧两年,故系于本年。

成化二十一年乙巳(1485)　五十一岁

吏部侍郎彭华入阁,华与万安、李孜省相勾结。是年,泰安屡地震。巩昌、固原及兰、河、洮、岷四州均地震。遵化县连震,坍屋。廉州、梧州连震十六天,京师亦震两次。

春

作《乙巳元日》。诗曰:"岁月又从今日始,路歧还似向时多。"与诗题照应。故系之是年正月初一。

作《读林贵实奏草》。按:成化朝末季,宪宗宠用万安、梁芳等奸佞之徒,又加干旱、地震等天灾不断,大臣如林贵实有犯颜进谏者,如诗曰:"鸣马几看惊立马,怒龙谁复念批鳞。"

作《叶太守来过期游委山不果奉柬一律》。诗曰:"定知春满笙歌地,竹马儿童夹道迎。"故系之于春。

作《再至黄岩有感》。诗曰:"白头何限伤春意,又是无端一度行。"故系之于春。

作《方山墓门成感而有述》(注:题曰元征士。)按:谢氏《立方山墓碑祝文》曰:"我二世祖万四府君,三世祖福五府君,四世祖道三府君,以及族祖道五、道六府君三代之墓,悉在兹山。"故诗有曰:"怵惕只今犹雨露,英灵终古此乾坤。"是有念祖追远之意。

作《春去》。诗曰:"不知春去随流水,刚怪人生易白头。睡到晓钟犹未夏,老终荒径也宜秋。"故系之暮春。

作《次韵奉谢筠心行冠礼兼示小儿之作》。按:《礼记·冠义》称男子二十行冠礼,并由师长或长辈赐字,且与之平礼相待,以示成人。是处,可知郭筠心为冠礼嘉宾之一。诗曰:"冠礼诗成意转深,教儿三复此沉吟。丁宁岂但严师训,俯仰真如上帝临。"其意甚明。

作《闲吟再借前韵一首》。由题故,系之。

作《小儿婚冠后陈敬所以诗来贺次韵奉答》。按:"婚冠"即婚礼和冠礼。《艺文类聚》卷二十引晋宗躬《孝子传》载:"华宝八岁,义熙中,父从军,语宝曰:'吾还,汝当营婚冠。'"另按谢氏《复时雍刘大参》云:"岁暮春初,顾两辱来教……仆脱哀报服以来,百念废沮,仅一子今将为婚冠。"其诗曰:"不知醉眼看春地,绿遍兰阶第几丛。"可知谢氏小儿兴毅于本年春婚冠。

作《次韵郭筠石雨中有怀》《雨晴赴逸老叔父登山之约》。前诗曰"夕阳流水远,暮雨落花深",与后诗"莫问空林花落未,杖藜须共夕阳还"意旨略近,可知晴雨之去,必不为久。又后诗曰:"自笑病来还爱酒,不妨春尽更登山。"故皆系于暮春。

夏

作《十六夜露坐》。诗曰"露坐无端不爱眠,抚心聊复此千年",与《闲吟再借前韵一首》"独坐终朝百感深,撑书聊复此闲吟"同趣。

作《次韵敬所闲行》《执热追次老杜韵》。前诗曰"敢向明时便乞骸,病来聊复卧空斋",与后诗"羲皇窗在强教卧,太白峰高未可升"同为病隐而非遁世之辞。

作《月夜有怀林一中病起喜而有作》《次韵哭一中》(三首)。按:谢氏《福建按察佥事林君墓志铭》云:"成化乙巳春,予友福建按察佥事林君一中,奔其父主事公之丧来归。未几病且危,危且复安数月矣。至是病复作,遂不起,七月囗日也,於乎,吾一中而止是矣!"前诗曰:"病起久知能勿药,健来还忆重加餐。"是为林一中回光返照之形容,既而讣告获闻,是以后诗有"苦枕归来梦未安,玉楼催召不容宽"之伤友之戚。

作《题草次韵》。诗曰:"若使尧阶能指佞,四凶应不到虞廷。"有喻世之意。

作《次元韵再答黄通政世显》(二首)。其二曰:"世途如梦几时了,秋色向人今夜分。"可知为是年仲秋即八月十五日作。

作《约敬所游圣水》《次韵奉邀番阳先生》《再次韵约郭筠心余秋崖诸公》。由诗题可知谢氏同邀众友赴圣水之游。中诗曰:"剧谈漏尽三更烛,和气春回八月秋。"当为仲秋之后事。

作《章忍庵邀游雁山两美不可兼得因次元韵以复之》。诗曰:"已赴幽期圣水舟,展旗峰外几回头。"因游期冲突,谢氏则放弃前约,由《雁山归,因辍圣水之行,次韵用谢余存敬诸公》之题亦可知。

作《晓发方岩将至雁山再次元韵》(二首)《入雁山》《谢公岭》《天柱峰》《瀑布》《望雁湖再次前韵》《出山再次前韵奉谢逸老叔父》《雁山归因辍圣水之行次韵用谢余存敬诸公》。按:谢公《游雁山诗序》云:"成化庚子,予以忧解官南归。越三年……遂明年……又明年……又明年……"适定为本年。"忍庵章公遣其子玄桢来,邀登雁山,予重违番易之约,未果也……乃从太守先生,偕敬所、筠心、屿南诸公过忍庵所,越宿度谢公岭,临照胆潭,入灵峰洞,过灵岩,观天柱、卓笔、展旗诸峰,至龙鼻水而止。……明日,还过大龙湫,观瀑布,观雁湖绝顶,……又明日,乃归,九月十日也。"由此逆推,可知《谢公岭》之前诗作于九月七日,《谢公岭》《天柱峰》作于九月八日,《雁山归因辍圣水之行次韵用谢余存敬诸公》作于九月十日,余诗作于九月九日。

作《次韵送叶郡守》。诗曰:"足国赋曾裨塞圉,及民功已偏蒿莱。"多激赏之辞。

作《次韵述怀柬黄通政世显》。诗曰:"得之有命已应识,所好从吾安用求。"有安时处顺之意。

作《追次李五峰著作游雁荡二十韵》。诗曰:"霜崖日出翻红叶,玄圃秋深间白菘。"极写秋日登高之致。

作《古剑篇次韵赠高宏谧》。诗曰:"铅刀为铦莫邪钝,临风不敢持赠君。"按《明史》卷一百六十八《刘珝传》载:"九月甲子,(刘)具疏乞休去。时内阁三人:安贪狡,吉阴刻,珝稍优,顾喜谭论,人目为狂躁。珝既仓卒引退,而彭华、尹直相继入内阁,安、吉之党乃益固。"似为讥此。

作《次韵柬廷珍》。诗曰:"白发老添环堵病,青袍心愧画熳餐。"按:"环堵"出陶渊明《五柳先生传》:"环堵萧然,不蔽风日。短褐穿结,箪瓢屡空。"以此见陈彬安贫乐道之志。

作《独惭》(一首)《不图》《休笑》。诸题皆以诗中某词为之,故系之一处。前诗有云:"僧牒官凭殊络绎,边输民食几惊惶。"按:据《明史·李俊传》,成化二十一年正月,左都御史朱英条陈八弊,有曰:"方士献炼服之书,伶人奏曼延之戏,掾吏胥徒叨官禄,俳优僧道亦玷班资……陕西河南、山西赤地千里,尸骸枕藉,流亡日多。"此诗自为忧时之作。

冬

作《鸣谦弟北上赠别》(二首)。其二曰:"望深淮水棹,寒薄潞河冰。"故系之于冬。

作《邸报》。按:汉唐时地方长官京师设邸,邸中传抄诏令奏章等,以报于诸蕃,故称邸报,后世因称朝廷官报为邸报。此诗注曰:"山西长子县民妇牛氏生女,双头相对,手足各四。"诗曰:"人痾今显赫,国计且逡巡。"而视上为灾异,为国步艰难之征。

作《寿逸老叔父八韵》。诗曰:"砥柱方颓浪,桑榆未夕阳。"诗多颂祷。

作《扫尘》。诗曰:"已识扫尘真改岁,更堪烧竹转惊心。"故系之岁末。

文

春

作《复时雍刘大参》。系因可详《小儿婚冠后陈敬所以诗来贺次韵奉答》。

夏

作《复黄通政世显》。文曰:"小儿藉芘,已于前月婚冠矣。"谢兴毅婚冠于季春,先此诗月余,故系之于夏。

九月作《游雁荡山诗序》。系因可详游雁荡诸诗。

作《福建按察佥事林君墓志铭》《祭林一中佥宪文》。系因可详《次韵哭一中》(三首)《月夜有怀林一中病起喜而有作》。

作《建阳县知县项君崇仁墓志铭》。铭曰:"福建建阳知县瑞安项君崇仁既卒之九月,将葬其邑之周湖村,从子德持其友木彝逊状来请铭。……越六年,遂不起,成化乙巳正月五日也,距其生宣德庚戌,得年仅五十有六。"故系之是年十月左右。

作《谒十五叔父墓祭文》。按：据《叙录王城先生诗后》曰："成化七年辛卯秋九月某日，铎叔父王城先生卒于杭。"又《祭文》曰："不副公期，而哭公死。日月几何，十有四年。"合计之系于是年。

成化二十二年丙午(1486)　五十二岁

鞑靼小王子攻扰开原、甘州等地。南京兵部尚书王恕因直言遭忌，罢官。以马文升为南京兵部尚书。是年，汉中、宁羌地裂；宝鸡地裂三日；成都一日地震七八次。

春

正月初一作《新年次敬所除夕韵》。诗曰："洗涤更须今日始，白头容易是新年。"故系之。

作《续梦中诗》《闭门》。前诗"一笑此生聊复尔，卜居休复问灵均"，与后诗"一笑空山只闭门，百年风月此清尊"，踵续之迹较著；又后诗有云："玉河堤畔长安道，醉里春光几梦魂。"故系之于春。

作《谒圣泉先生墓》。按，清朱彝尊《经义考》卷四十五"《易学直指本源》"条下载："《台州府志》：盛象翁，字景则，太平人，由荐辟为汀洲教授，仕终昌国判官，学者称为圣泉先生。"谢铎《太平县学乡贤祠记》称："圣泉先生盛公，名象翁，元延祐中，昌国州判官。"并有铭赞曰："公生宋季，迹闯其藩。……玉峰寿云，师友渊源，究公之学，此其大端。"上述评价与此诗自注"车玉峰先生高第"相应。诗曰："濂溪溪上窗前草，愿起先生一细论。"犹有杜甫《春日忆李白》"何时一樽酒，相与细论文"之旨。

作《出圣水寺有感》。诗曰："脱屣功名谁慷慨，濯缨心事几徘徊。"可知谢氏犹疑仕隐之际。

作《竹兜》。诗曰："相逢莫相笑，鬓发各成丝。"有迟暮之慨。

作《尔酒》。诗曰："伤哉勿复道，天与吾为仇。"谢氏病酒为醒，以沉迷自解。

作《次韵答贾谦益夏德树》。贾谦益不详其人；夏德树台州人，别号赤城。明邵宝《容春堂后集》卷十二《寄夏德树用素翁见寄韵》诗有"赤城别我十年余"句并自注："赤城，德树别号。"谢铎后有《送夏德树举人会试》诗，贾、夏两人此时应为乡中士子身份。诗曰："萍踪何敢问前期，囊锦惊传别后诗。"显为交游奉和之作。

作《次韵余存敬春怀八首》。诸诗"怨春""伤春""感春""芳菲怨""春愁"触目即是,亦资证系于是年春。

作《浮生》。诗曰:"富贵江山春景致,功名杯酒病心情。"故系之。

作《追和杜子美暮春韵》《昼梦追次杜少陵诗》《愁追次老杜韵》。由诗题可系于暮春。

作《留春》《惜春》。由诗题可并联。又后诗曰:"小麦青青大麦黄,荼蘼花谢菜花香。"按:荼蘼为落叶灌木,其春末夏初开花,由之,可系诗于夏。

作《偶读疏广卢坦传因括其语以志感得二首》。其二曰:"亦知货悖匪今日,安得前车戒尽明。"借古喻今之意甚明。

夏

作《次陈敬所再示东小园芍药韵》。诗曰:"东风再报小园花,落尽残红竟莫遮。"故系暮春之际。

作《三十叔约登天竺庵未至短述奉柬》《至天竺庵再次元韵》。由诗题故系联一处。又前诗曰:"唤起空怜早,登高不及秋。"可知诗作于秋前。后诗自注:"景泰三年,尝读书于此。"有故地重游之慨。

作《逸老叔父别后醉不肯寐再得一首》。诗曰:"屹然心事在,直欲到千年。"为识人之语。

作《前车》(三首)《古愤》(三首),皆为史论诗。前诗其二曰"可念七国余,更有新都莽",与谢氏《史论》中分别论述汉文帝、贡禹、杜钦、王凤等多有关联。又后诗其三曰:"安得首阳山,为葬范滂骨。"按:《后汉书》卷六十七《范滂传》云:"时冀州饥荒,盗贼群起,乃以滂为清诏使,按察之。滂登车揽辔,慨然有澄清天下之志。"喻世之意甚明。

作《哭李士常御史》(注:士常在河南救荒,忧劳而卒)。按:时陕西、山西、河南连年荒歉,灾民道馑枕藉。诗曰:"见说哀鸿今百万,嗷嗷犹自隔南河。"是为实写。

作《一笑》《月夜次太守叔父沉字韵》。前诗曰:"一笑窝中安乐地,百年风味只鲈莼。"后诗曰:"雨露关河千里念,江湖廊庙几人心。"出处心态矛盾而统一。

作《次太守叔父韵》。诗曰:"云汉忧深日益难,出门天地已非宽。"忧世思治之意可明。

秋

作《感秋八首用杜少陵韵》。其一曰："眼看大火惊残暑,梦浇重渊念积阴。"按：大火,星名。心宿中央的红色大星,即荧惑星。《左传·襄公九年》云："心为大火,陶唐氏之火正关伯,居商丘,祀大火,而火纪时焉。"《诗经·豳风·七月》亦有"七月流火"之称。其二有曰："无媒不用填桥鹊,有路须乘泛海槎。"则用民间"七夕"牛织相会传说与八月十五日乘海槎升月的传说。由此可知八诗作于夏尽秋始之际。另按谢氏《与张大参公实》云："自去年十月不雨,虽间有涓滴,亦皆束手相视,不耕之土盖十且七八,其耕者亦已槁死,无复望矣。艰难下邑,素无积储,民情汹汹,危在旦夕……尝从太守家叔父来往劳相于乡人之祷雨者……"《方岩诘龙文》曰："维成化二十二年,岁次丙午。五月乙巳朔,越二十有三日丁卯……吾乡不雨,自去年十月始以至于今,而旱益炽。"又《祈雨投词》（注：六月二十八日。）曰："去年风,今年旱,荒岁相仍。旧谷没,新谷无,疲民曷赖？……缅怀去岁之秋,祷即以应；敢曰今年之夏,求罔弗从。"三文后先继之,符响若一；亦与诗一首"燥烈转妨忧旱病,悲凄何止感秋心",三首"旱空黍稷千村望,秋到梧桐一夜飞"、四首"物当旱暑初穷地,命在乾坤再造时"相应。故知自去年至是时,江浙一带旱魃肆虐,青黄不接,为害甚广。

作《喜雨追次韩魏公韵》。诗曰："旱应已分三秋剧,病忽惊传九死苏。"久旱逢霖,喜不自胜,诗又云："白头倚赖乾坤在,谁问吾民儋石无！"为恫瘝在抱、视民如伤之语。

作《哭陈士贤方伯》。按：谢氏《广东左布政使陈君墓志铭》云："成化丙午夏五月,广东左布政使临海陈君士贤卒于江西南昌。南昌太史张先生廷祥以礼殓归其丧,且抵予书,将表其墓而俾为之志,予执书为位哭。明日,吾友通政黄君世显复以书俾其子戴来速铭。"又《复张廷祥先生》文曰："顾辱先生不弃,以士贤行状见委,而欲据以表其墓,所谓词列三王之次,有荣耀焉。其奚敢有他？第其子以葬日逼,不可无铭,而世显书来,亦责以此,敢辄为之？"可互参。诗曰："莫怪白头还痛哭,不堪清世是羁孤。"是为物类之悲。

作《澄心楼》。诗曰："占断清溪第几洲,尽分天目万山秋。"故系之。

作《次韵送鸣雉弟北上》。诗曰："痛深千载哭,寒忆万间欢。"以兼济之语激之。

作《潘时用、李宾之联句见寄次韵以答》。诗曰："诗来万里忽惊秋,红蓼滩前白鹭洲。"故系之于秋。

作《未圆月》。诗曰："未圆明日盈,正圆明日缺。"理意甚浓。按:谢氏《复吴提学原明》云:"偶记昔年与人论学,偶为二绝云:'说地谈天半有无,骇风奔浪剧鹅湖。直看绝学今千载,压倒先从太极图。''吓地瞒天日几回,只将甜舌作蜂媒。吠形可是能逃影,肝胆分明得见来。'虽甚粗鄙,窃意来教,亦颇先得我心之同然者。"亦由此得见谢氏理趣之好。

作《不识》。诗曰:"枭雏风翮健,更上最高枝。"为不平之辞。

作《九日追次老杜韵》。诗曰:"尊前且共黄花笑,梦里休惊白头催。"疑为重阳之作。

作《送夏德树举人会试》。按,《明会要》卷四十七《选举一》载:"(洪武)十五年八月,复行科举。三年一行为定制。"又:"十七年,颁科举定式。子、午、卯、酉年乡试,辰、戌、丑、未年会试。"是年丙午,正相吻合。会试又称秋试,可资系之。

作《乌纱》。诗曰:"病骨秋深早谢官,乌纱零落不堪冠。"故系之。

作《怪得》。此为咏史诗,可与谢氏《史论·萧何》参看。

作《次韵菊花》。诗曰:"寂寥三径归来后,独有黄花是故人。"故系之。

作《送陈墅南北上》(二首)。其二曰:"无毁斯民终直道,若虚良贾只深藏。"亦为自道之辞。

作《题黄汝彝赠别卷次李西涯》。诗曰:"老大况堪多病日,功名不是少年时。"实为自况。

作《读顺天乡试录次韵寄潘时用》。诗曰:"又是西风桂子秋,不闻仙箓上瀛洲。"故系之于秋。诗附注曰:"西涯李学士为考官,而时用复不第,岂非命哉?"诗遂有曰:"青灯入夜西涯老,谁复朱衣为点头。"按:据明陈耀文《天中记》卷三十八引《侯鲭录》(今本赵令《侯鲭录》无此文)载,欧阳修主持贡院举事,所阅合格文章,皆觉背后有朱衣人点头称之,因有"唯愿朱衣一点头"之句。后为中举代称,此处则为潘时用落第痛惜。又《与潘时用》曰:"向得十二月通报,始知有翰林之命,下怀无任慰怿。"这已是弘治六年间之事了。

冬

作《岁终》。诗曰:"不知世外棋千变,又是人间一岁终。"又曰:"未论明日椒盘醉,且爱通宵灶烛红。"故系于是年除夕。

文

五月二十四作《方岩诘龙文》,六月二十八日作《祈雨投词》,稍后作《与张大参公实》,原因可详参《感秋八首用杜少陵韵》。

六月十三日作《续后正统论》。文曰:"成化丙午六月望前二日,谨书于方石山房之少歇处。"推而系之。

秋

作《广东左布政使陈君墓志铭》《复张廷祥先生》。系因可详《哭陈士贤方伯》诗。

作《书王尚德奏稿后》。文曰:"今年夏,尚德之子瓒乃以示予,盖尚德之没于是已有十六年矣。"按:由谢氏《王尚德哀辞》知王尚德卒于成化六年(1470),以此推之,是文作于成化二十二年(1486),故系之。

成化二十三年丁未(1487)　五十三岁

正月,万贵妃死。妃服用器物,穷极奢华。宦官钱能、汪直、梁芳等假贡献之名,苛敛民财,倾竭府库以结妃欢。万妃死以暴疾,或疑为自尽。八月,宪宗死。九月,太子祐樘即位,是为孝宗。孝宗斥方士李孜省、太监梁芳、外戚万喜等;遣散"传奉官"二千余人。又罢遣禅师、真人及西番法王、国师等一千数百人。旋捕李孜省、梁芳,李受刑死,梁废死。罢阁臣万安,安时年七十余,一年后死。以吏部侍郎徐溥兼翰林学士,入阁。刘健入阁,健曾充东宫侍读。以王恕为吏部尚书,马文升为左都御史。旧阁臣仅刘吉一人留任。礼部侍郎邱濬进《大学衍义补》。

春

作《次陈敬所梅花韵》(八首)。其二曰:"夜色冬温又隔年,冷光幽艳转堪怜。"故系之。

作《次郭筠心移梅韵》。诗曰:"乾坤何敢阏幽香,风在霜林月在塘。"故知为冬末春初之景。

作《追次许鲁斋先生韵》。诗曰:"极知昼夜分明在,蝠燕纷纷有许争。"故系之于春。又曰:"欲挽羸车闯户棂,几惊周道入榛荆。"取意《诗·小雅·小弁》"周道,鞠为茂草",显有喻世意。

作《次韵奉酬刘时雍大参》。诗曰:"英豪岂合轻忘世,薄劣惟应早让贤。"由谢、刘书信可知,刘多次敦促谢氏出山,谢多以衰病婉拒。

夏

作《凉棚》《次韵凉棚有感》。前诗曰:"爇空骄日太相侵,驾竹编松强自禁。"后诗曰:"抗暑未能祛酷烈,蔽天先已作幽阴。"显为夏日之景。

作《将游委山梦中得诗二句因属成之》《至委山次韵》。后诗曰:"见说玄都回首地,桃花开尽菜花空。"此处言及花败,当知入夏已深,故系之。

作《任问月扇上有王城先叔诗因追次旧韵志感》。作《次王和州韵》。

作《緫山杂咏五十首》。按:谢氏《緫山杂咏序》曰:"今年春,予读书其上,从先生日增辟之,以为吾谢氏子孙百世讲学之地,遂复因亭之名,而更其山曰'緫山'。……作《緫山杂序》,以贻诸山灵,或者其终不予弃也。成化丁未夏五月朔,緫山病叟序。"又《闲行》曰:"浴沂春融融,舞雩风细细。"《牧唱》曰:"戏嘻春满坡,欸乃风在笛。"《松径》曰:"春尽已无花,径荒犹有菊。"《暑簟》曰:"不知谁累席,清梦到羲皇。"可知诸诗由春到夏,累时而成,迄止于五月十五日。

作《哭袁德纯》。

作《李宾之学士批抹拙稿赋此为谢》。

作《咫尺二首寄王秋官存敬》。

作《哭李学士老先生》(注:宾之尊翁)。按:李东阳父李淳,号憩庵,善书,正德五年十月十五日,由李东阳为其辑定《憩庵府君字法手稿》。谢氏《祭学士庵李公文》云:"天下颂公,是子是父。嗟公父子,我实世交。"是诗中"尚忆升堂再释时,便从门下托相知","宣武门外话别时,十年离恨只心知"相映印。

作《见孙》。诗曰:"业愧弓裘无可继,心于方寸但能存。"积善而庆余,可见其齐家之旨。

作《不寐戏柬明仲、曰川二公》。诗曰:"雅怀安得宽如海,都作床头鼾睡声。"长枕共榻,大被同眠,可见其深谊。

作《再题菊花》。诗曰:"莫怪伤心兼断酒,风光不是义熙初。"按:"义熙"为晋安帝司马德宗年号(405—418),此以代陶渊明生活时代。

作《读〈尚书〉一十六首》。诸诗为上古史论,由史前期至秦汉,无不该详中肯,谢氏史笔之才可见一斑。

作《次韵敬所风坛避暑》。诗曰:"世外几何能避暑,山中六月旧知寒。"按:"旧"与"曾"皆有"过去"之义,又"曾"有副词"竟"之义,则相因生义,此处"旧"作"竟"解。由此,故系之是年六月。

作《次韵奉怀逸老叔父》。诗曰："梦魂回首长安路，几忆清风竹下溪。"一如描写其恋乡之忱。前句有"一笑功名真覆鹿"，为"覆鹿寻蕉"典记之省称，喻恍惚中失去，犹如梦幻，则见批判功名之深意。

作《次黄通政韵赠别高司训宏谧》。其诗有云："抱关自古皆常职，一饭能忘主上私。"是为效法老杜"一饭未尝忘君国"之懿行。

作《次韵酬世教叔》。诗曰："桑蓬歌说平生志，芹曝空怀病后忠。"按："桑蓬"为桑弧蓬矢之简称，《礼记·内则》曰："国君世子生……射人以桑弧蓬矢六，射天地四方。"后喻经营四方之志。又芹为物之贱者，曝即暄光，为物之常者，合称则谦指良好谋划。是诗精忠之志可见。

秋

作《再到缌山读书有感》（九首）。诗中"怨秋""一段秋""光风霁月秋""万顷秋""一番秋""怨清秋""西风碧树秋"，触目可及，可知作于秋。另按：谢氏《缌山杂咏序》曰："今年春，予读书其上……自予天顺初与兹山别，忽忽几三十年，中间不能一再至。"又《缌山集后序》曰："太守叔父顾而叹曰：'……迨至天顺始有兹山，又至成化而兹山始有庵，乃今弘治改元则庵之外复有书院。'"《明纪》载是年"八月庚辰，帝不豫。甲申，皇太子摄事于文华殿。乙丑帝崩，年四十有一"，"九月壬寅，太子即位，大赦"。故知是序写于九月后。谢氏《缌山集》收洪武至弘治文人雅士于缌山所作文序、记、表、志、题跋，诗联句、次韵、五七言古绝、律诗若干；总为七卷。疑此九首亦当厕选，故系之。

作《奉次太守叔父种菊诗韵》（二首）。前诗曰："晚旨竟老山瘅节，冻色谁堪泽腹坚。"后诗曰："陶后寥寥复几年，晚香庭院草芊芊。"故系之。

作《次韵题竹》。诗曰："天阔苍梧恨未降，泪痕点点落秋江。"故系之。

作《闻黄世显侍郎徙官南都感而有述》。诗曰："君才岂合轻辞陛，我病犹应更入山。"有惺惺相惜之意。

作《缪守谦以诗来过次韵奉答》。诗曰："断雁不闻秋后信，残灯忽报夜来花。"故系之。

作《寄李西涯学士再用前韵》。诗曰："白发江湖今万里，乱愁休讶上吟髭。"为酬和之作。

作《追次刘静修述怀韵》《应茂修掌教来过次韵奉柬》。前诗曰："学堕九流终有恨，治论三代已无前。"后诗曰："炎凉久与世相安，空谷谁烦忆漫官。"可知谢氏济志难平,仕心犹竞。

冬

作《十月初二日恭听遗诏有感》。按：是年九月乙丑宪宗崩。又《明史纪事本末》卷四十二《弘治君臣》称："宪宗成化二十三年(丁未,1487)九月壬寅,皇太子即位,诏赦天下,以明年为弘治元年。"诗曰："前星炯炯中天在,宗社灵长始自今。"当指是。故系于十月初二日。

作《读〈春秋〉一十六首》。是为以史入诗、因诗绎史之作。

作《读〈通鉴纲目〉二十一首》《读〈宋史〉十六首》。按《明史·谢铎传》载："成化九年校勘《通鉴纲目》,上言：'《纲目》一书,帝王龟鉴。陛下命重加考定,必将进讲经筵,为致治资也。……愿陛下以古证今,兢兢业业,然后可长治久安,而载籍不为无用矣。'"一仍旧贯,又有重励新朝之意。谢氏《史论》中汉、唐、宋诸人物论,当为同时所作,可互参。因其缃帙繁多,亦为病居间习诵积时所成。

作《殷鉴杂咏二十四首》(有序)。其序曰："说者以为后之人又当以幽、厉为鉴,推而极之,三代以降,若汉、若唐、若宋之所以底于乱亡者,尤后世之所以当鉴,独殷也哉? 独幽、厉也哉? ……作《殷鉴杂咏》以告于世之人。"是亦可为上述史论之小结,并总致其警世之旨。

作《台州杂咏二十六首》(有引)。其序曰："取可为劝戒者,随吾兴为诗以风咏之,曰《台州杂咏》。……不有千载心,曷以语此。"诗取经典史事为语,古拙荧煌,而其味不厚。

作《岁暮入山有怀三首》。其一曰："出山日几更,入山岁忽暮。"故系之岁末。

文

五月一日作《缃山杂咏序》。其末曰："成化丁未夏五月朔,缃山病叟序。"故系之。

作《南安府知府华亭张君墓志铭》。文曰："成化丁未夏六月十有三日,南安守华亭张君弼,以疾卒于华亭之故居。其子宁海令弘宜将以是岁冬□月□日葬君祖茔之次,属吾台郡守叶公崇礼以状来请铭。"故系于秋、冬之间。

作《复戴武库师文》《复王秋官存敬》。前文曰："用是薄暮开缄,秉烛夜读,既彻卷而犹不能寐。越宿再读,则《赘言引》《通陈公甫书》诸作皆凿凿可喜。"后文曰："师文近寄示《赘言录》,气豪骨老,不但逼人,且当让出几头地矣。"故知两书相去不远。又《复王秋官存敬》一文由《李宾之学士批抹拙稿赋此为谢》一诗可系于是年,故皆系之于此。

孝宗弘治元年戊申(1488)　五十四岁

鞑靼小王子遣使至京,所上书称大元大可汗(达延汗,名巴图蒙克),从此屡与明通使,亦攻掠沿边,往来河套中。达延汗统一漠南北,蒙古复强。封诸子,季子格埒森扎居漠北,即喀尔喀蒙古(外蒙古)。

是年八月铎应召回朝,以原官翰林院侍讲修《宪宗实录》。《明史》本传:"弘治初,言者交荐,以原官召修《宪宗实录》。"王廷相《墓志铭》:"孝皇初,亲庶政,征贤铨德。廷臣交章论荐,会修《宪庙实录》,诏起之。长沙李文正公贻书劝驾,极言君子道隆乘运拯世之义。先生乃勉力入朝,供事史馆,于汪直、王越开边事,书之最直。"

夏

作《四月四日下缌山有感呈太守叔父》。由诗题故系之四月四日。

作《再宿会缌亭有感》《读易》,前诗曰:"酒酣聊复卧虚亭,芳草门深昼不扃。"后诗曰:"羲皇世远非今日,龙马何能更出图。"见其闲居自适之意。

作《拟皇明铙歌十二篇》(有序)。按:谢氏《国朝名臣事略序》曰:"曩予病废无事,既为《皇明铙歌》,以赞咏我圣祖之功,复取诸臣之谟谋、勋伐、行业之文章足以上裨一代太平之治者,粹为此编,以便记览,以致仰载之私。未几,以史事赴召,至邸间。"谢铎于是年因修《孝宗实录》赴京,当知为在诸篇成编后不久之事。又诗序曰:"臣犬马,死且不朽,臣谨冒死上。"又知为入朝献颂之作。

作《纂修命下黄亚卿世显李学士宾之连以书来劝且示以诸公论荐大略愧感之余聊此奉答》。按:黄绾《谢文肃公行状》曰:"孝皇初,亲庶政,于是廷臣交章论荐,会修《宪宗实录》,诏起之。先生未决,大父与长沙公贻书来劝,遂行入朝。""大父"与"长沙公"即黄世显与李东阳。又谢氏弘治二年作《亡妻孺人孔氏墓志铭》曰:"去年春,有纂修之命,予未果行。孺人亟劝之曰:'吾固知君之无意于出也,如王事何?吾与尔子暂守宗祀,以俟君之归,君其亟行。'乃治装促予行。"可知谢氏赴召前颇多踌躇。

作《纂修命下感而有述》。诗云"恩命临门竟莫辞",当与上诗同时作。诗见于《桃溪类稿》卷十五。

作《舟中苦热忆敬所》。诗曰:"火云推日忽中升,酷暑无端一倍增。"故系之盛夏。

作《共黄礁叔谈五月十八日事有感》。诗曰："何限居民千百姓，泣天呼地夜嗷嗷。"可知灾民流徙，亦甚严重。又由诗题可系于五月十八日之后。

作《六月二十九日喜雨追次黄山谷韵寄王秋官存敬》。诗跋曰："旱至是四十矣。"诗有云："村北村南皆旱尘，山门几望西郊云。"可知久旱喜霖之初。由诗题亦可系于是年六月二十九日。

作《太守叔父新楼成次陈敬所韵》。诗曰："放教竹下还三径，已共沙鸥野鹤盟。"可知谢氏济世之志未除，烟霞痼疾尤深。

秋

作《次逸老堂分韵诗留别诸公》。其一曰："恨向别离仍及老，眼惊时节忽逢秋。"故系之。又曰："出门心已付盟鸥，万里何能复浪游。""大夫行出门，直以身许国。"亦见其仕、隐不可得兼的心境。

作《次再宿緫山韵奉谢秋官诸公来过》《再次韵赠别王秋官》。由诗题可知两诗为诸公饯行谢氏之事。后诗曰："莫上劳劳送别亭，绕天离思不堪扃。"亦甚明之。

作《北上奉别太守叔父筠心诸公》《与叶太守诸公登中山追次陈刚中先生韵》。按，叶太守即叶崇礼，成都府人，天顺间进士，后出任台州府知府，与谢铎、李东阳交游甚密。由诗题可知为离乡赴召前作。

作《游灵岩谒杜清献公读书处》《与叶太守诸公登巾山追次陈刚中先生韵》。按，陈刚中，字彦柔，临海人。南宋建炎间进士，迁太府寺丞，上言激切，力矫时弊，后贬知安远县，感瘴疠而卒，葬于杭州龙井山凤凰岭沙盆坞。事迹见《闽中理学渊源考》卷十。谢氏一路北上，观光访旧，迁延而进。后诗曰："烂醉须从绝顶归，漫寻秋草剔残碑。"可定其时。

作《哭陈士贤方伯墓》。按：据谢氏《广东左布政使陈君墓志铭》知陈选为临海人，成化二十二年五月卒后，由张廷祥归丧其乡。临海在今绍兴东南部，由之可知谢氏北行尚未出乡。诗中"索索西风正可哀，丘原极目半蒿莱。"显为秋景。

作《早行有感》《天台道中》《假宿东阳尖山周氏主人辞焉》《戏赠古直》。可知其行经天台、金华，并顺路过访旧友王古直。

作《谒忠文先生祠追次先生旧韵》《谒丽泽书院》《谒四贤祠》。按：谢氏弘治二年作《明中书舍人王君墓志铭》曰:"去年秋,予以史事赴召,道金华……君迓予道上,欢然握手如平生。明日,谒忠文公庙。又明日,君饯予百里外,相与谒四贤祠,谒丽泽书院,至兰溪会章德懋而别。"

作《南望青萝山》《登严子陵钓台次陈公甫韵》(三首)。按:严子陵钓台即严陵濑。《水经注》卷四十《浙江水》曰:"(孙权)割富春之地立桐庐县,自县至于潜,凡十有六濑。第二是严陵濑,濑带山,山下有一石室,汉光武帝时,严子陵之所居也。故山及濑皆即人姓名之。"可知谢氏溯水而上至桐庐境。

作《登孤山追次东坡韵》《谒岳王坟追次东坡韵》。由诗题可知一行至杭州。

作《夜泊姑苏追忆张亨父》《访陆鼎仪太常》《访张亨父墓不可得怅然久之辄成一绝》。按:张泰(字亨父)、陆(字鼎仪)为苏州府太仓人,与陆容号为"娄东三凤",惜张泰未得永年,于成化十六年卒。三诗可明谢氏行至苏州府界。

作《望金陵次韵怀黄世显亚卿》《哭张都经斆次陈太常师召韵》。由前诗诗题可知已临近南京;后诗有云:"伤心欲寄泷冈泪,江水无情日夜奔。"可推知"江水"为长江。

作《舟次镇江别宗勋表侄》《清河》。按:《读史方舆纪要》卷十一《顺天府》载,清河源出北京昌平县,东南流,入大运河。谢氏北行亦如既往走京杭运河之水路,由诗题知已至镇江,入清河。

作《沛县怀古次李西涯韵》《过兖州界见台船有感》《鲁桥更鼓》。由诗题可知谢氏经徐州入山东地面。中诗曰:"问俗未能窥鲁国,认船犹喜见台州。"异地见乡船之情,可以想见。

作《次韵忆王和州》。诗曰:"强扶醉眼一登楼,送尽西风北雁秋。"可知已为深秋时节。

作《望容城有感》《谒楼桑庙》。按:《读史方舆纪要》卷十二直隶三保定府载,容城,县名。明初归雄县,后改称容成县,属保定府。楼桑,古地名,在今河北涿县。三国时刘备所居里东南有桑树,高五丈余,遥望如车盖,后易名为楼桑里。故知谢氏已入京畿地区。

作《听赵锦衣恭谈辽东事有感》《闻西涯谒墓有感》。由诗题可知谢氏已返京。按:谢氏于次年元旦作《用除夕元旦写怀韵奉答西涯祥后述哀之作》,由诗题可知此处"谒墓"为李东阳为父举小祥之祭。《礼记·檀弓上》云:"鲁人有朝祥而暮歌者,子路笑之。"父母死后十三个月而后祭为小祥,李东阳父李淳于去年过世,故知之。

冬

作《次倪青溪亚卿袷祭韵》《再次前韵答戴师文职方》。按:《明会要》卷十《礼五》载:"弘治元年,宪宗升祔,祧懿祖,乃建祧庙于寝后殿。岁暮,奉祧主至太庙,行袷祭礼。"故系之。

文

夏

作《国朝名臣事略序》。系因可参《拟皇明铙歌十二篇》(有序)。

作《重修松门卫记》。记曰:"弘治改元,今按察副使文公天爵,偕总督王公佐至……乃议选把总指挥葛侯奎拳署卫事,而因以修治之。役属之未期月,……皆焕然一新。……工既讫功,卫人皆归之按察公为能任侯,以致成功之速有如此者。于是侯之所亲鲍君和来请予记。予以衰病力辞,不获。"可知此文为谢氏是年起复之前作。

八月二日作《将赴官告祠堂文》。文曰:"维弘治元年,岁次戊申八月朔越日,孝孙翰林院侍讲铎,敢因时昭告于祖考之灵。"故系之。

作《监察御史余君墓志铭》。铭曰:"懋器(余之字)之卒,实以弘治戊申六月二十七日。"又曰:"监察御史临海余君懋器既卒之期月,其弟银持其所亲潘少参应升状,来京师速予铭,将归葬长石山之原。"可知铭为谢氏赴召至京城后作。

作《广东兴宁县知县乐清侯君墓志铭》。文曰:"弘治改元夏六月,乐清侯氏子惟銮以其先君子兴宁严事状来请铭。予方赴纂修之召,未暇也,惟銮力请不已……不可谢而去者,则按状而铭之。"故系之。文见《桃溪类稿》卷三十五。

弘治二年己酉(1489)　五十五岁

是年,四川大饥,流民四出。京师、通州等地大雨,水溢,屋坍人死。河决开封,洪水一支决南岸,向东到归德,由徐、邳入淮;一支决北岸,东流经曹、濮,入张秋运河。议者请迁开封城于许州。命白昂为户部侍郎,治河。

是年铎仍在翰林院任侍讲,修《宪宗实录》。

妻孔氏卒。作《亡妻孺人孔氏墓志铭》。《铭》曰:"弘治己酉夏六月逆,吾妻孔氏孺人之讣至。"

方岩书院于是年八月建成命名。铎有归志。李东阳《方岩书院记》："方石谢先生作方岩书院于台州太平之缌山……自先生叔父愚得公以宝庆守致仕,始为会缌,仰高而下,次第交作。先生又欲为是院,请公主教其中。会有纂修之命,乃留赀于族叔怡云翁世弼。越一年,而以成报,则弘治己酉八月也……院既成,先生有归志。又逾年,拜南京祭酒,不可遽言去,而愚得公实领之。"

春

作《元旦用东坡韵》。诗曰："后饮不辞长健酒,得归真愧故园春。"亦由诗题系于是年元月初一。

作《用除夕元旦写怀韵奉答西涯祥祭后述哀之作》。由诗题,亦系于元旦。按,李东阳《怀麓堂诗稿》卷十六有《祥后次方岩谢先生见慰四首》。据今人钱振民《李东阳年谱》按语说："宾之父大祥之祭当在上年十二月末,据所征资料,知是诗作于除夕后之初春。"

作《斋居有怀诸同年》《斋居独坐再用前韵柬体斋太常青溪礼侍》。按:《明会要》卷七《礼二》载,是年正月辛未,孝宗于南郊大祀天地。斋戒为大祀期间之定制。前诗曰："觉来忽报趋朝鼓,又是披衣一日忙。"后诗曰："白头谩作微官笑,奔走元无扈从忙。"为其庄敬繁忙之写照。故亦系于正月。

作《谒李老先生墓》《再次前韵哭李老先生兼慰宾之》。前诗曰："泪尽西州春共老,梦深辽海夜难终。"故系之于春。

作《戏别暖耳》。按:"暖耳"即冬日护耳的耳套,或毛制,或棉制。诗有曰:"太息当年暖耳功,便应抛弃向东风。"当为春温回升之际作。

作《李西涯作白髭问答篇'予髭白久矣愧不敢复问卿'借韵代答以广未尽之意》《既乃思髭之言若夸以戏愧不敢当复借问髭韵以答之》。按:吴宽《匏庵家藏集》卷四十一有为李东阳《同声集》所作序。其序曰:"馆阁日长,史事多暇,方石、西涯,凡所会晤游赏,与夫感叹怀忆馈遗,悉发之诗。"两诗可见其交契合欢之谊。

作《得家书有感》。由诗注"二月初六",故系之。

作《二月十日斋夜有感》。诗注曰:"十二日春分,家中祀先之期。"按:去年八月谢氏离乡前,作《将赴官告祠堂文》曰:"用是不得已,略唯古者越在之例,特命嗣子兴义,暂守祠墓,代行祀事。仍委诸弟铸,相与佐之。"故诗曰:"致存敢谓神无主,越在空惭禄有官。举奠礼曾亲付托,采蘋心许共清寒。"由题系于二月十日。

作《再入经筵有感》。诗曰："讲殿春声杂佩环,拜瞻犹得近龙颜。"故系之于春。

作《二月望日雪》。诗曰："随阳错报经年雁,剩雪犹深二月天。"故系之二月十五日。

作《山陵陪祀次李西涯学士赠行韵》《宿刘谏议祠有感诸公壁间之作再用西涯韵》《谒狄梁公祠次程少詹克勤韵》《至长陵望茂陵有感》《候祀诸陵》《谒候城里有感》。按:《明会要》卷六《礼一》载明制:"帝王陵寝及孔子庙则传制特遣。"京畿昌平为皇陵萃聚之地,诸诗皆为陪侍孝宗亲祀所作。《晓发昌平遇大风有感》,末诗有曰:"饭罢山城听晓钟,客途归计已匆匆……不教倦眼看春去,又是郊行一度空。"可知祀陵一事方告完毕。

作《东山高卧图次韵》。此为题画诗。由诗中"东山一起淮淝捷,谈笑胸中百万兵",知为赞誉东晋谢安作。

作《哭陆鼎仪太常》(诗注曰:是日斋宿)。"娄东三凤"之二张泰(字亨父)、陆(字鼎仪)均英年早逝,二人又皆为谢氏挚友,故诗曰:"交游一代终惭我,物论中朝尚几人。"又尾联曰:"春雨堂深遗草在,太平勋业此经纶。"故系之于春。

作《西郭奉待李西涯》。诗曰:"晚凉西郭爱招寻,报道残红已绿阴。老去断无骑马兴,雨余刚辨赏春心。"显为暮春景象。

作《春归》《得家书有感再用前韵》。前诗末联曰:"不须更作春归叹,客路仓皇已后期。"后诗前句曰:"忽报寒梅陇上枝,马头风色暮春时。"均资证系之于暮春。

作《次陆廉伯暮春韵》。

夏

作《先妣忌日有感》。诗注曰:"十六年五月闻先人丧,六月至杭仍闻先妣讣。"按:谢氏作《先妣练祭祝文》曰:"乃六月二十一日始至于杭,而先妣孺人之讣复至。"依常理推之,台州至杭传讯不过旬月,故知此诗作于五、六月间。

作《次韵答西涯石棋子歌》。诗曰:"规方作圆君勿笑,纷纷局戏当如何?"谐谑洞达,可谓相得。

作《次卢希哲进士雨中趋朝有感韵》。诗曰:"神仙莫恨犹官府,脱屣谁能更绝粮。"犹为欢谑之词。

作《石镇纸次韵答西涯》。诗曰:"传家什袭比至宝,於乎石也吾如何?"按:谢氏号方石,此诗或有拟物取譬之义。

作《约西涯游西山》《华严上洞次西涯韵》。《读史方舆纪要》卷十一顺天府宛平县载,西山为北京西畿名胜,是为太行山支脉,又称"小清凉"。前诗曰:"身正健时须载酒,兴堪春尽也登山。"显作于夏。

作《闻亡妻孔孺人讣》。按:谢氏《亡妻孺人孔氏墓志铭》云:"弘治己酉夏六月朔,吾妻孔氏孺人之讣至。"故系诗于六月一日。又曰:"孺人之卒,实以今年四月二日。"可知由台州至京师书信往还约两月光景。

作《西涯先生以诗来慰次韵奉答》。按:谢氏《亡妻孺人孔氏墓志铭》有云:"予咽绝不能语,久之,乃克为位以哭。如是者盖旬日,间莫知所以为心,既而曰:'孺人已矣,吾何为者哉!'"西涯慰诗当为此。诗曰:"白头何限销魂地,读罢来诗更黯然。"可知其消沉之至。

作《哭大司马王公度》。王公度其人不详。后跋语曰:"是日同闻万阁老讣。"按:《明史·万安传》载:"孝宗嗣位,安草登极诏书,禁言官假风闻挟私,中外哗然。"随之被庶吉士邹智、御史文贵、姜洪等弹劾,遭罢斥。"时年已七十余,尚于道上望三台星,冀复用。居一年卒,赠太师,谥文集。"当与跋合。

作《穷奇兽》。按:《山海经·西山经》曰:"(邽山)其上有兽焉,其状如牛,猬毛,名曰穷奇,音如狗,是食人。"又《左传·文公十八年》曰:"少氏有不才子,毁信废忠,崇饰恶言……天下之民,谓之穷奇。"是为由恶兽至恶人之引申。诗曰:"何敢嗔,蝮蛇在宥西踏麟。"有喻世意。

作《水大至再用前韵柬西涯》。按:《明史·河渠志一》载:"弘治二年五月,河决开封及金龙口,入张秋运河,又决埽头五所,入沁。郡邑多被害,汴梁尤甚。"又《明史纪事本末》卷四十二载:"(弘治二年)六月,京城及通州大雨水,溢坏庐舍,人多溺死。"诗云:"我已无家堪荡析,民今何处是流奔。"为水患写照。

作《撒网图》。诗曰:"君不见跋扈昂昂世无比,一日弃之如犬豕。"有喻世意。

秋

作《立秋》。诗曰:"立秋未三日,已觉秋意深。"故系于是年立秋后两日。

作《此心》(二首)。前一首曰:"豆羹未可轻千乘,枉尺终须愧直寻。"按:

《孟子·尽心上》云:"孟子曰:(陈)仲子不义与之齐国而弗受,人皆信之,是舍箪食豆羹之义也。"又《孟子·滕文公下》云:"且志曰'枉尺而直寻',宜若可为也。"诗中言此,则为自省之辞。

作《白日鼠》。可参看《穷奇兽》《撒网图》,皆为讽喻诗。

作《悲秋》。诗曰:"青海碧山无恙在,也须惭愧此盟鸥。"尤见其仕情淡薄。亦由题系于秋。

作《次韵答王存敬秋官戴师文职方》。诗曰:"世机可着谁人拙,民疾今无古者狂。"其利物厚生之志可见。

作《英国公辅挽诗》。按:兵部尚书余子俊卒,赐英国公,生前于榆林地区筑边墙,有效防止鞑靼攻扰,勋绩颇著。诗曰:"登坛未数无双士,靖难深知第一功。"非溢美之辞。

作《双瑞鸟为阁老徐先生赋》。诗曰:"忠贞之化今匪斯,孝诚上结君王知。君王知,安用绰楔旌门为?"亦有美刺之意。

作《多事》。诗曰:"得失纷纷只恁生,爱憎何必太分明。"诗题取自诗中"却嫌多事心犹在"句,既应时节,又指时事,诗多有缮性自修之意。

作《思菊次匏庵韵》。诗曰:"凄其暮风寒,众草失故绿。悠然南山下,赖有此佳菊。"显为秋景。

作《重阳后三日约西涯登高》。诗曰:"雨过秋山翠欲凝,上方台殿郁棱层。"亦由诗题系于九月十二日。

作《天气》《秋色》。前诗曰:"镇日阴阴意不堪,湿人寒雾半成岚。"后诗曰:"晓露枝头半夕霏,近人秋色故依依。"可知是年秋季多雨多潮。

作《天地》。诗曰:"直看绝学今千载,压倒先从太极图。"理趣甚浓。

冬

作《望哭王允达中舍》(诗注曰:允达以应召至,卒于湾)。按:谢氏《明中书舍人王君墓志铭》曰:"今皇帝嗣位之初,励精治道,纳谏用贤。……以一时名士退修于家者列荐于朝……君病方愈,有司趣之行,行至淮,病复作,未抵京五十里,卒于舟,实弘治改元之明年十月四日也。"又"既殓,将归葬,庶子君谓葬宜为铭,且将表君之墓,以示不朽。"故知此诗作于十月四日后不久。

作《次韵奉待刘大参时雍》。诗曰:"慷慨十年倾倒地,不妨还共夜床灯。"其谊可见。

作《次吴匏庵原博过西苑韵》。诗曰:"漏声昼下通西掖,御气秋高薄紫宸。"故知为秋末冬初之事。

作《庭菊为风所折再用原韵悼之》。诗曰:"一夜颠风冻雨霏,强扶枯竹自相依。"知冬意已重。

作《再次暖耳韵》(二首)。其二首曰:"短鬓轻貂暖,病余真与苦寒辞。"亦由诗题,知冬转隆深。

作《董尚矩久俟东白先生未能入见次韵奉怀》。

作《喜古直至次吴匏庵韵》《吴匏庵遗鱼再用骑字依韵奉答》。二诗为诗友聚欢之作。后诗曰:"冻鳞冰鬣动寒飔,涸辙何年是永辞。"亦可见为此冬作。

作《次韵刘大参时雍写怀之作》。诗曰:"百年歧路君休问,一笑寒江看缚鸡。"亦由系之。

作《岁暮有怀束西涯》《再次前韵二首用答西涯功成之说》。前诗曰:"放怀直勘无穷世,过眼空惊欲尽年。"故系于十二月间。

作《读刘静修传有感》。按,刘因,字梦吉,保定容城人,元代大儒,至正十九年征为承德郎右赞善大夫,明年父亲去世,长期守丧在家,二十八年力辞朝廷加官,至正三十年四月十六日病卒,享年四十五岁,有《四书精要》三十卷、诗五卷,合称《丁亥集》。事迹可详《元史》卷一百七十一。诗曰:"极目腥风万里尘,继周千载此何人。"佩慰之情可见。

作《暂辍》(二首)。诗曰:"病来犹喜能酣睡,消得平生一半愁。"可知谢氏自丧妻以来,近半年光景,始得病复。

文

六月一日作《亡妻孺人孔氏墓志铭》。系因可详《闻亡妻孔孺人讣》诗。

八月作《祭亡妻孔孺人文》。文曰:"弘治二年夏六月朔,翰林院侍讲谢铎,闻其妻孔孺人之讣来自家。既南望恸哭,越八月某日,乃能含哀缀词,远俾其子兴义,致奠于孺人之灵。"故系之。

作《环清处士东阳赵公墓表》。表曰:"环清处士东阳赵公希德既卒之六十有五年,其孙国子生锦,持山阴刘师邵所为《墓志铭》,而以吾友中书舍人王君允达书为先容,不远数百里来请予表其墓上之石。中书君最予所敬信者,公盖其先君子孝庄先生之友,不得以不能辞。……卒之日实以永乐甲辰,距其生洪武壬子享年五十有三。"按永乐甲辰为1424年,加65年恰为本年1489年,故系之。又由表文可知,王君汶在撰文前尚在世。

作《虞邵庵南丰曾氏新建文定公祠堂记》。文末曰:"弘治己酉秋九月朔,台人谢铎题。"是文载于明越琦美编《赵氏铁网珊瑚》卷五。

十月作《明中书舍人王君墓志铭》。原因可详《望哭王允达中舍》诗。

作《南耕处士王公墓志铭》。其文曰:"弘治己酉秋八月,南耕处士王公以九十寿终于家,其子和州判封刑部主事某,将以明年某月日葬公壖头先茔之次。和州之子今兴化知府弼,状公行,来速铭。"

弘治三年庚戌(1490)　五十六岁

大学士刘士恶言官,结宦官南京守备蒋琮,诬陷南京御史姜绾等十人,下之狱,寻贬官。两京台谏因汤鼐、姜绾两狱为之一空。白昂役民夫二十五万,筑堤,引决河,浚宿州古汴河与归德睢河,河患稍见缓和。

是年铎擢南京国子监祭酒。上书言六事。《明史》本传:"三年,擢南京国子祭酒。上言六事,曰择师儒,慎科贡,正祀典,广载籍,复会馔,均拨历。其正祀典,请进宋儒杨时而罢吴澄。礼部尚书傅瀚持之,乃进时而澄祀如故。"

春

作《元日在告有感》(诗注曰:弘治三年)。诗曰:"殿廷灯烛夜生辉,又报春声入琐闱。"故系于是年正月初一。

作《次韵西涯元日早朝》。诗曰:"物华惨淡春犹浅,冻色依微水未波。"故亦系于正月初一。

作《重修黄楼歌》。诗曰:"近闻再决古汴州,宵衣重起宣房忧。"当指去年五、六月以来山东、河南、北直隶洪水壅决之患。

作《兹道》《出门》。前诗曰:"谁能不终日,默坐一长嗟。"后诗曰:"客情无赖甚,兀坐更凭栏。"可见其晚仕恬澹心境。

作《寄陈敬所》(诗注曰:敬所时有丧子之戚)。诗曰:"老怀谁惨戚,客路更禁当。"有同病相怜之旨。

作《春归》。诗曰:"花落不知三月暮,夜寒还怯五更霜。"(自注:是月终,霜连三夜。)故系于三月末。

作《送王存敬太守得翁字》。诗曰:"忽报秋台五马东,别离情与酒匆匆。"按:秋台,指刑部。周设六官,司寇为秋官,自唐始沿称刑部。王存敬此前任刑部员外郎,故称。

作《次韵奉答太守叔父》。诗曰："环堵病堪前日甚,故园天遣几时归。"可知其忧病并重,去意且亟。

作《观教仗马有感》。诗曰："等闲莫讶千金骨,此马从来不肯鸣。"有自喻意。

作《西涯以海榴见假次韵奉谢》。按:海榴,即石榴,由海外引入,故名。诗曰:"世人爱花不爱树,每恨花飞春不住。"亦资系之于夏。

作《杨贞妇》。诗曰:"老天可是怜贞节,许见佳孙复见儿。"此为旌表贞节之诗。

作《病中不及预同年会柬席上诸公》。诗曰:"三百人中今十人,回头二十七年春。"按:谢氏自天顺八年(1464)释褐,加二十七年,恰为弘治三年(1490)。

作《留别西涯诸公》。诗曰:"青眼恨深千里别,白头名愧两京官。"按:《明史·谢铎传》载:"三年,擢南京国子祭酒。"《嘉靖太平县志》卷七《人物志·谢铎》载:"庚戌,擢南京国子祭酒,以身为教。"亦可见黄绾撰谢氏《墓志铭》。又谢氏《乞致仕疏》曰:"弘治三年五月内,钦蒙荐升今职。本年八月内到任,不期前病未痊,时复举发,动复益艰,虽尝奏请求退,未蒙俞允。"又《再乞致仕疏》曰:"弘治三年五月内,过蒙圣恩荐升今职。"此诗当为与京师同僚赠别作,故系于五月间。

秋

作《次韵寄答西涯》《用前韵寄潘南屏》。前诗曰:"天上玉堂在,空怀旧讲筵。"后诗曰:"回首东楼上,分明愧别筵。"按:《嘉靖太平县志》卷七《人物志·谢铎》载:"庚戌,擢南京国子祭酒,以身为教。先是,诸生有六堂班见礼,公尽革去之,捐皂役钱沛诸僚属,籍膳夫钱于官,购东西二书楼用庋镂板。"疑后诗"东楼"即南京国子监二楼之一。又由次年七月间作《七月廿一日留别陈太常先生》曰:"去年八月二日到,未到今年八月归。"故系诗作于八月二日之后。

作《清尊》。诗曰:"两月官厨辍大供,典衣天许向江东。"按:《明史》本传称谢氏赴任后,上言六事,曰:"择师儒,慎科贡,正祀典,广载籍,复会馔,均拨历。"又《嘉庆太平县志》本传称"捐皂役钱沛诸僚属,籍膳夫钱于官",当与诗相应。

作《徐州洪》。诗曰:"徐州东南百步洪,洪流荡激日夕相撞舂。"当为任南京职时作。

作《圯桥》《漂母祀》。前诗曰:"炎汉规模四百年,也由人事也由天。"后诗曰：“漂母自须怜一饭，王孙能几报千金。”按：圯桥，即沂水桥，在今江苏徐州邳县南。相传汉张良为黄石公拾履，后者授其《太公兵法》一册。宋苏轼《分类东坡诗》卷三《张竟辰永康所居万卷堂》诗云：“濠梁空复五车多，圯上从来一编足。”谢铎此诗可谓源流相续。

作《苏墨亭》。诗曰：“此邦事业黄楼最，异代风流赤壁曾。”苏墨盖指苏轼题字。

作《竹栏》《新池次黄定轩韵》。前诗曰：“分明记得清阴在，望海亭前取次栽。”后诗曰：“看取一般生意在，绿杨芳草半芙蕖。”可见其闲娱之致。

作《放衙》。诗曰：“独怜事简恩深地，不待澒除已放衙。”足见南京国子监之政简职清。

作《郊斋有怀定轩、愧斋二公》《谒孝陵有感》。前诗曰：“恩苦未酬归未得，小山落尽桂花风。”故系之于秋。后诗曰：“一代河山开国地，五朝陵寝奉祠初。”按：《明会要》卷十七《礼十二》载：“太祖陵，在南京钟山之阳。后号其山曰神烈。”又“(洪武)三十一年，太祖崩。遗诏：丧祭仪物毋用金玉。孝陵山川因其故，勿改作。”故诗有云：“庙谟睿断真天锡，铁马晨衣俨帝居。”

弘治四年辛亥(1491)　五十七岁

命邱濬以礼部尚书兼文渊阁大学士预机务，班列六部尚书之上，从此阁臣愈尊。土鲁番以所据十一城还喻密。是年，河又决开封。京师、南京、淮、扬等地区均地震。

是年三月铎次子兴义卒，铎谢病致仕回家，家居将十年。《明史》本传：“明年谢病去。家居将十年。”黄绾《行状》：“先生以师道难尽，疏请致仕，不许。明年辛亥，仲子死，先祀无托，遂致仕。诸生以状历部台，请留于朝。先生尝抑诸生之纳粟马者，至是举则多所抑者。一时荐绅荣其归，皆祖于郊外。”

夏

作《致仕命下喜而有述次旧韵柬定轩》《再次前韵》《再用前韵寄赠太守叔父》《再次前韵邀定轩愧斋二公登鸡鸣山》。按：谢氏作《乞致仕疏》。疏云：“弘治三年五月内，钦蒙荐升今职。本年八月内到任，不期前病未痊，时复举发，动履益艰，虽尝奏请求退，未蒙俞允。况臣止有一子留守祖宗坟墓，忽于今年三月二十四日病故……伏乞圣恩怜悯，将臣放归田里。”《再乞致仕疏》又曰：“至弘治四年四月内，不得已备沥前情，恳乞休致，荷敬皇上悯臣委实衰病，放归田里。"黄绾《行状》、王廷相《墓志铭》、李东阳《神道碑》均可资证。故系前诗于是年四月。诸诗由诗题,可系于一时。另按:《嘉庆一统志·江宁府·山川》载,鸡鸣山,又名鸡笼山,在南京市西北,其状如鸡笼,故名。明洪武十三年,重改鸡鸣山,于山巅筑台置仪表,名观象台,亦名钦天山。故知致仕命下,谢氏如羁鸟返林,与一二好友在南京游览。

秋

作《七月廿一日留别陈太常先生》。诗曰:"去年八月二日到,未到今年八月归。"故知谢氏由七月二十一日返程。

作《廿二日出郊有感》。诗曰:"身轻真觉是无官,吏隐今应免素餐。"由诗题系于七月二十二日。

作《过丹阳》。诗曰:"两日客行何快哉,句容已过丹阳来。"按:《通典·州郡·润州》载:"句容,汉旧县,有茅山,一名句容山,言山形如句字之曲,县名取其义。"即今江苏句容县。《读史方舆纪要·镇江府》载,丹阳,秦为云阳,后改曲阿;唐天宝间,改曲阿为丹阳县,即今江苏丹阳县。由诗系于七月三日或四日。

作《过四明阴雨不克登》(诗注曰:此新昌在路三日)。按:《浙江通志》卷十三《山川五》载,四明山,在浙江宁波市西南,自天台山发脉而绵亘于奉化、慈溪、余姚、上虞、嵊县诸县境。相传群峰拱石,四面通透日月之光,故曰四明山,亦代指宁波。诗曰:"圣恩如海许东还,却望天台杳霭间。"故知谢氏已近故乡。

作《余秋崖贺得孙因次其韵》。诗曰:"百忧历尽见遗孙,不绝真如一线存。"知谢氏于是年得孙。按:谢氏《悲喜交集诗序》云:"弘治辛亥秋月,铎蒙恩东归。未抵家之六日,亡男兴义得遗腹子,……于是秋崖余公首以诗贺,而敬所陈公、筠心郭公、守廉缪公辈相与继之。"可参验。

作《汤婆次韵》。诗曰:"一点贞心只如水,不妨人世几炎凉。"显为颂赞贞节之诗。

作《盆荷》《太守叔父期总山看荷再次前韵》。前诗曰:"独怜玉井非吾地,十丈花高奈尔何。"后诗曰:"未见峰头玉井荷,渴心先已濯清波。"同韵共咏,当一系之。又前诗有云:"参差出水雨声急,次第着根秋意多。"故系之于秋。

作《少歇处十咏》。《青山》《白云》《长松》《翠竹》《岩桂》为方外之景;《盆莲》《药栏》《菊径》为庭院之设;《短枕》《残编》为室中之物。

作《再用前韵哭辉伯秀才》。诗曰:"消息忽传秋入病,梦魂曾几夜相关。"故系之于秋。

作《次韵九日登高》。由诗题故系之于是年九月九日。

作《重阳后见菊》。诗曰:"最难花是看根荄,莫问重阳雨后开。"故系之于重阳之后不久。

作《次赏菊韵》。诗曰:"尽多浊酒能忘世,未老青山只么秋。"故系之。

作《次韵答王存敬苏文简二太守》。诗曰:"绕乌正合栖全树,倦鸟惟应恋旧窠。"为自申之辞。

作《李西涯以经筵辍讲诗见寄次韵奉答》。诗曰:"地远江湖空系恋,天高廊庙几徜徉。"深致眷顾之意。

作《西涯诸公以诗来贺得孙次韵奉谢》。诗曰:"硕果信不食,灵苗今有根。故人为感激,佳篇远温存。"恩喜备述,几不胜于言。按:谢氏《悲喜交集诗序》曰:"(得孙事)未几,事传都下,翰林学士长沙李公复为《志喜诗》以视同志,一时交游若学士新喻傅公、长洲吴公、宁都董公、侍郎钱塘倪公、漳潮吴公、修撰华亭钱公、主事山西乔公、知府山阳公、布衣括苍潘公辈,皆倚韵以歌,至累篇牍,播自京师,欢动闾里。"可谓盛况空前。

冬作《岁暮有怀》(三首)。诗一首云:"蹉跎又作一年梦,辗转几劳终夜心。"亦由诗题系之岁末。

作《偶读虞舜夏少康周成王与程婴杵臼事有感得四绝句》《再用李广郑玄杜衍范缜事足前四绝句为八首》。均为咏史诗,曲证现实,感慨系之。

文

作《论教化六事疏》。按《明史纪事本末》卷四十二"弘治君臣"载:"四年,春正月,南京国子祭酒谢铎上言修明教化六事:择师儒以重教化之职,慎科贡以清教化之源,正祀典以端教化之本,广载籍以永教化之基,复会馔以严教化之地,均拨历以拯教化之弊。"故系于是年正月间。

四月作《乞致仕疏》。原因参《致仕命下喜而有述次旧韵柬定轩》。

六月作《南京工部侍郎黄公墓碣铭》。铭曰:"弘治辛亥夏六月十有七日,南京工部右侍郎黄公卒。……公卒之明日,予既三往三哭之,乃与其子商葬事,遂谋所以铭公之墓,不得以不能解。"故系之六月十八日或稍后。

作《重濬宿迁小河记》。记曰:"弘治改元之明年,河决金龙口,汴之重臣以急告。……去年秋，予过宿迁，见河口之土山积，而下流之水争赴淮以入海。"按：此当与弘治三年谢氏赴南京国子祭酒任作《徐州洪》诗相合。由文意，故系于本年。

作《墓祭学田记》。记云："成化丁酉，先公与叔父太守先生，作庵曾祖孝子府君墓侧，以时祭扫，曰'会总庵'。既十年（按：成化丁未二十三年），铎谢病，读书其中。……未几，铎以史事赴召（按：弘治元年）……又三年（按：弘治四年），铎蒙恩东归，而书院成矣。先生又谓庵与院虽成，非田不可久，乃倡为祭田伍亩，俾铎如其数。……议既定，先生俾铎为之记。"故系于本年八月间谢氏还乡后。

作《总山集后序》。其序云："《总山集》，集凡所以纪述咏歌于兹山者皆在焉。首会总庵，见山之所以名；次孝子府君墓，见庵之所以名；次方岩书院，见于此而藏修焉；次三亭杂咏，见于此而游息焉；次墓祭学田，见所以左右乎此山者不废；次宗派孙子，见所以源流于此山者无穷。"故知《总山集》撰成，至少在是年学田划定之后。

作《悲喜交集诗序》。序曰："弘治辛亥秋八月，铎蒙恩东归。未抵家之六日，亡男兴义得遗腹子，叔父太守先生名之曰'必柞'。"故系之于是年八月后。

作《鄱阳教谕应先生墓碣铭》。铭曰："先生讳律，字志和，以字行，仕终鄱阳教谕。复庵，其别号也。……暇则幅巾杖藜，寓情诗酒，如是者盖几二十年。而卒年八十有四，实弘治戊申（按：元年）十有二月十日也。"又曰："鄱阳先生复庵应公既卒之明年（按：弘治二年），其子教谕纪以予太守叔父书，介其所亲缪君思敬状属金君凤魁来请铭。时予在南都，方蒙恩东归，未暇也。既归（按：弘治四年），教谕君以起复北上，过诸途，复拜予，泣请不已。於乎，予尚忍铭先生哉！"故系之本年谢氏返乡后。

弘治五年壬子(1492)　五十八岁

是年，河又决成几支，入运河，坏张秋东堤，掣漕河与汶水北行入海，漕运断绝。

铎致仕家居，兼在方岩书院讲学。

春

作《次韵答陈润卿叶全卿二秀才》。诗曰："要路谁堪立便登，也须辛苦自青灯。"当为经验之谈。谢铎后有《送叶全卿司训》，诗云"两年师友亦虚名"，又云"黟县先生真作者,宦途何日是功成",可知叶氏在谢铎的指点下科场受益,并任黟县司训。后诗则当作于弘治七年。诗见于《桃溪类稿》卷十五。

作《裕远庵既成有感次旧韵》。诗曰:"竹阴望断归来鹤,新雨惟看长箨龙。"华表鹤归,羁魂如释。

作《奉次太守叔父悠然阁韵》《悠然阁五朴次韵》。后诗分题《居室朴》《主人朴》《器物朴》《子孙朴》《童仆朴》"五朴",其归真返朴,意脉与前诗"悠然便是神仙地,绝世谁能出大寰"相通。

秋

作《八月廿四日抵家因检旧书有感》。由诗题故系于八月二十四日。

作《裕远庵遇雨太守叔父起句因属成之用悠然阁韵》。诗曰:"地似有灵留客在,天应多事妒人闲。"为适意之语。

作《新竹生》。诗曰:"生生自是老天意,牧竖园丁休浪争。"有自许宗嗣得继之意。

作《题扇面小景》。诗曰:"扁舟莫讶未归去,正是饱帆风好时。"有庆幸远离仕宦之意。

文

作《与李西涯学士》。书曰:"近得八月通报,知与诸公同升,君子道长,不胜为清朝贺,第未识专掌诰敕与参预机务同乎,异乎?"按:《明史·李东阳传》载:"五年,旱灾求言。东阳条摘《孟子》七篇大义,附以时政得失,累数千言,上之。帝称善。阁臣徐溥等以诏敕繁,请如先朝王直故事,设官专领。乃擢东阳礼部右侍郎兼侍读学士,入内阁专典诰敕。"故系之。

弘治六年癸丑(1493)　五十九岁

铎仍致仕家居,兼在方岩书院讲学。

鞑靼小王子攻掠宁夏。是年,宁夏地震。后连续三年,共二十震。京畿大旱,飞蝗蔽日,连续三天。

是年十二月,谢省卒。

春

作《次韵杨一坡元旦感怀》。诗曰:"未老厌开尘世眼,惜春长办碧山鞋。"亦由诗题,系于是年正月初一。

作《次韵寄罗明仲》。诗曰:"长忆丹阳道上诗,梦魂中夜此羁离。"按:此诗似可与弘治四年返乡时作《过丹阳》"觞屡有盟还水石,衣冠无梦到尘埃"对举。

作《喜晴次旧韵一首》。诗曰:"大麦已过小麦新,田家得此未全贫。雨穷晦朔苦愁地,晴是江山富贵春。"当是晴在春中某月初一。

作《大雨次韵留王存敬太守》。诗曰:"骤雨驱风忽满山,坐看清书晦冥间。"林下逸致可见。

作《海边天》。诗曰:"烧土欲干耕欲雨,最难天是海边天。"当为春耕之时作。

作《悼菊》。诗曰:"西菊未开东菊谢,一般天地两般春。"故系之。

作《存松次韵》。诗曰:"玄都千万树,零落属谁家?"按:唐刘禹锡《元和十年自朗州承召至京戏赠看花诸君子》诗云:"玄都观里桃千树,尽是刘郎去后栽。"此中"桃"指桃花,本诗"玄都"盖亦同指。因花凋残,故知为暮春时节。

作《敬所诗来致永诀语且有后死之托次韵以答》。诗曰:"但恐逼尘累,遨游先八区。"蒲柳之姿,望秋先零,为谢氏自谦亦宽慰语。

作《期笃心诸公登高》。诗曰:"世路白驹隙,荣名春梦婆。"故系之暮春。

夏

作《读李宾之忧旱奏稿有感因次其韵》。按:《明史纪事本末》卷四十二"弘治君臣"载:"(弘治六年)三月,亢旱,求直言。"《明会要》卷七十《祥异三》载:"弘治六年六月,大旱。"故知旱期长达数月。又谢氏《复李西涯》曰:"春初乡人便尝奉小柬并《忧旱次韵》小诗一首,想今已达左右久矣。"京师与台州书信往还约两月,当知此诗作于夏、秋之际。

作《读诸公荐稿志愧一首》。诗曰:"白头一笑青山在,且伴康衢击壤民。"故知谢氏托疾不出。

作《次旧韵寄刘时雍都宪》。诗曰:"势包汴洛今逾险,功到平成古亦难。"当指洪堤防护、杜绝水患之事。

文

作《复李西涯》。系因见上《读李宾之忧旱奏稿有感因次其韵》诗。此书可系春、夏之际。

作《缪君思敬墓碣铭》。铭曰:"思敬姓缪氏,讳恭,别号守谦,又号赉庵。思敬,其字也。"又"弘治癸丑春二月二日,以疾卒于家,得年六十有五。所著有

《茅山稊稿》若干卷。"故系于是年。

作《与潘时用》。文曰:"向得十二月通报,始知有翰林之命,下怀无任慰怿。盖近侍自布衣特起,在国初固多有之,若近代数十年来,则先生与康斋仅两见焉。"又《明会要·选举》曰:"弘治六年,诏天下举才德之士隐于山林者。府尹唐恂以潘辰荐,授翰林待诏。"故系于是年十二月。

作《悬车旧第诗序》。序曰:"悬车旧第,先叔父太守先生之所营也。……既没,先生之子业始构门于堂之前,布衣陈敬所儒珍匾曰'悬车旧第',示不忘也。……因为一诗以志感,且将以告夫世之欲知先生者。"谢省于是年十二月卒,故系之。序见载于《桃溪类稿》卷二十八。

作《白沙邓氏祠堂记》。文曰:"(祠堂)经始于弘治五年之冬十一月,至明年秋八月而落成焉。……庸书此为《白沙祠堂记》,以俟诸其他日。"故系之。文见《桃溪类稿》卷三十。

弘治七年甲寅(1494)　六十岁

春

铎仍家居,兼在方岩书院讲学。

刘大夏督修张秋河工完成。是年,云南曲靖地震,坍屋,压死军民。两京均六震。

作《二月廿七日登缌山有感》(注:弘治七年)。诗曰:"花落春归可奈何,白头清泪几滂沱。"缌山名由谢铎族叔谢省定,亦多所经营,谢省于弘治六年十二月去世,故谢氏睹物触怀,潸然不止。

作《缌山伤感十咏》。按:本诗序云:"缌山本叔父贞肃先生与先编修府君所营……先生与先府君皆后先即世,而铎之不肖亦衰病久矣。春露秋霜,凡一登陟,不能不怅然伤感于怀,因即山之所有以志吾哀,作《缌山十咏》。"故知十咏有追怀先人的深意。

作《桑梓》。诗曰:"莫道无知是天道,须知不死有人心。"可见谢氏之积极人生观。

作《敬所以诗来寿兼致感慨之意次韵奉答》。诗曰:"余日残编犹有待,竹边疑义共谁斟。"可见其人老意颓之感。

作《空庭》。诗曰:"百年歧路真儿戏,一笑勋名且酒杯。"可见颓然自放之致。

作《惜春》。诗曰:"坐老东风日闲关,惜春无计换春还。"故系之于暮春。

作《读李西涯书有感》。诗注曰:"予以《再乞致仕疏》进,西涯止之。"诗云:"来书三复灯前意,珍重忠谋为我虞。"李谢交挚可见。

作《春光》。诗曰:"物色春光几送迎,没阶芳草踏还生。"可系于春末夏初。

夏

作《放怀》。诗曰:"绿荷庭院昼阴阴,浊酒清茶缓自斟。"消夏怡然之情可见。

秋

作《对月有感》。诗曰:"白发相看六十年,几经清洁几团圆。"是为谢氏花甲之年,故言之。又云:"故园不是悲秋地,莫怪中宵不爱眠。"故系之于秋。

作《读同年会诗集有感》。诗曰:"一读诸诗百感深,几惊生死几升沉。"按:谢氏因病不及参加同年会,只以诗见诸公,生死之感颇深。

作《五更》。诗曰:"莫怪壮心空白发,悠悠只此是平生。"亦见其干进一面。

作《乱绳》。诗曰:"处世真如解乱绳,从头徐理不须惊。"颇多理趣。

作《绍兴贰守为予陈乞再用前韵奉谢》。诗曰:"安危未必皆由命,尼使分明亦在人。"通达之意可见。

作《再次通伯东园韵》。诗曰:"又报新诗出小园,尽收风景入流年。"为栖隐唱和之作。

作《明明烈祖诗》。序曰:"臣驽下病废,不能仰赞圣道于万一,辄敢指事实陈,拟为《烈祖诗》一十二章,用继《铙歌》之后,以见我圣祖之创业,虽未尝不戢定以武,而其垂统以为圣子神孙亿万年之典则者,则固不在此也。"美芹润世,赋颂炳焕,其意谋体制,可参《拟皇明铙歌十二篇》并序。

作《峻绝》。诗曰:"盈科后进是途程,峻绝终须着力登。"按:《孟子·离娄下》云:"源泉混混,不舍昼夜。盈科而后进,放乎四海。"赵岐注:"盈,满;科,坎。"故知其栖隐之际,犹循典则以自砺。

作《重修族谱有感》。按:谢氏《重修宗谱后序》曰:"成化辛卯冬十二月,叔父愚得先生以宝庆知府来朝于京师,念欲乞身,未得也。铎侍教在告者凡满两越月,乃取吾《谢氏宗谱》,参酌欧苏之法而损益之。……铎无似,大惧世德负荷之不堪,以深有忝吾先生之教,谨赘其说于后。"诗曰:"欧苏法幸家存谱,杞宋征惭世之贤";"九原泪落台南远(注:台南逸老),老眼摩挲重入编。"均可互参。

作《送叶全卿司训》。系因参见弘治五年《次韵答陈润卿叶全卿二秀才》

一诗。

文

作《贞肃先生墓志铭》。文曰："弘治六年十有一月六日,我叔父逸老先生忽中末疾。"又"越明日,……惟瞠目点头而已。越三十有一日乃终,距生永乐庚子,享年七十有四而已。"又"孝等将以今年二月朔日奉柩以。于是敬所、筠心复即先生易名之实而铭以系之。"故系于本年二月一日前。

作《祭贞肃先生文》(二首)。其一首曰："士方好进,先生力退以耻之;世方逐利,先生力贫以鄙之。"与《贞肃先生墓志铭》之铭"仕而能退,君子之介。贵而能贫,君子之仁。仁以激贪,介以起懦"相符应,故系于同时。

作《奉贞肃公入祀方岩书院祝文》。其文曰："始虽随世以就功名,终实与道而为进退。清风高节,起懦激贪,是诚邦国之蓍龟……惟兹院实因墓庵而立,则岁祀当从墓祭,以行奉祠之初礼。"故亦当系于此。

作《戴师文墓志铭》。铭文曰："以弘治七年六月卒于官,距其生天顺戊寅,得年三十有七而已。"又"潜勉复谓予曰:'豪葬且有日,幸赐之铭,豪可以不死矣。'"故系于是年六月后。

作《重修宗谱后序》。系因可详参《重修宗谱有感》诗。

弘治八年乙卯(1495)至十年丁巳(1497)　六十一岁到六十三岁

铎仍致仕家居,兼在方岩书院讲学如故。

大学士邱濬死。濬字仲深,琼山人。著《大学衍义补》,于真德秀原著所详修身齐家外,增补治国平天下内容。另有《邱文庄集》、传奇《投笔记》等。谥文庄。李东阳、谢迁入阁。刘大夏主持塞黄陵岗等处决口完工,筑长堤,自胙城(今河南卫辉东南)至徐州;又筑起于家店(今封丘西南)、历铜瓦厢(今兰考以北)至小宋集(铜瓦厢以东)堤。两堤相翼,阻黄河北决之路,逼使南行。黄河复全部南流会淮入海。

弘治九年,鞑靼小王子攻掠大同、宣府。

明弘治十年,侍讲学士杨守阯请学士不受吏部考察,从之。学士不受吏部考察始此。孝宗自弘治八年后,视朝渐晚。宦官李广因斋醮烧炼受孝宗宠信。大学士徐溥等上疏极谏,户部主事胡燏、祠祭司郎中王云凤等亦上书论方士、宦官之害。命修《大明会典》。

弘治九年作《次韵答应黟县金六合》。诗曰："可人安得客长在,避俗不须山更深。"可见其清志闲远。按,谢铎弘治十二年秋作《读丙辰登高乱稿有感次旧韵》,诗中自注:"金六合、孔谦受俱物故。""丙辰"即指本年,金凤魁于次年去世,故系之。

作《菟稗》。诗曰:"东风到处是繁华,菟稗休将五谷夸。见说玄都春正好,菜花无数杂桃花。"故系之。

作《敬所报至感而有述》《惜春再用前韵》。两诗由诗题可系于一处,后诗有云:"登陟岂无明日待,蹉跎不及暮春行。"故系于季春。

作《闲看》。诗曰:"枕书长笑北窗下,闲看儿孙学种田。"天伦安享,甘之如饴。由诗意,亦系于春耕之时。

作《读旧稿有感》。诗曰:"败稿无端乱作堆,百年心事此迂徊。"故知志愤寓乎其内。

作《独坐》。诗曰:"独坐空庭昼日迟,弱孙骄子戏相随。"弄孙甘饴,清闲度日。

作《读敬所诗有感》。诗曰:"交游一代公非浅,出处三朝我独惭。"有昨非自悔、志从鸥盟之心。

作《鸡啄兰有感》。自注:"弘治九年。"故系之。诗见《桃溪类稿》卷二十一。

文

作《筠心郭先生墓碣铭》。铭曰:"弘治八年春正月二十三日,筠心先生来过予……且暮,予留之不可得。厥明忽报先生亡矣。……未几,先生之子夔来乞铭。"故系于八年正月二十四日后。

作《桃溪杂稿编年谱小引》。其尾志曰:"弘治八年乙卯春三月二十六日,缌山病叟自志于贞则堂之少歇处。"故系之。

作《贺李西涯入阁书》。书曰:"三月初,闻有入阁之命,不胜为吾道庆幸。"按:《明史·李东阳传》载:"八年(春二月乙丑)以本官直文渊阁,参预机务,与谢迁同日登用。久之,进太子少保、礼部尚书兼文渊阁大学士。"当与之合。

作《复李学士西涯书》。书曰:"冬初始得四月七日书,辱报日讲之命,不胜慰喜。所以然者,非敢为执事贺,为宗社贺,为斯世、斯民贺也。"亦为是年是事作。

作《再复李西涯阁老书》《再复李西涯书》。前文曰:"入阁后两辱赐书,谦光益甚。"后文曰:"章举人、林训导便尝两奉书,此皆入阁后日月也。"故皆系于是年李氏入阁之后。

作《旌义亭铭》(有序)。铭序曰："弘治九年秋八月,乐清赵尚谦氏随例输谷三百以备赈济,于是膺立石旌异之典,乃作亭以侈之,曰旌义之亭。"故系之。

作《应天府六合县儒学训导金公墓碣铭》。铭文曰："公姓金氏,讳核,字凤魁,以字行。……世居岩之云浦,今分隶太平,则为太平人。"又"归又一年而卒,实弘治丁巳正月四日也,距其生正统己未,得年五十有九而已。"又"因取以铭公墓上之碣,而其细者或可略焉。"故系于弘治十年正月四日后。

作《进士王公墓志铭》。铭文曰："公讳钦,字彦恭,姓王氏,裔出宋魏国文正公之后,世为台之黄岩人。""正统壬戌进士王公没,迄今弘治丁巳,盖五十有六年矣。"故系之。

作《金华乡贤志序》。序曰："弘治丁巳,浙江参议衡山吴公某分守其地,谓是邦实两浙文献渊薮,而乡贤之祠未备,诚为缺典,乃白巡按御史吴公某,议以克合,遂属其役于薛同知敬之。敬之度废寺地之在郡城者,建为祠。""是固不可以不书,书之亦以见是祠之所由立,而是志之所由立,而是志之所由成也。"故系之。

作《赘言录序》。序曰："师文既没之三年,厥父潜勉翁以其所遗诗若干首,所谓《赘言录》者视予。"由前知戴师文卒于弘治七年六月,以文意系于弘治十年。

作《立方山墓碑祝文》。文曰："维弘治十年,岁次丁巳,二月癸酉朔越日,孝玄孙国子祭酒铎,敢昭告于方山诸祖之墓。"故系之是年二月二日。

弘治十一年戊午(1498)　六十四岁

鞑靼小王子攻肃州,战败。总制三边王越又袭败之于贺兰山后。是年,河决归德。

铎致仕家居,兼在方岩书院讲学。会国子缺祭酒,吏部因荐者益力,以谢铎名进之。黄绾《行状》："家居几十载,惟读书求志,日不少懈,势力一毫不婴于怀。天下之思其人、想其风者,皆谓可望而不可即,而荐者益力,孝庙于是深知先生,欲大用之。戊午,会国子缺祭酒,吏部以先生名进。"

春

作《戊午元旦有感二首》。诗见于《桃溪类稿》卷六,惜北图所藏明嘉靖二十五年谢适然刻本卷二至卷六,卷十一至卷十四均佚,仅以诗题而系之。

夏

作《邸报》。其一、三首跋语曰："四月十二日,科道官悉待诏征";"四月二十一日,吏部以予与吴原博同点右侍郎。"《明史·章懋传》曰:"弘治中,孝宗登用群贤。众议两京国学当用名儒,起谢铎于北监。"又黄绾《谢文肃公行状》曰:"戊午,会国子缺祭酒,吏部以先生名进,上特命升礼部右侍郎,掌祭酒事,遣使就其家起之。"故系于是年四月十二日至二十一日。

作《四月二十三日夜梦中得诗二句因足成之》。诗曰:"白日西飞水逝东,坐看青鬓老英雄。百年事业蹉跎地,万古江山感慨中。"知其再仕前之复杂心绪。

作《高情柬金愿学应继休二公》。诗曰:"不知岁月闲中老,且共儿孙醉后嬉。"见其弄孙之怡,颐养之意。

作《悼诗》。诗注曰:"甲寅冬,亡去诗一册,追念不已,因成四韵以悼之。"诗曰:"也知不是丰城剑,敢望神灵有护呵。"以表其悼惜之情。

秋

作《苦雨》。按:《明史纪事本末·弘治君臣》载:"十一年秋七月,以浙江大水,户部尚书周经请停织造,从之。"诗曰:"野岸禾生耳,山城水及扉。"由上水势可知。诗亦系于七月或稍后。

作《病吃自戏》。诗曰:"心自分明口不明,向人堪笑亦堪惊。"亦见其自宽放达。

作《喜蔡秋官至》。诗曰:"束带匆匆倒屣迎,高车忽报已前庭。"喜溢言端。

作《愿学继休期登高以病不至》。前诗曰:"定知不负青山约,黄菊秋深正满丛。"后诗曰:"入秋高兴与天通,摇落谁甘宋玉同","黄花有恨今谁爱,白发无情本自公"。疑为是年重阳作。

作《草室留宿方岩书院次韵奉怀兼柬秋崖南郭》《秋崖南郭有词章之辨再用前韵以解之》。前诗曰:"邂逅几番心欲醉,相思一夜鬓先秋。"眷恋之意可知。

作《读旧诗有感》。诗曰:"前题再把不能改,旧稿有时聊自翻。"见其怀旧之癖,老而渐深。

作《治棺有感》。诗曰:"极知生有尽,谁向死前休?"又"百年真幻梦,一笑此浮休。"可谓视死如归。

作《盆栀为牛所害感叹之余遂成四绝》。其一曰:"无情敢作天公怨,美物从来忌者多。"有喻世意。

作《出旧邑次委羽有感》。诗曰:"不如归卧桃溪上,闭户犹堪学睡仙。"优游闲情甚明。

作《谒黄世显侍郎墓有感》。按：黄世显卒于弘治四年六月十七日，迄今已有七年，故曰："白发论交四十年，忍看宿草此芊芊。"

作《楼台》。诗曰："十万楼台烂绮罗，两街灯火沸笙歌。"有颂圣意。

作《读潘提学诗》。诗曰："犹恐鹤声高不彻，极天更起九层楼。"按：《易·中孚》曰："鹤鸣在阴，其子和之；我有好爵，吾与尔靡之。"鹤鸣代指仕隐之贤士。

作《有怀王古直诗以招之》。诗曰："试看万古争名地，若个长生不老仙。"可见其澹放之志。

作《雨中有怀应黟县》。

作《感旧十首》。诗怀黄世显、林一中、陈士贤、王尚德、郭筠心、陆钺、彭敷五、陈师召、张泰、戴师文十人及同时仕宦者，感念深挚，语浸悲戚。

作《自遣五首》。其三首曰："今朝有喜谁知得，教到孤孙小学来。"其五首曰："诗成欲寄无人问，付与儿童一笑歌。"见其童老自娱之致。

作《喜晴》。诗曰："乱山影里夕阳迟，钟鼓声中鸟雀嬉。"笔意轻松、清远。

作《复雨》。诗曰："不须更问污邪地，今日高原好种田。"雨济风旱，聊补歉收。

作《上清》。诗曰："已视王侯真蚁虱，未论金玉是泥沙。"意出世表，语近慢肆。

作《西涯书来有深衣之议走笔以答》。按：《礼记·深衣》："古者深衣，盖有制度，以应规矩，绳权衡。"孔颖达疏："凡深衣皆用诸侯、大夫、士夕时所著之服。"故知李东阳有劝请谢氏复出之意。诗曰："鹭渚或堪狎，鸳班无所容。"则力申隐栖之旨。

作《盆荷少花有感》。诗曰："南枝先似北枝开，向暖长惊庚岭梅。"且诗有注曰："东花而西不花。"知常事中亦有理趣。

作《丹青》。诗曰："丹青不识归来意，犹写黄粱梦里身。"为肖像画之自评。

作《月下对菊与应黟县同作》。诗曰："地偏尘土不入梦，天与岁寒聊结盟。"可知秋时已深。

作《有感》《吾民》《虚名》。诗曰："莫向东郊问老农，秋田今日尽成空。半年烂死滔天浸，一夜干枯刮地风。"荒年暴岁，忧时悯农。

作《新河军》。诗注曰："军尝笑予曰：'有官不会做，有钱不会接，只管在屋底幽，怎的？'予闻之曰：'军其知我者哉！'遂为赋此。"诗曰："五陵裘马日更新，白发归来苦爱贫。"有乐道遗荣之旨。

作《读秦桧传有感》。诗曰:"史官任尔能三世,遗臭依然到万年。"史论锵然。

作《荒岁用旧韵》《祠堂成喜而有述次原韵》。前诗曰:"荒岁艰难百用侵,独于祠墓最关心。"与后诗"众役劳劳已隔年,苟完聊复此巍然"相应。又后诗曰:"迁祠自合仍迁主,改邑曾知不改泉。"按:谢氏《奉道三府君祧主入会緫庵祝文》曰:"今四世亲尽,是宜祧主同奉于此,以申岁时墓祭之诚,以永系我子孙百世追远之念。"可参验。

作《西涯病起有习隐之句次韵以答》。其一诗慰诫李氏:"正须大展匡时略,未许先为习隐图。"其二首为自况:"心远每怀彭泽径,诗高宁羡辋川图。"诤语为友,清居为己,可见其思想之两面。

作《疏庵》。诗曰:"不识繁华千室地,一庵能挽几颓波。"见其执学儒礼,过化存神之意。

作《雨中偶兴》。诗曰:"闭门长日雨丝丝,正是空山断客时。"知其深居幽隐之趣。

作《王兴化谈及世事兼致西涯之意感慨之余再用前韵》。诗曰:"放教更插飞仙翼,直上蓬莱第一班。"亦为拒仕之意。

作《再叠前韵柬兴化》。诗注曰:"时存敬久留建山,而诗不至。"又诗曰:"建山才罢又莞山,几日酣歌富贵间。"可知其访游诗友之乐。

作《再用前韵奉酬西涯》。诗曰:"廊庙江湖悬隔甚,未应先觅海鸥班。"诤劝之意亦颇重。

作《再读西涯病起韵有感》。诗曰:"行藏久已心能识,得失休言命是无。"有豁达之致。

作《自笑》。

作《海陵耆英会》。诗曰:"清时仕路十分宽,进退分明两不难。"见其萧散之意。

作《东雁亭次韵》。诗曰:"误矣黄金台上路,白头犹自恋清班。"为自省语。

冬

作《岁除有感》《守岁再用前韵》。前诗曰:"爆竹惊传夜半声,起凭尊酒坐深更。"后诗曰:"邻鸡忽报第三声,风色萧萧近五更。"故系于是年除夕及黎明。

文

五月十七日作《方岩祈雨有感诗序》。序曰:"弘治戊午,吾乡自四月不雨,至于七月,禾槁于田,水涸于泽,民心惶惶,若不能以朝夕者。"

作《祷雨有感诗序》。序曰:"弘治戊午夏四月,太守姑苏文侯宗儒之治温也,温适大旱……于是项良泗杀其叔项衰父子一纪矣,众具以告,遂逮系之,一讯而伏。未几,阴云四塞,大雨如注……温之大夫士,名能诗者皆拟为歌颂……若是耆民王廷载等辑所为诗,介吾姻党章秀才达德来告于予曰:'愿有序,以无忘侯之德。'"故系之。序见《桃溪类稿》卷二十七。

作《奉道三府君桃主入会总庵祝文》。系因可详《祠堂成喜而有述次原韵》。

作《工部员外郎郑君墓志铭》。文曰:"弘治丁巳夏四月八日,工部员外郎郑君时望卒于杭。……距其生景泰甲戌,得年四十有四而已。……明年秋九月二十九日,文清与其弟文源将葬君义城乡乎岭之原,先期来请予铭其墓。……乃为按其状而叙之。"故系于是年九月二十九日之前。文载《桃溪类稿》卷三十五。

弘治十二年己未(1499)　六十五岁

时"传奉官"甚众,吏部尚书屠滽、兵部尚书马文升、给事中张弘至等上疏极论其弊。孝宗初即位时,罢"传奉官"几尽,后又复授,及是一月中升授二百余人。是年,会试发生考官程敏政泄露试题案,敏政下狱,旋释出,令致仕。举人唐寅受株连下狱被黜。

八月升谢铎为礼部右侍郎,掌国子监祭酒事。十二月差官赍文催谢铎赴任。谢铎两次上疏辞免,不许。李东阳贻书来劝。《明史》本传:"荐者益众。会国子缺祭酒,部议起之。帝素重铎,擢礼部右侍郎,管祭酒事。屡辞,不许。时章懋为南祭酒,两人皆人师,诸生交相庆。"谢铎《乞致仕疏》:"弘治十二年八月内,过蒙皇上误采人言,不忘求旧,增以爵秩,特起自家。"

春

作《元旦再用前韵》。诗曰:"忽听儿童拜舞声,匆匆又是岁华更。"亦由诗题,系于是年元旦。

作《文太守宗儒期会雁山阻于风雨且方以迎诏为急道上匆匆奉寄》一首。诗曰:"极知优诏奔迎地,民瘼东南得细论。"按:稍后同年,谢氏作《西涯以诗来劝北上次韵奉答》。诗曰:"优命新传入故山,抚心真在震惊间。"亦与此诗合。谢氏《复文宗儒太守》书曰:"章表弟玄械来,辱手教暨族范、乡约诸书,且喻以江心雁荡之游。……江心隔涉山海,固非衰病者所能强至。若雁荡则近在咫尺,敢不扶舁以从。"可参验。

作《次韵答宗儒》《再用前韵柬同游黄赵二公》《再至灵岩次赵司训韵》《达德昆季送至番溪因用前韵留别》《永嘉汪尹以诗来诧雁山之游次韵以答》。末诗曰:"诗句岂能穷老兴,酒杯聊复浣春愁。"当知诸诗皆为雁山春游事作。

作《哭王存敬太守》。诗曰:"怨来敢复从天问,愁剧聊应与酒亲。"悲悼不已。

作《文太守述怀诗来次韵奉解》。按:谢氏《复太守文》曰:"读《谢病疏》暨约游雁山诸记,望而庄重缜密,宛然有古作者之风,乃知别后数十年造诣如是其至,独诗与文也哉!"当与诗同时。

作《村民有用三十六桶以救饥者慨然感兴为赋》(三首)。按:谢氏《复吴原博侍郎》书曰:"弊邑三年连遭风旱,民至掘草以食,死徙未已。县虽申府,类皆务为粉饰,实不以闻。今者县民,动千百计,哀号府庭,势不容已。"诗曰:"若教此物堪供上,也作官家折耗粮。""独怜救死山中药,不救催科棒上疮。"可互验。

作《林祭酒先生以诗来报古直住近其家次韵奉答》。诗曰:"不妨老眼天留在,看尽花开又落花。"故系之春末。

作《邸报》。诗曰:"谁传邸报又温州,消息真应是浪投。"当为敦行起复之事。

作《次人哭子韵》。诗曰:"何年逝水更西流,空忆钟情有许愁。"意染同病,慰语自伤。

作《文太守以诗来劝驾》。是诗次《邸报》之韵,尽敦劝复出之旨。

作《寄萧文明佥宪用旧韵》。诗注曰:"文明以给事谪云南,旋升佥事,未老而归。"诗曰:"二十年前相别地,酒杯犹复恨匆匆。"当知萧过访谢氏,既而返归。

作《再用旧韵寄文明》。诗曰:"世路渐随前日改,旧游今复几人存。"致白首同归、倾盖如故之意。

作《用旧韵寄刘时雍亚卿》。诗曰:"万里冥鸿尚几人,相逢今日始知真。"睽隔日久,谊份弥新。

作《得李西涯书有感》(三首)。按:谢铎被任命为礼部右侍郎掌祭酒事后,两次上疏以疾请辞,李东阳有书来劝,谢铎见书有感。其三首曰:"为谁荐剡日交并(自注:予自归休,荐者不下十数),一笑悠悠非我情。"谢氏作有复潘南屏、傅体斋、谢木斋书,叙写己不愿起复之意,言辞恳切,不一而足。

作《哭文太守宗儒次韵》。诗云:"沧州席上交期在,雁荡山前别恨长。"年初曾一同登山临水,转时尘隔异世,自不胜歔惶。

作《应黟县以诗来论文次韵复之》。诗曰:"文章亦是天机杼,笑杀随人脚后跟。"可见谢氏为文主张。

作《次李阁老重经西涯韵》《次西涯子兆先韵》。按：谢氏《复李西涯》曰："九月初拜领恩命，愧恐之余，未知所以报塞，已将衰病实情，具告府县与本布政司，乞为辞免。……和得重经西涯诗二首，辄用附达。……令郎不我遐弃，视以诸作，盖乎有跨灶之风，亦敢以一诗相答。"可参验。

秋

作《八月初一大雨喜而有作》。诗曰："一雨惊看喜欲狂，倒悬直解此皇皇。"由诗题故系于八月初一。

作《归来园》。诗曰："日涉趣成人已老，赐归诏在墨犹温。"极尽感恩之意。

作《九日登楼旗峰追次杜牧之韵》《诸叔父盛筵以劝北上用韵奉谢》。按：《明实录·孝宗实录》卷一百五十三载："壬子，升致仕南京国子监祭酒铎为礼部右侍郎，管国子监祭酒事。"由诗题系于九月九日。

作《次韵答王老绣衣》。诗曰："人心在处知何极，天道从来不好争。"为其儒风写照。

作《次黄大尹九日偶书韵》《九日登高次陈敬所韵》。前诗曰："自信老怀终慷慨，未妨秋气转萧森。"后诗曰："白发快登休作恨，黄花催发似多情。"见其远襟高致。

作《次一坡哭子韵》。诗曰："愁向老来真逆境，泪从诗下识钟情。"丧明之痛，触类而悲。

作《读丙辰登高乱稿有感次旧韵》。其"处处青山有路通，旧游回首几人同"句下自注："金六合、孔谦受俱物故。"题目中"丙辰"，乃指弘治九年，检是年谢铎作品中有《次韵答黟县金六合》，可知此诗为追念旧游而作。又此诗题中"登高"二字及诗中"黄菊依然傲晚风"句，说明弘治九年秋谢铎与他们曾登高唱和。

作《借李西涯韵奉谢南屏潘先生》。按：谢氏《复潘南屏》书曰："凡在宗戚交游中，罔不以行为劝，其先得我心而为我忠谋者，独先生一人耳。……敢借重经李西涯诗韵，草草以谢。"诗云："滔滔谁屹海澜西，珍重先生为指迷。"有注曰："南屏独劝予不起。"可参验。

作《悼猫》。诗曰："莫怪纷纷还鼠辈，只应养恶是天心。"刚肠悠寄，廊庑特达。

作《孤松偃蹇》《老桧嵯峨》。均为状物诗。后诗曰:"庙堂梁栋元无分,只合风霜老此生。"为自况语。

作《范宁国诸公以诗相劝次韵奉答》。诗曰:"功名且付三杯酒,老病谁堪百尺竿。"渺处欹视,历练霍达。

作《西涯以诗来劝北上次韵奉答》。诗云:"优命新传入故山,抚心真在震惊间。"优命频传,宠辱皆惊,非以自清徼名。

作《次韵奉答傅体斋春卿》。按:谢氏作《复傅体斋》云:"第恩渥崇深,敦劝恳至,不得不扶病前来,仍具情词,恳乞以听进止,伏望调护苄覆,俾不至颠踣道路以保余生,诚万幸也。"当与此诗有关。

作《修治衣服有感》。按:谢氏作《与黄大尹》书曰:"伏睹优诏屡下,凡所在先贤坟墓,有司皆为修治……凡此数非簿书条格之所急,俗吏闻之,不以为狂则以为腐,向非笃好古道如执事者。仆虽至愚,亦安敢为是不知进退之渎哉!"是知谢氏决意起复,此诗亦为其证。

作《再用前韵柬继休先生》。诗曰:"老堪妨病久,心苦出门难。"已预见其波路艰难。

作《次李西涯卜居诗韵》《次韵奉答西涯》。按,据今人钱振民《李东阳年谱》,是年九月李东阳拟居常州之宜兴武进,认其为先祖游寓之地,又兼山水奇美,故托徐溥及表兄殷鉴代为置地。众友人如杨一清、吴俨、邵宝、潘辰、谢铎皆有诗唱酬,谢铎此诗当属遥和。前诗曰:"莫将明日问晴阴,且向尊前散郁襟。"知谢氏勉难出行。

文

作《龙游县学记》。文曰:"弘治己未春正月,衢之龙游县学,工既毕功,学之教谕陈璜氏遣其徒叶森辈以书来告予曰:'……惟先生其予之记,固邑人与诸生意也。'"故系之。

作《重迁祠堂记》。其记末曰:"弘治己未春三月曾孙铎谨识。"故系之三月。

作《重建温州卫治记》。文曰:"弘治己未夏四月,温州卫指挥同知陈侯璠遣其百户李鉴,介吾友王大理蕴和书,不远数百里来告予曰:'……义不可以无纪,惟先生实知公者,脱无靳焉,则瑶与诸军士之愿,亦兹卫之大幸也。'"故系之四月。

作《再乞致仕疏》。疏曰:"弘治十二年八月三十日,本县知县罗政钦奉旨意公文前到臣家,催趣上道。"又"臣不胜大愿,当将前情具告本府县与本布政司,乞为覆奏,缴回勘合,犹恐迟误不便,为此具本,专差义男谢来赉捧奏闻,伏候敕旨。"故系于八月三十日之后。

作《南京国子监丞陈公墓志铭》。铭曰:"南京国子监丞临海陈公正初既卒之逾年,其子吴县学训导寅以状来请铭。""公归逾十年乃卒,是为弘治戊午九月之十日,享年八十有一。""宪等卜以今年己未囗月囗日葬公梅浦山之原,从先兆也。"故系之。

作《辞免礼部疏》。疏曰:"弘治十二年十二月初九日,吏部差到办事官孙潮赉送公文一道,钦奉圣旨升臣为礼部右侍郎,仍管国子监祭酒事者。""臣以一芥疏远之臣,受此知遇,已甚惭恐,尤恐稽违召命,自取罪戾,此心愈不自安,只得扶病迤逦前来,以听进止,然犹未卜病之瘥否与行之能至否也。"故系于是年十二月。

《复章秉略》。书曰:"盖前者行取文移至日,亦尝具告本布政司,乞为回覆勘合……十二月初九日,始得吏部咨文。兹又专具一本,托令亲汪大贡带上。"故系于十二月九日后。

作《复李西涯》("近从章进士处附奉小柬,粗答汲引之意,恶诗数首,谅亦随达")、《复李兆先》("辱示诸作,亟读再过,隐然有乔松着根、骥子堕地之势,孰得而遏之哉")、《与黄大尹》("向以杜清献公墓事奉渎辱慨然判决,付其裔孙典守,岂胜感激")、《复潘南屏》("仆不才,衰病久矣,诸公不知其然,谬相论荐,以致误辱恩命之临")、《复傅体斋》("仆不才,谬为诸公所论荐,以至圣恩滥及,芒汗无地,自顾缺然")、《复谢木斋》("仆自分踪迹疏远,不敢以时奉问,愿辱手书,上述圣恩,下及交谊")。可参验本年诗《得李西涯书有感》(三首)、《次李阁老重经西涯韵》《次西涯奉答傅体斋春卿》之系因。

作《南溪逸叟罗公墓表》。文曰:"南溪逸叟新喻罗公既卒之七年,其子政以名进士为太平尹。一日持其友张给事囗状公行来请予为墓表……义不得以不文辞。"又云:"公讳举,字端朋,姓罗氏,南溪逸叟其别号也。……公生以永乐辛丑,卒以弘治壬子十月,享年七十有二。"可知罗举卒于弘治五年十月,七年后其子索铭,故系于本年。此文见《桃溪类稿》卷三十九。

弘治十三年庚申(1500)　六十六岁

是年以"星变",除兵部尚书马文升外,吏部尚书屠滽、户部尚书周经等五人皆致仕。理学家陈献章死。献章字公甫,新会(今属广东)白沙里人,称白沙先生,著有《白沙集》。

是年四月,铎奉旨进京。五月至绍兴,病,经金华、丽水、温州返回太平。再辞官,七月圣旨下,不准辞职。谢铎于是年十一月抵京,又辞礼部右侍郎职,十二月圣旨下,不允所辞。铎就任礼部右侍郎,掌国子监祭酒事。黄绾《行状》:"次越,得疾径归,以状投绍兴府缴进,力求致仕,不许。又疏投台州府转奏,知府不敢上……使者再致,有司劝驾益急,遂行至京。以求退而得迁,非义所安,辞以旧官供职,不许,始受命。"又详谢铎《乞致仕疏》。

作《寄寿应黟县六十》。诗云"解印归来已十年",又云"再涉世途吾愧甚",可知此诗当作于本年诏书频催起复之际,此迄谢铎弘治四年归隐已有十年,故诗中言"十年"。此诗载于《桃溪类稿》卷十五,因不明具体月份,姑系于此。

夏

作《喜敬所先生至再用旧韵》《敬所催予亟行再次前韵以答》《出门再用前韵》。按:谢氏《在途再乞养病致仕疏》曰:"至弘治十三年四月十一日,前疾稍痊,扶舁应命,山岭崎岖,只得随路将息。延至五月十一日,始到绍兴府会稽县地界。"又《再复李西涯先生》曰:"故不得已,四月十一日扶舁出门。山岭劳顿,随路将息,直至五月十一日方达绍兴。道路至此,甫五六百里,而延历已三十余日。"故知谢氏于是年四月一日出行,陈敬所过访劝告亦前此不远。

作《题便面》。诗曰:"溪桥回首处,应悔出山深。"知其依恋迟徊之心境。

作《再叠山字韵》。按:谢氏《复傅体斋》书曰:"山字韵佳作,就此奉答,更乞改教,万万。"又《复李西涯》书曰:"所有《元次山字韵》二诗,亦敢草次奉复,以少输未尽万一之私,统希情亮不具。"当与此诗有关。

作《宿华严寺有感》。诗曰:"谁知五度经行客,白发相看四十年。"知其出处京乡,多经此处。

作《途中有感志愧》《午后将登石梁再叠前韵》《晓起将归再叠前韵》《归途有感再叠前韵奉谢二公》。知谢氏为过从宴请时作,亦即末诗题中"二公"。其共登石梁,同宿竹院,相得甚惬。

作《再次范宁国韵》。诗曰:"万古天台此胜游,相逢不似雁山秋。"故知其同至天台览胜。又曰:"溪声彻夜蛙声急,似与乾坤作唱酬。"显为夏之景事。

作《题莱次韵》。诗曰:"除却采薇山上客,此心都只为泉贪。"有颂隐之意。

作《至接待寺有感》《清风岭追次李五峰韵》。前诗曰："拂衣又是明朝路，天姥峰头第几层。"可知山路绵延，迤逦而进。

作《次司马宪副通伯饮酒诗韵》《次司马通伯东园韵》四首（按，诗见《桃溪类稿》卷十三，已佚。）《次通伯东园独步韵》《再次园字韵》（五首）。末诗其四首跋语曰："将过金华，由括苍以归，汪时用力阻之。"其五首跋语曰："约司马通伯共游雁荡，不遂。"可知谢氏行经金华，诗友欢会。

秋

作《抵绍兴病不能行再次前韵》。诗载《桃溪类稿》卷十三，惜已佚。

作《久客绍兴有感》。按：谢氏《在途再乞养病致仕疏》曰："延至五月十一日，始到绍兴府会稽县地界。劳顿之余，前病复作……不得已借下本县蓬莱馆歇泊，犹望痊可，庶几前来，以偿初志，不意旧患劳弱、麻痹等病，亦复乘虚发动。臣当此时，离乡已及五六百里，道路炎热，望阙思家，进退两难，实为狼狈。"又《再拟乞恩养病疏》曰："奈何臣久病积衰，一卧绍兴，奄及七十余日，始能扶惫还家。暑毒之余，山岭劳顿，到家未久，左腿发一大痈，日夜呻吟，延历月余，始觉破溃。"诗曰："两月蹉跎不出门，只将愁绪对芳尊。"与之相应。因谢氏五月十一日至绍兴，迁延两月，故系之七月。

作《悬车旧第》。诗曰："最是竹林追感地，起公无路只欷歔。"可见其颓唐意绪。

作《喜姜贞庵至》《惊秋二首柬通伯》《留别蓬莱馆》《司马通伯以诗见留次韵奉谢》《再次通伯韵》。按：谢氏作《送姜贞庵还兴诗序》曰："今年夏，予复赴召命，以命留止绍兴之蓬莱馆。贞庵不远数百里来省予病。予不意贞庵遽至，喜不自胜，贞庵亦喜甚。""既乃贞庵以别告绍兴守，佟公亦知贞庵者，谓斯会也，不可以无纪，因属予书之卷首，而贞庵之友曹高州、汪车驾、司马宪副诸公与予弟业复为诗以系之。"可相参验。谢氏病羁异乡，因旧友慰望而喜。末诗曰："城头昨夜捣衣声，千里还家客梦轻。"为其被迫回转之语。

作《游戒珠寺有感》。诗注曰："寺，羲之故宅，即所谓蕺山也。"诗云："不知采蕺兴邦后，禾黍离离几故都。"为凭吊诗。

作《孝烈行》。诗曰："君不见潘家之女徐家子，孝诚烈气天所与。"为旌表孝烈之义。

作《游梅山次韵一首》。诗曰："极目晴光杳霭间，鉴湖秋水碧连山。"按：

鉴湖,又称长湖、庆湖。在浙江绍兴城西南二公里。知为谢氏休养遣兴时作。

作《留别汪时用司马通伯诸公》。诗注曰:"七月十八日。"故系之。亦知其此时再度返乡。

作《将归自婺处再次前韵》。诗见《桃溪类稿》卷十三,惜已佚。

作《次诸暨冯秋官珏韵一首并柬熊大尹希古》《谒王允达墓有感》(二十二日)、《过金华诸郡有感》(二十四日)《自笑》《再宿武义溪中追前船不及》(二十六日)《换船有感》《过永康有感》《缙云道中有感》《追忆金尚义卢舜用二同年》《冯公岭》《却金馆》《浪迹》("四月离家八月归")《自青田东下将抵温州》(八月初一日)《掠船》(初二日)《晓泊西郭》《期敬所诸公来游雁山》《云津书院次陈白沙韵》《至温访达德不在有感》《次韵答汪大尹进之》《期吴通守柞来游江心》《再次前韵留别汪进之》《谒文信公祠追次公旧韵》《次韵寄谢任太常墨竹》《游江心寺再次前韵答进之》《饮净光寺再次前韵》《渡瓯江》《晓发乐清》《芙蓉筋竹道中》《八月十七日抵家有感》。据《浙江通志》卷一百三十一载,冯珏,诸暨人,为成化十四年曾彦榜进士。又据《四川通志》卷八《人物志》载:"熊希古,新宁人,弘治间知天台县,历官刑部员外,以忤逆瑾谪官,寻复员外,升郎中,谳狱断明允,擢守临江,筑城弭盗,卓有声称。后升云南副使。"按:自是年七月十八日左右,谢氏赍病还乡,途经金华、丽水、温州,至八月十七日重返家中。一路赏接故人、风景,差可疗慰。

作《九日有感》。诗曰:"卧病有怀空望远,奋飞无力更登高。"故系于是年重阳。

作《陈乞不允有感》。按:谢氏《再拟乞恩养病疏》曰:"本年七月二十九日奉圣旨曰:'谢铎不准辞还。行文去催他着上紧来。钦此。钦遵。'""傍徨之余,病势稍退,扶惫上道,竟负此心,聊存此稿以志吾愧。"《再乞辞免礼部职名疏》曰:"本年七月二十九日奉圣旨:'谢铎不准辞还。行文去催他着上紧来。吏部知道。钦此。钦遵。'续该吏部题。准钦差办事段隆赍文守取。""故自绍兴还家未及一月,只得扶病就道,冒寒冲冻,不分明夜,上紧前来。"故诗曰:"倦客归来梦未甘,忽闻呼召又征骖。"可与之参验。

作《次韵答徐望轩》。诗曰:"红尘方满路,诗眼近来昏。"为自遣语。

作《再过天姥岭有感》。诗曰:"一年两度此驱驰,春雨秋风几路歧。"由上之系,可知居家未及一月,谢氏重又扶病北上。

作《浦口舟中有感》。诗二首曰:"可堪行路难如此,上紧犹烦诏旨催。"极写其急行之状。

作《有怀汪车驾司马宪副》《月夜舟次司马门首》。后诗曰："月明司马桥边路,绝胜当年雪夜舟。"按:此句借用王子猷雪夜访戴逵之典,差可比拟。

作《容春精舍吴匏庵韵》。诗注曰:"邵国贤所居,失之数世而复,傍有龟山先生祠。"诗云:"汶田再复真难事,赵璧能完未足书。"正为符应。按:汶田,即汶阳田,春秋时鲁国属地,在今山东泰安西南一带,因在汶水北,故名。地近齐国,故数为侵夺。鲁成公二年,齐始归还,事见《春秋·成公二年》杜预注。龟山为杨时之号。

作《丹阳舟中遇雨有感》《镇江阻风再次前韵》。前诗曰:"不辞曳病扶衰苦,犹自冲寒冒雨来。"知关山迢递,已至镇江。

作《待渡奉谢王太守诚之》《金山寺追次张处士韵》《渡江》。按:金山寺,在今江苏省镇江市西北金山上,东晋时创建。知谢氏曾于此逗留,始而渡江。

冬

作《广陵舟中有感》《过高邮渚湖》《徐州登车有感》《拟谒孔林》。按:孔林为孔子及其后裔墓园,在今山东曲阜市城北门外。由诗题知谢氏渡江后经扬州、高邮、徐州至山东境内。末诗有云:"登山未解小天下,谒庙先须自孔林。"又云:"督促频烦诏旨临,朔风吹鬓雪盈簪。"故系于冬时。

作《再次前韵寄余秋崖》《途中有怀同年诸公》。前诗曰:"一年岁月果匆匆,两度离筵感慨中。"后诗曰:"分明白发重来地,又是黄粱入梦初。"知几经出处,感慨良多。

作《再过河间有感》《传舍》《次韵忆戴安州》《别后再用前韵寄施彦器》。首诗有云:"河间国自献王开,雅乐曾闻好古来。"其三诗云:"两度河间有报书,安州不见驾来车。"诗中河间一指汉河间献王刘德,其与淮南王刘安同时,一北一南,广聚天下典籍才士。知谢氏已至河北境内。

作《至雄县有感宗勋表侄》《过白沟河有感》《谒楼桑庙》《至京有感》。按:白沟河,即白河,《明史·河渠志·运河上》载,自通州而南至直沽,会卫河入海的水段称为白河。白河上溯大通桥,环汇京师,再至昌平神山泉诸水之发源地一段称大通河。楼桑为三国蜀主刘备故里,可索前按。知谢氏颠踣千里,终至京城。末诗曰:"只应道路辛勤甚,到得官来却似家。"颇足自慰。

作《次西涯韵寄忆刘东山》。按:谢氏《与西涯先生书》曰:"昨者重辱携木斋先生特赐枉顾,病中不能为礼,深为局促。又辱以刘老先生之意,敦劝勉留,仆实何人,受此知遇?"又"刘老先生尊严不敢径白,木斋先生昨已面陈,亦不敢别具,惟先生委曲调护终始,成全知己之恩,尚不知其何以报也。"可与之互参。

作《辞免新命不允因次前韵以志愧》。按:《明实录·孝宗实录》卷一百六十八载:"己卯,礼部右侍郎管国子监祭酒事谢铎承召至京,复辞新命。上曰:'铎学行端谨,望誉素著,特兹擢用,不允所辞。'"谢氏《再乞辞免礼部职名疏》亦云:"弘治十三年十一月二十八日,该通政司官进。十二月初一日奉圣旨:'谢铎学行端谨,望誉素著,特兹擢用,不允所辞。吏部知道。钦此。'"诗曰:"褒奖惊闻有玉音,负芒真觉愧难禁。"见其受宠若惊之状。亦可由之系于十二月初一或稍后。

作《岁除卧病再次前韵奉怀西涯先生》。诗曰:"分明咫尺人千里,又是相思岁一深。"亦由诗题系于是年除夕。

文

作《思复陈公墓碣铭》。文曰:"按状,公讳侊,□光伟,思□其别号也。"此文末署期为"弘治庚申春二月朔旦。"故系于是年二月一日晨。文见载于《桃溪类稿》卷三十五。

作《封奉直大夫刑部员外郎伍公墓志铭》。文曰:"公讳麟,字体祥,姓伍氏,吉之安成人。……公生永乐癸巳十二月二十有二日,以弘治乙卯十一月十七日卒于正寝,享年八十有三。……公卒之五年,改葬所居忠孝里竹园头之原,而墓石未有刻。……不得以不能辞也。乃按状而为之铭。"可知伍麟卒于弘治八年十一月十七日,五年后改葬适为本年,故系之。文见《桃溪类稿》卷三十五。

作《重修绍兴府志序》。序曰:"弘治庚申夏五月,予赴召命,以病留止绍兴之蓬莱馆。既越月,绍兴守辽阳佟公珍,暨其僚周公惠辈,以郡志序来请。予念假馆兹郡,而公又为我申请于朝,俾得休养以为归,计其有德于我甚大,义不得以不能辞。"知为谢氏于是年五月十一日至七月间养病绍兴时作。

作《送姜贞庵还嘉兴诗序》。亦系于绍兴病养时作,系因可详《喜姜贞庵至》《惊秋二首柬通伯》《留别蓬莱馆》《司马通伯以诗见留次韵奉谢》《再次通伯韵》诸诗。

作《在途再乞养病致仕疏》。疏曰:"伏乞检照臣前后情词,俯赐矜悯,臣一面在于绍兴府地界调养前病,听候处分,稍俟可以扶曳,或者迤逦还家,藉藁待罪,不胜战慄恐惧之至。"知上文亦在五六月病养绍兴时作。

作《再拟乞恩养病疏》。疏曰:"傍惶之余,病势稍退,扶惫上道,竟负此心,聊存此稿以志吾愧。十月望日在嘉兴舟中书。"知此段后记为十月十五日补。正文则"闻命之初而具此疏,既而吏部覆本经差办事官段隆赍文驰驿前来守取,陈知府畏惧不敢为奏。"当知在七月二十九日或稍后作。

作《再复李西涯先生》。书曰:"不意至此始得章进士书,乃以迂腐窒碍之言不可上尘,竟尼不进,恐惧颠越之余,旧病遂复大作,几至不可救药。"又"仆不得已,只得在此调养,俟大暑稍退,迤逦还家。"亦为绍兴羁留时作。

作《再复章进士秉略》。书曰:"今已再行陈乞,而绍兴府亦复为之奏请,势将必遂所愿。"故亦系绍兴养病、上书陈请之时。

作《复韩吏部贯道》。书曰:"况仆在告已满三月,法当住支于此,而复羁縻之,将何为哉？病中言语无次,伏乞情恕,幸甚。"可系于扶病入京时作。

作《复章德懋》。按,《明史·章懋传》载:"弘治中,孝宗登用群贤……及南监缺祭酒,遂以懋补之。懋方遭父忧不就。时南监缺司业且二十年,诏特以罗钦顺为之,而虚位以待懋。"谢铎回复章懋请辞南祭酒之事,其云:"入春以来,满拟祥禫之余,趣装就道,以大慰天下大夫士之望。盖尝闻之韩吏部云:'已有文移,再至丁宁矣。'乃兹复承手书,示以辞免之疏,且令仆商其可否者。噫!仆虽堕落于此,未能决然自拔以去,又焉敢为先生请哉？……公道方开,俯徇群议,虚位以俟先生者,几二年矣。……又焉可固执初志而一以不出为是哉!"知谢氏主其出仕。

作《再复章德懋》。文曰:"先是仆劝先生之行,盖度以义理、时势,有不可不行者。今温旨再降,则尤有不容已者在焉。……且凡吾党之士,惟日恐先生之不出,以慰满天下之望,先生又焉得而辞之哉？"与前书相去不久,因前书有"闻韩吏部"云云,故系于《复韩吏部贤道》后,两文均载于《桃溪类稿》卷五十二。

作《再乞辞免礼部职名疏》。疏补记曰:"弘治十三年十一月二十八日,该通政司官进。十二月初一奏圣旨"云云。知补记在十二月初一或稍后。另按谢氏《复李西涯》书曰:"只得迤逦前来,以为进止,是用再具情词,意图辞免新命,仍以旧官供职,庶几少尸素,以安愚分。"又李东阳《神道碑》云:"乃行至京师,辞所加职,以本官治事,亦不许。"当知是疏为入京途中作,入京后益所固持而终不获允。

作《复李西涯》。见上系。

作《封太淑人徐氏墓志铭》。铭曰："太淑人生于永乐癸卯，以弘治庚申冬十二月十有七日卒。"故系之。

作《封太安人邹氏墓志铭》。铭曰："吏部考功正郎杨君旦，一日来过予太学之东厢起居外，辄出所为其乡彭金宪母邹太安人状请予铭……不已，遂按状而序之。"又曰："(邹氏)言已遂卒，弘治庚申十月三日也。"系当在是日后。

弘治十四年辛酉(1501)　六十七岁

是年十月，吏部尚书倪岳死，改马文升为吏部尚书，召刘大夏为兵部尚书。是年，陕西多处地震，朝邑城墙房屋坍倒，县东地裂，溢水成河，人畜多死。河南的永宁、卢氏，山西的蒲州、安邑也同时地震。蒲州也震，逾月方止，共震二十九次。福建的福、兴、泉、漳四府，贵州，南京先后地震。

铎在京任礼部右侍郎，掌国子监祭酒事。提出考官设置改革意见。《明史》卷七十《选举志二》："弘治十四年，掌国子监谢铎言：'考官皆御史方面所辟召，职分既卑，听其指使，以外帘官预定去取，名为防闲，实则关节，而科举之法坏矣。乞敕两京大臣，各举部属等官素有文望者，每省差二员主考，庶几前弊可革。'时未能从。"作《维持风教疏》。提出正祀典、重科贡、革冗员、塞捷径四条改革措施。

春

作《元日有感次西涯韵》(二首)。前首曰："漏深北阙春初动，门掩东厢昼未开。"亦由诗题系于是年正月初一。

作《元日卧病有感》。诗曰："闭门十日卧东厢，药里炉熏静对床。"与上诗同日，亦可互参。

作《次吴匏庵斋宿韵》《倪青溪李西涯分献星坛有作病中有感次韵奉柬》《奉和西涯庆成席上之作》。按：《明会要·礼二》载孝宗于是年正月己未大祀天地于南郊，故有斋戒、庆成之事。

作《戏从西涯索酒》。诗曰："独醒错讶金吾是，也向迷途醉几回。"为宴游唱和之作。

作《假山哭》《急流退一首奉答西涯先生》。两诗均借古诗体述怀。后诗有云："长笑一声天地宽，天地宽，云台事业浮云看。"见豪雄之气。

作《三月十二日雪中有怀西涯》《三月望日过北海子有怀西涯》。两诗均为怀李东阳作，前诗系于三月十二日，后诗系于三月十五日。

作《有怀两山楼》。诗曰："倚阑敢作怀乡恨，三径吾今愧菊松。"有故园之思。

作《次西涯春兴韵》（八首）。诗有云："春寒有恨妨迟暮，庭草无情日浅深"；"归兴春来莫放浓，盛平今日是遭逢"。是以系于春季。

作《召公留》。按：上诗其五首有曰："辞章休报第三封。"后注曰："西涯谢病章已再上矣。"本诗云："公之去留谁则同，假山竟哭金溪公。"疑以古贤喻之，勖勉以进。

作《题庐墓卷》。诗曰："敢言贤者过，庐墓是沽名。"按：谢氏题跋藏传至今颇多，如《题松坞卷后》《题緫山游咏图》《题逸老堂诗卷后》《题遗芳集诗选》等。《题庐墓卷》疑亦有关枕块寝苫、庐墓守丧之诗，集成卷帙，此诗或冠于前，或题之后，总括全卷，惜原卷付阙，姑随次以系。

作《再次前韵柬西涯》诗曰："退藏休复念，眷注此方深。"与《次西涯春兴韵》（八首）同趣。

作《送世谨叔南归》。诗曰："莫道恩深归未得，碧山元与白云期。"借送归，亦自显喻。

作《访西涯不值途中为风雨所迫》。诗曰："过山风雨急，对面使人疑。"雨气蒸，行色难辨，疑对面如西涯，见谢氏访友之挚切。

夏

作《六月十一日雨中以事早朝不果感而有述》。诗曰："炎风吹雨昼阴阴，夜半泥涂没马深。"亦由诗题系于六月十一日。

作《十三日再朝有感用前韵》。诗曰："敢从明日问晴阴，又向空街走夜深。"知其夙兴早朝，由诗题系于六月十三日。

作《次潘孔修南山感兴韵》。诗曰："黄粱未熟邯郸枕，争怪人生易白头。"有人生变幻之感。

作《次西涯病起早朝诗》《次西涯过旧居有感韵》。均为与西涯唱和之作，前诗有曰："廊庙江湖今万里，海天空阔正无边。"极见气势。

作《封四川成都府同知守朴吴公墓表》。文曰："守朴吴公以弘治丁巳冬十月卒于家，于是公寿至八十……（子珏贵）服阕……具状请系表公墓上之后，予方被召承乏国子,哀病之余……及不得已,按状而表之。"按谢铎入京为国子监祭酒为弘治十四年,故系于此。此文见《桃溪类稿》卷三十七。

秋

作《雨大作不能归少歇东朝房有怀西涯》《宿朝房有感》。后诗曰:"倚阑望断南飞雁,更觉从来百念疏。"知已值深秋。

作《西涯馈内酒再用前韵奉谢》。诗与《宿朝房有感》韵同,知相去不远,亦随系于后。

作《庙祀值雨既毕门闭几不得出与王济之吏侍驻西涯朝房短述志感》。诗曰:"斋庐几日惟兢惕,清庙千年想肃雝。"按:清庙,即太庙。《诗·周颂·清庙》云:"于穆清庙,肃雝显相。"是诗亦由此化出。另按:《明会要·礼一》引王圻《续通考》载明世七月有二祭,孟秋享太庙,祭司门。可知此诗作于是年七月。

作《南楼晚兴》。是诗跋语曰:"是夕俟拜万寿节。"按:万寿节即帝王生日。据《明会要》卷一《帝系一》载,孝宗于成化六年七月己卯生于西宫。据陈垣《二十史朔闰表》推算,是日为七月三十日,可知是诗当作七月三十日。

作《送郑大尹还天台》。诗曰:"别来最是尘埃苦,老去还于水石偏。"为贴心之谈。

作《病中遣怀》六首,原因详下。

作《哭李生兆先追用生病中写怀韵》。此诗显次上诗之韵,故先后系之。按李兆先为李东阳长子,据今人钱振民《李东阳年谱》,是年七月李兆先卒,傅瀚、李士实、屠勋、邵宝、石珤、顾清、钱福、何孟春、谢铎等人均有诗吊之,李东阳集为《哭子录》。此诗载于《桃溪类稿》卷十四,仅具诗题,诗已佚。

作《次韵答敬所先生》《雨中有怀古直》。前诗曰:"险巇歧路凭谁问,进退心情只自知。"后诗曰:"自怜不及先生处,犹有怀乡一种心。"知有京华倦客、心寓鸥盟之意。

文

作《维持风教疏》。疏奏有四旨:一曰正祀典以究明伦之实;二曰重科贡以清入仕之途;三曰革冗员以从京府之制;四曰塞捷径以澄国学之源。其一条有述:"祀叔梁纥而配以颜路、曾晳、孔鲤诸贤"云云。按《谢文肃公行状》曰:"时地震,诏诸司言事,因上章论维持风教四事,而论黜吴氏及纳粟马之害尤切。"又《明会要》卷六十九《祥异二》载:"(弘治)十四年正月庚戌朔,陕西地大震。时河南之永宁、卢氏,山西之蒲州、安邑、荣河,亦于是日震。二月乙未至三月癸亥,蒲州地凡二十九震。"故知疏上于二三月间。又《明孝宗实录》卷一百七十三载:"(弘治十四年四月)礼部议覆掌国子监事礼部右侍郎谢铎所陈三事,谓叔梁纥立庙及吴澄从祀事,铎与学士程敏政尝言之,俱以廷议不合而止。"知其疏多所难用。

作《修举废坠疏》。疏云:"臣到任以来,切见本监监生二千三百余名,而号房曾不及五六百间"云云,知为上任之初作。

作《国子监续志序》。序曰:"弘治庚申,铎以南京祭酒致仕家居。再召而起,以承兹乏。衰病之余,堆案相仍,茫无所措。乃谋之寮属,询之故吏,取自丁亥以来凡事之有关庙学与其切于师生之日用者,质以《旧志》《南雍志》,互考而参订之。……总之为十有一卷。"故系之于是年谢铎之京掌国子监祭酒一职之后。文见《桃溪类稿》卷二十八。

作《赠南京国子祭酒黄公序》。按:黄玺,字廷玺,余姚人,其兄黄伯震经商十年不归,黄玺出寻万里,至道州方得与之同回。《明史·孝义传》卷二百九十七有传。文曰:"弘治辛酉夏四月,南京国子监祭酒缺,吏部参以物论,质之馆阁,以吾寮友国子司业、右春坊、右谕德黄公廷玺奏补之。"故系之。

作《哭李征伯文》。按,李征伯即李兆先,其文曰:"李生征伯既殡之逾月,其父之友谢铎,复以炙鸡絮酒致奠。"知此文作于是年八月。

作《倪文毅公谥议》。文曰:"太子少保、吏部尚书倪公,以弘治十四年十月初九日卒于官。"故系之。

作《祭倪冢宰文》。文曰:"学士春卿,司马冢宰。若固有之,帝心简在。誉重两京,年方下寿。人犹惜公,用之未究。"按:冢宰,周官名。为六卿之首,亦称太宰。《明史·职官志一》曰:"(吏部)尚书掌天下官吏选授、封勋、考课之政令,以甄别人才,赞天子治。盖古冢宰之职,视五部为特重。"知其为吏部尚书代称。此文当与上文同时,故系之。

作《哭倪青溪》。按倪岳于是年十月卒,李东阳为撰有《明故资政大夫正治上卿太子少保吏部尚书赠荣禄大夫少保谥文毅倪公墓志铭》及《同年祭倪文毅公文》,亦可参本年谢铎《祭倪冢宰文》。谢铎此诗载于《桃溪类稿》卷十四,已佚。

作《次韵哭李征伯奉解西涯先生二首》。其一云:"多少贤豪叹夭亡,久知憎命是文章。"其一云："九原若也明斯理,莫遣严翁泪更流。"对李兆先的早逝表示叹惋,对李东阳又多加劝慰。此诗见《桃溪类稿》卷十六,当作于是年七月。

作《送西涯先生往房山为子卜葬地》。按,据今人钱振民《李东阳年谱》,是年十一月,李东阳特乞假前往京师九十里之外的房山为子寻葬地,并获允。见《明孝宗实录》"弘治十四年十一月"事。入葬过程中,李东阳作《房山山房相墓道中纪事八首》。此诗见于《桃溪类稿》卷十六。

作《雪中戏答王古直》《岁除有感》。按,两诗在《桃溪类稿》卷十六中,紧随上诗之后且在《次韵西涯房山道中诸作二首》之前。《桃溪类稿》虽以类部诗,但在同类诗歌中多以次相从,故随系之。又次年元旦,谢铎有《元旦次除夕韵》,自注"弘治壬戌"。其所用韵脚为"宸""钧""春""新""人",与《岁除有感》全同,故知题中所谓"次除夕韵",即《岁除有感》一诗,是足可系于本年年末及除夕。

弘治十五年壬戌(1502)　六十八岁

《大明会典》成书。是年,南京、凤阳暴雨,河南、湖广亦大水。南京、徐州、大名、顺德、济南、东昌、兖州同日地震。

铎在京任礼部右侍郎,管国子祭酒事。又连疏乞致仕,不许。黄绾《行状》："连疏乞致仕,六馆师生上章乞留,廷臣吴世忠、张芝、吴蘷荐益力,被旨不允。"

元月一日作《元旦次除夕韵》(自注:弘治壬戌)。诗中有"长夜心情空待旦,老年光景怯逢春",殆有岁月逼人之感。此诗载于《桃溪类稿》卷十五。

作《哭余秋崖》。谢铎《桃溪类稿》卷三十六《秋崖余公墓碣铭》云："弘治壬戌四月十五日,秋崖余公卒,讣闻京师,予为位南望而哭。时西涯先生方为吾乡重修《赤城诗集》,顾谓予曰:'公曩以例见在者不得预,今秋崖庸非其人哉!'遂取其诗,择之以入。故予哭公之诗有曰:赤城诗在公休恨,犹有余编待卷终。盖实录也。"此诗末两句正为铭中所言两句,故系于本年四月十五日之后。

作《次韵西涯房山道中诸作二首》(此载《桃溪类稿》卷十五)《次韵西涯房山道中诸作二首》(此载《桃溪类稿》卷十六)。前两首在卷十五中列在《元旦次除夕韵》(弘治壬戌)之后、《哭王古直》之前;后两首位于《岁除有感》之后、《哭余秋崖》之前,足见其均作于本年,而非弘治十四年末,《桃溪类稿》亦在同类诗歌中有以时序排列的特点,这与《桃溪净稿》相似。

作《哭王古直》。系因详上。诗云"白发江湖七十年",似可知王古直享年七十,并可递推其生于宣德八年(1422)。

文

作《乞致仕疏》,疏曰:"况臣今已见年六十八岁,去死不远,哀病至此"云云。又《再乞致仕疏》曰:"臣于正月二十二日已将前情委曲备奏。"又"切念臣扶病管事,已及二年。卧病看印,寻复三月。"可知前疏为是年正月二十二日,后疏稍迟之。

作《再乞致仕疏》。参上。

作《傅文穆公谥议》。文曰:"吾友礼部尚书傅公之没也,朝廷深痛惜之,追赠太子太保,谥文穆。其子乡进士元以谥议来请。"按:据《明史·七卿年表》载,弘治十三年,傅瀚五月任礼部尚书,十五年二月卒于官。故系之。

作《清理膳夫题本》。文曰:"缘系清理膳夫事,理未敢擅便,谨题请旨,弘治十五年三月初五日,本监管祭酒事、礼部右侍郎谢某等具题。次日奉圣旨:'准他。该部知道。钦此。'"故系于三月六日。

作《重修河间府学记》。文曰:"弘治庚申冬十一月,予赴召道经河间。河间之民丞称其郡守施侯彦器之政……越二年壬戌,侯擢山东按察副使,儒(按,河间郡学训导孟儒)等以书来告于予曰:'……愿乞一言以纪侯绩。'"故系于是。此文见于《桃溪类稿》卷三十一。

作《申明修举废坠题本》。其末云:"弘治十五年四月十五日,工部尚书鲁鉴等议拟具题。"故系之。是文载《桃溪类稿》卷四十五。

作《读元祐幸学诗》。文曰:"又五十三年为弘治壬戌,方伯之子耘……将翻刻之,与遗事并传□以视予,予读,不能不慨然于兴亡之际。"故系于本年。见《桃溪类稿》卷五十七。

弘治十六年癸亥(1503)　六十九岁

章懋为南京国子祭酒。懋与谢铎均名儒,时论以为李时勉、陈敬宗后,至此始再现(参见1447年、1450年)。

是夏,京师大旱,苏、松、常、镇夏秋旱。

修《历代通鉴纂要》,命铎为润色官。黄绾《行状》:"癸亥,上命会辑《通鉴纲目》,并续编为《纂要》,先生为润色官。论黜晋、隋、元之统,说皆有据。"

罗璟卒,年七十二岁。

作《同年十老会》。李东阳《甲申十同年图诗序》称:"《甲申十同年图》一卷,盖吾同年进士之在朝者九人,与南京来朝者一人,而实会于太子太保、刑部尚书吴兴闵公朝瑛之第而图焉者也。"(《怀麓堂集·文后稿》卷三)据此序,参加此会的除李东阳、谢铎、闵珪之外,还有王赋(字用敬)、焦芳(字孟阳)、曾鉴(字克明)、张达(字时达)、戴珊(字廷珍)、陈清(字廉夫)、刘大夏(字时雍)等七人。谢铎诗云"晨星落落映孤南,四十年来一梦酣。"迄天顺八年(1464)至是年(1503),正值四十年。此诗见《桃溪类稿》卷十五。

作《次韵寄寿罗明仲祭酒》。按罗璟字明仲,于弘治五年为祭酒,卒于本年。诗云"玉堂丰采广文毡,回首江湖四十年。"则由此诗知自同年中试至本年有四十年,且作于璟卒之前。诗见载于《桃溪类稿》卷十六。

作《次韵题姜漳州寿藏》。按,姜漳州即姜谅。诗云"白头一笑公须记,四十年前是弱龄",故系于本年。诗见载于《桃溪类稿》卷十七。

作《西涯迁葬归短述奉慰》。系因参见《赠资政大夫太子少保礼部尚书兼文渊阁大学士李公墓志铭》之系。此诗载《桃溪类稿》卷十六。

作《次西涯改葬有感》。诗其一云"百年心苦畏梧村,五父衢前几断魂",又云"昨夜九重温诏下,更无陈乞有殊恩",其三首云"斩新高冢一时成,思渥真应慰此生",皆可与《明孝宗实录》卷一百九十九"弘治十六年五月丙子"载李东阳陈请为母改葬后,"从之,命有司论祭,仍造坟安葬"相符。此诗载《桃溪类稿》卷十五。

作《祖母旌表命下用杜韵志喜三首》。黄绾《谢文肃公行状》曰:"任职三载,念祖母赵氏守节未白,俟满考,请以本身诰命易为赵氏旌表。例死者不旌,上特破格行之,仍给诰命。"《行状》中所言"任职三载",盖由弘治十四年入京任礼部右侍郎兼国子监祭酒至本年而言,三年例行考核,满考后谢铎提请为祖母旌表之事。《明孝宗实录》卷二百○五:"弘治十六年十一月壬辰"条载:"掌国子监事礼部右侍郎谢铎奏:'臣祖母赵氏守节四十余年,未蒙旌表而殁,请以本身应得诰命移为旌表之恩。'礼部覆奏上曰:赵氏准与旌表,铎应得诰命仍给之。"据今人钱振民《李东阳年谱》,李东阳《怀麓堂集·诗后稿》卷七亦有《方石先生祖母赵节妇没已五十年,方石以礼部侍郎诰命移为旌表,为诗纪事奉次二首》《又二首》。故系之于本年十一月,谢诗载于《桃溪类稿》卷十五。

作《驾出视朝喜而有作次问安韵》(自注:二月初四日)。按《明孝宗实录》卷一百九十五"弘治十六年正月乙未"载大学士刘健等上书曰:"伏自圣体违和以来,一月有余,未得瞻奉天颜,……连日,太监陈宽等传示圣体日就康复,视朝有期,瞻奉非远。"谢铎是诗有"威颜两月遥瞻地,几听传宣诏晋丹"句,可知孝宗始于本月视朝。诗见《桃溪类稿》卷十五。

文

作《衍圣公知德袭封还阙里赠行诗序》。序云:"弘治十六年夏六月十七日,巡抚山东都察院右副都御史徐公源奏阙里主祀袭封衍圣公缺,宣圣六十二代孙闻韶以世胄当嗣。……秋九月朔二日乙丑,闻韶陛见……越三日己巳,乃命袭封为衍圣公。又八日丁丑,……仍赐圣书,……凡三十有四人睹兹盛典,各载诗□□□成而以属予序。"本文载于《桃溪类稿》卷二十八。

作《秋崖余公墓碣铭》。文曰:"弘治壬戌四月十五日,秋崖余公卒……明年予哭公墓草,盘(按:余弘德之子)复来请。……吾尚忍而不为公身后役哉!……公讳弘德,字存敬,别号秋崖,学者称秋崖先生,卒以弘治壬戌,距其生正统丙辰,享年六十有七。"故系于是年。文载《桃溪类稿》卷三十六。

作《赠资政大夫太子少保礼部尚书兼文渊阁大学士李公墓志铭》。文曰:"公李姓,讳淳,字行素,别号憩庵。……成化丙午十二月三十日,以疾卒于正寝。距其生永乐丁酉,享年七十。……子男三:长即太保公名东阳,宾之字也。"又云:"弘治癸春,始获售夫人墓旁之地而廓大之……五月□日,将迁公柩以合葬焉。……执笔以志,固子弟职也,又曷敢以不能辞哉?……铎不佞,亦奚容以赘。谨述迁葬始末而为之铭。"故系于是年五月前。文见《桃溪类稿》卷三十七。

作《憩庵李公合葬祭文》。文曰"资政公维德维贤……天下仰公,是父是子"云云,当是李淳与夫人合葬之际作。具体系因亦可参上。此文载《桃溪类稿》卷六十。

作《与李西涯论历代通鉴纂要》。文曰:"今年五月二十四日,内阁钦奉圣旨,欲将《纲目》《续编》等书节要撰次,陆续进呈。次日,又该太监扶安传示,圣意欲自三皇五帝以来事迹通为一书,名曰《历代通鉴纂要》。"故此作于是年五月二十五日之后。此文载于《桃溪类稿》卷五十二。

作《书十同年图后》。系因可参本年《同年十老会》诗。此文载《桃溪类稿》卷五十七。

作《乞恩移封疏》。此疏为谢铎祖母赵欣请封,系因可参本年《祖母旌表命下用杜韵志喜三首》。此文载于《桃溪类稿》卷四十五。

作《祖母赵淑人旌表祝文》。文曰:"今皇孝理,节义是崇……既锡之诰,乃表宅里,以励风俗,以慰孙子。铎之不肖,昌克致之……九原有知,冀其来格。"故知此文为祖母赵氏得旌表后作。是文载《桃溪类稿》卷六十。

弘治十七年甲子(1504)　七十岁

铎是年仍修《历代通鉴纲目纂要》。求得祖母赵氏旌表。

李东阳作《寿方石先生七十诗序》以贺铎七十寿辰。

吴宽卒,年七十岁。

作《元旦次前韵》。此诗自注:"弘治十七年。"故系之。此诗见于《桃溪类稿》卷十五。

作《次黄宗贤元日书怀韵》。此诗于《桃溪类稿》卷十五中,列于上诗之前,知谢铎所言"次前韵"当指此诗,故系之。

作《除夕有感》。诗云"七十年来真□景,六千里外尚他乡",故系于本年。诗见《桃溪类稿》卷十六。

作《次韵奉答同年诸公庆寿之作闵司寇韵》《张亚卿韵》《刘司马韵》《李阁老韵》等诗。《张亚卿韵》云:"衰病独□□谢老,风流谁似旧张颠?"又云"人间花甲公逾七",《刘司马韵》云"驿书三召始重来",《李阁老韵》云"寂寞空斋度七旬",均为是年二月谢铎七十寿辰之际所作。诸诗载于《桃溪类稿》卷十六。

作《愧我》。诗云"一官恩渥病初醒,七十年来鬓尽星",故系于本年。诗见《桃溪类稿》卷十六。

作《乞归未遂有感》《再乞致仕有感》《四乞致仕有感》《得请志喜》(自注:七月十九日)。此四诗为谢铎连请致仕最终获允的情感实录,均载于《桃溪类稿》卷十五。末诗有"七月十九日"的自注,按,谢铎《乞恩养病疏》上奏之后,圣旨答复日期为"本年七月二十九日",则知此处脱"二"字。另据今人陈垣《二十史朔闰表》,本年七月一日为己丑,七月十九日为丁未,二十九日适为丁巳,故此处漏"二"字无疑。另按,乞归得允后,谢铎启程返乡。李东阳有《和方石先生留别韵》二首。其一曰:"宦情今日为君微,别卷诗成强自挥。欧冶金鸣孤剑跃,海天云尽一鸿归。"其二曰:"已起谢安还复卧,未秋张翰忽先归。"(《怀麓堂集·诗后稿》卷七)均可证在七月末八月初谢铎便踏上归途。据今人钱振民《李东阳年谱》弘治十八年初春,李东阳又作《春日奉怀方石先生四首》。其一云:"山中习静观朝楼,石上题诗扫绿苔。"其二云:"自笑百年家凤阙,不能知似浙江否?"其三云:"菊花时节羡君回,喜过严陵旧钓台。"其四云:"君今独得居山东,我已无家不念归。"均可补证谢铎于本年"菊花时节"的清秋之际返乡,李东阳于次年初怀远时,已为之想象出多番山中闲隐的乐趣。

作《重经卫河有感》。按,谢铎致仕返乡,仍走京杭运河这条水路。卫河为京杭运河在沧州段的名称,诗云"河流入夜还争急,岸柳惊秋欲换青",知时已入秋。此诗见于《桃溪类稿》卷十五。

作《过直河》。按,直河疑即直沽。在河北武清县东南,卫河、白河、丁字沽合流之处。诗云"棹讴一路秋惊梦",又"病骨未苏空北望,君恩有许且东还。不妨饱吃桃溪饭,其至还登雁宕山。"由此知谢铎写此诗时在河北境内,且已归心似箭。此诗见《桃溪类稿》卷十五。

作《谒孔庙》。按:《明史·谢铎传》曰:"居五年,引疾归。"黄绾《行状》曰:"既而复疏,乞致仕,半岁之间疏凡五上,辞署印至再四上,皆以温旨勉留,又不能夺,方许养疾,命驿归,俟疾愈以闻。正德戊辰,吏部上其名,会权奸用事,遂令致仕。"李东阳《神道碑》云:"疏又五六上,后乞归养疾,乃许,命给驿以行,令有司俟病愈闻奏。正德戊辰,吏部例上其名,会权奸用事,恐其复起,遂仍致仕。"知此诗为是年驿归途经时作。

作《滋阳道中有感》。诗曰:"直须历尽山东地,始觉能瞻冀北天。"知其即将出山东地界。

作《东河驿夜酌有感》。诗曰:"极知陈乞还多事,转使迟回直至今。"为自检前事语。

作《五度》。自注:"天顺四年下第,成化五年省亲,十六年丁忧,弘治四年致仕,十七年养病。"又诗中云"五度还家转自惊",又云"分明赐告恩犹在",故知此诗作于此年得诏赐还之后。此诗见于《桃溪类稿》卷十五。

作《怀远》六首。其一怀"李阁老宾之"云"江海论交四十年",又云"不嫌老病空山里",其六怀"陈敬所儒珍"云"十年梦寐溪头路,惭愧先生五度来",当为归家之后作。见《桃溪类稿》卷二十一。

作《至台有喜》。诗云"万言乞得圣恩深,未死还家喜不禁",知已入台。见《桃溪类稿》卷十五。

作《到家》。诗云"万里归来两鬓霜,重裘初换葛衣凉",又云"君恩欲报嗟何及,且向东篱醉一觞",至家之喜,溢于笔端。见《桃溪类稿》卷十五。

作《旧游柬西涯先生》。诗云:"旧游回首半成空,十载重来愧泽宫。白发敢忘清世宠,强颜难入少年丛。"似为入乡后作。

作《奉劝西涯先生病起再出》。按,《明孝宗实录》卷二十二载五月己未,"内阁大学士李东阳复上疏乞休退",盖由是年五月东祀孔庙痔疾加重而起。据今人钱振民《李东阳年谱》,本年十月,李东阳病痔,十二月十五日,以病乞致仕,二十五日又陈请。事均见《明孝宗实录》卷二百一十九"弘治十七年十二月"事。《怀麓堂集·诗后稿》卷七《病中言怀八首》五有云"老看天地余生少,远别江湖旧伴稀。灵囿藻深鱼尚在,故林松暝鹤还飞",似见其致仕之途与谢铎亦多有关联。谢铎此诗当作于家中,其云:"虽勉公须出,殷勤诏几临。虚怀明主意,忧国老臣心。"加以励劝。末句则云:"白头余病在,未敢入山深。"谢铎于家中作甚明,此诗可系于本年十二月。

作《归来有感》《吾家》。前诗云"一笑归来亦宠光",后诗云"不用别寻蓬岛去,方岩岩下是吾家",均见闲居之乐。二诗均见《桃溪类稿》卷十五。

作《次林见素得请志喜韵一首》。诗云"乞退词多不厌繁,蚁诚深荷动天阍",又云"病来壮气犹千古,老去闲情自一村",又云"近来检点平生事,惭愧节檐背上暄",均为家居自省之语,故系之。见《桃溪类稿》卷十五。

文

作《朱子行祠记》。文曰:"弘治癸亥,莆田方公良节来守于台……乃访天庆观废址……遂撤三清神像,因旧增新,创为正堂三间。……题曰朱子行祠。……遂经始于甲子七月,至明年三月而落成焉。……方公以忧去,犹惓惓以属推官俞公请予记"云云。故系于是年三月。是文见于《桃溪类稿》卷三十一。

作《乞致仕疏》《再乞致仕疏》《三乞致仕疏》《四乞致仕疏》《五乞致仕疏》《六乞致仕疏》《乞恩养病疏》。《乞致仕疏》云:"臣弘治十五年二月丙巳尝获陈情……今历官已过三年,历年已满七十。"又《再乞致仕疏》云:"臣于正月二十四日已将前情委曲修奏",故知《乞致仕疏》作于本年正月二十四日。除第三、六次未注明吏部覆奏的日期外,《乞致仕疏》覆奏日期为二月初三日,《再乞致仕疏》为二月二十六日,《四乞致仕疏》为四月二十六日,《五乞致仕疏》为六月初六日,《乞恩养病疏》为七月二十九日,为一年中之事无疑,谢铎亦由七月二十九日获准致仕。这与黄绾"半岁之间疏凡五上"、李东阳云"疏又五六上,后乞归养疾,乃许"相吻合。其事分见于《明实录·孝宗实录》"弘治十七年"卷二百〇八二月丁巳、卷二百一十四月丙辰、卷二百一十一闰四月丙戌、卷二百一十三六月丁丑、丁未、卷二百一十四七月丁巳诸条事,故系于本年。诸疏均载于《桃溪类稿》卷四十五。

作《太子太保李公奉使阙里赠行诗序》。序曰:"弘治甲子春二月,山东守臣以阙里新庙告成,上特赐敕遣太子太保、户部尚书兼谨身殿大学士长沙李公驰驿以往,行释奠之礼。……某不佞,实忝太保公同年,赠行之作,又岂敢后?"故系之。是文载《桃溪类稿》卷二十八。

作《道源书院记》。文曰:"(道源书院)岁久寝坏,弘治庚申复圮于水,越明年,潯(南安守卢潯)移守自黄,大惧弗称。又明年,乃图兴复……遂经始于今年甲子之春,至仲夏而成。"故系之。文见《桃溪类稿》卷三十一。

作《书郊祀诗卷后》。文曰:"越二年癸亥,朝廷有改卜郊之命,仲春十有一日,始克从事。白洲因唱为是作。……明年甲申夏□□二十有三日,铎谨志于国家之□□□。"按,"癸亥"为弘治十六年,次年干支纪年为"甲子"非"甲申",则"申"为"子"之讹。此文载于《桃溪类稿》卷五十七。

作《与西涯先生书》。文曰:"仆鄙情已具,将欲再乞,以重违三老先生之意,不敢妄举以自取辱。若得稍加宽假,俾仆再输其情,或者朝廷矜悯而卒许之,诚万万幸也。"可知,此文作于本年七月诏赐允归之前。

作《与李阁老诸公》。文曰:"而又年至七十,家在万里,求退未能,欲归无路。……况仆之衰病不才,执而留之,固甚无益……刘老先生前辈尊严,不敢径渎;木斋先生谅以同乡之故,必不见外;惟先生委曲转达,俾得必遂所志,无令骸骨为道路所笑,则万万幸也。"则知此信同为回复大学士刘健、李东阳、姜谅三人之信,作于上文不久之后。此文载《桃溪类稿》卷五十二。

作《与西涯先生》。文曰:"某卧病已八越月矣,恳乞尘渎,已至再至四矣。特蒙朝廷不即以罪而曲赐勉留,是虽圣恩隆厚之极,而诸老先生所以调护维持之功,亦焉可诬也?……今不意舍弟已亡,而孙卯幼,宗祀无主,孤幼无托。某以七十之年,远在数千里之外,又况久病不才,……公私无益,彼此狼狈。……

刘老先生,某自少所从游者,木斋先生,重以乡曲之故,万一鄙言详违,未必不恻然而俯从之也,况又有执事为之先容哉!"此亦为回复三人之书,由文中知与三人之书作于谢铎四上乞致仕疏之后,盖在本年四月。文见《桃溪类稿》卷五十二。

弘治十八年乙丑(1505)　七十一岁

五月,孝宗死。太子厚照即位,是为武宗,年十五岁。宦官刘瑾等八人,号"八虎",导武宗游戏,内府支出大增。大学士刘健等谏,不听。

是年,减少班匠代役银,每班征银一两八。是年,京师淫雨,自六月至八月。宁夏地震,城墙倾倒。杭、嘉、绍、宁四府地震;继之,南京与苏、松、常、镇、淮、扬、宁七府及通、和二州同日地震;山西蒲、解二州,绛、夏、平陆、荣河、闻喜、芮城、猗氏七县地震。

武宗正德元年丙寅(1506)　七十二岁

是年,云南连日地震。山东莱州府自九月至十二月,地震四十五次。

大学士刘健、谢迁、户部尚书韩文等请诛刘瑾等,不听。刘健、谢迁、韩文等被迫致仕。铎仍居家养疾,闻刘健、谢迁被迫致仕,大恸。《嘉靖太平县志》卷七《人物志·谢铎》:"已而权奸用事,公闻刘、谢二阁老致仕去,辄又恸。"是年五月李东阳方收到谢铎的到家诗,李有《闻刘东山司马致仕之命是日得谢方石祭酒到家日所寄诗感而有作二首》。按,刘大夏于是年五月被允致仕,事见《武宗实录》卷十三。

作《敕赐翊运祠碑记》。文末有"正德改元春三月朔,赐进士出身通议大夫礼部右侍郎掌国子监事兼经筵通鉴纂要官前南京国子祭酒翰林院侍讲黄岩谢铎撰。"故系之。此文载于刘耀东编1939年铅印本《刘文成公年谱稿》附录,又见于《桃溪类稿》卷二十九,题名则为《诚意伯刘公新庙碑记》,文末未署年月,不及刘耀东本详明。

作《黄岩县尹卢侯去思碑》。文曰:"正德改元夏五月初六日,黄岩知县卢侯英以□□"云云。又云"敢不敬诵以传。予不能文,辄采两县民情以为之词,作去思碑,俾后之人有考焉。"故系之,文见载于《桃溪类稿》卷二十九。

正德二年丁卯(1507)　七十三岁

刘瑾矫诏开列刘健、谢迁等五十三人名单,称为奸党,榜示朝堂。命天下镇守太监照巡抚都御史之例,干预刑名政事。时武宗喜玩乐,章疏多由刘瑾剖断,传旨施行。作"豹房"为武宗游乐之所。以国用不足,开浙、闽、川银矿。

铎仍居家养疾。

张元祯卒,年七十一岁。

作《宁国通判陈君墓志铭》。文曰:"正德丙寅冬十一月二十九日,宁国通判陈公卒于家……予为位哭,亟驰书以吊。……宁国讳纪,字德廉,别号樗散,台之临海人。……今年秋九月某日,淑得奉公之柩以葬,而以继母林氏祔焉,先期乞铭予……知公之深者莫如予,予安敢以不能辞,乃摭其大者以铭。"铭中"今年",不详所指,然必在正德元年之后,姑系于此。文载《桃溪类稿》卷三十七。

正德三年戊辰(1508)　七十四岁

御道上出现揭露刘瑾罪恶之匿名书。刘瑾矫诏召集百官,责令长跪,有中暑死亡者。是年铎仍居家养疾,然阉党掌权,矫令致仕。王廷相《墓志铭》:"正德三年,吏部荐先生儒术宏深,当大用。会权阉用事,矫令致仕。"

张敷华卒,年七十岁。

正德四年己巳(1509)　七十五岁

王守仁在贵阳书院讲"知行合一""致良知"学说,王学影响逐渐扩大。画家沈周死。周字启南,号石田,长洲(今江苏苏州)人,与文徵明、唐寅等为吴派代表,著有《客座新语》《石田集》等。

黜前大学士刘健、谢迁为民。铎致仕家居。

是年五月八日,谢铎作《双屿公寿藏铭》。1996年重修《新建郑氏宗谱》卷首载此铭,铭末有"正德四年己巳端阳后三日,赐进士通议大夫礼部右侍郎掌国子祭酒事兼经筵通鉴润色官前翰林院侍讲同修两朝国史致仕同邑桃溪谢铎撰"等语,故系之。按端阳即端午,为农历五月初五。元欧阳玄《圭斋文集》卷四《渔家傲》词:"五月都城犹衣,端阳蒲酒新开腊。"可证。铭中言:"若双屿郑公存汀,其为知者之明,而不复顾虑。"又言"公之先世自闽徙台,则有学士侍郎之清节;再徙新建,则有仓使武德之雄杰。公生其后,乃迁双屿……四子十孙,承欢膝下"云云。则知谢铎为乡里名士郑存汀作此铭。

正德五年庚午(1510)　七十六岁

下瑾狱,凌迟处死,刘瑾贬逐各官均得释放。更正刘瑾所变法,尽如旧制。武宗自称"大庆法王西天觉道圆明自在大定慧佛",时张永用事,马永成、魏彬等亦有权势,政事仍由宦官操纵。

是年二月二日,铎卒于家。赠礼部尚书,谥文肃。《明史》本传:"正德五年卒。赠礼部尚书,谥文肃。"黄绾《行状》:"先生归六岁,终于正寝,享年七十有六,正德庚午二月二日也。有司以闻,赠礼部尚书,谕祭赐,谥文肃,命进士桂萼治其葬。"葬于太平县旸岙大梦山,廿六年后,迁葬于华盖山麓上黄坦。

铎有三子:长兴仁、次兴义皆县学生,早卒;次兴寅出侧室焦氏。女二:长适黄孔昭子侹,俱夭;次适金忻。孙一:必祚,兴义遗腹子也。

铎卒后六个月,刘瑾伏诛。

铎卒后六年,即正德十一年(1516),李东阳卒,年七十岁。

铎卒后十一年,即正德十六年(1521),谢铎诗文集《桃溪集》再编稿《桃溪净稿》八十四卷(诗四十五卷,文三十九卷)由台州知府顾璘刊刻行世。

铎卒后三十六年,即嘉靖二十五年(1546),谢铎诗文集《桃溪集》三编稿《桃溪类稿》六十卷(诗二十二卷,文三十八卷)由铎曾孙谢适然刊刻行世。

第九章　李东阳及茶陵诗派其他成员的文学主张及创作

茶陵诗派因其领袖李东阳的籍贯而得名，它的形成又与李东阳在仕途及文坛上的位望逐步抬升密不可分。从天顺八年及第入仕以来，李东阳由庶吉士升至礼部右侍郎兼侍读学士，弘治八年(1495)兼文渊阁大学士，开始入内阁主事。加之他在文林中声名素著，这样以其为中心的诗人流派俨然独步一时。① 早在成化间，李东阳便与翰林院同年及后进僚友赠答唱和不绝，在频繁的同年雅会及私宴游赏过程中，他们凡会必有诗，和韵、联句多以百千数，谢铎更径称"西涯最有功于联句"。② 此间，像谢铎、张泰、倪岳、吴宽、程敏政、陆钺、焦芳、陈音、傅瀚、彭教、罗璟、刘淳、吴希贤等人皆与李东阳创作旨趣相投，也呈现出大致相似的艺术风格，这无疑为李东阳正德初最终刊布《麓堂诗话》集中阐释茶陵一派诗歌主张，奠定了良好的理论和实践基础。从《麓堂诗话》对谢铎、吴宽、陆、张泰等人在诗歌造诣方面的推许之辞就可以看出这一点，尤其李东阳《春雨堂稿序》中说"静逸先生(按，陆钺号)尝谓诗与文各有体"(《怀麓堂全集·文后稿》卷三)，乃对他《麓堂诗话》中强调的诗文有别、"诗必有具眼，亦必有具耳"等观点具有重要的启发作用，正是较为直接的一例。另外，倪岳十分推崇李东阳的领袖地位，他径称其"一代文章从指授，两行衿佩望心传"，"总慰诗坛传檄定，自惊敌垒竖旗降"，又"长时病榻凭谁遣，今日诗坛拟自降"(按，李东阳耽诗成病，曾以戒诗自誓)③；

---

① 参看廖可斌《诗稗鳞爪》"论茶陵派"一文，浙江大学出版社1999年版，第121页。
② 李东阳《麓堂诗话》，丁福保辑《历代诗话续编》，中华书局1983年版，第1391页。
③ 分别参见《青溪漫稿》卷八《奉次屠都宪韵贺篁墩学士领教翰林兼柬西涯学士二首》其二、《承李士常进士以所和与李宾之内翰潘时用秀才冬夜联句之作见示用韵以答》《昨者侯问尝以不作诗奉戒归途欲联数语驰上未果也明日使来复辱和章岂谬言不足信耶抑兴到落笔自不为劳耳辄复借韵一首以终致鄙意》。

吴宽强调为诗清婉和平、高亢超绝、淳雅自然，程敏政诗文温润典雅、不怪不华等等，均与李东阳的诗文创作旨向投契，因此他们就构成了早期茶陵诗派中的重要部分。李东阳分别于成化十六年、二十二年主持应天、顺天乡试，弘治六年、十二年主持会试，出其门者大多文才锐进、科场显名，这些晚进门生像邵宝、罗玘、石珤、顾清、鲁铎、何孟春、储巏、陆深、钱福自然聚在他的周围，服膺其说，勉力赓和，正如清人孙承泽《春明梦余录》所说："文正秉政久，门生、故吏满朝。或朝退，或散衙，即集其家，分题吟咏，岁以为常。"①茶陵诗派由此进入了大盛时期。随着正德五年(1510)谢铎去世，七年(1512)李东阳致仕，前七子揭橥"文必秦汉""诗必盛唐"的旗帜，日渐大行其道，茶陵诗派步入衰歇阶段。当然，茶陵派并不单纯是一个文学流派，它又可以看作是一个政治团体。李东阳招纳门生并加以引荐推引，晚辈傍户依门、唱和往还，难免会带有一层政治功利性目的。对此清人孙承泽加以批评说："自杨士奇、杨荣、杨溥及李东阳、杨廷和专权植党，笼络翰林为属官，中书为门吏，故翰林迁擢，不关吏部，而中书至有贪缘迭进六卿及支一品俸者。臣尝建议谓，翰林迁擢去留，尽属吏部，庶不阴倚内阁为腹心，内阁不阴结翰林为朋比。"(《春明梦余录》卷三十四)在弘治、正德间的复杂政治局面下，李东阳秉轴执中长达十五年，他依违于宦官揽权、少主愚暗的不利处境中，出于自保及荫护僚友的目的，自然会汲引同好者。罗玘、李梦阳等人最终由茶陵诗派中脱离出来，尤其李梦阳又对李东阳多有微辞，独树一帜，倡言复古，如果撇开政治层面的原因，只关注复古理论本身，应该说李梦阳主导的复古运动仍是对茶陵诗派的发展和开拓，而绝非平地楼阁般骤然出现的。

谢铎因为三进三退的仕历的关系，成化期间与茶陵诗派中翰林院同年及其他僚友过从最为密切，唱和之作保留下来的最多；弘治中后期茶陵诗派大盛，谢铎却从弘治四年至十三年有近十年的时间致仕在家。即使他十三年起复入京后，也因为年老多病，行动大受限制，因而与诗派中晚进之士的酬唱相对较少。现将谢铎与诗派人员的交往活动划分为两类，略陈如下：

1. 与茶陵派翰林同年及其他僚友的集体唱和

倪岳在《翰林同年会图记》一文中称：

---

① （清）孙承泽《春明梦余录》卷六十五，《文渊阁四库全书》本。

第九章 李东阳及茶陵诗派其他成员的文学主张及创作 · 395 ·

昔在成化丁酉之岁(即成化十三年),傅君日川肇为续会,以叙同年之好。……时予辈同年之士之在翰林者,离合之余,始获萃处京师……图纪在会者十有二人……予惟十二人者,自甲申登第入翰林,明年始为会,会凡十人,历三年为十会。于是以展省去、以忧去者相寻也。越十年而日川、亨父复为会以续,盖周十二年为十二会,而予以兹会终焉。……鸣治以南京祭酒休致而归,而敷五(彭教字)终于侍讲,亨父(张泰字)终于修撰,鼎仪(陆字)终于太常少卿兼侍读,汝贤(吴希贤字)终于南京侍读学士,尚质(刘淳字)终于汉中知府,又皆为古人不可作矣。惟明仲(罗景字)由福建副宪进南京国子祭酒,师召为南京太常卿,孟阳(焦芳字)亦由湖广副宪改南京通政,宾之(李东阳字)太常少卿兼侍读学士,日川(傅瀚字)自太常卿兼侍读学士迁礼部侍郎。然或南北之悬隔,或公私之怔忪,求如昔日之笑歌为乐,又岂可得哉?①

由上述记载可知,从成化元年至三年,谢铎与李东阳、倪岳等人聚会十次;成化十一年、十三年分别再会一次。十三年间共会十二次,每次在十人左右。成化十三年十二月二日的聚会共有十二人参加,是专为倪岳回杭省墓饯行而聚。成化二十二年,谢铎还托病在家休养,李东阳等组织了一次同年聚会,其《两京同年倡和诗序》称:

《同年倡和诗》若干首,南京吏部侍郎梁公廷美与在朝诸同年所作也。公与同年在南京者七人,会而有诗各八首,太子太保、吏部尚书倪公舜咨为序。比公以万寿圣节入贺京师,京师同年亦如南京之数,会会公于学士焦公孟阳之第。公复为诗,其数如南会,会者亦皆和之。和之者,其韵与数不必如公,惟兴所适而止。时予有期服,不与会。明日,诸公以倪公之简属焉。方公之来,知公者多惜其久劳于外,而公独以盛满自居。盖尝指屈数计,以为同藩之举于乡者百有九人,举礼部者十有三人,礼部之士同为两京给事者,二十有三人,多者四十余年,少者二三十年。今之在仕途者,

---

① 可参见《青溪漫稿》卷十六。另外,是集卷三《腊月二日诸同年会饮予家因作图以纪终会云》一诗亦有详尽说明。谢铎同作《赠高司训写真》《舜咨席上陶诗得二十韵》,李东阳作《舜咨归省尚书公饯者以韩昌黎〈送郑校理诗〉分韵》,其他同僚和作甚多,兹不遍举。

惟予一人而已。①

故事虽存，人物流散，李东阳自不免产生伤感之情。弘治二年，谢铎值第二次起复在京，参加了一次赏菊会。吴宽《冬日赏菊图记》载：

> 弘治二年十月二十八日，翰林诸公会予园居，为赏菊之集。既各有诗，宽以为宜又有图置其首，乃请乡人杜谨写之。盖据案停笔而构思者，今南京国子祭酒致仕方石谢鸣治也。并方石坐，濡笔伸纸欲作字者，太子少保、礼部尚书兼文渊阁大学士西涯李宾之也。持杯而旁坐者，南京都察院左佥都御史成斋陈玉汝也。举茗碗而回顾者，掌国子祭酒事礼部右侍郎泉山林亨大也。背立而观飞鹤者，太常寺少卿兼翰林院侍读学士石城李世贤也。循除而采菊者，故詹事府詹事兼翰林院侍读学士冶斋陆廉伯也。后至而襏衣者，今詹事府少詹事兼翰林院侍读学士守溪王济之也。坐泉山之次呼童子进馔者，为宽。而小儿奭捧卷而进，亦预焉。大率写其意，不求甚似，至于衣冠古雅亦不必侣今人，而况草木之产乎？夫古今人雅集，多有图传于世。以宽所见，如宋王晋卿之西园、元顾仲瑛之桃源、国朝杨文敏公之杏园，皆模写一时人物，各极其思而又必有记之者，后世得以按而识之。宽故述其人于图后，付奭藏之览者，庶识其为某某也。后十年己未四月二十四日。②

弘治十六年三月二十五日，李东阳等人又发起一次同年会，李东阳《甲申十同年图诗序》称：

> 《甲申十同年图》一卷，盖吾同年进士之在朝者九人，与南京来朝者一人，而实会于太子太保、刑部尚书吴兴闵公朝瑛之第而图焉者也。图分为三曹，自卷首而观：其高颧多髯、髯强半白、袖手右向而侧坐者，为南京户部尚书公安王公用敬；微须、发颁白、鸢肩高耸、背若有负而中坐者，为吏

---

① 《怀麓堂全集·文后稿》卷三。
② 《匏翁家藏集》卷三十八，《四部丛刊》本。

第九章　李东阳及茶陵诗派其他成员的文学主张及创作

部左侍郎泌阳焦公孟阳；微须多鬓、白氍氀不受栉面、骨棱层起、左向坐、右手持一册、册半启闭者，为礼部右侍郎掌国子祭酒事黄岩谢公鸣治；又一曹微须，面笑齿欲露、左手握带、右向而坐者，工部尚书郴州曾公克明；虎头方面、大目丰准、须髯微白而长、左手携牙牌、右握带、中左坐者，闵公也；白须黎面、面老皱、两手握带、中右坐者，工部右侍郎泰和张公时达；无须面、耸肩袖手而危坐且左顾者，都察院左都御史浮梁戴公廷珍；又一曹为户部右侍郎益都陈公廉夫者，面微长且眉、浓须半白、稍右向而坐；为兵部尚书华容刘公时雍者，面微方而长、须鬓皓白、左手握带、右手按膝而中坐；予则面微长而臞，髭数茎，白且尽，中若有隐忧，右手持一卷，如授简状，坐而向左，居卷最后者是也。十人者，皆画工面对手貌，概得其形模意态。惟焦公奉使南国，弗及绘。预留其旧所图者而取之，故仅得其半而已。是日，谢公倡为诗，吾八人者皆和，焦公归，亦和焉。以年论之，闵公年七十有四，张公少二岁，曾公又少二岁，谢、焦二公又少一岁，刘、戴、陈、王四公又递少一岁，予于同年为最少，今年五十有七，亦已就衰。……闵公名珪，张公名达，曾公名鉴，谢公名铎，焦公名芳，刘公名大夏，戴公名珊，王公名贺，陈公名清，今各以次举。而予则太子太保、户部尚书兼谨身殿大学士长沙李东阳宾之也。①

参加这次聚会时，谢铎已六十九岁，这也是他最后一次参加同年之会。

2. 与茶陵派翰林同年及其他僚友的零星唱和

这一类型的活动少则二三人，多至六七人，主要是在经筵侍讲、斋醮陵祀、公私宴会、时令游赏等闲暇之余所作。谢铎给诸同僚友人的诗作可参见《谢铎的交游考略》一章，兹不赘；他人赠答谢铎之作，则如程敏政《次韵原博宾之舜咨鸣治赐宴联句》《正月十二日庆成宴后有怀宾之用鸣治红字韵》以及《出塞行》（题下注："与罗璟明仲、谢铎鸣治、李东阳宾之、倪岳舜咨、焦芳孟阳同饮彭教敷五宅，喜官军将征迤北而作"）②、倪岳《元宵会鸣治宅大雪得催字》《游西山诗答谢鸣治》、吴宽《怀亨大谢鸣治谒陵遇风》《鸣治新修国学朝房两夜宿此有

---
① 《怀麓堂全集·文后稿》卷三。
② （明）程敏政《篁墩文集》卷六十二，《文渊阁四库全书》本。

作次韵》,诸如此类,不胜枚举。接下来即对李东阳以及其他在当时诗坛声名卓著的茶陵派作家的创作情况逐一加以评述。

第一节　李东阳的文学主张及创作

李东阳(1447—1516),字宾之,号西涯,祖籍湖南茶陵。他正统十二年六月初九生于北京,自幼随父读书,四岁可作径尺大字,有神童之誉。六岁、八岁时,曾两次得到景帝的召见。天顺六年举顺天乡试,七年会试中,次年选庶吉士,才十八岁。此后,他开始了近五十年的馆阁生涯。弘治六年,因条陈时政灾异,并辅以《孟子》经义逐条提出应对措施,深得孝宗的赏识。七年,擢为礼部右侍郎,专管内阁制诰。八年,以礼部右侍郎身份兼文渊阁大学士,入内阁理事。接下来,他先后担任礼部、户部、吏部尚书,文渊阁、谨身殿、华盖殿大学士。到正德七年十二月为止,他秉钧持轴十八年,加以自身文才英华,汲引后生不倦,一时为海内士林所归向,茶陵诗派也随之盛极一时。因为后期阿曲权臣刘瑾,李东阳的政治声誉受到很大损害,前七子李梦阳、何景明等又对此大事挞伐,遂使茶陵诗派走向下坡路。正德八年李东阳致仕,十一年七月卒于北京家中,享年七十岁。李东阳一生勤于笔耕,著述宏富,诗文结集共一百卷。今人周寅宾据以点校整理《李东阳集》,约计120万字。后钱振民又据明正德十二年苏州刊刻的《怀麓堂续稿》残本,收前集所未收之诗文,辑校而成《李东阳续集》,两书相合,庶几为完帙。另外李东阳还负责校正《宪宗实录》二百九十卷,任总裁主编《大明会典》一百八十卷、《历代通鉴纂要》九十二卷,主编《孝宗实录》二百二十四卷,在史学方面的成就亦可谓斐然。至于他的文学地位,《明史·李东阳传》评价说:"为文典雅流丽,朝廷大著作多出其手。……奖成后进,推挽才彦,学士大夫出其门者,悉粲然有所成就。自明兴以来,宰臣以文章领袖缙绅者,杨士奇后,东阳而已。"纵观他的生平创作,这段话是比较恰当的。

为了便于对李东阳的诗文创作有一个较为深入的了解,可以根据他的生平仕历大致划分为以下三个阶段。

第一阶段:成化元年至弘治六年,选为庶吉士并一直在翰林院担任侍讲学士的时期。在这一阶段,他的文学创作活动主要体现在与翰林院中同年进士及同僚的唱和赠答上。此间,他在成化八年回湖南茶陵省亲,将一路上的见闻感受汇为《南行稿》,其中取材于民间的《茶陵竹枝歌十首》词调新丽,婉转清扬,没有他一贯的富贵雍容的台阁气。前文已提到成化元年至十三年谢铎参加的同年聚会就有十二次之多,二十二年在李东阳遭父丧之前还组织了一次南、北同年的诗会,参加的同僚也达到十四人。此外,像陵祀、郊祀、翰林雅集、节令游赏、私邸宴会、送行题赠等场合,无一不是李东阳与众多文朋诗侣一展身手的大好时机。仅举成化十五年一例,李东阳《游朝天宫慈恩寺诗序》称:

> 成化己亥重九前二日,翰林修撰谢君于乔,以诗约游朝天宫。是夜雨,翌日,大霁。于乔喜,复以诗速客。于是编修曾君文甫、王君世赏,刑部郎中冯君佩之,皆赴至崔郭二道士宅,和于乔韵各二首。于乔倡为诗,诸君辄和,继各倡一首,又辄和。和且半,予始至。自内直,诗皆如诸君之数。已乃为联句,文甫以事先归,遽口占二句而去。又得三首,独编修杨君惟立以诗报,不至。翌日,始并和焉。先是,佩之游慈恩寺,与僧瑢订九日之约。预约者,郎中李君若虚、屠君元勋及予。予方有侍讲,陈君师召之会,以旧约不可负,预以诗谢之。至日,与诸君次第俱往,沿杨柳湾,历菜园,观稻田,临海子,望钟鼓楼,访桔橰亭故址,留连竟日,复倡且和。如朝天之作,共得三十六首。已复为联句,世赏先归,亦口占一句而去。四君暮枉予家,呼烛续录得十首。于是合而书之,为一卷。①

由上可知,李东阳等人逢会赋诗、叠韵联句已成惯例,甚至与会者有事也需提前打好腹稿以应付。李东阳喜好联句,《麓堂诗话》中曾自言与彭民望联至二百首,后人甚至也对此津津乐道。明俞弁《山樵暇语》卷八称:"西涯李文正公与客索笺纸,数日,酬和过半,因名为子母笺。其诗有云'朝来东馆暮西涯,子母笺成岂浪夸'……子母钱古有之矣,子母笺自李公始。"②子母钱即青蚨钱,古传说将青蚨母、子的血涂于钱上,子钱出,母钱即会飞回原处,可以循环使用。子母笺亦即取意于此,它非常形象地说明了李东阳与众友人频繁酬唱

---

① 《怀麓堂全集·文前稿》卷二。
② (明)俞弁《山樵暇语》,《四库全书存目丛书》本。

的情况。

这一时期,李东阳的诗歌专尊历来馆阁贤俊们典雅堂皇的笔调,表现出润泽宏业、以资教化的明显倾向。他在《京都十景诗序》中称:

> 盖古之称名都者有三,若长安之河华,东京之嵩洛,金陵之钟山、大江,皆有所据以为胜。汉则有司马相如之《上林》,扬雄之《甘泉》《长杨》;班固之《两都》;唐则有李白之《明堂》,杜甫之《太庙》《南郊》《西岳》;韩愈之《南山》;宋则有王禹偁之《籍田》,宋郊之《圜丘》《王畿》,范仲淹之《明堂》,周邦彦之《汴都》,或诗或赋,铿锽炳耀,后先相望,皆足为天下后世道。……今承平既久,民物繁庶,制度明备,山川草木亦精彩溢发,若增而高,若辟而广,校之父老所传,草创之际,盖已倍蓰。而科甲之魁杰,馆阁之耆俊,天下之所谓文章者,固于是乎在。古称文章与气运相升降,则赞扬、歌咏以昭鸿运、垂休光者,无惑乎其盛如此也。[①]

从中不难看出,李东阳选择从司马相如至周邦彦的颂扬当代之作作为眼下歌颂盛朝的理想范本,然而毋庸讳言,上述沉绝博丽之作的文学价值相对都不太高,李东阳的效仿之作自然便等而下之了。李东阳集中代表了其他茶陵诗派成员当时的思想状况,像谢铎、倪岳等都作有《京都十景诗》,而谢铎在自己的《京都十景诗序》中表达了与李东阳几乎完全一致的创作理念。所不同的是,人生经历、精神品格的差异最终使谢、倪二人变得更加清醒和富有批判性,李东阳则自始至终坚持了平正典雅的思维模式和审美趣味。这尤其体现在他对创作情感的节制和抒发两个方面,要求它们必须合乎雅正的原则。他在《拟恨赋序》中说:"予少读江淹、李白所作《恨赋》,爱其为辞,而怪所为恨,多闺情阁怨,其大者不过兴亡之恒运,成败之常事而已,是何感于情,亦奚以恨为哉!……圣贤不言恨,然情在天下而不为私,亦天理人事之相感激。虽以为恨可也,乃效江、李体,反其为情以写抑郁,而卒归于正。"(《怀麓堂全集·文前稿》卷一)显然,李东阳认为作家的创作情感应包容天理人事,不可流于单纯私人情感的表达,这在根本上决定了他诗赋作品较多华贵气象,却缺少挥斥的力度和动人的

[①] 《怀麓堂全集·文前稿》卷二。

力量。当然,当他相对撇开对社会价值层面的表达的依赖,而专注于内心自发情感的抒发时,诗歌作品则又呈现出真实、感人的表达效果。成化十二年,其弟病逝,他作《五月十三日山弟亡辰夜间不寐哭而有诗》称:

> 今日复何日,日永夜亦长。夜长不得寐,起坐心彷徨。
> 去年今岁间,倏忽异存亡。生同为兄弟,死独归山冈。
> 呢呢笑语声,隐隐灯烛光。开缄得遗稿,理箧见故裳。
> 此物久已尘,谁遣在我傍。我病久废食,万外中攒戕。
> 老亲不汝悲,悲即恐我伤。汝妇不敢啼,呜呜咽空房。
> 我亦念衰老,含悲茹肝肠。谁无骨肉亲,而独此祸殃。
> 三年四衰经,行路为酸伤。难将百尺绳,系此白日光。
> 白日有明灭,我哀那可忘!①

此诗用语平实朴素,叙述简洁沉痛,脱尽空廓的谈议和浮华藻饰,而隐约有阮籍《咏怀诗》、陶渊明《拟挽歌辞》的风格气韵。这与他集中连篇累牍的应酬文字、高头讲章比起来,更能加深后人对其内在情感世界的认同和共鸣,自然更应值得称道。

第二阶段:弘治七年至正德七年,擢为礼部右侍郎掌内阁制诰到长期担任内阁首辅的时期。这一时期是李东阳政治上达到顶峰、文学主张趋于成熟的时期。李东阳于正德初刊行了《麓堂诗话》,提出了较为完善的诗歌批评理论,这也成为茶陵诗派得以形成的纲领性著作——正如前面已经提到的,《麓堂诗话》固然大多出于李东阳的创作经验的积累和总结,但他同样借鉴了严羽《沧浪诗话》的许多观点以及接受了像陆、谢铎等人的启发,从这个意义上讲,它更是茶陵诗派整体创作的概括和总结。此书"复古"、尊唐的观念直接影响到了后起的前七子,因而它又在中国文论史上具有不可或缺的承前启后的作用。在这一时期尤其是弘治后期以降,李东阳的酬唱交流的对象更多地变为一批归依在他门下的新锐进士们,像张泰、陆钛、彭教、傅瀚、倪岳等早期成员相继离世,弘治十六年的最后一次同年聚会时,谢铎、刘大夏等人亦算是硕果

---

① 《怀麓堂全集·诗前稿》卷四。

仅存了。何良俊《四友斋丛说》卷十五叙述李东阳此期的交游说："李西涯长于诗文,力以主张斯道为己任。后进有文者,如汪石潭（俊）、邵二泉（宝）、钱鹤滩（福）、顾东江（清）、储柴墟（巏）、何燕泉（梦春）辈,皆出其门。"①根据前文的论述,这些只是他门下的一部分,如李东阳《学士柏诗序》称："弘治癸丑,东阳为太常少卿兼侍讲学士,踵先生故事,乃以此题课诸吉士。于是顾清士廉辈二十人,人赋一歌,感旧怀贤,各极思致。东阳亦怅然感之,续为一章,以毕未尽之志。欲汇书成帙,遗先生之子中书舍人宗文。因循荏苒,又六七年,二十人者亦已物故。复多散处,仅得十有几篇。勒为卷……彼十九人者,文学行业,幸引而伸之,则东阳于先生,可以不负于兹柏也,无愧色矣。"（《怀麓堂全集·文后稿》卷二）由此可知,李东阳以汲引后进为己任,同题共作除了它的娱志功用,还成为教化劝引的一种手段。

　　此间,李东阳主持编修了几部规模较大的国家史乘,相应积累了许多史学札记,也作了很多史论诗、拟古乐府诗。尤以后者,其形式上是对汉魏乐府歌辞的模拟,实际上却是李东阳史学批评向诗歌载体的延伸。他在弘治十七年作的《拟古乐府引》中说："间取史册所载,忠臣义士,幽人贞妇,奇踪异事,触之目而感之乎心,喜愕忧惧,愤懑无聊,不平之气,或因人命题,或缘事立义,托诸韵语,各为篇什。长短丰约,惟其所止;徐疾高下,随所会而为之。内取达意,外求合律。虽不敢希古作者,庶几得十一于千百。"（《怀麓堂全集·诗前稿》卷一）在其两卷《拟古乐府诗》115 首诗中,绝大部分是对古史人物、事件的论赞,间有对故址遗迹的凭吊,这从门人何孟春详尽的注解中也可以看出来。李东阳的写作素材基本源于明前历代官修史书中的节义记载,辅以《庄子》《列子》《吕氏春秋》《列女传》《烈士传》《说苑》《神仙传》《中华古今注》《西京杂记》《琴操》《事文类聚》《邺中记》《三辅旧事》《钱塘遗事》《孔子家语》《龟山旧录》《朱子语类》《教坊记》《杨妃外传》《辍耕录》等诸子稗史的资料,又取《舆地志》《都城记》《括地志》《一统志》《河南府志》《天顺目录》《名臣言行录》《宋景濂文集》等地志文集相印证,字字凿凿,持之有故,诗歌意象感发的文学特质减少了,兴寄讽喻的理性、批判性却大为提升。正是基于后者的优势,王世贞在《读书后》卷四中予以评价说："吾向者妄谓乐府发自性情,规沿风雅,大篇贵朴,天然浑成,

---

① （明）何良俊《四友斋丛说》卷十五,中华书局 1959 年版,第 127 页。

小语虽巧,勿离本色。以故于李宾之《拟古乐府》,病其太涉论议,过尔抑剪,以为十不得一。自今观之,亦何可少。夫其奇旨创造,名语叠出,纵不可被之管弦,自是天地间一种文字。若使字字求谐于房中、铙吹之调,取其声语断烂者而模仿之,以为乐府在是,毋亦西子之颦,邯郸之步而已。"[1]上述评价无疑是较为中肯的。另外,李东阳非常注重文体在不同场合下的使用,如《怀麓堂续稿》中收有《祭老王文》一文,一反其一贯强调的馆阁气,而全用俗语写成,其称:

正德四年十月初七日,老兄王彦实既殡殓十日矣,西涯居士遣儿子兆蕃以常馔俗语为文而祭之曰:

呜呼老王!房山之房,树村之庄。有谷为我箱,有果为我筐。夏不择雨水,冬不避雪与霜。小西门之坟,畏吾村之乡。迁我老父,葬我两郎。内为我造圹,外为我筑墙。视我疾病,助我婚丧。自我记事,如梦一场。凡我骨肉,一存九亡。岂无后生?不如老苍。

呜呼老王!少而辛勤,老而善良。不恼我公事,不倚我势强。汝病思我,我岂汝忘?竟不见而死,如何不伤?今我吊汝,汝不下堂。妻号于前,子哭于傍。汝不通文章,而知我心肠。供汝以酒肉,告汝以家常。知乎不知?哀哉老王![2]

这则祭文没有拔茅连茹式的探究身世渊源,没有诘屈聱牙的典诰文字的铺陈,完全以话家常的方式来表达对一位敦厚本分、忠诚勤勉的老仆的悼念之情。俗而亲切、质而平易,也算是对自己在《麓堂诗话》中认为"至白乐天令老妪解之,遂失之浅俗"的一种有益的自我反拨吧!

第三阶段:正德八年至正德十一年,致仕在家直到病逝。在这一时期,李东阳仍然与友人王鏊、刘大夏、杨一清、谢迁,门人靳贵、邵宝、蒋冕、吴俨、顾清等人保持着密切的关系,他们酬唱赠答的作品在《怀麓堂续稿》中保留了许多。如李东阳有《冬夜克温少宗伯蒋敬之少宰同会论文剧饮二君限韵索诗醉中走笔一首》《再叠韵赠二君》《三叠韵奉怀邃安太宰》《四叠韵赠敬文》《客散后醉不

---

[1] (明)王世贞《读书后》,《文渊阁四库全书》本。
[2] 钱振民辑校《李东阳续集·文补遗》,岳麓书社1997年版,第327页。

能寐五叠韵赠克温》《六叠韵自述》《七叠韵》《八叠韵再赠克温》《九叠韵再赠敬之》《十叠韵再赠二客》。单从诗题就可以看出,李东阳在此次聚会中兴致不减当年。此外,像《吴宁庵将有使命毛砺斋石熊峰皆自远至与蒋敬所同会因用旧韵纪事一首适有送牡丹者故及之》《与衍圣公会别顾士廉学士汪抑之侍读何子元少卿王叔武参政联席偶坐皆予所取士限韵一首》《赠衍圣公二首叠前韵》《赠士廉叠前韵》《赠乔希大叠前韵》《赠赵尔锡叠前韵》《冯子佩光禄携酒见过与顾学士士廉任通政廷瓒王太仆天宇何太仆子元马光禄文明同会皆予礼部所校士也席间限韵各赋一诗予得四首》(其二、其三、其四)《寿筵喜雨诗一首》("初度前十日癸丑,门生以诗酒相庆,是夜雨。明日己未,生继至,复雨。久旱得此,盖自是雨不绝,感而赋之")等等,都可以直接从诗题看出李东阳与门生故吏们的交往。这一阶段,李东阳的诗歌境界变得愈加开阔豁达,诗语老练苍劲,操楮染翰,更显绰有余裕,如《次曹卢二侍御弈棋赋诗韵》即有"诗从狂后得"句。这源于他从布满荆棘的仕途中退出之后,远离了名利争逐、是非评议的干扰,可以无功利而超脱地看待人生及进行诗歌创作了。他在《不寐》一诗中说:"富贵一场春梦,乾坤几个闲人。镜中华发尽白,楼外昏钟更晨。鸟雀常时过耳,山林是处容身。东园松林安否?又报春光一新。"①完全是一副富贵浮云、超尘拔俗的样貌,这对一位曾经位极人臣、饱经风霜的古稀老人来说,实在是睿智而通达的表露。正是基于这样的精神状态,他完全可以胸怀坦荡地说"康泰一身惟仗药,破除万事却凭诗"(《七十自寿》其二)②了。

李东阳的文艺观基本体现在《麓堂诗话》以及文稿中各类序跋中。清人鲍廷博《麓堂诗话跋》中说:"李文正公以诗鸣成、弘间,力追正始,为一代宗匠。所著《怀麓堂集》,至今为大雅所归。诗话一编,折衷议论,俱从阅历甘苦中来,非徒游掠光影娱弄笔墨而已……亟为开雕。俾与《沧浪诗话》《白石诗说》鼎峙骚坛,为风雅指南云。"③可知,鲍氏是对《麓堂诗话》推崇备至的。《麓堂诗话》整体上呈现出文学散论的特征,但是加以归纳整合后就可以看出,李东阳的批评视野可以清晰地分为三部分,即先唐诗文批评,唐、宋、元诗文批评,近当代诗文批评。当然,这三部分有时并不是截然分开、孤立进行的,如他"汉、魏、六

---

① 《李东阳续集》,第 123 页。
② 同上,第 145 页。
③ (明)李东阳《麓堂诗话》附鲍廷博跋,《历代诗话续编》本,第 1400 页。

朝、唐、宋、元诗,各自为体"、"六朝、宋、元诗,就其佳者,亦各有兴致,但非本色"等观点即具有通观的视野。他将历代诗歌成就并举,无非是要凸显唐代诗歌的鼎盛地位,这与当下风行的言诗必称唐代的习气密切相关。像吴宽《赠别丁凤仪刑部》说:"相看不用道名姓,开口一笑先谈诗。君诗不作宋元语,开元大历相追随。虽云专师李与杜,亦或下友参兼维。其余佺期之问辈,蔑视何异群小儿。"(《匏翁家藏集》卷三)丁凤仪是诗尊盛唐的一个极端,李东阳相对通达一些,在诗歌表现风格及容量方面,他承认历代是渐次发展、后来者居上的。他说:"汉魏以前,诗格简古,世间一切细事长语,皆著不得。其势必久而渐穷,赖杜诗一出,乃稍为开扩,庶几可尽天下之情事。韩一衍之,苏再衍之,于是情与事无不可尽,而其为格亦渐粗矣。然非具宏才博学,逢原而泛应,谁与开后学之路哉!"在先唐阶段,他涉及的诗人作品主要有《关雎》《鹿鸣》("不过以四字平引为长声,无甚高下缓急之节")《大风歌》《易水歌》("其感激悲壮,语短而意益长")《弹铗歌》("亦自有含悲饮恨之意")《木兰辞》("最近古")谢灵运("'池塘生春草''红药当阶翻',虽一时传诵,固已移于流俗而不自觉")陶渊明("陶诗质厚近古,愈读而愈见其妙")等。他总体上认为,三代以来尤其是汉魏诗歌辞贵简远、质而不俚,但在格律技巧等方面尚不成熟。在唐、宋、元阶段,他批评的重心无疑落在了唐代,宋元诗歌不过是印证唐诗精妙绝伦的陪衬。他说:"宋诗深,却去唐远;元诗浅,去唐却近。顾元不可为法,所谓取法乎中,仅得其下耳。"又"唐人不言诗法,诗法多出于宋,而宋人于诗无所得"。又"诗太拙,则近于文;太巧,则近于词。宋之拙者,皆文也;元之巧者,皆词也"。即是如此。论唐诗,他又集中论述盛唐李杜的诗法、诗格,间及中唐孟浩然、韩愈、柳宗元、白居易、李贺、韦应物、刘长卿、贾岛等人。他从平仄格律的工稳、虚字入诗的妙用、怪奇流宕的风格、联句粘对的精工等方面,强调唐诗的垂范作用。但是除了李杜之外,他并非一味加以称扬,如"李长吉诗,字字句句欲传世。顾过于刿鉥,无天真自然之趣""作诗必使老妪听解,固不可""如许浑诗,前联是景,后联又说,殊乏意致耳""若贾浪仙之山林,则野矣;白乐天之台阁,则近乎俗矣,况其下者乎"等等。在宋元两代中,他反对胶柱鼓瑟、食古不化的行为,如"(宋人)所谓法者,不过一字一句,对偶雕琢之工,而天真兴致,则未可与道。其高者失之捕风捉影,而卑者坐于粘皮带骨,至于江西诗派极矣。""王介甫点景处,自谓得意,然不脱宋人习气"等。相反,对那些能够宗法前代并自出机杼的诗人,却十分推崇,如"晦翁深于古诗,其效汉魏,至字字句句,平侧高下,亦相依仿。命意托兴,则得之《三百篇》者为多",又"极元之选,惟刘静修(刘因)、虞伯生(虞集)二人,皆能名家,莫可轩轾……予谓独高牙大纛,堂堂正正,攻坚而折锐,则刘有一日之长;若藏锋敛锷,出奇制胜,如珠之走盘,马之行空,始若不见其妙,而探之愈深,引之愈长,则于虞有取焉。然此非为道学名节论,乃为诗论也。与予论合者,惟张沧州亨父、谢方石鸣治"。从后一则又可以看出,这不过只是李东阳的一己之见,张泰、谢铎亦支持这种观点。对近代及当代诗坛的评价,他主要针对明初和茶陵同道的诗歌创作展开评议。这一部分较少前期丹黄甲乙、纵论是非的笔法,主要钩稽前朝诗坛掌故、记录同道诗友往来、阐发为诗主张。如"元季国初,东南人士重诗社。每一有力者为主,聘诗人为考官,隔岁封题于诸郡之能诗者,期于明春集卷,私试开榜次名,仍刻其优者,略如科举之法","国初顾禄为《宫词》,有以为言者,朝廷欲治之,及观其诗集,乃用《洪武正韵》,遂释之。时此书初出,急欲行之故也"。上两则对了解明初诗坛风气及当局的文化态度,具有一定的文学史料价值。另外,他记述诗友逸事称:"《唐音遗响》所载任翻《题台州寺壁》诗曰:前峰月照一江水,僧在翠微开竹房。既去,有观者取笔改'一'字为'半'字。翻行数十里,乃得'半'字,亟回欲易之,见所改字,因叹曰:台州有人。予闻之王古直云。"王古直为李东阳、谢铎等人挚友,李东阳曾为其作《王古直传》。其人不热衷科场举业,而独于诗句用力甚勤,他是茶陵诗派中好诗成癖的代表之一。

总之,《麓堂诗话》呈现了李东阳较为完整的诗史发展观——三代谣曲发端,魏晋诗格初创,盛唐臻于极致,宋元明追随模仿——这是基本符合诗歌发展的实际状况的,更重要的,他在指出唐后诗的种种不足的同时,也遵循自身的复古主张,对宋元及当代的一些诗人推扬有加,这显示了他开阔的批评视野和通达的品论标准。在批评过程中,李东阳表现出对严羽《沧浪诗话》的推崇,对其"诗有别体"的理论也多有阐发,这从他强调诗歌与散文的不同,诗歌内部古、律、乐府、谣曲创作的标准不同,散文有"馆阁之文""山林之文"的不同等等都可以看出。李东阳的诗文论点在很大程度上得到了前后七子们的继承,后者却缺乏相应的理论气度和审美视域,将复古之路引向了逼仄偏枯的境地,这是颇值得后人反思的。

上述内容主要介绍了李东阳创作分期与文艺发展观,下面来看一下他的诗文创作特色。

李东阳诗歌的主要特色是雅正醇厚,这与他强调学养与识力分不开。他在《桃溪杂稿序》中说:"夫学有二要,学与识而已矣。……汉唐以来,作者特起,必其识与学皆超乎一代,乃足以称名家、传后世。……世岂患无诗哉?患不得其要耳!"(《怀麓堂集·文前稿》卷八)这在一定程度上,又促发了清代文论大家叶燮"才、胆、力、识"的观点的提出。李东阳文史素养深厚,又不喜步随模仿,可谓学识俱佳,其晚年诗尤其如此。像《拟古乐府诗》几乎就是诗化的史学札记,正因它旨在弘扬贞义节烈,枯淡寡味几乎是难免的,但是乐府诗体长短不拘,句韵活泼跳跃的体裁优势大大冲淡了负面的感受,反而引发一种在历史长河中凭吊巡礼的庄重意味。他推崇唐诗的意境幽远、韵律深稳,对陶谢、李杜等大家的诗歌潜心揣摩,推究他们炼字用韵、起承转合的精妙之处,作诗时也表现出较为纯熟的技法来。如他的诗《清明》中"匆匆便作江南客,又是并州一种愁"(《怀麓堂集·杂记卷一·南行稿》)、《望德州》中"与客相期隔素月,停灯坐待东方明"(同前)句就分别有刘皂《旅次朔方》"无端更渡桑乾水,却望并州是故乡"及陶渊明《杂诗》"白日沦西阿,素月出东岭"的味道在。他能够借用古语而不觉生硬,正是他诗味醇厚的重要原因,说到底这与江西派所推崇的"点铁成金""脱胎换骨"等手法是一致的。李东阳的诗还有一种弘远正大的特点,这也与他一贯强调诗歌要反映天道、包举万有的理学信念有关。他在《曾文定公祠堂记》中说:"宋盛时,以文章名者数家,予于文定公(即曾巩)深有取焉者。盖其论学,则自持心养性,至于服器动作之间;论治,则道德风俗之大,极于钱谷狱讼百凡之细,皆合于古帝王之道与治。……而独见超诣,去邪归正,于治有神,而于道不为无益。"(《怀麓堂全集·文前稿》卷十二)鉴于此,他的诗歌中总易出现"乾坤""江海""圣朝""庙堂""廊庙"等颇见气魄的辞藻,行文过程也易发抒家国之思,如成化十六年他奉命前往南京主持顺天乡试,汇所作诗文为《北上录》,其中《夜宿潞河驿》有"中华使者尘随节,南海倭儿布裹头"(《怀麓堂全集·杂记》卷三《北上录》)、《通州道中》有"长安咫尺红云里,明日天墀拜冕旒"(同前),诸如此类有着鲜明馆阁印记的诗多不胜举。在他南下主考、东去祭孔离开京都的过程中,获得了体察下情的机会,从而在诗集中留下了为数不多的展示民间疾苦的作品。像《舟中杂韵十首》之六"民船输关税,官清税始平。官船载私货,逻吏不知名"(同前),《忧旱辞》"黄尘赤日无南北,平田见土不见麦。秋麦垂垂尽枯死,春麦虽青不满咫。秋田种少未种多,田家四顾无妻子。官河水浅舟不行,漕舟不载南舟名。河西钞关坐不税,大仓粳稻何时至! 一春无雨过半夏,贫民望雨如望赦。安得一雨如悬河,坐令愁怨成欢歌,我行虽难奈乐何!"(《怀麓堂全集·杂记》卷六《东祀录》)这两首分别揭示了官员腐败与人民受灾赈救不力的社会现象,亦为他"情在天下而不为私,亦天理人事之相感激""卒归于正"(《拟恨赋序》)的一贯主张作了恰如其分的注脚了。李东阳散文也写得比较有气势,像《南巡图记》称湖南:"地方数千里,其间名山大泽,如衡岳、武当、洞庭、云梦,为形胜之会。其上则奇峰峻岭,回滩激濑,人迹不能及;下则连山洪涛,千迭百折,其势若排云而降;远则平原沃壤,曼延映带,茫然不绝,盖天下之奇观备矣!"(《怀麓堂全集·文前稿》卷十一)其中用词雄峻,气韵纵横,充满了对家乡风物的赞美和自豪之情。

综上,正如朱彝尊《明诗综》卷二十二于"李东阳"题下注引胡元瑞云:"成化以还,诗道旁落,唐人风致几于尽隳。独文正才具宏通,格律严整,高步一时,兴起何李,厥功甚伟。是时,中晚唐、宋、元诸调杂兴,此老砥柱其间,固不易也。"李东阳对成、弘间的诗风形成及发展发挥了举足轻重的作用,在明代诗歌发展史上具有重要地位。

第二节　茶陵诗派早期成员的文学主张及创作

茶陵诗派早期成员,主要由李东阳、谢铎等十几位翰林院同年及稍后及第的若干志趣相投的同僚组成。值得一提的是,此间他们多为平辈间的唱和酬答,尚未形成明显的雅集核心和明确的创作理论,但是却为李东阳在《麓堂诗话》中提出茶陵派较完善的理论构架奠定了良好的理论和实践基础。彭教在成化三年所作《席上咏史诗序》中说:"成化丁亥十一月甲子南至,翰林诸同年沿故约来会,饮予家。在酒所相与论昔功烈行义之士,盖悠然有遐思焉。于是自战国以来,迄于唐季,代取一二人,凡十人,书之片纸置盘,探中各赋一诗……诗既成,取而次第之,而复叙其所以如右。是日,惟舜咨以事不果来,罚如约,诗亦追补云。"①成化十三年,又作《送侍读倪君归省诗序》写同年十一人为倪岳回乡省亲的情形说:"与舜咨为僚而进同年者,罗璟明仲、谢铎鸣治、傅瀚曰川、刘淳尚质、焦芳孟阳、陈音师韶、张泰亨父、吴希贤汝贤、陆鼎仪、李东阳宾之暨教十有一人,相与饮饯之。乃取昌黎韩子《送郑十校理诗》分为韵,率相知者各赋一诗以赠,通五十首为一卷。教不能赋,退而为序。"(《东泷遗稿》卷一)由上两条记载,可以比较清楚地看出茶陵派早期成员构成,主要是天顺八年入选翰林院的十几位同年进士;他们的活动一般是或取材史事人物,或以名作分韵次之共同主题下的赋诗;对于不善即兴为诗的成员,一般作集会诗序,并对众人诗作加以编次,整理成卷,那些经常与会者即使临时有事不能参加,也要事后补做,可见他们的活动也有一定的分工和规约。当然,除了这些同年交往之外,像吴宽、程敏政等稍后入院的进士,他们在诗歌创作旨趣和美学风貌方面都自觉不自觉地与李东阳等人保持了相当的一致性,因此也把他们划归到广义的茶陵派中来。接下来,就对他们的诗文创作分别进行评价。

倪岳(1444—1501),字舜咨,祖籍钱塘,后迁直隶上元。天顺八年,与谢铎、李东阳等人一同及第,时年二十岁。此后不久,改庶吉士,授编修。成化中为侍读学士、直讲东宫,二十二年升任礼部右侍郎,弘治六年为礼部尚书。《明史》本传称其"严绝请托,不徇名誉,铨政称平",甚有政声。倪岳卒于弘治十四年十月,享年五十八岁,有《青溪漫稿》二十四卷存世。

倪岳与谢铎、李东阳等人为同年进士,且长期在翰林院供职,因此结下深厚情谊。倪岳病逝,李东阳为其作两首悼亡诗,其《再哭青溪》一诗称:"杏园醉后千花拥,柳院归时一字行。"(《怀麓堂全集·诗后稿》卷六)由此可见当年交游之盛。另外,倪岳与谢铎也私交甚笃。倪岳的《青溪漫稿》中有四首与谢铎的赠答诗,即《白云辞》《元宵会鸣治宅大雪得催字》《游西山诗答谢鸣治》《次鸣治卧病不赴斋居之作》,其中还不包括像《京师十景诗》(倪岳十首俱全)这样同题共作的作品。像他《次鸣治卧病不赴斋居之作》有"方泽圆丘祀礼兼,十年侍从幸同瞻"句(《青溪漫稿》卷五),从中可见他们的交谊之深。倪岳入仕之前就曾与二三交好酬唱频繁,像他《戊子新春日寄上谷诸旧游》"却忆旧时诗社客,

---

① (明)彭教《东泷遗稿》卷一,《四库全书存目丛书》本。

于今赓唱复何如?"(同前,卷四)《乐清轩十律为乡友沙士清》其七"诗社有人时送草,县门无吏不催租"(同前,卷六)即是证明。入仕后,倪岳"溺诗"的情况越发明显,黄佐在《翰林记》卷二十二及他自己在《翰林同年会图记》中的记载可证。此外,倪岳还有与晚进门生的赠和之作,如其《谢饯行诸门生二首》序称:"五月八日癸卯,京闱所取士之仕于京者,若给事中于瑁、屈伸、御史张纶、张天衢、郭镛、户部欧信、钱敬、张举、张定、郑洪、刑部熊祥、周东、光禄赵宏、方藁、中书李荣、郭昂,行人王雄,南京刑部张赞,进士张彧、翁玉、聂瑄、何俊,合二十二人,会饯于城东茶庵之新祠,因赋二诗以谢,且致望焉。"①倪岳零星唱和的例子也很多,如他《答玉署交情四首》序称:"体斋(傅瀚号)、东山(刘大夏号)、西涯(李东阳号)三同年以旧日同预吉士之选,交谊深笃,乃各赋古诗四章以赠,题曰玉署交情。"②另倪岳题程敏政《焚香联句》后称:"成化丁酉正月八日斋居焚香,清寂之际,相与书三十韵,次第拈押,以遣夜怀。既成,俾予各录一通。时与者六人,太仓张亨父、陆鼎仪、毗陵陆廉伯、海虞李世贤、新安程克勤云。"③其他像《青溪漫稿》集中《三月十二日肇开经筵岳以翰林旧僚叨侍讲读荐蒙燕赉感而有作》《端午会孟阳宅分得石榴》《甲午斋居答明仲用韵见忆之作》《恭祀献裕二陵和答明仲赠别诗韵》等,余例甚多,恕不遍举。

上述类型的诗歌占了倪岳诗作的多数,它们均呈现出典雅温厚、却略少骨力的面貌。他曾称:"最爱乘风琳馆,何妨步月瑶台。杏园芳躅可继,凤城雅唱宜裁。却羡斯文风味,不负翰苑情怀。"④即表现了对此类题材的偏爱。当然,这与当时李东阳主导的诗坛风气也密不可分。明人靳贵称李东阳"盖操文柄四十余年,出其门者,号有家法。虽在疏逖,亦窃效其词规字体,以竟风韵之末,而名一时";杨一清又概括李东阳的诗歌特点说:"诗文深厚浑雄,不为倔奇可骇之辞,而法度森严,思味隽永,尽脱凡近而古意独存。"⑤

前面已经指出倪岳自身十分推崇李东阳的领袖地位,然而他的诗歌并不全是清一色的馆阁辞章。他与谢铎一样还有许多关心国计民生的作品,李东

---

① 《青溪漫稿》卷八。
② 同上,卷一。
③ 《篁墩文集》卷六十三。
④ 《青溪漫稿》卷三《瀛洲旧会承郑东园邀饮神乐道观即席次韵二首》其一。
⑤ 《怀麓堂全集》靳序、杨序。

阳在悼诗中就称赞其"平生爱国忧民意,仕路谁堪语肺肝"①,这类作品是倪岳的人生哲学及价值观念的直观体现。他在任东宫直讲期间所上的《孟子讲章》中说:"居于仁则存诸内者,有本而大人之体立;由于义则应乎外者,有制而大人之用行。体用两全,内外一致,士虽未得夫公卿大夫之位,而公卿大夫之事,尚何所不备哉?"又"诚以仁义二者,乃天地间一个大道理。其本原于一心,其用则周乎万事。故天下之安危,国之治乱,家之兴衰,身之贤愚,都只在仁与不仁,义与不义两端上。"②他在为政期间是对上述观点躬自践行的。成化九年,上《西北备边事宜状》,提出"重将权以一统制""增城堡而广斥堠""募民壮去客兵""明赏罚、严间谍以立兵纪""实屯田、复漕运以足兵实而纾民力"等五条主张,均切中时弊;弘治七年十月,西洋国贡狮子,上《请却赛玛尔堪进狮子疏》,力陈其不可之由;八年十二月,类奏京师及各地灾异,提出"推行圣学""豫节亲藩""惩究欺蔽""苏息贫穷""慎用将官""祛除民病""惩戒奸贪"等二十七条措施,深得孝宗钦赏;八年十月,上疏请禁止番僧领占竹进京,"反复数千言。上读之而悟,诏中止。天下诵之"③。这些思想及行动无疑都体现在其诗作中,如他关心洪涝给民众造成的灾害时说:"去年六月足霖雨,顽云散天长不收。……秋来百钱一斗粟,民饥更着寒无裘。昨日已鬻乳下儿,今日又杀田中牛。嗷嗷仅博一饱耳,转眼亦复填深沟。郁塞那堪沴仍作,北邙弃骨成高丘。掩骼埋胔有遗令,嗟嗟守牧谁为谋?……如何六月雨不止,连绵恐欲伤田畴。……奔驰徒费雨师力,淋漓不解农夫忧。早寒暮热人重困,儿童往往成悲讴。端居对食不下咽,天意岂与斯民仇。"④诗中饱含了对农人杀牛充饥、卖儿鬻女的悲惨经历的深深同情,也表达出一位封建士大夫以天下之忧为先的良知和情怀。他关心边事的诗歌,如"烽火边城鼓角悲,黄沙漠漠北风吹。关山远隔云中戍,车马新屯灞上师。贾谊有才思报国,杜陵多病尚忧时。侍臣谁有如椽笔,拟撰燕然第二碑"⑤。倪岳秉承儒家仁义观,强调经世致用,与谢铎可谓殊途同归,诗集中涌现出上述针对现实时事慷慨感发的作品就是理所当然的了。

---

① 《怀麓堂全集·诗后稿》卷六《哭青溪倪太宰先生》。
② 《青溪漫稿》卷十。
③ 《明史纪事本末》卷四十二"弘治君臣"条。
④ 《青溪漫稿》卷二《成化辛卯六月苦雨浃旬民以大困感今怀昨用恻然因抵掌放歌聊以泄激烈之悲耳诗云乎哉》。
⑤ 同上,卷四《新春感事》。

倪岳崇尚古雅,像他在为亡故的礼部尚书彭华作的神道碑中所推许的"为文章力追古作者,用意谨严,稿必数易而后成,虽诗亦然"①,这亦间接表达了他自己的创作态度。倪岳的诗歌有如下两个特点。

首先,喜用古人名戏拟同僚中与之同姓之人,亦庄亦谐,别有妙趣。他经常用"谢朓"代指谢铎,如"玄晖才更逸"(《青溪漫稿》卷三《腊月二日诸同年会饮予家……以纪终会云》)、"禹锡自应先致约,玄晖何事惜追欢"(同前,卷四《游西山诗答谢鸣治》,按"禹锡"代指同游友人刘大夏);用"沈约"代指沈仲律,如"到处定应逢沈约"(同前,《送周德源南还兼柬沈仲律》)、"清光长忆沈休文"(同前,卷六《分韵得分字送丁凤仪秋官南还兼柬沈仲律》)等。

其次,用古人名及暗用其相关典事。如"新寒未慰相如病,旧雨仍增宋玉愁"(同前,卷四《八月十四风雨之夕病中望舍弟消息不至怅然有怀》)、"黄祖尚憎鹦鹉赋,玉环宜愧牡丹亭"(同前,卷五《过济宁有怀旧游》)、"维摩病得句,终惭杜甫才"(同前,卷五《和汝行敏登雨花台韵》)、"须烦能画王摩诘,更着耽诗李谪仙"、"邺侯家富牙签万,亚父谋疏玉斗双"(《乐清轩十律为乡友沙士清》其一、其五)等。其诗中所用先唐古人较多,喜用旧题如《古意》《将进酒》《止酒》,其中多见"陶令""贾生""詹尹"等人名,但尊唐的迹象还是很明显的。他在《跋荆公绝句》中称"荆公《天童山溪》绝句一首,思致幽旷,有唐人风"②,可略见一斑。由于频繁用典,自不能避免重复蹈袭之累,如"自有尊罍娱北海,可无词赋继东坡"(《乐清轩十律为乡友沙士清》其六)、"北海才名重南国,东坡政誉满西湖"(同前,卷六《会饯蒋宗宜侍御赴南台即席次留别韵》),虽为工整,而略觉叠熟。

倪岳的辞赋多用"兮"字,具有明显的骚体赋特征。如《桢陵雪霁赋》以"兮"字为主,间用"之"字,或为句腰,或为句尾,分别仿照《九歌》句式及《离骚》句式,其描摹雪落之物态,纤微毕现,多骈字骊句,有平正典雅之风。如"望飞狐之口兮,渺琳琅之委籍。顾长城之垒兮,积琬琰之崔嵬。云中居其西兮,皎白云之缥缈。龙门居其东兮,粲素练之离披。……银为城兮辟重门以若壁,玉为道兮夹万井而如弦"③。其兮字句(含兮字)一般有七字,但也多见变例,如

---

① 《青溪漫稿》卷二十一《大明故太子少保礼部尚书兼翰林学士赠资政大夫太子少傅谥文思彭公神道碑》。
② 同上,卷二十。
③ 同上,卷一。

《炎暑赋》中就有"使丰隆玄冥屏气而不得申兮,何飞廉之颠狂"这样的变骚长句。这篇赋不像其他台阁体作品一味谀颂,而体现出相当的悲悯意识,如"且天下食力者众,岂尽闲逸如吾曹。彼菑畬之田父兮,冒烈日之熬熬。挽泉流以下灌兮,声密连兮桔槔。手耒耜而戴笠兮,肆蘸蓑以立苗。……或牵牛以服贾兮,睹征途之迢迢。既壤之若燎兮,又逆旅之无聊。……若乃边关戍卒,称干立旄,夕枕藉乎金革兮,朝并驱乎两猱。想敌夫王之忾兮,而拟绝乎天骄。日扰扰而不得息兮,徒哀鸣以警警。……予徒食禄亦何补兮,重清职之逍遥。舍民困之弗恤兮,而欲据此以自豪"(《青溪漫稿》卷一)。其中遍举农夫、商旅、戍卒等人的艰辛,并与自身清显的职事相比,深具自责自省之意。最后,值得一提的还有倪岳的一首"诗余"《望海潮·题水仙扇面》,上阕写扇面"冰玉为肌,沉檀为骨,天然素体倾城。鼓瑟湘潭,捐珰澧浦,凌波微度飞琼。何处是蓬瀛? 正忍寒送目,借水成名。东阁官梅,两般标格一般清"(同上,卷九)。其中暗用《九歌·湘君》《湘夫人》之典,且韵律深稳,雅正典重,具有较强的文人词的风味。

张泰(1436—1480),字亨父,号沧州,祖籍湖州,后迁至太仓。天顺八年(1464)进士及第,然而成化元年和二年,他的父母相继辞世,只得返乡守孝。他在家服丧期间哀毁骨立,几不能起。成化七年丧期结束,授翰林检讨。成化十一年,任礼部会试考官。成化十六年升修撰,同年十一月九日去世,享年四十五岁。张泰为人恬淡自守,独喜为诗。与陆釴、陆容齐名,号"娄东三凤"。《明史》卷二百八十六有传,现有《沧州集》十卷,《续集》二卷存世。

《四库全书总目提要·沧州集》称:"初与李东阳齐名。后东阳久持文柄,所学弥老弥深,而泰不幸早终,未及成就,故声华销歇,世不复称。今观是集,大抵圆转流便,而短于含蓄,正如清水半湾,洸洸易尽。"[1]这大致指出了他的诗文特色。张泰在当时虽然仕路不显,然而诗名很大。陆釴在给他所作的墓志铭里说:"为文务自己出,视韩柳若不暇模拟,直欲追两汉先秦以上;诗则根据杜子美。少尝学李白,音韵铿锵,雄健俊逸,随事赋咏,各当其情。由是天下之人,识与不识,皆知有亨甫,至京师必欲求见,得一诗以为荣。"[2]他既为吴中人

---

[1] 《四库全书总目提要》卷一百七十五,第1560页上。
[2] (明)张泰《沧州集》之《沧州续集》附录《大明故翰林院修撰张亨甫先生墓志铭》,《四库全书存目丛书》本。

士，不免沾染吴中文风习气，表现出以自娱为目的的创作风尚，但其作品更多地转向茶陵诗派主体的风格。李东阳对张泰的创作风格颇为肯定和赞誉："原博（即吴宽）之诗，浓郁深厚，自成一家。与亨父、鼎仪（即张泰、陆釴），皆脱吴中习尚，天下重之。"又在《麓堂诗话》中说"亨父天才敏绝，而好为精炼，奇思硬语，间见叠出，人莫撄其锋"。从上面可以看出，他的诗歌复古风格与陆釴是非常接近的，再加上都英年早逝，更令李东阳、谢铎等同道唏嘘不已。他的作品用词清绝，大部分诗作为唱和、应制和题赠而作，涉及题画、馈物、赏玩、送别、贺寿、悼亡、咏史等等，诗风有古意，境界超拔。这一点尤令李东阳不吝赞词，他在《题张沧州遗诗后》说："清古翘拔，无一字犯俗。虽偶书旁集，若精择而后得者。"（《怀麓堂全集·文前稿》卷二十一）

张泰唱和诗占其诗作相当大的比重，风格淡雅闲适。他与陆釴的酬唱最多，涉及两人唱和交往的诗歌近六十首。两人互相切磋、唱和不绝，如《与鼎仪行田间》《冬夜怀鼎仪》《夏雨忆鼎仪》《共鼎仪宿文量馆》《夏日鼎仪小轩酌》《就鼎仪夜酌交咏成篇醉余不记某出某句》等，以此看出他和陆釴的关系密切，以至达到形影不离的地步。从《沧州集》所载诗中可以看出张泰与谢铎也有着密切的交往。其写给谢铎的诗有《奉答谢鸣治编修去秋玉堂见寄》《答谢鸣治用韵言怀》《斋居次鸣治韵兼柬宾之》《会愡亭诗谢鸣治敕为宝庆守致仕归作亭》（自注：寄诗鸣治，为和三首）、《为谢侍讲故人题竹冈》《二月廿四承谢侍讲招适以工筑不赴诸公联句示及答以其韵》《用鸣治见寄韵自赋》《怀宾之与谢鸣治联句》等若干首。

前面已经提到，在进入翰林院之后，李东阳、谢铎等人之间同年聚会非常之多。张泰也是他们座上常客，他有《同年会》一首，其题下注称："二月十八日，会于季氏第。"另有《方面同年八人来同宴于明仲宅》《偕文量鼎仪会用常》（均见《沧州续集》卷上）、《同年会》（《沧州集》卷五）等等。仅举他与谢铎酬唱的内容，就如《怀宾之与谢鸣治联句》："西涯走马踏春归（泰），芳草春风旧路微。故国湘南回雁远（铎），碧云天北美人稀。花间水寺迷游躅（泰），鼓响山楼忆倒衣。寂寞清尊今日话（铎），百年相对谢玄晖（泰）。"（《沧州续集》卷下）《奉答谢鸣治编修去秋玉堂见寄》："穷路泣孤子，瀛洲怀列仙。不见谢灵运，空吟春草篇。畴昔比连枝，今随断蓬旋。芙蓉抱弱质，憔悴凉风前。迟迟岁华晚，渺渺云泥悬。瞻望起长揖，功名付才贤。文章贵补衮，鹄立当尧天。吾将肆情志,钓海以终年。"(《沧州集》卷三)《为谢侍讲故人题竹冈》:"太平新县台州东,竹冈可与桃溪通。知贤近得谢康乐,好客今多陈孟公。苔径常时闻佩玉,草堂无日不清风。何当醉踏石桥去,径坐秋山晚翠中。"(《沧州集》卷九)《次韵酬谢公》:"紫陌朝朝尘点袍,只应方外息尘劳。空华薄玩九秋菊,幻境那寻千岁桃。印海寺形占地胜,抱京山色上楼高。天台雁荡吾兹试,诸谢须容洒醉毫。"(《沧州集》卷十)从以上诗作中可看出他们之间的交往也非常融洽频繁。张泰与当时的文坛领袖李东阳亦有着密切的交往,如《忆昨酬李宾之》《宾之约观荷不偶》(《沧州集》卷三)等,恕不一一详举。

减去居家守孝的七年,张泰身在翰林院大概有九年左右的时间,应该说诗歌中的馆阁气还比较浓厚,作品中就有一些关于馆阁生活的描绘,以粉饰太平、颂扬帝德为基本特征。如《子月纪庆》:"退朝歌燕翼,私庆太平臣。"(《沧州集》卷四)《清宁宫圣节有述》:"车马尘埃九陌风,依然天上是晴空。新寒不入长生殿,广乐方陈兴圣宫。内子趋朝仙佩接,外庭沾宴寿杯同。小儒闲纪升平事,闭户清吟半醒中。"(《沧州集》卷九)翰林院的生活相对优裕清闲,又加之他在家很长时间,因而那些鉴赏品题、山林游赏、官署赠和等题材的诗成为他诗作的重要组成部分。其中有对翰林宫苑景色加以描绘的,如《翰林斋宿》:"天近瀛洲第一峰,清斋还蹑旧游踪。……十年多病沧浪客,不痊狂吟庆此逢。"(《沧州集》卷五)表现出清闲淡适的生活情调。有对日常生活加以描述的,如《闲述》:"供奉常依玉陛晨,逍遥谁厌是闲臣。古来文字从头玩,天下贤才任意亲。"(《沧州集》卷十)有对山水风光秀美的描述的,如《游金山》:"秋水浮单舸,晴峰落半江。"(《沧州集》卷四)有对赏鉴字画加以描绘的,如《题画竹》:"九疑山碧楚天空,江上佳人思不穷。日暮南陵修竹冷,鹧鸪声里起秋风。"(《沧州集》卷二)有对天气变换加以描绘的,如《晴述》:"夜雨朝晴不作泥,更无尘土翳平堤。却怜绕郭皆山色,安得千峰入马蹄。晚色未看宫树改,秋声早听暮砧齐。寒空冉冉纤云去,可为凉风起关西。"(《沧州集》卷九)总之,其写景之作视觉独特,描绘精工细腻,惟妙惟肖,叙述准确到位,层次分明,读其诗风景如现眼前。

张泰的诗作中最有特色的要数咏史诗、拟古诗,正是这些诗奠定了他在当时诗坛堪与李东阳比肩的地位。他的咏史诗以歌咏历史人物为主,如《咏苏武节》:"朝持汉家节,暮持汉家节。节存汉家信,旄落胡天雪。雪中持节苦,不惜指冻折。朝光动沙碛,仗节朝汉日。"(《沧州集》卷一)再如《读史》(《沧州集卷六》)、《读萧何传》(《沧州集》卷七)等诗作,也都表现出对历史事件和历史人物的思索和咏颂。拟古诗主要体现在对杜甫等唐人的同题之作和对乐府古题的模拟上。如他有《秋兴》四首,显然出于对杜甫《秋兴》八首的模仿,其一首有称:"楚国山川悲宋玉,蜀州琴酒困相如。"其三首有称:"宋玉有才宜自爱,悲秋何必重增欷。"(《沧州集》卷一)都表现了以古人自比的情怀。另一些是乐府古题的写作,如《思凰操》《哀雏操》《公无渡河》《明妃怨》,有些径称《拟古诗》等。他在《游仙词十七首》序中说:"客边独夜,寒清寐少,虽怀欲想,不无乱诸心。因作诗拟游仙体,使心有所系。然皆随意率成,真耶妄耶?醒耶梦耶?不自知也。亦聊以陶吾情,和吾声焉。"(《沧州集》卷二)可见,这些拟古诗寄寓了他无限的现世情怀。

　　庆悼之作较多,亦是其作品的又一特点。庆贺诗作多集中在祝贺他人升迁、贺寿等诗作中。如《送沈仲律主事南礼部》《送人从军》《送金生楷》等。哀悼诗如《哭年尚书》《哭柯学士先生》《挽参议李炯然》等,诗作多感情真切,凄婉动人。此外其诗作中亦有抒发亲情之作,格调清新流畅。如《小女生日作》:"去年汝初周,汝哥比尔长半头。夺汝所美汝不争,似能有让性固柔。""愿儿慰情长勿迟,阿爷苦乐见得知。南风缌帏一杯酒,泪湿娇儿锁项丝。"(《沧州集》卷八)此诗开头通过口语化的语言表达了对女儿的疼爱,诗末抒写了深沉的感慨。《沧州集》中亦有一些赋作,如《悲清秋赋》《促织赋》《双桂赋》等。其中《悲清秋赋》摹拟《九辩》风格,赋作中多用兮字句,表现出了清秋悲凉的感慨。

　　刘大夏(1436—1516),字时雍,号东山,湖广华容人,天顺八年进士,官至兵部尚书。正德十一年五月三十日卒于家,享年八十一岁,谥忠宣,事迹见《明史》本传。有《东山集》存世,然《四库》未收,知清时已不多见。今有其后人刘乙燃据家藏本整理的光绪元年刻本,即《刘忠宣公遗集》九卷附录年谱二卷,收在《四库未收丛书》第6辑第29册中。此外,邵宝《容春堂集·前集》卷十五《东山公前传》、陆深《溪山余话》、杨一清《关中奏议》均对其政绩遗事多有记述,可补正史之阙,这些都为了解其生平创作提供了丰富的资料。

　　刘大夏与李东阳、谢铎为同年进士,交谊深挚,终老不渝。他在晚年发配肃州所作《过六盘山遇雪有感寄西涯阁老》一诗中说:"寄语同年老知己,天涯孤客几时还?"(《刘忠宣公遗集·西行稿》卷一)即视李东阳为一生的知己。李东阳看到此诗之后百感交集,他在《与刘东山先生书》中回复说:"自得六盘山之作,读至末句,令人黯然销魂。不敢以病告时不预其事为解,计穷力竭,俟命与时,不得不然者。……是日复得邃庵所致手书,有经六盘之句,因忆元白梁州神交故事,悲喜交集……方石二月内寿终,贞庵固无恙……非平生知己,谁则信之!"(《刘忠宣公遗集·附录文》卷一)李东阳一方面为因病没有及时为其冤狱辩白而内疚,另一方面又为谢铎亡故、同年老友晚年不幸而悲伤。在李东阳的交游序列中,谢铎和刘大夏总是放在第一层次的,如他《慰东山刘司马哭子次谢祭酒韵二首》《闻刘东山司马致仕之命是日得谢方石祭酒到家日所寄诗感而有作》等一些诗作均将刘与谢并提,尤其在《与刘时雍》一诗中说:"客从方岩来,戒我作诗疾。君来索我诗,谓我意所适。深言中奇病,二子皆我益。"(《刘忠宣公遗集·附录诗》卷一)"方岩"之客即为谢铎,"君"自为刘大夏,两人一戒一索,均令李东阳大为感动。刘大夏与谢铎交往的诗歌也有许多,如《寄天台谢侍讲》(题下注:时谢已引疾家居,适寄至写怀十韵)、《寄和谢李二翰林联句韵》《初至张家湾和答谢李二内翰韵》《送鲁国英和谢李二翰林韵》《方石见招未赴蒙送白鲞诗以答之》《冬至前一日往约方石明旦同入贺偶然不值》《冬至早入贺至阙门与方石分手后偶成》《和西涯方石二公席上联句韵二首》《谒李老先生墓次方石韵》《次方石方岩书院韵》等等,从上述诗题中可以看出刘大夏有些诗同样是写给李与谢两人的,三者交往的融洽程度自毋庸置言了。

经过刘氏后人整理的《刘忠宣公遗集》九卷由以下几个部分组成,即《刘忠宣公文集》一卷、《宣召录》一卷附《刘忠宣公家规十条》、《诗集》三卷、《西行稿》一卷、《附录文》两卷、《附录诗》一卷。从他自己的诗文可以看出其一生的心路变迁及文学创作不同阶段的特色;附录诗文则为李东阳、何孟春、李梦阳、何景明等时贤及此后和入清以来的慕名者所作,可以略见刘大夏在当时及对后世的影响。

刘大夏曾在《过六盘山遇雪有感寄西涯阁老》一诗中自称:"平生自顾百年间,九分驰驱一分闲。"这基本是他一生仕宦生涯的真实写照:成化元年本有机会继续留在翰林院,他却主动申请到兵部作职方司主事,成化十九年因得罪宦官,曾短暂下狱;次年要求外调,为福建右参政;弘治五年,转浙江左布政使;弘治七年,因山东按察副使杨茂仁治黄期间上书奏事得罪宦官,其亦遭连累贬为长沙同知;弘治十四年,为兵部尚书;正德元年致仕,次年又因刘瑾、焦芳等人陷害下狱,远贬肃州;正德五年返回,肃州三年间汇成《西行稿》,时年已七十五岁。他一生奔走,一直与宦官权要斗争,虽屡屡受挫,却赢得了显赫的声誉,尤其是弘治十四年任兵部尚书之后,越发为孝宗倚重。清人孙承泽纪其事说:"国初升六部尚书正二品,以中书之事分隶之。是今之尚书,犹宰相也。景庙之朝于谦,孝庙之朝刘大夏,倚毗亲切,未尝以东阁处之。盖以六卿之职展布有余,名位未尝不足故也。"(《春明梦余录》卷四十)某种程度上,刘大夏在孝宗朝参政问事的过程中扮演了前代宰相的角色,这从他的《宣召录》所载与孝宗的问答内容可以看出;而这种宠遇也引起了同僚的猜忌,正德二年为刘瑾陷害,同年焦芳亦预其事,自不能排除这层原因。弘治四年在广东任右布政使期间,陈献章曾问及修身治国之道及学,他说:"予存心之功什九,致知之功什一。"(《刘忠宣公遗集·年谱》卷一)他又在《读书箴》一文中说:"贵熟不贵多,贵恒不贵苦,贵自求,尤贵资人。"(《刘忠宣公遗集·文集》卷一)这些均说明了他强调内修外用,而不注重章句著述之学的思想倾向。反映到他的诗文创作中来,则是去浮华、讲实效、言时弊、求治世的境界追求。

当然,刘大夏还有崇尚文人闲雅志趣的一面。他从肃州返乡之后作《鹿角山庵记》说:"予虽性癖爱山,而牵于功名之欲,故百年之间奔走四方,南越衡岳,历五岭;北极云中,登恒山;壮岁理马政,修漕道,则三登泰岱之巅;而晚年西谪,又过六盘,度秦巅,直抵醴泉,望玉门关而还。早年,爱一鹿角山"云云(同前)。李东阳又从至交的角度评价说:"公虽身在廊庙,而山林泉石之兴,未尝一日忘于怀也。"(《刘忠宣公遗集·附录文》卷一)这种林泉之好反映到诗赋中来,又体现出清丽明快、情趣盎然的特点。总而言之,简练务实与雅丽明快构成了刘大夏的总体创作风格。

从刘大夏文章创作角度来说,像《覆金洪陈边务疏》《议疏黄河筑决口状》《议行武举疏》《陕西马政疏》《河防运粮疏》《灾异陈三事疏》等篇,均要言不烦、切中时弊,而无馆阁文臣常见的词义繁缛、不达宏旨之累;诗歌则多有忧国忧民之思,偶见放怀山野之趣,也符合诗教敦厚之旨。总结起来,可以把他诗文特色分为以下几点。

首先,关心国忧民患,豁达积极的人生态度。早在成化元年,他主动放弃翰林院清显"仙班"的待遇,要求去兵部任职,并说:"为学不力,孰与就习吏事,有惠及民也。"(《刘忠宣公遗集·年谱》卷一)成化二十年,他请求外调,又称:

"郎中转京堂，固人所欲。但吾做秀才时，见府县政事不得其平，辄曰：使我做时，某事当如何行，某事当如何罢。今幸登朝，不得一亲民官，非素志也。"（同前）正是基于这种为政亲民的政治立场，弊政民瘼自然成为他诗歌中必不可少的素材。像《送尹金宪都屯河南》"乘骢莫惮时巡苦，宵旰怀民正若伤"（《刘忠宣公遗集·诗集》卷一）、《赠别公实亚参》"民力竭已久，茧丝日益烦。功名良可愿，所贵念元元"（同前）、《官窑舟中与廷玉大参夜话蒙廷玉惠诗奉和原韵》"丹心老去犹怀阙，白发年来欲满冠。同被君恩来百越，敢将民瘼等闲看"（同前，卷二）、《登邕州城楼》"安民未敢辞边徼，恋主常怀倚禁墙"（同前）、《过浔州有感》"依村男女多亡业，附郭人民半是猺"（同前）、《经浔境奉规钟粤太守》"烦君更把民财惜，收拾龚黄道路谣"（同前）、《留别陈白沙先生》"闻道浙西民更苦，不知何药可疗穷"（同前，卷三）、《在曹濮间大旱遇雨喜而赋此》"万里平原麦未收，三农忧念更无秋"（同前）、《在张秋初得河议奏报》"万里封章达紫宸，上忧国计更忧民"（同前）、《元日感怀》"父老出门愁国税，儿童乞食说家贫"（同前）等，都体现了他视民如伤的悲悯情怀。另外，有些诗也笼统抒发了他报君为国之志。像《彰德别叶庭茂和韵四绝》其二"乾坤无数江湖客，谁识庭帏尔我心"（同前，卷一）、《海上偶成》"半生常抱古人忧，奉命南巡未敢休"，又"丹心报国时犹壮，白发催人岁易流"（同前，卷二）、《龙门驿除夜次顾秋官韵》"衣冠诗酒今宵乐，廊庙江湖两地心"（同前，卷三）、《雨中登吴山紫阳庵》"湖山暂息杭人赏，廊庙惟怀范老忧"（同前）、《和同患姜知府韵》"廊庙江湖总是忧，范公先觉更谁俦"等（《刘忠宣公遗集·西行稿》），它们结合刘氏出处朝野之际的政治经历，无不体现出他始终如一的报国之忧。刘大夏虽多次陷于逆境中，但是仍然保持着淡定从容之心。在即将远贬肃州之前，他写《出锦衣卫别在狱同难公卿十八人》说："谈笑喜陪三月乐，别离同有百年忧。东西南北逢人处，忘却于今一会不？"（《刘忠宣公遗集·西行稿》卷四）对同时在押的同僚极尽慰勉之意。又在被贬期间写《独坐写怀二首》，其一说："闭门尽日浑无事，检点襟怀学赋诗。"（同前）闲弄笔墨、自求多福的心态甚明。综上，就诗歌创作的思想性特征而言，刘大夏在茶陵派中无疑与谢铎非常接近，他们同为茶陵派创作题材的多元化作出重要的贡献。

其次，点铁成金、脱胎换骨式的为诗方法。刘大夏为诗并不专宗某派，但是却喜在诗中化用前人名诗丽句，颇有宋代江西派的风范。像他《游西山五首》其二"禅房未了看花兴,清梵空闻隔叶音"(《刘忠宣公遗集·诗集》卷一),前句由唐常建《破山寺后禅院》"曲径通幽处,禅房花木深"化出,后句则由杜甫《蜀相》"映阶碧草自春色,隔叶黄鹂空好音"化出;其《六月三日登净寺望西湖》"谁将西湖比西子,此日凭栏忆老苏"(《同前》),则显由苏轼《饮湖上初晴后雨》"欲把西湖比西子"句化来;其《送邓朝仪进士归省》"礼乐三千达帝关,贾生才调动天颜"(《同前》),则由李商隐《贾生》"贾生才调更绝伦"句化来;其《送谢原吉谪南宁》"莫道此行身便了,百年事业待重来",由杜牧《题乌江亭》"江东子弟多才俊,卷土重来未可知"化出;《彰德别叶庭茂和韵四绝》其二"尊酒论文入夜深,共嗟短发不胜簪"(同前),前句由杜甫《春日忆李白》"何时一樽酒,重与细论文"化出,后句为《春望》"白头搔更短,浑欲不胜簪"化出;其《登泰山柬同行韦中贵》"眼前俯看群山小,独有青天在上头"(同前),前句由杜甫《望岳》"会当凌绝顶,一览众山小"化出;后句由杨万里《小池》"小荷才露尖尖角,早有蜻蜓立上头"化出;《夜坐公署因颂唐韩翃寒食诗有感遂用韵写怀》"弦管满城人尽醉,风流宁数五侯家"(同前),则显由韩翃《寒食诗》末句"轻烟散入五侯家"化出;《香积寺禅房偶成次文量韵》"偷得浮生半昼闲,禅房消散似无官"(《刘忠宣公遗集·诗集》卷二),则显由晚唐李涉《登山》"因过竹院逢僧话,又得浮生半日闲"化出;《归过六盘山再用去日旧韵一首》"凭谁寄语中州子,前度刘郎今已还"(《刘忠宣公遗集·诗集》卷四),显由刘禹锡《再游玄都观》"种桃道士归何处,前度刘郎今又来"句化出,等等。上述九例撷取原词甚至旧句的痕迹都较为明显,那些借鉴意象、新设意境的如《人日读高达夫诗有感因怀草堂松竹梅柳》等,则更为隐秘,达到令人浑然不觉的程度。刘氏在前人诗句方面的移花接木,固然缺少艺术原创性,但毕竟也是一种别出心裁的二度创作。他把精心挑选出来的断圭残璧重新装嵌到自己构织的诗意框架中,并在或意味深长,或轻快明丽,或抗尘奔走,或伏案静思等不同主题的驱遣下,使它们重新熠熠生姿、负载新意,总体上体现出浑厚清丽的特色,这与时下以集古、赝古入诗为能事的做法,还是有着根本不同的。

谈及刘大夏的诗文风貌,其后人刘世节评价说:"其属文赋诗,简易明白,下笔立就。不务巧纤艰深,而词旨浑厚和雅。尤善章疏,才数语而事意具足。"(《刘忠宣公遗集·年谱》卷二)应该说,他并没有夸赞乃祖的意思,此评是基本符合刘大夏创作实际的。

彭教(1439—1480),字敷五,号东泷,吉水泷江人,天顺八年进士第一,授翰林修撰,预修《英宗实录》。成化三年八月,《实录》修成,升为侍讲。成化八年、十三年,分别为礼部会试考官、顺天乡试主考。成化十五年三月,进讲经筵。次年七月九日,卒于官,享年四十二岁。今有《东泷遗稿》四卷《制策》一卷《附录》一卷存世。李东阳在《东泷遗稿序》中评价说:"杂文歌诗衮衮不竭,及读礼之余,日就超诣,则刊落华靡,澡雪铅黛,益为简洁峻绝出群之作。观其志,直欲追古作者。故虽一时快意适兴之所为,瞬息信宿,已自不满。片纸断墨,不悉存录,今所辑者,仅十二三而止。然知者于此亦可观矣!"这将他敏于为文、力追古人的特点揭示出来了。

彭教是早期茶陵派的重要成员,他的文学才华及品德操守在同年中都颇孚众望,后期在遭遇父母及幼子去世的打击之后,体质日衰,同年存问款深者甚多,他在《与罗明仲》一信中说:"鸣治、宾之比辱示问,情词郑重,厚意久未报。曰川闻已有归期,或得一执手于江风山月之间;师召岂尚留闽中耶?尚质、孟阳、汝贤、舜咨,想皆安吉,不及一一奉书,烦示此纸,使知鄙拙近况如此。"(《东泷遗稿》卷二)由此,可以略见彭教在同年中具有某种程度上的向心凝聚作用。

万历三十八年春孙之益为作《彭东泷先生遗稿序》,评价彭教的诗歌说:"顾句比字拟,颉颃中原,其模苏微妙,未知孰胜?至以文足言,以言表行,舍先生谁与归哉?"继而罗大纮在《孙侯刻彭状元文集序》,评价他的公文写作说:"永宣间制策,文辞如奏曲者。楚些越吟,巴歈吴讴,繁音错陈,杂以夷舞,而忽闻太古和平雅淡之声,骛怪之士,庶几少息,又使里中文学复睹。"前者述评彭诗借鉴苏轼,几可乱真;若言字面清新则可,其浑厚渊深则不及,而且其汲取古诗及陶潜诗风尤多,并不限于苏轼一家。后者认为彭教的策对奏章平正雅训有之,而具力矫繁芜怪奇之效,则嫌捧扬过当;毕竟他生年短促,位望有限,事实上,直到李东阳入阁主事,茶陵派大兴之后,平正典雅之风才得到广泛普及。然而,彭教的诗文净雅清谧,有种天然的超尘拔俗的气质却不容否认。像他《秋景为罗养蒙题》一诗云:"雁影接寒远,山色凌秋岩。碧琐疏帘净,黄花凉雨纤。不须弃潦倒,吾意于陶潜。"(《东泷遗稿》卷三)就显得诗调高远、清兴发越。他末句道出了心慕手追的对象是陶潜,却显然又多了几分工整雅致。他诗中景物往往色泽鲜明、描摹工细,并能与整体情境自然吻合,如《别王贤秀文》云:"客馆清樽忆屡过,晚风华月伴高歌。明朝一棹东南去,烟雨江亭绿树多。"(同前)又《瓜州授常州回使柬龙太守》云:"离离沙岸云笼树,漠漠江城雨入楼。一枕红酣清梦足,橹声歇处是瓜州。"(同前)他注重通过自然风物本身来传达内在情感,并擅长为中心意象着色赋形,如"晚风""华月""烟雨""绿树"等均为偏正结构词组,且起修饰作用的词分别表明了中心词的时间、亮度、形状、颜色等特征,有使人耳目清亮的表达效果;另一诗中"沙岸""江城"以"离离""漠漠"修饰,更见雨中朦胧之姿;"清梦"用"一枕"来指称,旅程用"橹声"来比量,又使抽象之体化为具象之物,可谓化凡庸为奇趣。他吟咏的对象一般是梅、竹、鱼等秀洁轻灵之物,如《竹外一枝梅》有"晴窗见疏枝,座上春可掬。山阴带残雪,水影兼远绿"句(同前),其先将梅花的"疏枝"作为春的象征,给人春天"可掬"的亲近感,然后又转入残雪虽存、春意萌荣的环境描写,将梅的象征性特点进行了合理的烘托,可谓实现了景、理、情三者的有机融合。

彭教诗中较少运用现成的典事入诗,避免了似曾相识或剜剟为文的通弊,又不轻易以经史入诗,妄作轩轾,因此辞藻清丽,流畅婉转,平易可亲。这种诗风的形成,很大程度上归结于他强调内修的人生哲学观。他在《必葺斋》中说:"德以葺而备,居以葺而完。"又在《讷轩》中说:"无言胜强聒,静默含周醇。"(《东泷遗稿》卷三)从彭教的一生创作仕历来看,他的道德品格与文品诗格是一致的,他在内心追求一种修缮德性、安定从容的精神境界,理应是他诗歌韵味产生的深层原因。当然,有时他也会巧妙地化用一些名诗名典,如《戊子五月五日饮宾之家席上和韵》其二末句云"吟身须觉腰围减,刚被人嘲太瘦生"(同前),前句即用萧统服丧至孝,带减腰围之典,此处则指勤于构思之憔悴枯槁;后句出于李白《戏杜甫》"借问别来太瘦生,总为从前作诗苦"。他有时还会借鉴先代作品中的意象和意境,如《送长史郑先生》"非晚汉廷须贾谊,未应闲杀楚江滨"、《别邓义教授》"行寻芳草纫秋佩,坐卷疏帘读楚辞"、《宴瑞贤亭》"偷闲逐少非吾事,濯足沧浪万古心",多出于楚辞。他嗜古的倾向也比较明显,像其有集古诗《答宾之编修》二首,集句涉及的诗人有张籍、王安石、鲍防、朱熹、陆游、陈子昂、陈师道、苏轼、范成大、杜甫等,可见其兼宗之广。

彭华在其墓志铭中评价他的文章成就说:"为文章奇气逸发,光彩夺目,而章锻句炼,典则森严,评论古今,是是非非,确然不可拔,于事无微钜,动欲方驾古人。"(《东泷遗稿·附录》)傅瀚也在《故翰林侍讲彭先生行实》中说:"下笔为文辞,操纵翕辟,不局于法,而旁谕曲证,奇气逸发。譬之蛟腾豹跃,急缚之,有未能者,而其间浑厚典则,自足起人敬慕。……间尝语予曰:吾于大任未敢,必假令得一县,则虽甚繁剧,吾固敢期于有成。观此,则敷五所蕴可知矣。"(同前)就《东泷遗稿》前两卷的策对序跋来看,彭教的文才形式未必如彭华、傅瀚两人所称博绝宏丽、逸兴横飞,但在政治思想层面的力求致用、崇尚气节的特点却是符合的。他强调修身致用的意义,其在《制策》中说:"齐家、治国、平天下,非本之修身,则无以成其功也。大哉身乎!体斯道,而行万化,其在此乎!"(《东泷遗稿》卷一)在他看来,只有自身保持良好的修养状态,才能在家国社会层面有所作为,后者也正是前者的必然归宿和目标。

此外,他还强调山水风土对人的气质形成的作用,如其在《送萧大礼序》中说:"吉之山水,秀拔而清激,其人多负气,不肯少自屈下。其士婉娩软媚为巧宦者,常少;而肮脏戾佶抗直自将者,常多。谓其风气使然者,非耶?"(《东泷遗稿》卷一)彭教此种观点应该说渊源有自,《汉书·地理志》《典论·论文》《隋书·文学传序》等篇相继涉及这一论题,并使其由单纯的议论民风,发展到探讨士风文风的形成,为地域文人及文学研究提供了丰富的理论资源。彭教此处尚从士风构成角度立论,间接地流露出自身对抗直不屈的人格范型的追求。

客观地说,他的文并没有诗的成就高,像他《启同年诸公》写同年雅集时"连茵接席,宁辞形秽之嫌;倒屣迎门,预接神交之想。意不在酒,方将醉公瑾之醇醪;书不尽言,岂敢博子瞻之佳简。苍头速去,青眼遥临。"(《东泷遗稿》卷二)虽然骈句整饬,对仗工稳,却基本都是用惯常之典充塞堆砌而成,因而艺术性价值不高,这比起他较少用典而自显清丽的诗歌来说,无疑是不可同日而语的。

程敏政(1446—1499),字克勤,休宁人,成化二年进士,官至礼部右侍郎,事迹见《明史》本传。有《宋遗民录》十五卷、《篁墩集》九十三卷存世。

程敏政与谢铎交好,集中有《八月二日与谢鸣治太史分献文庙时大学士彭公主祭》《出塞行》(题下注:与罗璟明仲、谢铎鸣治、李东阳宾之、倪岳舜咨、焦芳孟阳同饮彭教敷五宅,喜官军将征迤北而作。丙戌十月)、《次韵原博宾之舜咨鸣治赐宴联句》《次谢鸣治侍讲韵》《正月十二日庆成宴后有怀宾之用鸣治红字韵》《罗明仲以所和谢鸣治〈枕上有怀李宾之〉之作见示倚而和之》等七首,以及《与谢鸣治祭酒书》一篇。程敏政与李东阳、陆釴、倪岳、焦芳等人也唱和频繁,如他有《成化癸卯冬至谒陵与李宾之学士联句》二十首、《西涯十二咏为李宾之太史赋》《三月十七日原博谕德饯汝玉给事于玉延亭会者宾之学士于乔谕德济之世贤侍讲曰川校书道亨编修暨予得联句四章……手录此以致缱绻不已之意》《万福寺送文明与倪舜咨李宾之二学士傅曰川吴原博谢于乔三谕德林亨大修撰陈汝玉给事李士常侍御联句》《成化甲辰长至日走与倪翰长舜咨吴同寅原博及李子阳、白秉德二太史有陪祀西陵之行。前此谒陵赓倡最盛,至是诸君子复将继之,予谢不能。然往返之间,天日佳胜,无风雪载途之苦,亦自不能嘿然。有倡斯和得十有八篇,借韵者十五,联句者一,限韵者二。舜咨请书一通用备故事联句一篇则秉德书之……是行也,费司成廷言实与之偕,然分祀东陵道中相失,其所得者当附入云》等等。

  程敏政精通经史,工于考据,于空疏的学术环境中独树一帜。李东阳为作《篁墩文集序》称:"吾友篁墩程先生,资禀灵异,少时一目数行下,英宗朝以奇童被荐入翰林,观中秘书。用诗学及第,读诵常至夜分,遂能淹观群籍。下上其论议,订疑伐舛,厥功惟多。及研究理道,求古人为学之次第,久而益有所见,而于朱子之说尤深考核,自以为得我师焉。赜探隐索,注释经传,旁引曲证,而才与力又足以达之。虽皆出于经史之余,而宏博伟丽,成一家言。质诸今世,殆绝无而仅有者也。"①在《篁墩文集》前五十九卷文论中就有相当篇幅用于讨论典章制度、经史疑难等问题,显示出他深湛的学识功底。其卷六十至九十三是赋、词及诗作,其中亦有大量的咏史、论诗的篇什,观点鲜明,特色显著。

  程敏政论诗具有尊唐的倾向,如他《李白墓》一诗中称"采石人家空奠酒,盛唐诗派不传衣",但他同样不偏废宋诗,宋人中则最推崇梅尧臣。其《宿宛陵书院》一诗称:"自从删述来,诗道几更变。骚些无遗声,汉魏起群彦。谢绝及宋沈,入眼已葱蒨。颓波日东驰,李杜出而殿。当时多浑成,岂必事精炼。云胡倡唐音,趋者若邮传。坐令诗道衰,花月动相眩。千载宛陵翁,惟我独歆羡。翁词最古雅,翁才亦丰赡。一代吟坛中,张主力不倦。遂使天地间,留此中兴卷。如何近代子,落落寡称善。纷纭较唐宋,甄取失良贱。无乃久浸淫,曾靡得真见。"②他认为孔子删述《诗经》、楚辞兴起以来,至唐代李杜出现才力挽颓

---

  ① 《怀麓堂全集·文后稿》卷四。
  ② 两诗均见《篁墩文集》卷六十七。

波,趋于兴盛。但后人不知唐诗精髓在于自然浑成,因袭雕琢反而背于诗道。梅尧臣深具才识,遣词古雅,乃是诗道中兴的代表。基于上述认识,他毫不客气地批评明代诗坛动辄品评唐宋,却造成良莠不分的局面。上述观点对李东阳在《麓堂诗话》中称"宋诗深,却去唐远;元诗浅,去唐却近"的不全面的看法,无疑多有补裨作用。

程敏政不抑宋的批评立场的另一个表现,还在于他的许多词作。他用到的词牌有《风入松》《点绛唇》《满江红》《木兰花慢》《沁园春》等,像《风入松·草桥阻风雨作》下阕有"江南江北家千里,心随舵去住无因。兀坐悄然自数,半生多少苦辛"句,言简而情深,颇动人心。

程敏政与倪岳一样也尊崇古雅,除了对梅尧臣"最古雅"不吝赞词外,他还耽于名句的缀结玩味,作有许多集句诗。李东阳在《麓堂诗话》中提到集句诗说:"集句诗,宋始有之。盖以律意相称为善,如石曼卿、王介甫所为,要自不能多也。后来继作者,贪博而忘精,乃或首尾横决,徒取字句对偶之工而已。"程敏政则缀结手法纯熟,意韵流畅贯通,趣味横生。像他《乙酉岁瀛东别业杂兴集古》诗用到王维、杜甫、白居易、杜牧、杜荀鹤、司空曙、司马光、欧阳修、王安石、杨万里等人的诗句,其中"鸡犬图书共一船(杜牧之),傍花随柳过前川(程明道)。醉来睡着无人唤(杜荀鹤),只在芦花浅水边(司空曙)",其自如出入于唐宋之际,读来回味不尽。

由于对经史的偏好,程敏政作有许多咏史诗,像《大明中兴铙歌鼓吹曲》《咏史十四首》《隐士》五首、《读宋史》等等,这一点与谢铎是共通的。这些论史诗建立在他深厚的史识基础之上,其集中录有《老氏论》《隋论》《狸奴论》《狄仁杰论》《伍员论》《陈平论》《孔明论》《宋太祖、宋太宗授受辨》《论董公、徐洪客》《论曹操》等若干先代人物专论,四库馆臣评价说:"敏政学问淹通,著作具有根柢,非游谈无根者比。特其才高负气,俯视一切,故议论或不免偏驳。……然明之中叶,士大夫侈谈性命,其病日流于空疏。敏政独以雄才博学,挺出一时。集中征引故实,特其淹博,不加详检,舛误者故多,其考证精当者,亦时有可取,要为一时之硕学,未可尽以芜杂废也。"①可谓立论精到,允持厥中。

程敏政的诗还有批判现实的一面,如《书所见十四韵》称:"大水那能望有

---

① 《四库全书总目提要》卷一百七十一,第 1491 页下—1492 页上。

年,恤民恩诏喜拳拳。事凭公廪终难济,情到官庄最可怜(自注:河间一府,官庄共一百三十余处,少者三五百顷,多者千余顷,甚至有跨县者)。占取膏腴多极万,索来金谷动盈千。税于子粒偏加重(自注:公田亩起科多至三升,官庄亩起子粒三斗),赋入荒年亦未蠲(自注:今岁凡被灾之处,或免三五分,或免七八分,或全免,惟官庄亩科银一钱二分)。港次半收烟火价(自注:凡近庄芦苇场,不许人樵。樵者皆先纳烟火钱,方许),野中分握草场权(自注:凡近庄草地,有官马入其域,不论千百数,悉拘之。每马科铜钱三十文,始释)。鸡豚已尽田间利(自注:凡官庄纳子粒时,二顷附纳一猪,一顷附纳一羊,或一鹅,二十亩纳一鸡),舟楫仍需水面钱(自注:近官庄地被水没者,往来必须舟渡。每舟月科银三钱,谓之水面钱。其田在官河两岸者,亦终岁科此钱)。泛使不禁频去住(自注:庄主每岁四季遣人征子粒诸色。其家臣八人,率游手六七辈,直入官府,呼叱守令,日需下程,鸡、酒、鱼、面诸物,官府不能诘),小民何日许安便。伐残桑枣惟余地,典尽车牛莫诉天(自注:今岁大水,桑枣多死者,因伐以偿官庄。地中寸草不生,车牛俱贱折售于官庄)。罪絷便连儿女辈(自注:每子粒不敷,庄主即遣人拘囚民间子女,有捶死者,有因而污之者,其苦最甚),鞭笞宁计令丞员(自注:献县令被庄主笞四十,几死。予过其境,犹曳杖来迎)。屋庐毁废沦波底(自注:自县以南,几千里不复成村。十室所存,惟一二颓垣),老弱流离委道边。糠粃无端争入市(自注:河间一带,市中卖糠及哇哇者,取豕食和水,而取其汁以食人),酒浆那复敢开鏖(自注:河间以南,村中不复有酒家)?监门有泪挥图上,守土何人达帝前。愧我身非观察使,伤心聊述纪行篇。"此诗对当时皇族子弟滥占耕地,征作皇庄,每年租入全为俸禄,而百姓饱受压榨贫无立锥的不平现象加以抨击。程敏政另有《涿州道中录野人语》一诗称:"我行范阳道,水次遇老叟。时当孟冬尽,破褐露两肘。邂逅一咨诹,向我再三剖。哭言水为沴,天意苦难究。今年六月间,一日夜当丑。山水从西来,声若万雷吼。水头高十丈,没我堤上柳。手指官路旁,瓦砾半榛莽。昔有十数家,青帘市村酒。人物与屋庐,平明荡无有。水面沉沉来,忽见铁枢牖。数日得传闻,水蚀紫荆口。老稚随波流,积尸比山阜。远近皆汤汤,昏垫弗可救。如此数月余,乃可辨疆亩。下田尽沮洳,高田剩稂莠。农家一岁计,不复望升斗。官府当秋来,催租不容后。嗟嗟下小民,命在令与守。更有观风使,仰若大父母。见此如不闻,恐或坐其咎。我民千余人,血首当道叩。始获免三分,有若释重负。奈何急余征,日日事鞭殴。夫征又百出,一一尽豪取。悲哉一村中,窜者已八九。老夫家无妻,一儿并一妇。两孙方提携,尽可慰衰朽。岂期天不吊,一旦遂穷疚。一儿水中没,一妇嫁邻某。两孙鬻他人,偿官尚难勾。老身自执役,有气孰敢抖?反羡死者安,苦恨生多寿。诏书开赈济,奉者有贤否?终为吏所欺,此食亦难就。与其馁填壑,不若举身走。一饱死即休,宁复念丘首。呼天一何高,呼地一何厚。我闻老叟言,垂涕者良久。"①此诗一如杜甫"三吏""三别"写实的手法,写尽水灾暴敛给农家带来的深重创痛。老人一家妻离子散,正是受灾地区十室九空的真实写照;而当局麻木不仁、赈救不力的表现,无一不透露出它的腐败衰朽!诗的结尾,程敏政说:"我亦食人禄,深惭结朱绶。岂无致泽心,无地可藉手。立马野踟蹰,悲风动林薮。"可知其陷入了深深的内疚自责之中,这对一名深居馆阁达三十年之久、谙熟富贵风流之类篇章写作的文臣来说也是难能可贵的了。

吴宽(1435—1504),字原博,号匏庵,长洲人,成化八年进士第一,官至掌詹事府事、礼部尚书,谥文定,有《匏翁家藏集》七十七卷附补遗存世。

吴宽早有文名,四库馆臣称其:"诗文亦和平恬雅,有鸣鸾佩玉之风。朱承爵《存余堂诗话》极称其《雪后入朝诗》,虽非高格,至谓其'诗格尚浑厚,琢句沉著,用事典切,无漫然嘲风弄月之语',则颇为得实。以之羽翼茶陵,实如骖之有靳。"②由此可见,吴宽的诗文创作是契合茶陵诗派的整体风貌的。

吴宽与谢铎交好,后者的赠诗有《送吴原博修撰省亲》《次吴原博东明寺怀陈玉汝韵》《题原博所藏魏范二公祭案提刑遗文》《思菊次匏庵韵》《次吴匏庵原博过西苑韵》《喜古直至次吴匏庵韵》《吴匏庵遗鱼再用骑字依韵奉答》《容春精舍次吴匏庵韵》《次吴匏庵斋宿韵》等,吴宽的赠诗则有《怀亨大谢鸣治谒陵遇风》《午朝次韵鸣治》《次韵鸣治对菊》《游海印寺次韵鸣治》《闻王古直至柬鸣治》《西域贾人以狮子入贡诏却之次韵鸣治》《送鸣治擢南京祭酒》《次韵李宾之闻谢鸣治自南京归得遗腹孙》《次韵鸣治病中二首》《题谢鸣治归来园》《鸣治新修国学朝房雨夜宿此有作次韵》《答鸣治乞花二首》《再答鸣治乞花不得二首》

---

① 《篁墩文集》卷六十七。
② 《四库全书总目提要》卷一百七十一,第1493页上。

《待鸣治过园居》《鸣治至次前韵》《鸣治种荷无花见予所种亦同有次韵二首》《次韵鸣治岁暮有感》《次韵鸣治见怀》《次韵谢鸣治初入馆修史纂之作》《简鸣治》《次韵答鸣治病中写怀》等二十一首,又有《题山行杂录后》《题缌山杂咏后》《跋吏部举荐祭酒谢公咨文》《西山楼记》等题跋记四篇。吴宽与李东阳的赠和亦甚多,兹不备举。

吴宽作为后进之士,对谢、李二人的道德文章均深表叹服。他在《西涯远意录序》中称:"凡西涯笔札之妙,人多得之。而方石以同年故,相契尤厚,所得殊多,不下数百纸。此特家居时,出于浮沉之余者。宽从二公后已久,窃观是卷有出处之义在,非常时赠遗者比。"又《后同声集序》称:"二公平生以道义相重,志节相高,非特以词章相胜者,故发之于诗,和平深远,览之可诵,诵之可听,譬之乐则如凫氏之钟,薄厚适宜,侈弇中度,自然无石播柞郁之病。其为声也,真同所谓金声乎!"①

吴宽具有良好的文史修养,其《旧文稿序》自述治学经历说:"时(注:吴宽十一岁,适在乡学读书)幸先君好购书,始得《文选》读之,知古人乃自有文。及读《史记》《汉书》与唐宋诸家集,益知古文乃自有人意,颇属之……方取向之《文选》及《史》《汉》、唐宋之文益读之,研究其立言之意,修词之法,不复与年少者争进取于场屋间。"②正是基于一直以来对汉唐文史著述博观约取、潜心揣摩,从而形成了他醇雅清新的诗文风貌。

吴宽推崇唐诗在诗歌发展史上的至高地位,他说:"盖言诗之盛者,必以唐为首。若辋川之有王右丞,香山之有白太傅,浣溪之有杜子美,樊川之有杜牧之……发乎兴致,荡乎胸怀,景美而意自奇,迹爽而趣自妙,不期乎诗而诗随之。"又说:"夫诗自魏晋以下,莫盛于唐。唐之诗,如李杜二家不可及已。其余诵其词,亦莫不清婉和畅,萧然有出尘之意。……抑唐人何以能此?由其蓄于胸中者有高趣,故写之笔下,往往出于自然,无雕琢之病,如韦柳又其首称也。"③上述观点,与李东阳保持了高度的一致。后者在《麓堂诗话》中同样推尊唐诗,凸显其自然独造、浑然天成的特点,并强调指出韦、柳等辈继承陶渊明的诗风,于此造诣独深:"唐诗李杜之外,孟浩然、王摩诘,足称大家。王诗丰缛而

---

① ② 两篇并见《匏翁家藏集》卷四十一。
③ 《匏翁家藏集》,分别参见卷四十二、卷四十四。

不华靡,孟却专心古淡而悠远深厚,自无寒俭枯瘠之病。"又"必待法度既定,从容闲习之余,或溢而为波,或变而为奇,乃有自然之妙,是不可以强致也。"又"陶诗质厚近古,愈读而愈见其妙;韦应物稍失之平易,柳子厚则过于精刻。世称'陶韦',又称'韦柳',特概言之。惟谓学陶者,须自韦、柳而入,乃为正耳。"

吴宽不仅坚持上述认识,还将其融入诗文创作中,以至李东阳称赞他说:"原博之诗,浓郁深厚,自成一家。与亨父、鼎仪,皆脱去吴中习尚,天下重之。"出于对醇厚清新风格的偏重,吴宽对历来备受推崇的欧阳修"穷而后工"的创作观提出质疑,他在《石田稿序》中说:"诗以穷而工,欧阳子之言,世以为至矣。予则以为穷者,其身陀必其言悲,则所谓工者,特工于悲耳。故尝窃以为,穷而工者不若隐而工者之为工也。盖隐者忘情于朝市之上,甘心于山林之下,日以耕钓为生,琴书为务,陶然以醉,翛然以游,不知冠冕为何制,钟鼎为何物,且有浮云富贵之意,又何穷云?是以发于吟咏,不清婉而和平,则高亢而超绝。"①在吴宽看来,"隐"是一种人生态度,无论朝隐、市隐,还是避居山林之隐,均要抱持富贵浮云、淡定从容的心境,倘如此,就不会汲汲于得失进退,也就没有塞顿不伸之"穷"了;"隐"又是一种蕴含在诗文中的流动的气质,它内在地体现出旷达超脱的精神追求,现于文字的则是清和温婉,又宏远超绝,同样也没有镂心刻肾、搜索枯肠之"穷"。

应当指出的是,明代成、弘朝以来,诸如"城市""山林""江湖""廊庙"等偶对字眼频频现于文人诗文之中,如谢铎就有《再至黄岩有感》"江湖忧与廊庙并,丘陇念随天地老"、《六月十一日雨中以事早朝不果感而有述》"廊庙江湖忧乐地,敢言城市与山林"等诗句。前文已提及李东阳在《倪文僖公集序》中对"馆阁之文"和"山林之文"的特征及功用作了描述,文人从一味谀颂的馆阁文章中摆脱出来,关注山野之趣,体会人作为一自然本体的忧乐感受,这些无疑都是对"三杨"所倡导的台阁体文学从选材到思想的重大矫厉。当然,现实的衰败是激发文人进行反思、批判的直接诱因。前面已经提到,包括谢铎在内,倪岳、程敏政等人关注社会现实的篇章正是他们积极求索的结果,吴宽提出上述似乎有些标新立异的观点,在当时看来也无疑是重大的进步。

吴宽的另一个文学观点是创作讲求灵感,力追古作,学不废宋。他在《中

---

① 《匏翁家藏集》卷四十三。

园四兴诗集序》中说:"吾志未尝有所之也,何有于言?吾言未尝有所发也,何有于诗?于是其诗之出,一如医家所谓狂感、谵语,莫知其所之、所发者也。"又"至于中之所欲言者,反为所妨(案,指频繁的应酬文字),而未暇于作。常欲峻绝求者,以力追古人而未能也。"又"若其(案,指《中园四兴诗集》作者费昭霁)造语虽若近师乎宋,然方之今人空疏卑弱,熟软枯淡,辄以盛唐自诧者,殊科此,又不暇论也。"①在吴宽看来,创作有时就像病人发狂或者梦中的呓语,是随机的、不可预设的,这与他向来反对古板滞重的科举应制文字的立场是一致的,如他在《耻庵记》中就说:"夫圣贤之学,本也,学者之所先也;词章之学,末也,学者学之而不汲汲焉者也。士而不为圣贤之学,已足耻,又况科举之学,又词章之末者乎?"②吴宽对当下"空疏卑弱,熟软枯淡",辄以唐人自限的风气非常不满,他以复古为宗,并认为学习宋人亦是可取的。他爱好宋词,集中录有"诗余"三十四首,其中涉及词牌二十七个。当然其中有一些纯属游戏遣兴之作,如《满庭芳》一首以须发全白、体弱多病展开,感慨韶华逝去,其用语浅易,笔调轻松。他也不乏造语本色,情怀意境俱佳之作,如《浣溪沙·苦雨》:"几阵南风挟雨飘,霎时窗外过春潮,端愁西郭众山漂。翠绕玉河牵荇菜,绿摇金水舞兰苕,田中宿麦恐无苗。"又《木兰花慢·追和元张伯淳学士赠长芦弹琵琶者韵一首》下阕:"玉堂风静落花轻,学士旧曾听,想泪湿青衫,情缠彩笔,沉醉初醒。长芦往时年少,怅悠然,对坐到天明。空使后人怀古,夜窗快雪时晴。"③在唐人中,吴宽喜好韩愈、白居易,如他有《昌黎清节庙》《义乌王氏新建忠文公庙记》《夜读〈白乐天诗集〉二首》《校白集杂书六首》等等;但他同样爱好宋人的集子,如《阅〈黄山谷集〉见〈八音诗〉戏作一首》《〈范石湖集〉有卧帽诗,病中畏寒略效其制》《次韵天全翁书遗光福徐用庄雪湖赏梅十二绝》(其三有"只爱涪翁与放翁"句)等。这在当时称诗必言唐的普遍风气下,也属难得之举。

吴宽也并不是一个高标于馆阁之上,不关心世事民生的人,他有的诗也具有非常浓厚的批判意识。其《苦雨诗》称:"一雨过三日,其势殊未休。九市成九河,可车翻可舟。比屋垣墙倒,泛泛宅载浮。妇女出大叫,儿童夸善泅。又闻城西偏,水患更不侔。一家三压死,伤者恐不瘳。事急欲走避,有足谁家投。

---

① 《匏翁家藏集》卷四十。
② 同上,卷三十一。
③ 同上,卷三十。

闻之是叵忍,援之猝无谋。我欲作天问,问此来何由!"①此诗记述了京城大雨成灾,平民死伤无算,流离失所的惨状,用语沉痛,平易而富有力度。他还有《西域贾人以狮子入贡有诏却之次韵鸣治》一诗称:"万里流沙奇兽去,数行新诏满朝欢。须知此物真无益,始信为君亦不难。盛世粪田曾却马,他人野鸟自称鸾。即看重译皆归化,敌国何方是契丹。"②这是针对弘治七年十月,西域贡献狮子一事而发,诗中调侃讽喻之意甚明。

吴宽另有《南野记》一篇载:"去岁之冬,予以事出城之东北。扁舟行三十里许,见积水渺然,捕鱼捉鳖之徒往来于其间,民际水而屋,泛泛若野航。问之民此江耶?湖耶?则以田对。予因惊曰:'方冬水宜涸,而其势如此,彼春夏之时,民之妨于耕耘也信哉!于是折南又行二十余里,其田稍高,隐然有疆畎。视其田间,稻本固在。予方喜此地尚有秋矣,及视,其民皆有饥色,复就问之。对曰:'田之所入,不足以供赋税,且称贷于人足之,尚何暇为口腹计耶?'因益念曰:'此有秋者,且不能自给,如江、如湖者,当何如?'"③其中的悲悯意识,自不待言。

最后需要指出的是,吴宽的游记散文写得非常有特色,可举《得月亭记》为例。此文说:"往尝过友人王翰林济之,水行出胥口,适烟雨满湖。初焉,山兀兀压水面,已而云气弥漫,忽失所在;扁舟茫茫,莫知所之。予心甚恐,然其景则奇而可玩矣。窃意使当良夜,月出其间,雁鹜惊飞,鱼龙戏游,清风来而白露下,金波渺然,一望万顷,其奇当如何?而恨未之值也。洞庭之东,有山对峙,其势若分其脉,则属而竞秀于空明之际,若不相让。"④此文脉络清晰,井然有序,描摹雾夜之下的湖水空濛渺漫,极尽物态之美。更重要的是,吴宽又引入一段想象中的描写,它或来自于某次亲身游览的经历,或许乞灵于某段著名游记的记述,却能够与当下的景致虚实相映、浑然一体,是为此文点睛之笔。时人王鏊在为他的文集作序时说:"窃尝评公之文矣,摆脱尖新,力追古作,丰之千言,不见其有余;约之数语,不见其不足。其为诗,寄兴闲远,不为浮艳之语,用事精切,不见斧凿之痕,自谓得公之深也。"⑤综合吴宽的诗文创作来看,其评

---

① 《匏翁家藏集》卷四。
② 同上,卷十七。
③ 同上,卷三十三。
④ 同上,卷三十四。
⑤ 见《匏翁家藏集·原序》。

价是颇为中肯的。

除了上述提到的这些作家之外,身为茶陵诗派成员且为谢铎好友的还有许多,如陆釴、罗璟、陈音等。像陆釴,李东阳在《春雨堂稿序》中说:"盖其初,诗主少陵,文主昌黎;后则专尚太白、六一间,以其所自得参之。他于诸子百家之行,非惟有所择,而若有弗屑焉者。及其章成而声协,足以上鸣国家之盛,而下为学者指归,其可谓一代之杰作也。"①又在《麓堂诗话》中说:"鼎仪稍后作,而意识超诣,凌高径趋,摆落尘俗,笔力所至,有不可形容之妙。"②又如罗璟,李东阳在《明故朝列大夫南京国子祭酒罗公墓志铭》中说:"为文务简劲,诗亦脱绮靡,有《冰玉稿》若干卷,盖其所自号,因取以名。其所编录,若《五经旁注》《周易程朱异同》,刻于福州。"③然而,它们现在已很难见到,因此难以对他们的著述生平展开深入分析,只能暂付阙如,以待后补了。

第三节　茶陵诗派后期成员的文学主张及创作

李东阳成化二十二年主持顺天乡试,次年经其指授的二甲程楷、蒋冕、黄穆、傅珪、华峦、吴俨、罗玘、苏葵授编修;三甲李逊学、石珤、毛纪授检讨;弘治六年主持会试,二甲顾清、沈焘、吴一鹏、汪俊、周玉、黄澜授编修;三甲薛格授检讨。弘治八年,开始入阁议事,又于弘治十二年主持会试,此后及第入翰林院自称其门生者日众。他们的基本情况如,十五年,二甲鲁铎、温仁和、李时、滕霄、毕济川、何瑭授编修;三甲周祯、盛端明授检讨;十八年,二甲崔铣、严嵩、湛若水、陆深、翟銮、徐缙授编修;三甲段炅、穆孔晖、孙绍先、易舒诰、张邦奇授检讨。上述这些进入翰林院的新科进士们,或多或少都与李东阳有一些师生之谊,甚至弘治九年及第的前七子之一王九思亦念念不忘李东阳对自己的影响。

李东阳、谢铎、倪岳等人对同年雅集乐而不疲的风气,直接影响到了茶陵诗派的年轻后进们。明黄佐《翰林记》卷二十"瀛洲雅会"条下载:"治中南京吏

---

① 《怀麓堂全集·文后稿》卷三。
② 《麓堂诗话》,《历代诗话续编》第1382页。
③ 《怀麓堂全集·文后稿》卷二十七。

部尚书倪岳、户部侍郎杨守址、户部侍郎郑纪、礼部侍郎董越、祭酒刘震、学士马廷用,皆发身翰林者。相与醼饮,倡为瀛洲雅会,会必序齿。正德二年七月,吏部尚书王华、侍郎黄珣、礼部尚书刘忠、侍郎马廷用、户部尚书杨廷和、祭酒王敕、司业罗钦顺、学士石珤、太常少卿罗玘复继之,皆倡和成卷,以梓行于时。"①据王世贞《弇山堂别集》卷四十七及《明史》本传载,倪岳于弘治九年至十二年期间任南京吏部尚书,其出任南京实际上是后党份子左侍郎徐琼排挤的结果。《翰林记》中的记载说明,倪岳虽然身处逆境,他与友人聚会倡和的习气还是那样根深蒂固,以致成为罗玘、石珤等翰林晚辈们效法的楷模。茶陵后进们大多聚集在李东阳的周围,或自发地组织同年雅集寄意诗酒,酺歌为乐,从而将茶陵诗派推向鼎盛阶段。据何良俊《四友斋丛说》载:"李文正当国时,每日宴罢,则门生群集其家,皆海内名流,其坐上常满,殆无虚日。绝口不及势利,其文章亦足以领袖一时。"②这正是当时盛况的最好说明。

在李东阳众多门生中,他最为得意的当数石珤。石珤(1465—1528),字邦彦,直隶藁城人,成化二十三年进士。中式后,改庶吉士,授检讨。但他因病长期在家休养,直到弘治末年才晋升为修撰。正德元年,擢为南京侍读学士,历任两京国子监祭酒。正德八年九月,迁南京吏部右侍郎。正德十六年,拜礼部尚书。嘉靖三年五月,诏以吏部尚书兼文渊阁大学士入参机务。后因王邦奇诬陷,嘉靖六年被迫致仕。次年病卒于家,享年六十四岁。他为官刚直不阿,《明史》本传称其"清忠亮鲠""卓然有古大臣风"。

石珤与谢铎还有一定的交往,他写有《送方石谢先生》一诗,此诗称:"搔首乾坤任达穷,高情谁复叹飘蓬。学传伊洛非无用,官比阳城更不同。直笔史宜留阁下,抱琴人已立堂中。分明六馆诸生力,夺我春来满坐风。"③他对谢铎礼敬的态度还是很明显的。

石珤撰有《熊峰集》十卷,诗文风格深受李东阳影响,亦深得后者嘉许。他在《得西涯先生手教》一诗中说:"多少英豪望后尘,清风长播玉堂春。斗星麟凤光天下,韩柳苏黄合一人。附骥惭非千里翼,登龙敢负十年身。"李东阳亦在

---

① 《四友斋丛说》卷八。
② (明)黄佐《翰林记》卷二十,《文渊阁四库全书》本。
③ (明)石珤《熊峰集》卷四,《文渊阁四库全书》本。

《送石邦彦检讨诗序》中说:"邦彦视予若弟子之于师,坐立称谓匪惟不为抗,又若有过焉者。徐而察之,非独以前所云也,此古之所谓知己者,而于今见之,予安可负哉!……邦彦蕴才饬行,必欲企古之人,而欿然若不足。观其势,不但于今日止也。于文章必能鸣一代之盛,于功名必有益乎一世之人,于道义必能全所赋之天而不为庸众人所汩。"①其师生相得之状,自不待言。

石珤不仅对李东阳执以师礼,在诗文创作上也体现出茶陵一派的典型特色。四库馆臣在《四库总目·熊峰集提要》中说:"珤诗文皆平正通达,具有茶陵之体,故东阳特许之。当北地信阳骎骎代兴之日,而珤独坚守师说,屡典文衡,皆力斥浮夸,使粹然一出于正。虽才学皆逊东阳,而混混持正,不趋时好,亦可谓坚立之士矣。"②他诗文复古的特点比较鲜明,但思想境界不够开阔,风力也略显不足。就诗歌来说,他的拟古作品非常多,除了直接以《拟古》为题的以外,还有像《拟君子有所思》《拟古巫山高》《拟古伤歌行》《古意》《拟古秋夕》《拟古秋怀》《漫书古体》《古诗》《拟古将进酒》《拟古别离曲》《拟古乌夜啼》等专拟某题的作品。他尤擅长歌行体及乐府诗体,而这类作品往往借古题说古事,因此也可归入拟古的范围,如《有所思》《清夜游》《暮夜金》《秋塘曲》《招隐词》《初凉曲》《行路难》《碧窗曲》《望春曲》《铜雀台》《首阳薇》《乌夜啼》《城南思》《长信秋词》《搏蛟歌》《契苾儿曲》《邯郸行》《短歌行》《紫丝怨》等。其中《暮夜金》《契苾儿曲》两篇,分别借东汉杨震拒绝昌邑令王密贿赂和唐垂拱年间流行《契苾儿曲》讽刺张易之(其小字"契苾儿")的典事而论;其他大多秉承古题反映闺怨的惯例,辞语秾丽,缠绵悱恻。如《碧窗曲》有云:"银河夜悄冰蟾泣,露芷风荷软无力。香奁半掩碧菱光,独向窗间理蝉翼。南风挟雨江云湿,绿怨红愁满胸臆。可怜明月如青镜,不照妾心同铁石。人生命薄空自惜,转眼风光成故迹。愿郎身与松柏坚,随意萋萋寒草碧。"③应当说,他在此类题材的模拟上还是颇得个中三昧的,其另有《闺怨》十首,更可看出他的诗风取向。

他还有许多宫词作品,但它们基本取材前朝宫事,有些以古喻今的韵味。如《汉宫词》《元康宫词》二首、《天宝宫词》二首、《唐武宫词》《高宗宫词》《唐宫词》《中平宫词》《南朝宫词》《贞元宫词》等。宫词最先由唐代诗人王建用作诗

---

① 《怀麓堂全集·文前稿》卷八。
② 《四库全书总目提要》卷一百七十一《熊峰集提要》,《文渊阁四库全书》本。
③ 《熊峰集》卷二。

题,他做了百首左右,后来继作者不绝。它们主要是来描绘宫廷布景和生活的。石珤这些作品固然说明了茶陵诗派后期仍然带有一些台阁余风,但是它们有的还有点史论批判的味道。如《南朝宫词》其二"玉树新花夜夜开,张嫔风韵孔嫔才。感恩谁似中庭鸟,解咏江南草化灰。"①此诗写陈后主与张丽华、孔贵嫔昼夜欢歌终至败亡之事,能解四时变化的"中庭鸟"显然要比他们明智得多。

另外,石珤的一些歌行作品在写景抒怀方面也不尽平缓卑弱,如《竞渡辞》:"竞渡复竞渡,波光浩渺渺。潮头如马来,舟子疾于鸟。轻舠迅楫斗缤纷,伊谁从之楚灵均。江深海阔安得济,鼍抃鲸吞愁杀人。苍天不照烈士苦,日暮洞庭闻击鼓。九辩谁招梦泽魂,一杯柱酹荆南土。竞渡兮来归,湖上兮依依。棹歌齐发泪沾衣,宝笙瑶瑟清且哀。四望踯躅悲又悲,安能遇君与君携!"②此诗不仅写出了江上竞渡的雄壮气势,更借祭奠屈原表达了怀才不遇的主题,这大概与他长期病休的身世经历相合。不过,这种激扬壮阔的作品只是少数。

石珤崇尚古体,尤其中意乐府体裁的创作,受到李东阳的影响是无疑的,但也与他的学养构成及诗趣取向密切相关。他在《碌碌何足道》一诗中自述道:"为学二十年,闻善思允蹈。四岁知诗书,八岁勤洒扫。十三为文章,光泽春雨膏。十九学渐富,士林有称号。瀛洲名滥入,君亲恩未报。高步望登堂,爇火求就燥。迨今又十载,不觉壮夫到。彬彬犹未能,碌碌何足道。"③另外,他《寄兄旧作》一诗又说:"清诗赏风流,正论崇骨鲠。"④这大概道出了他在为文与为人两方面相反相成的关系。

他对乐府和歌行体的模拟对象可以划分为汉魏和六朝以降两个时段,前段虽多以汉魏乐府名题为摹本,但其趣味风神显然缘于对楚骚、六朝及唐代同类题材的揣摩和效仿,因此清健明快、朴素直白的特色大为缺失,取而代之的却是强烈的文人化色彩和绮靡不竞的面貌。他将骚体引进诗歌的创作,如《招隐词》"秋山惨慄兮吾土肥,园蔬畹药兮犹光辉。路余菅兮可缉屦,池有荷兮能制衣。山中之美人兮胡不归?秋江兮白蘋,绿波起兮鱼鳞鳞。吹长笛兮激丹

---

① 《熊峰集》卷九。
② 同上,卷二。
③ 同上,卷七。
④ 同上,卷一。

唇,鸟盈盈兮云纷纷。胡不归兮,山中之美人!吾尊兮有酒,呼明月兮当牖。绿竹兮与邻,清风兮为友,美人乐兮且久,绿颜兮皓首。"①《灌木词》"灌木萋萋兮露既濡,草抽萌兮杨垂须。岵不可陟兮屺不可踰,白日皎皎兮下丘墟。神飞越兮道阻迂,仰归云兮不能俱。园有桑兮巷亦有车,嗟祀事兮弗驰弗驱。陨涕泪兮庭之隅,金章赤绂兮徒华吾躯。"②从这些诗可以明显看出,他对《诗经》《楚辞》的辞藻及意象都运用得非常纯熟,像代表贤者的"美人"、表征思亲的"岵屺"及"兮"字充当句腰的《九歌》《九章》句式都非常流畅和谐地融合在一处;然而,过于侧重对经典意象的沿袭和固有形式的模仿,又使之缺少心底真情的流露和造成当下时事背景模糊,这样就很难让人产生认同感和共鸣。换句话来说,他的拟古还停留在形式上,尤其当他在直接使用汉魏古题创作时,像《猛虎行》《有所思》《短歌行》等,所采用的形式及表达的腔调又完全是六朝风格的,这固然是偏好所在,却不能不说是他模仿没有到位的地方。虽然他也在《秋日寄兄》一诗中自称"细和陶诗到日斜",但他能够做到的更多只是将汉魏以来的贤哲引入诗中,体现他们闲远平淡意蕴的却不多。如《漫书古体》"下论暨秦汉,上谈溯羲轩"、《南庄书事》"罢读《离骚》赋,悠然解独醒"、《卜筑南居》"偶同渔父读《离骚》,为卜新居选寂寥"、《寄兄次韵》二首其二"兴比渊明能止酒,愁如宋玉未悲秋"、《早秋书怀》"凌云愧乏相如赋,忧国空怀贾谊心"、《伤征伯》"鹏鸟不还贾太傅,鹦鹉重伤祢正平"、《夜同朱挥使饮待王以德未至》"登楼须待仲宣来,徒言南海三千里"、《春色》"千里夕阳春草绿,停云空忆鲍参军"等等。

石珤对六朝拟乐府的模拟融合了骚体的缱绻和齐梁的绮丽,则可谓当行本色。像《秋莲曲》"西塘菡萏初破红,小舟荡漾东南风。罗裙曳水蘸轻碧,惊起沙头双落鸿。昨日采莲莲尚好,今朝采莲莲已老。绿房结子空垂垂,翠黛朱颜可长保。江湖日暮生嫩寒,鸳鸯双飞不过滩。回首女伴各无语,泪洒铜仙承露盘。"③其他像《秋塘曲》《惜春词》《乌夜啼》《折杨柳》等,多为女子代言或反映闺怨题材,内容相对贫乏,然而其格调自有不亚于前代之处。

石珤的五、七言律诗、绝句,受杜甫的影响比较深。他作有《和杜工部秋兴八首》《和杜子美醉时歌在七级作》,另外在诗中提到杜甫的地方也较多。如《和许黄门九日述怀》"因怀工部句,濒老释欢悲"、《谒赵公墓》"曾读壶关杜老

---

① ② ③ 《熊峰集》卷二。

诗,柏梁高咏有公词"、《送谢侍御按云南》"霜风万里随王使,月夜何人听杜诗"等等。此外,他对韩愈也较为欣赏,如《望诸君墓》"昌黎好古心偏壮,诸葛谋王膝未舒"即是。

石珤还有许多吟咏日常生活闲适情怀的诗作,如《题吴匏庵东庄诸景》二十首、《晴坐》《城北》《题小画四首》《题倪冬官小画五首》等。在处理官署政务等方面,他秉承的是孔孟修身齐家的伦理体系,而在自我形而下的感性生活空间里他又对庄老之学深表服膺。如《静逸》二首其一称:"至乐本无声,简言始遗味。至治本无为,用察乃兴伪。"其二称:"谁言吾静拘,吾静乃得逸。居静渊水明,行静岩月出。"①《城北》:"生涯自流水,人世本虚舟……谁能齐万物,长啸忆庄周。"②它们完全是在宣扬老子"涤除玄鉴""致虚极,守笃静""道之出口也,淡乎其无味",庄子"齐万物""等生死"用"心斋""坐忘"追求"至美至乐"的道的审美境界的思想。上述都体现出他儒道并用的人格特点。

石珤有些作品也不同程度触及下层民众的生活,如《樵山吟》:"宁知今年法令改,青山却用金钱买。有斧不得重刊云,无钱誓欲先逾海。昨日城中丁壮来,城中百事犹伤哉!析薪已费千余万,卖子不足私门陪。衣裳蓝缕敢自惜,已看釜甑生尘埃。贫家止有田十亩,定知明年非我有。安能遁迹豺虎之深林,县官来时无处寻!"③其中为樵夫仗义执言、批判官府与民争利还是颇为有力的。

吴俨字克温,宜兴人,成化二十三年进士,同年改庶吉士、授编修,后授侍讲学士。弘治十五年,掌南京翰林院。正德初,应召修《孝宗实录》,值讲经筵。后主持顺天乡试期间,不曲阿刘瑾之意,被诬陷罢免,刘瑾死后方得起复,甚见品节。历任礼部左、右侍郎,拜南京礼部尚书。正德十二年,谏阻武宗北巡,以防废政。正德十四年,卒于官,赠太子少保,谥文肃,事迹见《明史》本传。他撰有《吴文肃公摘稿》四卷,四库馆臣评价说:"俨当何李未出以前,犹守明初旧格,无钩棘涂饰之习。其才、其学,虽皆不及李东阳之宏富,而文章局度舂容,诗格亦复娴雅。往往因题寓意,不似当时台阁流派沿为肤廓。虽名不甚著,要

---

① 《熊峰集》卷七。
② 同上,卷三。
③ 同上,卷二。

与东阳肩随,亦足相羽翼也。"①由此可知,他在茶陵诗派中具有一定的地位。

吴俨在《题画屏次国贤韵》一诗中自述心志说:"少年诵诗书,心恒慕伊周。蹉跎成老大,白发上我头。作羹不为梅,济川不为舟。金马石渠间,强陪英俊游。去年归故山,幸得两月留。坐石听啼鸟,持杯发清讴。岂敢肆雄辩,万物移春愁。自从到京国,仍怀杞人忧。故山不能见,画中容可求。"②它基本上把他积极仕进与萧散情怀的两面都写出来了。

吴俨为官清正,绝不阿私权要,甚至还为民请命,抗颜直谏。正德十二年,武宗不顾大局,贸然北巡,吴俨上《奏请回銮书》说:"今京师内外,人心摇动,口语藉藉,转相传播。徐淮以南,荒馑千里,去冬三月,雨雪为灾。民无衣食,至于父子漂流,兄弟离散,略不系恋。间有自经及投水而死者。民穷至此,安保其不为盗哉!臣等恐所御之敌,尚远隔于阴山,而不虞之患,或猝起于肘腋,此不可以不烦圣虑也。"③他极力陈请武宗回朝理政,勿因巡边的不急之务而导致国内局势失控。虽然措辞委婉,却字字诛心,恪尽谏臣职守。他始终服膺儒家积极进取的济世理念,希望能够在政治上有所作为,并始终坚持廉洁奉公的初衷,如其《闻命有喜》一诗说:"色养少酬平日愿,官衔不减旧时清。三千里路看山去,忘却乘舟触热行。"④因此他反映民生疾苦及系心国事的诗歌也非常多,如《送陈子居主政天津收粮》说:"簸扬随沙尘,漂流任风雨。辛勤千里来,输十不得五。田家米如珠,官仓贱如土。岂是入官人,不知作田苦。"⑤他将民人运送税粮的辛苦,与官家了不介怀的冷漠进行了鲜明的对比。《寄东山五首次国贤韵》:"去冬天苦寒,平地一尺雪。长安百万家,十五告粮绝。谁起刘司徒,慰此民望缺。莫学谢东山,令我心愁结。"(同前)此诗寄言同僚,为京城食粮紧张之事发挥作用。《塞下曲》其二说:"边城九月雪飞花,睥睨高寒集暮鸦。今日楼兰犹未灭,沙场战士莫思家。"⑥此诗借旧题抒发当下之慨,末句虽为安慰戍边将士,实则对边疆防务寄以深长之忧。

由于刘瑾等权臣的乱政,武宗愚暗不明,吴俨的仕宦生涯充满了坎坷,但

---

① 《四库全书总目提要》卷一百七十一,第1495页中。
② (明)吴俨《吴文肃公摘稿》卷一,《文渊阁四库全书》本。
③ 同上,卷三。
④⑥ 《吴文肃公摘稿》卷二。
⑤ 同上,卷一。

他却始终保持了清醒澹定的心境,这使他的诗歌呈现出一种超尘拔俗的清逸之气。庄子、王子晋、陆机、张翰、阮籍、陶弘景、谢惠连等人物,或陶渊明、白居易、苏东坡等人的诗体经常出入于他的此类诗中,如《送高舜穆宰瑞安》"尝闻陶隐居,烧丹白云岭。所志在神仙,不落死生境"①、《浴凫》"仙人王子乔,旧赐上方履。双双化飞凫,翱翔云霄里"(同前)、《和石学士予庄韵》"招隐何须赋小山,杜门更欲建重关。采菱歌落云烟外,打麦声来咫尺间"(同前)、《中秋夜与侔弟玩月用西涯韵》"对床已办留同叔,得句何烦梦惠连"②、《拜王司马墓》"自从禹穴探奇去,不见辽城化鹤归"③、《景明和章欲任痴名予不敢许复次前韵》"掷笔据梧聊假寐,令人千载忆庄生"(同前)、《送顾士廉编修父还松江》"鲈肥不用思张翰,鹤唳谁将吊陆机"(同前)、《送李宗渊南还》"文采风流阮步兵,穷途犹负少年英"(同前)等诗句,再如《国贤示和陶止酒诗因次其韵》《除夜喜丁生饷戏用东坡馈岁韵呈景明汝砺》《乙卯季冬见白发效乐天体三首》等诗题都可以看出。通过对陶渊明、白居易等人的潜心模仿,吴俨形成了自己清新浅白、工于咏物又不失阔大的独特风貌。

他的《赠浃侄》一诗充分体现了取材现实生活,用浅明语言表现闲处心态和自在情怀的特点。此诗云:"家有二顷田,负郭仍膏腴。城有五亩宅,绕屋皆桑榆。客来一斗酒,不则饭一盂。僮奴足使令,而不亲樵苏。高眠日晏起,州县无追呼。试问举族间,尽有此乐无?"④他充分借鉴陶渊明《移居》《归田园居》等诗中的田园特质,通过白描式的手法呈现家居的田园景象和知足悠闲的情韵。另外他还有《乙卯季冬效白乐天体》一诗,分为"喜白发""问白发""止白发"三首,突出了年龄增长与功业心态的矛盾关系。如《问白发》一诗说:"晓来对雪常梳发,镜里何缘得上头?岂为作诗真太苦,或因谋国有深忧。官叨七品谁言贵,年过三旬未识愁。莫是家庭元有种,人言今日可凭不?"⑤白发产生的原因自为用力笔耕与忧心国事,但是他却故意用调侃的口吻来表现,毕竟现实中的他位卑言轻、屡谏不从,抒怀过于直露,又有高自标置之嫌了。他《止白发》一诗说:"人生大率百年期,四十宁当发白时。只许头颅留少雪,可容髭发尽成丝。恒言未敢先称老,壮志安能便服衰。春笋秋禾今已悟,东坡两语是吾

---

① ④ 《吴文肃公摘稿》卷一。
② ③ ⑤ 同上,卷二。

师。"(同前)苏轼《涪翁赓和蓬字韵》有"安得春笋手,为我剥莲蓬"句、《和孔郎中荆林马上见寄》一诗有"秋禾不满眼,宿麦种亦稀"句,两者均为闲适优游的生活情态的展现。可知,他远取陶渊明的清淡,中观白居易的浅白,近宗苏轼的闲适,诗语流畅易晓,诗情泰然自若,并且在诗中化解了现实与精神追求的冲突,诗格诗品与人格人品相映生辉。

在表现日常生活景物过程中,他工于体察描摹的特点也较为突出。如《次鲍庵先生煨橘韵》一诗说:"白雪枝头蕊,黄金叶底团。既疑为火齐,复认作冰丸。冷热随时改,调和适口难。炉中方就灼,掌上复传看。软比鸡头肉,圆如鹤顶丹。瓤虚还可剖,核小岂容钻。追念致来远,还怜味带酸。殷勤重乡味,常贮水晶盘。"①此诗将橘花及橘叶的形貌喻作"白雪""黄金",形象鲜明;接着又来展示烤煨橘的过程,煨熟后的橘子软如鸡肉,红如鹤顶,煞是诱人;又写剥橘的过程,瓤和核历历鲜明,放入口中,酸沁心脾。它们是吴俨家乡常州的特产,那些没舍得吃的放在晶莹透亮的盘子中,又会勾起绵绵乡思。总之,全诗描写细致,结句余味不尽,将物象与情致很好地结合了起来。他还有《集天趣园》二首、《游观音阁》二首、《东庄十八景为鲍庵先生赋》等描写园林景色的篇什,如《东庄十八景为鲍庵先生赋》中《菱濠》一首:"菱头初刺人,菱叶已零乱。试问采菱归,作蔬还作饭。"《南港》一首:"地僻人踪少,溪深树影多。遥看泊舟处,斜日晒渔蓑。"《朱樱径》一首:"细雨红初熟,薰风绿满林。采时留几颗,明日饲山禽。"②等等,均婉丽清新,富有生活情趣。

他的诗还具有托物寓意的特点,如《誉竹》一诗说:"勿谓吾竹瘦,竹瘦形乃奇。潜龙月下影,老鹤风前姿。云丘有帝竹,其种舜所遗。一节可为船,维楫将安施。况我未眼见,传闻犹可疑。何如此瘦竹,真作俗士医。挺挺若骨立,森森如直鳍。万古孰同节,西山饥伯夷。"③他显然用"瘦竹"自比,对时俗进行了含蓄的抨击。

正是他固有的凛然气骨,使一些诗带有平淡而不靡弱、精微而不偏狭的特质。如《从军行》称:"驱马出长城,天寒日色薄。四顾寂无人,黄云暗沙漠。疆吏为予言,云中兵屡黩。近入阳和川,纵横恣杀掠。少壮悉奔逃,老弱填沟壑。安得用韩范,惊彼心胆落。昨闻大将军,自比卫与霍。张灯召宾御,置酒纵蒱

———————————
①②③ 《吴文肃公摘稿》卷一。

博。誓封狼居胥,单于隶蕃服。此意岂不佳,恐遂成疏略。辕门荷戈者,两手冻如束。雪深饥不餐,冰坚渴难凿。靖边未有期,凯歌何日作。欲归归未能,未信从军乐。"(同前)此诗借用古题,写出当下边疆防务用人不当,他们每日弦歌不断,盲目自大,却不顾边地百姓流离失所、戍边将士饥寒交迫的惨痛现实,可谓语势浑厚,力道遒劲,深具批判之意。其另有《送列县丞致仕》一诗:"行囊不办买山资,问我先求赠别诗。有子入官心自足,任人生谤怒何为?门前旧种千竿竹,屋后新开五亩池。宾客未来风日好,乘闲独钓大江湄。"(同前)此诗呈现了友人致仕后的生活状貌:儿子入官,光耀门庭;置地开园,种竹养荷;心境萧散,独钓江畔。其整体情调清闲从容,而尾句"乘闲独钓大江湄",颇见气势,较好地烘托出友人胸次坦荡、意凌江河的器度。

邵宝(1460—1527),字国贤,号二泉,无锡人,成化二十年进士,授许州知州。弘治七年,为户部员外郎,迁郎中,弘治十三年四月迁江西提学副使,修白鹿洞书院,建一峰书院。正德四年,擢为右副都御史,总督漕运。因不阿私刘瑾,曾一度遭诬陷去职。刘瑾死后,起复巡抚贵州,不久升为户部左侍郎。明世宗即位,以母老屡次提出辞官归养,诏准。曾在家乡无锡创办二泉书院,并修葺杨时在无锡的讲学旧址,聚众讲学,是为后来的东林书院,由此可见邵宝重道兴学之一斑。后病卒于家,赠太子太保,谥号文庄。事迹可详《明史》本传。他撰有《容春堂全集》六十一卷,另有经史地理类著作《左觿》一卷、《学史》十二卷、《大儒大奏议》六卷、《春秋诸名臣传》十三卷、《慧山记》四卷,以及《定性书说》《漕政举要》等若干卷,可谓涉猎广泛,才学俱佳。

邵宝与谢铎有一定的交往,《容春堂集·前集》卷六载《谢方石以祖母旌门有作次韵》及《谢方石先生挽词》两诗可证。后诗说:"我归林下公长逝,千里诗筒望不来。海隐本非唐少室,山居真似宋徂徕。雅歌何处声相和,野服它年手自裁。有石大书明祭酒,古松阴里墓门开。"[1]从诗中可以看出,谢铎生前与之曾有唱和,后者并对其品格修养作了较高的评价。

邵宝与李东阳的关系更是密切,他在悼念后者的《越明日寝哭后作》一诗"雪里门墙立故迟"句下,自注说:"宝自庚子举于公,甲辰得进士,即出知许州。

---

[1] (明)邵宝《容春堂集·前集》卷六,《文渊阁四库全书》本。

越十年甲寅，入户部，始获执业门下。"①"庚子"即成化十六年，李东阳南下主持了此年的顺天乡试；"甲寅"则为弘治七年，此年邵宝入京出任户部员外郎，正是从这一年开始他正式成为李东阳的及门弟子。四库馆臣说："为李东阳所得士，故其诗文家数皆出自东阳，东阳亦以衣钵相传许之。"②自此之后，邵宝的诗文向典重雅和的风格演变。外加他向来服膺程朱理学，经学功底深湛，就更加促使他在典雅渊洁这些方面发展李东阳的审美趋向。《明史》本传说他曾发愿"愿为真士大夫，不愿为假道学"，又可见他在立身自持方面的风范，可以说他是文如其人、表里如一的。李东阳评价他说："《容春堂集》出入经史，搜罗传记，该括情事，摹写景物，以极其所欲言，而无冗字长语、辛苦不怡之色，若欲进于古之人。"③兼综经史、平和渊洁正是邵宝治学及诗文的总体特色。

邵宝的学识修养与其诗文特色的形成具有重要的关系，时人林俊在为其作《容春堂集序》中指出："是文也，其是气也，其不离是道也。纡徐容与，和以平乎？庄以洁乎？居而不有，辩博而不肆，黯然其长油油然。其光将根干宋儒，标枝秦汉，收韩欧数君子之华实乎？起衰斯文，其先生始乎？"④邵宝上承秦汉实学，下承闽洛渊源，具有一个相对完整的知识与信仰体系；另一方面，又能博览众书，勤作札记，注重考辨，格物致知，因此与时下或恪守教条，或谈空说性的迂阔学风大不相同。像他的《学史》十二卷即是由平时积累的札记编成，他还作了大量经史专论，如《春秋诸贤臣论》十一首、《读春秋杂说》八首、《季札论》《读礼杂说》九首、《读周子书杂解》十二首、《论性杂说》《善真诚辨》《乐易说》《昭穆说答杨崇周》《王魏论》（按，论唐人王珪、魏徵）、《宋穆公论》《学礼不易说》《诸侯葬称公对》《小宗祭法对》《测影合考》等等。这些都为他诗文趋于渊厚沉实，奠定了学养基础。

邵宝主张走复古之路，实现诗文振兴，但更主张变通创造，以有用世教。他在《重刊〈两汉文鉴〉序》中说："今君子之论文者，皆曰西汉，为其近于古也。抑尤有古者，而必曰汉云汉云，岂不谓夫汉之文通于今也哉？今去汉已远，文之用于世者，若册诰，若制诏，若奏、对、书、檄、赞、颂、诗、赋之类，犹夫体焉，而

---

① 《容春堂集·后集》卷十三。
② 《四库全书总目提要》卷一七一《容春堂集提要》，第1494页下。
③ 李东阳《容春堂集·序》，《文渊阁四库全书》本。
④ 《容春堂集》林俊序。

汉雅醇矣，雅醇则于古为近，近之则可复。复古于通今之中，君子于天下皆然，而独文乎？《记》曰：醴酒之用，玄酒之尚。盖物之兼乎古今也久矣，汉之文在古诸酒，其犹醴也。古可用也，今亦可用也，夫是之谓通。然自今视之，则有玄酒之风焉。由是而复古，固其渐哉！此君子取之之意也，若夫有道者，其文以经为师，时而出之，变而通之，存乎其人，关乎天下之运，而起衰振陋，盖有不假乎力者。"①显然，他对时下盲目推崇文必秦汉的创作主张提出批评，认为复古应首先认定秦汉时代哪些可以拿来应用，用的过程中则要做到变通，亦即"古可用也，今亦可用也，夫是之谓通"。他认为先哲通经而不为章句所拘，"时而出之，变而通之"，最终达到修齐治平的理想效果，文学复古自应如此。只有如此，才能赋予复古本身以生命力，才有产生积极效用的可能。邵宝认识到复古与应用相辅相成的关系，强调复古在于应用的目的，而不是消极的形式的模拟，这无疑对前七子的复古主张具有很强的匡正作用。

另外，他还注重诗歌自身应当表达道德治化、礼教观念等内容，他在《见素先生诗集后序》中说："《七月》周公之诗也，《卷阿》召公之诗也，说者谓万世法程在是；《离骚》屈原之诗也，说者谓风雅再变，为后世词赋之祖。然千载而下，称周公者曰圣，称召公者曰贤，称屈原者曰忠，而不曰诗人，有所重焉者在，则不敢以所轻者加之，其固然哉！"②这种看法自然是他儒家诗学观的典型反映。

在诗歌创作方面，他注重的是向楚骚及陶渊明、王勃、李白、杜甫、苏轼等人的模仿，如他《湘夫人用唐韵》《和陶韵》四首、《舟中和唐诗》五首、《括王勃诗》《秋野用杜韵》二首、《十贤祠用唐人韵》《又用唐人韵》《阻风用杜韵》《热中和杜自遣》《午热书事用西涯公韵公用杜韵二首》《喜得精舍地有作用杜韵》《山居秋日用杜韵》八首、《闻时事有感集李》四首、《新泉效李白体》《别罗太史景明用东坡韵》《题卧龙庵用晦翁韵》等等，从中可以明显看出他尊唐却又结合楚骚及陶诗、宋诗的诗美趣味。应该说，邵宝的文学主张及诗歌趣味的形成既有李东阳外在导引的因素，又是他陶钧文思、戛戛独造的结果，正如他的门生浦瑾在《容春堂集序》中总结说："既第进士，则游少师西涯李公之门，而有得焉。盖自是，仕且学，余三十年，文日进以迈……其谨重精纯，盖得诸宋；其雄浑森严，

---

① 《容春堂集·前集》卷十四。
② 《容春堂集·续集》卷十二。

盖得诸唐;其尔雅深厚,盖得诸汉;其近古,盖得诸先秦。……盖所得于西涯与所自得焉者,厥亦深矣!"①

邵宝诗歌在融合经史典范、以唐诗为中心进行广泛借鉴之余,形成了自己以史入诗、平正闲远、深挚开阔的风貌。他有许多关注历史题材的作品,大多是在阅读史书、凭吊史迹的过程中创作的。如《偶读盖岩传》《补洛中越歌》(自注:"越人夏统游于洛,遇贾充。充讽之使歌。统以足扣舟,引声而歌者三。今亡其词,偶读夏传,补之如左")、《拟子陵辞》《晁错墓》《八龙冢》《朱仙镇》《胥门》《昭明太子读书台》《明妃辞》《天马来》(自注:"读《史记》作")、《三千牍》(自注:"读《史记》作")、《咏史》《读元史》《明妃怨》等。这些诗作大多质木无文,少有兴味,但也有例外,如《昭明太子读书台》一首云:"江左风流在,前梁复后唐。壁分新竹色,台散旧芸香。迹与仙风远,名随佛日长。澄湖回首地,云水一茫茫。"②此诗就萧梁与后唐都好绮靡婉约而国祚不永的史实进行评述,历史视角敏锐、视野开阔。继而从读书台遗址周围风物着眼,呈现出物是人非的苍凉与无情,引人深思。其论与述自然融合,情与景相成相生,结语含不尽之意于言外,意境顿开。

他一些描写游历、闲居、题咏景物、书画的作品表现了闲适的文人趣味。如《渊明图为邃安先生题》《香炉峰怀李太白》《楚江渔父图》《鲍翁东庄杂咏》十首、《苦雨》《与客谈竹茶炉》二首、《容春轩六咏》《幽居四咏》《自和幽居四咏》《惠山杂歌》六首、《冉泾书院十二咏》《慧山书院十五咏》《秋华十咏次如山》等。其中《苦雨》说"坐对青灯头疑白,敢言吾道在山林",表达了归隐之趣;《观松雪书渊明饮酒诗》有"墨花春酒水晶宫,漫写陶诗岂醉中。莫道柴桑非我地,笔端真有晋人风"句,展现了与古贤对话的愉悦;《容春轩六咏》则是对自己居处瞻尼坛、拟渠井、先春台、晚秋圃、鼋峰庭、钟石沼等六处的吟咏,像最后一首《钟石沼》说:"石钟以声名,无声安取此。风水月明中,我忆东坡子。"③取境于苏轼《石钟山记》,景色空明,简短清新。

表现邵宝情怀深挚、局度阔大的诗篇,主要有亲情和师友之情两种。邵宝三岁失怙,由母亲抚养成人,因此对亲情特为看重。他给夭折的女儿的《至亡

---

① 《容春堂集》浦瑾序。
② 《容春堂集·前集》卷四。
③ 《容春堂集·后集》卷十。

女七儿墓》说:"日无光兮风色寒,望儿坟兮心悲酸。坟有土兮土有棺,儿咫尺兮欲见难。浇浇坟头酒易干,纸成灰兮散漫漫。散漫漫魂不返,清泪下兮盈酒盏。"①此诗采用骚体形式,正可表达对亡女悲悼的哀婉情绪,字字感人,直催泪下。他《舟中有见忆老母》一诗说:"老梅花吐北堂前,春酒初成妇荐筵。事与志违频易地,心为形役几经年。天恩于物真能厚,子道如臣敢自偏。检罢计书方静坐,不堪乡语过吴船。"②此诗写出忠孝难以两全的矛盾,结句难禁吴地乡音惹起对母亲的思念,情真意切,主旨深远。

邵宝与李东阳的唱和,在某种程度上已经远远超出师生之谊的范围,前者径言"百年恩义师兼父,千载文章古在今"③。因此,在得到李东阳去世的消息之后,邵宝强忍悲痛隔日连作数首悼念及追忆诗,除上首之外,又作《越明日寝哭后作》《又明日作》(四首)、《是日检箧得公壬戌和宝哭征伯诗》《李尚宝寄文正公遗书至》《闻太师公谥文正》《忆文正公尝欲卜居宜兴》《邃翁寄文正公志铭稿至》《上文正公诗不及见而返用前韵》《不寐思文正公》《张提学寄先师文正公新集至代简为答》等等。在这些诗里,他回顾了亲炙于李东阳门下的过程,对其人格操守、道德文章都作了较高的评价。如《又明日作》(九月三日之作)"诗里云山千里情"句下注:"宝东归以来,凡得公诗束二十余纸。""节击和歌声响应"句下注:"壬申将归,公饮之酒。时天初热,公命移席中庭。陈都宪德卿、鲁司业振之、崔郎中世兴、何郎中子元,皆在坐。酒半,公曰:'国贤吴人,振之楚人,闻皆善歌,歌以相和,可乎?'遂出近作古今诗数十首,俾歌焉。公凭几听之,时一击节。""囊留删稿字纵横"句下注:"宝自丙午赴许州,至复入户部,以古文辞呈稿,得公批抹,无虑数百篇,今手墨尚存。"④从上述诗句和自注来看,李东阳对邵宝可谓以衣钵门人相托,他们的交游情形也可谓欢畅和谐。

罗玘(?—1519),是少有的站到李东阳反面的一个门生。字景鸣,南城人,成化二十三年进士。不久,选庶吉士、授编修。为人尚节义,曾力谏救刘逊。秩满,升侍读。正德初,为南京太常少卿。因不满李东阳对刘瑾擅权依违

---

① 《容春堂集·前集》卷二。
② 同上,卷六。
③ 《容春堂集·后集》卷十三《八月二十九日门人华云来自汪司成器之所致吾师少师西涯先生之讣哭已有作》。
④ 同上,卷十三。

两可,上《寄西涯先生书》,请绝门生籍。不久,升为南京吏部右侍郎。他执法严明,属僚敬畏;多次力请武宗建嗣,以稳定藩王。正德七年,引病致仕。回乡后,不与宁王朱宸濠结交,曾一度避入深山。后者反叛,罗玘又写信给守备官员,商量讨伐事宜。未果,病卒。嘉靖初,谥号文肃,事迹具见《明史·文苑传》。他有《罗圭峰文集》三十卷,四库馆臣评价他说:"其文规橅韩愈,戛戛独造,多抑掩其意,迂折其词,使人思之于言外。……其幽渺奥折也固宜,而磊落崟崎,有意作态,不能如韩文之浑噩,亦缘于是。殆性犹孤僻,有所偏诣欤?然在明人之中,亦可谓为其难者矣!"①因此,他不但在政治立场方面与李东阳有所出入,在文学创作观念上也有很大的不同,可谓茶陵诗派中特立独行的一员。

罗玘入仕时间较晚,四十岁左右还在北监作廪生,但一直致力于师法韩愈、陈师道等人,为文怪奇古奥,精益求精,因此得到了丘濬的赏识,于成化二十三年中式。名义上他出于丘濬、李东阳等人之门,但在思想人格、文风取向等方面已非常成熟和独立,因而在茶陵派中表现另类就很自然了。罗玘的狂狷人格在士林当中是有目共睹的,吴俨说他"岁除狂态还依旧,老去浮名敢浪争"②,又"掷笔据梧聊假寐,令人千载忆庄生"(《吴文肃公摘稿》卷二《景鸣和章欲任痴名予不敢许复次前韵》)。上述是他作诗时的情态,至于诗歌的风格状貌,石珤则说:"鲸牙漱海珠贝翻,鳌足暴柱神鬼奔。罗生尾月掣兔颖,横笔如彗当天门。列星吐焰烧紫垣,银潢小水漂昆仑。奇词一放众怪缩,长剑倚日龙当轩。江山何尔郁始发,产此异物之轮囷。五经百子世所有,咀嚼玩味平且温。片词尺论一经口,喷作万段霞纷纭。羊肠诘屈未足险,惊雷破地山欲蹲。宗师吐舌方朔走,侈丽慎勿矜文园。况有元气贯脉络,高深得奥愚骇繁。圣朝文化洽寰海,闾阎草泽俱饰辕。固应有此大匠手,雕画五辂修轮辐。绡缤纭纭方有待,岂止山藻兼簜埙。材奇益知世运美,士大始见民风敦。有时调笑狎诸贵,意气岂睹崇与尊。我惭同袍更馆阁,寒鸿乃逐孤凤骞。徒能问字向扬子,敢望学剑逢公孙。天南矫首识虹采,词海凯君能一援。"③诗中夸赞他文字奇崛、傲凌公卿,但又能将经史百家融会一新,辞采亮丽,实为圣朝文化的表征。这其实也说明了罗玘诗歌的奇特主要体现在语序、韵脚、意象、句式长短等创

---

① 《四库全书总目提要》卷一七一《罗圭峰文集提要》,第 1494 页下—1495 页上。
② 《吴文肃公摘稿》卷二《除夕景鸣饷酒戏作小诗奉谢》。
③ 《熊峰集》卷二《闻罗景鸣入京》。

作形式方面的与众不同,至于所弘扬的核心的诗教观念则完全符合传统的标准,这与明中叶以后徐渭、李贽等人的狂放是有本质差别的。

罗玘在当时也得到了偏爱怪怪奇奇风格者的推重,如王世贞《艺苑卮言》卷八载:"近代桑民怿见丘相公,问天下文人谁高者,曰:'惟桑悦最高,其次祝允明,其次罗玘耳。'"罗玘诗文风格的造就,与他长期以来的苦吟锤锻分不开。《艺苑卮言》卷七引黄省曾的话说:"南城罗公玘,好为奇古,而率多怪险俎饤之辞。居金陵时,每有撰造,必栖踞于乔树之巅,霞思天想。或时闭坐一室,客有于隙间窥者,见其容色枯槁,有死人气,皆缓履以出。都少卿穆乞伊考墓铭,铭成,语少卿曰:'吾为此铭,瞑去四五度矣。'今其所传《圭峰稿》者,大抵皆树巅死去之所得也。"当然,罗玘力图效法韩愈以起时文软靡不振的面貌,又有求之过甚之嫌,是以王世贞讽刺他说:"罗景鸣如药铸鼎,虽古色惊人,原非三代之器。"①这也是颇为中肯的。

罗玘强调诗歌创作要反映社会、自然、历史等广阔的内容,推崇诗人驾驭诗歌中变化莫测的情感意象的能力,认为一位出色的诗人足以胜任其他领域。他在《送蔡君之任南京刑部员外郎序》中说:"有窃议法吏非诗人所宜居者,予独恐法吏不尽皆诗人也。诗之状物,高至于日月列星之系,而其入深也,达于渊泉,散于风之吹嘘,云之浮游,雷霆之剥击,雨、露、雪、霜、冰雹之降坠,昆虫、草木之生生无穷;大之为海、为岳、为山、为川,微而入于秋毫纤尘之不可见,变而为日月之薄食飓风,为鬼飚、为祲、为雷之砧斧、星之坠也,为石、为肉、为狗、为老人,或雨而为血,沧海之堙为桑田、为息壤、为飞来峰;其为祥也,在天为庆云、为甘露,在地为醴泉,在物为芝、为麟、为凤,而于人也,宫焉以居,器焉以用,冠裳焉以章其身,符玺权衡焉以信,群而相害也则城郭焉,以守兵甲焉,以一暴乱祭于庙,以报习于学,以渐陶而又病其拘也。有壶矢博弈,蹴鞠之具,鱼龙曼衍角抵之幻,至于怪而为神仙服食吐纳之术,放而为孤云野水之观,水巢石穴之居,樵之斧渔之歌,农之馨鼓巫医,百工缁黄之流,乌蛮白狄之方,物纷如也,然必皆罗致之为诗之囊中。物随取而用焉,而后可以言诗。又必和以五味,使可咀也;调以五声,使可听也;施以五采,使可观也。呜呼! 诗岂易为哉? 使其移是心,以临天下之政乎? 何有而况法吏政之一事耳! 乌足以尽之? 予

---

① 以上分别见明王世贞《艺苑卮言》卷八、七、五,《历代诗话续编》第 1077、1060、1037 页。

故恐法吏不尽皆诗人也。"①他的友人蔡从善以诗闻名,在他赴任南京刑部员外郎之际,有人提出一位诗人不应担任偏重理性评判与推理的法吏的职位,罗玘则代为反驳。他将诗歌表现的广大内容用铺陈漫延的博喻手法加以呈现,并指出作诗首先需要相应的博大胸襟和仰观俯取的能力,在这样的前提之下,胜任其他领域的工作是不在话下的。罗玘显然没有注意到形象思维与逻辑思辨之间的区别,并有夸大前者掩盖后者作用的倾向,但是他认为诗歌应反映现实、诗人应博观约取的观点却是可取的。

基于上述观点,他反对时下树立门户、画疆自限的做法,他在《祭匏庵先生文》中说:"嗟夫!世之矜持门户多矣!任学术者,非周则张,或自以为程朱;语文章者,非柳则苏,或自以为韩欧;谈诗歌者,非梅则黄,或自以为李杜;论史学者,非寿则竞,或自以为迁固。其所以自待者,可谓厚矣。而世卒莫之许焉者,皆是也。"②

他还对馆阁文学有着较为清晰的认识,其在《馆阁寿诗序》中说:"今言馆,合翰林、詹事、二春坊、司经局,皆馆也,非必谓史馆也。今言阁,东阁也。凡馆之官,晨必会于斯,故亦曰阁也,非必谓内阁也。然内阁之官,亦必由馆阁入,故人亦蒙冒,概目之曰馆阁云。有大制作,曰此馆阁笔也;有欲记其亭台、铭其器物者,必之馆阁;有欲荐道其先功德者,必之馆阁;有欲为其亲寿者,必之馆阁。由是之馆阁之门者,始恐其弗纳焉,幸既纳矣,乃恐其弗得焉。故有积一二岁而弗得者,有积十余岁而弗得者,有终岁而弗得者。噫!其岂故自珍哉?为之之不敢轻,而不胜其求之之众也。"③另外,他在《送蔡君之任南京刑部员外郎序》中还写到友人蔡从善为请托之作所累的情况说:"予既第进士,顾视同年,皆天下之英也。而时方竞师唐人以为诗,诗日相角,而品日高。中书舍人蔡从善,又独为众所奇,一时父母耄老庆索之,父母耄老戚索之,远出游者索之,园林胜赏者索之,山水草木虫鱼图画者索之,不则人不以为绝,卷不贵焉。"④这样,他对馆阁构成、从事相关创作的人员的职事及馆阁文学的一般内容进行了概括,并把深受请托文字困扰的心态展露出来。根据已经提到的《艺

---

① (明)罗玘《圭峰集》卷五,《文渊阁四库全书》本。
② 同上,卷二十。
③ 《圭峰集》卷一。
④ 同上,卷五。

苑卮言》中的记载，罗玘对待某些亲故的请托还是非常严谨的，但是以《圭峰集》中所载的53篇墓志铭为例，它们同样沿袭固有程式，极尽生荣死哀之颂词，并未见出有如何突破和独到之处。因此，所谓他"树巅死去之所得"的篇什同样不能免俗。除馆阁色彩浓厚的那些作品之外，他较少依傍经典、独出机杼的风格则体现得较为突出。正如时人崔铣所说："罗景鸣者，振奇人也，故其言捷于异，而啬于典；其见昭于细，故暗于大。然能自冶伟词，不乱于颓习。"①这正是针对于后者而言的。

罗玘除应制之外的大多诗文，首要特点是气韵涌动、文势强劲。他推崇文人豪气及喷薄而出的劲健文气，他在《送杨名父知昆山序》中说："大丈夫胸中固八九云梦也，而其宫居粒食，燠寒裘，亦众人耳，无奇也。……每有好事者，诗张其虚谈，刻画其实效，补苴掩护，至败不悔。大丈夫遇之，如观技儿之作剧，神施鬼设，鱼龙曼延，电霍飚驰，可骇可愕，非不捉握天机，荧惑听视也，然知其终于幻耳！故不与之角逐于口舌瞬息之间，而吾之含章括囊，人知之可也，人不知亦可也。"②这基本表明了他不屑与凡庸辩争，而极力追求把握灵感、戛戛独造的艺术境界的观点。又《弭节重荣诗序》写与友人王清之彼此激赏："(王清之)翛然有凌逼霄汉意气，而俯视诸碌碌累黍、拾弃余依门户者，真鼠之游于穴中，而相衔以尾也。故有旁睨而冷眼窃笑而背唾，出则哄堂抵掌，大声曰：'是病风狂人邪！'而吾二人佯不闻，自誓终其身不变。"③这同样凸显了他渴求卓越、拔尘出俗的豪勇气度，甚至背负狂病之名而不介于怀。

其次，选字古拙，诗步跳沓，诗风奇绝。他《送李希贤提两浙学二首》其一云："山僧下山时，僧送不出山。但问下山僧，此去几时还？乳水闲一孔，白云留半间。只恐僧还少，僧还谁闭关。"④《题钟馗四首》其三云："鬼作仆，鬼作仆，肩头上琴剑书簏。问主人何处？乘牛入空谷。"（同前）《一道清风图为李侍御题》云："御史于中持大斧，谁有大竹大如杵。破之万个破更酣，须臾了尽千林许。一林淡，一林浓，一林渺渺无西东，伶伦缩颈惊却走，云此天公遗下之箨龙。日边白凤下啄实，一饱扬去超鸿蒙。至今百鸟绝踪迹，独占千载惟清风。"

---

① （明）崔铣《洹词·删圭峰集》卷五，《文渊阁四库全书》本。
② 《圭峰集》卷二。
③ 同上，卷四。
④ 同上，卷二十五。

(同前)这些诗歌共同之处在于取材眼下事物,笔调简易,气脉紧凑,在看似稚拙的叠沓重复中孕育朗练倔硬的美感,最大限度地避免了时下动辄拾人牙慧、熟烂肤滑的弊端。

第三,借用古语,为己所用,使与诗歌整体形成典重与新变相映成趣的格局。他并非不注重对前哲创作典范的借鉴和揣摩,像他有《集杜句送现升归作僧宫》,又在《送雷生谦归南城二首》其二云:"铨次吾汝女,离筵女别吾。乡人问行色,可有杜诗无?"[①]即表现出对杜诗的喜爱。他借鉴的范围非常广泛,从屈骚到唐宋诸贤作品均潜心撷取,如《戏赠柳蕲邵三君子》"曾同灵均怨作骚,一腹奚足吞江涛"、《和泾川梅花水韵》"酒尽夕阳人散后,六朝合是多招魂"、《曾太守留别韵次之》"文章渊薮机云在,锦绣江山宛洛同"、《无题》"大隐隐城市,远游游帝都"、《和刘野亭竹鹤诗韵》其二"细思馋守胸中饫,却讶东坡仙梦来"、《坡邻翁寿为姚侍父作》"东坡先生旧邻并,罗浮仙人亲弟兄"等,或引古名入诗,或化用名诗成句,使之较好地嵌入自身的诗歌情境之中。总之,罗玘不同于大多数茶陵派成员出经入史的诗歌创作方法,也别于他们平正雅丽的总体风貌,他不依傍经籍故实,独作盘空硬语,形成了自己舒放自如、恣肆浑酣的审美特点,具有较强的研究价值。

钱福(1461—1504),字与谦,号鹤滩,松江华亭人。自幼随父寄寓京师,师从杨一清、李东阳,经成化二十二年乡试入国子监。弘治三年会试第一,入翰林院授修撰。为人负才使气,多有求全之毁。弘治十年,因吏部考察不合格,与编修孙清一同免归。回乡之后,恣意山水,开门授徒,至弘治十七年八月二日,病卒于家,享年四十四岁。有《钱太史鹤滩稿》六卷、附录一卷、纪事一卷、遗事一卷,纪事、遗事多为后人冯时可捧誉附会之言,未可尽信。

钱福早年即得到李东阳的青睐,冯时可《钱鹤滩纪事》中载:"与谦初谒李西厓学士,时有以司马温公像求厓翁赞者,翁遂命与谦代作……翁大加称赏,以为数语该括宋家治乱殆尽,为之延誉于谢方石诸公,谓有伦魁之才。"[②]钱福与李东阳诗歌书信往来较多,与谢铎也有一定的交往,如他有《答谢方石送〈逊

---

① 《圭峰集》卷三十。
② (明)冯时可《钱鹤滩纪事·五》,《四库全书存目丛书》本。

第九章　李东阳及茶陵诗派其他成员的文学主张及创作 · 451 ·

志斋集〉》一诗称："天地已经皇祖造，纲常须用若人扶。道从阙里心先到，文出龙门思更殊。终古有人开汲冢，后来无地奠生刍。翰林风节依然在，重向天台识范模。"①谢铎与黄孔曜曾整理过《逊志斋集》，由此诗可知此书付梓后，谢铎又送与钱福斧正，诗中亦表达了钱福对谢铎学识人格的敬慕之情。

李东阳曾在《倪文僖公集序》中说："馆阁之文，铺典章，裨道化，其体盖典则正大，明而不晦，达而不滞，而惟适于用。山林之文，尚志节，远声利，其体则清耸奇峻，涤陈薙定，以成一家之论。二者固皆天下所不可无。"②此中提及"馆阁之文"与"山林之文"的相互区别及各自特色的问题，钱福则继承了这一观点又有所引申。他在《墨庄诗集序》中说："昔人谓台阁之文，丰润宏博；山林之文，枯槁奇峻。迥不相入，而于诗尤甚，盖性情之真见也。若居台阁而能道闾阎之艰，宅山林而不忘尧舜之思，则可与论于诗之外矣。"③他显然以为馆阁之文（诗）与山林之文（诗）在风格样态上有显著的不同，但是它们在创作主旨方面则有兼容共通之处——如果馆阁之作能够体察民间疾苦，山林之作又能弘扬圣王之道，这就达到了一种理想的创作境界，亦是陆游"汝果欲学诗，工夫在诗外"（《示儿》）的真义所在。

基于这种批评观，他对那种既能体现隐逸情怀、又能彰显世教风规的作品中意有加，这可以从他对友人曹文蔚的评价中看出。后者出仕之前，著有《山居集》，钱福说："《山居集》者，吾友曹文蔚居于山林时所作也。其隐居未仕之时，放情于山水之间，笑傲于林泉之下，玩物适情而诗倏然成诵，是诚诗豪也。尝谓予曰：诗而无法，犹车而无轮。吾于晋法陶渊明，于唐法杜子美，二公之诗，诚有益于诗教者。他如苏、李、嵇、阮、曹、刘、谢、鲍之流，非不可与言诗，其于世教抑末矣！"④曹文蔚出仕之后又有《云程集》，他评价说："夫诗固亦文也，然有山林之文，有台阁之文。今见君之所制，似宜为台阁之人物也。"⑤

钱福这种批评观的形成，与自身喜好游赏的秉性以及长期受到李东阳等人的诗教文学观的影响有关。他在《芝岩诗序》中说："予有诗癖，不可疗。每登临泉石，适意处辄收拾归药笼中，以为奇方异材。遇骚人墨客与之语，津津

---

① （明）钱福《钱太史鹤滩稿》卷二，《四库全书存目丛书》本。
② 《怀麓堂全集·文前稿》卷九。
③ 《钱太史鹤滩稿》卷三。
④⑤ 《钱太史鹤滩稿》卷三，《曹文蔚〈山居集序〉》。

然有喜色,又自以为得良医也。"①由此,可以看出他烟霞痼疾之深。他又在《〈百川学海〉叙》中称:"前辈尝语福以学者当先识义理,次考制度,次法德行、服嘉言而后次之词章、字书、博物、搜异,以穷其变。"(同前)另外,朱彝尊《静志居诗话》卷九"钱福"名下汇评引乔宇所作墓志铭说:"(钱福)又言,辞必根据道理,虽恒言近事,亦不可略。"②由此,又可以看出他崇尚义理的根本见解。这些本性与理想之间的固有冲突体现在诗中,就形成了他心中庙堂与江湖难以割舍的两端牵挂。如《秋泉》"我爱秋山兼爱泉,每逢秋水放吟船"与《幽居次韵》"独惭吴下生来晚,忧乐关心仰仲淹"的矛盾,再如《饮白司寇池亭》"江湖廊庙皆心事,昭代穿渠有白公"、《晏起》"江湖廊庙心犹壮,鱼跃鸢飞道自充"的冲突皆是。当然,钱福的科场成就与政治生涯颇不相称的戏剧性对比使他更加钟情于山水,甚至声色,但是其内心始终充满了志大难用的痛苦。其《寒夜感怀》一诗说:"拔剑床头碎玉瓶,凄风苦雨共寒檠。只须纸上寻先觉,敢向君前诉不平。岂有鸩人羊叔子,可无蹈海鲁连生。乘桴欲便沧江去,鹦鹉洲边哭祢衡。"(《钱太史鹤滩稿》卷二)因此,他后期创作中固然有大量的游赏山水、娱咏情性的作品,却不能忽视蕴含于其中的屈抑之志和不平之声。

钱福的诗文特色鲜明而突出,首先是气势雄迈,辞章富丽。时人沈思评价他说:"君既入翰林,又从西涯李公先生,益肆力于文章。闳衍浩瀚,阔视一世,而才高气奇,挥毫对客,往往数千言可立就,词锋所向,莫之与撄。"③又评价他致仕后的作品说:"暇日独喜吟咏,凡怀乡恋阙、王事有劳,与夫欢忻戚愉之情,一寓于诗焉。发之濡毫引纸,力追古作,深得诗人六义之体。"④他早期与后期的作品在风格面貌上固然有所不同,但是词气锋挺、铺陈绵连的特点却没有变。像他早年的《哀春赋》《绿云亭赋》,取法骚体,意象选取则自古而今,随意撷择,风采艳发,开合自如。后期诗歌也益显清挺,如《小山歌》云:"自想老夫狂游四海五湖二十载,谁知此山之趣真无穷,何日结庐依古松?"⑤诗意遒劲,老气豪横。这一特点的形成与钱福的文气论离不开,乔宇为其所作墓志铭说:

---

① 《钱太史鹤滩稿》卷三,《芝岩诗序》。
② (清)朱彝尊《静志居诗话》卷九。
③ 《钱太史鹤滩稿》附录《翰林院修撰与谦钱君墓志铭》。
④ 《钱太史诗集旧序》,《四库全书存目丛书》本。
⑤ 《钱太史鹤滩稿》卷一。

"予与与谦同游邃庵、西涯二先生之门。与谦尝言,作文须昌其气,先使一篇机轴定于胸中,然后下笔,当沛然莫御矣。"①也就是说,钱福认为诗文创作应当具有感性意气,又要对写作意图做到成竹在胸;然后意气与意图相结合,后者在前者的驱遣之下,自然行于其所当行,止于其所不得不止,绰有余裕,不可抗拒。应当说,他的观点导源于曹丕《典论·论文》"文以气为主"的一系列论述,算不得理论创新,但在茶陵派一味强调文气平和的主流论调之中,也是迥然特立的了。

其次,俚俗浅白,兼涉宫体。他有些诗全是身世经历及生活感悟的真实写照,明白如话、浅近亲切。如《警世》一首云:"为人须俭用,切莫大施为。斗米无来路,千金有尽期。多少风流者,皆因自悔迟。亲戚如麻密,济宽不济急。有钱朋友待,无钱躲过壁。力苦自撑持,成家都是实。"②此诗说勤俭立身、世态炎凉的道理,似有现身说法之意。《明日歌》云:"明日复明日,明日何其多。日日待明日,万事成蹉跎。世人若被明日累,明日无穷老将至。朝昏滚滚水东流,今古悠悠日西坠。百年明日能几何?请君听我《明日歌》。"(同前)此诗说时间宝贵须当机立断的道理,因为寥寥数语便将其说尽说清,故由古至今流传甚广。《警世偈言》云:"逐日挨排了便休,明朝何必预先忧。死生由命难期约,富贵功名不久留。无数豪门成白地,几多胜景变荒丘。此言尽是目前事,堪叹人生不转头。"③此诗充满佛家生死轮回、回头顿悟之感,亦是偈言正格。他还有即兴调笑之作,如《广陵乘兴赠妓》云:"淡罗衫子淡罗裙,淡扫蛾眉淡点唇。可惜一身都是淡,如何嫁了卖盐人。"(同前)此诗为他致仕后游历扬州时作,狎戏不羁,颇见新巧。此外,钱福对宫体诗也有偏好,这自与他不厌声色有关,《钱太史纪事》中就记载了他慕名寻妓的逸事,亦即《广陵乘兴赠妓》一诗的由来。这些宫体类诗有《观美人烧香》《美人手》《美人足》《妇人插秧》《绣鞋》《二姬蹴球》《佳人染指》等,它们尽是"起来玉笋纤纤嫩,放下金莲步步娇"(《美人足》)之类秾丽软媚之辞。除了描写妇人及其服饰穿着的诗,他还有《咏菊花》一百十二首。这些诗中其实还兼咏牡丹,而且这些花多以古来美人命名,宫体

---

① 《静志居诗话》卷九。
② 《钱太史鹤滩稿》卷一。
③ 同上,卷二。

意味比较浓厚。像《醉杨妃》"侵晓承恩燕未央,流霞微透玉肌香"①、《紫罗衫》"独有赵家双姊妹,娉婷偏胜六宫妆"(同前)等,余例甚多。这些诗与茶陵派典正雅丽的诗风大不相合,却表现了钱福作为一名封建士大夫真实的风月情怀。

总之,钱福创作思想秉承李东阳的诗教观,作品大体上显现出茶陵派的风格特色;但是他复杂多元的人格特质及人生经历也融入他的诗文之中,某些又与其作品主体乃至茶陵派的主导理念相左,这正是他作为茶陵派一员的独特价值所在。事实上,这也丰富了我们对茶陵派这一群体构成及风格特色的评价。

何孟春(1474—1536),字子元,又称燕泉先生,郴州人。弘治六年进士,授兵部主事。在政治上敢于作为,四库馆臣称其"以气节自许,历官所至,于时事得失,敷奏剀切","如救言官庞泮等;请停万岁山工役;清宁宫灾,陈八事;出理陕西马政,上厘弊五事;谏武宗幸宣府;嘉靖初以旱涝相仍,条奏八事,皆侃侃訚訚,有关大计"②。出任地方官时亦颇有政绩,如出理陕西马政时,"上厘弊五事,并劾抚臣不职",巡抚云南时,平定当地蛮兵的叛乱。乃进为吏部左侍郎,因"大礼之争"而出为南京工部左侍郎,是为冗员闲职,不久便被削籍。卒于家,谥文简。事迹可详《明史》本传。他撰有《孔子家语注》八卷、《余冬序录》六十五卷、《余冬诗话》三卷、《何文简疏议》十卷、《何燕泉诗集》四卷,并曾给李东阳《拟古乐府》作注解。四库馆臣评价他说:"孟春少游李东阳之门,学问该博,而诗文颇拙,率不能成一家。惟生平以气节自许,历官所至,于时事得失,敷奏剀切,章疏乃卓然可传。"③

何孟春的文学批评观主要体现在《余冬诗话》中,其中论列诸内容出自他《余冬序录》有关论诗的部分,分上、下两卷,今人周维德收入《全明诗话》第一册。总体来看,《余冬诗话》摘列宋以来的诗话论调,祖述《麓堂诗话》中的观点,略无新意,但是他对李东阳庙堂之文与山林之文的观点作了历史性的回顾,具有一定的理论价值。他在《余冬诗话》上卷说:"《青箱杂记》,文章有两等:山林草野之文,其气枯槁,著书立言者之所尚也;朝廷台阁之文,其气温润,演纶视草者之所尚也。王安国曰:文章格调,须是官样。今乐艺亦有两

---

① 《钱太史鹤滩稿》卷二。
②③ 《四库全书总目提要》卷五十五,第499页上。

般,教坊则婉媚风流,外道则鹿鸣嘲哳,村歌社舞,抑又甚焉,亦与文章相类。《麓堂诗话》:朝廷典则之诗,谓之台阁气;隐逸恬澹之诗,谓之山林气。此二气者,须有其一。又曰:作山林诗易,作台阁诗难。山林诗或失之野,台阁诗或失之俗。野可犯,俗不可犯也。又曰:古雅乐既不传,俗乐又不足听。今所闻者,惟一派中和乐耳。诗家声韵,纵不能仿佛赓歌之美,亦安得庶几一代之乐也哉!古今名家,取譬于诗文如此。"①何孟春认为宋吴处厚《青箱杂记》、王安国的评议,与李东阳《麓堂诗话》中有关台阁、山林之文论点构成了一个历史的文学批评序列,他们是针对诗文创作的观照对象的不同来立论的,其中也隐含了一定的政治伦理价值取向不同的批评因素在。虽然渊源甚古,但显然到李东阳这里这种题材划分和艺术要求才趋于明晰和完善,而且在成化、弘治、正德特殊的政治文化背景下,馆阁之文亟待豹变而山林之文日益兴起,两者的相互关系得到前所未有的关注,李东阳《麓堂诗话》及其他序跋涉及这一方面的观点,正是这一趋势下的产物。虽然何孟春并没有对这种观点本身有独到的发挥和引申,但他毕竟厘清了它的源流变化,因此亦值得重视。

另外,何孟春在文章写作方面推崇贾谊,在进行评价的时候又注重运用知人论世之法,抑扬合度。其《贾太傅新书序》曰:"朱子尝言谊学杂,而文字雄豪可喜,《治安策》有不成段落处,《新书》特是一部杂记稿耳。谊盖汉初儒者,不免战国纵横之习,其著述未尝自择,期以垂世。而天年早终,传之所掇已未尽,然乱于他人者,何足为据?谊之才实通达国体,言语之妙,后儒良不易及。此论笃君子所以虽或病其本根,而终不能不取其枝叶也。"②此序作于正德九年(1514)九月。虽说王阳明于正德三年(1508)有所谓"龙场悟道"的境界,但他正德十三年(1518)才写出《朱子晚年定论》这一奠定其心学基础的著作,在何孟春授理《新书》之际,阳明心学的思想学术地位虽正在抬升,却远没有达到可与朱熹理学抗争的程度。从何氏此序的论断可以看出他对朱熹的观点并不迷信,且进行了一定的纠正,可谓有据有识,表明了对贾谊"言语之妙"的欣赏,其实更直接地透漏出他文宗秦汉的态度。

何孟春的文艺创作主要是诗歌,现存有《何燕泉诗》四卷,惜版刻未精,而

---

① (明)何孟春《余冬诗话》卷上,《全明诗话》本第一册,第684—685页。
② (汉)贾谊撰,阎振益、钟夏校注《新书校注》附录四"序跋",中华书局2000年版,第523页。

间有毁损,不少词句已难辨认。《四库全书总目提要》评曰:"孟春少游李东阳之门,传其诗派。而才力不及其富赡,故往往失之平衍。"①其实"平衍"并不是何孟春个人的过错,恐怕也不全是"才力"的关系。谢铎"经术湛深",可算是有才力的人物了,然而他的诗歌也不见得"富赡"。谢铎有才力而诗情有所欠缺,而何孟春的诗情却有自然浓郁的时候,即刘稳《何燕泉先生诗集序》中所谓"其得于天厚"而非"人力"者。该《序》对何诗颇为推崇,曰:"且我明诗教之盛,自弘治间学士大夫始翕然丕变,而一时作者如西涯、空同、大复诸公,争鸣奋唱,力追大雅。而先生适当其时,与之师友,互相攻错,即句字皆经斧凿、引绳墨,必协古风人之义而后止。则其声诗所发,衷然名家,足与二三君子齐驱并轶,不有自哉?"②将何孟春与茶陵诗派领袖李东阳、"前七子"中坚人物李梦阳和何景明并提,以为可与之"齐驱并轶",则不能不说是推尊过至。无论是从何氏作为"茶陵诗派"成员之一的角度考究其文学成就,还是本着如何正确评价何氏在文学史上的地位之动机,皆有待于我们先对他的具体诗歌创作做一比较全面的考察。

就体裁而言,其诗集四卷中第一卷为古风 63 首;第二卷及第三卷之前半部分为七言律诗,凡 188 首;第三卷其余部分为 38 首五言律诗和 180 首七言绝句,该卷末一首《梦中作》则为集中仅见的六言体;第四卷则是 15 首五言绝句、3 首五言排律和 4 首"七言排律"(集中所谓的这四首"七言排律"事实上是联句,名实不符)。何孟春诗歌创作的精华集中在前两卷,即古风和七言律诗;七言绝句创作的数量虽多,但在艺术上则逊色得多;至于些许"排律"之作,则称不上是艺术作品,其之所以存于诗集中,大概是为体现各体创作之全,乃至于用联句冒顶"排律"。

何孟春诗歌所涉及的题材比较广泛,他的交游诗中除一般的唱和之什外,还有赠行诗和哭哀诗(挽诗),如《送友》《送李习儒归茶陵》《送周秀才南归》《挽陈武选企元》《华处士挽词》《二首哭孟旦第次易体干韵》等,赠行诗中较出色者可以《送周秀才南归》为代表,诗云:"碧云飞尽楚天低,桑梓依依澧水西。夏秒轻装先雁去,客边孤枕听猿啼。王程有限归偏疾,世路多歧梦亦迷。惆怅尊前

---

① 《四库全书总目提要》卷一百七十六,第 1565 页中。
② (明)何孟春《何燕泉诗集》所附刘稳序,《四库全书存目丛书》本。

第九章 李东阳及茶陵诗派其他成员的文学主张及创作 ·457·

几知旧,河桥草色此分携(按:原字漶漫,笔者拟作此字)。"①另外较多的是行旅即景之作,如《望江驿》《闸河阻》(卷二之作,以别于卷一之什)、《过洞庭湖》《阳关》《嵩高山》《庄浪道中》《登封道中》《崆峒山》《宁延道中》《嘉峪关》《兴隆道中》等,可以《闸河阻》和《嘉峪关》两诗为代表,前一首云:"春尽官(笔者按:此字不敢确定)渠水尚悭,蓬窗推枕听潺湲。南风几日当移棹,小雨浮沙始作湾。两闸邈如千里隔,沧浪空羡白鸥闲。浮生滞迹今多少,昨梦分明遍九寰。"②后一首云:"胡尘接塞莽何极,汉月出关空自沉。四山侧立草木死,一路中分冰雪深。老怀别久重作恶,病骨春寒仍不禁。谁与边兵定轮戍,劳歌无限苦辛吟。"(同前)行旅即景之中有时又兼怀古之作,如《古隐君祠》《巢父井》《温泉》《四皓墓》等;有时则兼感怀,如《灵钧台(原注:在凉州)》:"四望烟尘万里开,壮怀何事怯登台。思归有客怜胡草,寄远无人问陇梅。梦里绿衣连夕到,客边霜雁几时回。公家日负痴儿债,未拟余欢放酒杯。"③

其他则还有不少日常感怀之作、闲情诗、题扇(画)诗、哲理诗等。日常抒怀多为一己私遇之慨叹,如《山中述怀》:"我生多难那堪诉,二十年来未死今。旋剪草莱聊筑室,载培松柏渐成林。春山遍洒愁边泪,夜雨兼伤梦里心。"可惜不能感人。《杂言》诗:"长枪大剑,几人封侯;寸管尺牍,终日书囚。富贵不如行乐,文章只益穷愁。百年扰扰君何求,晨鼓暮钟同一楼。醉乡有田可种秫,幻境无地堪藏舟,南面更谁夸髑髅,嗟生浮,号死休,人间不如意事十八九,何物男儿空白头!"④语言颇有意思,只是"牢骚太盛防肠断"。《感雨》诗云:"天时喜常旸,民命堕焦釜。田如龟在灼,完卜何时雨。吾闻春秋书,四月已愁鲁。况兹五月来,野外皆赤土。……君不见三吴去年民乏食,两淮菜色多流离……"(同前)体现出他对民生的关心。闲情诗如《夜饮调座客》等,无足观。题扇(画)诗较好的是《题孟望之扇次何仲默韵》:"烟雨模糊一叶舟,水花开处见芳洲。江湖满地皆南国,渔钓何人独上流。醉后客心愁对酒,病余吟骨健逢秋。今宵正作潇湘梦,塞雁惊飞莫过楼。"⑤感悟人生哲理的作品,何孟春写得也不错,如《过洞庭湖》:"往年过洞庭,天水连四极。眼中君山外,尽是鱼龙国。高秋八九月,千里或瞬息。虽有波涛骇,长风不容抑。今来过洞庭,洲港界封域。新春水未

---

① ② ③ ⑤ 《何燕泉诗集》卷二。
④ 《何燕泉诗集》卷一。

生,涯涘近可识。舟人复苦之,三宿在湖侧。逶迤沙草路,动借牵挽力。忆吾行其间,前后几南北。曩已忘风波,今当候天色。行速岂用夸,迟行不须恻。前程尚远而,此地独纠缠。平流与高浪,于计孰为得?保此千金躯,幸免妨不测。吾舟已出湖,买酒宁论值!"①又如《闸河阻》二首其一:"达人伤穷途,君子慎末路。中流自在时,吾岂终无遇。梦踏步虚声,行歌远游赋。会看天汉间,飘渺横槎度。"(同前)

  何孟春诗歌的思想内容显得相对贫乏,四库馆臣说他的诗歌"平衍",虽是从艺术的角度说,但可作为一个综合性的评语来看。然而造成何诗"平衍"的原因,不是他才力不够"富赡"的缘故,思想内容的贫乏恐怕还是主要的因素。其实何氏不乏诗歌才情,这从上述部分诗歌中已不难看出。而且他的诗歌中也不仅只是"平衍"的一面。"平衍"一词隐含着对语言造诣和诗歌技巧的忽视与不足,其实何梦春还是很注意这个方面的,如"白映中流石妨棹,香来两岸梅藏葩"(《武昌阻雪次沈提学和苏集韵》二首其一)、"钟声暗度烟中寺,野色晴开雨后山"(《送友》)、"双门阖辟青云表,鸟道无极着秋草"(《潼关次陈廷言郎中韵》)等,都留下了他刻意经营的痕迹,"双门"两句更是明显从六朝"风云有鸟路"中化出。这种语言的点化还多处可见,如"晓来一雨春狼藉,多少花香染尘胎"(《平凉与邃庵再会为次待隐图韵二十绝》之四)本自众所熟知的唐诗"夜来风雨声,花落知多少","旅食又京华,不知春已暮"(《李献吉过余新居席上限韵作》)则是化用杜甫的"旅食京华春",等等。这种语言的巧妙穿插与点化,一定程度上避免了诗歌的"平衍"倾向。至于刘稳《何燕泉先生诗集序》誉其"足与二三君子齐驱并轶"云云,亦不难理解。因为当时诗坛的景象就是如此,如谢铎虽诗歌创作丰富,近1500首,但他的诗歌也存在着"平衍"的问题,且就个人经典作品在总集中的比例来说,则何孟春在"茶陵诗派"成员中自有其一席之地。

  顾清(1460—1528),字士廉,别号东江,松江华亭人。弘治六年进士,同年十月授编修,参修《大明会典》。弘治十六年修成后,升为侍读。正德初,刘瑾得势,顾清不相阿附,正德四年,前者摘《会典》中几处较小失误,对翰林院参修成员大施挞伐,贬为南京兵部员外郎。正德五年,刘瑾被诛,还为侍读学士,历

---

① 《何燕泉诗集》卷一。

任少詹事、经筵日讲官、礼部右侍郎。嘉靖初,为御史李献弹劾罢归。嘉靖六年,诏为南京礼部右侍郎,次年诏以尚书致仕,在入京上谢表途中病逝,享年六十九岁,谥文僖。有《东江家藏集》四十三卷、《续集》五卷、《存稿》十卷、《傍秋亭杂记》《华亭顾氏家谱》四卷、校正《周文襄公年谱》,另与陈威合撰《松江府志》三十二卷并行于世。他还曾编校《许鲁斋遗书》《元张文思公集》,但未被刊布。

顾清在入仕之初,便深得李东阳、谢铎、程敏政等人的欣赏。及第后,自然少不了唱和往来。他与谢铎有一定的交往,《方石先生季父逸老以宝庆守致仕,先生名其居曰"悬车旧第"。宝庆殁,先生有诗命次其韵》一诗可以为证。他与李东阳等人的唱和之作更多,例如他有《内阁赏芍药》二首,题下自注说:"时阁老义兴徐公、洛阳刘公、长沙李公,徐、刘首倡,长沙及学士篁墩程公以下皆和。"[①]类似这样的作品,可谓不胜枚举。另外,他还记录了同僚与李东阳等人的交往,如在为屠勋所作《故刑部尚书致仕东湖屠公行状》中说:"公(即屠勋)在刑曹以诗名,故太师李文正公、尚书吴文定公、礼部侍郎方石谢公皆与之唱和。"[②]

顾清晚年曾对自己的诗文集做过编订整理,因此体例精审,井然有序。他的《东江家藏集》明显分为三个创作阶段:《山中稿》四卷为初集,是他出仕之前的作品;《北游稿》二十九卷为中集,是他三十三岁入仕以来的作品;《归来稿》九卷为后集,是他致仕之后的作品。另外据四库馆臣考订,他还有《留都稿》四卷、《存稿》十卷,系由其子孙续辑,这适与明人孙承恩为其所作的《故南京礼部尚书顾文僖公墓志铭》载录的著作相符,可惜入清时已亡佚,收入四库的仅有《东江家藏集》四十三卷。四库馆臣评价他的诗文特色说:"其诗清新婉丽,天趣盎然,文章简练淳雅,自娴法律。当时何、李崛兴,文体将变,清独力守先民之矩矱,虽波澜气焰未能极觇奇伟丽之观,要不谓之正声不可也。在茶陵一派之中,亦挺然翘楚矣。"[③]这段评价突出了他作为茶陵派后进的重要作用和地位,但严格说来只能算作他三十三岁入仕后的概括,在此之前应该说他受到茶陵派的影响较小,婉丽有余而雅正不足。

从《山中稿》四卷,可以比较清楚地看出他早期的创作深受《楚辞》、陶诗甚

---

① (明)顾清《东江家藏集》卷七,《文渊阁四库全书》本。
② 《东江家藏集》卷二十八。
③ 《四库全书总目提要》卷一百七十一,第1497页上。

至六朝宫体、骈文的影响。如他在《梦萱赋》序中说："教谕李大经先生一日召清,曰:'吾官晋江时,梦吾亡亲。明日,而吾弟缙绅至。感而有作,和者数十人,诸体略备。闻子学楚骚,其为我赋之。'"①可知早在乡学时,他学习《楚辞》已颇有名气。此赋与同卷收录的《感春赋》,都是"六字＋兮＋六字"的《离骚》句式;他另有《雪赋》为六字骈文,虽多有科场余气,却也不乏六朝风姿。此间诗中提及先唐典事的辞句特别多,像《村居杂兴六首》其六:"灵均沉湘陶令死,篱下寒香久无主。"《除夜》:"更无柏酒共桃符,一卷《离骚》伴竹炉。"《登夏时茂澄碧览翠二楼》其二:"若为借得湘妃瑟,鼓向江南十二峰。"《秋兴和芸轩韵》其二:"平生宋玉多悲感,拟脱青衫趁白鸥。"《环溪十咏得莼菜》:"多渴长卿愁内热,谢他清淡养天真。"《咏二乔得真字韵》:"铜雀金陵总未真,六朝花月几经春。"《破镜篇》:"君不闻蔡琰胡笳十八拍,千载英雄泪如霰。"②另外,一些诗写得非常缠绵秾丽,具有较深的齐梁风韵,如《征妇词》"银灯花落夜迟迟,最忆灯前笑语时"、《海棠四首》其四"香颊潮红弹翠襦,绛唇微吐滴胭脂"等。这一时期一些作品还表现出他对历史、现实的批判情怀,如《花见羞后唐明宗淑妃王氏也予读〈五代史〉感其濒死为子乞命数语故为赋之》有"君王墓草埋寒烟,春风麦饭洒谁边。花见羞,恨千年"句③,颇见为古代节义女子鸣不平之意。《冬至书怀》有"傍村八九家,悄若住空谷。往来迹已断,况乃相贺祝……吾将驾灵查,一访巫咸卜"句,此诗题下注说:"是岁九月初,连雨腐稼。明年壬寅大饥,米石至千二百钱。"④这恰恰说出了他意欲求见巫咸一卜丰年的迫切动机。

另外,这一时期他也开始形成了自己的文学批评观,尤其对华而不实的文风深恶痛绝,如《辛亥感兴六首》其一:"六籍无孔孟,诸子竞为书。班马雄两汉,韩柳后驰驱。斯文虽未丧,元气久已殊。云胡后来者,每变日下趋。靡然事华藻,琐甚雕虫鱼。杳眇乱人耳,黄钟委路衢。时无欧阳子,谁为扫其芜。"⑤由诗题知此诗作于弘治四年,他的创作思想显然开始由青年时期的闲情唱吟逐步向兴复古文转变。如果说先此他向先唐汲取文学素养还停留在浅层的形式美借鉴上,此后则开始侧重文学的社会价值和道德伦理意义层面上的探掘

---

① 《东江家藏集》卷一。
② 以上均见《东江家藏集》卷二。
③⑤ 《东江家藏集》卷三。
④ 同上,卷二。

了。弘治六年,他投入李东阳门下,无疑在客观上加速了这种审美倾向的奠定和巩固。

《东江家藏集》卷五至卷三十三是《北游稿》,这一部分与师友、同门及同僚游赏题咏唱答赠和的内容增加,但单就某书某事抒发书生意气的作品渐少,而且风格趋于庄凝厚重。这说明入仕后现实政治的历练和师友平正典雅的审美趋好使他从先前平静务虚的书斋生活中摆脱出来,他的创作思想及手法也日益成熟。当然,先前他崇尚骚体、六朝并多有心得,恰恰与茶陵派的创作主旨相合,这基本可以说明为什么他最初就可以得到李东阳等人的赏识,并融入这个诗派中成为后进中的翘楚。孙承恩在他的《故南京礼部尚书顾文僖公墓志铭》中说:"时傅文穆公与李文正公、宗伯程公敏政,皆负文章重名,慎许可。公每试必在甲乙,亟加叹赏。"①此铭最后又评价他的诗文风貌说:"所为古文深厚尔雅,不事浮艳奇怪,出入韩柳,诗宗盛唐,多思致。"②正如已经提到的,他早期诗歌"浮艳"的成分还比较重,提及或效仿唐人的作品也不太常见,这则评价应是指他中后期文风转变之后的样貌。他在《登第后寄所知》一诗中说:"匡时未展江湖志,饱食频惊岁月催。翘首碧云南国路,美人谁在读书堆。"③这正好体现出他出仕之后,对过去吴山越水的徜徉、美人书堆的沉湎与留恋,在一定程度上也可见出他匡时济世的情志渐强,书卷金屋的虚幻退去,这首诗较真实地反映出他将早期风格与茶陵派诗美要求相融合的过渡状态。

这一时期他的咏史诗识见渐深,转益多师的范围也比较开阔,对唐宋以来的名家作品用力渐多。如《明妃和汪抑之》:"汉朝翁主半家人,临到王嫱国论新。解道怀戎尚忠信,庙堂谁谓少谋臣。"④《杨妃》:"汉家妃子度金微,裂面西风损黛眉。教得后来人解事,只从金屋抚番儿。"⑤《读魏武、则天事用石楼太史韵》:"乱来天意长奸雄,一语深投月旦公。岂谓三袁尽河北,更教诸葛起隆中。烟消赤壁沉雄俊,树冷西陵怨女童。不及人狼祖余知,化牛犹得占江东。"又:"阿师留发拜昭仪,绛缕初封不记谁。海内渐看归圣母,榻前空自属佳儿。天征鸟梦垂双翼,鬼作人妖有四眉。早与文皇作男子,乾坤更是一番奇。"⑥他对王嫱、杨玉环的评价,寄予了对当朝暗弱的辛辣讽刺;对曹操、武则天着眼于

---

① ② (明)孙承恩《瀼溪草堂稿》卷五十四,《文渊阁四库全书》本。
③ ④ ⑤ ⑥ 《东江家藏集》卷六。

当时局势的变化,结论较为公允,这些都比前期对"花见羞"之辈的怜惜叹惋要有力深刻得多了。

在原先的师法范围的基础上,他对唐宋名家的借鉴也多起来,如《宫体四首次良金韵》《又用杜韵》《戏效荆公作四首》《四月十二日定庵先生过访诵东坡过清虚堂诗用韵奉谢》等。他在《读书有感》一诗中描述自己与古人对话时的状态说:"良宵可虚掷,明灯了残书。开卷对古人,已隔千载余。精神方尺间,恍若倾盖初。"①这基本是他复古心态的反映。此间他注意将先唐的典事与唐诗结合,诗歌眼界趋于通达,如已提到的《读魏武、则天事用石楼太史韵》一诗外,还有《次韵启衷给事病后见寄》("宋玉杨朱各有悲,杜陵曾借草堂资")等。

当然,他对《楚辞》的偏好始终未变。弘治九年,同乡蒋文辉以太学生身份入京,不幸于途中溺死。弘治十一年,他作《吊蒋文辉》一文,其序称:"为作楚辞一通,授鼎(蒋氏后人),使投诸河,以吊之。"②此文全用骚体,亦为"六字+兮+六字"的典型的《离骚》句式。此外他还有《畏庵和章趣成郡志未有三泖九峰遗似屦之句再迭反骚》《有菊为盛德彰赋》("湘累放逐怨枯槁,渊明亦为五斗驱")等。这样,他的诗就融合骚体的绮丽与唐宋诗歌的盛大特征,形成了清丽平正的特点,《北游稿》正是他的风格趋于成熟稳健的时期。

《东江家藏集》卷三十四到卷四十三为《归来稿》,这一部分为嘉靖元年前后被罢归以后所作。他南还之际,亲自到李东阳的坟上告别,并作《辞李文正公》一文:"维正德十六年,岁次辛巳五月壬子朔、六日丁巳,学生礼部右侍郎顾清,谨以酒果时羞,祭于先师李文正公之神,而言曰:清被言去国,兢惧实深,回瞻师门,庶以无愧。今当永别,不胜眷依,敢告启我衷,翊我躬,俾贞厥终,无作公羞,永光于师训。"③可以说,他中期参修史乘、论谏时事的作品,如在《北游稿》中所载的《道德文章不可出于二论》《体用一源论》《胡亥任赵高》等杂论,及《答张宗周工部书》《答喻太守书》等涉及荒年蠲除赋税、平定暴乱等见解体现出的耿直不阿的品格,固然与自身秉性有关,也是他自觉秉承李氏师训的结果。罢归期间,他作有《秋雨赋》,其序称:"予南归之明年壬午秋七月,大风雨,

---

① 《东江家藏集》卷六。
② 同上,卷五。
③ 同上,卷四十。

拔木害稼,民庶劳止。又明年八月,复然,乃作此赋。"①是为代民立言之作。他回忆旧事尤其与李东阳有关的事特别多,如《金杯叹》诗后引称:"李文正公在仕路五十年,参机政者十八年,家止一金杯。公殁,家人试之,乃铜也。盖求文者以为贽,而公因用之,初不知其赝也。丙戌六月九日,公生辰,与客谈及,歌以识之。"②此一轶事,无疑更能加深对李东阳廉洁奉公的认识。他还作了许多凭吊古迹的作品,如《十二月至济宁秦凤山示和彭幸庵吊古诸作次韵八首》,其中包括《淮阴侯祠》《沔南武侯祠》《滇南思武侯擒孟获》《浣花草堂》《颜鲁公祠》《陆宣公祠》《岳武穆祠》《文信公祠》等小题。

先后经历了被刘瑾贬黜、被李献奏免等曲折过程,他晚年的心境变得平和豁达,如他在《近作小亭池上,背墙面流,左右林樾,日色不到,而窗几虚明,颜之曰'息影',味荟至而喜之,赋诗三首,因次其韵》其一称:"浮世空名与谤随,欲从蛙黾问公私。年来悟得安心理,只在池亭隐几时。"③

关于顾清在茶陵诗派的地位,朱彝尊《明诗综》卷三十一引《诗话》称:"东江诗法西涯,观其险韵,再四迭用,足见其能事。当日诸公受长沙衣钵,或推方石,或称二泉,或首熊峰。以鄙见衡之,要皆不敌也。"④虽有所过誉,亦值得对他加以重视。

鲁铎(1460—1527),字振之,景陵人,弘治十五年会试第一,是年主考官为吴宽。此后,任编修,平日闭门自守,潜心义理学问,不妄言人过。正德初,出使安南,全节而返。正德二年,迁国子监司业,相继任南北国子监祭酒,后托病辞归。时人多以其学问品行与谢铎相并提,嘉靖初刑部尚书林俊上《录名德以重士风疏》称:"鲁铎约质浑晦,志尚清纯,道足以镇雅黜浮,学足以订顽立懦。方今厘革庶弊,正育贤成德、振作士风之时,况鲁铎与弘治间谢铎人品为类。谢铎以祭酒养病,孝宗用吏部荐,进礼部侍郎掌祭酒事,起之于家,遣官以速其行,重道尊师,颂美有作。陛下今日处鲁铎如谢铎,则今日颂美陛下将亦同孝宗矣!"⑤

---

① 《东江家藏集》卷三十四。
② 同上,卷三十六。
③ 同上,卷三十五。
④ (清)朱彝尊撰、姚祖恩编、黄君坦校点《静志居诗话》卷九,人民文学出版社1990年版,第241页。
⑤ (明)林俊《见素集》卷六"奏议",《文渊阁四库全书》本。

在林俊的荐举下，他再次出任南京国子监祭酒。嘉靖二年致仕，累征不起，卒谥文恪。清沈佳《明儒言行录·续编》卷一"鲁铎"小传称其享年六十七岁，适与他自称"我昔成化庚子之岁，年二十……迨今忽增四十有七年"①及李濂于嘉靖二十七年所作《鲁文恪存集序》称"寿啬七十"相合，故知其卒于嘉靖五年。王世贞《弇山堂别集》卷六十三称其卒于嘉靖二年，不确。他有《鲁文恪公文集》十卷传世，诗风渊雅，不温不火，深得李东阳为诗之道。《明史》本传曾载他用半条干鱼与同年赵永一起为李东阳祝寿之事，三人甚是相得，极欢而退。他还是李东阳晚年座上的常客，包括顾清、何孟春等人在内，他们酬唱赠答的诗歌较多。

明项笃评价鲁铎说："沈潜学问，不专为文词。历官祭酒，端饬自励，日危坐焚香。读经史，不肯言人短长及时政得失。虚心约己，清慎不渝，忧时济世之心，至老弥笃。"②结合他的仕历及诗文创作来说，这是较为恰当的。

他的诗歌秉承了茶陵诗派一贯笃实浑厚的风格气韵，但是某种程度上来说诗教观的色彩较重，而且格调沉缓，略无新意。四库馆臣索性直接说："至于诗文，则皆不甚擅长。盖其平生志趣，不在于斯耳！"③然而，这是由鲁铎的价值观念和人格理想决定的。正如他《入院言志》诗称："圣明重辅理，推心任儒臣。玉堂敞北扉，储养归陶钧。商家礼三俊，周室须常人。肆今黄阁老，蔼蔼伊周伦。而我樗散质，亦与名材抡。赖兹楷范在，启发倾仓囷。岂徒事文字，衣钵传经纶。我生颇辛苦，所怀非忧贫。愿言策驽骞，周道随清尘。"④所以，他与谢铎相同之处在于有着强烈的济世忧民的情怀，这些反映在他的诗歌中，成为较有价值的一部分。他关心农人劳作的疾苦，其《三农苦》一诗说："癸未四月雨，并遗束作忙。盛夏雨不嗣，连月恣怕旸。邻湖奭斗数级，安间陂与塘。高秋报淫雨，宵昼声浪浪。出村早焦槁，自无卒岁望。原田所灌溉，糜烂无登场。泽农陷巨浸，什一罹死亡。贫者为耕治，鬻儿营种粮。乃今益穷迫，骨肉矧异方。富者忧盗贼，扑劫群虎狼。向闻司租使，适经川泽乡。芃芃赏禾黍，讵信诉灾荒。三农苦复苦，天高难自明。未论死沟壑，官租何由偿？仰首向天泣，旻天但苍苍。"⑤

---

① （明）鲁铎《鲁文恪文集》卷一引，《四库全书存目丛书》本。
② （明）项笃《今献备遗》卷二十八"鲁铎"条，《文渊阁四库全书》本。
③ 《四库全书总目提要》卷一百七十六，第1568页上。
④⑤ 《鲁文恪文集》，卷一。

此诗主要描写农人接连遭受夏季干旱、秋季洪涝的打击,颗粒无收已成定局。贫农为了购买种粮,卖儿鬻女,惨不忍睹;富者则为暴民日多、时局不稳而担忧。然而,当局对百姓的疾苦丝毫不放在心上,租税照旧,就加重了农人的负担。他又在《寒夜吟》中写道:"铦风铲地地欲裂,横磨几许并州铁。深窗油冻灯不明,出袖手僵挑不得。征东甲士带霜坐,贼群却占千家卧。营中冻死不敢嗔,只怕河冰贼偷过。南去干戈何日止,兵贼居民皆赤子。官家诏赦明朝开,尽消杀气阳春回。"①此诗为同情戍边将士所作,最难能可贵的是他明确提出"兵贼居民皆赤子"的观点,认为士卒、暴民、平民都是本性良善的:天灾人祸导致流民产生,当局绥抚不力导致流民暴动,暴动使大批平民日常生活不能保障,当局派遣士兵镇压,士兵又过着饥寒交迫的生活,这其实是封建统治时期永远无法突破的恶性循环。鲁铎最终将希望投向官方,希望一纸诏书赦免暴动者的罪过。这固然可以消弭下层民众的苦难,但是却无异于与虎谋皮,因为弊政才是导致民生艰难的源泉。再如《观郑侠流民图》写道:"近来偶得流民图("图"字原缺,据诗意补),宝爱矜怜看未了。旱风吹沙天地昏,扶携塞道离乡村。身无完衣腹无食,疾羸愁苦难具论。老人状何似,头先于步无生气,手中杖与臂相如,同行半作沟中弃。小儿何忍看,肩挑褓负啼声干,父怜母惜留不得,持标自售双眉攒。试看担头何所有?麻粞麦麸不盈(此字原处模糊,据诗意补)缶。道旁采掇力无任,草根木实连尘土。于中况复婴锁械,负瓦揭木行且卖,形容已槁臀负疮。还应未了征输债,千愁万恨具物色。"(同前)北宋郑侠不满熙宁变法,将当时流民严重的情形画成《流民图》上奏朝廷,以示反对。鲁铎此诗虽为观图之后的感发文字,却对时下政治具有极强的讽谏意义。《民瘼》一首称:"官僚纷送逆,庖廪美供需。不有谋于野,宁知泣向隅。死前仍赴役,灾后却征租。圣主忧勤在,吾曹体悉无。"②同样揭露了民人先遭天灾、后遭人祸双重打击的惨状。此外,他还有一些写到有关边疆战事的诗,如《杂感二十首》其十四称:"近闻救边急,羽檄飞京师。兵声久不振,占募空三陲。如何骠骑军,还藉羽林儿。生来不识战,股栗趋道隅。亲戚远相送,父母泣前溪。尺捶当猛虎,投死未可知。借问军中将,谁是李搴旗。莓莓受降城,落落燕然

---

① 《鲁文恪文集》卷一。
② 同上,卷五。

碑。前功未可必，安边去何期？惟应两阶舞，焉用一割为？"①此诗写从征士兵远离亲人、备边应战的内心痛苦，充满了同情悲悯之意。当然，他的立场始终是系心王室、冀君王一悟、政之一改的，所以他在《海内》一诗中说："海内苦群盗，山东今一年。闺衾沦犬豕，肝脑厌乌鸢。节钺方连日，烟尘忽近天。釜鱼谁借手，早听凯歌还。"②这又是不能强求古人的地方。

鲁铎的复古倾向也比较明显，诗中很多涉及古人故事，另外对李杜、罗隐、陆游等名家的次韵之作也较常见。赞咏古人之作如《杂感二十首》其一："许由洗两耳，恶闻九州长。巢父惜牛口，遥遥饮其上。二老振孤踪，千载流逸响。呜呼成其高，尧天真荡荡。"乃写上古高士视天下如敝屣之事。其二："晋室失其驭，所资惟贤豪。谢公负雅量，人士归皋牢。声乐自满耳，举世方惊涛。安能缩首尾，共作寒虫号。清颜照木石，东山为增高。淝水了大事，余算曾无劳。高崧岂具眼，嘲戏同儿曹。"为谢安处变不惊力挽狂澜之事。其九："荆卿报燕仇，壮气谁与匹？高义诚足嘉，一身非所恤。商声起哀筑，易水惨且泌。所事在秦庭，自谓百不失。安知寰宇上，白虹贯朝日。天意乃若此，人事焉可必。惜哉百夫良，徒以昭往帙。"为荆轲刺秦一去不返之事。其二十："季主夫何如？卖卜长安东。相携二三子，引侍常时同。日月论纪差，天地循始终。博观千载上，斯道无终穷。如何贾生辈，与语时未克。乃知太卜子，天命常相通。性道苟自述，遁身亦何崇！"写司马季主以天道解喻贾谊之事。总之，这些诗带有很强的史学诗札的痕迹，或追慕高贤，或高赞丕绩，或阐发玄义，表现了他的人格理想和处世之道。

他踵继唐宋诸贤诗韵的有《连雨中因读少陵大雨诗次韵一首》《梅开用杜韵》《暮春城西即事用少陵韵》《丙寅除夜次安博驿用杜韵写怀》《读李诗》（"谁云李太白，旷达擅高踪"）、《方桥用韩昌黎韵仍衍其意》《九日园庭用杜牧之韵》《九日梦野台修砌适成用杜韵》《对菊次唐人罗隐韵》《看压新醅唐皮陆二公倡和韵》《柳子冠用东坡韵》《莲北庄用放翁饮酒近村韵》等。上述表明他广泛借鉴盛唐以降乃至宋代诗歌，其诗歌审美视野还是比较开阔的。

他有些诗歌还呈现出一定的清逸静远的气息，像他在《六十庚辰除夕用五

---

① 《鲁文恪文集》卷一。
② 同上，卷二。

十韵》中说:"流年经六十,病与世相违。朋旧容疏懒,林丘隔是非。形常忘彼我,佩岂赖弦韦。醉向屠苏席,春盘野菜肥。"①此诗虽为晚年所作,亦表现出他一生超脱物表、洁身自好的风格取向。

他面对复杂变幻的仕途,既想有所作为,又不得不考虑全身而退,故在诗歌中经常寻求城市与山林、庙堂与江湖之间的平衡。如《已有园》有"廛间分巷陌,城里得山林"句、《郊行次序庵韵》有"明日红尘向城市,野桥山店尽堪思"句、《林下》有"马迹车轮城市里,何人知道有山林"等等,都是这种矛盾交织的心态的表露。虽然它们整体上笔调轻松、景语清丽,但潜伏在文字之下的理智与情感激荡的暗流却不能有暂刻平息。

鲁铎为诗首先体现的还是它的思想性价值,其在《次韵白学士先生读〈离骚〉》中说:"是非千古有公平,一读《离骚》一怆情。邑犬只应遭斲尚,江鱼争忍负先生。重华何处言词尽,列传谁云与可轻。试向沅湘看正气,春来风浪几时平。"②另《李在山水行》末句亦称"眼前寒士皆大庇,杜陵千载同吾心"③,这些都表明了他的志趣所在。也许正是基于对屈原、杜甫等人文品人格的高度敬仰,他在赋作中大量运用屈辞成句,表达无尽的忧念之思,像《已有园赋》即有大量语例可资证明。当然,作品自身的艺术美感和独创性价值都要相应大打折扣了。他还作有几首词,如《玉烛新》《谒金门》二首、《柳梢青》《水龙吟》等,它们总体上楷正有余,才性殆乏,有失词体本色,但像《柳梢青》"乙酉重逢,前番乙酉,五岁孩童。试想当年,犹如前日,已作衰翁"④,也微见情趣。

陆深(1477—1544),字子渊,号俨山,华亭上海县人,弘治十八年进士,不久选庶吉士,授编修。正德四年,因刘瑾作梗,随众多翰林官员谪迁,外调为南京主事。刘瑾死后复职,历任国子司业、祭酒,充经筵侍讲官,后外任山西提学副使、四川左布政使。嘉靖十六年,为太常卿、侍读学士。嘉靖十八年,以詹事府詹事致仕,卒后谥号文裕。他一生著述宏博,有《俨山集》一百卷、《续集》十卷,此为诗文部分;另有《俨山外集》四十卷,由学术札记、野史纪闻等组成,为其子陆楫汇编而成,包括《传疑录》二卷、《河汾燕闲录》二卷、《春风堂随笔》一

---

①② 《鲁文恪文集》卷二。
③④ 同上,卷一。

卷、《知命录》一卷、《金台纪闻》二卷、《愿丰堂漫书》一卷、《溪山余话》一卷、《玉堂漫笔》三卷、《停骖录》一卷、《续停骖录》三卷、《豫章漫抄》四卷、《中和堂随笔》二卷、《史通会要》三卷、《春雨堂杂抄》一卷、《同异录》二卷、《蜀都杂抄》一卷、《古奇器录》一卷、《南巡日录》一卷、《大驾北还录》一卷、《淮封日记》一卷、《南迁日记》一卷、《科场条贯》一卷、《平北录》一卷等。四库馆臣评价《俨山外集》说:"虽谰言琐语错出其间,而核其大致,则足资考证者多。在明人说部之中,犹为佳本。"①可知,其尚有一定的史料价值。

弘治十八年,杨廷和等人担任应天乡试考试官,故陆深出于杨氏门下。他执师礼甚恭,其在《祭阁老石斋杨公文》中有"门生最辱知怜,相从馆阁余二十年"②句,即可说明。杨廷和不以诗文见称,但在政治上颇有建树,李东阳曾说:"吾于文翰,颇有一日之长;若经济事,须归介夫。"③李东阳对杨廷和推引有加,在正德期间同他通力与刘瑾等人周旋,全护忠直之士;正德七年,李东阳致仕,力挺他为少师、太子太师、礼部尚书兼华盖殿大学士,足见推重。因此,后者对李东阳的感佩之情是不言而喻的。陆深自不能免受这种影响,他对李东阳的敬慕也频见于文集中,甚至亦自称门生,如《跋邵二泉西涯哀辞》称:"往岁丙子秋,深起告北来,舟次广川,适闻文正之讣,亦有一诗,哭之曰:'细推天运几生贤,又是山川五百年。廊庙江湖今复少,文章功业古难全。重来东观嗟何及,再过西涯定惘然。白发门生伤往事,每看忧国泪双涟。'"④从某种意义上,陆深怀有"道以济时为上,物以资世为贤。故圣人不宝难得,不作无益,远观近取,凡以致用也"⑤的政治追求,是杨廷和言传身教的结果;他在诗文创作方面雅丽从容风貌的形成,却受李东阳茶陵一派的影响甚深,故四库馆臣评价《俨山集》及《续集》的文学特色说:"今观其集,虽篇章繁富,而大抵根柢学问,切近事理,非徒斗靡夸多。当正嘉之间,七子之派盛行,而独以和平典雅为宗,毅然不失其故步,抑亦可谓有守者矣。"⑥因此,将陆深看作茶陵诗派的殿军亦是合理的。

值得一提的是,陆深早年与徐祯卿(1479—1511)交往甚密,且并有诗名。

---

① 《四库全书总目提要》卷一百二十三,第1063页中、下。
② (明)陆深《俨山集》卷八十三,《文渊阁四库全书》本。
③ 《明史》卷一百九十,第5039页。另按,杨廷和字介夫,号石斋。
④ 《俨山集》卷八十八。
⑤ 同上,卷二《石斋歌》。
⑥ 《四库全书总目提要》卷一百七十一,第1500页中。

后者虽为前七子成员,诗文追求却与李梦阳、何景明等人不尽一致,且年仅三十三岁就去世了,因而陆深并没有染上李、何"赝古"的习气。另据《明史》本传,称陆深为人"颇倨傲,人以此少之"①,也可见他特立独行的品格。对于近世文坛风气的演变,陆深丝毫不掩饰对成化、弘治、正德三朝的赞美之词,如《北潭稿序》称:"我皇朝一代之文,自太师杨文贞公士奇实始成家。一洗前人风沙浮靡之习,而以明润简洁为体,以通达政务为尚,以纪事辅经为贤。时若王文端公行俭、梁洗马用行辈,式相羽翼。至刘文安公主静崛兴,又济之以该洽,然莫盛于成化、弘治之间。……一时士大夫得以优游,毕力于艺文之场。若李文正公宾之、吴文定公原博、王文恪公济之,并在翰林,把握文柄,淳庞敦厚之气尽还,而纤丽奇怪之作无有也。"②又《李世卿文集序》称:"本朝文事,国初未脱元人之习。渡江以来,朴厚典易,盖有欲工而未能之意。至成化、弘治间,宣朗发舒,盛极矣。"③又《梅林诗集序》称:"明兴百余年矣,而诗道盛于弘、正之间。"④又《一泉文集序》称:"弘治、正德之交,实我朝太平之极。……斯集也,固一家之文献,而一代之文献,亦于是乎可考矣!"⑤以上材料均说明,陆深对李东阳等人主导的"淳庞敦厚""宣朗发舒"的诗文风气深表钦仰。事实上,他又把平正典雅的风格带到作品之中,客观上充当了茶陵诗派波及正德、嘉靖时期的余绪。

此外,从陆深自身知识构成和审美偏好来讲,他也更倾向于典雅平正的风格气度。如他《诗微序》称:"深承父师之训,以《诗经》发科,自少诵习,中岁业举如制,反复讽咏之余,各有所疑,辄用札记。迨通籍禁林,获交英俊,间于僚友,间稍出一二质之,颇有合焉,而亦未敢遽以为是也。念今六十年矣,虽于经术之大,终身难闻,而一得之愚,不忍自弃,聊复稿存,将以示子孙,题曰《诗微》。"⑥可知他由《诗经》起家,终身探研不废。

另外,他对宋人诗词也颇为喜好。如《书〈战国策〉后二首》称:"余家穷乡,又故农也,素无遗书。迨余又力薄,故其致书比于他难也。十五六时,喜读苏

---

① 《明史》卷二百八十六《文苑传》,第7358页。
② 《俨山集》卷四十。
③ 同上,卷四十三。
④ 同上,卷四十四。
⑤ 同上,卷四十五。
⑥ 同上,卷四十一。

氏书。侧闻先儒悉谓苏实原于《战国》,因访诸友人得一断简,盖《齐策》至《楚策》,凡十卷,受而读之,其事至不足道,而其文则至奇,时恨未睹其全也。"①又《跋所书陆放翁诗》称:"深少喜诵放翁诗,卧病山堂,适检《渭南集》,文学姚时望以此卷要予书。懒惰之余,因相与共诵之。每一篇称快,即为沘笔书之,不觉满卷。"②他在集中共收入词作十五题三十二阕,并在《南乡子四阕》自注:"拟冯延巳。"且有后序称:"南唐冯延巳'细雨湿流光'词,余蚤岁极爱之。因按腔广为四首,盖四十年前之作也。癸卯梅月,偶于小楼敝书中翻出,才情减退,老为侵寻,为之怃然者久之。"③可见,正是内外双重因素决定了陆深较为宽广的阅读视野和稳定持久的审美取向,这在前七子略显偏狭的复古潮流之外无疑是难能可贵的。

  陆深具有一定的诗学批评主张,它们主要体现在他的三十二则诗话和若干序记题跋中。首先,他提出了"一代之作,每每不尽同"的观点。他在《重刻唐音序》中说:"夫诗主于声,孔子之于四诗,删其不合于弦歌者,犹十九也。宋人宗义理而略性情,其于声律尤为末义。故一代之作,每每不尽同于唐人。至于宋晚,而诗之弊遂极矣。"④又《一泉文集序》称:"有一家之文献,有一代之文献。一代之文献,系乎时;一家之文献,存乎后。何则?唐宋文献,韩退之、欧阳永叔实当其盛。而元和、庆历之治,粗有三代之遗风,此一代之文献也;文中子讲道河汾,步趋周孔,而《中说》之传,则福郊福畤,与有力焉,此一家之文献也。"⑤在他看来文学演变是分阶段的,而且每一阶段的特点都是不一样的,像他已经指出的,孔子删诗以应于弦歌为准,唐代主声律,宋代主义理,代不相同;另外,一代文学风貌的形成与家族文学的兴盛相得益彰,在他看来,唐宋诗能够出现韩愈、欧阳修这样的领军人物,并在元和、庆历年间呈现上接上古风雅的气象,还源于王通此类鸿儒在隋末唐初布道讲学的影响。后一种观点虽不尽确切,但是他指出了家族文化积淀对时代文学风气的作用,这是值得重视的。

  应该说,陆深的文学阶段论体现了时下文学批评的共同走向。如何景明

---

① 《俨山集》卷八十六。
② 同上,卷八十九。
③ 同上,卷二十四。
④ 同上,卷三十八。
⑤ 同上,卷四十五。

亦指出："经亡而骚作，骚亡而赋作，赋亡而诗作。秦无经，汉无骚，唐无赋，宋无诗。"①稍后于陆深的杨慎也指出："楚骚，晋字，唐诗，宋词，元曲。"②他们的观点对顾炎武也有影响，他说："三百篇之不能不降而楚辞，楚辞之不能不降而汉魏，汉魏之不能不降而六朝，六朝之不能不降而唐也，势也。用一代之体，则必似一代之文，而后为合格。"③上述观点又在近人王国维那里得到系统的表达，亦即后者在《宋元戏曲考》中"一代有一代之文学"的著名观念的提出。陆深正是基于此种认识，认为文学作品应该接受历史的选择和淘汰，即使是著名文人也是如此。他在《俨山诗话》中说："《陈思王集》惟《洛神赋》为最，沈约《答陆厥书》云：'以《洛神》比陈思他赋，有似异手之作。'当时论已如此。近抄陆内史士衡集，亦惟《文赋》为最，他皆不及。乃知人不数篇，而传之远者，必文也。"④

其次，对诗话有裨治教的政治价值属性的论断。他在《蓉塘诗话引》中说："诗话，文章家之一体，莫盛于宋贤。经术事本、国体世风兼载，不但论诗而已。下至俚俗歌谣、星历医卜，无所不录。至其甚者，虽嘲谑鬼怪、淫秽鄙亵之事皆有。盖立言者用以讳避陈托，微意所存，又文章之一法也。若乃发幽隐，昭鉴戒，纪岁月，顾有裨于正传之阙失，盖史家流也。"⑤显然，陆深将宋人诗话与其史料笔记等量齐观，认为它除了评述诗文现象、阐发诗文主张之外，更应涉及社会生活、历史政治等广阔的内容，以补正史之阙，发挥"发幽隐，昭鉴戒，纪岁月"的作用。他在自己的三十二则诗话中，在评价汉魏唐元以及近代的诗歌创作的同时，也夹进了一些史论或社会习尚的内容，如他谈到《汉书·蒯通传》《东方朔传》的赞铭、晋人围棋的称呼及入诗、宋人折扇的兴起等，当然它们数量较少，没有自乱体例。

再次，情为诗本，力主创新。他在《澹轩集序》中说："诗之作，工体制者，乏宽裕之风；务气格者，少温润之气。盖自李杜以来，诗人鲜兼之矣。兼之曰诗，不其难矣乎！得其一体者，然且有至焉、有不至焉，则诗之道或几乎废矣！而世未尝无人也，《三百篇》多出于委巷与女妇之口，其人初未尝学其辞

---

① （明）何景明《大复集》，卷三十八"杂言八首"，《文渊阁四库全书》本。
② （明）杨慎《丹铅余录》卷七，《文渊阁四库全书》本。
③ （清）顾炎武撰，黄汝成集释，栾保群、吕宗力校点《日知录集释（全校本）》卷二十一，上海古籍出版社2006年版，第1194页。
④ 《俨山集》卷二十五。
⑤ 同上，卷三十六。

旨，顾足为后世经。何则？出于情故也。诗出于情，而体制气格在所后矣，此诗之本也。"[1]他固然强调诗歌的体裁选择要多元化，风格气度则以温润敦厚为宗，但是又认为这比起诗歌的兴发感动的情感要求来说都是落于后一义的，情感是诗歌的本质。他还认为诗歌需要创新，如《跋汉魏四言诗》称："右四言之制，弊于东都，几为毛诗抄集矣。独曹氏父子，以豪雄之才，起而一新之，差强人意，而孟德尤工。犹恨'鹿鸣'之句，尚循旧辙。余选汉诗，以魏武终焉。"[2]他对曹操四言诗作了中肯的评价，指出他的贡献在于在《诗经》之外为四言诗开拓出了广阔的表达前景，美中不足的是还留有少许因袭的痕迹，但作为汉诗的终卷者是当之无愧的。

陆深在文学创作中，确实也体现了他对体裁多元和风格醇厚的要求。从诗歌体裁角度说，涉及歌行体、谣体、禁体、杂体、十二生肖体、拟乐府、五律、七言排律、宫词、诗余等。如他有十五首杂体诗，字数均变化不拘，如《和昌谷蓉菊图》（五七言）、《题曲江春杏图》（五七言）、《病起清河阻风因删次俚语》（五七言）、《芳树篇求友也》（三四五六七言）、《后篇》《杂言赠别李献吉》（三四五六七言）、《南楼对镜见白发长短句》《风木图为长沙施可大题长短句》《难言长短句》《易言长短句》《李白对月图长短句》《鹦鹉洲长短句》《行路难长短句》《梦椿歌为冒廷和长短句》等。其诗题中所标"长短句"，是就诗句长短而言，与词非一。杂体诗中又有《春日书事用十二生肖体》一首，诗云："磔鼠真惭狱吏词，饭牛甘结主人知。已无虎头食肉相，聊从兔颖笨勋迟。春风欲动神龙蛰，酒影藏蛇不复疑。失马有时还是福，亡羊自古笑多歧。沐猴竟误韩生辨，函谷闻鸡事颇危。莫为侯封叹烹狗，牧猪奴戏尽堪为。"[3]可知，此诗按照十二生肖的顺序，每一动物一联，共二十四句缀连一处，备觉新意。陆深还有一首《题雪》禁体诗，禁体诗之名始见于欧阳修《六一诗话》，是指当时文人规定作诗不得犯某字，以提高题咏难度和乐趣。由此，也可知他追求诗歌趣味化的倾向。

上述遣志娱情的作品只占陆深诗歌的一小部分，他更多还是表现闲适雍容的情怀，四库馆臣说他出调山西、四川等地期间，诗作之中不见一丝腹诽怨痛之辞，也可反映出他深受"哀而不怨"的平和诗教的影响。此类诗如《秋怀》

---

[1] 《俨山集》卷四十八。
[2] 同上，卷九十。
[3] 同上，卷十九。

十二首、《春日杂兴》二十七首、《山居》八首、《初夏》八首、《西岩诗》七首等,无一不是在季节变迁、风物吟赏中阐发生存的澹定沉思,"慕陶兴寄霜前菊,和杜诗成雨后山"①正是这种状态的写照。另外,陆深还有一些情感深挚的作品,如《五七哭桴次吴朝言御史韵二首》其二云:"六龄携汝即辞家,能变南音语带华。时向西雍观振鹭,遥从北阙认朝鸦。乾坤有恨容啼鸟,风雨何心妒落花。莫向故园传此曲,年年寒食海西涯。"②此诗描述了陆桴六岁即离乡随他宦游直至夭逝的生命历程,发言朴质,字字沉痛,感彻心扉。他还有五卷家书,其中包括《山西家书》《浙江家书》《江西家书》《四川家书》《京中家书》等,其中对家人感激存问之意亦屡现于笔端,较突出地体现了他情为诗文之本的主张。

通过与谢铎过从甚密的茶陵诗派若干作家及其他茶陵诗派后进成员的述评,可以得出如下结论:首先,茶陵诗派成员并不像历来评价的那样只留意于馆阁府邸之间的斟酌吟唱,以谢铎、吴宽、程敏政、倪岳、鲁铎等人为代表的诗派成员同样有许多关心时政与民瘼并代民立言的作品。虽然它们只占文集中的少数,但已经足以与永乐、宣德以来的台阁体作家划疆为界了。其次,在文论批评方面,茶陵诗派的创作主旨是基本一致的,他们以盛唐为尊,强调平和典雅的诗文风貌,都能较好地体现到创作实践当中,尤其李东阳"诗重学、识"、谢铎提出的"感情说"、吴宽提出的"隐而后工""狂惑说""学不废宋"等观点,具有鲜明的时代性,具有较高的理论研究价值。最后,李东阳、谢铎、吴宽、程敏政等人倡导复古,对何景明、李梦阳等人的崛起从理论和实践两方面都奠定了良好的基础。尽管他们自身创作中存在着台阁余气,并成为前七子们攻击的对象,但并不能否认他们在诗歌创作及理论方面既有的成就。明末清初李东阳及茶陵诗派再次被钱谦益等人所肯定,就是最好的证明。

---

① 《俨山集》卷十《次韵温菊庄大参》。
② 同上,卷十。

第十章　谢铎及茶陵诗派在文学史上的地位

茶陵派是明代中前期较有影响的文学团派,谢铎在这一团派中无论是士林声望,还是创作成就都是仅次于李东阳的重要成员。然而,对于这一点人们的认识却不够深入。笔者认为,给谢铎一个客观公正的文学史定位,不仅有助于对茶陵派整体创作作出合理的评价,而且还可以对明代诗文流派发生发展的过程得出合乎历史和逻辑的认识。因此,下文即对谢铎、李东阳等核心成员以及其他成员的文学理念及创作成就作一评价,并在此基础上揭示茶陵派在文学史上的地位和影响。

第一节　谢铎及茶陵诗派成员的评价

一、谢铎的评价

按资历和创作实绩来说,谢铎在茶陵派中都是仅次于李东阳的。谢铎于正德五年去世,李东阳则于正德十一年去世,几乎可以说从及第入仕以来,他们一同发起并主导了茶陵诗派的主要活动和创作。即使在谢铎长期的居乡休养期间,两人之间的书札往还、诗笺赠递也非常频繁,这在一定程度上表明了李东阳对他人格魅力及诗文造诣的推崇。如李东阳在《麓堂诗话》中说他"故其所就,沉着坚定,非口耳所到","近时作古乐府者,惟谢方石最得古意",又在为谢铎所作《神道碑》中称其"为诗精炼不苟,力追古作,当所得意,殆忘寝食。文尚理致,谨体裁,考订、评骘多前人所未及"①等等,都是非常鲜明的例子。谢铎在其他同僚中更是颇孚众望,他除了诗文以古雅敦厚、富有理趣为人称道外,其三仕三隐的品节操守更成为士林表率。像他每一次起复都有众多同僚一同举荐,无论是参修前朝实录,还是先后担任南北国子监祭酒,兼任礼部右侍郎,无一不是因为他深湛的经史造诣和不慕荣利的品节在起作用。

谢铎晚年与茶陵后进成员还有着密切的交往,像顾清为屠勋所作《故刑部尚书致仕东湖屠公行状》中说:"公(即屠勋)在刑曹以诗名,故太师李文正公、尚书吴文定公、礼部侍郎方石谢公皆与之唱和。"②由此可知,李东阳、谢铎、吴宽等茶陵诗派前辈经常与茶陵后进们唱和往来。在交往过程中,谢铎更在他们中间享有较高的声誉,如钱福《答谢方石送〈逊志斋集〉》一诗称:"天地已经皇祖造,纲常需用若人扶。道从阙里心先到,文出龙门思更殊。终古有人开汲冢,后来无地奠生刍。翰林风节依然在,重向天台识范模。"③邵宝《谢方石先生挽词》说:"我归林下公长逝,千里诗筒望不来。海隐本非唐少室,山居真似宋徂徕。雅歌何处声相和,野服它年手自裁。有石大书明祭酒,古松阴里墓门开。"④石珤《送方石谢先生》称:"搔首乾坤任达穷,高情谁复叹飘蓬。学传伊洛非无用,官比阳城更不同。直笔史宜留阁下,抱琴人已立堂中。分明六馆诸生力,夺我春来满坐风。"⑤上述种种,皆为谢铎在茶陵诗派中的影响及表现。

谢铎强调诗歌写作中情感的作用,并注重结合历史和现实问题加以呈现,从某种程度上来说,他代表了茶陵诗派中与李东阳"四十年不出国门"现实性不强的作品不同的另一种创作倾向。正是他大量反躬自问和适情愉性交织、追古慕道与针砭时下融合的诗文特色,使得茶陵诗派具备了与三杨为代表的台阁体金玉其外却空洞无物的颓靡气骨截然分开的必要条件。尽管他们尚不能全面彻底地与之决裂,却为新的文学流派亦即复古派的崛起奠定了基础、开阔了境界、激扬了风气。以谢铎为代表的许多茶陵派成员,如刘大夏、程敏政、

---

① 分别参见丁福保辑《历代诗话续编》下册,中华书局1983年版,第1389—1395页;《谢铎集·附录》第855页。
② (明)顾清《东江家藏集》卷二十八,《文渊阁四库全书》本。
③ (明)钱福《钱太史鹤滩稿》卷二,《四库全书存目丛书》本。
④ (明)邵宝《容春堂集》卷六,《文渊阁四库全书》本。
⑤ (明)石珤《熊峰集》卷四,《文渊阁四库全书》本。

吴宽、罗玘、吴俨、顾清、鲁铎等人,力追古作,诗风健劲,又关心民心时事,全面提升了这一文学团派的思想性价值和美学风貌,他们的复古追求,诗歌方面固然以盛唐为宗,但兼综汉魏六朝乃至宋元诸家,对前后七子产生了深远影响。顾起纶《国雅品·士品二》中说:"李文正宾之,学既该博,词颇弘丽,且老于掌故。其咏史乐府,乃所优也。当时如丘邵二文庄、吴文定、石文隐诸缙绅先生倡酬,多作七言律,甚至叠和累篇,每以什计……文正公以大雅之宗,尤能推毂后进,而李、何、徐诸公作矣。"①这是对茶陵派整体创作实绩的合理评价,虽然李东阳的领袖之功不可忽视,而谢铎等人对时风转换起到至关重要的作用,理应得到更加的关注和肯定。

在历来的文论家眼里,谢铎主要是作为李东阳的傅翼来看待的。如王世贞《艺苑卮言》卷五说:"复有程克勤、吴原博、王济之、谢鸣治诸君,亦李流辈也。"②王世贞早期受前七子的影响,在评价茶陵派成员的时候难免有所偏颇,谢铎亦遭其嘲笑,他说:"李西涯如陂塘秋潦,汪洋澹泡,而易见底里。谢方石如乡里社塾师,日作小儿号嗄。吴匏庵如学究出身人,虽复闲雅,不脱酸习。……陆鼎仪如吃人作雅语,多在咽喉间。张亨父如作劳人唱歌,滔滔中俗子耳。"③上述多为其年轻时逞意使气之辞,不足为训。而王氏《明诗评》的立论则略见公允,其卷三论谢铎说:"文肃资之玄朗,功深琢磨,逊心长沙之门,用构台阁之体。"④他说谢铎文史功力渊厚是正确的,但进一步说他的诗文乃是台阁体的余绪,则显然没有看到谢铎诗文中大量关心民生疾苦,强调文章反映社会现实的作品的存在。时人亦有关注谢铎诗歌特色的,如安磐《颐山诗话》说:"李西涯云:'谢方石好用梦字、笑字,每以语之,不易也。'然不知方石尤好用敢字、极知字,十诗常七八有之,比之梦字、笑字为尤多,西涯偶未之觉耳。"⑤这是就他的炼字情况而言的。又有关注他品节的,如明徐泰《诗谈》:"后谢铎刚毅英华,焉用藻饰。"⑥应该说,明代文学批评界对谢铎的评价主要就是从品格和诗法两个角度立论的,相对李东阳而言受到的关注相对要少得多。清代以降,乃至当

---

① 《历代诗话续编》下册,第1098—1099页。
② 同上,中册,第1025页。
③ 同上,中册,第1033页。
④ 周维德集校《全明诗话》第三册,齐鲁书社2005年版,第2032页。
⑤ 《全明诗话》第一册,第808页。
⑥ 同上,第二册,第1207页。

下,谢铎受到的关注都不是很多。像清代修纂《四库全书》之时,谢铎的《桃溪净稿》仅列存目,即可以看出他诗文集的流传是非常有限的,这无疑是造成谢铎文学史地位不高的最直接的因素。随着近来《桃溪净稿》的整理出版、明刊本《桃溪类稿》的发现和整理,这都为对谢铎进行全面深入研究和评价提供了坚实的文献基础。确立他在茶陵诗派中仅次于李东阳的重要地位,是综合他的生平仕历及创作成就得出的结论。在对谢铎进行全面分析的基础上,必将对茶陵诗派整体的研究进程起到积极的推动作用。

二、李东阳的评价

明人邵经邦《艺苑玄机》描述弘、正间的文学景况说:"弘治中,右文尚儒,海内熙皥,王臣既无鞅掌,台阁特尚清宴。时则西涯、篁墩作于翰林,遂庵、白岩起于省寺,二泉、双溪奋于郎曹,遂有康对山、吕泾野、王苍谷、边华泉、王浚川、崔后渠、李崆峒、何大复,又有都南濠、徐迪功、何燕泉、顾东桥、薛西原,闽广亦有郑少谷、戴仲鹖、戴时亮,川蜀有杨升庵至曹、江、马、王、林、阎诸子,林下复有张昆仑、孙太白,而吾浙方棠陵至林白石、林平厓,余所缔交。……迄于今日,鸿词藻什,代不乏云。"[①]王世贞《艺苑卮言》卷五亦称:"文章之最达者,则无过宋文宪濂、杨文贞士奇、李文正东阳、王文成守仁。"[②]由上面叙述可以清楚地认识到以李东阳为代表的茶陵诗派承接台阁余绪,开启李、何复古的重要地位。弘治、正德年间李东阳为代表的茶陵诗派与李梦阳、何景明等为代表的复古派,以及张昆仑、孙太白为代表的山林派人物,各自在朝野山林等不同场合欢歌吟唱,三者在活动时间上是重合的,在成员之间的创作上又有交织性。他们总体上体现了弘治、正德两朝的文教兴盛,同时茶陵派又悄然扮演了一个继往开来的角色。

茶陵诗派之所以能够起到承上启下的作用,首要归结于李东阳提出"台阁之文"与"山林之文"这样一对表面对立又相互渗透的概念,尽管这对概念肇端于宋代王安国和吴处厚,但是到李东阳这里更重视它们在创作实践中的意义。他在营造诗文鞶鞶典雅的馆阁器度的同时,又不偏废对山林清逸之气的追慕,

---

① 《全明诗话》第二册,第1268页。
② 《历代诗话续编》中册,第1024页。

从而将永宣以来的台阁体从请托应制、虚廓平庸的俗气中拉了出来，并使之呈现出闲雅娱情与典重庄严并存的风格面貌。在李东阳的倡导下，罗玘《馆阁寿诗序》、钱福《墨庄诗集序》、何孟春《余冬诗话》都不同程度地探讨了台阁与山林两类诗文题材的理论发展过程及创作特点，吴宽更是旗帜鲜明地反对梅尧臣"穷而后工"的创作观点，而代之以"隐而后工"，其实还是强调闲雅情趣的理论体现。典重庄严与清新恬淡结合的创作倾向是茶陵派共有的一个特点，也即是在他们成员作品中屡见不鲜的"廊庙""江湖""城市""山林"等等并提的字眼；另外，他们在瀛台雅集、陪祀斋居之余，将诗歌选材的层面放低，更加关注日常景物的情致、独处自问的感怀，甚至是关心下层民生疾苦的文字。像谢铎强调情感在创作中的作用，在出处进退中济世忧民与放怀自释的双重主题的表达，就是最鲜明的例子。

总之，茶陵诗派对台阁体的承继首先是从改造其核心创作理念开始的。这种改造既有从台阁体概念本身出发，探讨它的选材和审美要求，并强调"山林"这个与之匹配的概念，弥补三杨在创作理论方面畸轻畸重的缺失；又进一步拓展诗文创作的境界，包括探掘它们的情感深度，精研诗句的音律、平仄、修辞等美学特征，树立汉魏六朝及唐诗的典范地位，走出官邸和庙堂，关注下层社会的疾苦等等。应该说，李东阳在这个过程中，具有不可替代的理论建树的作用，这种台阁与山林结合的理论或与其他成员创作旨趣暗合，或径为之接受，使茶陵派从骨子里呈现出与台阁体作品全然不同的风格面貌。

另外，李东阳又在诗歌创作形式美的追求方面多有发见，他推尊盛唐、兼取汉魏的审美倾向既是当时时代风气的集中反映，又对李梦阳、何景明等人复古理论的提出具有最直接的先导作用。然而，由于李东阳个人仕历及才性的限制，他的诗文在思想境界及题材广度方面突破三杨的地方还不多，这也导致了后人评价茶陵诗派整体时立论不够全面准确，而只是把它简单看作是台阁体文脉的延续。某种意义上，后人对茶陵诗派产生误解，李东阳也要承担相当的责任。《麓堂诗话》较远的理论源头无疑是严羽的《沧浪诗话》，他接受严羽"推原汉魏以来，而截然谓当以盛唐为法"[①]的核心论断，以唐诗为最高的审美标准来评价唐前诗、宋诗与元诗，并把唐诗看作无法逾越的典范；而较近的理

---

① （宋）严羽撰，郭绍虞校释《沧浪诗话校释》，人民文学出版社1961年版，第27页。

论源头则无疑在于明初高棅的《唐诗品汇》。四库馆臣评价是书说:"明初闽人林鸿,始以规仿盛唐立论,而棅实左右之。是集,其职志也。"又说:"《明史·文苑传》谓终明之世,馆阁以此书为宗。厥后李梦阳、何景明等摹拟盛唐,名为崛起,其胚胎实兆于此。平心而论,唐音之流为肤廓者,此书实启其弊;唐音之不绝于后世者,亦此书实衍其传。"① 像后来万历年间赵宧光按照初唐、盛唐、中唐、晚唐四分法重新增订编刻《万首唐人绝句》,屠隆《唐诗品汇选释断序》等都可以看出《唐诗品汇》的影响之大。

李东阳则在李梦阳、何景明等人之前对推扬《唐诗品汇》及"闽中十子"尊唐的观念具有至关重要的作用,他不仅在《麓堂诗话》中对"闽中十子"之首林鸿《鸣盛集》专学唐、袁凯专学杜,能"流出肺腑,卓而有立"②表示钦敬,而且在诗歌批评过程中还自觉运用严羽、高棅对唐诗的分期论断,来评价唐代及前后朝代的诗歌创作。正如高棅在《唐诗品汇·凡例》中"以初唐为正始,盛唐为正宗,大家、名家羽翼,中唐为接武,晚唐为正变余响"③,表现出俯瞰唐诗全貌的理论魄力,李东阳的批评眼光同样并不限于盛唐诸家,这同样与当时较为开放的诗学心态有关。如成书于明永乐前后的《诗渊》是博搜魏晋六朝至明初诗词的一部类书,其收诗五万余首,词近一千首,其中有相当一部分是宋代诗词,金元作品也占有相当的比重。④ 成化三年皆春居士重刻元人方回《瀛奎律髓》一书,并在序中说:"今观其所选之精严,所评之当切,涵泳而隽永之,古人作诗之法,讵复有余蕴哉!"⑤这种评价不仅肯定了方回,更是对其遵从江西派诗法的观念的肯定。

上述两点均说明,明代中前期尊唐的风气逐步浓厚,但是其他时代的诗歌也没有偏废,李东阳《麓堂诗话》中多有宋元及明初诗歌的鉴赏评价,亦是时代风气的反映。到后来像后七子领袖之一谢榛径称:"《瀛奎律髓》不可读。"⑥这时他们立场观点之偏狭,已是显而易见了。前七子成员像李梦阳、何景明、康海等人即是李东阳及同僚杨一清等人的门生,他们与茶陵诗派之间有着天然

---

① 《四库全书总目提要》卷一百八十九,第1713页下。
② 《历代诗话续编》下册,第1374页。
③ (明)高棅《唐诗品汇·凡例》,上海古籍出版社1982年版,第14页。
④ (明)佚名《诗渊·前言》,书目文献出版社1984年版,第3—5页。
⑤ (元)方回选评,李庆甲集评校点《瀛奎律髓汇评》,上海古籍出版社1986年版,第9页。
⑥ (明)谢榛撰,宛平校点《四溟诗话》卷二,人民文学出版社1961年版,第58页。

的师授渊源。不过,像李梦阳年轻气盛不为李东阳所赏,没有如愿进入翰林院,加之外在的诸多复杂的政治因素,他走上了与茶陵诗派分庭抗礼之路。然而,前七子所提出的"文必秦汉、诗必盛唐"的复古口号并不是私门独创,而恰恰是李东阳《麓堂诗话》尊唐观念的进一步提升和定格。他们的审美视野限定在盛唐及秦汉,复古的心胸反不如后者通达开阔。李东阳在明代文学史上的地位是颇为重要的,王夫之在《姜斋诗话》卷二中予以评价说:"孙仲衍之畅适,周履道之萧清,徐昌谷之密赡,高子业之戍削,李宾之流丽,徐文长之豪迈,各擅胜场,沉酣自得;正以不悬牌开肆,充风雅牙行,要使光焰熊熊,莫能撑抑,岂与碌碌余子争市易之场哉?"①这段评价是颇为中肯的。

三、茶陵诗派其他成员的评价

除了李东阳、谢铎,茶陵派的其他成员也不容忽视。较早对茶陵派其他成员有着较为详尽且公允评价的,应属钱谦益的《列朝诗集小传》。他对时下沿袭前后七子对茶陵诗派一味贬低的论调颇为不满,并有意识地做了一次翻案文章。他在《列朝诗集小传·丙集》评价李东阳及茶陵派说:"成、弘之间,长沙李文正公继金华、庐陵之后,雍容台阁,执化权,操文柄,弘奖风流,长养善类,昭代之人文为之再盛。百年以来,士大夫学知本原,词尚体要,彬彬焉,或或焉,未有不出于长沙之门者也。藁城以下六公,其苏门六君子之选乎?"②他把李东阳与苏轼相比,把邵宝、石珤、罗玘、顾清、鲁铎、何孟春又比作"苏门六学士",可见推挹之重。继而,他从王世贞早年与晚年态度的转变来说明李东阳及茶陵诗派的创作主张及实绩自有其不可抹煞之处,并以此来矫正当下片面领会《艺苑卮言》并盲目否定他们的态度,他说:"嘉、隆之际,握持文柄,跻北地而挤长沙者,元美为之职志。至谓长沙之启何李,犹陈涉之启汉高。及其晚年,气渐平、志渐实,旧学销亡,霜降水落,自悔其少壮之误,而悼其不能改作也。于论西涯乐府,三致意焉。今之谈艺者,尊奉弇州《卮言》,以为金科玉条,引绳批格,恐失尺寸;岂知元美固晚而自悔,以其言为土苴唾余乎?"③

除了李东阳,他又对谢铎与其赓和大量的诗作评价说:"当国家承平,词馆

---

① (清)王夫之撰,舒芜点校《姜斋诗话》卷二,人民文学出版社1961年版,第156页。
② 《列朝诗集小传》,第269页。
③ 同上,第246—247页。

优闲无事,以文字为职业,而先辈道义之雅,僚友切摩之谊,亦具见于此。因录诗而及之,亦可以三叹也。"①他能够将李东阳、谢铎的酬唱创作放到他们当时的历史、文学背景下加以考察,并指出了这些作品反映出的情感价值和道义指向,无疑是较为难得的。他论张泰说:"在当时盖以李、张并称,今长沙为台阁之冠,而亨父之名知之者或鲜矣。人不可以无年,信哉!"②因为张泰英年早逝,他为其当时声名与后世评价的不符而扼腕不平。他论吴宽说:"先生经明行修,颀然长德,学有根柢,言无枝叶。最好苏学,字亦酷似长公。而其诗深厚浓郁,自成一家。"③又论程敏政说:"考证古今,精详博洽,追配其先龙图大昌,近儒莫及也。"④此二则从两人学问根底出发,揭示他们治学与诗歌风貌的内在联系。关于茶陵诗派前期人物,他还论及陆、刘大夏,相对上述几人而言只是条列生平而较为简略。

茶陵诗派后期成员他也提到许多,如评价石珤说:"其为诗歌,淹雅清峭,讽谕婉约,有词人之风焉……盖正、嘉间,馆阁文章得长沙之指授者,文隐其职志也。"⑤评罗玘说:"景鸣少出西涯之门,为诗文振奇侧古,必自己出。"⑥评邵宝说:"公举南畿,受知于西涯,及为户部郎,始受业西涯之门,西涯以衣钵门生期之……西涯既殁,李、何之焰大张,而公独守其师法,确然而不变,盖公之信西涯与其所自信者深矣。竟陵钟伯敬尝语予曰:'空同出,天下无真诗,真诗惟邵二泉耳。'"⑦评顾清说:"李宾之为馆师,得其指授,益有名于时。……公于诗清新婉丽,深得长沙衣钵。正、嘉之际,独存正始之音。"⑧评鲁铎说:"弘治十五年,进士第一人,改翰林庶吉士,为李长沙所重……振之沉潜问学,杜门敛迹,焚香危坐,日夜读书,屡起屡归,执持名节,为翰苑师儒之官,诚无愧焉。"⑨评何孟春引明人赵贤的话说:"公之忠亮,出自天性,至于反覆驳难,援古证今,稽疑定是,批隙导窾,又非他议礼所可及也。"⑩上述是他对李东阳六位门生的

---

① 《列朝诗集小传》,第248页。
② 同上,第248—249页。
③ 同上,第275页。
④ 同上,第276—277页。
⑤ 同上,第270页。
⑥⑦ 同上,第271页。
⑧ 同上,第272页。
⑨ 同上,第272—273页。
⑩ 同上,第273页。

气质性情以及诗文特色的总体评价,深具知人论世之旨。

他又对茶陵诗派后进成员加以总评说:"右录石熊峰、罗圭峰等六公之诗,皆长沙之门人也。华亭何良俊曰:'李西涯在弘正间,主张风雅,一时名士如邵二泉、储柴墟、汪石潭、钱鹤滩、顾东江、陆俨山、何燕泉,皆出其门。'东江、燕泉,前六公中人也。柴墟者,储文懿公巏,与邵文庄同出长沙之门。石潭者,汪文庄公俊,与其弟侍郎伟皆长沙所举士,《麓堂集》中所云'二汪'也。俨山者,陆文裕公深,有《题邵国贤哭文正公诗后》云……观此诗,其师弟契分可知也。鹤滩者,华亭钱福与谦,与成都杨慎用修皆以举子受业长沙。与谦殁,长沙表其墓。用修每有撰述,必称'先师李文正公'。用修殁于嘉靖中年,至是而长沙之门人始尽。他如乔庄简宇、林贞肃俊、张文定邦奇、孙文简承恩、吴文肃俨,名硕相望,不可胜记。……诗文且勿论也,熊峰以下诸公,直道劲节,抗议论而犯权倖,砥柱永陵之朝,皆长沙所取之人才,而以软滑目之,其可乎?斯不可以不辨。"①在这段论述中,他略致数语,辨明师承授受,不仅较为详尽地勾画出了茶陵诗派后进成员的一个大致范围,而且还在最后对七子以来丑化茶陵派创作风格的风气提出批评,他切实依据每一位茶陵诗派成员的人格文品立论,不偏不倚,令人信服。

正如钱谦益《列朝诗集小传》提到的,张泰在茶陵诗派及当时文坛的地位较高,并得到时人的推重。李东阳在《沧州集序》中对其诗歌及书法成就予以较高的评价,具见前述,兹不赘。杨慎在《升庵诗话》卷七引时人唐子元论诗说:"洪武初,高季迪、袁可潜一变元风,首开大雅,卓乎冠矣。……永乐之末至成化之初,则微乎藐矣。弘治间,文明中天,古学焕日:艺苑则李怀麓、张沧州为赤帜,而和之者多失于流易;山林则陈白沙、庄定山称'白眉',而识者皆以为傍门。至李、何二子一出,变而学杜,壮乎伟矣。"②又卷十论张泰说:"诗句清拔,名于一时。其《正月十六日》诗云:'长安元夕少灯光……'其手书稿,慎于先师李文正公处见之。"③明徐泰《诗谈》:"太仓张泰,孙吴之兵,奇正叠出,人莫撄其锋。陆九霄之禽,翩然高举,莫测其意向。"④上述记载均可以看出张泰在

---

① 《列朝诗集小传》,第 273—274 页。
② 《历代诗话续编》中册,第 774 页。
③ 《全明诗话》第二册,第 1010 页。
④ 同上,第 1208 页。

茶陵派早期几乎获得了与李东阳同等的地位,只可惜年寿不永,没有更大的作为和影响。

另外,像吴宽、邵宝等人的诗歌散文也非常有特色。明朱承爵《存余堂诗话》论吴宽说:"吴文定公原博,诗格尚浑厚,琢句沉著,用事果切,无漫然嘲风弄月之语。"①王世贞《明诗评》论吴宽说:"文定力扫浮靡,一归雅淡。诗如杨柳受风,煦然不冽。又如学究论天下事,亹亹竟日,本色自露。"②明徐泰《诗谈》:"吴宽秾郁,史鉴清淳。"③明顾元庆《夷白斋诗话》称邵宝《乞终养未许》("乞归未许奈亲何")一诗"读之令人感动激发,最为海内传诵。"④王世贞《明诗评》评价陆深说:"天才卓逸,翰墨名家,流辈见推,弥布朝野。诗如梨园小儿,急健华利,所至动人,第愧大雅,亦短深趣。"⑤评石珤说:"文隐清修之士,风调尔雅,诗亦仅类之。"⑥评邵宝、储巏说:"二子诗如双燕并飞,差池可赏,终不离庭院间。"⑦

进入清代之后,人们对茶陵诗派的评价多集中到李东阳的身上,包括谢铎在内的众多成员鲜有被提及的,这与他们在文坛的影响及文集的流传状况密切相关,但也有例外,像钱福就得到王夫之的关注。后者在《姜斋诗话》卷二中说:"钱鹤滩与守溪(鏊)齐名,谓之曰'钱王两大家'。……以此(钱福《恶不仁者》一文)称'大家'者,缘国初人文字止用平淡点缀,初学小生,无能仿佛。钱、王出,以钝斧劈坚木手笔,用俗情腐词,着死力讲题面,陋人始有津济,翕然推奉,誉为'大家',而一代制作,至成、弘而扫地矣。鹤滩自时文外,无他表见,唯传《吴骚》淫俗词曲数出,与梁伯龙、陈大声等一流狭邪小人竞长。如此人者,可使引申经传之微言乎?"⑧王鏊为成化七年会元,次年一甲探花,钱福则为弘治三年状元,二人时文写作冠绝一时。然而,在王夫之看来钱福多数诗文作品趋于流易浅俗,思想性不高。应该说王夫之点到了钱福的痛处,但没有对他擅长挥遣弘衍博绝的词气和藻饰的特点加以注意,也是不太全面的。

---

① 《全明诗话》,第1216页。
② 同上,第三册,第2024页。
③ 同上,第二册,第1208页。
④ 同上,第一册,第796页。
⑤ 同上,第三册,第2021页。
⑥ 同上,第2026页。
⑦ 同上,第2029页。
⑧ 《姜斋诗话》卷二,第166—167页。

第二节　明中期以来茶陵诗派评价述略

　　前文在评价谢铎、李东阳及其他茶陵诗派成员的过程中，基本上已经把明代人对他们的评价状况作了梳理。隆庆、万历以来，以杨慎、何孟春等人为代表的茶陵余绪，既与前七子有着一定的交往，又很大程度上固守了师门的传统和精神的独立，甚至还有一定的反批评的做法。然而，总体上来说，随着公安派、唐宋派、竟陵派等文学派别走马灯似的纷纷涌现，茶陵派自身所得到的关注便日益减少。人们亦习用前后七子对茶陵诗派片面攻击的成说，只把它归为台阁体一流而不加辨别。

　　清初学者有感于明代复古思潮在诗文实践中产生的拟古弊端，对明代诗文评价一般不是很高，甚至有所偏激。如顾炎武《日知录》卷十八称："有明一代之人，所著之书，无非盗窃而已。"黄宗羲《黄梨洲文集·董巽子墓志铭》也说："弘治以来，诗准盛唐，流于剽窃。"王夫之评价李梦阳时亦说："北地五言小诗，冠冕古今。足知此公才固有实，丰韵亦胜，胸中擘括亦极自郑重。为长沙所激，又为一群嗜蒜面、烧火汉所推，遂至戟手赦颧之习成，不得纯为大雅，故曰不幸。"[①]他虽然指出李梦阳的诗歌成就及与李东阳的渊源关系，语调却极具讽刺意味。

　　清初以降，在诗评家那里明代弘嘉期间以模拟学步为能事已成为一种刻板印象，他们多以笼统批判代替具体整理分析，虽多能切中其弊痛，却往往不能对其诗歌发展史上的地位与价值进行客观全面的评述。钱谦益固然对茶陵诗派进行了较为全面的框定和评价，却无法改变当时文学界的这种普遍认识。茶陵诗派作为一个过渡性质的流派很少进入时下批评的视野，有关明代中期文坛的评价一般集中在前后七子那里，而后者通常又是被拿来嘲笑的靶子，茶陵诗派难免也有池鱼之殃了。吴乔在《答万季野诗问》中说："明人以声音笑貌学唐人，论其本力，尚未及许浑、薛能，而皆自以为李、杜、高、岑。故读其诗集，

[①] （清）王夫之《明诗评选》卷七，1917年湖南官书报局排印本，浙江大学图书馆藏。

千人一体,虽红紫杂陈,丝竹竞响,唐人能事渺然,一望黄茅白苇而已。……而明自弘嘉以来,千人万人,孰非盛唐?则鼎之真赝可知矣。"①又在《围炉诗话》卷一中说:"木偶被文绣,弘嘉之魔鬼也。"②卷四说:"诗坏于明,明诗又坏于应酬。……明人之诗,乃时文之尸居余气。"③卷五说:"唐人诗被宋人说坏,被明人学坏,不知比兴而说诗,开口便错。"④叶燮《原诗·内篇上》说:"惟有明末造诸称诗者,专以依傍临摹为事,不能得古人之兴会神理,句剽字窃,依样葫芦,如小儿学语,徒有喔咿,声音虽似,都无成说,令人哕而却走耳。"⑤吴雷发《说诗菅蒯》说:"使宋诗果不可学,则元、明尤属粪壤矣。"⑥赵翼《瓯北诗话》卷八说:"后来学唐者,李、何辈袭其面貌,仿其声调,而神理索然,则优孟衣冠矣。"⑦翁方纲《石洲诗话》卷八说:"唐、宋以来皆真诗,惟至明人始尚伪体。至李、何一辈出,而真诗亡矣!"⑧上说代表了清人对明诗尤其是中期诗歌的一般看法。

当然,针对茶陵诗派尤其是李东阳具体创作展开批评的也有一些,但往往持否定态度的比较多。赵翼《瓯北诗话》卷九说:"高青丘后,有明一代,竟无诗人。李西涯虽雅驯清澈,而才力尚小。前、后七子,当时风行海内,迄今优孟衣冠,笑齿已冷。"⑨可见,他明代只推崇高启,认为李东阳未免才器局促。冯定远《钝吟杂录》嘲笑李东阳不懂乐府,他说:"乐府本易知,如李西涯、钟伯敬辈都不解。……又李西涯作诗三卷,次第咏古,自谓乐府。此文既不谐于金石,则非乐也;又不取古题,则不应附于乐府也;又不咏时事,如汉人歌谣及杜陵新题乐府,真是有韵史论,自可题曰史赞,或曰咏史诗,则可矣,不应曰乐府也。……西涯笔端高,其集中诗多可观。惜哉,无是可也。"⑩对李东阳拟乐府的批评从前七子时就已开始,王世贞早时在《艺苑卮言》中也是对其大加鄙薄,但是晚年认为不妨把它看作"天地间别一种文字",对其思想性及艺术性有了全新的认识。钱谦益也说人们一般喜欢拿王世贞早期的看法来批评李东阳,却忽

---

① 《清诗话》,上海古籍出版社 1978 年新 1 版,第 25 页。
② 郭绍虞编选,富寿荪校点《清诗话续编》,上海古籍出版社 1983 年版,第 472 页。
③ 同上,第 594 页。
④ 同上,第 602 页。
⑤ 《清诗话》,第 571 页。
⑥ 同上,第 900 页。
⑦ 《清诗话续编》,第 1274 页。
⑧ 同上,第 1509 页。
⑨ 同上,第 1282 页。
⑩ 《清诗话》,第 38—39 页。

视了前者晚期的转变,当然更谈不上自己来细味李诗,给予全面的评析论断了。冯定远不知是否宥于王氏早期的看法,但至少他的论调已不算什么新鲜之谈了。

宋荦《漫堂说诗》应该是对李东阳定位较为准确的,他说:"明初四家,称高、杨、张、徐,而高为之冠。成、弘间,李东阳雄张坛坫。迨李梦阳出,而诗学大振。"①他又认为李东阳作拟乐府是受了杨维桢的影响,不过每况愈下。他说:"古乐府音节久亡,不可模拟。……杨铁崖《咏史》,音节颇具顿挫;李西涯仿之便劣。要当作古诗,无烦规规学步也。"②与其观点相近的还有鲁九皋的《诗学源流考》,他说:"永乐以还,崇尚台阁,迨化、治之间,茶陵李东阳出而振之,俗尚一变。但其新乐府于铁崖之外,又出一格,虽若奇创,终非正轨。"③他们都指出了李东阳的文学史地位,并称其拟乐府模仿杨维桢,不是乐府正格。当然,并不是没有赞同李东阳的拟乐府的,像田雯《古欢堂杂著》卷一即说:"李西涯以论事作乐府,别辟新调。"④李调元《雨村诗话》卷下说:"李东阳工明史乐府,近尤西堂效作,皆可备史料。"⑤两者都肯定了他在乐府题材选择方面的创新元素。

关于李东阳的文学地位,沈德潜《说诗晬语》有着较为客观的评价,他说:"永乐以还,崇台阁体,诸大老倡之,众人应之,相习成风,靡然不觉。李宾之力挽颓澜,李、何继之,诗道复归于正。"⑥这应是符合当时诗坛发展状况的。乔亿《剑溪说诗》卷下也说:"明初自高青丘外,则青田、海叟。成化以还,则李宾之。"⑦但是他认为李东阳的成就比不上李梦阳、何景明他们,其称:"李长沙自是风雅道丧时一大作手,然平心论之,终出李、何之下。"⑧朱庭珍相对前人更加准确地描述了李东阳及茶陵诗派在明诗史中的作用,他在《筱园诗话》卷二说:"七子以前,李茶陵《怀麓堂集》诗,已变当时台阁风气,宗少陵,法盛唐,格调高爽,首开先派。"⑨他同时接受李梦阳的观点,对杨一清备加推崇。他说:

---

①② (清)宋荦《西陂类稿》卷二十七,《文渊阁四库全书》本。
③ 《清诗话续编》,第1357—1358页。
④ 同上,第694页。
⑤ 同上,第1535页。
⑥ 《清诗话》,第547页。
⑦⑧ 《清诗话续编》,第1106页。
⑨ 同上,第2361页。

"吾滇杨文襄公,著有《石淙类稿》,与茶陵同时,提倡风雅,明诗中起衰复盛之钜手也。石淙声名亚于茶陵,工候学力亦逊茶陵一筹,七古才气,律诗格调,则抗不相下。二公倡复古之说,李、何从而继起,大振其绪,王、李再继法席,复衍宗风,本一派相传而下……是以钱牧斋又翻前案,力推茶陵为一代正宗,痛抑前后七子。平心而论,茶陵在明,自是名家,与李、何、王、李并立无让,其乐府自成一格,非七子所及;即杨文襄公,亦足与七子把臂,无稍逊也。"①不管怎么说,他较一般诗论者更为详尽地考察成、弘、正三朝的文坛面貌,并给予李东阳、杨一清等人以合理的定位,这是较为难得的。

从诗法角度推崇李东阳的有薛雪的《一瓢诗话》,他说:"李西涯说诗极正,谓律可涉古,古不可涉律,是也。"②"李西涯谓:'作诗不用闲言助字,自然意象具足。'此为最难。要知五言尚多,七言颇不易,一落村学究对法,便不成诗。"③另外,他又说:"读书先要具眼,然后作得好诗。""格律声调,字法句法,固不可不讲,而诗却在字句之外。"④这些无疑都可以从《麓堂诗话》中找到对应之处。吴雷发《说诗菅蒯》又承接李东阳关于"山林之文"与"庙堂之文"的论述,加以延伸说:"诗以山林气为上。若台阁气者,务使清新拔俗;不然,则格便低。前人早朝、应制诸诗,其拔俗者不过十之一二。……盖山水有真趣,俗自不能胜雅。以此推之,于诗则山林气者为贵矣。"⑤似立别说,而无多新意。

潘德舆《养一斋诗话》也较为推崇李东阳的创作及理论,他在卷四说:"西涯谓古诗不可涉律调,是也。"⑥又卷六:"李西涯《花将军歌》,纵横激壮,音节入神,真得歌行之奥。……数句潆洄峭健,面面恳到,真有《史记》《汉书》笔力,所作论史乐府,转不逮此。论史诸乐府,予只取《安石工》后数句……笔笔转侧有锋,论断神境,然终与古乐府不类。陈元孝谓可自为一格,平允之论。……西涯七古,大气流行,亦欠简劲,然音节无不可爱。此翁于音节最留神,且其振起衰靡,吐纳众流,实声诗一大宗。"⑦当然,他也不是没有批评。《养一斋诗话》卷

---

① 《清诗话续编》,第 2361 页。
② 《清诗话》,第 706 页。
③ 同上,第 698 页。
④ 同上,第 681 页。
⑤ 同上,第 902 页。
⑥ 《清诗话续编》,第 2060 页。
⑦ 同上,第 2088—2089 页。

四说:"李西涯以诗为六艺之乐,是专于声韵求诗,而使诗与乐混者也……若于作诗时便求乐声,则以末汩本而心不一,必至字字句句,平侧清浊,亦相依仿,而诗化为词矣。"①又"西涯谓'五七言古诗仄韵者,上句末字类用平声。惟杜子美多用仄,其音调起伏顿挫,独为矫健,回视纯用平字者,便觉萎靡无生气。'此即赵秋谷《声调谱》耳。诗原不可废此,而岂诗之本耶?"②他分别对李东阳在诗歌韵律和平仄安排方面的观点提出批评,在驳论和立论过程中都以李东阳自己的诗歌为例,且决无妄讥之词,因此显得平允而有说服力。他还对李东阳与张泰、谢铎两人讨论自己《渐台水》乐府诗的炼字问题、谢铎诗仿宋人的问题提出批评。他认为"此诗末四句,意本平平,无论'不'字、'当'字,味皆不足,则舍旃可矣,何必用精神于不必用者也。……若谢方石者,《送人兄弟》云:'坐来风雨不知夜,梦入池塘都是春。'此直剥宋人雪诗'看来天地不知夜,飞入园林总是春'全句,而味亦不足者也。西涯诗中钜公,何亦传赏不置?"③这基本也指出了李东阳、谢铎等人在诗艺切磋方面有时流于琐屑、蔽于自见的毛病;至于谢铎诗句毕竟与宋人之诗意境有别,虽有模拟之嫌,亦不妨为清丽。

除了李东阳,茶陵诗派其他成员在清代也偶有被论及的。如施闰章《蠖斋诗话》论刘大夏说:"公平生不刻意作诗,间有为而作,皆事核意真,情到兴具。"④他着力评价了刘大夏《抚谕田州》《出锦衣狱中》《过六盘山》《谪所示子侄》《谪所赠同事》《赦归重过六盘山》等诗,对其与宦党周旋、乃心王室的气节给予高度评价。至于茶陵诗派其他成员,应当说历来关注的都不是特别多,这当然是他们自身在文坛和历史上影响较小的直接反映。近一百多年,对于李东阳及茶陵诗派其他成员的研究日趋深入,因为邓绍基、史铁良二先生在《明代文学研究史》一书及司马周《20世纪茶陵诗派研究回顾》一文中对此已有较为详尽的评介⑤,这里就不再赘述了。接下来,笔者结合上述对茶陵诗派个体及总体历时的评价,着重探讨以李东阳、谢铎为主脑的茶陵诗派在文学史上的应有地位和影响。

---

① 《清诗话续编》,第 2061—2062 页。
② 同上,第 2062 页。
③ 同上,第 2061 页。
④ 《清诗话》,第 400 页。
⑤ 参邓绍基、史铁良《明代文学研究史》,北京出版社 2001 年版;司马周《20 世纪茶陵派研究回顾》,《南阳师范学院学报(社会科学版)》2003 年第 1 期。

第三节　茶陵诗派的文学史
地位及评价

一、茶陵诗派的文学史定位

茶陵诗派是明代第一个人数众多且具有鲜明的理论主张、频繁而集中的团派活动、丰富多样的创作成果、一致而多元的风格面貌的文学团体。胡应麟在《诗薮续编》卷一中指出明初诗歌流派具有以地域分野的鲜明特征,他说:"国初吴诗派昉高季迪,越诗派昉刘伯温,闽诗派昉林子羽,岭南诗派昉于孙仲衍,江右诗派昉于刘崧子高。五家才力,咸足雄据一方,先驱当代,第格不甚高,体不甚大耳。"①这说明明初诗派众多不仅是事实,而且还有各自代表性的人物,但是他们却基本没有明确的创作主张和共同的创作风貌,从严格意义上来讲,他们只是某一地域多个独立的个体创作聚合在一起的文学团派,而且这种划分还带有明初特有的地缘政治的色彩,如高启被杀,吴派长时期内一蹶不振,方孝孺被杀,浙东文化大受摧折,都是其自身文学与政治特征混融的体现。永乐至成化之前,诗坛不乏名家,却没有一个可以引领一时风气的诗歌流派,正如胡应麟所说:"永乐中,姚恭靖、杨文贞、文敏、胡文穆、金文靖,皆大臣有篇什者,颇以位遇掩之,诗体实平正可观。宣庙好文,海内和豫,虽大手希闻,而名流错出。若曾子启、刘孟熙、张静之、李昌祺及闽中诸王辈,皆浸润明风,解脱元习。然才俱不甚宏钜,非国初比。"②在这一时期,台阁体盛行,但文坛习尚却相对单一。从宣宗到三杨再到馆阁臣僚,沉浸于庙堂间的唱答赓和,众人的才思与情性很难得到自由的抒发和展露,他们的作品自然流于沉缓单调,文学性特征也就大为贫乏了。但是发展到成、弘、正三朝,文坛情况大为改观。胡应麟说:"国朝诗流显达,无若孝庙以还,李文正东阳、杨文襄一清、石文隐珤、谢文肃铎、吴文定宽、程学士敏政,凡所制作,务为和平畅达,演绎有余,覃研不

---

① 《全明诗话》第三册,第 2732 页。
② 同上,第 2735 页。

足。自时厥后,李何并作,宇宙一新矣。"①也就是说,以李东阳为首的茶陵诗派的出现,尽管在创作上还存在"覃研不足"亦即尚显流易的问题,但已经突破了永乐以来的沉闷局面,成为前七子兴起的先声。

  茶陵诗派虽然以地域命名,但这只是时人地望观念在文学批评中的体现。一则李东阳虽祖籍茶陵,却出生在京师,亦占籍于此,死后葬在宛平县香山乡畏吾村,一生回湖南茶陵祭扫亦不过几次;二则,茶陵派成员中湘籍作家较少,更多的是浙江、江西、江苏、北直隶等地。因此,它并不像明初的文学流派具有强烈的地域分野的特征,其成员又因共同的创作趣味聚合在一起,并形成了较为一致的创作风格和审美风貌。从团体活动来说,茶陵派成员之间的交往是颇为紧密和频繁的。明黄佐《翰林记》卷二十"节会唱和"条载:"天顺甲申庶吉士同馆者修撰罗璟辈为同年燕会,定春会元宵、上巳,夏会端午,秋会中秋、重阳,冬会长至。叙会以齿,每会必赋诗成卷,上会者序之,以藏于家。非不得已而不赴会,与诗不成者,俱有罚。有《宴集文会录》行于时。"从成化元年开始到李东阳正德十一年辞世,尽管早期茶陵诗派成员因先后去世或远调使京师或者南京的同年雅集、僚友诗会受到影响,茶陵后进成员却又不断地涌入,以使他们的团派活动得以延续下来。

  茶陵诗派的活动在当时是颇具影响的。谢榛《四溟诗话》卷二载:"李西涯阁老善诗,门下多词客。刘梅轩阁老忌之,闻人学诗则叱之曰:'就作到李杜,只是酒徒!'李空同谓刘因噎废食,是也。"②这则材料说明当时茶陵诗派的文事活动倾动朝野,颇具声势。即使李东阳晚年,他与谢铎、刘大夏等茶陵诗派硕果仅存的成员还保持了赠诗唱答的习惯,其中则更多了一层世事沧桑,少了许多早年欢恣华赡的情调。致仕后他又与吴俨、蒋冕等茶陵后进唱和不断,像《诗续稿》卷二载《冬夜克温少宗伯、蒋敬之少宰同会,论文剧饮,二君限韵索诗,醉中走笔一首》,并连续赓和次韵达十首之多③,这也足以说明与茶陵诗派新老成员的诗酒交往已经成为李东阳一生中必不可少的组成部分。当然,除了李东阳的主导作用之外,其他成员也会较为自觉地发起并延续他们之间的聚会。像前文提到倪岳贬官南京后与同好雅集,并影响到茶陵后进成员,即是

---

① 《全明诗话》第三册,第 2735 页。
② 《四溟诗话》卷二,第 54 页。
③ (明)李东阳撰,钱振民辑校《李东阳续集》,岳麓书社 1997 年版,第 30—33 页。

较为明显的例子。至于茶陵诗派以李东阳《麓堂诗话》及其他重要的序跋为理论旗帜并加以翊戴阐扬的事例,在前面章节中已谈到许多,这里就不再赘述。

总之,纵观明初至中叶的诗歌发展流程,茶陵诗派是第一个严格意义上的诗歌流派是可以明确断言的①。无论是明初的吴诗派、越诗派、闽诗派、岭南诗派,还是江右诗派,以及永乐、宣德以来的台阁体作家群,他们更多是作为诗学批评家或文学史家用以建立叙述框架、廓清文学发展脉络而采用的一种大而化之的概括手段,其群体组成松散,有创作主张而无纲领,创作水平参差不齐、流传作品稀少都使之难以与茶陵诗派等量齐观。茶陵诗派之后,像前后七子的复古派、性灵派、唐宋派、竟陵派等文学流派无一不在理论创建和创作实绩上独标一时,因而从这个意义上来说,茶陵诗派又是明代诗学全面走向成熟与健全的开端。

二、茶陵诗派对明代中期的复古思潮的继起作用

上文已经提到李东阳融合山林和台阁两种创作方式②,从理论层面对台阁体进行了改造和转换,促进了茶陵诗派呈现出反映社会生活、表达真实情性的风格面貌,使得明代文学的发展重新回归到诗歌纪实、抒情的本体性特征上来。这可以说是茶陵诗派承接文学上源发展的表现,接下来再看一下茶陵诗派整体对前后七子、唐宋派等倡言复古的流派的具体影响。

归结起来,茶陵诗派的影响体现在艺术批评和具体创作两个方面。首先来看以李东阳《麓堂诗话》为指针的茶陵诗派艺术批评的观念对日益兴起的复古派的影响。其一,茶陵诗派强调诗歌表现真实的情感。李东阳《麓堂诗话》中说:"诗有三义,赋止居一,而比兴居其二。所谓比与兴者,皆托物寓情而为之者也。盖正言直述,则易于穷尽,而难于感发。惟有所寓托,形容摹写,反复讽咏以俟人之自得,言有尽而意无穷,则神爽飞动,手舞足蹈而不自觉,此诗之所以贵情思而轻事实也。"③又说:"乐始于诗,终于律。人声和,则乐声和。又取其声之和者,以陶写情性,感发志意,动荡血脉,流通精神,有至于手舞足蹈

---

① 王山《明代文学史上的李东阳和茶陵派》,见《古典文学知识》1986 年第 2 期。
② 可参阮国华《李东阳融合台阁和山林的文学思想》,《文学遗产》1993 年第 4 期。
③ 《历代诗话续编》下册,第 1374—1375 页。

而不自觉者。"①从上述两点可以看出,李东阳继承儒家传统的"诗以言志""歌以咏情""言为心声"等观念,特别强调情感在诗歌创作中的作用。谢铎同样主张情感说,如"于是情之所感,不能自已,而是诗作焉。"②又"诸公皆天下士,故笃于交义,不谋而同,发于性情之真有如是者,其何可忘?"③他们的上述观点成为前七子等人的直接理论源头,如李梦阳称:"夫诗比兴错杂,假物以神变者也。难言不测之妙,感触突发,流动情思。故其气柔厚,其声悠扬,其言切而不迫。故歌之心畅,而闻之者动也。"④何景明也称:"夫诗本性情之发者也,其切而易见者,莫如夫妇之间。是以《三百篇》首乎雎鸠,六义首乎风;而汉魏作者,义关君、臣、朋、友,辞必托诸夫妇,以宣郁而达情焉,其旨远矣。"⑤徐祯卿《谈艺录》说:"夫情能动物,故诗足以感人。"⑥又"诗以言其情,故名因象昭。合是而观,则情之体备矣。夫情既异其形,故辞当因其势。譬如写物绘色,倩盼各以其状,随规逐矩,圆方巧获其则。此乃因情立格,持守围环之大略也。"⑦李、何、徐等人对诗歌与情感的关系,进一步作了与自然元气、音乐性和夫妇之情的类比,认为只有蕴含了浓郁情感的诗歌才能如气般轻柔、乐般悠扬、夫妇般和谐。相反求之过实,拘之过切,即使是杜甫也难称当行本色。

其二,茶陵诗派强调复古。李东阳认为近体诗应当推崇盛唐,但古诗、乐府则应效仿汉魏。他在《麓堂诗话》中说:"古诗与律不同体,必各用其体,乃为合格。"⑧"古律诗各有音节。"⑨"陶诗质厚近古,愈读而愈见其妙。"⑩"汉魏六朝唐宋元诗,各自为体。譬之方言,秦、晋、吴、越、闽、楚之类,分疆画地,音殊调别,彼此不相入。此可见天地间气机所动,发为音声,随时与地,无俟区别,而不相侵夺。然则人囿于气化之中,而欲超乎时代土壤之外,不亦难乎?"⑪他认为古诗、乐府与律诗格自有别,汉魏与唐诗在此种意义上不可替代。谢铎同

---

① 《历代诗话续编》下册,第1369页。
② 《谢铎集》卷四十八《感情诗序》,第433页。
③ 同上,卷五十,第462页。
④ (明)李梦阳《空同集》卷五十二,《文渊阁四库全书》本。
⑤ (明)何景明《大复集》卷十四《明月篇》,《文渊阁四库全书》本。
⑥ (清)何文焕辑《历代诗话》下册,中华书局,1981年,第766页。
⑦ 同上,第767页。
⑧ 《历代诗话续编》下册,第1369页。
⑨ 同上,第1370页。
⑩ 同上,第1379页。
⑪ 同上,第1383页。

样有复古倾向,李东阳在为其所作《桃溪净稿序》中即多所推重,另外谢铎自己在《愚得先生文集序》中也对叔父谢省"博学好古"钦敬不已。邵宝在《容春堂前集》卷十四《重刊两汉文鉴序》中也高举文章以汉为准的旗帜,他说:"今去汉已远,文之用于世者,若册、诰,若制、诏,若奏、对、书、檄、赞、颂、诗、赋之类,犹夫体焉,而汉雅醇矣。雅醇则于古为近,近之则可复。复古于通今之中,君子于天下皆然,而独文乎?"另外与李东阳、谢铎过从甚密的林俊也欣赏友人"古诗祖汉晋,律诗祖盛唐,而参以赵宋诸家之体,气格疏爽,词采精丽,音调孤绝,听之洒然,咀嚼之,隽永而有余味"①的做法,并对他"夫好则乐,乐则专,含吐性灵,纾写物故"②的诗歌境界深表钦佩。总之,茶陵诗派在诗文方面的复古主张深深影响了前后七子,甚至唐宋派。如何景明《海叟诗序》称:"盖诗虽盛称于唐,其好古者自陈子昂后,莫若李、杜二家。然二家歌行、近体,诚有可法,而古作尚有离去者,犹未尽可法之也。故景明学歌行、近体,有取于二家,旁及唐初、盛唐诸人,而古作必从汉魏求之。"③后七子李攀龙《选唐诗序》中称:"唐无五言古诗,而有其古诗。……七言古诗,唯杜子美不失初唐气格,而纵横有之。"④后两者对唐诗得失的辩证认识,无疑离不开茶陵诗派诸人的分析探研之功。

其三,批判空洞理诗,文不废唐宋。茶陵诗派成员不乏以通一经而及第的,绝大多数又是经史兼通,敏于诗文之制的。因此,他们中间以诗文阐释经义,恪守闽洛家法的为数甚多,谢铎正是这一方面的代表。他不仅有一批绍述程朱理脉的专书,还有大量理诗和史论诗,都有着浓厚的理学色彩。谢铎在《愚得先生文集序》一文中提出:"昔人有言,文之用二,明道、纪事而已矣。六经之文,若《易》若《礼》,明道之文也,而未尝不著于事;若《书》若《春秋》,纪事之文也,而未尝不本于道。后世若濂、洛、关、闽,则明道之文,原道复性,盖庶几乎是者也;司马迁、班固,则纪事之文,唐、隋、五代史,盖因袭乎是者也。"基于他对程朱理义的秉承,形成了他"明道、纪事"的文艺观,这也从根本上决定了他对宋诗的得失有着全面而非偏激的认识。他对当下理诗"不曰太极则曰阴阳,不曰乾坤则曰道德,不曰鸢飞鱼跃则曰云影天光,往往以号于人,曰:此道学之诗"的恶习非常不满,认为真正符合程朱本旨的理诗本应是清新自然,

---

① ② (明)林俊《见素集》卷五《白斋诗集序》,《文渊阁四库全书》本。
③ 《大复集》卷三十四。
④ (明)李攀龙《沧溟集》卷十五,《文渊阁四库全书》本。

深入浅出的。此外,李东阳称陆釴说:"公读书,必究理道,涵泳往复,期于自得。为文章,周慎雍裕,惟所欲言,终日不厌,亦不袭前人语。诗调高古,尽去秾艳,当所得意,纵笔挥洒,刻意极力者,顾追之而不可及。"①可知,陆釴诗文也颇多理趣。邵宝是茶陵后进中潜心闽洛之学的代表。《明史·儒林传》载:"学以洛闽为的,尝曰:'吾愿为真士大夫,不愿为假道学。'举南畿,受知于李东阳,为诗文典重和雅,以东阳为宗。至于原本经术,粹然一出于正,则其所自得也。博综群籍,有得则书之简,取程子'今日格一物,明日格一物'之义,名之曰《日格子》。"②在散文写作方面,李东阳本人即颇为推崇曾巩,他在《曾文定公祠堂记》中说:"宋盛时,以文章名者数家,予于文定公独深有取焉者。盖其论学,则自持心养性,至于服器动作之间;论治,则自道德风俗之大,极于钱谷、狱讼、百凡之细,皆合于古帝王之道与治。"③茶陵诗派成员中颇多学习韩愈的,如邵宝即是。王鏊在《容春堂原序》中称:"公盖师韩而不暇及乎其他者也……师韩而不必似韩,此善学韩者也。"林俊也称:"油油然其光,将根干宋儒,标枝秦汉,收韩、欧数君子之华实乎?起衰斯文,其先生始矣!"④陆深《一泉文集序》中称:"唐宋文献,韩退之、欧阳永叔实当其盛。而元和、庆历之治,粗有三代之遗风,此一代之文献也。"⑤四库馆臣称罗玘说:"其文规抚韩愈,戛戛独造,多掩抑其意,迂折其词,使人思之于言外。"⑥上述种种均对后世影响巨大。在评价宋诗方面,李梦阳反对其空浮流弊,他在《缶音序》中说:"宋人主理,作理语,于是薄风云月露,一切铲去不为。又作诗话教人,人不复知诗矣。诗何尝无理,若专作理语,何不作文,而诗为邪?今人有作性气诗,辄自贤于'穿花蛱蝶''点水蜻蜓'等句,此何异痴人前说梦也!"⑦王世贞则能较为公允地评价宋诗成就,他在《宋诗选序》中说:"余所以抑宋者,为惜格也。然而代不能废人,人不能废篇,篇不能废句,盖不止前数公而已,此语于格之外者也。"⑧另外,唐宋派人物茅坤以《唐宋八大家文钞》为思想阵地,反对前后七子文必秦汉的批评标准,而以唐

---

① 《怀麓堂全集·文前稿》卷二十三《明故中顺大夫太常寺少卿兼翰林院侍读陆公行状》。
② 《明史》卷二百八十二,第7246页。
③ 《怀麓堂全集·文前稿》卷十二。
④ 《见素集》卷六《容春堂集后序》。
⑤ (明)陆深《俨山集》卷四十五,《文渊阁四库全书》本。
⑥ 《四库全书总目提要》卷一七一,页1494下。
⑦ 《空同集》卷五十二。
⑧ (明)王世贞《弇州四部稿·续稿》卷四十一,《文渊阁四库全书》本。

宋诸家为依归,某种程度上也受了众多茶陵诗派成员散文祈尚的影响或启发。

另外,我们来看一下茶陵诗派诗歌创作对复古派的具体而直接的影响。从前七子对茶陵诗派的猛烈攻击来看,两者似乎是对立冲突的,但是他们尊唐复古的主体观念并不异趋,因此在创作方面又表现出平衡统一的面貌。① 这样茶陵诗派对后者的创作的影响,就可以表现为正反两个方面。

其一,从正面角度说,茶陵诗派对古乐府及古诗的拟作推动了前七子的同类创作。从元末杨维桢到李东阳生活的时期,古乐府的拟作长时间内呈沉寂的面貌,这从李东阳《古乐府引》里可以看出。李东阳作古乐府,潘辰、谢铎则为其作评点,何孟春为其音注。笔者曾细阅明高文荐刻本(哈佛燕京图书馆藏),由此可以看出茶陵诗派成员对此创作是颇为推扬的。谢铎是创作古乐府及古诗较为积极、成就也较高的一位茶陵诗派作家。散见于《桃溪净稿》各卷的拟乐府有《新婚别》《上之回》《搏虎行》《短歌行》《西邻妇》《撒屋谣》《葡萄行》《篁墩行》《遗腹儿》《南沟磷》《儿舐疮》《脚痛谣》《穷奇兽》等作,另外卷二十五载古诗《读春秋一十六首》《读通鉴纲目二十一首》,卷二十六载古诗《读宋诗十六首》,卷二十七载古诗《拟皇明铙歌十二篇》,卷二十八载古诗《殷鉴杂咏二十四首》,卷二十九载古诗《台州杂咏二十六首》等。从上面可以看出,谢铎的拟乐府之作,不止涉及古乐府,还有唐以来的新乐府、自创乐府诗题等,古诗则以咏史为主,咏故乡风物之作也占有相当比重。这些作品具有深远的历史情思和殷切的民生情怀,可称茶陵诗派众多诗文作品中思想性和艺术性兼长的代表。李东阳在《麓堂诗话》中称其"在翰林学诗时,自立程课,限一月为一体。如此月读古诗,则凡官课及应答诸作,皆古诗也。故其所就,沉着坚定,非口耳所到。"②实属确评。除了李、谢之外,倪岳《青溪漫稿》卷二载七言古诗33首,其中包括《戏题素扇短歌》《喜雨谣》《冬雨叹》《田家喜雨歌》《春闺怨》《赤壁图歌》《梦仙吟》等具有鲜明乐府特色的作品。另外,像茶陵后进屠勋在《屠康僖公文集》卷一有五言古诗31首、七言古诗52首。

值得一提的是,在拟乐府及古诗的创作中,大量史料和民间题材进入茶陵诗派成员创作的视野,即使较少出京游历的李东阳,其乐府诗中也不乏对先代

---

① 陈文新《明代诗学》,湖南人民出版社2000年版,第142页。
② 《历代诗话续编》下册,第1389页。

烈士、贞女的褒扬,这样他们的选材就不限于台阁馆榭之间,而有投向民间的倾向。谢铎《西邻妇》《遗腹儿》《南沟磷》《儿舐疮》等旌扬孝义之诗即针对当下时事所发,尤称代表。在这种倾向基础之上,俗化的趣味也日益转深,如李东阳《祭老王文》,一反其一贯强调的馆阁气,而全用俗语写成;钱福喜作吴地谣曲。何孟春偏爱南戏,他在《观戏说》中称:"何子爱观南戏,不论工拙,乐之终日不厌。或曰:'子大观古今,而于是戏之观,何取焉?曰:'吾取其升而不荣,黜而不辱,笑非真乐,哭非真哀而已……余于观戏得处世之道,顺逆之境交于前,不为置欣戚焉,谓非有得于戏哉?呜呼!古今能观戏者鲜矣!'"①这一切都对前七子产生直接的影响。

据今人黄卓越统计,李梦阳作乐府类诗歌有120首,古诗14首;何景明乐府杂调81首,古诗6首;徐祯卿乐府50首;王廷相乐府体58首,琴操体4首,风雅体16首,古歌体26首;边贡乐府40首;王九思古乐府16首;孙一元古乐府15首;薛蕙古乐府59首。②另外,黄卓越并未对后七子的古乐府创作加以分析。笔者粗略统计,王世贞《弇州四部稿》卷四有拟古乐府75首、汉郊祀歌20首,卷五拟古乐府59首,卷六拟古乐府47首,卷七拟古乐府185首,可谓为数甚多。李攀龙《沧溟集》卷一载古乐府34首、铙歌18首,卷二古乐府147首,卷三五言古诗78首,其中包括《后古诗十九首》,卷四又有《建安体》3首、《代建安从军公燕诗》9首、《公燕诗》9首、《效应璩百一诗》等等。王世贞在《书与李于鳞论诗书》中说:"吾拟古乐府少不合者,足下时一离之离者,离而合也,实不能胜足下;吾五言古不能多足下;多乃不胜;我歌行,其有间乎?"③可知,两者对乐府、古诗的创作是异常重视的。

总之,上述成果相对明中叶以前乐府、古诗创作长期相对寂寥的状况来说,不能不归结于茶陵诗派众多成员的开导之功。另外,前七子像王九思、康海还是著名的曲家,尽管散曲在明中叶的兴盛有其自身发展的必然规律,像钱福、何孟春等人的俗曲、南戏的偏好,无疑对散曲的兴盛起到了积极的推动作用。

从反面的角度来说,茶陵诗派所坚持倡导的还有许多为前后七子所不取,并起到相反相成的作用。在理论上两者当然并无根本分歧,甚至某种程度上

---

① (明)何孟春《何燕泉集》卷八,乾隆二十四年重梓本,浙江大学图书馆藏。
② 黄卓越《明中后期文学思想研究》,北京大学出版社2005年版,第64页。
③ 《弇州四部稿》卷七十七。

后者在理论视野的开阔度上还不如前者,但是基于复杂的社会政治渊源关系,双方在总的风格面貌和气度心胸上产生了明显的分野。茶陵诗派虽然在理论和创作等诸多方面都有着若干突破和创新,然而毕竟没有彻底摆脱台阁体的余风遗韵。其气格固然舂容大雅,亦少不了延宕沉缓的通病。前七子标举"真诗自在民间"的口号,完全从馆阁台榭的束缚中摆脱出来,其诗歌存在着优孟衣冠、千篇一律的不足,却气象生新,开创了继明代初期诗风、永宣台阁体之后的第三个发展高潮。王世贞指出:"长沙之于何、李也,其陈涉之启汉高乎?"①因此明诗在前后七子手中再度中兴也离不了茶陵诗派的激发和促动,正是在对茶陵诗派的批判和超越中前后七子才获得较高的声誉。

前后七子对茶陵诗派的评价经历了由全盘否定到逐步辩证扬弃的过程,典型代表就是王世贞。他在《艺苑卮言》中曾毫不客气地给茶陵诗派作家揭短,像"王(鏊)稍知慕昌黎,有体要,惜才短耳。南城罗景鸣欲振之,其源亦出昌黎,务抉奇奥,穷变态,意不能似也"②,"李宾之如开讲法师上堂,敷腴可听,而实寡精义。陆鼎仪如何敬容好整洁,夏月熨衣焦背。程克勤如假面吊丧,缓步严服,动止举举,而乏至情。吴原博如茅舍竹篱,粗堪坐起,别无伟丽之观。王济之如长武城五千兵,闲整堪战,而伤于寡。罗景鸣如药铸鼎,虽古色惊人,原非三代之器"③。这些批判挟有意气,尖锐而刻薄,有失偏颇,表明了王世贞早年对明初以来文坛尤其是茶陵诗派的厌弃之意,但是随着阅历和识见的增长,他对后者的看法趋于辩证。以李东阳的乐府诗为例,王世贞在《书李西涯古乐府后》称:"吾向者妄谓乐府发自性情,规沿风雅,大篇贵朴,天然浑成;小语虽巧,勿离本色。以故于李宾之拟古乐府,病其太涉论议,过尔抑剪,以为十不得一。自今观之,亦何可少。夫其奇旨创造,名语迭出,纵不可被之管弦,自是天地间一种文字。若使字字求谐于房中、铙吹之调,取其声语断烂者而模仿之,以为乐府,在是毋亦西子之颦、邯郸之步而已。"④这则材料同样可以印证上面所提到前后七子对茶陵诗派乐府诗歌创作的直接借鉴,从中主要可以看到王世贞从早年的偏激到晚年辩证的思想发展轨迹。前文提到王世贞创作了大

---

① 《历代诗话续编·艺苑卮言》卷六,第 1044 页。
② 同上卷五,第 1025 页。
③ 同上卷六,第 1037 页。
④ (明)王世贞《读书后》卷四,《文渊阁四库全书》本。

量的古乐府及五七言拟古诗,正是在这些作品的写作中,他体味到李东阳的创作甘苦和《拟古乐府》的价值所在。

另外,复古派与茶陵派的对立统一,还体现在茶陵余绪在正德、嘉靖年间固守家法与之并行不悖的一面。李东阳去世之后,像邵宝、石珤、鲁铎、何孟春、屠勋、顾清甚至杨慎等人都还以茶陵派诗法自奉,他们矫然与大盛的"诗必盛唐,文必秦汉"的风尚异趣,崇尚高古典雅、重道纪实、兼取博采的诗味和格调,成为时下文坛不可或缺的一道支脉。隆庆、万历以来,当复古派的流弊日益明显的时候,茶陵流裔便较早地对其展开了反批判。李东阳、杨一清的门生杨慎在《升庵诗话》卷七中引唐元荐说:"至李何二子一出,变而学杜,壮乎伟矣。然正变云扰而剽袭雷同,比兴渐微而风骚稍远。"①另外,清人纪昀在《阅微草堂笔记》卷十四中有诗评说:"三杨之后,流为台阁之体,日就肤廓。故李崆峒诸公又力追秦汉,救以奇伟博丽。隆、万以后,流为伪体,故长沙一派又反唇焉。大抵能挺然自为宗派者,其初必各有根柢,是以能传;其后亦必各有流弊,是以互诋。"②这段评价揭示出茶陵诗派在明代并没有随着李东阳和众多重要茶陵作家的去世而完全消失,其余绪继承了它内在的合理性因素,并展开对复古派的反批评。从历史的角度来看,他们的批评远没有唐宋派、公安派等流派有影响,却对诗文流派的自然更替,推动明代文学的进一步发展具有客观上的积极作用。

综上所述,茶陵诗派在明代文学史上具有重要的承前启后的地位,但相对明代其他文学流派的研究状况而言,其广度和深度又是明显不足的。另外笔者想进一步提请注意的是,茶陵诗派整体的研究应建立在对团派成员思想创作的个案研究的基础之上,尽管学界对李东阳关注和探讨较多,但并不能代替对其他成员的观照、评判乃至给予合理的历史定位,谢铎显然是在李东阳之外应当引起重视和强化研究的不二人选。这里希望通过以谢铎为中心视角的研究,对他在茶陵诗派及明代诗史中的地位做出合理评价,以期对包括茶陵派在内的明代诗歌流派的构成、演变起到一斑窥豹的作用,并最终促进我们对明代诗歌发展的内在规律获得较为清晰而科学的认识。

---

① 《历代诗话续编》中册,第774页。
② (清)纪昀《阅微草堂笔记》卷十四"槐西杂志·四",大连图书供应社1936年第2版,第3—4页。

附　录

明史·谢铎传

　　谢铎,字鸣治,浙江太平人。天顺末进士。改庶吉士,授编修,预修《英宗实录》。性介特,力学慕古,讲求经世务。成化九年校勘《通鉴纲目》,上言:"《纲目》一书,帝王龟鉴。陛下命重加考定,必将进讲经筵,为致治资也。今天下有太平之形,无太平之实,因仍积习,废实徇名。曰振纲纪,而小人无畏忌;曰励风俗,而缙绅弃廉耻。饬官司,而污暴益甚;恤军民,而罢敝益极。减省有制,而兴作每疲于奔命;蠲免有诏,而征敛每困于追呼。考察非不举,而幸门日开;简练非不行,而私挠日众。赏竭府库之财,而有功者不劝;罚穷谳覆之案,而有罪者不惩。以致修省祈祷之命屡颁,水旱灾伤之来不绝。禁垣被震,城门示灾,不思疏动旋转,以大答天人之望,是则诚可忧也。愿陛下以古证今,兢兢业业,然后可长治久安,而载籍不为无用矣。"帝不能从。时塞上有警,条上备边事宜,请养兵积粟,收复东胜、河套故疆。又言:"今之边将,无异晚唐债帅。败则士卒受其殃,捷则权豪蒙其赏。且克侵军饷,办纳月钱,三军方怨愤填膺,孰肯为国效命者?"语皆切时弊。秩满,进侍讲,直经筵。遭两丧,服除,以亲不逮养,遂不起。弘治初,言者交荐,以原官召修《宪宗实录》。三年,擢南京国子祭酒。上言六事,曰择师儒,慎科贡,正祀典,广载籍,复会馔,均拨历。其正祀典,请进宋儒杨时而罢吴澄。礼部尚书傅瀚持之,乃进时而澄祀如故。明年谢病去。家居将十年,荐者益众。会国子缺祭酒,部议起之。帝素重铎,擢礼部右侍郎,管祭酒事。屡辞,不许。时章懋为南祭酒,两人皆人师,诸生交相庆。居五年,引疾归。铎经术湛深,为文章有体要。两为国子师,严课程,杜请谒,增号舍,修堂室,扩庙门,置公廨三十余居其属。诸生贫者周恤之,死者请官定制为之殓。家居好周恤族党,自奉则布衣蔬食。正德五年卒。赠礼部尚书,谥文肃。

嘉靖太平县志·谢铎传[①]

谢铎字鸣治,初号方山,后更号方石。天顺己卯中乡试第二,甲申第进士出身,入翰林为庶吉士。乙酉授编修,奉旨校勘《通鉴纲目》。上疏言"神宗喜《通鉴》,理宗好《纲目》,而不能推之政治"。因劝"求贤讲学,稽之经传,质以史书,直以今日之事,验之既往之迹,内省思齐,长虑却顾,则大本立而万目随之矣。"成化丁亥,预修《英庙实录》成,会秩满,迁侍讲。在经筵撰讲章,必尽所欲言,少忌讳。戊戌,以家艰去。既免丧,谢病不起且数年。弘治初,台谏部属言事者交荐之,会以修《宪庙实录》征,乃起供职。庚戌,擢南京国子祭酒,以身为教。先是,诸生有六堂班见礼,公尽革去之,捐皂役钱沛诸僚属,籍膳夫钱于官,购东西二书楼用庋镂板。上疏请增杨龟山从祀而黜草庐吴氏,其余若择师儒、慎科贡、广载籍诸论列尤多。辛亥,复恳乞致仕归。荐者以十数,特擢礼部右侍郎,管国子祭酒事,命吏部遣使即其家起之。公再辞不得,道得疾,径归。复请,而敦迫日益急,乃行至京,辞所加职,以本官治事,亦不许,乃就职。请增号舍、修学宫。又谓庙门衢面多狭斜,买其地而廓之。又买官廨三十余区居学官,用省僦直,皆出夫皂顾役钱。余钱悉籍为公用,诸生有贫困者、死而无以归其丧者,咸有给。又请别祀叔梁纥,以曾晳、颜路、孔鲤配,用全伦义,然不果行。凡所建白皆师古义,持独见,未始有徇俗希人意。居二年,再疏乞归,不许。癸亥,修《历代通鉴纂要》,命为润色官。疏又五六上,又不许。后乞归养疾,乃许,命给驿以行,令有司候病愈闻。正德戊辰,吏部例上其名,不果用。庚午正月廿有四日终于正寝,寿七十六。朝命特赠为礼部尚书,谥文肃,谕祭治葬,咸如著令云。公孤介寡合,性气屹屹,然嗜义如渴,见不善若将浼焉。家居极孝友,自违养后,无意仕进,尝从其叔父贞肃先生学,师事终身。父世衍尝出祭田三十亩,公买田代之,而以其田分给诸弟。又置义田、书院田凡若干亩,修宗谱,构墓庐为合族计,姻党、知识困乏者,咸有周恤。顾实无长物,惟节俸入为之,居常第蔬食醴饮而已。一日,欲买地治归来园,问其直须五十金,公倒

[①] 见《嘉靖太平县志》卷七《人物·名臣》。

囊不足其数,乃还地券。会江心寺起文信公祠,永嘉令汪循奉二十金来请碑文,公笑曰:"园成矣!"其无厚蓄如此。乃至乡郡诸先正遗文善行,皆辑录以传。公为诗精练不苟,力追古作,文尚理致,谨体裁,考订、评骘多前人所未及。所著有《桃溪集》《续真西山读书记》《伊洛渊源续录》《元史本末》《宰辅沿革》《国朝名臣事略》《尊乡录》《赤城新志》《赤城论谏录》《祭礼仪注》,凡若干卷。长老为予言:公既归,会敬皇帝宾天,为之大恸。已而权奸用事,公闻刘、谢二阁老致仕去,辄又恸。已又闻刘华容谪戍,又恸。自后凡有北来人,辄颦蹙问邸报,又辄连恸。见素林公俊尝曰:"谢公,天下第一流人物也!"予问诸缙绅,则咸曰:"谢公之高,在出处之际。其进也如不得已,其退也追不及距,故见素云尔。"今从祀乡贤祠。

方石先生行状①

黄 绾

先生姓谢氏,讳铎,字鸣治,别号方石。少颖敏,能为韵。自年十四,其叔父逸老先生授《四子》《毛诗》,辄悟大意。将冠,游邑校,与绾先大父少司空友。大父树立坚特罕比,独与先生相与砥砺,慨然以古人自期。天顺己卯,发解第一人;甲申,登进士第,与今少师长沙李公、大司马华容刘公同选入翰林为庶吉士。益肆力学问,学士永新刘公、莆田柯公典教,皆深器之。成化乙酉授编修,预修《英庙实录》,赐银币,升俸从六品。癸巳,被旨校《通鉴纲目》,先生因指历代得失,为疏数千言以进。曰:宋神宗好《通鉴》,理宗好《纲目》,徒知留意其书,不能推之政治。因论时政之失,宜求贤讲学,见诸行事,不为二君之徒好。甲午被旨入读中秘书,条上西北备边事宜。略曰:河曲一方近失声援,夷狄伏为窟穴②。夫大河为关辅之限,而授降、东胜又大河之藩篱,失此则河不可守,况又失河而退守,其何能及?况延绥③经榆林至宁夏二千余里,列堡二十有三,马步军二万三千有奇,老羸半之,是以往岁寇掠如入无人之境。东自孤山、柏林诸堡,中自平夷、怀远诸堡,西自靖边、清平诸堡;又西则宁塞诸处直抵金汤川,安边诸处直抵环庆,花马池诸处直抵固原,以至土门、塞门、山城诸处,莫非入寇④之路。朝廷久为搜套之策,疑而未决,及此无事,正宜蓄兵养锐,于大同、宁夏以为东西之援,渐图收复汉唐故疆与国初东胜之地。据三受降城以极形势,守其不攻者,策之上也。又曰:今用将帅皆晚唐之债帅也,战没者士卒而名数不闻,克捷者士卒而赏归权势,克减之暴,办纳之艰,怨塞胸腹,得而使之乎?言甚剀切,皆凿凿可用。乙未秩满,升侍讲,入预经筵,反覆推说,皆人所难言。庚子,丁外艰,再罹内艰,守礼如古。壬寅终制,谓人曰:"初心冀禄为亲,今无及矣,苟仕,非义也。"遂以疾闻。明年癸卯,吏部趣起复,坚以疾谢,楗

---

① 黄绾《方石先生行状》,黄宗羲所编《明文海》卷四百五十题作《谢文肃公行状》。
② 夷狄伏为窟穴,《明文海》作"诸国倚伏窥视"。
③ 延绥,《明文海》作"绥延"。
④ 入寇,《明文海》作"敌入"。

门读书，暇则侍逸老登眺方岩①、雁荡之上，仕进之念，泊如也。孝皇初亲庶政，于是廷臣交章论荐，会修《宪庙实录》，诏起之。先生未决，大父与长沙公贻书来劝，遂行入朝，供事兵馆，书汪直、王越开边事最直。庚戌升南京国子祭酒，以廉节为教，士皆刮涤，有以请托自愧者。又疏上国学事宜，曰：择师儒、慎科贡、正祀典、广载籍、复会馔、均拨历。其论祀典略曰：孔庙从祀之贤，万代瞻仰，教化之原。龟山杨时，程门高第，实衍延平之派，新经之辟，足卫吾道，而不预从祀；临川郡公吴澄，生长于宋而显于元，夫出处圣贤大节，夷夏②古今大防，身事三姓③，迹其所为，不及洛邑顽民，顾在从祀之列，臣固不能无感。况二人皆太学之师，其于庙祀黜陟不可不正。先生以师道难尽，疏请致仕，不许。明年辛亥，仲子死，先祀无托，遂致仕。诸生以状历部台，请留④于朝。先生尝抑诸生之纳粟马者，至是举则多所抑者。一时荐绅荣其归，皆祖于郊外。家居几十载，惟读书求志，日不少懈，势利一毫不婴于怀。天下之思其人、想其风者，皆谓可望而不可即，而荐者益力，孝庙于是深知先生，欲大用之。戊午，会国子缺祭酒，吏部以先生名进，上特命升礼部右侍郎，掌祭酒事，遣使就其家起之。先生两具疏辞疾。长沙公在政府，贻书谕上意，乃行。次越，得疾径归，以状投绍兴府缴进，力求致仕，不许。又疏投台州府转奏，知府不敢上。给事中吴世忠、主事潘府言当速起，以尽正人之用。使者再至，有司劝驾益急，遂行至京。以求退而得迁，非义所安，辞以旧官供职，不许，始受命。其为教如在南雍。时地震，诏诸司言事，因上章论维持风教四事，而论黜吴氏及纳粟马之害尤切。连疏乞致仕，六馆师生上章乞留，廷臣吴世忠、张芝、吴蕣荐益力，被旨不允。癸亥，上命会辑《通鉴纲目》，并续编为《纂要》，先生为润色官。论黜晋、隋、元⑤之统，说皆有据。任职三载，念祖母赵氏守节未白，俟满考，请以本身诰命易为赵氏旌表。例死者不旌，上特破格行之，仍给诰命。既而复疏，乞致仕，半岁之间疏凡五上，辞署印至再四上，皆以温旨勉留，又不能夺，方许养疾，命驿归，俟疾愈以闻。正德戊辰，吏部上其名，会权奸用事，遂令致仕。先生归六岁，终于

---

① 此句，《明文海》无"岩"字。
② 夷夏，《明文海》作"中外"。
③ 身事三姓，据《明文海》改。
④ 此句，《明文海》无"且疏留"。
⑤ 此句，《明文海》无"胡"。

正寝,享年七十有六,正德庚午二月二日也。有司以闻,赠礼部尚书,谕祭赐,谥文肃,命进士桂萼治其葬。葬其里旸岙大梦山之原。

先生性孤介,简朴无华,节操坚励,慎取予,有防畛,晚始宽疏有内,居常坦坦,虽庸人、孺子得亲之。及遇事则断断一定,不可夺志。耻温饱,布素蔬食,将以终身,尝曰:"吾无他长,惟安分知止而已。"故其平生①不吝义退,不荣倖进。其进也,反覆辞免,至不已而后就;其退也,量任揆己,奋而决去。此其出处大节,本末甚明,夫岂偶中幸致者!前时学士大夫务希世进取,巧躋捷攫,扬扬得计,由二三君子,天下乃始贵名节、尚廉耻。呜呼!先生志不究,才不尽,用泽不加于民,惟流风犹竦动后世。先生之功可少哉?国学自会膳不行,膳夫之输,常为祭酒故有,先生独不然,尽籍于公,不私铢两,乃措之废坠。如南雍搆二楼,庋故典、刻板;北雍增号房,置官廨,修文庙,开庙前衢。奏均属官与诸生之贫者。有余之,以需会膳之复行。诸生之馆用赂教官,谓之班钱,为禁止之。又捐己卑银以赈教官之廉者。平生不喜与内侍往来,在纂局有内侍之执权者,每设食恭礼,丐一言不可得。见义必为,先公有遗田若干亩,斥供先世祠墓禄食。稍赢,辄买田代之,分给诸弟,置家塾,资宗族贫葬。又买田分诸侄,而又创方岩书院,筑牛桥闸,与䦆亲故婚丧患难之不赡者。乡郡先哲行义、著述,靡不搜辑表阐,或求其祠墓□之。老居田里,有以自乐。每闻朝政更革,君子、小人进退消长之机,未尝不感慨深嗟而掩袂也。于书无不读,其所为文甚多,尤长于诗,盖其精识绝人,论议归于一是,所著有《桃溪集》《续真西山读书记》《伊洛遗音》《伊洛渊源续录》《四子择言》《元史本末》《宰辅沿革》《国朝名臣事略》《尊乡录》《赤城志》及《文集》《诗集》《论谏录》《缌山集》百余卷。

先生裔出晋康乐公,宋经略使鞅始迁黄岩县学西,元末孝子温良再迁桃溪,今隶太平。曾祖原睦。祖性端,赠礼部右侍郎;妣赵氏,赠淑人,即节妇。考世衍,封编修,赠礼部右侍郎;妣高氏,赠淑人。从叔父省,宝庆太守,所谓逸老先生,及其弟王城山人绩,皆以学行重于时。先生娶陈氏,继孔氏,宣圣五十七代孙,皆赠淑人。子男三,兴仁、兴义皆夭,兴寅,侧室焦氏出。女二,长聘绾叔父侹,俱夭;次适金忻。孙男一,必祚,兴义遗腹子,以荫补国子生。曾孙男

---

① 平生,《明文海》作"生平"。

二,某某①。绾窃惟早岁受业受知先生特深,世契尤笃,非绾无以摭其详,故必祚以遗行见属,义有不得辞者,谨为状,以告立言君子,庶先生大节,百世之后有考。谨状。

嘉靖九年冬十月望日通议大夫南京礼部右侍郎门人黄岩黄绾谨状

---

① 某某,据《明文海》补。

明故通议大夫礼部右侍郎管国子监祭酒事致仕赠礼部尚书谥文肃谢公神道碑[①]

李东阳

  吾友方石先生谢公卒,且葬既阅岁,予始得铭神道之石,非忍为慢,重之也。公讳铎,字鸣治,别号方石,台之太平人。少为县学生,天顺己卯,举乡荐第二,甲申,登进士第,入翰林,为庶吉士。乙酉授编修。成化丁亥,预修《英庙实录》成,升从六品俸。乙未秩满,迁侍讲,仍加从五品俸。戊戌,以家艰去,既免丧,谢病居数年。弘治初,台谏部属言事者交荐之,会以修《宪庙实录》征,乃起供职。庚戌,擢南京国子监祭酒。辛亥,致仕归。荐者以十数,特擢礼部右侍郎,管国子祭酒事,命吏部遣使即其家起之。公再辞不得,道得疾,径归。复请,而敦迫日益急,乃行至京师,辞所加职,以本官治事,亦不许。居二年,辞至再。癸亥,修《历代通鉴纂要》,命为润色官。疏又五六上,后乞归养疾,乃许,命给驿以行,令有司俟病愈闻奏。正德戊辰,吏部例上其名,会权奸用事,恐其复起,遂归致仕。[庚午正月二十一日终于正寝。]盖公出处履历之概如此,可谓得其正矣!

  公为编修时,尝奉旨校勘《通鉴纲目》,上疏言:神宗喜《通鉴》,理宗好《纲目》,而不能推之政治。因劝求贤讲学,以史册质经传,穷理义,则大本立而万末自随矣。为侍讲,撰经筵讲章,必尽所欲言者。在南监时,动以身教,每严约束,禁诸生班见礼,捐皂役钱以沛僚属,籍膳夫余钱于官,购东西二书楼以庋镂板;上疏请增杨龟山从祀,而黜草庐吴氏,余若择师儒、慎科贡、广载籍、复会馔、均差遣,论列尤多。在北监,请增号舍,修堂室,又谓庙门衢面多狭斜,以为亵慢,买其地而廓之。又买官廨三十余区居学官,以省僦直,皆出夫皂顾役,余悉为公用。诸生贫困者亦有给,死者请京府致赙,给驿归其丧。又别祀叔梁纥,曾晳、颜路、孔鲤配之,以全伦义,而议黜吴氏者尤切,皆不果行。凡所建

---

  ① 李东阳《明故通议大夫礼部右侍郎管国子监祭酒致仕赠礼部尚书谥文肃谢公神道碑》,清嘉庆八年陇上学易堂刻本《怀麓堂全集·文后稿》卷一作"《通议大夫礼部右侍郎掌国子监祭酒赠礼部尚书谥文肃谢公神道碑》"。

白，皆师古义，持独见，未始有徇俗希人之意。虽尊官要地，忌者不能无，而舆论所归若出一口。其辞，则相率请留；其去，则争为论荐，如轮粟纳马诸途素为所抑者，亦连名荐之。前后所上辞疏，朝廷每优诏慰答，至停禄以俟命，仅予告归。既其没也，特赠为礼部尚书，谥文肃，遣官论祭，令有司治葬事终始极备，皆平生意望之所不及，信公道之在天下固亦不可泯者。

公孤介寡合，性气屹屹，嗜义如渴，见不善若将浼然。家居孝友，自违养后，辄无意仕进。少从从父宝庆知府世修学，师事终身。及王城山人世懋早卒，并集其诗刻之。其父赠礼部侍郎世衍尝出祭田三十亩，公买田代之，而以其田分诸弟及供家塾，间以葬族之贫者。又买田以益弟侄，数亦如之。又修宗谱，构墓庐，为合族计。其高祖孝子温良遗行久弗白，至公始表著之。祖母赵氏以节死，后公以侍郎考绩，请辍所得封诰移旌典，诏特表为贞节之门，仍予诰命。以至乡郡诸先正遗文善行，皆辑录以传。与南京工部侍郎黄公世显为知己，始终不负，姻党知识困乏者，皆有周恤，然实无长物，惟节俸入为之，其居常第疏食醴饮而已。为诗精不苟，力追古作，当所得意，殆忘寝食，文尚理致，谨体裁，考订、评多前人所未及。所著有《桃溪集》《续真西山读书记》《伊洛渊源续录》《伊洛遗音》，并《四子择言》《元史本末》《宰辅沿革》《国朝名臣事略》《尊乡略》《赤城新志》及《诗集》《论谏录》《蚁忱稿》《汲绠余诚》《归夷杂录》《缌山集》《祭礼仪注》若干卷。

谢氏出晋康乐公后经略使崍，至今若干世。公配陈氏，继孔氏，宣圣五十七代孙，皆赠淑人。公三子，[长兴仁、次兴义皆县学生，早卒。]次兴寅，[出侧室焦氏。女二，长适黄侍郎子铤，次适金忻。]孙一，必阼。[兴义遗腹子也。]公生[宣德乙卯年二月某日]，卒[以正德庚午正月二十一日]，寿七十六。必阼以书告哀曰：非先生文，吾祖弗瞑。[后军黄都事绾实侍郎之孙，受学于公，公行甚悉。]呜呼！公天下士也。予故先序其出处之大者，后及其详，而系以铭，铭曰：台文献地，山水盘结。钟灵聚英，代产人杰。谢出申封，从晋东辙。峨峨东山，支遍诸越。巉巉方岩，逮宋乃发。石生其间，百碎无屈。维文肃公，矫矫风节。言论铿铮，行操孤洁。文必己任，教必身率。群疑众咻，莫我能詶。事有难继，弗我遑恤。力有余步，宁我无蹷。其所未竟，付诸造物。好德考终，生也无缺。乡贤有录，公自编帙。信史有笔，公所删述。公名孔彰，允继前哲。

方石先生墓志铭

王廷相

正德五年二月二日，方石先生卒于家，年七十有六。有司以闻，乃赠礼部尚书，谕祭赐，谥文肃。命官治葬事于其里旸岙大梦山之原窆，已二纪矣。门人南京礼部右侍郎黄君宗贤具状示廷相曰：先师托体九原，岁云邈矣，嗣孙弱，不克事，犹未勒有圹中之石，绾实悲之。君游先生门下，应切义念，兹文非君而何？嗟呼！先生尚未有铭耶，奚以掩幽示后？乃泫然挥涕铭之。按状，先生姓谢氏，讳铎，字鸣治，别号方石。生而姿性澄朗，机神警悟，童时即能为韵语。年十四，叔父逸老先生授以《四子书》《毛诗》，辄通大义。将冠，游邑校，与同邑黄文毅公孔昭友契，服膺儒素，日相砥砺，以古人自期，乃并有时名。天顺三年，浙江发解第二人；八年，登进士第，选为翰林院庶吉士；授编修，预修《英庙实录》，赐银币，升俸。成化九年，被旨校《通鉴纲目》。先生乃具疏，论宋神宗好《通鉴》，理宗好《纲目》，徒知留意其书，不能推之于治。因劝上亲贤讲学，见诸行事，不可为二君之徒好。帝嘉纳之。见北虏人潜伏为窟穴，夫大河为关陕之限隔，受降东胜乃大河之藩篱，失此，则河不可守，况又失河而退守，其何能及。黄甫川西至榆林，抵宁夏二千余里，中间列置城堡二十有三，步军二万三千有奇，卒分力弱，势难捍御，是以往岁寇掠如入无人之境，朝廷久为搜套之策，迟疑未决，及今无事，正宜蓄兵养锐，渐图收复汉唐故疆与国初东胜之地，据其形势，守其不攻，此计之上也。又言：今之选将皆晚唐债帅，士卒战殁而名数不闻，士卒克捷而赏归权势。克减之私，办纳之苦，怨气塞腹，志义且乖离矣，尚安能驱而使之乎？言甚剀切，皆凿凿可行。升侍讲，入预经筵。反覆推说，皆人所难言者。接丁内外艰，饮水、蔬食、倚庐、祥禫，一如古礼终制。亲友劝起复，先生曰：初心縻禄为亲尔，今复何为？乃楗门读书，以养道求志；时侍逸老登眺方岩、雁荡之上，怡神自足，弹冠之念泊如也。孝皇初新庶政，征贤铨德。廷臣交章论荐，会修《宪庙实录》，遂诏起之。长沙李文正公贻书劝驾，极言君子道隆乘运拯世之义。先生乃勉力入朝，供事兵馆，于汪直、王越开边事书之最直。升南京国子监祭酒，以道义廉节为教，士皆刮涤旧习。又疏国学事宜六,上之曰:择师儒、慎科贡、正祀典、广载籍、复会馔、均拨历。其正祀典略曰:孔庙从祀之贤,万代仰止,龟山杨时,程门高弟,实衍延平之脉,新经之辟,足以卫道,乃今不预从祀;临川郡公吴澄,为宋举子而显仕于元,夫出处圣贤大节,忘君事仇,迹其所行,不及洛邑顽民,顾在从祀之列,臣实惑之。风教所关,不可不正。先生以师道难尽,状请致仕,不许。适丧仲子,先祀罔托,遂力求解任归。家居将十年,士望日重,荐者益力,铨部仍拟国子监祭酒,上特命升礼部右侍郎,掌祭酒事,遣使就其家起之。先生再疏辞疾,李文正公时在政府,复贻书谕上意,乃行。又以求退得迁,非义所安,恳辞以旧官供职,不许,乃始受命。在国学教胄,务先养成器识、濯砺风节,一时士类翕然大变。会辑《通鉴纂要》,要以先生为润色官,乃论黜晋、隋、胡元之统,识者韪之。先是,国学自会膳不行,膳夫输役遂为祭酒常费,先生乃尽籍贮于公,不私铢发。奏均给其属与诸生之贫者,余为修治圮废之用,至今犹行之。以疾乞致仕,疏凡五上,每优旨勉留,不能夺,乃许养疾,仍命驰驿归。时六馆诸生以状乞留先生者无虑千人。正德三年,吏部荐先生儒术宏深,当大用,会权阉用事,矫令致仕。在家数年卒。

先世遗有常稔田若干亩,先生议供祠墓。禄有稍赢,即别买田代之,分给弟侄。又置田储租供家塾,建方岩书院,赒宗戚婚丧患难之不赡者。其处宗党,仁义忠厚之行多可尚如此。所著有《桃溪集》《续真西山读书记》《伊洛遗音》《伊洛渊源续录》《四子择言》《元史本末》《宰辅沿革》《国朝名臣事略》《尊乡录》》①《赤城志》《文集》《诗集》《论谏录》《缌山集》百余卷。

先生系出晋康乐公,宋经略使輗始迁黄岩,元末高祖孝子温良再迁桃溪,今隶太平。曾祖原睦。祖性端,赠礼部右侍郎;妣赵氏,赠淑人。考世衍,封编修,累赠礼部右侍郎;妣高氏,封孺人,累赠淑人。配陈氏,继配孔氏,宣圣五十七代孙,皆赠淑人。子男三,兴仁、兴义皆夭,兴寅,侧室焦氏出。女二,长聘黄侹,俱夭;次适金忻。孙男一,必阼,兴义遗腹子,以荫补国子生;曾孙男二,适然②。从叔父宝庆知府即逸老先生,及弟王城山人绩,皆以学行重于时云。

先生性孤介廉直,重气节,慎取予,有防畛,遇事侃侃能断,义不可夺。且安止知命,不竞不华,布素蔬食,终身弗厌。故平生不吝义退,不荣倖进。其进

---

① 此句,1998年重修本《桃溪谢氏宗谱》无"《四子择言》《元史本末》《宰辅沿革》《国朝名臣事略》《尊乡录》"。

② 此句,《桃溪谢氏宗谱》无"适然"。

也,反覆辞免,至不得已而后就;其退也,量任揆己奋迅而决之。虽退处岩野而其心未尝不在天下,每闻朝政更革,君子、小人进退消长之会,亦未尝不拊膺太息而致虑于世道之升降也。嗟乎!粤自成化以来,内阁、司礼交相倚藉,暗泊朝政,士必夤缘托结,而后通显,不然①虽韫德怀义高迈清远之儒,不陆沉于下僚,则摈弃于草野。夫以三原王公,天下倚望,以不附顺,犹设谋害,使不得久于其位,他可以镇压而无恐者,不啻驱逐矣。朝寡廉节,习秽污风,②愧于具瞻者亦多矣!乃先生卓尔名辅,亦竟不能宏济大猷,以发舒其素志,则其时可知矣。然而羲易幽贞之吉,大雅进止之度,百世以下,闻其风者,亦足以激贪立懦而又何慊乎哉!铭曰:

穆穆文肃,炳灵自天。敬义直方,厥德永全。学邃坟籍,道探渊源。驳正图纬,维圣之尊。持正于家,伦义靡忒。持正于国,忠贞匪石。讲筵渠渠,启沃论思。史笔屹屹,直书不移。司成两都,械朴协轨。育髦斯士,植国之纪。未济大川,聊尔小试。尼父天知,子舆不遇。时不苟合,道不虚行。用则凤鸷,退则鸿冥。弗流弗执,中正是造。文武弛张,展也有道。匪公儒素,孰启其节。匪公端诚,孰遗其哲。道敝风亏,邈哉黄虞。先生往矣,孰隆其污。天台之阳,有邱崔嵬。哲人之藏,百世之怀。

嘉靖九年岁次庚寅冬十月望日参赞机务南京兵部尚书门人仪封王廷相子衡谨志。

---

① 不然,《桃溪谢氏宗谱》作"苟不然此"。
② 此句,《桃溪谢氏宗谱》多出"三事九列有"。

桃溪净稿序

李东阳

　　予与方石先生同试礼部时，已闻其有能诗名。及举进士，同为翰林庶吉士，又同舍。见所作《京都十景》律诗，精到有法，为保斋刘公、竹岩柯公所甄奖；又见其经史之隙，口未始绝吟，分体刻日，各得其肯綮乃已。予少且劣，心窃愧畏之。同官十有余年，先生学愈高，诗亦愈古，日追之而不可及。然先生爱我日至，每所规益，必尽肝肺；见所撰述，亦指摘瑕垢，不少匿。及先生以忧去，谢病几十年，每恨不及亟见。见其所寄古乐府诸篇，奇古深到，不能释手。比以史事就召，尽见其《桃溪杂稿》若干卷，乃起而叹曰："诗之妙，一至此哉！"夫诗有二要，学与识而已矣。学而无识，譬之失道兼程，终老不能至。有识矣，而学力弗继，虽复知道，其与不知者均也。汉唐以来，作者间出，必其识与学皆超乎一代，乃足以称名家，传后世。肩差而踵接者，代亦不过数人；其余冥行窘步，卒归于泯灭澌尽之地者，不知其几也。世岂患无诗哉，患不得其要耳！先生蚤负绝识，虽古人诗，鲜或意满，而自视亦严甚，命志帅气，顾劣者所不及。则其屣脱尘靡，力起颓废以至于此也，岂非世之所必传哉！

　　或乃谓古今文章，厄时代，关气数，断不相及，遂不复致力其间，亦自弃之甚矣。然此犹以体格言之。又尝观《三百篇》之旨，根理道，本性情，非体与格之可尽。先生好古力践，深猷远计，发而为言者，固其所自立也，可又独归之时代也乎？然于此见今日之盛，有古之所谓献者，非徒文也，亦以见先生之贤，断有以立乎世者，而非徒言也。予无似，惧终不能自振，以名托交游为幸，因序论之。

　　先生姓谢氏，名铎，字鸣治，台之太平人，累官翰林侍讲，号方山，后更号方石。桃溪，其所居地也。弘治己酉夏四月八日翰林院侍讲学士奉直大夫、经筵官兼修国史长沙李东阳序。

　　按，此序作于弘治己酉即弘治二年（1489）。李东阳此序在顾璘刊出《桃溪净稿》时以《桃溪净稿序》之名被收入该书诗集前，并在后面加了一段话曰："初名《杂稿》，后十三年，西涯先生再取而芟之，俾录为《净稿》云。"

桃溪杂稿序

陈 音

道本于天，具于人，切于彝伦日用之实，随小大而用之，无所不宜。士于道必有见然后有守，必有守然后有为，而共发于辞者特以著其志，且古之大贤君子有学识，有志节，有事功，言行相符，人心敬信，至今仰之，巍然若山斗而不可及，皆主于道为之也。其或胸中无定见，与时上下，将涊忍苟容无所不至，则其事功必不能卓立于当时，况望其文辞足以取信于后世哉！

吾友谢先生鸣治，别号方石，世居黄岩之桃溪，自少逊志时敏，以希古求道为心。天顺甲申登进士第，入翰林为庶吉士。益大肆力于学，凡经传子史，无不精思力究，会诸博而归诸约，将以其所学措诸实用。既为编修、侍讲，恒有陈论，其操持刚介，棱棱不苟合，尝退居山阿几十年，欲自老而不悔。弘治初，修《英庙实录》，诏特起之，先生黾勉供事，于是非褒贬深为有裨。会拜南京国子祭酒，既至，夙夜殚心，询弊举宜，大要以明彝伦、正风俗、成人才为己任。虽士心信服，声教丕振，其心缺然，若犹愧于古之所以教者，而去志恒存。未期以子殇身病，遽恳疏力请以归。呜呼！以先生之学识、气节，其出处进退间必有道在，岂音之愚之所测哉？独念如先生者世不易得，乃不得尽展其蕴于事功，而独发其志于文辞，良可慨矣！

先生所著，有《桃溪杂稿》若干卷，虽皆因人应事而作，凿乎于道，有定见，足以淑人心，扶世教，使后人之诵其辞，论其世，以之明诸心体诸身，则教泽所被，实大以远，岂徒无善天下而已哉！或徒以文章末技归其所长，殆未足以知先生也夫。弘治辛亥夏六月既望，南京太常寺少卿友人陈音序。

桃溪净稿序

顾　璘

或问谢文肃公之文，璘曰：醇气之积也。夫文章盛衰，关诸气运，而发乎其人；非运弗聚，非人弗行，岂小物也哉！

昔周之盛也，文、武、成、康迭兴，谟、训、雅、颂之辞，尔雅深厚，意若有圣人之徒操觚其间，何其若是善也！幽、厉以降，辞命寖繁，《黍离》《板》《荡》之篇，气索然矣，非行人、史官矫诬眩众，则羁臣、弃士哀鸣悲思，以抒其愤懑者也。即国家何赖乎是？故观文体之险易，可以知气运之盛衰，而人材由之矣。

惟我皇明圣祖神宗，履道敦化，至宪、孝二朝盛矣。礼乐声教之泽醇庞湛，盖天地一大运会也。时则有鸿儒宿学出乎其间，吐发正义，抒宣宏辞，以润色治理，培植道脉，何其符合与？如丘文庄公、程篁墩公、吴文定公、李文正公及谢文肃公，与今存者不述，皆台阁之望，儒林之宗也。考量德义，其浅深厚薄何如哉？盖不俟百世，乃可知也。

璘执此仰叹有年矣。比来守台州，文肃之孙必阵见其遗文若干卷，盖文正所选定者。其文明健闳博，根柢经传，以纲维人伦为宗，以剖白事实为用，以抑扬邪正为志，以遗远声利为情。诗与文同致，合发情止义之则，而锻炼驰骛，莫为有无，盖其所负者独远大矣。

呜乎！公居朝汲汲于为忠，而常恐愧乎其禄；居家汲汲于为义，而常恐愧乎其生。是以方进而辄退，既老而益勤，充其极，虽周、召由是也，岂不曰圣人之徒乎？璘故曰：醇气之积，合世与人言之也。僭逾之罪，无所于逃，所冀同好之知我尔。曰《桃溪净稿》，仍旧名也，刻在学宫。正德辛巳仲春既望，守台州姑苏后学顾璘谨序。

桃溪净稿后序

罗 侨

言而至于道,言之至也。次而极性情,该物理,关涉世教,言与意会,笔与心应,而亦自到至处。有不知其然而然者,积之光然,而业之沛然,养之温然,而形之粹然。语在至近,而指极奥妙,斯亦善言者也。下此斯赘矣。予读谢文肃公之诗与文,皆极性情,该物理,关涉世教,非寻常拈弄笔墨,嘲吟风月,掇织巧艳丽以为技,务赘采崛硬以为奇,而其风韵神采自在,非众人之所能及。公盖一代人物也,而岂台郡之所能独当哉!侨每于诗文中窃见公于西涯李公极加推逊,而西涯于公亦甚敬服,盖二公可谓知己。而其文章德业、出处进退之际,必有能论之者,予并及之,作《桃溪净稿后序》。时嘉靖二年癸未二月己亥,知台州府后学吉水罗侨谨序。

桃溪类稿序

黄绾

绾读吾师方石先生之文、之诗,慨然而叹曰:嗟乎,先生不可作矣!吾于是文是诗也,可以观世变矣。夫世以人成,人以志成,志异为变,变而皆同为俗,俗成而有风,风成而有升降,升则为治,降则为乱,而文与诗亦随之。何哉?人必志动而后有言,言则心之气之声形焉。声与气形则嗜欲不可掩矣。故言可伪也,志不可伪也。声气远则志远,声气近则志近,声气清则志清,声气浊则志浊。是故鄙俗之人言虽文雅,其声其气则鄙俗也;富贵之辈言虽理义,其声其气则富贵也;功名之伦言虽道德,其声其气则功名也。是故读孔子之言则可知其有德,读孟子之言则可知其造道,读孔明之言则可知其忠剀,读渊明之言则可知其怡退。先生仕当英宪、孝庙之世,见士之好进,无为国之诚,方为侍讲,因丧二亲,服阕,辄乞休致,山居十年,用荐者出,修《宪朝实录》,升南京祭酒。不三年,因丧子,又乞休致,山居又十年。用荐者升礼部侍郎,掌国子监祭酒事。三年,又乞休致。孝庙眷留,累十疏,始得请。是故读先生之文与诗,而知先生之志、之声、之气。要非功名、富贵、鄙俗之所可污,以视孔明、渊明之言而上追孔孟之门墙,盖异世而同符者乎!由此而知先生非乐于仕义,合则仕,非必不仕而无苟仕。其仕,其不仕,凡以为世道计也。后有当国者,每咎先生之不仕为非,痛抑恬退以奖仕进,今则奔趋巧躁澜倒而不可止,又谁咎哉?故先生尝语人曰:"吾无他长,惟安分知止可以言尔。"嗟乎!安分知止,可易知易能而易方邪!于此不知不能,则志斯异,人斯变,俗斯降,风斯下而不可救矣。观世以沾治乱者,能弗忧乎?故曰:吾于此知世变矣。

弘治季年,绾省先君于选部,见先生于国子,先生则语绾曰:"子来,吾以斯文托子矣。吾之所著,初录之曰《杂稿》,再录之曰《净稿》,三录之曰《类稿》,皆西涯李公所点窜也,今以《类稿》为定本。吾身后,可以《类稿》刻之。后有续稿,但可择一二以附之。"其言在耳也。正德庚午,先生卒。绾时官后军;及归,先生之墓宿草矣。后数年,东桥顾公守台,欲刻先生遗集,求于其家,向所谓《类稿》者皆不存,先生之孙必阼以《净稿》应之,遂刻郡斋。绾恒以为憾。今因山居之暇,始检《类稿》,又择续稿之一二附之,庶几以毕先生之志云。

嘉靖二十有五年冬十一月丙子,资善大夫礼部尚书兼翰林院学士前詹事兼侍讲学士同修国典经筵讲官门人黄岩黄绾百拜书。

曾孙延平府同知适然刻

主要参考文献及引用书目

《十三经注疏》中华书局影印本1980年版
《史记》中华书局点校本1982年版
《汉书》中华书局点校本1983年版
《后汉书》中华书局点校本1973年版
《三国志》中华书局点校本1982年版
《晋书》中华书局点校本1974年版
《宋书》中华书局点校本1974年版
《南齐书》中华书局点校本1987年版
《梁书》中华书局点校本1973年版
《陈书》中华书局点校本1972年版
《南史》中华书局点校本1983年版
《魏书》中华书局点校本1984年版
《隋书》中华书局点校本1982年版
《北史》中华书局点校本1983年版
《旧唐书》中华书局点校本1986年版
《新唐书》中华书局点校本1986年版
《宋史》中华书局点校本1977年版
《元史》中华书局点校本1976年版
《明史》中华书局点校本1974年版
《明史》上海古籍出版社1986年版《二十五史》武英殿本
《明史纪事本末》（谷应泰撰）中华书局1977年版
《明实录》台北中研院历史语言研究所校印本

《明实录类纂》(李国祥、杨昶主编)武汉出版社 1992 年版
《国榷》(谈迁撰)中华书局点校本 2005 年版
《明会典》《文渊阁四库全书》本
《明会要》(龙文彬纂)中华书局 1957 年版
《资治通鉴》中华书局点校本 1982 年版
《二十五史补编》中华书局点校本 1986 年版
《二十五史三编》(张舜徽主编)岳麓书社 1994 年版
《明一统志》《文渊阁四库全书》影印本
《太平县古志三种》中华书局 1997 年版
《新安文献志》《文渊阁四库全书》本
《无锡金匮县志》(韩履宠、齐彦槐修、秦瀛纂)嘉庆十八年刻本,无锡图书馆藏
《浙江通志》(薛应旂撰)成文书局据清道光八年刊本影印,浙江大学图书馆藏
《四川通志》(常明等修、杨芳灿、谭光祜等纂)清嘉庆二十一年刻本,四川大学图书馆藏
《明诗综》(朱彝尊编)《文渊阁四库全书》本
《明文海》(黄宗羲编)中华书局 1987 年版
《全明诗》(章培恒等主编)上海古籍出版社 1995 年版
《石仓历代诗选》(曹学佺撰)《文渊阁四库全书》本
《桃源净稿》八十四卷(谢铎撰)《四库全书存目丛书》本
《桃溪净稿·文集》残卷明嘉靖二年递修本清抄本,藏浙江省临海博物馆
《桃溪类稿》(谢铎撰)嘉靖二十五年刻本,国家图书馆藏
《桃溪谢氏宗谱》温岭市大溪镇桃溪谢氏编刻,1998 年版
《怀麓堂全集》(李东阳撰)清嘉庆八年陇上学易堂刻本,藏浙江大学图书馆
《李东阳续集》(李东阳撰,钱振民辑校)岳麓书社 1997 年版
《拟古乐府》(李东阳撰,谢铎、潘辰评点,何孟春音注)明高文荐刻本,哈佛燕京图书馆藏
《沧州集》《续集》(张泰撰)《四库全书存目丛书》本
《青溪漫稿》(倪岳撰)《文渊阁四库全书》本

《篁墩文集》(程敏政撰)《文渊阁四库全书》本
《使东日录》(董越撰)《四库全书存目丛书》本
《太和堂集》(屠勋撰)《四库全书存目丛书》本
《石淙稿》(杨一清撰)《四库全书存目丛书》本
《郁州遗稿》(梁储撰)《文渊阁四库全书》本
《容春堂前集》《后集》(邵宝撰)《文渊阁四库全书》本
《柴虚斋集》(储巏撰)《四库全书存目丛书》本
《罗圭峰文集》(罗玘撰)《文渊阁四库全书》本
《吴文肃公摘稿》(吴俨撰)《文渊阁四库全书》本
《熊峰集》(石珤撰)《文渊阁四库全书》本
《费文宪集选要》(费宏撰)《文渊阁四库全书》本
《湘皋集》(蒋冕撰)《四库全书存目丛书》本
《钱太史鹤滩稿》(钱福撰)《四库全书存目丛书》本
《东江家藏集》(顾清撰)《四库全书存目丛书》本
《何燕泉诗集》(何孟春撰)《四库全书存目丛书》本
《濯旧稿》(汪俊撰)《四库全书存目丛书》本
《鲁文恪文集》(鲁铎撰)《四库全书存目丛书》本
《陈献章集》(陈白沙撰)中华书局点校本 1987 年 7 月版
《定山集》(庄昶撰)《文渊阁四库全书》本
《水东日记》(叶盛撰)中华书局点校本 1980 年 10 月版
《椒邱文集》(何乔新撰)《文渊阁四库全书》本
《匏翁家藏集》(吴宽撰)《四部丛刊》本
《未轩文集》(黄仲昭撰)《文渊阁四库全书》本
《见素文集》《续集》(林俊撰)《文渊阁四库全书》本
《刘忠宣公遗集》(刘大夏撰)《四库全书未收书辑刊》本
《俨山集》《续集》(陆深撰)《文渊阁四库全书》本
《张东海先生诗集文集》(张弼撰)《四库全书存目丛书》本
《重编琼台稿》(丘浚编撰)《文渊阁四库全书》本
《空同集·外篇》(李梦阳撰)《文渊阁四库全书》本
《空同先生集》(李梦阳撰)嘉靖九年刻本,浙江大学图书馆藏

《弇山堂别集》(王世贞撰)《文渊阁四库全书》本

《弇州续稿》(王世贞撰)《文渊阁四库全书》本

《焦太史辑国朝献征录》(焦竑撰)《四库全书存目丛书》本

《四友斋丛说》(何良俊撰)中华书局 1957 年 4 月版

《续书史会要》(朱谋垔撰)《文渊阁四库全书》本

《御定佩文斋书画谱撰》《文渊阁四库全书》本

《列朝诗集小传》(钱谦益撰)上海古籍出版社 1983 年版

《鲒埼亭集外编》(全祖望撰)《四部丛刊》本

《姜斋诗话》(王夫之撰)《清诗话》本,上海古籍出版社 1978 年版

《朱子语类》(黎靖德编)中华书局点校本 1986 年版

《台学源流》(金贲亨撰)《四库全书存目丛书》本

《明儒学案》(黄宗羲撰)中华书局点校本 1985 年版

《明儒学案》(沈善洪主编《黄宗羲全集》第七、八册)浙江古籍出版社 1992 年版

《闽中理学渊源考》(李清馥撰)《文渊阁四库全书》本

《经义考》(朱彝尊撰)中华书局 1936 年版《四部备要》本

《四库全书总目提要》(永瑢等撰)中华书局 1965 年版

《廿二史朔闰表》(陈垣撰)中华书局 1962 年版

《中国哲学史》(任继愈主编)人民出版社 2000 年版

《中国通史》(白寿彝主编)上海人民出版社 1997 年版

《中国通史》(王敏铨主编)上海人民出版社 1999 年版

《明清史资料》(郑天挺主编)天津人民出版社 1980 年版

《历史研究》([英] 阿诺德·汤因比著,刘小成、郭小凌译)上海人民出版社 2002 年版

《中国文学批评史》(王运熙、顾易生主编)上海古籍出版社 1981 年版

《中国文学批评通史·明代卷》(王运熙、顾易生主编,袁震宇、刘明今著)上海古籍出版社 1996 年版

《献疑集》(章培恒著)岳麓书社 1993 年版

《中国文学史》(章培恒、骆玉明著)复旦大学出版社 1996 年版

《中国文学史》(游国恩等编)人民文学出版社 1964 年版

《中国中古诗歌史》(王钟陵著)人民出版社 2005 年版
《明代文学复古运动研究》(廖可斌著)上海古籍出版社 1994 年版
《诗稗鳞爪》(廖可斌著)浙江大学出版社 1990 年版
《南宋儒学建构》(何俊著)上海人民出版社 2004 年版
《浙东学术史》(管敏义主编)华东师范大学出版社 1993 年版
《明代哲学史》(张学智著)北京大学出版社 2001 年版
《明清进士题名碑录》(朱保炯、谢沛霖著)上海古籍出版社 1979 年版
《明代浙江进士研究》(多洛肯著)上海古籍出版社 2004 年版
《中国教育史》(孙培青主编)华东师范大学出版社 2000 年版
《中国教育史纲》(高时良著)人民教育出版社 1991 年版
《中国古代学校教育制度考略》(王志民、黄新宪著)首都师范大学出版社 1996 年版
《白鹿洞书院史略》(李才栋编)教育科学出版社 1989 年版
《华夏传播论》(孙旭培主编)人民出版社 1997 年版
《明永乐至嘉靖初诗文观研究》(黄卓越著)北京师范大学出版社 2001 年版
《论景泰至弘治中期的文学思潮》(廖可斌著)《杭州大学学报》1991 年第 3 期
《元代书院考略》(王颋著)《中国史研究》1984 年第 1 期

后　　记

　　1983年7月，我从杭州大学中文系毕业，留校在新建立的古籍研究所工作。当时，复旦大学、北京大学、杭州大学、南京师范大学四校的古籍研究所联手编纂《全明诗》，我参加了此项工作；后来受章培恒先生、平慧善先生之邀，担任了《全明诗》编委。那一阶段，我把科研的重点放在了明代。

　　我是浙江台州温岭人，谢铎这位明代著名的理学家、教育家、"茶陵诗派"重要作家是我的乡贤。他在成化、弘治、正德年间三次出仕，三次因各种原因辞职返乡。出仕期间，先后任翰林院编修和侍讲、南京国子监祭酒、礼部右侍郎兼国子监祭酒。他在朝时，正直廉洁，积极有为；乡居期间，积极投身于家乡教育事业，全力创办方岩书院，培养了众多的人才。他还是一位勤奋的作家，写作了大量的诗文。

　　1969年11月，我随知识青年上山下乡的洪流，来到了离谢铎故里不远的温岭大溪镇流庆村插队落户，接触到很多关于谢铎的佚事传说，然而当时大家都没有见过谢铎的诗文，于是我萌生了搜集整理《谢铎集》和研究谢铎的愿望。

　　谢铎一生著述甚丰。其诗文集《桃溪集》经过三次编纂，一曰《桃溪杂稿》，已佚；二曰《桃溪净稿》，八十四卷，今存；三曰《桃溪类稿》，六十卷，残存五十一卷。由于《桃溪净稿》是唯一的全本，因此我选择此本作为底本整理《谢铎集》。从2001年初开始，在中共温岭市宣传部、中共大溪镇委、大溪镇人民政府及各界的支持下，工作开展顺利，2002年10月，《谢铎集》由中华书局出版了，大溪镇人民政府配合文化节举行了隆重的首发式。此书出版后，引起了学术界和地方各界热烈的反响和广泛的注意，它为我们全面了解"茶陵诗派"在文学史上的地位，为我们了解谢铎，提供了第一手真实的资料。整理点校工作告一段落后,我立即开始撰写关于谢铎的研究著作——《谢铎及茶陵诗派》。值此项工作完成之际,我要对帮助支持此项工作的同志们表示衷心的感谢:

感谢中共温岭市委、温岭市人民政府、温岭市委宣传部、温岭市文广新局;感谢中共大溪镇委、大溪镇人民政府对本项科研工作的大力支持。

陈伟义同志到温岭市担任市委书记后,非常重视温岭的文化建设,对本项科研工作的进展情况和出版事宜十分关心,给予了大力的支持。感谢叶海燕市长、戴康年部长、曹鸿部长、丁琦娅副市长、蒋迪波局长、郑小庆主任。

感谢大溪镇张于荣书记、潘军明书记、徐寅镇长、陈士良副书记以及林吉明同志等。感谢大溪镇中心小学和麻车屿村、毛竹下村、兆岙村、河头村、阳山村。

感谢浙江省社联,他们在2004年将本课题列入省社联重点项目,又在2006年将本课题选入浙江省文化研究工程,2007年定为浙江省社科规划重点项目。感谢陈永昊书记、连晓鸣副主席、曾骅主任、谢利根处长等。

感谢复旦大学章培恒教授、陈正宏教授、郑利华教授,北京师范大学李山教授,浙江师范大学梅新林教授、浙江工业大学萧瑞峰教授,浙江大学廖可斌教授、束景南教授、沈松勤教授、周明初教授、楼含松教授、王德华教授、徐永明教授对本项工作的许多支持。章培恒先生病中赐序,尤其使我感念万千。感谢浙江图书馆丁红先生、临海博物馆徐三见先生在资料方面给予的帮助,在此一并致谢。

感谢《文学评论》《文献》《中华文史论丛》《中国古代、近代文学研究》《中国典籍与文化》《文史知识》《浙江社会科学》《浙江师范大学学报》《台州学院学报》等刊物,发表了我关于谢铎研究的一系列文章,感谢胡明先生、王菡先生、张廷银先生、赵昌平先生、蒋维崧先生、杨忠先生、胡友鸣先生、王立嘉先生、俞樟华先生、胡正武先生、徐正英先生等对本项科研工作的许多指导,使谢铎的研究成果能够较早地展现在世人面前。还感谢《温岭日报》等地方报刊,多次发表关于谢铎研究的文章和专题报道,感谢黄晓慧同志等。

感谢友人鲍立云先生、萧丹女士、林香富先生、张国祥先生、严晓富先生、张妙祥先生、滕万海先生、谢启定先生、林法明先生对本项工作的大力支持。

感谢我的博士生孙宝、孟国中、白崇、李慧芳、毛振华、陶琳、陈伟娜、李春云,访问学者张兰花副教授,硕士生谢永攀、黄艳萍等给我的许多帮助。《桃溪净稿》是一部许多地方都模糊不清的书稿,他们协助我用各种本子补齐;《桃溪类稿》是孤本,他们到北京协助我整部抄回;又协助我一起开展研究工作。

感谢我的家人对我工作的一贯支持。

林家骊于浙江大学西溪校区

2007 年 11 月

再 版 后 记

时光荏苒,距离2007年《谢铎及茶陵诗派》一书的首次出版已经十二年了。而自2001年开始着手整理谢铎的集子、对谢铎进行研究,至于今,已将近二十年。我本人亦从知天命之年而逐渐步入古稀,却依稀犹记当年为研究谢铎而来往奔波于诸多地区的情景。对谢铎集子的整理研究,既是年少时对自己许下的初心与承诺,也是为家乡文学与文化贡献的绵薄之力。

在《谢铎及茶陵诗派》出版后,谢铎其人其事受到多方关注,谢铎生平事迹也渐渐为更多的人所了解。研究谢铎,对于重构"茶陵诗派"的诗学理论、文学成就与历史地位有着重要作用。在此之前,学术界对"茶陵诗派"的认识多流于浅层化与扁平化,以对李东阳的研究来代替对"茶陵诗派"的整体研究,以对李东阳的评价作为对"茶陵诗派"的整体评价,而忽略了对谢铎等"茶陵诗派"重要成员的考察。然而谢铎作为明代成化、弘治与正德年间颇有成就的文学家与"茶陵诗派"重要成员,对扭转明代"台阁体"诗风具有关键作用。他提出明道、纪事、重情、复古的文学主张,并身体力行,以此主张为基点,创作了大量诗歌。与李东阳等人一起,倡导诗风革新,将明代文学从"台阁体"的束缚中渐趋解放出来,并为前后七子与唐宋派复古派等运动的到来道夫先路,具备承前启后的转换作用,对文学史影响深远。谢铎因此也成为台州的历史文化名人。

同时,《谢铎及茶陵诗派》一书也受到大家的广泛注意。许多同志纷纷来函索书,引起一定的热度与反响。于此感谢大家的抬爱。大家对这本书的热情,即是对本人这些年来研究的肯定,也是对谢铎其人其文与其历史文化价值的肯定。

《谢铎及茶陵诗派》一书,在这些年来,还有幸获得过浙江大学、浙江省政府、教育部的奖项。分别为2009年,获得浙江大学董氏文史哲研究奖励基金教师优秀成果二等奖;2009年,获得浙江省第十五届哲学社会科学优秀成果奖基础研究类二等奖;2013年,获得国家教育部第三届人文社科中国高校人文社会科学优秀成果奖三等奖。

感谢《台州文献丛书》编委会,将本书收录到《台州文化研究丛书》中,使本书得以重新出版;感谢胡正武教授、徐三见馆长、周琦先生等。

感谢我的博士生、浙江树人大学的老师邓成林博士、汪妍青博士、何玛丽博士,还有杭州师范大学杜容秀硕士,帮我校对书稿,花了不少的时间。

感谢上海古籍出版社为本书再版所作的一系列认真细致的工作;感谢余鸣鸿先生、颜晨华先生。

这些年来对谢铎的研究,是初心,也是承诺;而研究所取得的成果,是勉励,也是鞭策。我也将继续在人文社科的研究之路中上下求索,心之所善,明于道路。

林家骊

2019年11月于浙江树人大学工作室